정치학의 이해

Roskin · Cord · Medeiros · Jones 지음
김계동 옮김

명인문화사

정치학의 이해

제1쇄 펴낸 날 2018년 7월 26일
제4쇄 펴낸 날 2021년 3월 5일

지은이 Michael G. Roskin, Robert L. Cord, James A. Medeiros, Walter S. Jones
옮긴이 김계동
펴낸이 박선영
주 간 김계동
디자인 전수연

펴낸곳 명인문화사
등 록 제2005-77호(2005.11.10)
주 소 서울시 송파구 백제고분로 36가길 15 미주빌딩 202호
이메일 myunginbooks@hanmail.net
전 화 02)416-3059
팩 스 02)417-3095

ISBN 979-11-6193-010-7
가 격 27,000원

ⓒ 명인문화사

이 도서의 국립중앙도서관 출판예정도서목록(CIP)은 서지정보유통지원시스템 홈페이지(http://seoji.nl.go.kr)와 국가자료공동목록시스템(http://www.nl.go.kr/kolisnet)에서 이용하실 수 있습니다. (CIP제어번호: CIP2018022182)

··

POLITICAL SCIENCE: AN INTRODUCTION, 14th ed.

By ROSKIN, MICHAEL G.; CORD, ROBERT L.; MEDEIROS, JAMES A.; JONES, WALTER S.

Authorized translation from the English language edition, entitled POLITICAL SCIENCE: AN INTRODUCTION, 14th Edition, ISBN:9780134402857 by ROSKIN, MICHAEL G.; CORD, ROBERT L.; MEDEIROS, JAMES A.; JONES WALTER S., published by Pearson Education, Inc, publishing as Pearson, Copyright ⓒ 2017

All rights reserved. No part of this book may be reproduced or transmitted in any form or by any means, electronic or mechanical, including photocopying recording or by any information storage retrieval system, without permission from Pearson Education, Inc.

KOREAN language edition published by MYUNG IN PUBLISHERS, Copyright ⓒ 2018

이 책의 한국어판 저작권은 PubHub 에이전시를 통한 저작권자와의 독점 계약으로 도서출판 명인문화사에 있습니다. **저작권법에 의해 한국 내에서 보호를 받는 저작물이므로 무단 전재와 무단 복제를 금합니다.**

간략목차

1부 정치학의 기초 — 1
- 1장 정치와 정치학 — 2
- 2장 정치 이데올로기 — 35
- 3장 국가 — 62
- 4장 헌법과 권리 — 87
- 5장 정치체제(레짐) — 106

2부 정치적 태도 — 135
- 6장 정치문화 — 136
- 7장 여론 — 156

3부 정치적 상호작용 — 181
- 8장 정치 커뮤니케이션 — 182
- 9장 이익집단 — 204
- 10장 정당 — 224
- 11장 선거 — 246

4부 정치제도 — 267
- 12장 입법부 — 268
- 13장 행정부와 관료 — 290
- 14장 사법부 — 315

5부 정치제도가 하는 것 — 331
- 15장 정치경제 — 332
- 16장 폭력과 혁명 — 349
- 17장 국제관계 — 374

세부목차

저자 서문 _ xvii

역자 서문 _ xix

1부 | 정치학의 기초 · 1

1장　정치와 정치학 _ 2

정치란 무엇인가? _ 3
　정치권력 3 / 구조적 측면에서의 권력 8

정치학이란 무엇인가? _ 10
　최상의 학문 11 / 정치는 과학으로 연구될 수 있는가? 13 /
　객관적 분석의 방법 14 / 정치학은 얼마나 좋은 학문인가? 16 /
　정치학의 하위분야 17 / 역사 및 저널리즘과 정치학의 비교 18

정치학의 이론 _ 19
　행태주의 20 / 신제도주의 22 / 체계이론 22 /
　합리적 선택이론 26

'정치이론' 대 정치학이론 _ 28
　정치에 대한 규범적 연구 28 / 계약론자들 29 /
　마르크스이론 31

토의질문 33　•　핵심용어 34　•　참고문헌 34

2장　정치 이데올로기 _ 35

이데올로기란 무엇인가? _ 36

자유주의 _ 38
  현대 자유주의 39

보수주의 _ 41
  현대 보수주의 42

사회주의 _ 43
  사회민주주의 44 / 공산주의 46

민족주의 _ 48
  파시즘 50

오늘날의 이데올로기 _ 53
  공산주의의 붕괴 53 / 신보수주의 54 / 자유지상주의 55 /
  페미니즘 56 / 환경주의 57

이데올로기는 끝났는가? _ 59
  토의질문 60 • 핵심용어 61 • 참고문헌 61

3장 국가 _ 62

제도화된 권력 _ 63

효율적인, 약한, 실패한 국가들 _ 66

단일체제 또는 연방체제 _ 68
  단일체제 68 / 연방체제 72

선거제도 _ 77
  소선거구제도 77 / 비례대표 선거제도 79

국가와 경제 _ 81
  토의질문 85 • 핵심용어 85 • 참고문헌 86

4장 헌법과 권리 _ 87

헌법 _ 89

국가의 최상위 법 _ 90
  헌법의 일반적 성격 91 / 헌법과 입헌정부 93 /
  헌법의 목적 94

헌법은 권리를 보장할 수 있는가? _ 96
시민의 자유와 시민권 96 / 소수집단과 시민의 자유 97

미국 헌법의 적응성 _ 98
총기소유권 98

표현의 자유 _ 100
테러리스트를 위한 권리? 101

토의질문 104 • 핵심용어 104 • 참고문헌 104

5장 정치체제(레짐) _ 106

대의민주주의 _ 108
정부의 대중적인 책임성 110 / 정치적 경쟁 110 /
정권 교체 111 / 불명확한 선거결과 112 / 국민의 대표 112 /
다수의 결정 113 / 반대와 불복종의 권리 114 /
정치적 평등 114 / 국민들과의 협의 115 / 언론의 자유 115

민주주의의 실행: 엘리트주의와 다원주의? _ 116

전체주의 _ 119
전체주의가 무엇인가? 120 / 전체 통제의 이미지와 현실 122 /
우익 전체주의 124

권위주의 _ 126
권위주의와 개발도상국 127

권위주의 체제의 민주화 _ 129

토의질문 132 • 핵심용어 132 • 참고문헌 132

2부 | 정치적 태도 · 135

6장 정치문화 _ 136

정치문화가 무엇인가? _ 137
정치문화와 여론 137 / 정치참여 140

정치문화의 쇠퇴 _ 142

엘리트와 대중의 하위문화 _ 145

소수의 하위문화 _ 147

정치사회화 _ 149
　사회화의 수단 149

토의질문 154 • 핵심용어 154 • 참고문헌 155

7장　여론 _ 156

무엇이 여론이고, 무엇이 아닌가 _ 156

여론의 형태 _ 160
　사회계급 161 / 교육 162 / 지역 163 / 종교 164 /
　연령 165 / 젠더 165 / 인종과 민족 166 /
　엘리트와 대중의 의견 166

여론조사 _ 168
　여론조사 기술 169 / 여론조사는 얼마나 신뢰할만한가? 171

국가여론 _ 173
　지도자에 대한 지지의 변화 173 / 자유주의와 보수주의 175 /
　누가 관심을 기울이는가? 176 / 여론조사는 공정한가? 177 /
　국가는 여론조사에 의해서 통치되어야 하는가? 178

토의질문 179 • 핵심용어 179 • 참고문헌 179

3부 | 정치적 상호작용 · 181

8장　정치 커뮤니케이션 _ 182

매스 미디어와 정치 _ 183
　현대의 매스 미디어 185

소셜 미디어 _ 188

거대한 매체, 텔레비전 _ 191
　텔레비전 뉴스 192 / 텔레비전과 정치 193

미디어 서비스는 충분히 이루어지고 있는가? _ 195
　무엇을 해야 하는가? 198

적대세력: 미디어와 정부 _ 199

토의질문 202 • 핵심용어 202 • 참고문헌 202

9장 이익집단 _ 204

이익집단들의 편재(遍在) _ 204
이익집단과 정당 205 / 이익집단에는 누가 속하는가? 206

이익집단과 정부 _ 208
정부가 설립한 이익집단 209 / 이익집단으로서의 관료 209

효율적인 이익집단 _ 210
정치문화 210 / 이익집단과 정치자금 210 /
단일이슈집단의 등장 212 / 이익집단의 규모와 회원권 214 /
권위체로의 접근 215

이익집단의 전략 _ 216
입법부에의 접근 216 / 행정부에의 접근 217 /
사법부에의 접근 217 / 대중에의 호소 218 / 시위 218 /
폭력적 저항 219

이익집단에 대한 평가 _ 220
정치력의 교착 221

토의질문 222 • 핵심용어 222 • 참고문헌 222

10장 정당 _ 224

정당의 기능 _ 226
국민과 정부 사이의 다리 226 / 이익의 집합 227 /
정치체제로의 통합 227 / 정치사회화 227 /
투표자들의 동원 228 / 정부의 조직 229

민주주의 국가에서의 정당 _ 229
중앙집중 229 / 정부정책수립 232 / 정당의 정부 참여 232 /
정당의 자금 조달 233

정당의 분류 _ 234
공산당 234

정당체계 _ 236
정당체계의 분류 237 / 정당체계와 선거제도 241

정당의 미래 _ 242

토의질문 244 • 핵심용어 244 • 참고문헌 245

11장 선거 _ 246

왜 사람들은 투표를 하는가? _ 246

누가 투표하는가? _ 248
    소득과 교육 248 / 연령 251 / 성별 251 / 주거지역 252

누가 어떻게 투표하는가? _ 252
    정당 일체감 252 / 계급투표 254 / 지역투표 255 /
    종교집단 255 / 도시투표 257

선거 재편성 _ 257
    새로운 재편성? 258

무엇으로 선거에서 이기는가? _ 260
    회고적 투표 262 / 후보의 전략과 투표자 집단 262

토의질문 264 • 핵심용어 264 • 참고문헌 265

4부 | 정치제도 · 267

12장 입법부 _ 268

의회의 기원 _ 268

대통령제와 의회제 _ 270
    권력의 분립과 융합 272 / 의회제의 장점 273

양원제 또는 단원제? _ 276

입법부는 무엇을 하는가 _ 277
    위원회 제도 277 / 입법부에 대한 세밀한 관찰 279

입법부의 쇠퇴 _ 281
    구조적인 단점 282 / 과다 지출 283 /
    이해가 어려운 법안 284 / 전문성의 부족 284 /
    심리적 불이익 285 / 회의 불참 문제 285 /
    의원 교체의 부족 286 / 의회의 딜레마 287

토의질문 288 • 핵심용어 288 • 참고문헌 288

13장 행정부와 관료 _ 290

대통령과 수상 _ 291
영국에서의 '정부구성' 292 / 독일의 '건설적 불신임' 293 / 프랑스의 '동거정부' 293 / 수상의 '대통령화' 294 / 임기 295

행정부의 리더십 _ 297
과도한 기대의 위험 302

내각 _ 303
내각에는 누가 근무하는가? 303

관료 _ 305
미국 306 / 공산주의 국가들 308 / 프랑스 308 / 독일 309 / 영국 309 / 일본 310

관료의 문제 _ 312
토의질문 313 • 핵심용어 313 • 참고문헌 314

14장 사법부 _ 315

법의 종류 _ 316
형법 316 / 민법 316 / 헌법 317 / 행정법 317 / 국제법 317

법원, 재판관, 변호사 _ 319
미국의 법원제도 319 / 판사 321

법원의 비교 _ 322
영·미의 대립과 고발의 과정 322 / 영국의 법원 323 / 유럽의 법원제도 324 / 러시아의 법원 325

법원의 역할 _ 326
미국의 대법원 328

토의질문 329 • 핵심용어 329 • 참고문헌 329

5부 | 정치제도가 하는 것 · 331

15장 정치경제 _ 332

정치경제가 무엇인가? _ 333

정부와 경제 _ 335
   인플레이션 336 / 세금인상 336 / 국제수지 336 /
   변동환율 337 / 스태그플레이션 337 / 무역적자 337 /
   정부부채 340

빈곤이란 무엇인가? _ 340
   복지와 사회적 권리 341

복지의 비용 _ 345
   푸드 스탬프 345 / 복지개혁 345

정부의 크기는 어느 정도가 되어야 하는가? _ 346

토의질문 347 • 핵심용어 347 • 참고문헌 348

16장 폭력과 혁명 _ 349

체제붕괴 _ 350
   폭력의 징후 351

폭력의 유형 _ 352
   근본적 폭력 352 / 분리주의 353 / 혁명 353 / 쿠데타 354 /
   이슈 중심 355 / 폭력의 원인으로서의 변화 356

테러리즘 _ 358

혁명 _ 362
   지식인과 혁명 362 / 혁명의 단계 363

혁명 이후 _ 366

토의질문 372 • 핵심용어 372 • 참고문헌 372

17장 국제관계 _ 374

국제관계는 무엇인가? _ 375

세력과 국가이익 _ 376

경제의 중요성 _ 379

왜 전쟁을 하는가? _ 382
  미시이론 382 / 거시이론 383 / 오인(誤認) 384

평화유지 _ 385
  세계정부 385 / 집단안보 386 / 기능주의 386 /
  제3자 지원 387 / 외교 387 / 평화유지 388

주권의 불가침성? _ 388
  유엔 390 / 북대서양조약기구(NATO) 390

외교정책: 개입과 고립 _ 390
  외교정책의 순환 391 / 위험한 세계에서의 외교정책 392

토의질문 395 • 핵심용어 395 • 참고문헌 396

용어해설 _ 397

찾아보기 _ 410

저자 소개 _ 415

역자 소개 _ 416

도해목차

표

5.1 주요 체제의 유형 ··· 107
5.2 프리덤 하우스 순위 2015년 ··· 108
5.3 권위주의의 형태 ··· 126
10.1 ··· 225
10.2 ··· 225

도표

1.1 정치체계 모델 ·· 23
1.2 정치체제의 수정된 모델 ·· 26
2.1 정치 이데올로기들의 상관관계: 핵심 사상가들과 등장시기 ············ 38
3.1 국가주의, 사회주의, 자유방임, 복지국가 접근법 ····························· 82
5.1 엘리트 모델, 다원주의 모델, 과두정치 모델 ································· 119
6.1 미국인들의 정부에 대한 신뢰도, 1964~2013년 ····························· 143
10.1 스웨덴 정당들의 이념적 스펙트럼 ·· 235
12.1 대통령제와 의회제 ··· 271

고전사상

1.1 "사실에 대해서 화를 내지 마라" ·· 11

고전 정치학

1.1 개념과 인식 ··· 5
1.2 유럽 이외의 사상가들 ··· 30
3.1 아리스토텔레스의 6가지 유형의 정부 ·· 65
6.1 시민문화 ·· 139

6.2 권위주의적 성격 ·· 151
7.1 알몬드의 세 가지 대중 ·· 163
8.1 대중 커뮤니케이션의 2단계 흐름 ···························· 184
9.1 올슨의 이익집단 이론 ··· 219
10.1 뒤베르제의 세 가지 정당 유형 ······························ 233
10.2 키르히하이머의 '포괄'정당 ·································· 237
12.1 대통령제의 기원 ··· 272
13.1 라스웰의 '권력의 심리학' ···································· 298
13.2 관료에 대한 베버의 정의 ····································· 306
14.1 법의 근원 ··· 318
17.1 케넌의 공룡에 대한 유추 ····································· 385
17.2 투키디데스의 전쟁 ·· 394

민주주의

2.1 권위적 자본주의 ··· 59
5.1 달(Dahl)의 '영향력의 조건' ·································· 120
5.2 민주주의는 왜 실패하는가 ···································· 125
6.1 시민사회 ·· 141
6.2 세 개의 이스라엘 ·· 150
7.1 여론조사의 약사(略史) ·· 159
7.2 여론 곡선 ··· 167
10.1 유권자를 무시하는 정당들 ··································· 230
10.2 다당제의 장점 ·· 238
11.1 정파적 양극화 ··· 259
11.2 후보들의 입장 변화 ·· 263
13.1 직접선거로 수상을 선출하는 이스라엘 ···················· 294
13.2 푸틴의 권위주의 ··· 296
13.3 제왕적 대통령? ·· 299
15.1 빈곤과 이데올로기 ·· 342
17.1 민주적 평화 ·· 391

사례연구

2.1 이슬람주의: 고대에 뿌리를 둔 새로운 이데올로기 ········· 58
3.1 연합의 불안정성 ··· 72
3.2 프랑스와 독일의 변형된 선거제도 ···························· 80

4.1	헌법 개정의 위험들	91
4.2	캐나다의 새로운 헌법	95
5.1	이라크의 민주주의?	128
6.1	퀘벡: '우리 집의 주인들(Maîtres Chez Nous)'	148
6.2	중국의 통합 추진	152
8.1	미디어와의 전쟁	190
8.2	미디어와 워터게이트	198
9.1	프랑스의 반(反)다원주의	211
9.2	노동조합의 권력	213
11.1	미국의 선거제도에는 결함이 있는가?	256
14.1	판례법 대 성문법	320
15.1	세금의 적정 수준	335
15.2	복지지출 대 세금감면	344
16.1	베트남의 혁명적 정치전쟁	360
16.2	이란혁명의 순환	364
16.3	폭력혁명 대 벨벳혁명	369

이론

1.1	모델: 현실의 단순화	25
2.1	이데올로기의 기원	37
3.1	정치발전의 3단계	67
4.1	권리가 무엇인가?	99
6.1	문화와 발전	146
8.1	뉴스 프레이밍	196
9.1	대항적 권력	207
10.1	사르토리의 정당경쟁	242
11.1	다운즈의 투표이론	249
13.1	관료정치	311
16.1	기대의 상승	357
17.1	국가이익의 종류	378

학습방법

1.1	장(chapter) 별 학습	12
2.1	논문작성	52
3.1	자료	69

4.1 참고문헌 ··· 103
5.1 간결한 글쓰기 ··· 124
6.1 인용 ··· 142
7.1 변수 ··· 173
9.1 표 ·· 215
10.1 교차표(크로스탭) ····································· 225
11.1 추세분석 ··· 250
12.1 추적연구 ··· 278
13.1 그래프 ·· 300
14.1 산포도(散布度) ·· 327
15.1 지도 ··· 338
16.1 논평 ··· 354

저자 서문

일부 사람들은 정치학이 실용적이지 않은 학문이라고 주장한다. 그들은 정치학이 재미있지만, 어떠한 것에도 사용될 수가 없다고 한다. 그렇지 않다. 역사적으로 정치학은 지도자들에게 실질적인 자문을 하면서 등장했고, 그 기능은 아직도 유지되고 있다. 다른 누구보다도, 플라톤, 아리스토텔레스, 공자, 마키아벨리, 카우틸리아, 이븐 할든은 이론에 바탕한 가치 있는 자문을 하기 위한 노력을 했다. 존 로크와 몽테스키외는 미국 헌법을 기초하는 데 많은 영향을 미쳤다. 정치학은 응용된 추론과 더불어 이론적 추상화와 항상 얽혀 있다. 누구나 정치학자가 될 필요는 없지만, 신중하고 합리적인 선택을 하고 자신을 정치적 조작으로부터 보호하기 위한 지식을 보유하고 있어야 한다.

예를 들어, 오늘날 가장 중대한 문제들 중의 하나는 민주주의가 수출될 수 있고, 수출되어야 하는지에 대한 것이다. 중국, 중동, 그리고 많은 다른 지역에서 민주적 거버넌스의 혜택을 받을 수 있지만, 그들에게 민주주의를 강요하는 것이 바람직한가? 2003년 이라크전쟁의 원래 목적들 중의 하나는 이라크에 민주주의 체제를 수립하고, 부근의 다른 지역에도 민주주의를 확대시키도록 하는 것이었다. 민주주의에 대한 준비가 안 되어 있던 이라크는 잔인한 독재에서 잔인한 혼란으로 전환되었다.

수 세기 동안 민주헌법을 적용시키려고 노력해 온 서방국가들도 아직 완전하지 못하다. 세금, 투표의 공정성, 선거캠페인, 강력한 로비, 경제정책, 정부 프로그램의 비효율성과 복잡성 등의 개혁이 절대 필요하지만, 시도할 때 마다 제동이 걸리곤 한다. 이 책을 통하여 이러한 문제들을 파악한 학생들은 민주주의가 공개된 토론과 실수의 수용을 통해서 발전하는, 지속적으로 자기 비판적이고 자기 수정적 과정이라는 점을 인식하게 된다.

정치학을 가르치는 사람들은 정치에 대한 학생들의 관심이 늘어가는 데 대해서 즐거움을 느끼지만, 그 관심이 얼마나 깊어지고 지속될지를 확인하기는 어렵다. 예산절벽, 지출삭감, 세금인상은 많은 토론을 야기한다. 학생들이 정치에 무관심하게 되는 경우가 있는데, 이는 이 책이 항상 개선하려고 노력하는 경향이다. 이 책의 저자들은 그 학생들에게 묻는다. "당신들은 어떠한 종류의 국가를 원하는가? 머지않아서 당신들은 정치적 선택을 해야 할 때가 올 것이기 때문에, 지금 자신의 합리적 관점을 발전시키는 것을 시작하는 것이 바람직하다."

이 책은 학문과 시민권을 혼합시키는 시도를 한다. 이 책으로 입문과정을 수강하는 신입생이 전문적인 정치학자가 되는 것을 기대하지는 않는다. 당연히 우리 저자들은 학생들의 호기심을 자극하여 정치학에 대해서 보다 전문적인 공부를 하는 데 도움이 되기를 기원한다. 이 책은 미국 등 어느 특정국에 대한 서적이 아니고, 비교정치 교재도 아니다. 이 책은 정치학을 새로 접하는 학생들에게 세계 각지의 사례를 들면서 정치학의 모든 분야를 설명한다. 고등학교를 막 끝낸 학생들이 다양한 정치제도에 대해서 잘 아는 경우는 드물기 때문에, 이 책은 그러한 기본적인 지식부터 시작을 한다.

이 14판은 단일한 이론, 개념적 틀, 패러다임을 정치학의 핵심으로 사용하는 것을 배제하면서, 폭 넓게 수용하는 절충적 노력을 지속한다. 학생들에게 거대한 담론을 제시하는 것은 학문의 성격상 바람직하지 않고, 학생들의 지적 지평을 넓히는 데에도 중요하지 않다. 다양한 관점을 가지고 가르치도록 하는 것이 이 책의 주안점이다. 무엇보다도 이 14판은 정치를 활기찬 것으로 보고, 이러한 느낌을 이 학문에 처음 접하는 젊은 사람들에게 전달하도록 시도한다.

대학에서 정치학의 공부를 처음 시작하고, 관련 논문을 써야 하는 학생들에게 논문 작성의 지침을 마련해 주기 위해서 각 장 마다 '학습방법'이라는 글상자를 만들어서 논문을 작성하는 데 필요한 기술적 방법을 설명하고 있다. 그 방법들에는 논문 주제 결정, 참고문헌, 인용, 표 작성, 교차표, 그래프, 산포도 등을 기술하고 설명하는 방법이 제시되며, 모두 입문 수준의 내용을 포함하고 있다. 이러한 학습방법 글상자 이외에, 민주주의, 이론, 고전 정치학, 사례연구 등의 글상자들을 포함하여, 중요한 정치학의 아이디어를 강조하고, 실질세계의 사례들을 제공하며, 독자들이 보다 많은 정보를 획득할 수 있도록 배려하고 있다.

Michael G. Roskin

역자 서문

『정치학의 이해』의 출판일인 2018년 7월 26일은 내가 영국 Oxford대학교에서 정치학 박사학위를 받은 지 만 30년이 되는 날이다. 오래 전부터 나는 30년이 되는 날에 정치학 개론서를 내겠다고 생각해 왔다. 대학, 대학원을 합쳐서 40년 동안 정치학을 공부해 왔기 때문에, 정치학 교재의 저술이 가능할 것으로 자신했다. 그러나 아직 완성도 높은 정치학 개론서를 직접 저술하여 출판하기에는 역량이 부족하다고 판단되어, 이번에는 번역서를 내기로 했다.

이 책은 세계에서 가장 많이 읽히고 있는 개론서인 *Political Science: An Introduction*, 14th ed.을 번역한 책이다. 이 책은 아마존에 리스트되어 있는 정치학 개론서들 중에서 가장 좋은 평가를 받고 있는 책이다. 나는 과거 대학의 정치학 원서강독을 할 때, 이 책을 원서로 사용한 적이 있는데, 매우 이해하기 쉽고 편안하게 읽을 수 있는 책이라는 기억이 나서 이 책을 번역하기로 선정했다. 대개의 정치학 책들은 출판된 국가의 내용이 많이 포함되어 있고, 이 책도 미국의 사례와 내용을 많이 포함하고 있다. 번역하면서 과도하게 미국을 소개하는 부분은 조절을 하고, 그 대신 한국사례들을 역자 주로 포함시켰다.

내 희망대로 2018년 7월 26일에 출판해 주려고 노력한 명인문화사의 박선영 대표와 전수연 디자이너의 노고에 감사드린다. 특히 7월 26일의 의미를 빛내주기 위해서, 그들은 많은 공을 들여 줬다.

2018년 7월 15일
옮긴이 김계동

제1부 정치학의 기초

제1장 정치와 정치학 우리는 과학자가 박테리아를 연구하는 것과 같이 정치를 공부하는데, 어떠한 사실을 확인하는 것이 중요한 것이 아니라, 어떻게 그리고 왜 사건이 발생하는지에 대해서 이해하려고 노력하는 것이 중요하다. 정치학은 권력에 초점을 맞추는데, 그 권력은 어떻게 A가 자신이 원하는 것을 B가 하도록 하는가에 대한 것이다. 우리는 정치를 학문적으로 공부함으로써 우리의 당파적 선호에 대해 혼란스러워하지 않는다. 정치학의 이론적 접근은 역사가들과 언론인들이 객관성을 유지하기 위해서 제공하는 진실에 대한 강조와 정치이론가들의 규범적인 질문들을 포함한다.

제2장 정치 이데올로기 이데올로기는 사회를 발전시키기 위한 기본 계획이다. 아담 스미스(Adam Smith)의 고전적 자유주의와 에드먼드 버크(Edmund Burke)의 고전적 보수주의, 그리고 이 이데올로기들의 현대적 유형은 지금도 우리 주변에 남아 있다. 마르크스는 사회민주주의, 그리고 레닌을 통하여 공산주의를 주도했다. 민족주의는 가장 강력한 이데올로기인데, 때로는 파시즘으로 변형되기도 한다. 새로운 이데올로기들에는 신보수주의, 자유지상주의(libertarianism), 페미니즘, 환경보호주의, 그리고 최근 들어 문제가 되고 있는 이슬람주의가 있다. 우리는 이데올로기들을 공부하는 것이지, 그들을 신봉하는 것은 아니다.

제3장 국가 모든 국가들이 효율적인 것은 아니다. 일부 국가들은 매우 약하고 일부는 실패하기도 한다. 정통성 있는 정부와 부패한 정부에 대한 아리스토텔레스의 구분은 오늘날에도 유용하다. 기본적으로 어떠한 제도를 선택하느냐에 따라 국가가 형성되기도 하고 붕괴되기도 한다. 단일국가 또는 연방국가인가의 전국적 조직, 그리고 소선거구 선거제도 또는 비례대표 선거제도가 기본적인 제도의 선택이다. 경제에 대한 국가개입의 여부가 번영과 침체를 조장한다.

제4장 헌법과 권리 헌법과 같은 제도적 문서는 국가의 기본 조직을 형성하고, 정부의 권력을 제한하며 시민권을 정의한다. 장기간에 걸쳐서 거버넌스에 대한 사법심사는 보안법 적용에 대한 제한을 가하고 발언과 언론의 자유를 확대시켜 왔다.

제5장 정치체제(레짐) 민주주의는 복합적이고, 책임성, 경쟁, 권력의 변동을 내포해야 한다. 최고의 민주주의에서도 엘리트들은 강력한 영향력을 보유하지만 다원적 투입을 거부하지 않는다. 전체주의는 20세기의 병폐였으며 점차로 줄어들고 있지만, 다수의 권위주의 국가들이 아직 존재하고 있다. 민주주의는 자동적으로 발생하고 유지되는 것이 아니고, 러시아와 이라크처럼 준비되지 않은 국가에서는 실패하게 된다.

1장 정치와 정치학

> **학습목표**
>
> **1.1** 정치권력에 대한 다양한 설명들을 평가한다.
> **1.2** 정치학이 학문으로 고려될 수 있다는 주장을 정당화한다.
> **1.3** 다양한 정치학 이론들의 강점과 약점에 대해 평가한다.
> **1.4** 정치에 대한 규범적 이론들과 정치학을 비교한다.

냉전이 종식되었을 때 다수의 사상가들은 민주주의가 승리했고 세계를 지배하게 될 것이라는 입장을 유지했다. 소련의 공산주의는 붕괴되었고, 중국의 공산주의는 국가가 관리하는 자본주의로 전환되었다. 일부 신보수주의자들은 서방 형태의 자본주의형 민주주의 이외의 다른 거버넌스 모델은 거의 존재하지 않는다고 주장했다. 2003년 미국이 이라크를 침공할 당시 부시행정부의 네오콘(neo-con, 신보수주의자)들은 최악의 독재정치의 본거지인 중동에서도 민주주의가 세력을 굳힐 수 있을 것이라고 주장했다. 2011년 아랍의 봄은 새롭게 등장한 소셜 미디어에 힘입어 민주주의에 대한 동경이 확산되고 있음을 보여 주었다.

그러나 우리가 너무 낙관적이었다는 점이 입증되었다. 민주주의를 누구나 갈망하는 것은 아니었다. 실제로 많은 사람들이 민주주의를 두려워하거나 그릇된 정치에 민주주의를 활용했다. 러시아의 민주주의는 붕괴되었고, 미국에 적대적인 국가가 되었다. 중국의 공산주의 지도자들은 급진적인 경제성장을 주도했지만, 기존의 통치권을 유지했다. 그들은 반체제인사들을 구속했고 미국에게 적대감을 보였다. 중동에서의 선거 결과 비민주적인 정부가 수립되었고(튀니지 제외) 위험한 혼란상태가 유지되었다. 무엇이 잘못된 것인가? 그리고 민주주의가 계획한대로 확산되지 않는 데 대해서 정치학은 우리에게 무슨 말을 할 것인가? 위의 국가들은 교육을 받은 대규모의 중산층과 관대한 다원적 문화를 필요로 하는 민주주의에 대한 준비가 덜 되었던 것일까? 민주주의를 회복하기 위해서는 수십 년에 걸친 경제와 교육의 성장이 필요한 것인가?

이러한 질문들은 정치학을 의미있고 중요하게 만든다. 정치학은 학문의 한 분야이며 그 분야를 연구하기 위한 방법이기도 하다. 정치를 공부하기 위해서는 정치가 무엇인지에 대한 생각부터 시작할 필요가 있다. 정치를 학문적 방법으로 공부하겠다면, 우리는 정치를 공부하는 다른 방법과 구분되는 과학적 방법이 무엇인가에 대해서부터 관심을 가질 필요가 있다.

정치란 무엇인가?

1.1 정치권력에 대한 다양한 설명들을 평가한다.

정치를 생각할 때 아마도 정부와 선거를 떠올리게 될 것이다. 이 두 가지 모두가 분명히 정치적인 것이지만 정치는 더 많은 장소에서 이루어진다. 정치는 직장, 가정, 그리고 심지어는 학교에서도 이루어진다. 학교에서 너무 많은 질문을 하여 진도가 나가는 것을 방해하는 학생이 있다고 가정해 보자. 무슨 일이 생기겠는가? 선생이 그 학생을 내보내거나 다른 학생들이 자신들의 목표 달성을 방해하는 그 학생의 행태에 대해 불만을 표시할 것이다. 어떠한 경우이든 그 학생의 행위는 그 교실 내에 정치를 형성하게 한다.

정치는 사람들이 대체로 집단을 이루어서 자신들의 입장에 유리하도록 정책을 수립하기 위해 벌이는 경쟁이다. 이를 위해서 그들은 자신들이 속한 사회의 신뢰와 가치를 형성하여 간접적으로 정책을 유도하려는 시도를 한다. 이 정의는 정부의 정치를 포괄하는 것처럼 보이지만, 이는 다른 맥락에서의 정치적 역동성을 포괄하기도 한다. 대체로 정치에 대한 정의는 정부의 정치에 초점을 맞추지만, 정치는 정부보다 근본적인 것이며, 인간이 경쟁하는 어느 곳에서나 정치가 발생한다는 점을 이해하는 것이 중요하다.

정치권력

피렌체 출신 르네상스 철학자였던 마키아벨리(Niccolo Machiavelli, 1469~

1527년)는 궁극적으로 정치는 권력, 특히 다른 사람들의 행위를 형성시키는 권력에 대한 것이라고 강조했다. 정치권력은 권력을 행사하지 않으면 사람들이 하지 않을 일을 하도록 만드는 것이고, 때때로 그들 스스로 그러한 일들을 하도록 하는 것이다.

정치권력(political power)
어떠한 사람이 다른 사람으로 하여금 무엇을 하게 할 수 있는 능력.

일부 사람들은 **정치권력**의 개념을 싫어한다. 정치권력은 강압, 불평등, 그리고 때로는 잔인성을 연상하게 한다. 일부 비평가들은 행복한 형제자매들이 사랑과 배려를 통해서 좋은 관계를 유지한다면서 '권력정치'를 배격하고 권력 없는 거버넌스를 제시한다. 그러한 공동체는 오래 지속되지 않는데, 장기간 지속이 되기 위해서는 공동체가 권력에 기반한 복종에 의하여 지탱되는 지도자와 추종자의 고전적인 구조로 전환되어야 한다. 정치권력은 인간의 본성에 침투되어 있는 것으로 보인다. 왜 일부 사람들은 다른 사람들에 대한 정치권력을 보유하는가? 정치권력에 대한 명확한 설명은 어렵다. 생물학적, 심리적, 문화적, 합리적, 불합리적 관점에 대한 설명을 하겠다.

생물학적 아리스토텔레스는 "인간은 본질적으로 정치적 동물이다"라고 최초로, 그리고 가장 적절한 표현을 했다 (아리스토텔레스의 *zoon politikon*이라는 표현은 '정치적 동물' 또는 '사회적 동물'로 번역된다. 그리스인들은 도시국가에 살았는데, 이는 사회와 같은 것이었다). 아리스토텔레스가 뜻하는 바는 본질적으로 인간이 코끼리나 들소와 마찬가지로 무리를 지어 산다는 것이다. 생물학적으로 인간들은 생활과 생존을 위하여 서로를 필요로 하게 된다. 무리를 지어 사는 다른 동물들과 마찬가지로 인간도 지도자와 추종차로 서열을 매기며 산다. 아리스토텔레스의 논리를 기초로 하여 현대의 생물학적 설명을 하게 되면, 정치체제를 형성하고 지도자에게 복종하는 것은 인간의 유전자적 흐름을 틀로 하는 본능적인 것이다. 일부 사상가들에 따르면 인간의 정치는 다른 포유동물들이 수립한 것과 같은 '지배의 위계질서'를 보여 준다. 정치인들은 '우두머리 수컷(alpha male)'이 되어가거나 스스로 그렇다고 생각하는 경향이 있다.

생물학적 접근의 장점은 단순하다는 것인데, 이 접근은 다수의 질문들을 제기한다. 인간들이 기본적으로 정치적이라고 단정한다면, 정치적 집단들이 분열되고 사람들이 권위에 복종하지 않는 경우를 어떻게 설명할 것인가? 아마도 우리는 이론을 수정하여, 인간들은 불완전한 정치적(또는 사회적) 동물이라고 해야 할 것이다. 대체로 사람들은 집단을 형성하고 권위에 복종하지만 특정 경우에는 그렇지 않다. 이 논리는 어떠한 경우에 정치적 집단의 형성이 조장되고 방

> **고전 정치학 1.1**
>
> **개념과 인식**
>
> 19세기 후반 프루시아의 철학자 칸트(Immanuel Kant)는 "개념이 없는 인식은 공허한 것이고 인식이 없는 개념은 눈 먼 것이나 마찬가지다"라고 기록했다. 이 관점은 현대의 철학과 사회과학의 기초가 되었다. 인식은 지각기관을 통해서 사실, 이미지, 숫자, 사례 등을 지각하는 것이다. 개념은 인간의 머릿속에 존재하는 의미, 이론, 가설, 신뢰 등의 관념을 말한다. 인간은 많은 인식을 할 수 있지만, 개념이 없이는 어떠한 것도 구조화할 수 없다. 인식 자체는 의미를 갖고 있지 않기 때문이다. 반면, 인식을 활용하여 사실을 조망할 수 없으면 개념은 아무 의미도 없어진다. 다시 말해서 이론과 데이터 모두가 필요하다는 것이다.

해받는지에 대한 질문을 제기한다.

심리적 정치와 복종에 대한 심리학적 설명은 생물학적 이론과 밀접하게 연관되어 있다. 이 둘은 수 세기에 걸친 정치집단 형성의 진화를 기반으로 하고 있다. 심리학자들은 자신들의 관점을 실증연구를 통해서 입증하고 있다. 유명한 밀그램 실험*에서 교수는 피실험자들로 하여금 실험이 되는 희생자에게 점진적으로 전기량을 늘려 가면서 전기고문을 하도록 했다. 의자에 묶인 '희생자'는 고통을 받는 것처럼 가장을 한 연기자였다. 대부분의 피실험자들은 실험을 주도하는 권위적인 교수가 지시를 했기 때문에 사망을 가져 올 정도로 전기량을 늘려 가면서 고문을 시행했다. 대부분의 피실험자들은 희생자들에게 상해를 가하려는 의도를 가지지 않았지만, 그들은 단순히 지시를 이행했고 희생자에 대한 상해는 실제로 교수의 책임이라고 자신들의 행위를 합리화했다. 그들은 자신들의 행위에 대한 책임을 권위를 가진 인물에게 돌렸다.

(*역자주)
1961년 미국 예일대 심리학과 스탠리 밀그램(Stanley Milgram) 교수가 '권위적인 불법적 지시'에 다수가 항거하지 못한다는 사실을 증명하기 위해 시행한 실험이다.

또한 심리학적 연구는 대부분의 사람들이 체제 순응적이라는 점을 보여준다. 집단의 대부분 구성원들은 집단을 중요하게 생각한다. 심리학자 재니스(Irving Janis)는 많은 외교정책의 실수들이 '집단사고(groupthink)'의 틀 내에서 이루어지는데, 이 틀 내에서 지도층은 모든 것이 잘 되어 가고 있으며 현재의 정책이 잘 시행되고 있다는 자평을 한다. 이러한 집단들은 자신들의 정책에 의문을 제기하는 사람들을 무시하는 경향이 있는데, 그 사례로는 1941년 일본의 진주만 공격에 대한 경고와 1961년 미국의 쿠바 피그만 상륙작전이 실패할 것이라는 경고를 무시한 것 등이 있다. 권위와 집단사고에 대한 복종은 인간들이 집단과 집단의 규범에 적합한 심층적이면서도 본질적인 필요를 느낀다는 점을 제시한다. 어쩌면 이것이 인간사회를 가능하게 만드는 것일지 몰라도 이는 나치의 유대인 대학살과 보다 최근의 대량학살 같은 잔혹행위를 가능하게 하는지도 모른다.

문화적 인간의 행동은 생물학적인 유전으로부터 얼마나 많이 일탈하여 이루어지는가? 이것이 바로 과거부터 이어지는 '양육 대 본성' 논쟁이다. 20세기의 많은 기간 동안 행위는 학습되어진다고 믿는 문화이론가들의 주장이 지배적이었다. 인류학자들은 모든 행위들의 차이점은 문화적인 것이라는 결론을 내렸다. 그들은 협력적이고 평화적인 사회는 아이들을 그러한 방식으로 키운다고 주장했다. 정치공동체들은 부모, 학교, 교회, 매스 미디어에 의하여 전달된 문화적 가치들을 기초로 하여 형성되고 유지된다. 정치학은 흥미로운 하위분야인 '정치문화'를 발전시켰고, 연구자들은 한 국가의 **정치문화**는 다양한 장기적 요인들인 종교, 육아, 토지보유, 그리고 경제발전에 의해 형성된다는 점을 발견했다.

문화이론가들은 정치체제가 문화체제로 인하여 부정적인 영향을 받을 경우 문제에 직면하게 된다. 그 사례는 이란의 샤(Shah) 정권이 서방의 가치 및 삶의 방식과 다른 이슬람 사회를 현대화하려는 시도를 할 때 나타났다. 1979년 이란인들은 샤 정권을 붕괴시키고 중세 스타일의 종교지도자의 귀환을 환영하면서 전통적인 이란의 가치를 내세웠다. 문화이론은 미국정치에도 적용이 되고 있다. 공화당은 종교, 가족, 그리고 자립을 내세워 선거에서 승리하기 위한 노력을 하는데, 이는 미국문화에 깊게 자리 잡고 있다. 다수의 사상가들은 경제와 정치발전이 **문화**에 깊게 의존하고 있다는 믿음을 갖고 있다.

정치생활에 대한 문화적 접근은 일부 낙관적인 효과를 창출한다. 만약 모든 인간의 행위가 학습된 이후에 이루어진다면 나쁜 행위는 학습되지 않고 사회는 발전될 것이다. 이 견해에 따르면, 젊은 사람들에게 인내심을 가지고 협력하고 정의감을 가지도록 교육한다면 사회의 문화는 더 나은 방향으로 변화할 것이다. 그러나 미국이 이라크와 아프가니스탄을 점령한 사례가 보여주듯이 문화의 변화는 천천히 그리고 어렵게 이루어진다.

문화는 정치행위에 많은 기여를 하지만 문화이론은 몇 가지 풀기 어려운 문제를 지니고 있다. 첫째, 문화는 어디에서 나오는 것일까? 역사? 경제? 종교? 둘째, 만약 모든 행위가 문화적이라면 다양한 정치체제들은 문화에 따라서 서로 상이한 성격을 가져야 한다. 그러나 특히 정치의 영역에 있어서 우리는 다른

문화(culture)
전통적인 것으로부터 탈피하여 학습되는 인간의 습성.

문화를 가진 지역에 유사한 정치적 태도와 형식이 존재함을 알 수 있다. 어느 지역에서나 정치인들은 문화에 상관없이 부패하게 되는 경향이 있다.

합리적 일부 사고(思考)학파들은 정치를 **합리적**인 것으로 접근한다. 즉 사람들은 자신들이 가장 원하는 것이 무엇인지를 알고 있으며, 그것을 행하는 이성을 보유하고 있다. 홉스와 로크 같은 고전 정치이론가들은 인간들의 판단력이 인간들에게 무정부상태보다는 더 낫기 때문에 '시민사회'를 형성하도록 요구한다고 주장했다. 생명과 재산을 보호하기 위해 인간들은 정부를 수립한다. 만약 정부가 부정하거나 무능력하게 되면 국민들은 그 정부를 해체하고 새로 구성할 권리를 지니고 있다.

생물학적, 심리적, 문화적 학파들은 인간의 이성을 경시하면서, 사람들은 어떤 행위를 하도록 태어나거나 조건화되었으며 개인들은 합리적인 사고를 거의 하지 못한다고 주장한다. 그러면 사람들이 집단에 대한 순응에서 벗어나 독립적인 주장을 하는 경우는 무엇인가? "나는 존스가 터무니없는 경제정책을 추진하기 이전까지는 그를 지지했으나 지금은 스미스에게 투표를 한다." 언제나 사람들은 이러한 방식의 합리적 판단을 한다. 인간의 합리성을 바탕으로 해서 정치체계가 구축되어 있을 때 정의롭고 자비로운 통치가 이루어진다. 만약 국민들의 충성심이 생물학적 유전자와 문화적 환경으로부터 나오는 것이라고 지도자들이 믿는다면 그들은 자신들이 사기를 치고 혼란을 조성해도 별 문제가 없을 것으로 생각하게 될 것이다. 반면, 국민들이 합리적이라고 지도자들이 생각한다면, 그들은 잘못된 것을 분간해 낼 수 있는 대중의 능력을 존중하게 될 것이다. 이에 따라 국민들이 완전하게 합리적이지 못하더라도, 지도자들이 국민들은 합리적이라고 생각하는 것이 바람직하다.

불합리적 19세기 후반 한 사상가 집단은 사람들이 기본적으로 **불합리**하고, 특히 정치의 경우에는 더욱 그러하다고 주장했다. 사람들은 감정적이고 신화와 고정관념의 지배를 받으며, 특히 정치는 실제로 상징의 조작이다. 군중은 자신의 명령을 따르게 하는 패권적 우두머리에게 순종해야 하는 야생동물과 같다. 사람들이 합리적이라고 간주하는 것은 신화에 지나지 않는다. 지도자는 군중들을 통제하기 위해 신화를 주입시킨다. 이러한 생각을 가장 처음으로 실현한 사람은 이탈리아에서 파시즘을 창시한 무솔리니였고 독일의 히틀러로 이어졌다. 극단적 무슬림이었던 오사마 빈 라덴은 수천 명의 광신적인 추종자들에게 미국

합리적(rational)
이성적으로 판단할 수 있는 능력에 기반.

불합리적(irrational)
이성을 훼손하기 위해 두려움과 신화를 사용할 수 있는 권력에 기반.

이 이슬람의 적이라는 신화를 주입시키며 불합리적인 지지를 받았다.

인간의 정치적 행위에 대한 불합리한 견해는 상당 수준 진실일지 모르지만 재앙적인 결과를 초래한다. 불합리한 기술을 구사하는 지도자들은 자신의 선동을 신뢰하고 국가를 전쟁으로 몰고 가며 경제를 황폐화시키는 동시에 폭정을 실시한다. 일부 가장 선진적인 사회에서도 불합리주의가 발견되는데, 이 사회에서 정치의 많은 부분이 아우성치는 군중들과 자신을 영웅화하려는 지도자들로 채워져 있다.

구조적 측면에서의 권력

모든 정치권력에 대한 설명들에는 각기 진실의 요인이 존재하고 있다. 다른 상황과 다른 시기에 대해서 이들 중에 어느 하나라도 권력을 설명할 수 있다. 페인(Tom Paine)의 논문인 "상식(Common Sense)"은 왜 미국이 영국으로부터 분리되어야 했는지를 합리적으로 설명하고 있다. 미국 독립선언문과 헌법의 기초를 만든 사람들은 그 시대의 합리주의에 감염되어 있었다. 당시의 대중적인 철학자들의 영향을 받아 그들은 인간의 정치활동이 뉴턴의 물리학과 같이 논리적이라는 주장을 했다. 역사학자 코메이저(Henry Steele Commager)는 헌법을 이성의 시대에 만들어진 최고의 작품이라면서 '계몽이라는 왕관의 보석'과 같은 것으로 표현했다.

그러면 그들은 얼마나 이성적이었는가? 18세기 말까지 미국의 13개 식민지역들은 영국으로부터 분리되었다. 그 지역의 사람들은 자신들을 영국의 식민이 아니라 미국인들로 생각했다. 그들은 점차 영국보다는 미국의 신문들을 읽고 자신들끼리 소통하기 시작했다. 아마도 이 분리는 이성적이라기보다는 문화적인 측면이 더 컸을 것이다.

심리적이고 불합리적인 요인들도 무시하면 안 된다. 새무엘 아담스(Samuel Adams)는 타고난 선동가였고, 토마스 제퍼슨(Thomas Jefferson)은 강력한 저술가였으며, 조지 워싱턴은 카리스마를 보유한 장군이었다. 미국의 영국으로부터의 이탈과 새로운 질서의 수립은 모든 요인들의 혼합이었다. 이 요인들의 혼합은 우리가 많이 언급하는 정치체제에 유입된다. 어떤 경우에 한 요인이 다른 요인보다 중요하지만, 우리가 명확하게 어떤 한 요인에 비중을 더 주도록 결정하는 것은 어렵다. 다양한 요인들이 어떻게 혼합이 되는지에 주목할 필요가 있다. 생물학적 요인들은 심리적 요인들로 이어지고, 이후 문화적, 합리적, 불합리적 요인들로 이어지면서 촘촘한 망을 형성한다.

정치권력에 대한 공통적인 실수는 정치권력을 정형적이며 측정가능한 양으로 보는 것이다. 권력은 사람들 사이의 연결이며, 자신의 명령을 다른 사람들이 따르게 하는 능력이다. 권력은 어느 단지에 담겨져 오는 것이 아니며 메가와트와 같이 측정할 수 있는 것도 아니다. 일부 지역에서의 혁명가들은 '권력탈취'에 대해 언급을 한다. 그들은 권력이라는 것이 국가의 보물창고에 보관되어 있고 자신들이 하룻밤에 침투하여 탈취한 것처럼 주장한다. 1995년과 1996년 사이에 아프가니스탄의 탈레반은 '권력탈취'를 했지만, 그들은 아프가니스탄 인구의 소수를 차지했다. 많은 아프가니스탄인들은 탈레반을 싫어했고 전투를 벌였다. 혁명가들은 자신들이 '권력탈취'를 하면 자동적으로 **정통성**과 권위를 가지게 되는 것이라고 생각하지만, 이런 생각은 틀린 것이다. 권력은 탈취하는 것이 아니라 획득하는 것이다.

정통성(legitimacy)
정부의 통치가 올바르고 복종이 되어야 한다는 대중적인 감정.

권력은 정치와 일치하는 것인가? 일부 권력에 맹종하는 사람들은 이 둘을 동일한 것으로 보지만, 이는 과도하게 단순화한 것이다. 우리는 정치를 목표 또는 정책, 그리고 이들을 달성하는 데 필요한 권력의 혼합으로 보기도 한다. 이 견해에 따르면 권력은 정치의 주요 '구성요인'이다. 정치권력을 제외하고 정치체제를 상상하는 것은 어려운 일이다. 사랑을 기반으로 해서 통치를 하는 종교 지도자도 추종자들에게 권력을 행사한다. 이 경우 그 권력은 '좋은 권력'일 것이지만, 그래도 권력임에는 분명하다. 이러한 점에서 권력은 정책과 결정을 수행하기 위한 '이행장치'라 할 수 있다. 당신이 매우 가치 있는 목표를 가지고 있더라도 이를 이행할 수 있는 권력을 가지지 못하면 이 목표는 희망사항으로만 남게 될 것이다.

어떤 사람들은 정치의 본질을 '권력을 위한 투쟁', 즉 권력을 목표로 하는 거대한 게임으로 본다. 예를 들어, 선거의 가장 중요한 목적은 무엇인가? 권력을 획득하는 것이다. 그러나 이러한 논리에는 위험이 있다. 만약 다른 목적들을 제외하고 권력만이 정치의 목표가 된다면, 정치는 냉소적이고 잔인하고 자멸적으로 될 수 있다. 히틀러 체제는 권력에 대한 숭배 때문에 자멸의 길을 걸었다. 대통령 권력에 집착하여 미국의 닉슨 대통령은 자신의 행정부를 붕괴시켰다. 19세기 영국의 역사학자이면서 철학자였던 액튼 경이 말한대로 "권력은 부패하는 경향이 있다. 절대 권력은 확실하게 부패한다."

정치학이란 무엇인가?

1.2 정치학이 학문으로 고려될 수 있다는 주장을 정당화한다.

정치에 대해서는 여러 가지 형식으로 연구할 수 있다. 정치학은 정치를 연구하는 방법이다. 정치학과 정치는 다른 것이다. 정치학자는 정치를 연구하기 위해 정치를 실행하는 정치인의 훈련을 받을 필요가 없다. 정치학은 정치를 냉정하고 객관적으로 분석하는 것이며, 이는 정치인들에게 도움이 될 수도, 도움이 안 될 수도 있다. 정치인과 정치학자는 아래와 같이 구분할 수 있다.

정치인	정치학자
권력을 사랑한다	권력에 대해 회의적 태도를 가진다
대중성을 추구한다	정확성을 추구한다
현실적인 생각을 한다	추상적인 생각을 한다
확고한 견해를 유지한다	가설적인 결론을 내린다
단일한 동기를 제공한다	다양한 동기를 제공한다
단기적 이익을 모색한다	장기적 결과들을 관찰한다
다음 선거를 위한 계획을 수립한다	다음 연구결과 발표를 준비한다
집단들에 대해 대응을 한다	전체의 선(good)을 추구한다
이름을 알리는 데 노력한다	전문적 권위를 추구한다

많은 사람들이 정치에 대해 혐오감을 가지고 있는데, 아마도 그들이 맞을지도 모른다. 정치는 원래 부도덕한 것이거나 도덕과는 상관이 없는 것인지 모른다. 정치에서 권력의 남용, 부정한 영향력 행사, 부패행위 등이 빈번하게 나타나고 있는 것이 사실이다. 그렇다고 정치학 공부를 싫어할 필요는 없다. 생물학자들은 현미경 아래의 질병을 일으키는 박테리아에 대한 연구를 한다. 그들은 박테리아들을 좋아하지 않지만 어떻게 그들이 성장하는지, 어떻게 해를 끼치는지, 어떻게 박멸해야 하는지에 대해서 관심을 가진다. 그들은 박테리아에 대해서 화를 내지 않고 현미경의 유리를 깨지도 않는다. 생물학자들은 우선 자연의 힘을 이해하고, 이를 활용하여 인류의 삶을 향상시키려는 노력을 한다. 정치학자들도 정치에 대해서 이와 유사한 패턴의 접근을 한다. 정치인과 정치학자가 갖는 직업적 성향은 박테리아와 생물학자가 갖는 관계와 거의 비슷한 모습을 보인다.

고전사상 1.1

"사실에 대해서 화를 내지 마라"

모든 중요한 연구의 기본적인 논점은 상식에 바탕을 하고 있으나, 이는 대학 과정에서도 무시되는 경향이 종종 있다. 이러한 사실은 독일의 철학자 헤겔(Hegel, 1770~1831년)의 극히 복합적인 사상에서 기원하는데, 그는 모든 일들은 공상적이거나 우연히 발생하는 것이 아니라 선하고 충분한 이유를 가지고 발생한다고 주장했다. 이는 어떠한 것도 우연히 발생하는 것이 아니고, 우리가 이유를 적용시키면 왜 어떠한 일이 발생하는지를 알 수 있다는 점을 의미한다. 우리는 정치를 '자연주의적'인 방식으로 연구함으로써 우리가 보는 것들에 대해서 화를 내지 않고 어떻게 그렇게 되었는지를 이해하려고 노력한다.

예를 들어, 우리는 청탁자들로부터 돈을 받는 정치인들을 접하게 된다. 정치학자들은 분노를 자제하면서 다음과 같은 질문들을 한다. 그 나라의 대부분 정치인들은 돈을 받는가? 돈을 받는 것이 구시대의 전통이고 이 나라의 문화인가? 심지어 국민들은 정치인들이 돈을 받을 것이라고 기대하는가? 선거캠페인에는 얼마나 많은 돈이 필요한가? 정치인은 돈을 받지 않고도 사무실을 운영할 수 있는가? 요컨대 우리는 초법적인 현금 교환이 정치체제의 한 부분일지도 모른다는 생각을 하게 된다. 만약 그렇다면 개별 정치인들에게 화를 내는 것은 의미가 없다. 만약 우리가 그러한 모습을 싫어한다면, 우리는 돈을 받지 못하도록 어떻게 체제개혁을 해야 하는가를 궁리하게 될 것이다. 개혁은 제대로 이루어지지 않을 수도 있다. 일본은 전통적인 '돈의 정치'를 타파하기 위해 선거법 개혁을 시도했으나 별로 변화가 이루어지지 않았다. 박테리아와 마찬가지로 정치 내에 일부 사안들은 자생력을 갖고 있다.

최상의 학문

정치학이라는 **학문**의 창시자인 아리스토텔레스는 정치학을 '최상의 학문'으로 불렀다. 그는 정치환경에서 거의 모든 일들이 일어난다고 하면서, *polis*(그리스의 도시국가를 의미하며 *polite*, *police*와 *politics*의 어원임)의 결정들이 다른 모든 것들을 지배한다고 주장했다. 예일대학의 라스웰(Harold Lasswell)에 의하면 정치학은 "누가 무엇을 획득하는가"에 대한 학문이다. 그러나 일부는 이에 반기를 들면서 경제체제가 자유시장을 통해 국가에서 누가 무엇을 얻는가를 결정한다고 한다. 이 주장이 사실이지만, 우리는 정부가 개입하지 않고 완전한 자유시장체제를 확립할 수 있는가? 부실한 은행을 구제하는 정책은 격렬한 논쟁을 불러일으킨다. 은행에 대한 지원을 좋아하는 사람들은 거의 없지만, 경제학자들은 경제가 붕괴되는 것을 막으려면 어쩔 수 없는 조치라고 주장한다. 본질적으로 정치는 경제와 연관되어 있다.

태풍과 같은 자연재해가 발생했다고 가정해 보자. 둑을 쌓아야 할지, 쌓는다

학문(discipline)
때때로 대학의 학과 또는 전공에 의하여 대표되는 연구의 분야.

학습방법 1.1

장(chapter) 별 학습

수업 이전에 각 장을 읽을 것. 단순히 읽지 말고 아래 절차에 맞춰서 기록을 하면서 학습을 할 것.

A. 당신에게 감명을 주는 세 가지 중요 포인트를 찾아내라. 개조식으로 하지 말고 세 개의 완전한 문장을 만드는데, 각기 주어와 술어를 포함하도록 한다. 이 세 문장들은 길고 복잡하더라도 완전한 서술형의 문장이어야 한다. 두 가지, 네 가지, 여섯 가지의 중요 포인트를 발견할 수도 있으며, 중요 포인트를 분리시키고 결합하고 제거하는 과정에서 당신은 장 전체에 대한 파악을 하게 될 것이다. 추상적으로 일반화된 내용을 찾도록 해라. 사례를 통한 구체적 내용은 아래 C.에서 언급을 한다. 세 개의 중요 포인트는 장의 내용을 단순하게 복사하지 마라. 여러 문장들을 종합하는 습관을 들이고, 세 가지 중요 포인트는 시험볼 때 나에게 어떠한 도움을 줄지에 대해서 항상 의문을 가지도록 해라. 아래 사항들은 제1장의 세 가지 중요 포인트가 될 수 있는 사례이다.
   1. 어떠한 사건에 대해 화를 내는 등 감정이입을 하지 않으면서 과학자가 자연에 대해서 연구하는 것처럼 정치를 연구하라.
   2. 정치학은 여러 학문분야를 혼합하고 있지만 권력에 초점을 맞춘다. 누가 권력을 보유하고 어떻게 사용하는가?
   3. 각 주장들이 경험적 근거에 의해 지원되고 이론에 의해 구조화될 때 정치는 객관적으로 연구될 수 있다.

B. 10개 이상의 용어를 나열하고 그들에 대한 정의를 내릴 수 있는 능력을 키워라. 이 용어들은 당신에게 새로운 것이어야 하고 특별한 방식에 의해 사용된 것이어야 한다. 본문에 굵게 표시된 용어는 본문의 아래에서 쉽게 설명을 하는데, 그렇지 않은 새로운 용어들은 사전을 찾도록 해라.

C. 중요 포인트와 용어를 설명하는 특정 사례 또는 사례연구를 기록해 놓는다. 사례들은 중요 포인트 또는 정의가 아니다. 사례들은 중요 포인트를 부연하여 설명하는 경험적 근거가 대부분이다. 사례들은 완전한 문장이 아닐 수도 있다. 아래의 내용들은 제1장의 사례들이다.

아리스토텔레스의 '최상의 학문'
에이즈 대 유방암 연구
서독의 성공 이야기
동유럽의 공산주의체제들
아프가니스탄의 혼란
이란 샤(Shah) 체제의 붕괴

면 어디에 쌓아야 할지, 정부의 재해 예산을 어느 해안지역에 투입해야 할지에 대해서는 정치체계가 결정한다. 태풍은 자연재해이지만 이 재해의 사회에 대한 충격은 대체로 정치에 의해서 관리될 수 있다. 그러면 현미경을 통해 보는 박테리아 연구와 같은 과학의 경우는 어떠한가? 이는 분명히 정치적인 것이 아니다. 그런데 누가 과학자들의 교육과 연구실에 대한 예산을 지원하는가? 민간기부금(세금감면을 받는 기부자들에 의한)이 제공되기도 하지만, 정부가 과학 연구 지원의 주된 역할을 한다. 정부가 에이즈에 대한 연구를 최우선적인 연구로

결정했을 때 다른 프로그램에 대한 지원은 줄어든다. 박테리아와 바이러스는 자연과학에 관련되지만 이에 대한 연구는 종종 정치적인 것이 되는 경우가 있다. 남성 동성애자들은 유방암에 관심이 있는 여성들과 대립을 한다. 누가 무엇을 얻는가? 에이즈 치료법 개발과 유방암 치료법 개발 중 어느 것에 우선을 두어야 하는가? 그 선택은 정치적인 것이다.

정치는 과학으로 연구될 수 있는가?

과학(science)을 처음 접하는 학생들은 과학이 특정 주제에 대한 연구를 의미한다고 생각한다. 그러나 과학은 거의 모든 주제를 연구하는 방법이다. 과학은 주제를 의미하는 것이 아니라 방법을 의미하는 것이다. 프랑스어로 과학의 원래 의미는 단순히 '지식'이다. 후일 측정과 계산에 의존하는 자연과학자들이 과학이라는 용어를 접수했다. 현재 대부분의 사람들은 과학이 경험과 데이터에 의하여 뒷받침되는 정확하고 사실적인 것으로 생각한다. 일부 정치학자들은 자연과학자들과 같이 되기 위한 시도를 하고 있다. 그들은 데이터를 **계량화**하고 **가설**을 검증하기 위해 통계적으로 처리한다. 그러나 그들은 항상 거시적인 의미보다는 작은 구체적 문제에 초점을 맞춘다. 이에 따라 그들은 여론, 선거결과, 의회 내 투표 등 계량화할 수 있는 분야에 집중하는 경향이 있다.

그러나 정치의 많은 부분이 계량화되기 어렵다. 어떻게 그리고 왜 지도자들은 자신들의 결정을 할까? 민주주의에서도 많은 결정들이 비밀리에 이루어진다. 우리는 워싱턴의 백악관, 파리의 엘리제궁, 베이징의 중난하이(中南海)에서 어떻게 결정이 이루어지는지 정확하게 알지 못한다. 국회의원들이 어떠한 이슈에 대해 투표를 할 때 우리는 그들이 왜 그러한 방식으로 투표를 했는지 알 수 있는가? 지역구 주민들의 의사인가, 국가를 위한 것인가, 선거 과정에서 지원을 해 준 이익집단의 의사인가? 이들을 계량화해 보라. 어떻게 왜 결정이 이루어졌는지와 같은 문제 등 많은 정치적 요소들은 너무 복잡하고 비밀적인 요소가 많아서 계량화하기가 어렵다. 19세기 독일을 통일시킨 비스마르크가 법과 소시지를 비교한 유명한 말이 있다. 그것들이 어떻게 만들어졌는지 보지 않는 것이 더 낫다.

이는 정치가 절대로 자연과학과 같이 될 수 없다는 의미인가? 정치학은 양적이고 질적인 데이터를 축적하여 분석하는 **경험적** 학문이다. 그러한 데이터를 가지고 우리는 생물학에서와 같이 연속적인 패턴을 발견할 수 있다. 그리고 우

계량화(quantify)
숫자를 가지고 측정하는 것.

가설(hypothesis)
연구자가 시작하는 초기 이론이고 근거에 의해서 입증된다.

경험적(empirical)
관찰이 가능한 근거에 기반.

리는 이를 일반화하기 시작한다. 일반화가 확고해질 때 우리는 그것을 이론이라고 부른다. 일부 경우에 이론이 확고해지면 법칙이라고 부르기도 한다. 이러한 방식으로 정치학 연구는 지식을 축적하는데, 이것이 과학의 원래 의미이다.

객관적 분석의 방법

정치학은 연구자들이 사건을 사심 없이 있는 그대로 연구할 때 자연과학과 닮았다고 할 수 있다. 정치를 연구하는 것이 별과 세포를 연구하는 것보다 더 어렵다. 대개의 정치학자들은 현재의 이슈들에 대해 견해를 가지고 있으며, 이러한 개인의 견해 때문에 정치에 대한 분석이 왜곡될 수 있다. 주어진 문제 자체가 연구자의 흥미를 유발하기 때문에 그 열정이 연구를 진행하도록 한다. 당신이 관심을 가지지 않는 문제에 대해서 연구를 진행하게 되는가? 만약 당신이 어떠한 문제에 대해서 관심을 가지게 되면 당신은 아마도 어느 한 편으로 치우치면서 연구를 시작할 것이다. 그러나 너무 한 쪽에 치우치게 되면 이 연구는 편견을 가진 결과를 도출하게 될 것이다. 진실을 탐구하는 연구가 아니라 파벌적 주장을 하는 연구가 될 것이다. 이를 어떻게 막을 수 있을 것인가? 전통적인 **학문**의 방법론이 일부 지침을 제공할 것이다. 학문적 연구는 '이성적'이고, '균형적'이며, '근거'에 기반해야 하고, 어느 정도 '이론적'이어야 한다.

학문(scholarship)
이성과 근거에 기반한 지적인 주장들의 집합.

이성적 연구자는 자신의 논리를 제시해야 하는데, 이치에 맞아야 한다. 가설을 바탕으로 하여 당신의 관점이 만들어 졌다면, 당신은 그 점을 밝혀야 한다. 당신은 이렇게 말할 것이다. "이 연구를 하는 데 있어서 우리는 관료들이 합리적이라고 가정한다", "이 연구는 작은 도시의 투표 심리에 대한 것이다." 당신의 기본적인 가설이 당신이 연구하는 내용과 방법에 영향을 미치지만, 당신의 가설을 정직하게 제시함으로써 왜곡을 최소화할 수 있다. 사회과학 전 분야에 광범위하게 기여를 한 독일의 사회학자인 베버(Max Weber, 1864~1920년)는 연구자의 정치적 견해를 지지하는 사실들은 편견이기 때문에 제외되어야 한다고 주장했다. 이러한 순수한 태도를 가지는 연구자들은 거의 없지만 베버의 논점은 제대로 수용되어야 한다. 연구를 구조화할 때 주어진 관점을 벗어나지 않도록 주의해야 한다.

균형적 연구 주제에 대해서 기존의 방법과 다른 방법으로 살펴보면 편견을 최소화할 수 있다. 당신은 당신이 연구하는 주제에 대한 다양한 접근법, 그리고 다른 연구자들이 무엇을 발견했는지에 대해서 언급을 해야 한다. 연구지도자들은 당신이 주어진 분야에서의 연구동향에 대해 알고 있다는 점에 좋은 인상을 받을 것이다. 당신이 이전의 연구를 비판하고 그 연구들이 불완전하고 잘못되었다는 점을 설명하면 연구지도자들은 더욱 좋은 인상을 받을 것이다. "존스의 선거에 대한 연구는 투표자들이 대체로 무관심하다는 점을 발견했는데, 이 결과는 대체로 낮은 투표율을 보이는 중간선거에 대한 것이기 때문이다." 다양한 접근법과 연구방법을 비교하고 비판함으로써 당신은 보다 더 객관적이고 확신할 수 있는 연구결과를 제시할 수 있다. 당신 자신이 특정 관점이나 이론에 깊숙이 빠져 들지 말고 자신의 견해는 여러 견해 중의 하나라는 점을 수용하는 것이 바람직하다.

근거의 지원 모든 학문적 연구는 자연과학의 양적 근거로부터 인문학의 질적 근거까지 다양한 근거를 필요로 한다. 정치학은 두 가지 모두를 사용한다. 이상적인 측면에서, 모든 해석이나 논쟁에 대한 주장은 근거에 의해 입증되어야 한다. 일반적으로 알고 있는 지식은 근거를 제시할 필요가 없다. 대통령의 임기를 말할 때 헌법을 인용하여 '입증'할 필요는 없다. 그러나 수십 년 동안 대통령들이 권력을 획득한 과정에 대해서는 자료를 제시해야 한다. 최소한 당신은 이에 대한 근거를 종합한 학자들의 글을 인용해야 한다. 이를 '2차 자료'라고 부르는데, 이는 다른 사람의 생각을 통해 나온 자료이다. 대부분 학생들이 2차 자료만을 사용하여 과제를 작성하지만, 특정 후보에 대해서 어느 지역에서 가장 많은 지지를 보냈는지에 대해서 원 데이터를 모아서 1차 자료로 활용하게 되면 지도 교수는 무척 깊은 인상을 받을 것이다. 연구 결과물을 읽는 평가자는 사용된 근거를 검토하고 유용한 자료를 사용했는지 평가한다. 따라서 근거나 자료를 비밀로 유지해서는 안 된다.

이론적 잘 된 학문적 연구는 적어도 작은 부분이라도 이론적 관점에 항상 연결되어 있다. 새롭고 선풍적인 이론일 필요는 없고 학문적 지식을 조금이라도 발전시켜야 한다. 최소한도 기존의 이론을 확인하거나 논박해야 한다. 어떠한 것을 단순히 설명하는 것은 이론이 아닌데, 설명은 구글이나 위키피디아로 충분하기 때문이다. 당신은 어떠한 요인 또는 요인들에 대한 설명을 경험적 근거와 연계시켜야 한다. 이론 설계는 당신의 연구를 논쟁 수준 이상으로 발전시켜서 그 주제에 대한 찬성과 반대의 주장을 이끌어 낸다. 우리 모두가 동의하는, 이슬람국가(IS)를 배격해야 한다는 것은 이론이 아니다. 왜 사람들이 IS에 참여하는가를 연구하는 것(많은 학자들이 연구했음)은 중요한 이론적이고 실제적인 영향을 미친다.

정치학은 얼마나 좋은 학문인가?

일부 학생들은 정치학이 단순히 견해들을 발표하는 것으로 생각하고 입문을 하는 경우가 있다. 그 학생들은 견해가 만들어지는 과정은 무시하고 시험을 보거나 과제를 작성하는데, 이러한 식으로 공부를 하게 되면 가치가 없는 결과를 습득하고 의미 없는 정치학이 된다. 전문적인 정치학자들은 연구과정에 개인 견해는 한편으로 밀어 놓는다. 최고 사상가들은 이전에 자신이 가졌던 견해와 연관이 없는 결과를 도출해 낼 수 있는 능력을 보유하고 있다. 이러한 능력을 보유하게 되면 우리는 진실한 지식의 성장을 이룩하고 학문적 목표를 달성할 수 있을 것이다.

이러한 경험은 다른 것도 가져다준다. 당신은 자신이 처음부터 그렇게 편파적이 아니었어야 했다는 결론을 내리게 될 것이다. 당신은 이전에 강하게 품었던 당신의 견해를 물리칠 수 있게 될 것이다. 이러한 점에서 정치학은 뚜렷한 정견을 가진 현실 정치가가 되도록 교육이나 훈련을 받게 하는 학문이 아니다. 정치학은 객관적이고 때로는 복합적인 분석을 하도록 훈련시키는 반면, 현실정치는 고정되고 대중적이고 단순화된 견해를 필요로 한다.

정치학은 좋은 정부를 만드는 데 기여를 할 수도 있다. 퀘이커들이 말한 대로 '권력에 대한 진실을 발언'함으로써 공무원들에게 잘못된 점에 대한 경고를 한다. 때때로 이러한 충고는 직업 정치인들에게 유용하다. 예를 들어, 1960년대 중반부터 미국에서의 여론조사는 정부에 대한 신뢰가 무너지는 결과를 보여 주었다. 그 원인들은 베트남전쟁, 워터게이트 스캔들, 인플레이션 등이었다. 이후 선거에 임하는 후보들은 대중여론을 인식하고 이러한 쇠퇴를 상쇄하기 위해 자신들의 캠페인과 정책을 재단했다. 밝은 성향과 낙관적 견해를 가졌던 레이건(Ronald Reagan)은 사회의 불만을 두 번의 대통령 선거에서 승리하는 계기로 활용했다.

일부 정치학자들은 이란의 샤(shah) 정부의 취약한 기반에 대해서 몇 년 동안 경고를 했다. 불행하게도 그러한 경고들은 무시되었다. 미국정부의 정책은 샤 정부를 지지하는 것이었고, 샤 정권이 몰락하기 두 달 전에야 테헤란 주재 미국대사관은 이란이 얼마나 불안정한지에 대해서 보고하기 시작했다. 미 국무부는 이란의 정치적 상황에 대한 명확한 분석을 하지 못했고 제대로 된 미래 전망을 하지 못했다. 언론인들도 별로 나은 게 없었다. 폭력사태가 발생할 때까지 이란의 미래에 대해서 보도한 언론매체는 없었다. 그러나 수년 전부터 이란을 연구한 정치학자들은 문제가 발생할 것을 내다 봤다. 보다 최근에 정치학자들은 이라크가 민주주의를 실행할 준비가 되어 있지 않고, 미국의 침공은 혼란을 초래할 것이라고 경고했으나, 미국정부는 이에 귀를 기울이지 않았다. 정치학이 유용하다는 사례들이다.

정치학의 하위분야

대부분의 정치학과들은 정치학을 몇 개의 하위분야로 분류한다. 학과의 규모가 클수록 하위분야가 많은 경향이 있다. 이 교재는 적어도 몇 개의 간략한 분야에 대한 소개를 한다.

'각국 국내정치'는 제도와 과정에 초점을 맞추는데, 대체로 중앙정부 수준을 다루지만 때로는 지방수준도 다룬다. 정당, 선거, 여론, 그리고 행정부와 입법부의 행태를 분석한다.

'비교정치'는 다른 국가들의 정치를 다루고, 제도와 정치문화의 일반화를 도모하며, 민주주의, 안정, 정책에 대한 이론을 정립한다. '유럽정치', '남미정치' 또는 '동아시아정치'와 같은 다양한 지역의 정치에 초점을 맞추기도 한다.

'국제관계'는 국가들 사이의 정치를 다루며, 갈등, 외교, 국제법과 국제기구, 그리고 국제정치경제를 포함한다. 각국의 외교정책에 대한 연구는 각국 정치의 한 분야이면서 국제관계의 한 부분이다.

'정치이론'은 고전이론과 현대이론을 불문하고 좋은 정체(政體)를 정의하려는 시도를 하고 주요 사상가들에 대해 초점을 맞추는 경우도 있다.

'행정학'은 관료체계가 어떻게 작동되고 어떻게 개선이 되는가를 연구한다.

'헌법'은 법체계 내에서 헌법의 적용과 진화에 대해 연구한다.

'공공정책'은 효율적인 프로그램을 발전시키기 위한 정치와 경제의 상호작용을 연구한다.

역사 및 저널리즘과 정치학의 비교

다른 학문을 하는 사람들의 정치에 대한 이해가 정치학의 특성을 나타내 준다. 역사와 저널리즘은 정치학과 다른 목표를 가지고 있지만, 그들은 공통된 특징을 공유한다. 역사는 과거를 연구하고, 모든 역사가 정치에 초점을 맞추지 않는다. 저널리즘은 현재를 다루는데, 뉴스의 일부 이야기만 정치에 관한 것이다. 그러나 그들은 특수한 사건에 대해서는 공통적으로 다룬다. 역사가가 프랑스혁명을 연구할 때 그는 어떠한 일이 발생했는지를 보다 잘 이해하기 위해서 사람, 장소, 사건에 대한 이야기를 설명하고, 왜 그러한 일이 발생했는지에 대한 명제를 제시한다. 그는 프랑스혁명과 미국혁명을 비교하는 데 대한 관심이 없는데, 그 이유는 프랑스혁명 자체가 분리된 연구를 할 만한 가치가 있는 특별한 사건이기 때문이다.

이와 유사하게 전쟁에 대한 보도를 하는 저널리스트는 전개되는 상황을 정확히 묘사하려 노력을 한다. 그는 이 전쟁으로 영향을 받는 사람들을 인터뷰하고 어떻게 전쟁이 전환되는지를 설명하기 위해서 연대기적으로 설명을 한다.

정치학은 이 사건들에 대해서 다르게 접근을 한다. 정치학자는 어느 한 혁명에만 초점을 맞추지 않고 무엇이 이 혁명들을 연결시켜 주는가를 발견하기 위해서 여러 가지의 혁명들을 비교하기도 한다. 어떠한 요인들이 혁명을 일으키게 하는가? 왜 그들은 언제는 성공하고 언제는 실패하는가? 혁명의 결과들은 어떠한 것들인가?

이와 유사하게, 정치학자는 반드시 현재 벌어지고 있는 전쟁에 대해서 기록할 필요는 없고, 전쟁난민을 인터뷰할 필요도 없다. 그 대신 정치학자들은 일반적으로 무슨 이유로 전쟁이 발생하는지, 또는 어떻게 일부 작은 분쟁들이 주요 전쟁으로 발전하거나 발전하지 않는지에 대해서 관심을 가지기도 한다. 어떠한 환경에서 내전들이 대량학살로 이어지는가? 대규모의 난민들이 발생했을 때 어떠한 형식의 지원이 가장 성공적인가?

역사가들과 저널리스트들은 종종 특정 사건의 독특한 환경을 설명하려 하지만, 정치학자들은 **일반화**시키려는 노력을 한다. 귀족정으로부터의 탈피가 프랑스혁명에서만 원인이 된다면, 정치학자들은 혁명을 설명하는 데 이 요인을 활용하지 않는 반면, 역사가는 이를 매우 흥미롭게 다룬다. 만약 어느 난민이 전쟁에 의한 고통을 받는다면, 저널리스트는 그 이야기를 할 것이다. 정치학자는 난민의 숫자가 50퍼센트 증가하여 심각해진 난민의 위기에 대한 국제적 대응으

일반화(generalize)
모든 종류의 사건들의 결과가 된 이유들에 대해서 설명한다.

로 수립한 새로운 전략이 과거의 전략과 비교하여 어떠한 도움이 되는지에 초점을 맞춘다.

정치학은, 어느 한 맥락에서는 중요한 것처럼 보이지만 그 맥락을 넘게 되면 연관성이 별로 없는 것들은 무시한다. 그 대신 정치학은 유사한 맥락들에 걸쳐서 존재하는 몇 안 되는 요인들에 대해서 초점을 맞춘다. 정치인은 경쟁자가 과거에 대중이 반대하는 법안에 찬성했다는 사실을 비난하는 광고를 낸 덕분으로 아니면 선거캠페인에 1,000만 달러를 사용했기 때문에 선거에서 승리했는가? 어느 한 선거만 연구하게 되면 완전한 정답을 찾을 수가 없다. 많은 선거캠페인들을 연구해야 어느 것이 승리에 더 중요한지 파악할 수 있다. 네거티브 캠페인 또는 풍부한 선거자금?

정치학의 이론

1.3 다양한 정치학 이론들의 강점과 약점에 대해 평가한다.

전형적으로 학교는 학생들에게 지식을 축적하라고 요구하는데, 이는 더 많은 것을 알도록 노력하라는 뜻이다. 이에 대해 비판하는 사람들은 사실들(facts)이 스스로 결집되어 조직화되는 것이 아니기 때문에 지식은 사실들을 축적하는 것 이상이 되어야 한다고 지적한다. 조직화하는 원칙 없이 사실들을 수집하는 것은 의미 없는 사실들을 다량 모으는 것에 불과한 것이라고 칸트는 지적한다. 과학에서 이론들은 사실들의 패턴에 의미를 부여하는 구조를 제공한다. 물론 이론들은 매우 복잡하고 추상적으로 발전될 수 있으며 실질 세계와 분리될 수 있지만, 일정한 이론적 관점 없이 우리는 어떠한 질문을 해야 할지도 모르게 된다. 당신이 어떠한 이론도 가지고 있지 않다고 말하더라도, 당신은 아마도 암암리에 일부 이론을 갖고 있게 된다. 당신이 하는 질문들과 당신이 제일 먼저 묻는 것들은 이론화의 시작이다.

이론들은 사실들이 아니다. 이론들은 사실들이 어떻게 구조화되어야 하는가를 제시한다. 일부 이론들은 다른 이론들보다 지지를 받기 위해 보다 많은 근거를 갖고 있다. 자연과학에 있어서도 소위 빅뱅과 같은 이론들은 일부 관찰된 것만을 설명한다. 이론들은 종종 다른 이론들과 경쟁을 한다. 당신은 어느 모델이 가장 정확하다고 어떻게 증명할 수 있는가? 정치학자들, 그리고 거의 모든 학자들은 세계에 대해 관찰한 것들을 가지고 이론들을 테스트하고, 자신들이 알고 있는 것들에 이론을 대입한다. 과학을 통한 지식의 축적은 대체로 항상 느리고 점진적인 과정을 거친다. 아래의 절들은 정치학자들이 정치세계를 이해하는 데 사용하는 여러 가지 이론적 틀을 개괄한다.

행태주의

제도(institutions)
의회 등과 같은 정부의 공식적인 조직이다.

19세기 후반 이후 20세기 중반까지 정치 사상가들은 정부의 공식적 구조인 '제도'에 초점을 맞추었다. 이는 정치학의 발전에 있어 법의 영향을 보여주었다. 예를 들어, 미국의 윌슨(Woodrow Wilson) 대통령은 정치학자가 되기 이전에 법률가(성공적이지는 못했지만)였다. 그는 정부의 제도들을 완성시키는 데 주력했다. 당시에 헌법을 정비하는 것이 정치학자들의 주관심사였는데, 그 이유는 제도에 대해서 문서로 만들어야 그 제도가 실행되는 데 중심역할을 하기 때문이었다. 그러나 소련, 이탈리아, 독일에서 독재정치의 등장이 이러한 믿음을 흔들어 놓았다. 독일의 바이마르 헌법(1919~1933년)은 문서상으로는 훌륭했고, 전문가들이 기초를 다졌다. 압박 속에서 헌법체계가 무너졌는데, 당시 독일인들은 민주주의에 필요한 경험을 갖고 있지 못했다. 이와 마찬가지로, 1936년의 스탈린 헌법은 완전한 민주주의를 반영하는 것처럼 보였지만, 잔인한 독재의 도구로 전락하게 되었다.

공산주의와 파시스트 독재, 그리고 제2차 세계대전은 정치학자들로 하여금 제도에 대해 재탐구하도록 했으며, 많은 학자들은 정치가 어떻게 작동할지에 대해서 추측을 하기보다는 실제로 어떻게 작동되는지에 대해서 관심을 두기 시작했다. 전후 많은 정치학자들이 19세기 초기 프랑스 철학자 콩트(Auguste Comte)의 전통을 따랐는데, 콩트는 **실증주의**의 교리를 개발했다. 실증주의는 자연과학 방법론을 사회에 대한 연구에 적용시키는 것인데, 콩트의 실증주의는 낙관적인 철학이었다. 우리가 고찰이나 직관 없이 과학적 관찰의 방법으로 유효한 데이터를 축적하게 되면, 사회에 대해서 완전하게 파악을 하고 사회를 발전시킬 수 있다는 주장이다. 심리학자들이 아마도 이 접근에 가장 깊게 고취되었을 것이다. **행태주의**자들이라 불리는 학자들은 사상이나 감정에 반대되는 실질적인 행동에 초점을 맞추어야 한다고 강조한다.

실증주의(positivism)
사회를 과학적으로 연구할 수 있고, 획득된 지식을 가지고 사회를 발전시킬 수 있다는 이론이다.

행태주의(behavioralism)
추상적 또는 명상적 이론보다는 실질적인 인간의 행동에 대한 경험적 연구이다.

1950년대부터 행태에 중점을 두기 시작한 정치학자들은 선거, 여론조사, 의회에서의 투표, 그리고 기타 숫자로 확인할 수 있는 것들의 통계치를 축적하기 시작했다. 행태주의자들은 오래 전부터 전해 내려오지만 확인되지 않은 가설들의 진위여부를 판명해 냄으로써 정치학에 큰 기여를 했다. 행태주의 연구는 정치의 '사회적 기반', 그리고 시민들의 태도와 가치를 분석하는 데 유용했다. 최고의 작업은 투표의 패턴에 대한 것이었는데, 그 이유는 유효한 데이터를 수집하는 것이 가능했기 때문이다.

　1960년대까지 행태주의 학파가 자리를 잡았고 정치학 분야에서 중요한 입지를 확보했다. 그러나 1960년대 후반에 행태주의는 심각한 공격을 받기 시작했는데, 공격을 한 사람들은 전통주의자들뿐만이 아니었다. 1960년대 급진주의의 영향을 받은 많은 젊은 정치학자들은 행태주의적 접근이 정적이고 보수적이며 실행자들의 가치의 영향을 받기 때문에 당면한 긴급한 과제들과 관련성을 가지지 못한다는 불만을 표했다. '과학적' 또는 '가치중립적'인 것과는 거리가 먼 행태주의자들은 시대적 상황을 규범이라고 하거나 특출한 것이라고 주장한다. 알몬드(Gabriel Almond, 1911~2002년)와 버바(Sidney Verba, 1932년~)는 미국인들이 모든 '시민문화'의 올바르고 '참여적'인 덕목을 구체화했다는 점을 발견했다. 어떠한 주어진 시기에 존재하는 것들만 분석을 함으로써 행태주의자들은 변화의 가능성을 무시한다. 그 연구는 시기에 좌우되는 것이다. 행태주의자들은 현상유지를 암묵적으로 선호한다. 그들은 기존에 성립된 민주주의 체제에 대해 연구하기를 좋아하는데, 이것이 자신들의 방법론적 도구로 할 수 있는 최고의 것이기 때문이다. 경찰국가 또는 시민들이 갈등을 겪는 국가의 사람들은 솔직하게 의견을 표현하면 감옥에 가거나 살해될 가능성이 있을 것이라고 생각하기 때문에, 그들은 '올바른' 견해에 대한 목소리만 낸다.

　아마도 가장 심각한 비판은 행태주의자들이 비교적 중요하지 않은 주제에 관심을 기울이고 정치의 큰 그림은 소홀히 한다는 점이다. 예를 들어, 행태주의자들은 우리들에게 어느 지역의 노동자들의 몇 퍼센트가 그 지역의 특정 정당에 투표를 하는지 말할 수 있지만, 이것이 그 지역의 거버넌스의 질에 어떠한 영향을 미치는지, 또는 선출된 관료들이 어떠한 결정을 내릴지에 대해서는 설명을 거의 하지 못한다. 시민들이 어떻게 투표를 하는지와 정부로부터 어떠한 정책이 나오는지의 연관성을 제시하지 못한다. 비판가들은 행태주의 연구는 연관성을 다루지 못한다고 주장한다.

　1969년 즈음에 많은 정치학자들은 이전에 '행태주의적 혁명'으로 불리던 것에 대한 비판이 존재한다는 것을 수용하게 되었다. 일부 학자들은 이러한 새로운 움직임을 **후기 행태주의**로 불렀는데, 이는 전통적이고 행태적인 접근들을 종합한 것이다. 후기 행태주의자들은 사실들과 가치들이 함께 조화를 이룰 수

후기 행태주의(postbehavioral)
정치학을 연구하는 데 있어서 전통적, 행태적, 그리고 다른 기술들을 종합한 것이다.

있다는 점을 인정한다. 그들은 전통주의자들의 질적인 데이터와 행태주의자들의 양적인 데이터 모두를 활용한다. 그들은 역사와 제도뿐만 아니라 여론과 합리적 선택이론에 관심을 가진다. 그들은 자신들의 사례를 설명하는데 숫자를 두려워하지 않고 상관관계, 그래프, 비율을 기꺼이 활용한다. 당신이 속한 정치학과를 들여다보면 당신은 전통주의적, 행태주의적, 그리고 후기 행태주의적 관점을 지닌 교수들을 발견할 수 있을 것이며, 심지어는 한 교수가 이 세 가지 시각을 전부 가진 경우도 있을 것이다.

신제도주의

1970년대에 접어들면서 정치학은 행태주의에서 벗어나 제도를 다시 발견하기 시작했다. 1980년대에 이는 '신제도주의(New Institutionalism)'로 재탄생했다. 그 핵심은 의회, 정당, 관료사회 등 정부의 조직이 자체적인 생명력을 지니며, 이 정부조직에 존재하고 혜택을 받는 사람들의 행위와 태도를 결정한다는 것이다. 예를 들어, 의원들은 오래 전에 만들어졌고, 수십 년에 걸쳐서 수정되어 온 규칙들을 준수하면서 활동을 한다. 이러한 규칙들이 성문화되지 않았더라도 매우 복잡하다는 점을 알게 되면, 정치인들이 어떻게 이 규칙을 위반하지 않고 논리적으로 자신들의 이익을 최대화시키려고 노력하는지를 알게 되는데, 이는 야구경기에서 타자가 규칙에 어긋나지 않는 방식으로 번트를 댈지도 모른다고 예상하는 것과 같다. 이는 오묘한 술수가 아니라 그들이 합법적으로 하는 게임의 일부이다. 제도의 보존과 강화가 정치인들의 주요 목표들 중의 하나가 되고 있다. 구태의연하고 비효율적이라도 제도들은 가시밭 길을 헤쳐 나간다. 소비에트 진영의 정당들은 부패하고 비효율적이었지만, 그들은 정당원들의 직업과 특권을 보장하기 때문에 존재할 수 있었다.

체계이론

전후 가장 중요한 정치학의 발명은 이스턴(David Easton, 1917~2014년)에 의해서 고안된 '정치체계(political systems)' 모델이며, 이는 현실을 단순화하지만 때로는 현실을 벗어나는 방식에 의해서 정치를 이해하게 하는 데 기여했다. 복잡한 실체들을 체계들로 보는 아이디어는 생물학으로부터 나왔다. 살아 있는 유기체들은 복잡하지만 매우 통합적이다. 심장, 폐, 피, 소화기, 뇌는 동물이 살아있을 수 있게 하는 기능을 수행한다. 어느 하나의 장기라도 제거하면 동물은 죽는다. 체제 내의 하나의 기관이나 다른 부속들이 상해를 입게 되었을 때 동물이 살려면 기능의 변화가 이루어져야 한다. 체계의 중요성에 대한 생각은 다음과 같다. 어느 한 기관의 변화는 다른 기관들 모두를 변하게 할 수 있기 때문에 어느 한 기관도 변화시킬 수 없다.

정치체계 사상가들은 국가의 정치과정은 생물체계와 같이 피드백 회로(feedback loop)의 작용을 한다고 주장한다. 이스턴 모델(도표 1.1)에 따르면, '투입(input)'인 시민들의 요구들은 정부의 정책결정자들에 의해 인식이 되고, 그들은 권위적인 결정과 활동을 하는데, 이것이 '산출(output)'이다. 이러한 산출 결과들은 사회적, 경제적, 정치적 환경에 영향을 미치는데, 시민들은 이러한 결과를 좋아하거나 싫어할 수도 있다. 시민들은 산출 결과에 따라 새로운 요구를 하게 되는데, 이것이 체계의 핵심적인 '피드백' 과정이며, 이전의 정책을 변경시킬 수 있다. 이러한 '전환과정(conversion process)'에 의한 결과는 불투명한 '블랙박스'의 성격을 가지게 된다.

일부 사례들에 있어서 정치체계 접근은 현실에 부합된다. 베트남전쟁이 질질 끌게 되자, 군 의무복무제에 대한 피드백이 부정적이 되었다. 닉슨행정부는 1973년에 의무복무제를 폐지하여 젊은이들의 분노를 가라앉히려 했고, 군 징집제도 전체를 모병제로 전환했다. 1980년대에 프랑스 미테랑(Francois Mitterrand) 대통령이 택한 사회주의 경제는 심각한 인플레이션과 실업의 결

도표 1.1 정치체계 모델

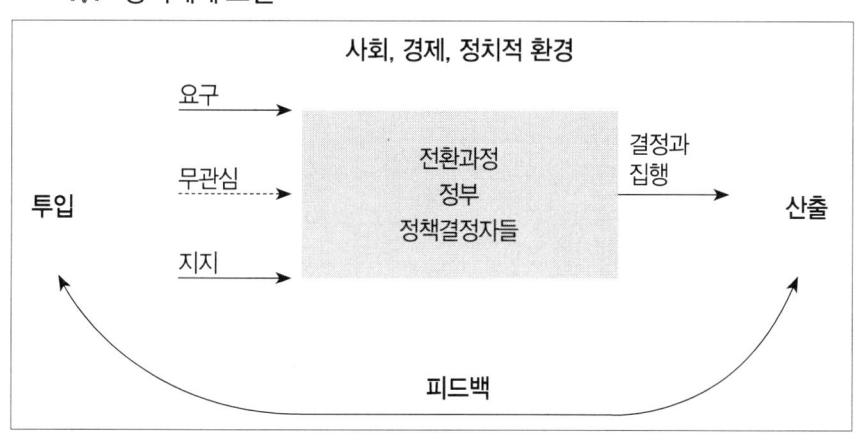

(David Easton, *A Systems Analysis of Political Life*, Chicago: University of Chicago Press, 1965, p. 32에서 인용)

과를 남겼다. 비즈니스 공동체를 포함한 프랑스 사람들은 강력하게 항의했고, 결국 미테랑은 경제정책을 자본주의로 회귀시켰다. 이 사례들은 피드백 회로가 이루진 경우이다. 피드백은 분열될 수도 있다. 미국의 오바마행정부는 헬스케어 개혁을 중요하고 필요하다고 생각했지만, 미국인구의 절반은 이를 반대했고, 공화당은 이를 선거캠페인으로 활용했다.

그러나 다른 경우에 체계모델은 실패를 한다. 히틀러의 독일 또는 스탈린의 소련은 실질적으로 체계모델에 적합한가? 독재자들은 시민들의 요구에 얼마나 관심을 기울이는가? 거기에도 항상 투입과 피드백이 있는 것은 확실하다. 히틀러의 장군들은 히틀러를 암살하려고 했는데, 이것도 일종의 피드백이다. 공산주의 체제의 노동자들은 일을 많이 하지 않음으로써 정부의 정책에 영향을 미쳤다. 그들은 보다 많은 소비재를 원했고, 노동에 전력을 기울이지 않음으로써 자신들의 열망을 체제에 전달하였다. 결국 체제는 개혁을 하지 않을 수 없었다. 소비에트 진영 전체에서 노동자들은 비웃곤 했다. "그들은 우리에게 보상을 하는 것처럼 하고, 우리는 일을 하는 척 한다." 소련에서 (어설픈) 개혁은 고르바초프 시대부터 시작되었는데, 이는 체제붕괴로 귀결되었다.

체계모델은 베트남전쟁을 어떻게 설명하는가? 미 행정부가 50만 명의 군인들을 전쟁터로 보내도록 미국인들이 요구했는가? 아니고, 그 반대이다. 1964년에 존슨(Lyndon Johnson) 대통령은 반전 시위에 시달리고 있었다. 체계모델은 전쟁에 대한 불만이 존슨의 인기를 얼마나 하락시켰는지 보여주었으며, 결국 존슨은 1968년에 대선에 도전할 수 없게 되었다. 피드백 회로가 효력을 발휘했는데, 전쟁을 시작하는 정책결정이 이루어진 후 단지 몇 년 지나지 않아서 실행되었다. 체계모델은 워터게이트 스캔들을 설명할 수 있는가? 미국 시민들은 닉슨 대통령이 민주당 본부에 대한 도청을 했는지 의문을 가졌다. 아니라고 부인했지만, 1973년부터 은폐 사실이 드러나기 시작하자 피드백 회로가 효력을 발휘하기 시작했으며, 하원에 대통령을 탄핵하는 절차를 시작하라는 요구가 거세졌다.

간단히 말해서, 체계모델에는 일부 문제점들이 있으며, 이는 전환과정의 '블랙박스' 내에 있는 것으로 보인다. 시민들이 주도하지 않고 시민들이 원하는 것들과는 별로 관련이 없는 일들이 정부의 장치 내에서 이루어진다. 예를 들어, 많은 시민들은 흡연이 건강에 미치는 악영향에 대해서 별로 인식을 하지 못한다. 의학적 통계 분석만이 흡연과 폐암의 강력한 연관성을 밝혀내고 있으며, 이는 의회로 하여금 담뱃갑에 경고 문안을 넣고 담배광고를 금지하는 법안을 통

> **이론 1.1 모델: 현실의 단순화**
>
> 모델은 사회과학자들이 데이터를 정리하고, 이론화하며, 예측함으로써 현실을 단순화하는 그림이다. 좋은 모델은 현실을 정확하게 단순화시키는데, 그 이유는 현실세계를 복잡하게 하는 모델은 아무런 도움이 되지 않기 때문이다. 그러나 여기에는 현실을 과도하게 단순화하는 위험이 있다. 문제는 제한된 인간의 능력이다. 우리는 가용한 정보 전체를 다룰 수 없다. 우리는 어느 요소들이 중요하고 어느 것을 무시해야 하는지 선택을 해야 한다. 그러나 이 과정에서 일부 중요한 요소들을 간과하고 핵심 요소들에만 과도하게 집중하는 결과가 초래될 수 있다. 그 결과 우리는 정치모델의 적용을 일시 중단하고 그 모델이 현실과 떨어져서 너무 멀리 나아가고 있는지의 여부를 파악해야 하는 경우가 생긴다. 이 경우에 모델을 포기하거나 변경시켜야 한다. 모델에 적합하지 않다고 현실을 무시하면 안 된다.

과시키게 한다. 금연 캠페인은 대중들이 아니라 정부 내의 일부 전문가들에 의해서 진행된다.

체계이론은 기본적으로 정적이고, 현상유지에 편향되어 있으며, 격변적인 상황을 다루는 것이 불가능하다. 이것이 소련의 붕괴에 대해서 정치학자들이 놀라게 된 이유다. '체계들'은 붕괴하지 않는 것이라 생각되어 왔다. 그들은 스스로 수정을 가하면서 지속되는 것으로 생각이 되었다.

우리는 체계모델이 현실을 더 잘 반영할 수 있도록 수정을 할 수 있다. 도표 1.2와 같은 도해를 만들어서 논리적으로 조금 변화시킬 수 있다. 우리가 지금까지 살펴본 과정은 피드백 회로에서 산출이 투입으로 전환되는 것이었다. 그러나 정부의 '전환과정'을 처음에 넣음으로써, 대개의 과정이 시민들로부터 시작이 되는 것이 아니라 정부로부터 시작되도록 했다. 대중은 차후에만 반응하도록 했다. 아프가니스탄전쟁이 대표적 사례다. 2001년에는 강력한 지지가 있었지만, 10년 후에는 싫증나는 전쟁이 되었다.

다음으로, 이스턴은 나중에 자신이 제시했던 것과 다른 것을 추가했다. '블랙박스' 안에서는 단순히 외부의 요구를 처리하는 과정 이외에 많은 다른 일들이 발생한다. 정부의 다양한 부분에서 발생하는 압력을 이스턴은 '체제 내 투입(withinputs)'으로 부른다. 일반적인 의미의 투입과 체제 내 투입의 두 가지 요인들은 모델을 보다 복잡하게 할 수 있지만, 이는 현실의 복잡한 성격을 반영하는 것이다.

도표 1.2 정치체제의 수정된 모델

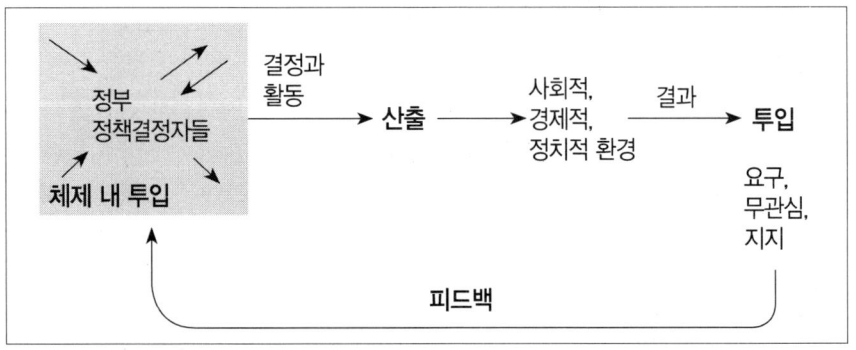

(David Easton, *A Systems Analysis of Political Life*. Chicago: University of Chicago Press, 1965, p. 32에서 인용)

합리적 선택이론

제2차 세계대전 기간에 수학자들에 의해 개발된 새로운 접근법이 1970년대에 정치학계에서 급속하게 성장했는데, 그것은 합리적 선택이론(Rational Choice Theory)이다. 합리적 선택이론가들은 행위자의 이익을 알게 되면 보편적으로 그의 정치적 행위를 예측할 수 있는데, 그 이유는 대체로 인간들은 자신의 이익에 따라 행동하기 때문이라고 한다. 대통령 후보자는 당면한 이슈에 대해서 어떠한 입장을 보여야 자신이 최대의 이득을 취할 수 있는지 계산한다. 그는 이렇게 말할 것이다. "많은 사람들은 아프가니스탄에서의 전쟁을 반대하지만, 많은 사람들은 또한 국방을 위한 강한 리더십을 원한다. 나는 아프가니스탄에서의 '실수들'을 비판하지만, 동시에 나는 강력한 '국가안보'를 요구한다." 합리적 선택이론가들은 정치가들이 애매모호하게 말하는 것은 우유부단한 것이 아니라 계산된 것이라고 주장한다.

    합리적 선택이론가들은 일부 다른 정치학자들을 분노하게 했다. 일본 관료들에 대한 한 연구는 일본의 언어, 문화, 역사를 연구할 필요가 없다고 주장했다. 단지 관료들의 직업적 이득이 무엇인가를 알게 되면 그들이 이슈들에 대해서 어떠한 결정을 내릴지 예상할 수 있다는 것이다. 미국의 저명한 일본전문가는 이러한 그럴 듯하면서 피상적인 방식에 대해서 강력하게 비난하면서 합리적 선택이론을 비판했다. 보다 온건한 합리적 선택이론가들은 헝가리의 언어와 문화에 열중하였지만, 그들은 헝가리의 정당들이 극도로 복잡한 선거제도*에서 우세한 의회 의석을 차지하기 위해 합리적 선택을 한다고 결론을 내렸다.

(*역자 주)
헝가리 선거제도는 소선거구, 비례대표, 잔여표 배분 등 다양한 선거제도를 섞어 놓은, 세계에서 가장 복잡한 선거제도로 알려져 있다.

많은 합리적 선택이론가들은 아는 체 하는 입장에서 한 발 물러섰다. 일부는 자신들을 '신제도주의자들'(앞 절 참조)이라고 불렀는데, 그 이유는 자신들의 합리적 선택들이 하나 또는 다른 제도적 맥락에서 이루어지며, 그 대표적 사례는 의회라고 주장하기 때문이다. 합리적 선택이론은 그 자체가 지배적인 '**패러다임**'을 형성하지 않았는데, 어떠한 이론도 마찬가지다. 그렇지만 합리적 선택이론은 정치인들이 숙련된 기회주의자들이라는 점을 우리에게 상기시켜 주는 큰 역할을 했는데, 이는 다른 이론들은 잊고 있는 사실이다.

패러다임(paradigm)
훈련에 의해서 이루어진 연구하는 모델 또는 방식이다.

일부 합리적 선택이론가들은 게임이론이라 불리는 수학에 기반한 접근방식에 의존하면서 정치적 결정들을 테이블에서 벌이는 게임과 같은 것으로 간주했다. 쿠바 미사일 위기 '게임'은 미국의 케네디 대통령과 일부 참모들이 쿠바에 대해 폭격하는 것과 폭격하지 않는 것의 이득을 놓고 벌이는 게임이었다. 소련의 흐루시초프(Nikita Khrushchev) 서기장과 그의 참모들에게는 쿠바에 대한 핵미사일 배치를 그대로 밀고 나가느냐와 포기하느냐에 대해 벌이는 게임이었다. 행위자들이 어떻게 상호작용하는지 알게 되면 우리는 위기시 잘못된 정책결정을 하게 되는 통찰력과 경고를 파악할 수 있다.

게임이론가들은 게임을 적절하게 구성하면 예측하기 어려운 정책의 결과를 설명할 수 있게 해 준다고 주장한다. 게임들은 정책결정자들이 어떻게 생각하는지 알려 준다. 우리는 그들의 선택들이 절대로 쉽거나 단순하지 않다는 점을 배우게 된다. 게임들은 수학의 방식으로 다루고 컴퓨터를 사용하기도 한다. 게임이론의 가장 취약한 점은 정책결정자들이 예상할 수 있는 '이득'에 대한 정확한 평가에 이 이론이 의존한다는 점이고, 이들은 역사적 기록을 평가함으로써 도달하게 되는 예상치라는 점이다. 우리는 쿠바 미사일 위기가 어떻게 발생했는지 안다. 그래서 우리는 같은 방식으로 결과가 나올 것이라는 점에 게임을 맞추게 된다. 실제로 게임이론은 역사를 체계화하고 명확하게 하는 또 다른 방식일 뿐이다 (그렇다고 나쁜 것은 아니다).

이러한 이론들과 다른 접근법들 모두는 흥미로운 통찰력을 제공한다. 그러나 이들 중에 어느 것도 우리가 보게 되는 마지막 모델이 아닌데, 그 이유는 정치행동들을 지속적으로 설명하고 예측하는 패러다임을 우리가 절대로 가질 수 없기 때문이다. 매 20년마다 정치학에는 흥분을 일으키고 관심을 끄는 새로운 패러다임이 등장하는데, 대체로 다른 분야로부터 도입된 것이다. 탐구와 비판을 거쳐서 모델은 사라져 가고 다른 성향의 모델로 대체된다. 정치학은 유행을 타는 경향이 있다. 이러한 사이클이 몇 번 되풀이 된 후에 우리는 영원하게 지배하는 이론에 대한 기대를 하지 않게 되었다. 정치는 불안정한 것이고 쉽게 우리의 정신구조 속에 갇혀지지 않는다. 이러한 점을 이해함으로써 우리는 정치생활의 풍부함, 복합성, 그리고 드라마에 마음을 개방한다.

'정치이론' 대 정치학이론

1.4 정치에 대한 규범적 이론들과 정치학을 비교한다.

정치학과 내에는 정치학자들과 정치이론가들이 공존하고 있다. 그들이 같은 학과에 속해 있기 때문에, 두 집단이 정치를 연구하는 방식의 차이에 대해서 대부분의 학생들은 명확하게 알지 못한다. 정치학자들은 어떻게 사건들이 전개되는지에 대해서 알려고 노력을 하는 데 반해서, 정치이론가들은 사건들이 어떻게 전개되어야 하는가의 관점에서 정치를 연구한다.

정치에 대한 규범적 연구

일부 사람들은 플라톤이 정치학을 개발했다고 한다. 그러나 플라톤의 『국가론』은 이상적인 **폴리스**(*polis*, 도시국가)를 묘사하고 있는데, 이는 정치학에 대한 객관적인 접근이라기보다는 규범적 접근이었다. 반면에 플라톤의 제자였던 아리스토텔레스는 첫 번째의 **경험적** 정치학자였으며, 그는 수십 개의 그리스 도시국가에서 데이터를 수집하도록 학생들을 파견했다. 이 데이터를 가지고 그는 『정치학』을 저술했는데, 이 책은 묘사적이고 규범적인 접근들을 혼합했다. 그는 자신과 학생들이 수집한 사실들에 기초하여 가장 바람직한 정치제도를 규정하는 데 사용했다. 정치학의 가장 순수한 형식은 **묘사**하고 설명하는 것이지만, **규범적** 질문과 변화에 대한 처방으로부터 습득된 것들을 적용시키는 것을 거부하는 것은 쉽지가 않다. 플라톤과 아리스토텔레스는 아테네가 쇠퇴해 가는 것을 알았다. 그들은 그 이유를 이해하려고 했으며, 어떻게 몰락을 피할 수 있는지 방법을 제시하려고 시도했다. 이에 따라 그들은 아직까지 정치학의 중심에 자리 잡고 있는 전통을 시작했는데, 그것은 좋고 안정된 정치체제를 추구하는 것이었다.

유럽의 중세와 르네상스시대 사상가들 대부분은 정부와 정치의 연구에 종교적인 접근방식을 활용했다. 대체로 그들은 '해야 하는 것'의 발견을 추구하는 엄격한 규범적인 입장을 보였으며, 현실세계의 형상에 대해서는 보다 통상적인

묘사적(descriptive)
무엇인지를 설명하는 것이다.

규범적(normative)
어떻게 되어야 하는지를 설명하는 것이다.

태도를 보였다. 그들은 종교적, 법적, 철학적 가치들을 바탕으로 하여 어떠한 정부체제가 신이 원하는 것과 가장 가까운 인간을 만들 수 있는지 확인하려는 노력을 기울였다.

마키아벨리(Niccolò Machiavelli, 1469~1527년)는 일부 사람들이 현대 정치학의 핵심이라고 믿는 것을 소개했는데, 그것은 권력에 대한 초점이었다. 그의 대작인 『군주론(*The Prince*)』은 정치권력을 획득하고 사용하는 데 대한 것이었다. **현실주의**자였던 마키아벨리는 이탈리아의 통일과 이를 해치려는 외국인들을 추방하는 것과 같은 좋은 일을 하려면 군주가 권력을 사용하는 데 있어서 보다 합리적이고 용감해야 한다고 주장했다.

미국의 정치 사상가들이 근본적으로 권력은 '더러운 것'으로 치부하며 현실주의를 멀리함에 따라, 이 접근은 유럽에 뿌리를 내렸으며, 모스카(Mosca), 파레토(Pareto), 미헬스(Michels)의 엘리트 분석에 기여했다. 미국인들은 독일 이민자인 국제정치학자 모겐소(Hans J. Morgenthau)의 저서를 통해서 현실주의에 친밀하게 되었는데, 모겐소는 "모든 정치는 권력을 향한 투쟁이다"라고 강조했다.

현실주의(realism) 세계를 우리가 원하는 방향으로 보지 않고 있는 그대로 보면서 작업을 해나가는 것이며, 대체로 권력에 초점을 맞춘다.

계약론자들

마키아벨리 이후 얼마 지나지 않아서 홉스, 로크, 루소 등 '계약론자들'은 정치체제가 왜 존재해야 하는지에 대해서 분석을 했다. 그들은 많은 점에서 차이가 있었지만, 현재 많은 사람들이 준수해야 하는 루소의 소위 **사회계약**의 논지에 동참했다.

홉스(Thomas Hobbes, 1588~1679년)는 **시민사회**가 형성되기 전의 '**자연상태**'의 생활은 혹독한 것이라고 상상했다. 인간 모두는 서로에 대한 적이 되면서 전쟁과 같은 상태가 될 것이라고 예상했다. 인간들은 "예술도 없고 문자도 없고 사회도 없는 야만적인 상태로 살게 될 것이고, 지속적인 공포와 폭력에 의한 사망의 위험 속에서 최악의 삶을 살 것이며, 적막하고 빈곤하고 추하고 야만적이며 미흡한 삶을 살 것이다." 이러한 공포로부터 벗어나기 위해서 사람들은 뿌리 깊은 이기심을 버리고 시민사회를 형성하는데 전국적으로 함께 참여해야 한다. 이러한 점에서 사회는 공포로부터 자연적으로 시작되는 것이다. 또한 군주가 무정부상태를 방지해 주기 때문에 나쁜 왕이더라도 사람들은 그에게 기꺼이 복종을 한다.

사회계약(social contract) 개인들이 마치 계약을 맺은 것처럼 시민사회에 참여하고 머문다는 이론이다.

시민사회(civil society) 문명화된 이후의 인간들. 현대적으로 가정과 정부 사이의 조직이다.

자연상태(state of nature) 문명화되기 이전의 인간들의 상태.

고전 정치학 1.2

유럽 이외의 사상가들

수 세기 전에 중국, 인도, 북아프리카에서 뛰어난 정치 사상가들이 배출되었다. 상당히 최근까지 서양에 알려지지 않은 그들은 자신들의 아이디어를 가지고 서양정치이론의 발전에 영향을 거의 주지 못했다. 이러한 문화적으로 다양한 사상가들의 존재는 문화적 차이에도 불구하고 인간의 정치적 본성은 기본적으로 동일하다는 점을 제시한다.

중국에서 기원전 6세기에 왕에게 자문을 하던 공자(孔子)는 좋고 안정된 정부를 위한 자신의 비전을 두 가지에 기반하여 제시했는데, 그 둘 중에 하나는 가족이었고 다른 하나는 지배자와 피지배자들 모두가 해야 할 옳고 도덕적인 행동이었다. 최고 직위에 있는 황제는 자신의 정신을 정화하고 행동을 완벽하게 함으로써 도덕적 표상을 유지했다. 그는 완전히 순수한 마음으로 좋은 생각만 해야 했다. 그렇지 않으면 그의 제국은 붕괴될 것이다. 황제 밑에 위계적으로 서열이 정해진 신하들은 황제를 따라 행동하고, 그 신하들은 자기 가정에서는 부인과 아이들을 지배하는 작은 황제 노릇을 한다. 공자의 유교사상은 플라톤의 이상적인 국가와 닮았으나 차이점은 중국인들이 2500년 동안 10여개의 왕조를 거치면서 실제로 유교사상을 실현했다는 점이다.

마키아벨리와 홉스보다 2000년 전인 서기전 400년에 인도의 정치철학자였던 카우틸리야(Kautilya)는 동일한 결론에 도달했다. 인도 왕조의 수상이었으며 자문관이었던 카우틸리야는 『아르타샤스트라(Arthashastra)』('강국론'으로 번역됨)라는 제목의 저서에서 번영은 잘 운영되는 왕국에서의 삶에 의해서 이루어진다고 주장했다. 홉스와 마찬가지로 카우틸리야는 무정부상태를 의미하는 자연상태를 가정했다. 군주는 무정부상태로부터 땅과 국민들을 보호하고 그들의 번영을 확립하기 위해서 필요하다. 마키아벨리와 마찬가지로 카우틸리야는 군주에게 순수한 편의주의에 기반하여 활동을 하고, 자신의 왕국을 국내적으로, 그리고 다른 외국들로부터 지키기 위해서 무엇이든 해야 한다고 자문했다.

14세기 북아프리카에 여러 지배자들을 위한 비서, 행정가, 대사의 역할을 하던 이븐 할둔(Ibn Khaldun)이 있었다. 때로는 소외당하고 투옥되면서 그는 아랍제국들에 어떠한 잘못이 있는지에 대해서 밝혔다. 『세계사(*Universal History*)』라는 저서에서 그는 아랍인들의 특성과 그들의 사회적 결속은 기후와 점령에 의해서 결정된다는 결론을 내렸다. 할둔은 거의 현대적인 방식으로 기초적인 경제조건들을 사회 및 정치변화에 연결시켰다. 그는 북아프리카의 경제적 쇠퇴가 정치적 불안정과 불법성을 야기한다는 점을 발견했다. 마르크스, 토인비, 그리고 많은 다른 서양 저술가들을 예견하면서 할둔은 문명이 성장과 쇠퇴의 순환 속에서 이루어진다는 점을 알게 되었다.

이 세 명의 사상가들이 마키아벨리와 어떠한 공통점을 갖고 있는지 분석을 해 볼 필요가 있다. 이들 모두는 군주에 대한 자문관들이었고, 자신들의 통찰력을 올바른 거버넌스를 위한 보편적인 처방에 투입되도록 했다. 실행은 이론을 이끌어낸다.

로크(John Locke, 1632~1704년)는 덜 강력한 결론을 내렸다. 로크는 원래의 자연상태는 그렇게 나쁘지 않다는 이론을 제시했다. 사람들은 서로 평등하고 관용을 하는 상태에서 살고 있다. 그러나 그들은 자신들의 번영을 확보할 능력은 부족하다. 돈이 없고 부동산 권리증도 없으며 법원도 없기 때문에 소유가 불명확하다. 이를 구제하기 위해 그들은 계약적으로 시민사회를 형성하고 '생명, 자유, 소유권'을 획득한다. 홉스가 폭력에 의한 사망에 대한 두려움을 중요시했던 것처럼 로크는 소유권에 대한 중요성을 부각시켰다.

루소(Jean-Jacques Rousseau, 1712~1788년)는 프랑스혁명을 위한 철학적 토대를 제공했다. 홉스 및 로크와 다르게 루소는 자연상태는 분명히 좋은 것이고, 사람들은 술책 또는 시기 없이 '고상한 미개인'으로 살게 된다고 이론화했다. 루소는 인간들을 부패하게 만드는 것은 사회 그 자체라고 강조했다. 사회계약의 시작 단계에서의 유명한 말은 "인간은 자유롭게 태어나지만 어디서나 연결이 되어 있다"는 것이다.

그러나 루소는 사회가 급진적으로 개선될 수 있고 이는 인간의 자유로까지 이어진다고 한다. 정의로운 사회는 자체적인 의지를 가진 자발적인 공동체인데, 이 의지는 개인과 이익단체들의 이기적인 '특별한' 이익을 초월하는, 모든 사람들이 원하는 **일반의지**이다. 이러한 공동체에서 인간들은 존엄과 자유를 획득하게 된다. 만약 사람들이 나쁘게 된다면 이는 사회가 그렇게 만들기 때문이다 (오늘날 많은 사람들이 이러한 견해를 갖고 있다). 반면에 좋은 사회는 만약 사람들이 일탈된 행동을 하면 시정하도록 요구할 수 있다. 많은 사람들은 루소에게서 전체주의의 뿌리, 상상 속의 완전한 사회, 독재자가 알아야 할 일반의지, 비협력자에 대한 단죄를 발견할 수 있다.

일반의지(general will)
전체 사회가 원하는 것에 대한 루소의 이론.

마르크스이론

마르크스(Karl Marx, 1818~1883년)는 적어도 세 가지의 상호 연관되는 요소들을 포함하는 매우 복잡한 이론을 만들어냈는데, 그들은 경제이론, 사회계급이론, 역사이론이다. 헤겔(Hegel, 1770~1831년)과 마찬가지로 마르크스는 모든 일은 우연히 생기는 것은 아니고, 모두가 원인이 있다고 주장했다. 헤겔은 역사를 발전시키는 근본적인 원인을 **시대정신**으로 단정했다. 마르크스는 근본적인 원인을 경제로 인식했다.

시대정신(Zeitgeist)
각 시대는 역사를 변화시킬 수 있는 독특한 정신이 내재되어 있다는 헤겔의 이론.

경제 마르크스는 '잉여가치'에 집중했는데, 우리는 그것을 이윤이라 부른다. 노동자들은 제품을 생산하지만, 그들은 자신들이 생산한 제품의 가치의 일부분만을 받는다. 자본가들이 나머지를 가져가는데 그 나머지가 잉여가치다. 마르

프롤레타리아(proletariat)
노동자 계급을 마르크스가 부르는 이름이다.

크스가 **프롤레타리아**라고 부르는 노동계급(또는 무산계급)은 자신들이 만든 생산품을 구입하기에 부족한 임금을 받기 때문에 과잉생산이 되풀이되고, 이는 불황으로 이어진다. 이러한 불황이 확대됨에 따라 결국 자본주의 체제는 붕괴된다고 마르크스는 주장한다.

사회계급 모든 사회는 두 계급으로 나뉘어져 있다. 생산의 수단을 소유하는 작은 집단의 계급, 그리고 이 작은 집단의 계급을 위해서 노동을 하는 큰 집단의 계급이다. 사회는 자신들의 권력을 유지하기 위해 법, 술책, 통치형태를 결정하는 상층 계급의 지시에 의해서 운영된다 (이러한 주장을 하는 마르크스는 현대적 개념의 엘리트 이론가였다). 대개의 법들은 재산권과 연관이 되어 있는데, 그 이유는 **부르주아**(자본가)들이 재산을 불리는 데 집착을 하기 때문이다. 마르크스는 부르주아들이 무슨 수단을 쓰더라도 잉여재산을 획득하려 한다고 주장한다. 마르크스에 따르면, 전쟁이 일어난다면, 이는 일반국민들이 원하기 때문이 아니고 지배계급인 부르주아들이 경제적 이득을 위하여 전쟁을 필요로 하기 때문이다. 실제로 프롤레타리아 계급은 국가를 소유하고 있지 못하며, 그들은 국제체제 내에서 자본가들의 착취 하에 고통을 받고 있다.

부르주아(bourgeois)
프랑스어로 원래 의미는 도시 거주자이며, 최근 들어서는 일반적으로 중산층을 의미한다.

역사 마르크스는 자신의 경제와 사회계급 이론을 함께 다루면서 역사적 변화를 다루었다. 지배계급이 수립한 구조(법, 제도, 기업 등)의 결점 때문에 사회의 경제적 기반이 악화될 때, 프랑스혁명, 그리고 궁극적으로 자본주의 체제들이 붕괴하는 것과 같이 체제가 붕괴된다고 마르크스가 예견했다. 마르크스는 부분적으로 이론가였고 부분적으로 이념가였다.

마르크스주의가 소련과 다른 공산주의 국가들에 적용되면서 폭정과 실패를 야기했지만, 마르크스주의는 아직도 흥미를 끌고 있으며 유용하다는 평을 받고 있다. 예를 들어, 사회계급은 동등하지는 않지만 정치적 견해를 구조화하는 데 중요하다. 경제적 이익단체들은 아직도 활발한 활동을 하고 있으며, 선거캠페인을 자유롭게 지원하면서 법, 정책, 세금조정에 영향력을 행사하고 있다. 그러나 그들은 다른 이익단체들의 반대 때문에 자신들이 원하는 것 모두를 획득하지 못하는 경우가 있다. 마르크스의 지속적인 기여는 (1) 사회가 완전하게 통합되고 평화로운 적은 없으며, 항상 갈등으로 가득 차 있다는 주장, (2) 어떠한 정치적 논쟁에 있어서도 우리는 "누가 이득을 보는가?"라는 질문을 해야 한다는 점이다.

마르크스의 지속적인 문제들과 약점들 중의 하나는 그의 예상과 달리 자본주의가 붕괴되지 않았다는 점이다. 마르크스는 자본주의의 유연하고 적응력 있는 특성을 이해하는 데 실패했다. 구 시대의 산업들은 점차 사라져 가고 새로운 산업들이 등장하고 있다. 1960년대의 사람들에게 빌 게이츠와 컴퓨터 소프트웨어 산업에 대해서 설명을 하는 상상을 해 보라. 또한 마르크스는 자본주의가 단지 하나가 아니라 여러 가지라는 점을 간과했다. 영국, 프랑스, 미국, 싱가포르, 일본, 한국의 자본주의들은 서로 다른 특성을 지니고 있다. 마르크스가 자본주의를 단순한 관점으로 본 것은 이론이 이데올로기의 뒷받침을 받게 되면 어떠한 일이 발생하는지를 보여주는 사례이다. 맹목적인 추종자는 글자 그대로만 신봉을 하게 된다.

정치학과 정치이론은 자기 위치가 있다. 세계의 발전을 바라는 시민의 입장에서 당신은 정치이론가처럼 생각한다 — 세계는 어떻게 되어야 하는가. 당신은 당신이 원하는 방향으로의 정치적 변화가 이루어지게 하려면 어떠한 행동을 취해야 하는지 결정을 해야 한다. 그러기 위해서 당신은 상황이 어떻게 왜 그 방향으로 진행이 되는지를 이해해야 한다. 세계의 현상을 파악하려면 당신은 정치학자의 기술을 지녀야 한다. 세계가 현 상태대로의 유지만을 원할 경우 당신은 변화를 추구하기가 어려울 것이다. 따라서 정치적 생활을 통하여 항해를 하면서 우리는 정치학이라는 객관적 렌즈를 정치이론의 규범적 렌즈와 융합하게 된다.

Q 토의질문

1. "사실들에 대해서 흥분하지 말라"는 무엇을 의미하는가?
2. 왜 아리스토텔레스는 정치학을 '최상의 학문(master science)'이라고 했는가?
3. 대체로 정치학은 생물학적, 심리학적, 문화적, 합리적 또는 불합리적인 성격을 지녔는가?
4. 어떻게 정치학과 같이 혼잡한 것을 학문이라고 할 수 있는가?
5. 마키아벨리, 공자, 카우틸리야, 이븐 할둔은 공통적으로 무엇을 갖고 있는가?
6. 홉스, 로크, 루소는 어떻게 다른가?
7. 마르크스이론의 핵심은 무엇인가?
8. 합리적 선택이론은 무엇인가?

핵심용어

가설(hypothesis) p. 13
경험적(empirical) p. 13
계량화(quantify) p. 13
규범적(normative) p. 28
묘사적(descriptive) p. 28
문화(culture) p. 6
부르주아(bourgeois) p. 32
불합리적(irrational) p. 7
사회계약(social contract) p. 29
시대정신(Zeitgeist) p. 31
시민사회(civil society) p. 29
실증주의(positivism) p. 20
일반의지(general will) p. 31

일반화(generalize) p. 18
자연상태(state of nature) p. 29
정치권력(political power) p. 4
정통성(legitimacy) p. 9
제도(institutions) p. 20
패러다임(paradigm) p. 27
프롤레타리아(proletariat) p. 32
학문(discipline) p. 11
학문(scholarship) p. 14
합리적(rational) p. 7
행태주의(behavioralism) p. 20
현실주의(realism) p. 29
후기 행태주의(postbehavioral) p. 21

참고문헌

Clarke, Kevin A., and David M. Primo. *A Model Discipline: Political Science and the Logic of Representations*. New York: Oxford University Press, 2012.

Easton, David. *A Framework for Political Analysis*. Englewood Cliffs, NJ: Prentice Hall, 1965.

Fukuyama, Francis. *The Origins of Political Order: From Prehuman Times to the French Revolution*. New York: Farrar, Straus and Giroux, 2011.

Huysmans, Jeff. *What Is Politics? A Short Introduction*. New York: Columbia University Press, 2004.

Lane, Ruth. *Political Science in Theory and Practice: The "Politics" Model*. Armonk, NY: M. E. Sharpe, 1997.

Laver, Michael. *Private Desires, Political Action: An Invitation to the Politics of Rational Choice*. Thousand Oaks, CA: Sage, 1997.

Lipset, Seymour Martin. *Political Man: The Social Bases of Politics*, rev. ed. Baltimore, MD: Johns Hopkins University Press, 1981.

_____, ed. *Political Philosophy: Theories, Thinkers, and Concepts*. Washington, DC: CQ Press, 2001.

Losco, Joseph, and Leonard Williams, eds. *Political Theory: Classic and Contemporary Readings*, 2nd ed., 2 vols. Los Angeles: Roxbury, 2002.

Morgenthau, Hans J., David Clinton, and Kenneth W. Thompson. *Politics Among Nations: The Struggle for Power and Peace*, 7th ed. Burr Ridge, IL: McGraw-Hill, 2005.

Naím, Moizés. *The End of Power: From Boardrooms to Battlefields and Churches to States, Why Being in Charge Isn't What It Used to Be*. New York: Basic Books, 2013.

Ryan, Alan. *On Politics: A History of Political Philosophy from Herodotus to the Present*. New York: Norton, 2012.

Shively, W. Phillips. *The Craft of Political Research*, 9th ed. New York: Pearson, 2012.

Theodoulou, Stella, and Rory O'Brien, eds. *Methods for Political Inquiry: The Discipline, Philosophy, and Analysis of Politics*. Upper Saddle River, NJ: Prentice Hall, 1999.

Tinder, Glenn. *Political Thinking: The Perennial Questions*, 6th ed. New York: Longman, 2003.

White, Stephen K., and J. Donald Moon, eds. *What Is Political Theory?* Thousand Oaks, CA: Sage, 2004.

Wilson, Edward O. *The Social Conquest of Earth*. New York: Norton, 2012.

2장 정치 이데올로기

학습목표

2.1 정치이론과 이데올로기 간의 차이점에 대해서 설명한다.
2.2 고전적 자유주의와 현대 자유주의를 비교한다.
2.3 버크의 보수주의와 최근에 변형된 보수주의를 비교한다.
2.4 사회주의의 다양한 변형에 대한 설명을 한다.
2.5 오늘날까지의 민족주의 기원을 추적한다.
2.6 현대 이데올로기들을 되도록 많이 열거하고 정의를 내린다.
2.7 '이데올로기의 종식'이라는 주장에 대한 평가를 한다.

지난 세기에 많은 정치학자들은 서양의 선진국들에서 이데올로기의 정치가 끝났다고 생각했다. 진보와 보수의 **실용적**인 정치인들은 정치적 중립에 모여드는 경향이 있었고 타협하기를 원했다. 그러나 최근에 일부 국가에서는 강력하고 점증하는 이데올로기의 분열을 보여주고 있다. 보수정치인들은 진보진영의 재정, 헬스케어, 금융개혁을 '자유주의적' 또는 '사회주의적'이라고 주장하면서 비난하고 있다. 진보정치인들은 보수진영이 부자들을 더 부자로 만들고 있다는 비판을 한다. 중용과 타협을 위한 중간의 길은 거의 찾아 볼 수가 없는 것이 현실이다.

이전에 미국은 이데올로기 정치의 한 판 승부를 경험했다. 주요 양 정당은 이데올로기적 뿌리를 갖고 있다. 공화당은 정부가 경제로부터 손을 떼라고 하는 1776년 아담 스미스의 권고에 귀를 기울이면서 고전적 자유주의에 기반하고 있었다. 반면에 민주당은 재정붕괴, 빈곤, 헬스케어, 교육문제에 대한 정부의 해결을 강조했다. 그들은 고전적 다양성과 구분되는 현대의 자유주의자들이다. 이

실용적(pragmatic)
어떠한 일이든 이론 또는 이데올로기를 사용하지 않는 것.

데올로기는 미국에서 아직 활기차고 제대로 유지되고 있으며 강력하다.

이데올로기란 무엇인가?

2.1 정치이론과 이데올로기 간의 차이점에 대해서 설명한다.

이데올로기는 모든 일이 더 나아질 수 있다는 신념으로부터 시작되며, 사회를 개선하기 위한 계획이다. 경제학자 다운즈(Anthony Downs)가 1957년에 언급한 것처럼 이데올로기는 "좋은 사회의, 그리고 그러한 사회를 구축하는 주요 수단의 언어적인 이미지"다. 정치 이데올로기들은 정치학이 아니고, 정치체제를 이해하기 위한 정적이고 합리적인 시도가 아니다. 그보다 이데올로기는 정치체제를 변화시키기 위한 개입을 한다. (하나의 예외는 너무 많은 변화로부터 지켜내려는 목적을 가졌던 고전적 보수주의이다.) **이데올로그**들은 이데올로기의 '해야 한다(should 또는 ought)'를 정치학의 '이다(is)'와 혼동케 함으로써 정치학자들을 궁색하게 한다. **이데올로기**들은 때때로 정치이론과 경제이론에 바탕을 두고 있지만, 대중들에게 인기를 끌고, 정치운동을 주도하고, 선거에서 승리하기 위해 단순화되고 대중화된다. 이데올로기는 값싼 이론이라는 평을 받기도 한다.

정치에서 이데올로기는 정치운동, 정당, 그리고 혁명적 집단들을 하나로 뭉치게 한다. 투쟁을 하고 희생을 감내하기 위해서 사람들은 무언가에 믿음을 가지는 이데올로기적 동기가 필요하다. 서양인들은 때로는 이러한 점에 취약하다. 중용과 실용주의를 강조하는 그들은 오늘날 세계에서 이데올로기가 얼마나 영향을 미치는지 이해를 하지 못한다. 무슬림의 **지하드** 전사들은 **살라피야**(*salafiyya*, 이슬람 원리주의), 부족중심주의, 반식민주의, 그리고 일부 사회주의의 혼합 이데올로기의 영향을 받아 서양인들과 동료 무슬림들을 살해하기 위해 목숨을 바친다. 아프가니스탄과 이라크 등지에서 활성화되어 있는 이러한 새롭고 광신적인 이데올로기, 때로는 **이슬람주의**라 부르는 이러한 이데올로기를 우리는 전혀 이해하지 못한다.

이 점은 주의해야 한다. 이데올로기들은 신봉자들이 의도하는 방향으로 정확하게 작동되는 경우는 거의 없다. 모든 이데올로기들은 희망적 사고를 포함하고, 현실에 직면하여 빈번하게 붕괴된다. 이데올로기들은 세계를 완전하게 만들 수 있다고 하지만, 현실은 매우 불완전하게 된다. 아담 스미스의 **고전적 자유주의**는 19세기의 경제성장에 기여했지만, 이는 심각한 부의 불평등과 되풀

이데올로그(ideologue)
이데올로기를 열정적으로 신봉하는 사람.

이데올로기(ideology)
특정 독트린을 추종함으로써 사회가 발전될 수 있다는 신뢰체제이며, 대체로 끝이 주의(主義, ism)로 끝난다.

고전적 자유주의(classic liberalism)
정부를 경제로부터 격리시키기 위해 아담 스미스에 의해 주창된 이데올로기다. 미국의 보수주의가 되었다.

이되는 불황을 야기했다. 이에 따라 현대적 자유주의로 수정되었다. 공산주의는 잔인한 폭정, 경제 실패, 붕괴를 불러 왔다. 중국은 급속 경제성장을 위해서 마오주의*를 조용히 포기했다. 실질적인 실적을 측정해 볼 때 이데올로기는 매우 부족하다. 그 원인은 정치적 경쟁자들이 이데올로기의 실현을 방해하기 때문인가, 아니면 아이디어들 자체가 결함을 갖고 있기 때문인가? 이는 누구에게 물어 보느냐에 따라서 답이 달라질 것이다.

(* 역자주)
중국 공산당과 중화인민공화국의 창시자인 마오쩌둥(毛澤東)의 정치사상.

이론 2.1 이데올로기의 기원

많은 이데올로기들은 심오한 정치이론들에서 나온다. 고전적 자유주의는 개인의 권리, 재산, 이성을 강조한 17세기 영국의 철학자 로크(John Locke)로 거슬러 올라간다. 공산주의는 19세기 초 독일의 철학자 헤겔(G. W. F. Hegel)로 거슬러 올라가는데, 그는 예술, 음악, 건축, 정치, 법 등 사회의 모든 부분들은 하나의 패키지로 묶여 있으면서 시대정신(Zeitgeist)을 표현한다고 강조했다.

그러나 철학자들의 아이디어들은 단순화되고 대중화된다. 이념론자(ideologist)들은 추상적인 아이디어가 아니라 행동 계획을 원하고 있다. 예를 들어, 마르크스는 경제를 기본적인 명제로 만들기 위해 헤겔을 활용했다. 사회를 발전시키는 것은 경제이기 때문에 대부분의 이데올로기들은 경제적인 성분을 지니고 있다. 훗날 레닌은 자신의 아이디어를 후진국가에 적용시키기 위해 마르크스를 활용했다. 마오쩌둥(毛澤東)은 더 낙후된 국가에 레닌의 아이디어를 적용시켰는데, 제대로 작동되지 않았다. 이데올로기들이 왜곡되게 사용된 것이다.

일부 과도하게 단순화한 측면은 있지만, 이데올로기는 1789년 프랑스 국회의 회의 이후 좌우의 스펙트럼으로 분류되고 있다. 회의에 참석한 대표들 중에 유사한 견해를 가진 사람들을 한 곳으로 모으고, 싸울지도 모르는 강력한 집단들을 격리시키기 위해서, 반원형 회의장의 의장석을 중심으로 오른쪽은 보수주의자들(군주제의 유지를 지지하는 집단), 왼쪽은 급진주의자들(과거 체제를 일소하고 자유와 평등을 기반으로 하는 공화제를 지지하는 집단)이 앉도록 했으며, 가운데에는 온건주의자들(일부 변화를 원하는 집단)을 배치했다.

그때부터 우리는 이데올로기의 후예들을 좌익, 우익, 중도로 부르고 있는데, 그들의 견해는 변화하고 있다. 좌익은 평등, 복지프로그램, 경제에 대한 정부개입을 선호한다. 우익은 개인의 주도와 사적 경제활동을 강조한다. 중도주의자들은 양측의 견해를 종합하고 절충하려고 노력한다. 중앙에서 양측으로 조금씩 치우친 사람들을 중도좌익 또는 중도우익으로 부른다. 스웨덴의 정당들은 좌로부터 우까지 정리된 배열을 보여주고 있다. 소규모의 좌파정당(과거 공산당), 대규모의 사회민주당, 중간 규모의 중도(과거 농민당), 자유당, 기독교당, 그리고 보수당이 있다.

하나의 이데올로기는 다른 이데올로기들을 파생시킨다 (도표 2.1 참조). 아담 스미스의 고전적 자유주의가 어떻게 좌익의 방향으로 흘러서 급진주의, 사회주의, 공산주의의 방향으로 나아갔는지 알 수 있다. 반면에 보수진영에서는 오른쪽 방향으로 나아갔다.

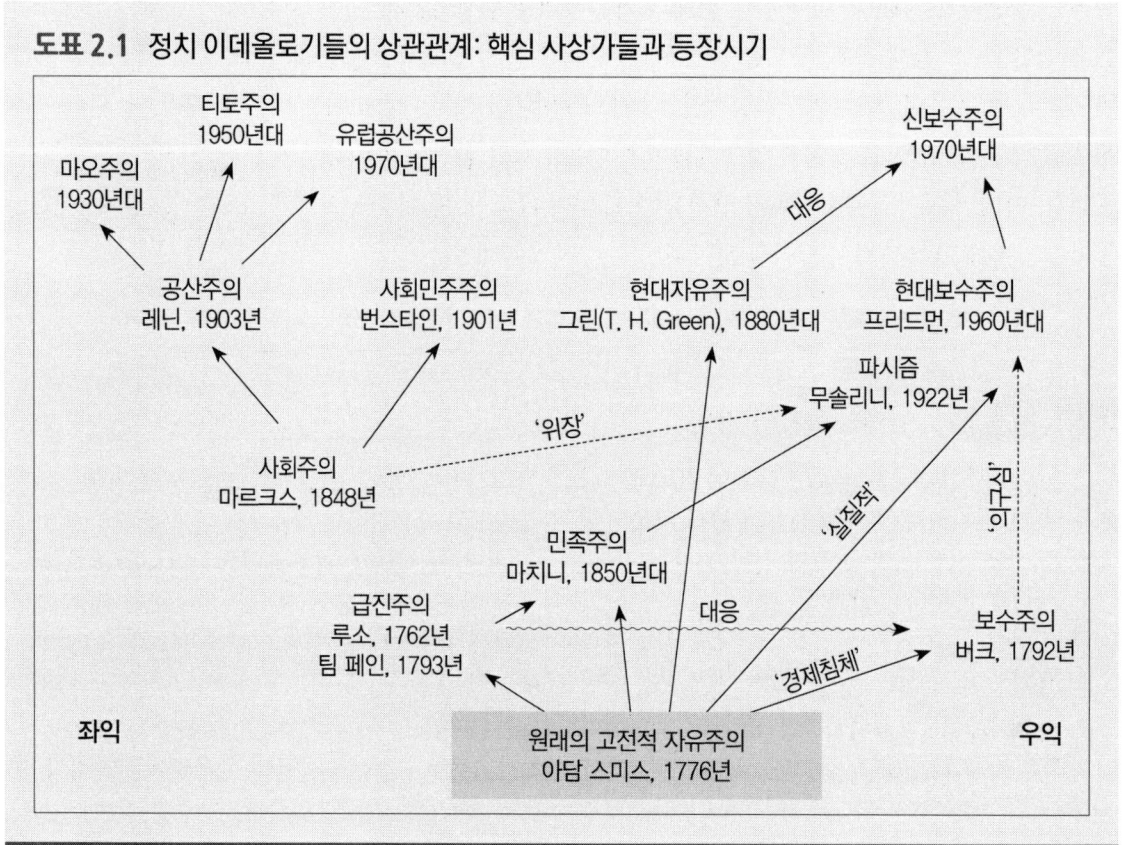

도표 2.1 정치 이데올로기들의 상관관계: 핵심 사상가들과 등장시기

자유주의

2.2 고전적 자유주의와 현대 자유주의를 비교한다.

예일대학의 워트킨스(Frederick Watkins)는 1776년을 '이데올로기 시대의 원년'으로 불렀는데, 이는 미국혁명만이 이유가 아니었다. 그 해에 스코틀랜드의 경제학자 아담 스미스는 『국부론(The Wealth of Nations)』을 저술했고, 이에 따라 자유방임(laissez-faire)의 경제가 기반을 갖게 되었다. 아담 스미스는 진정한 국가의 부는 소유하고 있는 금이나 은의 양이 아니라 국민들이 생산하는 상품과 서비스에 있다고 주장했다. 스미스는 소위 **중상주의**로 불리는 이전의 관념에 대해서 반박을 했는데, 중상주의는 국가가 보유하는 순금이 국가의 부를 결정한다고 주장했다. 스페인은 신세계로부터 금과 은을 약탈했지만 점차 가난해졌다. 프랑스도 적어도 루이 14세 이후 계획, 독점허가, 보조금, 관세, 기타 무역에 대한 제한 등을 통하여 정부가 경제에 관여하는 수단으로 중상주의 정책을 따랐다.

아담 스미스는 이것이 번영으로 가는 경로가 아니라고 설명을 했다. 정부의 관여는 성장을 방해한다. 만약 어느 한 기업에 제조업의 독점권을 주게 되면 경쟁이 없어짐과 동시에 새로운 제품을 낮은 가격에 생산하려는 노력을 하지 않게 될 것이다. 경제는 침체될 것이다. 관세에 의하여 국내제조업을 보호한다면 보다 질 좋고 저렴한 제품생산에 대한 동기가 사라질 것이다. 정부가 경제로부터 한발 물러서서 경제가 스스로 작동되도록 두면(자유방임), 국가는 번성할 것이다.

그러나 정부가 감독하지 않고 자유로운 경쟁을 하게 두면 혼란이 발생하지 않을까? 아담 스미스는 아니라고 대답한다. 시장 자체가 경제를 조절할 것이다. 효율적인 생산자들은 번영할 것이고 비효율적인 사람들은 도태될 것이다. 수요와 공급이 어떠한 정부의 관료들보다 가격을 더 잘 결정할 것이다. 자유시장체제에서 '보이지 않는 손'이 경제를 조절하고 자기 수정을 할 것이다. 만약 사람들이 더 많은 상품을 원한다면, 생산자들은 더 많은 생산을 할 것이고, 새로운 생산자들이 등장할 것이며, 외국의 생산자들이 상품을 가져다 팔 것이다. 각기 이익을 추구하는 수많은 개인들과 기업들의 합리적인 계산에 의해서 이루어지는 보이지 않는 손은 정부의 도움 없이 경제를 미세조정 해 나간다.

라틴어로부터 유래한 자유주의(liberalism) 이데올로기는 사회가 정부의 간섭으로부터 되도록 자유로워야 한다는 것이다. 제퍼슨(Thomas Jefferson)은 "가장 적게 통치하는 정부가 최상의 정부다"라는 말을 남겼다. 고전적 자유주의는 물에 떠다니는 오리와 같은 연상을 준다. 자유주의는 비경제적 자유에도 해당이 된다. 정부는 종교, 언론, 발언의 자유도 감시를 하면 안된다.

그러나 요새 자유주의라고 불리는 것은 실제로 미국인들이 보수주의로 불리는 것과 같다. 19세기 후반에 들어서서 자유주의는 변화하였고, 현대 자유주의와 소위 보수주의로 분리되었다. 용어를 보다 명확하게 하기 위해서 우리는 아담 스미스의 원래 아이디어를 '고전적 자유주의'라 하며, 이는 현대 자유주의와 대비된다.

현대 자유주의

19세기 후반에 자유시장의 자기 조절이 완전하게 가능하지 않다는 점이 분명해졌다. 경쟁은 불완전했다. 제조업자들이 시장을 조작했는데, 이 점은 아담 스미스가 경고했던 부분이다. 가장 규모가 크고 가장 희소성이 있는 쪽으로 몰렸는데, 그것은 독점이었다. 이 제도 하에서 수준이 떨어지는 빈곤층만 대량으로 늘어났다. 계급의 위상은 대체로 상속되었다. 유복한 가정의 아이들만이 교육을 받고 상위 직에 오를 수 있었다. 모험적인 투기의 결과 경제가 쇠퇴하게 되었는데, 2008~2009년이 대표적인 사례다. 당시 가난한 사람들과 노동층이 심각한 타격을 받았다. 요컨대 자유방임이 문제를 일으킨 것이다.

영국인 그린(Thomas Hill Green, 1836~1882년)은 자유주의를 재고찰 했다. 그는 자유주의의 목표가 자유로운 사회인데, 경제발전이 자유를 빼앗아 간다면 어떻게 되는가의 질문을 던졌다. 고전적 자유주의자들은 계약에 중점을 두었다 (정부의 간섭 없이 경쟁하는 집단들 사이의 협정). 만약 당신이 타협조건이 마음에 들지 않는다면, 받아들이지 않으면 된다. 그러나 만약 두 집단 사이의 협상력에 큰 차이가 있다면, 즉 부유한 고용주와 취업을 간절히 바라는 구직자 사이의 관계라면? 구직을 하는 사람이 매우 낮은 임금을 받아들이거나 거부할 자유로운 선택을 실제로 할 수 있을까? 고전적 자유주의는 간섭하지 말고 내버려 두라는 것이다. 그러면 임금은 스스로 수준을 찾아가게 될 것이다. 그런데 그 임금이 기아 이하의 수준이라면? 그린은 이 경우 정부의 개입이 필요하다고 한다. 이러한 사례에서는 정부가 자유를 침해했는지보다는 정부가 그들을 보호하는 것이 더 중요하다. 따라서 획득하는 소극적인 자유보다는 행사하는 적극적인 자유가 중요하다고 한다. 정부는 국민들이 적절한 수준에서 삶을 영위할 수 있는 자유를 보장하기 위한 개입을 해야 한다.

현대 자유주의(modern liberalism)
경제적이고 사회적인 잘못을 수정하기 위한 정부의 개입을 선호하는 이데올로기이다. 오늘날 미국의 자유주의다.

고전적 자유주의는 정부를 시장에서 추방했는데, **현대 자유주의**는 다시 불러들였다. 그 목적은 불공정한 경제체제로부터 국민들을 보호하기 위해서다. 현대 자유주의자들은 임금과 노동시간에 관한 법, 노동조합을 구성할 권리, 실업과 보건수당, 그리고 교육기회의 개선을 옹호한다. 이를 위해서 그들은 노동계급보다는 부유한 층에 대한 중과세를 도모한다. 또한 그들은 벼락경기(boom-and-bust)의 순환을 완화하기 위해서 금융과 재정을 규제한다. 이것이 지난 세기를 지나는 동안 이어져 온 미국의 자유주의이고, 윌슨(Woodrow Wilson), 루즈벨트(Franklin D. Roosevelt), 오바마(Barack Obama)의 자유주의이다. 고전적 자유주의의 한 가지 요소는 새로운 자유주의에 남겨졌는데, 그것은 표현과 언론의 자유에 대한 강조이다.

보수주의

2.3 버크의 보수주의와 최근에 변형된 보수주의를 비교한다.

우리는 버크(Edmund Burke, 1729~1797년)의 아이디어를 '고전적 보수주의'로 부르는데, 그 이유는 버크의 **보수주의**가 현대의 보수주의와 많은 점에서 다르기 때문이다. 버크는 자유시장이 최상의 경제체제라는 아담 스미스의 말에 동의했다. 또한 버크는 반항적인 미국의 식민지 개척자들을 분쇄하는 것을 반대했는데, 그들은 영국 사람들의 옛날의 자유를 되찾으려 할 뿐이라는 논리를 세웠다. 여기까지 보면 버크는 자유주의자처럼 보인다.

그러나 버크는 프랑스에서 자유주의적 아이디어들이 혁명가들에 의하여 적용되는 방식에 대해서 반대를 했다. 프랑스에서는 루소(Jean-Jacques Rousseau)에 의해서 자유주의가 급진주의로 전환되었고, 미국혁명에서 페인(Thomas Paine)에 의해 새롭게 태어났다. 자주 있는 사례이지만, 어느 한 지역에서 개발된 이데올로기는 다른 환경에 적용될 때 변화하는 경우가 있다. 미국에서 자유주의는 쉽게 적용이 되었다. 영국인들과 영국의 보수당 지지자들에게는 별 저항 없이 받아들여졌다. 그러나 프랑스에서 대규모의 귀족층들과 국가가 지원하는 로마 가톨릭 교회는 자유주의 이데올로기에 의해서 잃을 것이 많았다. 혁명가들은 단두대를 활용하여 문제를 풀려고 했으며, 모든 기존의 제도들을 일소해 버렸다.

버크는 이것이 아주 잘못된 실수였다고 말했다. 자유주의자들은 인간의 이성에 너무 많은 신뢰를 보냈다. 사람들은 단순히 부분적으로만 합리적이고, 또한 불합리한 열정도 가지고 있다. 그들을 봉쇄하기 위해서 수 세기 동안 사회는 군주정치와 교회를 통하여 전통, 제도, 도덕적 기준을 발전시켜 왔다. 이러한 노력이 무시되면서 인간의 불합리한 충동이 폭발하여 혼란이 발생했고, 이는 구제도보다도 훨씬 못한 폭정으로 귀결되었다. 1792년의 『프랑스혁명의 반영(*Reflexions on the Revolution in France*)』에서 버크는 프랑스가 군사독재로 귀결될 것이라고 예견했다. 1799년 나폴레옹이 정권을 장악했다.

현재 존재하는 제도와 전통은 모두가 나쁜 것은 아니다. 버크는 그들이 수백 년 동안 시행착오를 거쳐서 만들어진 것이기 때문이라는 나쁘지 않은 이유를 댔다. 사람들은 기존의 제도와 전통에 익숙해져 있다. 최상의 것은 보전되거나 '보호'되어야 한다 (여기서 보수주의가 나왔다). 그들은 완전하지는 않더라도 작동은 된다. 그렇다고 해서 변화가 전혀 없어야 한다는 것은 아니다. 물론 버크는

보수주의(conservatism) 체제가 변화하지 않고 유지되도록 지키는 이데올로기.

그들이 변화해야 하지만, 점차적으로 변화해서 사람들에게 적응할 시간을 줘야 한다고 주장했다. "변화의 수단이 없는 국가는 보호의 수단도 없다"고 그는 기록했다.

여러 가지 이유 때문에 버크는 중요한 사상가였다고 평가되고 있다. 그는 인간의 행위에서 불합리한 점을 발견하는 데 기여했다. 인간들은 이성보다는 열정에 의하여 인도되는 경우가 있다. 버크는 제도들이 살아있는 것으로 생각했다. 그들은 시간이 지나면서 성장하고 적응해 나간다. 그리고 혁명들은 나쁘게 끝나게 되는데, 그 이유는 사회가 짧은 시간에 인간의 이성에 의해서 새로 만들어질 수 없기 때문이라는 점을 버크는 중요하게 생각했다. 버크의 아이디어들은 프랑스를 휩쓸고 있는 급진주의를 추방하는 것이었기 때문에 반이데올로기적이라고 할 수 있으며, 상당한 수준으로 권력에 기반하고 있었다. 사회문제들을 해결하기 위해 이성을 적용시키는 데 대한 의문은 레이건 시절 미국의 유엔 대사였던 정치학자 커크패트릭(Jeane Kirkpatrick, 1926~2006년)에 의해 재조명되었다. 그녀는 폭력적인 격변이 사태를 악화시킬 때마다 좌익인사들이 상황이 더 나아질 수 있다고 항상 가정한다는 점을 발견했다.

현대 보수주의

아담 스미스의 최소 정부 독트린에 충실한 자유주의의 다른 흐름에서는 어떠한 일이 발생했는가? 그들은 아직 매우 중요하고 오늘날 우리는 그들을 보수주의자들이라고 부르고 있다. (유럽에서 그들은 아직도 자유주의자들 또는 신자유주의자들로 불리고 있으며, 미국에서 불리는 것과 혼동이 생긴다.) 미국의 보수주의자들은 노벨상 경제학 수상자인 밀턴 프리드먼(Milton Friedman, 1912~2006년)의 중요한 뒷받침이 있었다. 프리드먼은 자유시장이 아직 최상의 것이고, 아담 스미스가 옳았으며, 정부가 개입하는 어떠한 곳이든 문제가 발생한다고 주장했다. 1980년대에 영국의 대처(Margaret Thatcher) 수상과 미국의 레이건(Ronald Reagan) 대통령이 이러한 고전적 자유주의의 부활을 주도했는데, 혼란스러웠지만 대체로 긍정적인 결과를 가져 왔다.

현대 보수주의자들은 아담 스미스가 했던 것보다 훨씬 더 시장을 숭배한다. 아담 스미스는 시장들이 왜곡되고 불공정해 질 수도 있다는 점을 인정했다. 오늘날의 보수주의자들은 모든 시장들은 정직하고 자기 조절 능력을 보유하고 있으며, 이러한 점은 정부의 규제보다 확실하게 낫다고 주장한다. 1987년부터 2006년까지 미국 연방준비이사회의 의장이던 그린스펀(Alan Greenspan)은 미국의 부동산 시장이 폭발 직전의 거품이라는 경고를 무시했다. 그는 대규모의 은행들이 그러한 일이 발생하도록 바보처럼 방치하지 않을 것이기 때문에 연방정부의 개입은 불필요하다는 논리를 폈다. (후에 그는 이 주장을 철회했다.) 공화당과 티 파티(Tea Party)*는 시장이 정부의 프로그램들보다 효율적이며 많은 기능들을 민영화할 것이라면서, 그 사례로 민간 보험업자들을 통해서만 헬스 케어가 운영되어야 한다고 주장했다. 비판론자들은 이를 광신적 종교와 같은 '시장 근본주의'로 불렀다.

현대 보수주의는 버크로부터 전통, 특히 종교에 대한 관념도 도입했다. 미국의 보수주의자들은 공립학교에 종교적인 기도를 도입하고, 낙태와 동성결혼을 불법화하며, 사립학교와 교회와 연계된 학교들을 지원한다. 또한 현대 보수주의자들은 여성과 소수자 집단에 대한 특별한 권리 부여를 반대하면서, 모든 사람들은 동등한 권리를 가져야 한다고 주장한다. 현대 보수주의는 아담 스미스의 경제 관련 아이디어와 버크의 전통적인 아이디어가 혼합된 이데올로기다.

(* 역자주)
정부의 건전한 재정 운영을 위한 세금감시 운동을 펼치는 미국의 보수단체.

사회주의

2.4 사회주의의 다양한 변형에 대한 설명을 한다.

자유주의(고전적 형태)는 19세기를 지배했지만, 비판가들은 부자와 빈자 사이의 점증하는 격차를 개탄했다. 그린(T. H. Green)과 달리 일부 사람들은 몇 가지의 개혁만으로 충분하지 않을 것이라고 생각했다. 그들은 자본주의 제도 자체를 폐지하기를 원했다. 그들은 사회주의자들이었고, 주도하는 사상가는 마르크스였으며, 그는 학자라기보다는 혁명 주도자의 입장에서 저술을 했다. 그는 '부르주아'들을 싫어했는데, 그들이 사라지게 될 것이라는 이론을 개발하기 오래 전부터 증오했다. 그의 아이디어의 대강은 1848년의 『공산당 선언(The Communist Manifesto)』이라는 팜플렛에 잘 나와 있다. 공산당 선언은 "프롤레타리아들은 연대하는 것 이외에는 잃을 것이 없다. 그들은 세계에서 승리할 것이다. 모든 국가의 노동자들이여 단결하라!"고 결론을 맺었다. 마르크스는 유럽의 첫 번째 사회주의 정당을 조직하는 데 참여했다.

마르크스의 자본론은 왜 자본주의가 프롤레타리아에 의해서 폐지될 것인지에 대하여 거대한 분석을 했다. 자본주의가 사라진 이후에는 계급의 차이가 없는 정의롭고 생산성 있는 사회인 사회주의가 출현할 것이라고 예견했다. 이후 산업생산성이 매우 높아진 단계에서 이 사회주의 사회는 경찰, 돈, 심지어는 정부도 없는 완전한 사회인 공산주의로 탈바꿈할 것이다. 이 사회는 사람들이 필요로 하는 것을 모두 가질 수 있는 풍요로운 사회가 될 것이다. 이 사회에는 사유재산이 없기 때문에 경찰이 있을 필요도 없다. 정부는 단순히 계급지배의 도구일 뿐이기 때문에 계급을 없애게 되면 국가도 있을 필요가 없다. 국가는 "사라져 갈 것이다." 마르크스는 공산주의가 사회주의를 넘어서는 유토피아가 될 것이라고 예측했다.

마르크스는 자본주의의 잘못된 점과 기능불량에 대해서 초점을 맞추었고, 사회주의가 어떤 것인지에 대해서는 구체적인 언급을 하지 않으면서, 그냥 자본주의보다 낫다는 말 만했다. 그는 사회주의의 명확한 작동에 대해서는 애매모호하게 남겨두었다. 이는 다양한 사회주의 사상가들이 사회주의에 대한 자신의 비전을 제시하게 했고, 그것이 마르크스가 의도한 것이라고 주장했다. 그 주장들은 사회민주당의 유연한 '복지국가정책', 노동 무정부주의(anarcho-syndicalism, 노동조합이 모든 것을 할 수 있는 이념), 레닌과 스탈린의 과도한 중앙집중적 독재, 트로츠키의 소비에트 독재 불가론, 마오의 자기파괴적 영구혁명, 티토의 분권화된 제도의 실험 등을 포함한다. 이 모든 것들, 그리고 몇 개 추가한 것들이 '진실된' 사회주의라고 찬양한다. 이러한 사회주의에 대한 차별적인 해석들은 처음에는 사회주의 운동, 그 다음에는 공산주의 운동의 분열로부터 기인한 것이다.

사회민주주의

20세기 초반에 마르크스주의를 지지하는 독일의 사회민주당(SPD)이 독일의 제1당이 되었다. 마르크스는 전통적인 정당들과 노동조합들에 대한 기대를 별로 안했는데, 그 이유는 부르주아 정부들이 이들을 분쇄할 것이라고 생각했기 때문이다. 잘 해봤자 그런 조직들은 혁명활동을 위한 훈련의 장 만을 제공할 것이라 생각했다. 그러나 독일의 사민당은 성공하기 시작했다. 그들은 의회(Reichstag)와 지방정부 선거에서 승리했고, 노동조합들은 고임금과 노동조건 개선을 성취했다. 일부 사람들은 혁명 없이도 노동계급이 목적을 달성할 수 있을 것이라는 생각을 하기 시작했다. 투표(ballot)로 성취할 수 있는데 왜 총알(bullet)이 필요한가?

번스타인(Eduard Bernstein)이 이 견해를 발전시켰다. 1901년의 『진화하는 사회주의(Evolutionary Socialism)』에서 그는 노동계급이 이룩하는 실질적 획득을 지적하면서 마르크스의 자본주의의 붕괴와 혁명에 대한 언급은 잘못된 것이라는 결론을 내렸다. 노동계급에게 구체적인 혜택을 가져다주는 개혁들이 사회주의로 가는 길이라고 주장했다. 마르크스주의를 수정함에 따라 번스타인은 정통 마르크스주의자들의 비판을 받았으며 **수정주의자**라는 명칭을 얻게 되었다. 바이마르 공화국의 불운했던 기간(1919~1933년) 동안에 사회민주당은 호전성을 줄이고 민주주의를 구하기 위해서 자유주의자들 및 가톨릭과 협력을 했다. 나치의 박해를 받았던 사민당(SPD)은 제2차 세계대전 이후에 부활했고, 세계 각지의 사회민주주의자들과 마찬가지로 1959년에 마르크스주의를 벗어난 후, 선거에서 점점 많이 선출되기 시작했다. 그들은 혁명의 흔적을 없애고 중도좌익정당으로 거듭났다.

그러면 **사회민주주의**는 무엇을 의미하는가? 사회민주주의는 국가의 기업소유를 포기하는 것이다. 스웨덴은 몇 퍼센트 안되는 기업들만을 국가가 소유하고 있으며, 오래 전부터 많은 보수주의자들이 기업들을 붕괴와 실업으로부터 지켜내고 있다. 스웨덴의 사민당 출신 수상인 팔메(Olof Palme)는 다음과 같이 말했다. "만약 산업의 주요 목적이 생산을 확대하고, 새로운 시장을 개척하며, 피고용인들에게 좋은 일자리를 제공하는 것이라면, 두려워 할 필요가 없다. 최근 몇 년 동안 사회민주당이 집권하면서 스웨덴의 산업이 그렇게 빠르게 확대된 적이 없다." 기업의 국가소유 대신에 사회민주주의자들은 삶의 환경을 개선하기 위한 복지정책을 모색했는데, 거기에는 실업수당과 의료보험, 관대한 연금, 식품과 주택에 대한 보조금 지급이 포함된다. 사회민주주의 국가는 복지국가가 되었고, 사회주의보다는 복지주의가 더 정확한 표현이 되었다.

중요한 함정이 있는데, 그것은 복지국가가 상당히 비용이 많이 든다는 점이다. 복지정책을 유지하기 위해서는 세금을 많이 징수해야 한다. 덴마크와 스웨덴에서 세금이 **국내총생산**의 절반을 차지하고 있는데, 이는 프리드먼(Milton Friedman)이 경고한 것과 동일하다. 세금이 대폭 오르게 되면 국민들은 어떻게 살아야 할지 선택하기에 자유롭지 않은 상황이 될 수도 있다. 미국의 자유주의는 복지에 대한 사회민주주의 아이디어의 이미지를 보이고 있다. 민주당의 좌익 인사들은 이념적으로 유럽 사회민주주의 정당의 온건한 사람들과 닮았다.

수정주의자(revisionist)
이데올로기 또는 역사관을 변화시킴.

사회민주주의(social democracy)
복지정책을 구사하지만 기업의 국가소유는 지양하는 가장 유연한 형태의 사회주의.

국내총생산(GDP: gross domestic product)
어떤 나라에서 1년 동안 생산한 상품과 서비스의 총 액수이며, GDP를 인구로 나누어서 1인당 GDP(GDPpc)로 표현하기도 한다.

공산주의

공산주의(communism)
레닌의 조직과 융합하여 전체주의 정당으로 된 마르크스이론.

사회민주주의자들이 개혁주의자들과 복지주의자들로 진화한 반면, 원래 사회주의자들 중의 일부는 마르크스주의에 그대로 남았고 일부는 **공산주의**자들이 되었다. 이러한 전환을 한 대표적인 인물은 러시아의 지식인이었던 레닌(Vladimir I. Lenin, 1870~1924년)이었다. 그는 마르크스주의의 여러 가지 변형을 시도했고, 궁극적으로 마르크스-레닌주의를 탄생시켰다.

(*역자 주)
차르는 러시아나 불가리아 등 동유럽 슬라브 민족국가에서 군주에 대한 호칭.

제국주의 19세기 후반 러시아의 많은 지식인들은 차르*체제(tsarist system)를 싫어했고, 차르주의(tsarim)를 전복시키는 방안으로 마르크스주의를 수용했다. 그러나 마르크스는 자신의 이론은 가장 발전된 자본주의에 적용시킬 수 있는 것이지 자본주의가 막 시작한 후진체제인 러시아에 적용시킬 수 있는 것이 아니라는 주장을 했다. 그러나 스위스에서 17년 동안 감금되었던 레닌이 마르크스주의를 러시아 상황에 맞도록 개조했다. 그는 독일의 혁명이론가 로자 룩셈부르크(Rosa Luxemburg)와 영국 경제학자 홉슨(J. A. Hobson)의 이론을 빌려 경제제국주의 이론을 제시했다. 룩셈부르크와 홉슨은 왜 마르크스가 예견한 프롤레타리아 혁명이 부유한 산업국가에서 발생하지 않았는지에 대해서 의문을 가졌다. 그들은 자본주의 체제가 생산한 상품들 모두를 국내시장이 수용할 수 없기 때문에 해외시장을 찾아 나선다는 결론을 내렸다. 자본주의 스스로 변화하여 해외 식민지를 찾아 나서서 원재료, 값싼 노동력, 새로운 시장을 개척하게 된다는 논리다. 따라서 자본주의는 임시로나마 **제국주의**로 새로운 생명의 연장을 할 수 있게 되었다. 식민지역에서 획득한 이익을 가지고 제국주의 국가는 자국의 노동계급이 혁명을 일으키지 않고 개혁에 의한 보상을 받도록 할 수 있게 되었다.

제국주의(imperialism)
대체로 유럽의 열강들이 식민지들을 축적하는 것이며, 마르크스주의자들이 경멸하는 개념이다.

레닌은 제국주의가 확대되어 나간다고 주장했지만, 불균형적으로 성장하고 있었다. 영국과 독일 등 일부 국가들은 고도로 발전하지만, 스페인과 러시아 같이 자본주의가 막 시작한 지역에서의 제국주의는 취약했다. 새롭게 산업화하는 국가들은 국제자본주의제도에 의해 전체적으로 착취당하고 있었다. 그 지역들에서 혁명의 열기가 뜨겁게 타올랐고, 그들은 '제국주의가 가장 약하게 연결'된 지역이었다. 이에 따라 혁명은 빈곤한 국가에서 발생하여 선진화된 국가들로 확대되어 나갈 수 있었다. 제국주의 국가들은 자신들의 제국에 강하게 의존하였다. 식민지역을 착취하지 못하게 되면 자본주의는 붕괴된다. 제1차 세계대전은 세계를 지배하려는 제국주의자들의 충돌이었다고 레닌은 기록했다.

레닌은 마르크스주의의 초점을 자본주의 국가들로부터 글로벌의 상황으로 전환시켰다. 그 초점은 부르주아에 대항한 프롤레타리아의 봉기로부터 제국주의 열강들의 착취에 대항하는 민족과 국가들의 봉기로 전환되었다. 마르크스는 아마도 자기 이론의 전환을 승인하지 않았을 것이다.

조직 레닌의 실질적인 기여는 조직에 관심을 둔 것이다. 차르의 비밀경찰이 추적하는 상황에서 러시아의 사회당은 규모가 크고 공개적이며 선거에서 승리하는 노력을 기울이는 다른 정당들과 같이 되기는 어렵다고 레닌이 주장했다. 그 대신 사회당은 규모도 작고 비밀적이며 직업적 혁명가들로 구성되었으며, 당 중앙으로부터 강력한 지휘를 받는 조직이었다. 1903년에 러시아의 사회민주노동당(Social Democratic Labor party)은 이 이슈에 대해서 분열했다. 레닌은 브뤼셀에서 개최된 당 대회 투표에서 51명의 참석자 중에서 33명의 지지를 받았다. 레닌은 자신의 파벌을 볼셰비키(bolshevik, 러시아어로 '대다수[majority]'의 의미)로 불렀다. 보다 온건하고 공개된 정당을 지지하는 패배자들은 멘셰비키(menshevik, 소수[minority])라는 이름을 지니게 되었다. 1918년에 볼셰비키들은 당 이름을 공산당으로 바꿨다.

레닌의 조직에 대한 관심은 제1차 세계대전 동안 러시아가 혼란에 빠졌을 때 성과를 거두었다. 1917년 3월 온건한 집단이 차르로부터 권력을 장악했지만, 그 집단은 국가를 통치할 수가 없었다. 11월에 볼셰비키들이 주요 도시에 등장한 소비에트의 위원회들을 재빠르게 장악하고 온건세력들로부터 통치권을 이양받았다. 처절한 내전에서 승리한 이후 레닌은 전 세계의 진정한 사회주의자들 모두에게 모스크바의 통제를 받는 새로운 국제운동에 참여하도록 요구했다. 이는 국제공산주의(Communist International) 또는 코민테른(Comintern)으로 불렸다. 세계의 거의 모든 사회주의 정당들은 분열되었다. 좌파들은 코민테른으로 갔고 1920~1921년에 공산당들이 되었다. 결국 사회민주주의 정당들과 공산주의 정당들은 서로 적대감을 가지게 되었다.

소비에트 지도자들은 마르크스-레닌주의에 대해서 얼마나 신뢰를 했을까? 그들은 마르크스의 수사학을 지속적으로 사용했으나, 많은 사람들이 자신들은 이데올로기에 대해서 냉소적이었고 단지 진열장의 장식 정도로 사용했을 뿐이라고 주장했다. 소비에트 사람들은 자신들의 사회를 공산주의 사회라고 정의를 내린 적은 한 번도 없다. 서양 사람들만이 소련과 동유럽 국가들을 '공산주의'로 불렀다. 1961년에 소련의 당서기 흐루시초프(Nikita Khrushchev)가 성급하게

'우리 세대에서의 공산주의'를 이룩할 수 있을 것으로 전망하면서, 1980년까지 지상낙원이 완성될 것으로 기대했다. 그러나 이는 이루어지지 않았고 소련체제는 1991년 말에 붕괴되었다.

마오주의와 티토주의 1930년에 마오쩌둥(毛澤東)은 중국공산당(CCP)이 가난한 농부와 게릴라전에 기반해야 한다고 결론을 내렸다. 이는 스탈린의 리더십과의 단절을 의미했고, 수십 년 동안의 전투 끝에 1949년에 중국공산당이 중국대륙 전체를 점령했다. 마오는 갑작스런 산업화 시도의 실패(1958~1961년의 대약진 운동), 관료체계의 붕괴(1966~1976년의 프롤레타리아 문화혁명), 그리고 심지어는 1969년 소련과의 국경분쟁 등 급진적인 과정을 추구했다. 1976년 마오의 사망 이후 실용주의 지도자들은 중국의 경제를 파괴시킨 마오의 극단주의로부터 중국을 벗어나게 했다. 몇 안되는 혁명단체들이 마오주의를 따랐는데, 그들은 캄보디아의 학살범이었던 크메르 루주와 인도의 공산반군단체였던 낙살라이트(Naxalite) 등이다. **마오주의**는 공산주의의 초 과격파의 형태이다.

유고슬라비아의 당 총비서였던 티토(Josip Tito)는 보다 유연하고 자유로운 형태의 공산주의를 발전시키면서 다른 길을 선택했다. 비록 제2차 세계대전 당시 티토의 세력은 스탈린의 지휘 하에 독일에 대항한 전쟁을 수행했으나, 스탈린은 티토를 완전히 통제할 수 없었고, 1948년에 스탈린은 유고슬라비아를 공산주의 캠프에서 추방했다. 1950년대에 유고슬라비아 공산당은 분권화, 탈관료화, 노동자 자주경영에 기반한 제도개혁을 실시했다. 시장경제와 계획경제 사이에서 중간의 길을 찾으려다가 유고슬라비아는 1980년대에 경제난에 봉착하게 되었다. **티토주의**는 자본주의와 사회주의 사이의 '중간 방식'을 강구하려던 공산주의 지도자들에게 경종을 울렸다. 그 조합은 불안정했으며, 티토가 성공할 수 있었던 것은 티토 자신이 확실한 신념을 가진 지도자였기 때문이었다. 1980년에 티토가 사망하자 유고슬라비아 연방의 분리가 시작되었고 1990년대 초반부터는 피의 숙청과 학살이 자행되었다.

마오주의(Maoism)
게릴라전과 시대적인 격변을 특징으로 하는 공산주의의 극단적인 형태.

티토주의(Titoism)
온건하고 분권화되어 있으며 부분적으로 시장형태를 가진 공산주의.

민족주의(nationalism)
문화적, 역사적, 지역적 정체성, 통합, 그리고 때로는 위대함에 대한 국민 또는 민족의 고조된 감정.

민족주의

2.5 오늘날까지의 민족주의 기원을 추적한다.

이데올로기들 중에서 실질적인 승리자는, 아직까지 지배력을 보이고 있는 **민족**

주의인데, 이 이데올로기는 국가[*]의 위대함과 결속에 대한 과장된 믿음이다. 민족주의는 때때로 외국에 의한 점령과 탄압을 받을 때 표출된다. "우리는 더 이상 외국에 의해 밀리지 않을 것이다!"라는 언급이 쿠바, 팔레스타인, 중국, 그리고 많은 다른 국가들의 민족주의자들에게서 나왔다. 민족주의는 다른 모든 이데올로기에 대해 승리했고 영향을 미쳤다. 미국에서 보수주의는 미국의 민족주의와 결합되었고, 중국에서 민족주의는 항상 공산주의보다 중요했다.

민족주의는 르네상스 군주들에 의하여 시작되었는데, 그들은 자신들의 절대권력, 그리고 자신들의 왕국의 통합과 위대함을 선언했다. 민족성은 **주권**으로부터 태동했다. 그러나 민족주의가 실제로 나타나기 시작한 것은 프랑스혁명이었고, 이 혁명은 '민족'에 기반하였으며, 프랑스인들이 나머지 유럽을 자유롭게 해야 할 특별하고 지도적인 운명을 가진 민족이라는 프랑스인들의 감정을 고조시켰다. 1792년 프러시아 군대가 프랑스를 침략했을 때 '민족방위 국가(nation in arms)'인 프랑스는 발미(Valmy)에서 침략군을 막아냈다. 열정적인 민간 지원병들이 직업군인들을 물리친 것이다. 프랑스의 국가인 활기찬 '마르세예즈(Marseillaise)'가 이때 나왔다.

이후 나폴레옹 군대는 표면적으로 프랑스혁명의 급진적 자유주의를 확산시켰으나, 실제로는 민족주의를 확산시킨 것이었다. 프랑스의 점령을 당한 유럽 국가들에서 오만한 점령세력에 대한 증오심이 급속도로 고조되었다. 스페인, 독일, 러시아인들이 프랑스인들을 배척하려고 노력하면서 민족주의적이 되었다. 영국 군대, 나폴레옹 군대, 또는 유럽의 식민주의자들이든 간에 민족주의는 외국의 지배에 대한 저항을 기초로 했다. 19세기와 20세기에 유럽을 뒤덮었던 민족주의가 세계 도처의 유럽 식민지역에도 확산되었다. 지금 민족주의가 가장 강력하게 유지되고 있는 지역은 개발도상국가들이다.

19세기 중반까지 전체 유럽의, 특히 독일과 이탈리아의 사상가들은 민족을 궁극적인 인간의 가치, 즉 모든 좋은 것들의 원천으로 정의했다. 이탈리아의 저술가 마치니(Giuseppe Mazzini)는 개인을 위한 자유가 아니라 민족을 위한 자유를 신봉했다. 개인은 자신을 민족에 종속시킴으로써 진정한 자유를 획득할 수 있다. 예를 들어, 교육은 개인주의가 사라지도록 민족주의의 감정을 가르쳐야 한다고 마치니는 주장했다.

지식인들에 의하여 통솔되는 인간집단이 경멸하거나 투쟁하는 대상으로 적 또는 '다른 사람(other)'을 인식할 때 민족주의가 등장한다. 20세기에 인도인들, 알제리아인들, 인도네시아인들이 독립을 위해서 영국, 프랑스, 네덜란드에

(* **역자주**)
여기서 말하는 '국가'는 조직을 뜻하는 state라기보다는 지역적인 의미를 가진 country임.

주권(sovereignty)
국가의 정부가 자체의 지역에서 최고의 조직이 되는 것이며, 그 국가 내에 법적인 측면에서 최종적인 단어이다.

대한 투쟁을 지속하면서 민족주의가 강화되었다. 민족주의는 다른 사람들에 의하여 지배를 받는 것은 매우 잘못된 것이라는 입장을 유지한다. 이에 따라, 보스니아 세르비아인들은 보스니아 무슬림들의 지배를 받는 데 대해서 저항을 했으며, 이스라엘의 지배에 대한 팔레스타인인들의 저항, 러시아의 지배에 대한 리투아니아의 저항도 마찬가지다. 일부 중국인들과 이란인들은 자신들이 외부의 열강들로부터 탄압과 통제를 받아왔다는 감정을 지니고 민족주의에 기반한 군사와 외교정책을 구사하고 있다. 미국의 경제와 문화적 지배를 우려하는 일부 캐나다인들마저 민족주의 성향을 가지기 시작했다.

민족주의는 전쟁과 경제적 소외를 야기할 수 있다. 민족주의자들은 "우리는 외국인들이 우리 경제를 지배하는 것을 원하지 않는다!"라고 말하지만, 빠른 경제성장을 위해서는 외국의 투자와 국제무역이 필요하다. 예를 들어, 미국의 경제 민족주의자들은 미국의 풍부한 셰일가스(shale gas)*의 수출을 반대한다. 이 가스는 미국인들에 의해서, 그리고 미국인들을 위해서 사용되어야 한다! 이전의 어느 다른 이데올로기보다 민족주의는 감정적 호소에 더 의존한다. 민족에의 소속감은 심리적인 중심에 위치한다. 다른 인간의 조직에 대해서 항상 싸우고 살해를 할 태세가 되어 있다.

(* 역자주)
모래와 진흙이 퇴적돼 형성된 셰일층에 함유된 가스.

지역 민족주의 최근 수십 년 동안 세계에는 새로운 종류의 민족주의가 등장했는데, 그것은 지역 민족주의다. 지역 민족주의는 현존하는 국가들을 해체하고, 해체된 이후의 소단위들이 진정한 민족으로 인정받는 것을 목표로 한다. 호전적인 퀘벡인들은 캐나다로부터 분리 독립을 원하고 있으며, 바스크인들은 스페인, 티베트인들은 중국, 그리고 스코틀랜드인들은 영국으로부터의 독립을 원하고 있다. 또한 지역 민족주의는 선호하지 않는 사람들의 지배를 받는 것을 혐오하는 데 기반을 두고 있다.

파시즘

파시즘(fascism)
인종주의, 사회주의, 군국주의를 포함한 극단적인 민족주의 형태.

이탈리아와 독일에서 민족주의가 **파시즘**으로 탈바꿈했는데, 이는 20세기 들어서 가장 큰 재앙들 중의 하나였다. 파시스트 운동의 상징은 군대조직과 훈련을 실시하면서 군대형식을 유지하는 것이었다. 제1차 세계대전 이전에 이탈리아의 저널리스트였던 무솔리니(Benito Mussolini)는 열렬한 사회주의자였으나, 군복무 기간에 그는 완강한 민족주의자가 되었다. 제1차 세계대전 이후 이탈리아는 불만을 가진 사람들로 가득 차 있었다. 과격한 사회주의자들이 혁명을 위협하고 있었다. 이러한 혼란스러운 시기에 무솔리니가 검은 셔츠를 입은 사람들로 구성된 이상한 조직을 만들었는데, 그 조직은 민주주의와 정당정치를 끝내고 강력한 중앙 권위체와 규율의 확립을 모색했다. 고대 로마의 권위의 상징으로부터 빌려 온 단어인 파시스트들은 무질서를 증오했고 이를 종식시키기 위한 강력한 리더십을 원했다.

무질서가 지속되는 가운데 1922년에 이탈리아의 왕은 무솔리니에게 권력을 넘겨주었고, 1924년에 무솔리니는 이탈리아를 1당 국가로 만들고 자신이 두체(Duce, 수령)로 취임했다. 파시스트들은 자신들의 세력을 모든 핵심 자리에 임명하고 경제를 운영했다. 이탈리아는 인상적으로 보였다. 범죄가 거의 없었고, 많은 기념물들이 건설되었고, 물가가 안정되었으며, 그들이 항상 주장하는 대로 "열차가 정시에 운행되었다." 그러나 무대의 뒤편에는 숨겨진 실업, 저조한 경제실적, 부패가 얼룩져 있었다.

그러나 1929년 세계경제가 붕괴된 이후 일부 사람들은 파시즘이 미래의 물결이라고 생각했다. 독일의 히틀러(Adolf Hitler)는 무솔리니의 파시즘을 복제했으나, 그의 추종자들은 밤색 셔츠를 입고 인종주의를 추가했다. 히틀러에게 있어서 징벌적이고 불공평한 베르사유조약(Versailles Treaty)[*]과 바이마르 공화국의 혼란에 대항해서 싸워야 하는 주체는 단순히 민족으로서의 독일인들이 아니라 특별하고 우월한 인종으로서의 독일인들이었다. 히틀러의 인종주의 노선은 백인종의 특별한 집단인 아리안족(Aryans)이 모든 문명의 근원이라는 것이다. 분파 집단인 노르딕 인종에는 독일인들이 포함되어 있었고, 더 높은 수준을 보였다 (실제로 독일인들은 혼합된 혈통을 지녔다). 나치들은 우월한 노르딕 민족이 유대주의, 공산주의, 세계 자본주의, 그리고 심지어는 로마 가톨릭주의의 사악한 세력에 의해 정복되었다고 주장했다. 이러한 생각은 죽음의 수용소의 기초가 되었다.

1933년에 히틀러는 혼란의 상황에서 총통으로 임명되었고, 무솔리니와 마찬가지로 대다수 독일인들의 지지를 받으며 독재체제를 완성시켰다. 나치가 경제를 '조정'하면서 실업이 사라졌고, 많은 노동자들은 자신들이 일자리, 휴가, 복지에서 많은 혜택을 받는다고 느꼈다. 나치(Nazis)의 완전한 이름은 국가사회주의독일노동자당(National Socialist German Workers Party)이지만, 사회주의라는 용어는 허울뿐이었다. 히틀러의 진정한 목적은 전쟁이었으며, 전쟁이 영웅을 만든다는 생각을 갖고 있었다. 몇 년 동안 히틀러는 유럽을 지배했

【*역자주】
제1차 세계대전이 끝난 후, 1919년 6월 28일 파리 평화회의의 결과로 31개 연합국과 패전국 독일이 맺은 강화조약이다. 프랑스 베르사유궁전 '거울의 방'에서 조인된 것으로, 전체 440조로 이루어졌다.

학습방법 2.1

논문작성

논문을 작성할 때 분명하고 강력한 **주제**로부터 시작하고, 첫 문장은 당신이 증명하고자 하는 주요 아이디어와 주장을 넣도록 해라. 경험적 근거를 가지고 증명할 수 없는 논문은 명확한 연구가 아니라 추론에 불과하다. 논문의 첫 번째 시도는 가설이다. 만약 당신이 제시하는 근거가 당신의 주제를 뒷받침하지 못하면 과감하게 포기하거나 바꿔라.

가장 단순한 주제는 단순히 발생하는(발생하지 않는) 일에 대한 것이다. "보다 많은 이익집단들이 도심에 사무실을 만들고 있다." 별로 관심을 끌지 못할 주제와 모두가 잘 알고 있는 주제는 피하는 게 좋다. "선거가 끝나고 1월 20일에 대통령이 취임할 것이다." 흥미로운 주제는 두 가지의 관계를 설명하는 것이다. "부유한 사람들은 보수적인 정당을 강력하게 지지한다." 사례를 수집하거나 사례연구를 하는 것은 주제를 발전시키는 첫 번째 단계가 될 수 있다. 당신의 주제를 우회하여 설명하지 말고 직접적으로 파고들어야 한다. 논문이 주변부만 맴돌지 말고 주제가 명확하게 정해져야 한다.

다음, 법률가가 판례를 만드는 것과 같이 당신은 당신의 주제를 뒷받침하는 근거를 마련해야 한다. 재판관처럼 당신의 지도교수는 당신의 근거가 유효한 것이고 당신의 논점을 뒷받침하는 것인지 판단을 한다. 짧은 논문에서 당신은 3개에서 5개의 요인들로 당신의 주제를 뒷받침해야 한다. 당신이 주장들을 분리하기 위해서 당신의 논문 내에 중간 소제목을 달 수도 있다. 중간제목들은 당신의 아이디어를 구조화하고 논문을 이해하기 쉽도록 하는 데 도움을 준다. 만약 당신이 사실, 숫자, 인용, 단순한 원인을 제시하여 당신의 논문을 이해시킬 수 없으면 논문을 포기하거나 주제를 바꿔야 한다. 뉴스 비즈니스에서 말하는 것과 같이 "뒷받침하거나 아니면 철회해라."

간접적 텔레비전은 정치에 큰 영향을 미치는데, 많은 비판가들은 반드시 좋은 영향만은 아니라고 느낀다.

입증 불가능 민주주의는 국민의, 국민에 의한, 국민을 위한 정부다.

하찮은 티 파티(미국의 조세저항운동을 벌이는 사람들) 지지자들은 세금과 정부에 대해서 불편한 감정을 가진다.

불분명한 이 논문은 30년 동안 미국의 대이란 정책에 관한 것이다.

직접적 텔레비전 광고는 시청자들을 냉소적이고 무관심하게 만들고 낮은 투표율의 결과가 나오게 한다.

입증 가능 부유한 국가들은 민주주의 체제일 가능성이 높고, 가난한 국가는 그렇지 않다.

중대한 티 파티 지지자들은 대체로 공화당을 지지하는 투표자들이고 오바마 프로그램에 대해서 우려를 한다.

분명한 미국의 대이란 정책은 샤(shah, 이란의 왕)에 대한 불만이 생기는 것을 알리는 데 실패했다.

진한 글씨체와 중앙 배열

보다 명확하게 보이게 하기 위해서 중간제목을 진한 글씨체로 하고 중앙배열을 하라. 새로운 중간 제목은 당신이 다른 내용으로 넘어가는 것을 의미한다. 한 문단은 한 가지 생각이나 관점에 대한 것이어야 한다. 한 페이지 당 3개 전후의 문단을 넣는 것이 바람직하다. 한 페이지에 한 문단을 넣어서 장황하게 쓴 글은 이해하기가 어렵다. 예를 들어, 만약 저조한 실적의 경제가 대통령 선거에 영향을 미쳤다는 내용으로 논문을 쓰려면, 각 중간 제목을 "2008년 선거", "2012년 선거"와 같이 각 선거를 구분한 중간제목을 달아야 한다. 5페이지 당 3개의 중간제목을 달아서, 세 가지의 요인을 다룬다는 점을 명시하는 것이 좋다.

고, 동유럽의 슬라브 지역들을 독일인들의 '생활권(Lebensraum)'으로 식민지화 했다. 나치의 죽음의 캠프는 600만 명의 유대인과 비슷한 인원의 기독교인들을 살해했다. 히틀러는 미친 사람이었는가? 많은 독일인들이 히틀러의 주장들을 지지했으며, 수백만 명의 열광적인 협력자들이 있었다. 나치는 그냥 미쳤다기보다는 광신적 민족주의의 위험을 보여주었다고 할 수 있다.

파시스트라는 단어는 과도하거나 잘못 사용되고 있다. 일부 사람들은 자신이 싫어하는 모든 사람들에 대해서 파시스트라는 비난을 한다. 예를 들어, 스페인의 독재자 프랑코(Francisco Franco)는 오랜 기간 파시스트로 알려져 왔으나, 실제로 그는 '전통적인 권위주의자'였다. 그는 무솔리니와 히틀러가 한 것처럼 대중에 대한 정치선동보다는 이를 최소화하려는 노력을 했다. 브라질 대통령이었던 바르가스(Getúlio Vargas)는 1937년에 파시스트의 슬로건처럼 보이는 '새 국가'를 포고했으나, 그는 유럽에서 파시스트 운동이 한참 고조되고 있을 때 파시스트의 수사적 표현을 빌렸을 뿐이었다. 일부 정치비평가들은 '이슬람파시스트'와 '페미나치(feminazis)'라는 용어를 배격한다.

미국의 쿠 클럭스 클랜(Ku Klux Klan)은 종종 파시스트로 불리고 있으며 회원들은 제복을 착용하고 있다. 클랜의 대중적 인종주의는 나치의 것과 유사하다. 그러나 나치와 파시스트들은 국가의 정부를 숭배하지만 클랜은 국가정부의 힘을 반대하는 태도를 보이고 있다. 현재 일부 유럽의 반이민과 반EU 정당들은 파시즘의 색깔을 조금 보이고 있다. 이민과 유대인들을 싫어하는 헝가리의 요빅(Jobbik) 당원들은 제복을 입고 퍼레이드를 한다.

주제(thesis)
근거에 의해서 증명되는 주요 아이디어 또는 주장.

오늘날의 이데올로기

2.6 현대 이데올로기들을 되도록 많이 열거하고 정의를 내린다.

공산주의 붕괴

1980년대까지 세계 공산주의는 이념적인 수명을 거의 다 하고 있었다. 중국, 동유럽, 심지어는 소련에서 공산주의를 신뢰하는 사람은 별로 없었다. 비공산주의 세계의 좌파들도 무리를 지어 마르크스주의를 떠났다. 다수의 서유럽 공산당들은 독재와 산업의 국가소유를 포기하는 등을 내용으로 하는 약화된 이데올로기인 '유럽공산주의(Eurocommunism)'를 채택했다. 한때 자본주의가 붕괴될 것이라고 예상된 적이 있으나, 오히려 서유럽, 미국, 동아시아에서 화려하게 생존했다. 다수의 공산주의 지도자들은 자신들의 경제가 너무 경직되고 중앙화 되었으며, 치유책은 국가통제를 줄이고 시장경제를 받아들이는 것이라는 점을 인정했다.

개혁성향을 가진 소련의 고르바초프(Mikhail Gorbachev) 대통령(1985~1991년 집권)은 소련의 공산주의를 부활시키기 위한 세 가지의 접근방식을 제시했는데, 그들은 글라스노스트(개방), 페레스트로이카(경제개혁), 민주화였다. 불완전하고 마지못해서 적용된 결과 개혁은 불만을 고조시켰고 불평의 목소리도 나왔다. 1989년 동유럽부터 시작하여 비공산주의 정당들이 권력을 장악하기 시작했다. 소련에 부분적으로 자유로운 의회가 수립되었고 변화를 토론하기 시작했다. 비공산주의 정당들과 운동들이 시작되었다. 고르바초프는 어느 정도 수준으로, 어떤 속도로 개혁을 해야 하는지 결정을 할 수가 없었고, 개혁이 거의 이루어지지 않은 경제는 살인적인 인플레이션을 겪어야 했다. 1991년에 발생한 쿠데타가 실패로 돌아가고 그해 말 소련은 지구상에서 사라졌다.

신보수주의

신보수주의(neoconservatism)
이전의 자유주의자들이 보수적 동기와 방식으로 변화하게 된 미국의 이데올로기.

1970년대에 미국에서 **신보수주의**라는 새로운 이데올로기가 등장했는데, 이는 자유주의자들과 좌파들에 대한 환멸로부터 나온 이데올로기다. 신보수주의 작가인 크리스톨(Irving Kristol)이 언급한 바와 같이 "신보수주의자는 현실에 환멸을 느낀 자유주의자이다." 신보수주의자들은 민주당이 국내개혁과 평화적 외교정책에 대한 비현실적인 아이디어를 내세우면서 너무 왼편으로 치우쳤다고 비난한다. 신보수주의자들은 1960년대 중반에 가난과 차별을 없애는 것을 목표로 하여 존슨(Lyndon Johnson) 대통령이 추진한 위대한 사회 프로그램에 대해서 반대하는 반응을 보였다. 일부 자유주의자들은 위대한 사회 프로그램이 실행될 수 없을 것인데, 그 이유는 이 프로그램에 사용될 기금들이 베트남전쟁에 모두 지출되었기 때문이라고 주장했다. 네오콘(Neocon, 신보수주의자)들은 그 프로그램이 부실하게 시행되었고 거의 아무 것도 달성하지 못했다고 언급했다. 도시들은 최악의 성장을 했고, 교육의 기준은 낮은 수준이 되었고, 복지에 의존하는 빈곤층이 늘어났으며, 사람들이 일을 해야 할 동기를 가지지 못했다. 네오콘들은 훌륭한 의도를 가지고 시작된 자유주의 프로그램들이 부정적이고 '예상하지 못한 결과'를 가져왔다고 말했다.

네오콘들이 흥분하는 일들 중에는 소수집단우대정책(affirmative action)이 있었는데, 이는 고용시 소수인종들을 우선적으로 고려하는 정책으로, 때로는 소수인종들이 훨씬 우수한 백인들보다 더 좋은 대우를 받게 된다. 많은 신보수주의자들은 1960년대에 활성화된 극단적인 상대주의에 대해 혐오를 느꼈다. "좋게 느껴지면 됐다", "그것은 당신의 관점에 달려 있다" 그리고 "다문화주의"와 같은 단순한 아이디어들이 많은 자유주의자들을 신보수주의로 탈바꿈하게 했다. 아이러니하게도 일부 네오콘들은 과거의 모든 관점과 문화의 관련성을 강조함으로써 학생들의 견해를 넓히게 해 주려고 노력한 대학교수들이다. 그 대신 학생들은 공허한 마음을 갖게 되었다.

보다 젊은 부시행정부에 포진하고 있던 네오콘들은 미국을 보호하고 무슬림 세계를 민주주의로 이끌어 내기 위해서 이라크와의 전쟁을 모색했다. 보다 고립주의적인 아이디어를 표현하는 고전적인 보수주의자들은 이란과 중국에 대한 '강경한' 정책을 옹호하는 네오콘들을 멸시하고 있다.

자유지상주의

1960년대 이후에 천천히 성장한 이데올로기가 있는데, 그것은 너무 자유주의적이라서 보수주의화하거나, 그 반대 현상이 된 이데올로기다. **자유지상주의**자들은 원래의 아담 스미스 이념으로 회귀하자는 것이었으며, 그 내용은 기본적으로 정부가 어느 것에도 관여하지 않는 것을 원칙으로 했다. 자유지상주의자들에 따르면, 현대 자유주의자들은 통제된 경제와 개인의 자유를 원하는 반면, 현대 보수주의자들은 자유로운 경제와 개인의 자유에 대한 제한을 원한다. 왜 경제와 개인 두 가지 모두의 자유는 안 되는가? 자유지상주의자들은 보조금, 관료체제, 세금, 해외개입, 그리고 큰 정부를 반대한다. 이에 따라 그들은 매우 오래된 미국의 전통을 따랐고 존경을 받게 되었다. 자유지상주의 후보 한 명도 선거에서 승리하지 못했으나, 워싱턴에 있는 그들의 카토 연구소(Cato Institute)는 무시할 수 없는 싱크 탱크가 되었다. 비판가들은 자유지상주의가 규제되지 않는 시장에 대해 숭배하는 것을 무모한 짓이라고 비판하고, 2008년 금융위기의 원인이 되었다고 주장했다.

자유지상주의(libertarianism)
개인의 자유를 위해서 정부의 모든 권력을 줄이는 것을 선호하는 미국의 이데올로기.

페미니즘

페미니즘(feminism)
여성의 심리적, 정치적, 경제적 평등에 대한 이데올로기.

1960년대에 몇 안 되는 여성 작가들이 등장한 이후 1970년대에 서유럽과 미국에서 여성운동이 정치적인 힘을 얻게 되었다. **페미니스트** 작가들은 여성들이 남성들보다 적은 임금을 받고, 진급이 잘 되지 않고, 남성들에 의해 심리적이고 육체적인 학대를 당하고, 대출과 보험혜택을 받지 못하며, 일반적으로 2등급 시민 대접을 받는다고 주장했다.

페미니스트들은 근본적인 문제는 심리적인 것이라고 주장했다. 여성과 남성은 생물학과 전혀 관련이 없는 '젠더의 역할'을 강요받았다. 소년들은 거칠고, 횡포하고, 경쟁적이며, 늠름하도록 조건화되었고, 소녀들은 순하고, 순종적이고, 자신감이 부족하며, 연약하도록 가르침을 받았다. 성적인 차이는 거의 완전하게 학습된 행동이며, '가부장적' 사회에서 가정과 학교에서 가르침을 받았지만, 이는 변할 수 있었다. 적절한 육아와 교육을 통해서 남성들은 보다 온순하게 되었고 여성들은 보다 단호하고 자신 있는 성향을 가질 수 있게 되었다.

페미니스트들이 '의식화'된 단체들에 참여하여 '남성우월주의자'에 대해 공격을 했다. 페미니즘이 영향력을 발휘하기 시작했다. 다수의 고용인들은 여성들에게 보다 공정한 기회를 제공했고, 때로는 여성들이 남성을 제치고 고용되기도 했다. 여성들이 보다 고위직에 진급할 수 있었다 (최고경영자 직위까지 오르는 경우는 드물었지만). 주부들의 취업이 일반화 되었다. 남편들이 육아와 가사를 분담하게 되었다. 남성보다 많은 여성들이 대학에 진학하게 되면서, 의학, 법, 기업 등 남성이 지배하던 직업에 여성들이 유입되기 시작했다.

그러나 페미니스트들은 정치적인 측면에서 자신들이 원하는 것 모두를 달성하지 못했다. 미국의 남녀평등헌법수정안(ERA: Equal Rights Amendment)은 비준을 받지 못해서 실패로 돌아갔다. 이 안은 성적인 차이와 관련 없이 동등하게 취급하도록 보장하는 안이었다. 일부 보수적인 여성들이 반페미니스트 운동을 벌였는데, 그들은 ERA가 법에 의한 여성의 특권과 보호를 앗아갈 수 있고, 여성을 징집대상으로 할 수 있으며, 심지어는 남녀 화장실의 단일화를 가져올 수 있다고 주장했다. 이러한 반대논리에도 불구하고, 여성들은 자신들의 권리를 신장하는 최선의 방법은 정치적으로 투표권을 행사하는 것이라는 점을 알게 되었다. 1980년대 선거에서 상당한 수준의 '성적 격차(gender gap)'가 나타났으며, 현재 여성들이 일반적으로 남자들보다 진보적인 투표성향을 보이는 것으로 나타나고 있다.

환경주의

1960년대에 산업화된 국가들로부터 **환경주의**가 일어나기 시작했다. 경제가 발전하는 동안 이 발전이 환경에 해를 주는 데 대해서 별로 주의를 기울이지 않았다. 결국 성장은 자연을 파괴했다. 광산, 공장, 심지어는 농장도 하천에 독극물을 흘려보냈다. 산업과 자동차는 공기를 오염시켰다. 화학 폐기물들은 주거환경을 망쳤다. 그리고 원자력 발전소는 방사능을 유출했다. 환경주의자들은 '성장'의 기본원칙에는 '제한'이 포함되어야 한다고 강조했다. "환경에 재앙을 일으키지 않으면서 이와 같이 성장하기는 어려웠을 것이다." 러브 캐널(Love Canel)*, 스리마일 섬(Three Mile Island)**, 체르노빌(Chernobyl)***, 베이징의 공기는 환경주의자들의 주장이 옳았다는 것을 보여 주었다. 산림과 연료를 태울 때 발생하는 이산화탄소는 지구 환경 내의 열을 가두고 기후를 변화시킨다.

미국의 경우 생태학자들의 요구는 1970년에 환경보호청(Environmental Protection Agency)을 설립함으로써 부분적으로 해결이 되었다. 산업단체들은 환경보호청의 규제들이 성장을 저해하고 이윤을 잠식한다고 주장했다. 공화당의 대통령 하에서 환경보호청은 무력화되었다. 깨끗한 환경보다 에너지 생산에 우선권이 부여되었다.

규칙은 환경문제를 해결하는 데 있어서 일부 역할만을 할 뿐이다. 지구의 자원과 자연의 미를 보존하고 공기와 물을 깨끗하게 하기 위해서는 선진국들에서 소비패턴과 삶의 방식이 변화해야 한다고 많은 사람들이 주장했다. 세계 인구의 4퍼센트에 불과한 미국인들이 세계에서 생산된 제조품들과 에너지를 소비하는 양은 4위를 차지하고 있다. 미국의 생활방식은 다른 세계와 균형이 맞지 않을 뿐더러 낭비가 심하고 불필요하며 건전하지도 않다. 녹색주의자들은 자가용 대신에 대중교통과 자전거 사용, 고기 대신에 통곡(whole-grain) 식품과 채소의 섭취, 화력 또는 원자력발전소 대신에 풍력 또는 태양력 같은 분산되고 재생가능한 에너지의 사용을 권장하고 있다.

일부 환경주의자들은 정당을 결성했는데, 처음의 정당은 시민당(Citizens Party)이었고 이어서 녹색당(Greens)이 설립되었다. 1980년대에 서유럽, 특히 독일과 스웨덴에서 녹색당들이 의회에 진출하여, 원자력발전, 유독성 폐기물, 전쟁의 방지에 대해 노력했다. 다수의 젊은 유럽인들은 녹색당이 구시대적이고 진부한 기존 정당들을 대체할 수 있는 매혹적인 대안으로 생각했다. 미국의 환경론자들은 바람, 태양, 바이오 연료와 같이 재생가능한 에너지 사용을 촉진하

환경주의(environmentalism)
규제와 생활방식을 바꿔서 위험에 빠진 자연을 구해야 한다는 이데올로기.

(* 역자 주)
나이아가라 폭포의 한 지역으로 유해폐기물에 의해 토양이 오염되어 환경 대재앙이 일어난 곳.

(** 역자 주)
미국 펜실베이니아의 원자력 발전소가 있는 지역으로 1979년에 대규모 원전 사고가 일어난 곳.

(*** 역자 주)
우크라이나에 위치하는 원자로가 폭발하여 인류 사상 최대의 원전 사고가 난 지역.

사례연구 2.1
이슬람주의: 고대에 뿌리를 둔 새로운 이데올로기

이슬람주의는 어떻게 과거의 요인들이 결합되면서 이데올로기가 갑자기 생성되는지를 보여준다. 살라피야(Salafiyya) 또는 이슬람 극단주의는 13세기에 선지자(Prophet)의 순결한 방식으로 돌아가자는 요구와 함께 시작되었고, 사우디아라비아의 수립 당시와 현재의 신앙이 되었다. 알카에다와 ISIS(Islamic State of Iraq and Syria, 이슬람 국가)는 살라피(salafi)*다. 이슬람주의는 1979년 이란의 혁명과 소련의 아프가니스탄 침공과 함께 폭발되었다. 이슬람주의 정당들 — 하나의 온건정당과 몇 개의 극단적인 정당들 — 은 튀니지, 이집트, 리비아 등의 아랍의 봄 당시에 힘을 발휘했다.

이슬람주의는 무슬림 세계에서 오랫동안 발아되어 온 종교, 민족주의, 사회주의, 그리고 '현대화에 대한 저항'이 혼합된 이데올로기다. 이슬람주의자들은 미국을 중심으로 한 서방세계가 이슬람의 윤리와 문화를 파괴하고, 경제(석유)적으로 지역을 정복하며, 이슬람의 신성한 영토(이스라엘)를 빼앗고 있다는 주장을 한다. 이중의 일부는 수 세기 전의 기독교와 이슬람 사이의 혐오로까지 거슬러 올라가며, 이는 현대화에 지장을 주고 있다. 이슬람주의는 무슬림 국가들의 급속한 인구증가, 높은 실업률과 더불어 부패와 실정(失政)에 대한 반응으로 성장했다.

이슬람주의는 민족주의와 닮았지만, 이슬람에서 정치적인 것은 항상 종교적인 것과 뒤얽힌다. 회교사원(mosque)과 국가는 하나가 되어야 한다. 예언자 무함마드가 하나의 거대한 공동체로 이슬람을 세웠는데, 그 공동체인 움마(umma)는 민족들을 우상숭배의 형태라며 경멸한다. 이에 따라 알카에다와 ISIS는 무슬림 칼리프로 행진하는데 사용하는 용도 이외에 팔레스타인이나 이라크의 민족주의에 대해서 별 다른 관심을 가지지 않는다. 그들은 미국의 영향을 배제하고, 이스라엘을 파괴하며, 이슬람국가들, 그리고 궁극적으로는 세계를 지배하려 하고 있다. 그리고 나서 정화된 이슬람이 일부 부패한 지도자들에 의해 독점되어 있는 부(富)를 공유할 것이라고 주장하는데, 이는 일종의 사회주의다. 광적이고 타협이 불가능한 ISIS는 참수와 제물로 세계를 공포에 몰아넣고 있다. 파키스탄과 사우디아라비아와 같은 일부 무슬림 국가들은 이슬람주의자들에 의한 전복을 두려워하여 그들을 매수하려고 시도하고 있다.

이슬람주의는 몇 가지 약점을 지니고 있다. 첫째, 이슬람의 수니파와 시아파로 분열되어 있다. 수니파가 이슬람의 주류이고 세계 무슬림의 약 85퍼센트를 차지하고 있다. 그러나 시아파가 이란, 그리고 이라크, 사우디아라비아, 레바논 등의 일부를 지배하고 있다. 수니파는 시아파를 경멸하고 믿지 않는다. ISIS는 시아파를 살해하는 것을 목표로 삼고 있다. 둘째, 이슬람주의는 경제계획을 갖고 있지 않으며 식량을 제대로 공급할 수도 없어서 많은 이란인들이 불만을 품고 있다. 극단주의자들이 무슬림들을 살해함에 따라 지지와 동맹이 줄어들고 있다. 장기적으로 이슬람주의는 사라져 갈 것이지만, 현재는 군사적 조치를 취하도록 하고 있다.

(* 역자주) 급진적 이슬람 무장주의.

고 화석연료의 사용을 제한하도록 요구하고 있다. 셰일가스(shale gas)를 '프랙킹(fracking, 수압파쇄)'하는 것을 반대했는데, 그 이유는 셰일가스가 석유나 석탄보다는 깨끗하지만 대기에 탄소를 유입시키기 때문이다.

이데올로기는 끝났는가?

2.7 '이데올로기의 종식'이라는 주장에 대한 평가를 한다.

이슬람주의(Islamism)
정치 이데올로기로 변한 무슬림 종교.

1960년에 하버드대의 사회학자 다니엘 벨(Daniel Bell, 1919~2011년)은 한 세기 동안 이어져 온 이데올로기 논쟁은 끝이 났다고 주장했다. 폭압적인 공산주의의 실패와 복지국가의 등장은 벨이 말한 소위 '이데올로기의 종식'을 가져왔다. 단순하게 말해서 논쟁을 벌일만한 것이 많지 않았다. 그 이후 정치논쟁은 복지국가를 어떻게 운영할 것인가에 대한 기술적 문제에 집중되었다고 벨이 주장하였으며, 구체적으로 국가건강보험에 무엇을 포함해야 하는가의 문제가 관

민주주의 2.1 | 권위적 자본주의

일부 사상가들은 새로운 이데올로기의 도전을 맞게 되었는데, 그것은 '권위적 자본주의'다. 이는 전체적인 국가의 통제 하에 있으며 민주주의를 도입할 의도가 없으면서 부분적으로 시장경제를 채택한 국가이다. 이 국가는 소수의 최고 지도층이 장악하고 있는 단일정당에 의하여 운영이 되며, 이 지도층은 자신들이 민주주의의 혼란과 소동이 없이 현명한 경제적 결정을 할 수 있다는 주장을 한다. 대표적인 사례는 중국인데, 중국은 마르크스와 마오를 포기하고 경제와 권력을 건설하는 목표를 시행하고 있다. 러시아도 유사한 노선을 걷고 있지만 별로 성공적이지는 않다. 특히 개발도상국가들을 포함한 일부 국가들은 이러한 권위적 자본주의에 매혹을 느끼고 있다.

중국의 권력은 공산당의 7인 상무위원회에 집중되어 있다. 이 위원회는 경제정책의 주요 노선을 제시하는데, 어디에 얼마나 투자할지를 결정하고 경제성장을 도모하며 인플레이션을 방지하는 것을 거대한 국가은행들을 통하여 추진한다. 수십 년 동안 중국은 매년 10퍼센트를 성장(최근에는 미달)해 와서 세계에 깊은 인상을 남겼다. 베이징이 추진하는 방식은 정치적으로 혼란스럽고 경제적으로 불경기인 서방은 행하기가 어려운 것이다. 미국을 보면, 부채가 많고 양극화되어 있기 때문에 예산을 통과시키기가 어렵다. 유럽을 보면, 부채가 많고 파편화되어 있기 때문에 유로화를 운영하기조차 어렵다. 자기 길을 가고 있는 중국은 국민들의 이익을 마음 깊이 새기고 있는 조용하고 현명한 지도자들에 의해서 운영이 되고 있다.

회의적인 관찰자들은 권위적 자본주의가 장기적인 모델이 될 수 있을지에 대해서 의문을 가진다. 과다투자, 소득 불균형, 부패, 수출에의 의존 등의 어려움이 경제성장을 저해한다. 아마도 그들의 가장 큰 문제는 한 지도자로부터 다음 지도자로 권력이 이양되는 안정된 방식이 없는 권력 승계의 어려움일 것이다. 중국과 러시아 모두가 이러한 어려움을 겪었다. 중국과 러시아에서 이러한 어려움을 극복할 수 있는 민주적인 방법을 찾기가 어려웠다. 권위적 자본주의는 과거 전체주의가 등장했다가 소멸된 것처럼 일부 국민들에게 어려운 시기에 희망을 주기도 했지만, 장기적으로 제대로 작동되지 않는다는 점이 입증되었다.

심사가 되었다.

1989년에 정치학자 후쿠야마(Francis Fukuyama)는 한 걸음 더 나아갔다. 자본주의적 민주주의의 승리로 이데올로기 논쟁이 끝났을 뿐만 아니라 역사 자체가 끝날 수도 있게 되었다는 것이 후쿠야마의 논지다. 후쿠야마는 역사의 종식이 시간이 멈춘다는 뜻이 아니라, 자유로운 사회에 자유로운 사람들이 사는 헤겔이 제시한 인간의 종착점이 실현되었다는 의미라고 주장했다. 자본주의가 공산주의를 패배시켰으며, 앞으로 이에 도전할 어떠한 다른 이데올로기도 나오지 않을 것이라고 후쿠야마는 예상했다. 이데올로기의 종식과 함께 아이디어에 대한 투쟁이 사라진다는 측면에서 역사가 종식된다는 의미였다. (후쿠야마는 생활이 지루해질 수도 있다고 한숨을 쉬었다.)

그러나 최근의 뉴스들을 보면 벨과 후쿠야마의 주장에 대한 의문이 제기된다. 첫째, 유럽 공산주의의 붕괴 자체가 마르크스의 원래 아이디어를 반증하는 것은 아니다. 물론 현재의 마르크스주의자들은 소비에트 유형의 사회주의와는 조심스럽게 거리를 두고 있다 (여기서 말하는 사회주의는 자본주의적 민주주의의 변형된 형태인 복지주의가 아니라 국가가 산업을 통제하는 사회주의를 의미한다). 사회주의자들은 아직도 따뜻한 사회주의의 가능성을 논하고 있다. 공산주의가 붕괴하면서 새롭고 위험한 이데올로기들의 도전이 시작되었는데, 특히 그 이데올로기들은 이슬람주의와 중국의 '권위적 자본주의'를 포함한다. 그리고 자유민주주의 자체도 다수의 이데올로기적 관점들을 생성했다. 그들은 자유시장 또는 정부개입, 복지의 수준, 세속국가 또는 종교국가, 해외로의 민주주의 확산 또는 해외에 대한 관여 포기 등이다. 후쿠야마는 지루할 것이라고 두려워할 필요가 없게 되었다.

Q 토의질문

1. 이데올로기 없이 완전하게 실용적일 수가 있는가?
2. 어떻게 고전적 자유주의가 미국의 보수주의로 전환되었는가?
3. 현대 자유주의와 사회민주주의는 얼마나 가까운가?
4. 레닌은 마르크스주의를 어떻게 변화시켰는가?
5. 왜 민족주의가 가장 강한 이데올로기인가?
6. 파시즘의 주요 요소들은 무엇인가?
7. '이슬람주의'는 무엇이며, 왜 위험한가?
8. 오늘날의 학생들을 매혹시키는 이데올로기가 있는가?
9. 이데올로기 정치는 사라질 수 있는가?

핵심용어

고전적 자유주의(classic liberalism) p. 36
공산주의(communism) p. 46
국내총생산(GDP: gross domestic product) p. 45
마오주의(Maoism) p. 48
민족주의(nationalism) p. 48
보수주의(conservatism) p. 41
사회민주주의(social democracy) p. 45
수정주의자(revisionist) p. 45
신보수주의(neoconservatism) p. 54
실용적(pragmatic) p. 35
이데올로그(ideologue) p. 36
이데올로기(ideology) p. 36
이슬람주의(Islamism) p. 59
자유지상주의(libertarianism) p. 55
제국주의(imperialism) p. 46
주권(sovereignty) p. 49
주제(thesis) p. 53
티토주의(Titoism) p. 48
파시즘(fascism) p. 50
페미니즘(feminism) p. 56
현대 자유주의(modern liberalism) p. 40
환경주의(environmentalism) p. 57

참고문헌

Aslund, Anders, and Simeon Djankov, eds. *The Great Rebirth: Lessons From the Victory of Capitalism over Communism*. Washington, DC: Peterson Institute, 2014.
Baradat, Leon P. *Political Ideologies: Their Origins and Impact*, 11th ed. New York: Longman, 2011.
Cohen, G. A. *Why Not Socialism?* Princeton, NJ: Princeton University Press, 2009.
Fawcett, Edmund. *Liberalism: The Life of an Idea*. Princeton, NJ: Princeton University Press, 2014.
Frank, Thomas. *The Wrecking Crew: How Conservatives Rule*. New York: Metropolitan, 2008.
Frum, David. *Comeback: Conservatism That Can Win Again*. New York: Doubleday, 2009.
Grosby, Steven. *Nationalism: A Very Short Introduction*. New York: Oxford University Press, 2005.
Heilbrunn, Jacob. *They Knew They Were Right: The Rise of the Neocons*. New York: Doubleday, 2008.
Judt, Tony, and Timothy Snyder. *Thinking the Twentieth Century*. New York: Penguin, 2012.
Kristol, Irving. *The Neoconservative Persuasion: Selected Essays, 1942–2009*. New York: Basic Books, 2011.
Krugman, Paul. *The Conscience of a Liberal*. New York: Norton, 2007.
O'Hara, Kieron. *Conservatism*. Chicago, IL: University of Chicago Press, 2011.
Phares, Walid. *The War of Ideas: Jihadism against Democracy*. New York: Palgrave, 2007.
Sandle, Mark. *Communism*. New York: Longman, 2006.
Schmitt, Richard, ed. *Toward a New Socialism*. Lanham, MD: Lexington, 2007.
Sperber, Jonathan. *Karl Marx: A Nineteenth-Century Life*. New York: Liveright, 2013.
Tismaneanu, Vladimir. *The Devil in History: Communism, Fascism, and Some Lessons of the Twentieth Century*. Berkeley, CA: University of California Press, 2012.
Wolfe, Alan. *The Future of Liberalism*. New York: Knopf Doubleday, 2010.

3장 국가

> **학습목표**
>
> **3.1** 권력의 제도화에 대한 사례를 연구한다.
> **3.2** 효율적인, 약한, 실패한 국가들을 구분한다.
> **3.3** 단일체제와 연방체제를 비교한다.
> **3.4** 선거제도와 정당제도 사이의 관계를 설명한다.
> **3.5** 국가가 경제에 관련되는 방식에 대해 설명한다.

세계는 나이지리아 북동부에서의 대량학살과 납치에 경악을 금하지 못했다. 광신적인 보코 하람(Boko Haram, "서양의 교육은 사악한 것이다")의 이슬람주의자들은 납치된 여학생들을 노예로 팔아 넘겼다. 부패하고 무법천지의 나이지리아는 너무나 취약했기 때문에 이러한 잔악한 행위들을 중단시킬 수 있는 방법을 찾기가 어려웠다. 나이지리아는 우리가 생각하는 수준의 강하고 결속된 거버넌스를 지니지 못하고 있다. 그리고 나이지리아는 가난하지는 않지만, 석유 수입금은 힘이 있는 소수의 주머니로만 흘러 들어간다. 가난한 동북부를 포함한 광활한 지역의 수입은 아주 적거나 거의 없다. 나이지리아는 '약한 국가'의 사례를 보여주고 있으며, 일부는 무정부상태에 놓여 있다. 석유가 풍부한 나이저 델타(Niger Delta) 지역에서 무직의 젊은 사람들은 반란범죄집단에 참여하는데, 그 이유는 그것이 그들이 가질 수 있는 최고의 직업이기 때문이다. 세계에는 약한 국가들이 많이 있다. 정치학자들은 '국가' 또는 '민족'이라는 개념이 통치할 수 있는 실질적인 능력에 대한 다양한 변종된 형태들을 감춰 준다고 이해한다.

민족과 국가란 무엇인가? 민족은 자체적인 감정, 결속력, 공통의 역사와 문화,

때로는 (항상은 아니지만) 공통 언어를 가진 주민들의 집단이다. 국가는 주권을 보유하고 법을 집행하기에 충분한 힘을 보유하고 있는 정부조직이다. 2011년에 남수단이 추가되어 세계에는 194개의 국가가 존재하고 있다

국가와 민족 중에 어느 것이 먼저 존재하기 시작했는가? 많은 사람들은 민족이 먼저라고 생각하지만, 대개의 사례를 보면 국가들이 자체의 민족을 만들었다. 예를 들어, 남아프리카의 줄루족(Zulus)은 2세기 전에 강력한 전사였던 샤카(Shaka)가 다수의 씨족과 부족을 하나로 모아서 인위적으로 만든 민족이다. 파리는 주로 무력을 사용하여 여러 지역들을 하나로 통일시켜 프랑스를 만들었으며, 교육, 언어, 중앙집중된 행정체계를 활용하여 프랑스풍(Frenchness)을 고양시켰다. 프랑스 민족은 프랑스 국가가 인위적으로 만든 것이다. 미국은 몇 명의 지도자가 13개의 식민지들을 필라델피아에 모이게 하여 만들어졌다. 수천만 명의 이민자들을 받아들여서 만들어진 미국은 건국 관련 문서들과 정치문화의 이상에 기반한 민족주의 감정을 발전시켰다. 민족들은 하늘로부터 떨어지는 것이 아니라, 다양한 성향의 인간들의 장인정신에 의해서 창조되는 것이다.

제도화된 권력

3.1 권력의 제도화에 대한 사례를 연구한다.

정치제도는 입법부 및 행정부와 같은 정부의 업무 조직이다. 제도들은 인상 깊은 빌딩에 입주할 수도 있고 그렇지 않을 수도 있는데, 입주빌딩에 의해서 권위가 고양될 수도 있다. 미국의 대법원은 텐트 안에서 재판을 한다고 해도 대법원의 판결이 준수되는 한 중요한 기구임이 분명하다. 대법원이 처음 생겼을 때는 어떠한 권력을 갖고 있는지 분명하지 않았으나, 힘이 있는 특성과 중요한 판례가 권력을 실어 주었다. 마찬가지로 연방준비이사회(Federal Reserve Board)는 금융공황의 진정, 인플레이션과의 전쟁, 거대한 금융에 대한 구제조치의 준비 등을 실시한다. 연방준비이사회가 미국 경제를 안정시키는 데 필요한 모든 새로운 임무를 수행하기 때문에 의회는 이러한 일을 할 수 없다. 좋은 제도들은 유연하고 발전하는 것이다.

정치 지도자들에 대한 존경이라는 의미의 권위는 유동적인 것이고 지속적인 정비를 필요로 한다. 정치제도는 확고하거나 부분적으로 응집된 권위이다. 세월이 지나면서 사람들은 정치제도가 문제를 해결하고, 논쟁의 결론을 내리며,

정치제도(political institution)
권위가 수립되고 지속되는 형태.

방향을 설정할 것이라고 기대하는 데 익숙해져 있다. 제도들은 많은 개인들로 구성되어 있고 (만약 효율적이면) 여러 세대 동안 지속될 것이기 때문에, 그 제도에 임시적으로 관련되어 있는 사람들과 관계없이 자체적인 생명을 유지한다. 제도를 운영하는 개인들과 관련 없이 이어지는 제도의 영속성은 정치체제를 안정화시키는데, 이에 따라 시민들은 누가 책임이 있고 무엇이 허용될 수 있는지를 알게 된다.

제도들은 개인 지도자들 보다 큰 규모이다. 1974년 미국의 닉슨 대통령이 탄핵의 위협 하에서 사임을 하였을 때, 대통령제도 자체에 영향을 주었다. 만약 그러한 대통령이 연속해서 나타난다면, 만약 그들이 사임하기를 거부한다면, 대통령제도 자체가 훼손될 것이다. 일부 독재자들은 자신을 제도화하려고 시도하지만 실패한다. 독재자들이 수립하는 제도들은 그들의 사망과 함께 사라진다. 티토(Josip Tito)는 유고슬라비아를 35년 동안 통치를 하면서 자신이 만든 제도가 영속되기를 기대했으나 그 제도는 그 자신에게 너무 많은 의존을 하고 있었다. 티토가 사망한지 11년 뒤에 유고슬라비아는 피비린내 나는 내전 끝에 분열되었다. 독재자들은 영구히 지속되는 제도를 설립하지 못한다. 그들은 자신의 개별적 권력도 '**제도화**'하지 못한다.

제도화(institutionalize)
정치적 관계를 영구적인 것으로 만드는 것.

강력한 지도자는 자신의 흔적을 제도에 남기려는 시도를 하는 경우가 가끔 있다. 미국의 조지 워싱턴(George Washington) 대통령은 두 번의 임기를 채우고 은퇴했는데, 루즈벨트(FDR) 대통령까지 그 이상의 임기를 하려고 한 대통령은 없었다. 미국정부가 대통령의 임기 제한을 제도화한 것은 1951년의 제22차 헌법 개정 때였다. 서독의 첫 수상이었던 아데나우어(Konrad Adenauer)는 강한 권력의 수상직위를 수행하면서 강력한 리더십을 발휘했다.

제도들을 연구하는 가장 기초적인 방법은 정치체제의 강력한 부서가 어딘지를 파악하는 것이다. 누가 권력을 갖고 있는가? 헌법을 보면 알 수 있지만 헌법이 반드시 전체 이야기를 밝혀 주는 것은 아니다. 미국 헌법을 보면 행정부와 입법부의 권력은 동등하고 균형이 맞추어져 있지만, 두 세기 이상 동안 대통령에 권력이 집중되었다. 1958년에 드골(Charles de Gaulle)에 의해 제정된 프랑스 헌법은 대통령에게 거의 독점적인 권력을 부여한 것처럼 보인다. 그러나 프랑스의 의회 선거는 가끔 대통령이 소속된 정당과 다른 정당이 의회를 지배하는 결과를 내 놓고 있는데, 이는 미국의 개념으로 '교착(gridlock)'의 의미다. 프랑스 대통령은 자진해서 반대당 출신의 수상에게 보다 큰 역할을 하게 함으로써 이 문제를 해결하는데, 프랑스에서는 이를 '동거정부(cohabitation)'로 부른다. 헌법의 조항 내용이 불명확하면 실천에 의해서 발전이 된다.

'국가의 유형'에 대한 다소 고전적인 질문은 **군주제**이냐, 또는 **공화제**이냐에 대한 질문이다. 현재 거의 모든 국가들은 공화국들인데, 좋은 국가인지 민주국가인지의 여부는 별 상관이 없다. 입헌군주국의 왕은 아직도 상징적으로 통치를 하지만, 영국, 노르웨이, 스웨덴, 덴마크, 스페인, 네덜란드의 왕들은 실질적인 통치를 하지는 않고, 왕위 자체로 만족하고 있다. 모로코, 사우디아라비아, 요르단, 쿠웨이트 등 아랍의 국가에서 왕들이 실질적인 통치를 하는데, 제한적이나마 입헌군주국으로 전환되는 과정을 겪고 있다. 그러지 않으면, 이집트, 이

군주제(monarchy)
한 사람에 의해 이루어지는 세습적 통치.

공화제(republic)
군주가 없는 정치체제.

고전 정치학 3.1

아리스토텔레스의 6가지 유형의 정부

가장 오래되고 가장 유명한 정부의 분류는 기원전 4세기에 아리스토텔레스가 한 것이다. 그는 모든 사람들의 이익을 위해 활동을 하는 3가지의 정통적인 정부와 더불어 자기 자신만을 위하여 활동하는 3가지의 부패한 형태를 구분했다.

아리스토텔레스에 의하면 군주정은 모든 사람들의 이익을 위해서 한 사람이 통치하는 것이다. 군주정은 타락한 형태로 변하면 폭압정으로 변질될 수 있는데, 이 경우 유일 지도자가 자신의 이득만을 위해서 권력을 행사한다. 그리스어로 최선의 **통치**(*aristos*)를 의미하는 귀족(aristocracy)은 몇 명이 모든 사람들의 이익을 위해서 통치하는 것이다. 그러나 이러한 공정하고 정의로운 엘리트들에 의한 정통성있는 통치는 타락한 형태인 과두정으로 변질될 수 있는데, 이는 몇 명이 자신들만의 이득을 위해서 통치하는 것이다.

아리스토텔레스는 **입헌정**(입헌민주주의로 불리기도 함)을 모든 사람들을 위해서 많은 사람들이 통치하는 것이고 최상의 정부형태라고 주장했다. 모든 시민들이 지도자들을 선택하는 데 목소리를 내고 법들을 제정하며, 공식적인 헌법적 절차가 권리를 보호한다. 아리스토텔레스는 입헌제가 타락한 형태가 되면 민주정으로 변질될 수 있는데, 이것은 많은 사람들이 자신들의 이익을 위해서 통치하는 형태이다. 아리스토텔레스는 이러한 변질이 아테네에서 나타나서 처참한 펠로폰네소스전쟁(Pelopennisian War)으로 이어졌다고 주장했다. 절박한 상황에서 그럴듯한 연설에 유혹되어 민주정의 대중들은 타락하고 이기적인 선동가들의 영향을 받게 되는데, 그 선동가들은 시민들의 재산을 수탈하고 국가를 전쟁으로 몰고 간다. 지난 25세기 동안 지배해 온 아리스토텔레스의 분류는 아직도 유용하며, 아래와 같이 요약할 수 있다.

누가 통치하는가	정당한 형태들 모든 사람들의 이익을 위한 통치	타락한 형태들 자신들을 위한 통치
1명	군주정(Monarchy)	폭압정(Tyranny)
몇 명	귀족정(Aristocracy)	과두정(Oligarchy)
다수	입헌정(Polity)	민주정(Democracy)

라크, 리비아, 에티오피아, 이란에서와 같이 전통적인 군주제는 전복되고 혁명 체제가 들어설 것이다.

효율적인, 약한, 실패한 국가들

3.2 효율적인, 약한, 실패한 국가들을 구분한다.

모든 국가들이 실제로 국가로써의 기능을 하는 것은 아니고, 일부는 거의 기능을 하지 못하고 있다. 국가가 국기를 보유하고 유엔에 가입했다고 해서 진정한 국가로 입증되는 것은 아니다. 어떠한 세계의 법정도 국가들을 그들이 보유한 힘을 가지고 분류하지 않으며, 분석가들은 적어도 세 가지 범주로 분류를 한다.

효율적인 국가는 영토 전체에 대한 통제를 하고 세금을 부과한다. 대체로 국가의 법들은 준수가 된다. 정부는 보편적인 복지와 안보를 돌본다. 부패는 거의 없다. 효율적인 국가는 부유한 편이며, 상당한 액수의 세금(GDP의 25에서 50퍼센트)을 징수하며, 자유롭고 공정한 선거를 실시하는 민주주의를 채택하고 있다. 일본, 미국, 그리고 대부분의 유럽국가들도 효율적인 국가들이다. 일부 사람들은 이 국가들 중의 최고를 '매우 효율적인' 범주에 포함한다.

약한 국가(weak state)
효율적인 통치를 못하고, 부패하고, 범죄가 빈번하게 발생하는 국가.

약한 국가는 정치에 범죄가 침투되는 특성을 지니고 있다. 어디가 정치의 끝이고 범죄의 시작인지 구분할 수 없게 된다. 정부는 무법, 마약밀매, 부패, 빈곤, 분리운동에 대항할 힘을 갖고 있지 못하다. 민주주의 원칙은 실행되기보다 위반되는 경우가 많고, 선거는 조작되는 경우가 종종 있다. 세금은 거의 걷히지 않는다. 멕시코 및 나이지리아의 석유와 같은 천연자원의 수입은 개인의 주머니로 사라진다. 아시아, 아프리카, 라틴 아메리카의 많은 국가들이 약한 국가들이다.

실패한 국가(failed state)
기본적으로 국가정부가 없으며, 최소의 거버넌스마저도 불가능한 국가.

실패한 국가는 기본적으로 국가정부가 없으며, 일부 국가들은 정부가 있는 것처럼 가장한다. 군벌, 민병대, 마약왕들이 자기들 마음대로 국가를 운영한다. 영토 분열의 위협이 도사리고 있다. 교육과 건강의 기준이 급격하게 하락한다 (에이즈의 증가가 그 사례다). 많은 사람들은 아프가니스탄, 리비아, 소말리아를 실패한 국가로 규정한다. 해적들은 소말리아를 자신들의 본거지로 삼는데, 그 이유는 그들의 해적행위를 중단시킬 수 있는 국가의 힘이 존재하지 않기 때문이다 (그리고 젊은 사람들을 위한 일자리가 없다). 오로지 외부의 지원과 압력만이 이 국가들이 사라지는 것을 막을 수 있다. 일부 사람들은 이슬람 전사들의 본거지인 예멘, 그리고 기독교-이슬람전쟁으로 파괴되고 있는 중앙아프리카 공화국이 실패한 국가가 될지도 모른다고 우려하고 있다.

이론 3.1 정치발전의 3단계

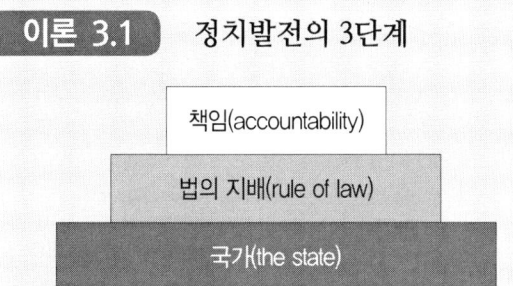

스탠포드대학교의 정치학자 후쿠야마는 왜 일부 국가들이 **실패한 국가**가 되는지에 대한 중요한 이론을 제시하고 있다. 서방국들에 의한 최선의 노력과 수십억 달러의 투자에도 불구하고 아프가니스탄과 이라크는 민주주의보다는 무정부상태에 더 근접한 상태에 놓여 있다. 실제로 그들은 1층이나 기초가 없는 2층을 짓고 있다. 기초가 없는 집은 지탱하기가 어렵다.

후쿠야마는 기본적인 세 가지 단계를 제시한다. 첫째는 오래된 것으로, 검을 사용하여 부족들과 지역들을 하나로 모은 군주에 의해서 세워진 '국가'이다. 홉스와 같이 후쿠야마에게 있어서 이 왕은 '선'할 필요는 없고, 방해되는 요인들을 통제하고 제거하기에 충분한 힘만 가지면 된다. 많은 개발도상 지역들은 강한 국가들을 전혀 수립하지 못했다.

얼마 지나지 않아서 군주는 왕국을 운영하기 위해서 관료들이 필요했다. 이 관료들의 충성이 강하고, 문명화되어 있으며, 비교적 부패가 적을수록 국가는 더 강한 힘을 갖게 된다. 좋은 관료체계가 있지 않으면 국가는 영구적으로 결점을 가지고 약하게 된다. 처음에 관료직은 팔기도 하지만, 많이 지나고 난후 개인적인 관련 없이 능력위주의 선발을 하게 된다.

다음 단계는 모든 사람들이 준수해야 하는 보다 최근의 '법의 지배' 단계다. 만약 군주가 직접적으로 통치하지 않는다면 교회들이 도덕적 기준을 설정하고 옳고 그름의 감정을 고취하면서 주도권을 잡는다. 권위적 체제는 의도적으로 '법에 의한 지배'와 '통치자의 법'으로 법의 지배를 혼란스럽게 하는데, 통치자의 법에는 반대파와 반체제인사들을 응징하기 위해서 제정된 수백 가지의 변칙적인 법들이 포함된다.

이 두 단계가 확고하게 이루진 이후에 전개될 마지막 단계는 후쿠야마가 보다 최근의 민주주의에 있어서 새로운 것이라고 하는 '책임(accountability)'의 단계이다. 1649년 영국 의회는 법보다 상위에서 군림했다는 이유로 찰스 1세를 재판하고 단두대에서 참수했는데, 이는 전(前) 민주주의 책임의 등장을 보여주는 것이었다. 19세기 미국, 영국, 그리고 일부 대륙국가들에서의 선거권 확대는 민주주의를 가져다주었다.

만약 후쿠야마의 말이 맞는다면, 강한 국가 또는 법의 지배가 없이 민주주의가 수립될 수 있겠는가? 조작된 선거와 일당지배를 하면서도 잠시 동안 민주주의를 시도할 수 있겠지만 결국은 붕괴할 것이다. 앞의 두 단계가 수립되지 않은 상황에서도 민주주의가 국가의 생활에 등장할 수가 있다. 이는 1980년대 이전에 라틴 아메리카에서 거의 동일하게 나타난 것이었다. 이라크에 민주주의를 수립하려던 신보수주의(neocon)의 시도는 실패했다. 기초도 없었고 국가마저 없었다.

단일체제 또는 연방체제

3.3 단일체제와 연방체제를 비교한다.

국가의 영토적 구조를 단일체제 또는 연방체제로 해야 하는가를 결정하는 것은 중요하고 기본적인 선택사항이다. **단일체제**는 국가 내 지역들에게 자치권을 거의 주지 않고, 대개의 거버넌스는 수도에서 이루어진다. 프랑스의 데파르망(departments), 네덜란드의 프로방스(provinces), 스웨덴의 카운티(counties) 등 **제1차 행정구역**들은 지역의 정책적 투입은 거의 없이 대체로 국가정부에 의해서 운영된다. 미국과 브라질의 주, 독일의 랜더(Länder), 스위스의 칸톤(canton) 등 **연방체제**의 제1차 행정구역들은 상당 수준의 자체적인 정치적 생명력을 갖추고 있으며, 중앙 권력에 의해서 쉽게 법적으로 폐지되거나 변경될 수 없다.

> **단일체제(unitary system)**
> 하위 지역이 자치권을 거의 갖지 못하고 국가 수도에 권력이 집중되어 있는 체제.
>
> **제1차 행정구역(first-order civil divisions)**
> 미국의 주(state) 또는 스페인의 도(province)와 같은 국가의 영토적 구성요소.
>
> **연방체제(federal system)**
> 국가의 수도와 자치권을 가진 지역정부가 권력을 균형되게 갖고 있는 체제.
>
> **중앙-지방 긴장(center-periphery tension)**
> 국가의 수도에 의하여 통치되는 데 대한 주변지역들의 불만.
>
> **지역주의(regionalism)**
> 지역적 차이, 그리고 때로는 분리적 성향의 감정.

단일체제

단일국가의 정부들은 지방 권위체와 시민들의 생활에 대해서 연방국가의 정부들이 하는 것보다 강력하게 통제한다. 파리에 있는 프랑스 교육부는 지역적인 언어와 문화의 차이를 줄이기 위해서 학교의 교과목을 정한다. 단일국가들은 국가경찰과 국가법원체제를 갖추고 있으며, 그 구성원들은 국가정부가 임명한다.

1970년대에 다양한 이유들로 인하여 많은 국가에서 **중앙-지방 긴장** 또는 **지역주의**가 발생했다. 경제가 그중의 하나다. 지역 민족주의자들은 자신들의 지역이 중앙정부 때문에 더 빈곤해지고 무시를 당한다고 종종 주장한다. 지방에는 그 지역 사람들이 보존하기를 원하는 독특한 언어와 문화가 존재한다. 많은 사람들은 중요한 정치적 결정들이 지방의 통제 하에 놓이지 않고 있으며, 대체로 멀리 있는 관료들에 의해서 이루어진다고 주장한다. 일부 지역들은 오래 전에 보다 큰 규모의 민족에 의해 정복당하고 강제로 병합된 역사적 분노를 품고 있다. 이라크의 쿠르드족은 바그다드의 통치에 대해서 이러한 감정을 느끼고 이를 벗어나려고 한다. 여러 단일체제들은 지역문제를 풀기 위한 해결책을 모색하고 있다.

영국의 권한이양   수 세기 전에 앵글족과 색슨족의 침략에 의해서 변방으로 밀려난 켈트족의 스코틀랜드인들과 웨일즈인들은 자신들이 잉글랜드와 큰 차이가 있다는 점을 느끼고 있었다. 많은 스코틀랜드인들과 웨일즈인들은 런던에 의해 통치되는 데 대해서 불만을 가졌다. 1970년대에 스코틀랜드와 웨일즈의 민족주의 정당들은 영국 의회에서 여러 의석을 획득하였다. 1997년 블레어

> **학습방법 3.1**
>
> ## 자료
>
> 사실, 데이터, 인용, 아이디어를 포함하는 자료들은 매우 중요하고 지도교수가 가장 먼저 확인하는 것들이다. 좋은 자료들은 전문서적, 학술논문, 또는 저명한 정기간행물로부터 획득할 수 있다. 바람직하지 않은 자료들은 교과서 (최근의 교재들을 자료로 사용하면 안된다), 백과사전 (물론 위키피디아 포함), 사전, 그리고 대중 주간지들과 같이 평범하거나 의혹스러운 것들이다. 인용을 하기 위해서는 괄호 안에 저자의 성을 쓰고 그 뒤에 년도를 적는다 (Smith 2010).
>
> 구글과 위키피디아는 사용하기에 편하지만 전체의 그림을 보여주지 못한다. 그들은 당신에게 무슨 질문을 해야 하는지 말해주지 않는다. 수많은 웹사이트들은 광고 또는 선전이다. 대부분이 너무 최근 것들이고 편협해서, 작년에 또는 다른 나라에서 무슨 일이 일어났는지를 알려주지 못한다. 그리고 그들은 역사적이고 비교적인 관점을 결여하고 있다. 그렇기 때문에 책과 논문이 필요하다. 학자들은 자료를 1차 자료와 2차 자료로 분류한다. 1차 자료는 다른 사람들의 생각에 의하여 여과되지 않은 직접적인 자료들이다. 1차 자료는 오바마의 2012년 연설의 인용(Jones 2013), 보고서의 통계표 (World Bank 2015, 274-275), 대학교 학생의 자체적인 조사를 포함한다.
>
> 2차 자료는 다른 사람이 종합해 놓은 것, 다른 사람의 아이디어 또는 견해이다. 그 사례로는 미국의 이란에 대한 정책과 관련된 웹사이트에 있는 기사이다 (Berry 2012). 세계은행 도표들에 대한 학자들의 해석도 2차 자료이다 (Adams 2007). 축구에 대한 평가를 할 때 어느 것이 더 나은가? 게임에 대한 당신의 개인적 관찰(1차 자료)인가, 아니면 축구경기에 대한 스포츠 캐스터의 해설(2차 자료)인가? 지도교수들은 대체로 1차 자료를 선호한다. 논문은 부시정부 하에서의 EPA 예산삭감과 같은 공식문서들에서 다수의 1차 자료들을 포함한다 (Williams 2008). 반면에 삭감에 대한 윌리엄즈의 코멘트는 2차 자료가 된다 (Williams). 같은 자료를 두 번 인용하는 것은 두 개의 자료로 계산하지 않는다. 자료는 다른 책 또는 다른 논문들을 의미한다.
>
> 지도교수들은 당신이 좋은 자료들을 많이 사용하면 감동을 받을 것이며, 대체로 다섯 페이지에 10개 정도면 된다. 당신이 만약 특별한 사실이나 인용을 포함할 때는 페이지 번호를 삽입해야 한다 (Thompson 2001, 247). 참고자료의 사례는 아래와 같다.
>
> 뉴욕타임즈 인덱스(*New York Times Index*)
> 정기간행물 독자 지침(*Reader's Guide to Periodical Literature*)
> 사회과학 인덱스(*Social Sciences Index*)
> 공공문제정보서비스(*Public Affairs Information Service*)
> CIA 세계 팩트북(*CIA World Factbook*)
> 사실에 대한 파일(*Facts on File*)
> 렉시스넥시스(*LexisNexis*)
> 아카데믹 인덱스(*Academic Index*)
> 우선 검색(*First Search*)

(Tony Blair) 노동당 정부는 내부 통치 권한을 스코틀랜드, 웨일즈, 북아일랜드에 부여하는 **권한이양** 법안을 통과시켰다. 1998년 첫 선거에 의해서 설치된 스코틀랜드 의회는 조세업무에 관여하고 스코틀랜드의 교육, 의료서비스, 사법체계, 지방정부를 운영할 수 있는 스코틀랜드국민당('Scot Nats') 정부를 수립하였는데, 이 정부는 미국의 주와 유사하다. 일부 사람들은 이러한 체제를 갖추었기 때문에 영국을 준연방으로 부르지만, 공식적으로 영국은 아직 단일국가이다. 2015년의 총선거에서 스코틀랜드국민당은 스코틀랜드 지역을 휩쓸면서 장기간 지배하던 노동당을 밀어 냈다.

권한이양(devolution)
일부 권한을 중앙정부에서 지역정부로 전환시키는 것.

프랑스의 분권화 역사적으로 프랑스는 영국보다도 더 강력한 단일체제였다. 최근까지 모든 것이 파리에 의해서 운영이 되었는데, 이는 15세기 루이 16세의 전제정치로부터 시작된 형태였다. 17세기에 리슐리외(Richelieu) 추기경은 지방의 장관들과 '감독관들'이 자신에게 보고를 하는 체계를 만들어서 권력을 파리로 집중시켰다. 프랑스혁명, 나폴레옹, 그리고 이어지는 공화국들이 권력집중을 강화했다. 현재 **데파르망**(주) 정부의 **지사**들이 내무장관에 보고를 하는 체계가 유지되고 있다.

데파르망(department)
프랑스의 제1차 행정구역.

프랑스의 96개 주의 이름은 과거 도(province)의 기억을 없애기 위해서 강(江)의 이름을 따서 지었다. 그러나 영국과 마찬가지로 프랑스는 독특한 지역적 하위문화를 가지고 있었다. 셀틱 브루통(Celtic Bretons, 수 세기 전에 색슨족을 피해서 영국을 탈출한 사람들), 고대의 **랑그도크**(*langue d'oc*, 프랑스 남부지방의 방언)를 아직도 선호하는 미디(Midi)의 남부 사람들, 이탈리아의 사투리를 사용하는 코르시카(Corsicans) 사람들이 있다. 일부 브루통과 코르시카의 분리주의자들은 자기들의 주장을 알리기 위해서 폭력을 사용하기도 한다.

지사(prefect, 프레페)
프랑스 주의 행정책임자.

1960년에 드골 대통령은 보다 더 조화로운 경제발전을 위해서 22개의 지방(regions)을 설치했는데, 각 지방은 2에서 8개의 주를 포함했다. 미테랑 대통령은 각 지방에 일정한 경제계획 권한을 부여하는 순수한 의미의 **분권화**를 제도화했다. 파리에서 임명한 지사들은 새롭게 중요한 조직으로 등장한 주의 입법기구에 일부 권력을 잃게 되었다. 이에 따라 5세기 동안 이어져 온 프랑스의 권력 집중화가 후퇴하게 되었다.

분권화(decentralization)
일부 행정기능을 중앙정부로부터 낮은 단계로 전환시키는 것. 권한이양(devolution)보다는 낮은 수준이다.

스페인의 자치 스페인도 분권화 과정을 겪었다. 여기서의 문제는, 프랑코(Francisco Franco, 1939~1975년)의 독재정치 동안에 묻혀 있던 지역의 불만이 분노와 함께 표출되어 매우 긴급한 상황을 맞게 된 것이었다. 스페인의 지역문제는 유고슬라비아의 지역문제(지금은 없어졌지만) 다음으로 유럽에서 두 번째로 어려운 것이었다. 스페인 북부의 바스크 사람들(Basques)과 카탈루냐 사람들(Catalans)은 스페인 표준어인 카스티야어(Castilian)를 사용하지 않으며 독특한 문화를 갖고 있다. 이에 더하여, 중세시대에 스페인의 많은 지역에서 **자치권**(furos)이 부여 되었고, 이는 수 세기 동안 유지되어 왔다. 스페인의 권력집중 옹호자들은 지역적 다양성을 억압하기 위해서 프랑스식 단일체제의 도입을 모색했다. 이는 스페인이 민주화를 이룰 때마다 심각한 지역적 불만을 불러 일으켰다. 1874년과 1930년에 발생한 분리주의 운동들은 국가의 통합을 신성한 것으로 여기는 스페인 군대에 의해서 진압되었다.

카탈루냐, 갈리시아, 안달루시아 등의 지역주의자들의 감정을 맞춰 주기 위해서 새로 민주화된 스페인정부는 17개의 지역정부들에게 자체적인 의회, 조세권, 언어권, 그리고 지역문제들에 대한 통제권을 부여하는 **자치권**을 제도화 했다. 북서부 바스크 지역에서의 심각한 민족문제가 수십 년 동안 지속되었으며, ETA(자유조국바스크) 테러리스트들은 살해와 폭탄의 수단을 사용하여 바스크의 완전한 독립을 위한 테러행위를 했다. 대부분의 스페인 사람들은 **자치권**(autonomías)에 동의하지만, 세금 및 수입분배에 대한 **중앙-지방의 긴장들**, 특히 바스크와 카탈루냐에서의 갈등은 유로화의 위기 당시에 험악한 상황으로 발전하기도 했다. 스페인의 분리운동은 지속될 것으로 보인다.

자치권(autonomías)
스페인의 지방으로 이양된 권력.

단일체제에 대한 찬성과 반대 단일국가에서 권력이 과도하게 중앙에 집중되는 경우가 있다. 지방정부가 수도의 허가 없이 신호등이나 버스정류장을 설치하지 못하는 나라가 있다. 이 경우 시민들은 지방문제에 대해서 무시하고 정치적으로 무관심하게 될 수도 있다. 권력의 중앙집중화는 현대의 다양한 문제들을 해결하는 데 있어서 이로울 수도 있다. 정부의 구성단위들 간의 과도한 다툼 없이 권위의 분할을 명확하게 하는 것이 바람직하다. 단일체제에서 중앙정부가 경제자원을 배분하고 계획과 발전을 조정한다. 세금은 국가 전체에서 거의 동일하기 때문에 미국에서와 같이 기업이나 개인들이 세금이 낮은 지역으로 이동하는 경우가 거의 없다. 일본의 경우와 같이 교육의 기준이 높으며 일률적이다.

일본은 지방의 하위 단위에 일정 수준의 자치권을 부여하지만, 준연방체제로 나아가고 있다. 1871년에 프랑스체제를 복제한 일본은 43개의 **현(縣)**과 더불어 3개 대도시, 인구가 많지 않은 최북단의 섬들을 포함하고 있는데, 모두가

현(縣, prefecture)
일본의 제1차 행정구역.

사례연구 3.1
연합의 불안정성

이론적으로 단일체제와 연방체제 이외의 제3의 대안은 **연합**이다. 단일체제에서 권력은 중앙정부에 집중되어 있다. 연방국가에서 권력은 중앙정부와 구성단위 사이에서 균형이 이루어지고 있다. 연합체제에서 구성단위는 중앙보다 우월한 위상을 가질 수도 있다.

연합의 수명은 대개가 짧다. 연합은 분리되거나 연방이 된다. 초기에 연합규약(Articles of Confederation) 하에 있던 미국의 운명이 그 사례다. 미연합국(Confederate States of America)의 주들은 내전을 수행할 수 있을 만큼 독립되어 있지 않았다. 스위스는 1291년부터 공식국명에 연합(Confoederatio Helvetica)의 의미를 담고 있는데, 현재 실질적으로는 연방체제이다. 유럽연합(EU)은 연합으로 시작되었으나, 브뤼셀(EU본부 소재지)의 권력이 강화되면서, 특히 경제동맹과 화폐동맹(유로화)이 이루어지면서 연방체제가 되려는 시도를 하고 있다.*

연합(confederation)
구성단위들이 중앙권력보다 우월한 정치체제.

(* 역자 주)
남한의 공식적인 통일방안은 민족공동체 3단계 통일방안인데, 이 3단계는 화해·협력단계, 연합단계, 완전통일단계다. 이와 같이 남한의 통일방안도 연합을 통일국가의 목표가 아닌, 통일로 가는 과정으로 상정하고 있다.

(** 역자 주)
남한은 지자체장들을 직선하는 등 지방분권을 강화하고 있지만, 연방국가는 아니고 단일국가 체제를 유지하고 있다.

선출된 지사와 양원제를 보유하고 있다. 그들의 활동상은 도쿄 중앙정부의 내무부에 의한 감독과 제한을 받고 있다. 그들은 자신들이 필요로 하는 세금의 30퍼센트만을 징수하고 있기 때문에 일본인들은 '30퍼센트 자치권'이라고 부른다. 최근에 적극적인 지사들은 보다 많은 자치권을 요구하고 있다.

중국의 지방행정체계는 중간지점에 놓여 있다. 형식적으로는 단일체제이지만, 23개의 성(省)과 4개의 직할시로 구성된 분권화된 행정체계를 갖추고 있으며, 이 지방단위들은 경제발전을 위해서 필요한 것은 무엇이라도 할 수 있도록 허용되어 있다. 각 성의 공산당 지도자는 자기가 원하는 대로 행정조직을 구성할 수 있다. 이에 따라 인권침해, 환경파괴, 부패가 합법적으로 용인되는 결과가 초래되기도 한다. 일부 중국의 자유주의 사상가들은 동등한 법의 지배를 실현하기 위해서 중앙정부가 보다 더 강력한 통제를 하기를 선호한다.**

연방체제

연방주의는 제1차 행정구역에 보다 많은 자치권을 부여하며, 중앙정부는 전통적으로 국가 차원의 분야만 다룬다. 연방국가 내에서 다양한 행위의 균형을 맞추는 것은 어려운 일이다. 최고의 연방체제를 운영하고 있는 미국인들은 가끔 이라크 같은 다른 나라들에게 연방주의를 채택하도록 강요하고 있는데, 이라크에서는 시아파, 수니파, 쿠르드족이 심각한 내전을 벌이고 있다. 소련과 멕시코는 권력이 집중화되었지만 일부 사람들은 그 국가들이 아직 연방인지에 대해서 의문을 갖고 있다. 연방체제의 핵심은 지방정부들이 일부 권력을 갖고 있으며, 그 권력은 중앙정부에 의해서 쉽사리 변경될 수 없는 것이다.

연방체제의 지방정부들은 대체로 미국과 독일의 경우와 같이 양원제의 상원에 의해서 대표되고 있다. (단일체제는 실제로 상원을 보유할 필요가 없지만, 대부분의 단일국가들이 양원제를 채택하고 있다.) 연방체제에서 중앙정부는 외교, 국방, 통화에 관련된 정책에 대한 배타적인 통제권을 보유하고 있다. 연방제에서 지방정부들은 전형적으로 교육, 경찰, 고속도로, 그리고 다른 내부문제에 대한 통제권을 가지고 있다. 권력의 배분이 명확하지 않고 영구히 지속되지 않기 때문에 연방주의는 중앙권력과 지방 권위체 사이의 미묘하고 변화하는 균형에 의존하고 있다.

연방을 형성하는 이유는 다양하다. 첫 번째 이유는 국가안보 때문이다. 약소국들은 강한 침략자에 대항해서 스스로를 지켜내기가 어렵다. (이는 연방주의자들의 주요 주장들 중의 하나다.) 국가들의 외교와 국방의 자원들을 하나로 모을 수 있었기 때문에 비스마르크의 독일은 강대국이 될 수 있었다. 연방은 경제적 목적에도 부합된다. 미국의 번영은 무역장벽 없이 대륙에 넓게 펼쳐져 있는 시장에 기반하고 있으며, 유럽연합이 이를 복제하고 있다. 때때로 연방주의는 국가의 통합을 보호하는 유일한 방식이 되기도 한다. 1947년에 인도가 영국으로부터 독립할 때, 벵갈과 푼잡 같은 주들이 자체 언어와 문화를 유지하는 조건으로 인도라는 국가에 참여하도록 하는 연방체제를 수립했다. 인도의 주들은 지역자치에 대한 보장을 하지 않으면 연방에 편입되지 않을 것이 확실했다. 라틴아메리카의 많은 국가들, 특히 면적이 큰 아르헨티나, 브라질, 멕시코는 연방주의가 자신들의 광활한 영토를 관리할 수 있는 유일한 방식으로 생각했다. 1993년에 벨기에는 단일체제로부터 연방체제로 전환했는데, 그 이유는 두 가지 언어(프랑스어와 플라망어[Flemish])의 고유성을 잃지 않도록 하기 위해서였다. 이 두 언어를 사용하는 민족들은 서로 싫어하고 있으며, 결국 벨기에는 분리될 가능성이 높다.

연방체제에 대한 찬성과 반대   시민들은 자신들의 지역정부와 가장 가깝게 위치하고 있으며, 이를 통해 그들은 관료들에게 영향을 미칠 수 있고 정책이 어떻게 결정되는지 알 수가 있다. 미국의 주들은 '민주주의의 실험실'로 불리고 있는데, 그 이유는 그들이 새로운 프로그램들을 실험해 볼 수 있기 때문이다. 실험 결과 성공한다면, 그 프로그램은 전 국가적으로 복제될 것이고, 만약 실패한다해도, 많은 피해가 발생하지 않을 것이다. 반면에, 지역정부들은 프로그램을 실행할 자금이 부족할 것이고, 관료들은 때때로 무능하고 부패할 수도 있다. 지역의 의사결정은 서비스의 복제와 빈약한 협력으로 이어질 수도 있다.

연방체제들 가운데서도 주 또는 도와 다른 수준의 정부와의 관계는 다양하다. 독일의 16개의 주(Länder)는 주의 문제를 다루기 위한 자체적인 정체와 정부를 보유하고 있다. 독일의 주 의회는 국가 의회의 상원의원을 선출하기 때문에 국가정책에 영향을 미칠 수도 있다. 인도는 연방제 국가들 중에 독특한 체제를 유지하는데, 국가가 혼란스러운 상황이 되면 뉴델리가 '대통령 령(president's rule)'을 선포할 수 있고 정부를 장악할 수 있다.

미국의 50개 주들은 연방정부에 위임되지 않은 분야에 대해서 입법을 할 수 있다. 대체로 교육, 복지, 민법, 일부 세금, 고용 등이 주의 기능이다. 그러나 20세기부터 연방정부가 민법, 복지, 경제규제 등의 분야로 업무를 확대했다. 부시 대통령(아들)은 '낙오 아동 방지법(No Child Left Behind Act)'을 제정하여 교육의 기준을 연방 수준으로 끌어 올렸는데, 많은 주들과 전통적인 공화당원들은 이 법을 선호하지 않았다. 연방정부가 직접적으로 요구하지 않더라도, 연방정부의 보조금과 수입분배에 의존하고 있는 주들은 많은 분야에서 연방정부의 기준에 맞추어야 한다. 예를 들어, 연방정부는 만약 주들이 법적인 음주허용 연령을 21세로 하지 않으면 연방의 고속도로 기금을 중단하겠다고 위협했다. 대개의 주들이 즉각적으로 이를 받아들였다.

처음부터 미국인들은 연방정부의 적절한 역할에 대해서 논쟁을 벌였고, '지방편중주의(sectionalism)'에 의해서 연방이 분리될 수도 있다고 우려했는데, 실제로 그런 일이 발생했다. 미국 남부 사람들의 '주들의 권리'에 대한 강조는 분리와 함께 내전을 발생시켰다. 1960년대 미국 대법원의 논쟁적인 판결들은 연방법원의 권한을 줄여야 한다는 캠페인을 불러 일으켰다. 일부 사람들은 워싱턴에의 권력 집중이 미국의 연방주의를 훼손하고 개인의 자유를 침해할 것이라고 주장한다. 동시에 지방정부들과 시민들은 복잡하고 비용이 많이 드는 문제들을 해결하는 데 있어서 연방정부의 지원에 의존하게 된다. 연방주의는 유지하기가 쉬운 체제가 아니고, 규모가 크고 다양한 국가들의 문제들을 반드시 해결할 수 있는 제도도 아니다.

공화국(republic)
소련이나 유고슬라비아에서 실시하던 연방의 제1차 행정구역이었다.

구 소련의 연방주의 문서상 소련은 연방국가였으며, 소련의 15개 **공화국**들은 탈퇴할 권리를 갖고 있었다. 각 공화국들은 그 공화국 출신 인사들로 인사충원을 했지만, 실제로는 공산당의 엄격한 통제 하에 모스크바의 중앙정부에 복종해야 했다. 그러나 중앙집중화된 외장 밑에는 분열이 잠재하고 있었다. 고르바초프는 지역의 민족주의를 과소평가했고, 1980년대 후반에 **글라스노스트**를 추진할 때 소비에트의 일부 공화국들은 독립을 모색했다. 독립을 모색한 대표적인 사례는 리투아니아, 라트비아, 에스토니아 등 발틱 국가들이었는데, 그 국가들은 1940년대에 스탈린이 잔인하게 병합한 국가들이었다. 1991년 말에 소련이 붕괴되면서 모든 15개의 공화국들은 독립을 선언했다. 현재 러시아는 조지아와 우크라이나에서와 같이 경제적 연결이나 군사적 수단을 활용하여 '가까운 이웃(near abroad)'으로 불리는 정책을 추진하여 과거의 연방으로 되돌아가려는 모색을 하고 있다.

구소련의 대부분은 러시아연방으로 승계되었는데, 러시아연방은 89개의 자치 공화국, 구역, 주, 도시들로 구성되어 있으며, 이들 대부분은 모스크바 중앙정부와 연방조약을 체결하고 있다. 100개 이상의 인종집단이 살고 있는 러시아 내의 일부 지역은 서명을 거부하고 독립을 모색했다. 대체로 무슬림이 살고 있는 북코카서스는 모스크바에 의해 통치되는 것을 전혀 원하지 않았으며, 일부 지역들은 분리되려는 시도를 하고 있다. 체첸의 독립이 다른 지역의 독립에의 열망을 자극할 것을 우려하여 모스크바는 체첸을 잔인하게 진압했다. 2013년에 체첸은 보스턴에 대한 테러를 자행했다. 푸틴은 통제가 어려운 지방에 대해서 7개의 초대형 주를 만들고 과거 보안경찰의 동료들에게 지휘 책임을 맡기면서 중앙통제를 재강화했다.

3개의 공산주의 연방국들이었던 소련, 유고슬라비아, 체코슬로바키아는 분리를 막을 수 있는 보다 실질적인 연방주의를 고안해 낼 수 있었을까? 또는 처음부터 이 연방국가들에는 연방을 선호하지 않는 구성요소들이 있었는가? 공산주의자들은 '민족문제'를 해결한 것처럼 가장하기 위해서 나중에 표출될 때까지 탄압을 계속했다.

글라스노스트(glasnost) 고르바초프의 미디어 개방정책.

구 유고슬라비아의 연방주의   1918년에 수립된 유고슬라비아는 내부의 구성요소들이 별로 만족하지 않는 새롭고 인위적으로 조직된 국가였다. 제2차 세계대전 당시 독일 점령군이 확대된 영토에 크로아티아를 수립 한 이후 분리된 경험이 있다. 크로아티아의 파시스트들은 세르비아 및 다른 지역의 사람들 100만 명 중에 3분의 1을 살해했고, 1990년대에 분출되기 시작한 증오의 씨앗을 뿌렸다. 나치에 대항하여 투쟁을 한 공산주의 빨치산들은 연방주의가 해답이라고 생각했다. 수정주의 공산주의자였던 티토 하에서 유고슬라비아의 연방주의는 유고슬라비아의 6개 공화국들이 지역문제들을 다루게 했고, 양원제 의회에 동일한 숫자의 대표들이 참석하게 했다. 유고슬라비아의 집단적 대통령제는 각 공화국이 대표를 한 명씩 파견하도록 했다.

그러나 과도한 연방체제는 지역의 민족주의를 잠재우지 못하고 오히려 불을 붙였다. 각 공화국은 자체적인 철도, 제철소를 소유하고 경제에 대한 통제를 할 수 있기를 원했다. 티토 하에서 공산당과 보안경찰은 유고슬라비아를 하나로 묶을 수 있었지만, 1980년에 티토가 사망한 이후 공화국들은 서로 다른 길을 걷기 시작했다. 결국은 분리될 수밖에 없었던 작동 불가능한 체제를 만들었기 때문에 티토가 비난을 받아 마땅하다. 유고슬라비아는 빈약한 제도적 선택의 사례를 보여준다.

1991년에 슬로베니아, 마케도니아, 크로아티아가 독립을 선언했으며, 다음 해에 보스니아도 독립을 선언했다. 세르비아 군대는 '인종청소'를 자행했고 수천 명을 살해했다. 1995년에 미국이 중재하고 NATO가 집행한 평화가 보스니아를 잠재웠지만, 코소보의 알바니아인들과 세르비아 지역은 독립을 향해 나아갔다. 1999년에 미국이 주도한 폭격으로 세르비아인들의 코소보에 대한 대규모 학살을 막아낼 수 있었다. 보스니아와 코소보는 실질적으로 NATO의 보호 속에 있었다. 심지어는 작은 국가인 몬테네그로도 2006년에 세르비아로부터의 독립을 선택했다.

캐나다의 연방주의 캐나다는 원심력의 경향을 보이는 또 다른 연방이다. 영국인들은 프랑스어를 사용하는 퀘벡 사람들에게 자신들의 언어를 유지하도록 허용했다. 프랑스어를 사용하는 사람들은 다른 캐나다인들에 비해서 가난한 제2등급 시민들이 되었는데, 그 이유는 거의 모든 사적이고 공적인 업무가 영어로 이루어졌기 때문이었다. 1960년대에 퀘벡당(Parti Québécois)이 등장했고, 캐나다로부터 퀘벡의 독립을 모색했다. 퀘벡 사람들을 달래기 위해서 1969년에 오타와 정부는 영어와 프랑스어를 동등하게 사용하는 2개 국어를 인정했다. 퀘벡당은 더 많은 것을 요구하여 프랑스어를 퀘벡지역의 유일한 공식 언어로 만들었다. 캐나다는 지방정부가 중앙정부의 권력에 대해서 우세하게 되면서 연합의 방향으로 나아가는 것처럼 보였는데, 이러한 상황에서 연방을 유지하기 위해서 중앙정부와 지방정부들은 실험적으로 두 가지의 새로운 연방 합의를 모색했으나, 둘 모두가 거부당했다. 장애물은 '특별한 사회'가 된 퀘벡의 독립된 위상이었다. 퀘벡 사람들은 그것으로 충분하지 않다고 한 반면, 다른 캐나다인들은 너무 많이 나간다고 주장했다. 주권을 위한 퀘벡의 노력은 약화되고 있지만, 캐나다인들은 아직도 연방주의에 대해서 논쟁을 벌이고 있다.

연방주의는 어렵다. 앞의 세 가지 연방 사례들은 연방주의가 모든 것을 치유할 수 없다는 점을 보여준다. 만약 구성요소들이 문화적, 경제적, 언어적, 역사적으로 차이가 너무 많이 난다면 연방체제는 모두를 하나로 모으기가 어려울 것이다. 미국, 호주, 브라질, 독일에서와 같이 공통된 언어와 문화는 많은 도움을 준다. 이를 기초로 하여 중앙정부와 지방정부들 사이에 명확한 균형이 이루어져야 한다. 연방국가들은 아직도 정확한 균형을 찾으려고 노력하고 있다.

선거제도

3.4 선거제도와 정당제도 사이의 관계를 설명한다.

선거제도도 중요한 제도적 선택이다. 선거제도는 정당의 수, 안정된 정부를 조직하는 방식, 정치에 대한 시민들의 관심에 기여한다. 선거제도에는 두 가지의 기본적인 형태가 있고, 이 두 가지 형태를 기본으로 하여 다양한 변형이 이루어지고 있다.

소선거구제도

가장 단순한 선거제도는 영국-미국 식의 **소선거구제**이며, 이 제도는 투표 결과 1표라도 더 많이 받은 후보(과반수가 아님)가 선거에서 승리하여 그 지역구 전체를 대표하는 의회 의원으로 선출되는 것이다. '소선거구 단순다수제' 또는 '최다 득표자 당선제도(FPTP: first past the post)'로 불리는 이 제도는 이익집단들과 정치적 파벌들로 하여금 두 개의 큰 정당으로 연합하게 한다. 만약 4개의 정당에 속한 후보가 각기 25, 25, 24, 26퍼센트를 받았다면, 26퍼센트 받은 후보가 당선된다. 패배한 정당들 중에 이데올로기적으로 그다지 차이가 나지 않는 정당들은 다음 선거에서 자기들이 승리하기 위해서는 연합을 해야 한다는 점을 자각하게 된다. 이 새 정당이 승리하게 되면 또 다시 군소정당들은 연합하게 된다. 여기서 제시되는 메시지는 합병하든지 패배하든지 선택을 하라는 것

소선거구제(single-member districts)
미국이나 영국에서와 같이 한 선거구에서 한 명을 선출하는 선거제도.

(＊역자 주)
한국의 경우 300명의 국회의원들 중에 253명은 소선거구제에 의해서 선출하고, 47명은 정당명부 비례대표제에 의해서 선출한다. 제3당이 시도되지만, 소선거구가 대부분을 차지하기 때문에 별로 많은 의석을 차지하지 못하고 힘을 발휘하지 못하고 있다.

이다. FPTP를 선택하고 있는 국가들은 양당제가 이루어지는 경향이 있다.＊

이 제도 하에 제3당이 존재하지만, 선거에서 승리할 가능성은 많지 않다. 제3당은 큰 정당들에 대한 저항과 압력집단으로 영향만 줄 수 있을 뿐이다. 영국의 자유민주당은 전체 투표수의 5분의 1을 획득할 수 있지만, 획득한 표들이 전국에 분산되기 때문에 의석은 별로 차지하지 못한다. 정당들이 특정 지역에 연관되어 있기 때문에 그 지역에서 다수의 의석을 획득하는 것이 가능한 캐나다, 스코틀랜드, 인도와 같은 경우를 제외하고 소선거구제는 제3당에게 유리하지 않은 제도이다.

소선거구 제도의 장점 FPTP제도(단순다수제)의 정치는 정치 스펙트럼의 중앙을 강화하는 측면이 있는데, 그 이유는 대부분의 표들이 극우 또는 극좌정당들을 선택하지 않기 때문이다. 따라서 이 제도는 극단주의의 성장 가능성을 축소시킨다. 만약 정당지도자가 당의 주류 견해와 다르게 당을 운영한다면, 그 정당은 패배하고, 그 지도자도 물러나게 될 것이다. 대개의 민주주의 국가에서 여론은 벨 모양의 커브를 그리는데, 이는 대부분의 국민들이 중도적인 성향을 보인다는 의미다. 중앙으로부터 너무 멀리 떨어져 있는 정당들은 스스로 패배를 자초하는 결과를 낳는다.

FPTP제도를 택하고 있는 대부분 국가들의 의회에서 한 정당이 과반수 의석을 차지하기 때문에 연정이 거의 불필요하다. 그래서 이 제도를 **과반수제도**로 부른다. 예를 들어, 2015년의 의회선거에서 영국의 보수당은 전체 투표수의 37퍼센트를 획득했으나, 의석은 51퍼센트를 점유했다. 따라서 FPTP제도에서 의석의 비율은 득표의 비율에 비례하지 않는다. 비교적 적은 수의 표가 한 정당에서 다른 정당으로 옮겨 간 것이 많은 의석의 이동으로 귀결될 수 있고, 이는 의회 과반수 정당을 변하게 하여 새로운 정부가 구성될 수도 있다. 헌법적으로 권력의 분립을 기반으로 하는 대통령제 국가에서 대통령과 의회 과반수가 다른 정당에서 나오게 함으로써 정치의 안정이라는 이 제도의 장점을 약화시키는 경우도 있다.

과반수제도(majoritarian system)
한 정당이 의석의 반 이상을 차지하게 하는 선거제도.

소선거구제의 단점 FPTP는 의회에서 인위적인 과반수를 형성하여 국정운영을 용이하게 할 수 있지만, 여론이나 투표의 위력을 공정하고 정확하게 반영하지 못한다. 각 선거구에서 승자독식이 이루어진다. 두 개의 정당이 경쟁한다면, 한 당이 모든 선거구에서 49퍼센트를 획득하게 되면 그 정당은 한 석의 의석도 획득하지 못한다. 미국을 포함한 대부분의 사례에서, 전국적으로 고르게 지지를 받는 정당의 경우, 전체 득표가 과반수를 넘더라도 각 선거구에서의 득표율이 어떻게 분포되느냐에 따라 그 정당이 과반수 의석을 얻는 데 실패하는 결과가 생길 수도 있다. 컴퓨터의 도움을 받아, 미국의 대부분 주들은 완벽하게 어느 특정 정당에게 유리하도록 **게리맨더(선거구 조정)**을 하여 435개의 하원 의석들 중에 몇 개의 치열한 경쟁과 예측이 불가능한 지역을 제외하고 약 400석이 양당 중 어느 한 정당에게 '안전'하게 승리할 수 있도록 선거구가 만들어진다. 이는 민주주의 원칙을 훼손하고, 정당 간의 협력을 배제하고 극한적인 대립을 조장한다.

게리맨더(선거구 조정, gerrymander)
어느 특정 정당에게 유리하도록 선거구 구역을 정하는 것.

소선거구제(단순다수제)에서 선거 결과가 어느 한 쪽의 승리로 귀결되는 경쟁을 하기 때문에 후보자들은 정치적 중도의 방향으로 나아가게 되고 당파적인 경쟁은 줄어들게 된다. 선거구에서 큰 정당들이 유사하게 중도적인 입장을 지니게 됨에 따라 투표자들의 관심이 줄어들어 낮은 투표율을 기록하게 된다. 유럽의 다당제에서 투표자는 보다 관심 있는 정당의 메뉴에서 선택할 수 있기 때문에 투표율이 높다.

비례대표 선거제도

비례대표 선거제도는 한 지역구에서 여러 명을 선출하는 방식이다. 즉, 각 지역구는 1명이 아니라 여러 명의 대표들을 의회에 보낸다. 네덜란드와 이스라엘 같은 작은 국가들은 전국을 하나의 큰 지역구로 하고 있다.* 스웨덴에서 지역구는 주(county)이고 스페인은 도(province)이다. 만약 어떤 지역구에서 10명을 선출한다면, 각 정당은 10명의 후보가 기입된 **정당명부**를 제출한다. 각 투표자는 각 정당이 제출한 명부 중에서 하나의 명부를 선택하고, 각 정당은 획득한 표의 비율에 따라 의석수를 배정받는다. 만약 10명을 선출하는 지역구에서 어느 정당이 30퍼센트를 득표했다면 정당명부에 있는 리스트 중에서 앞의 세 명을 의회로 보낸다. 20퍼센트를 득표했다면 명부 상단의 2명이 선출된다.

비례대표 선거제도(PR: proportional representation)
정당이 받은 득표의 비율로 대표자를 선출.

(* 역자주)
한국의 경우 300명의 의원 중 47명을 비례대표로 선출하는데, 전국을 하나의 지역구로 하고 있다.

당선자 수를 정확히 배분할 수 있는 비율로 득표를 할 수 있는가? 어느 정당은 11석을 선출하는 지역구에서 42퍼센트의 표를 획득할 수 있다. 그 정당은 4.62석을 차지할 수 있다. 어떻게 사람을 소수점 이하로 분할하여 의회에 보낼 수 있는가? 이 문제를 해결하는 가장 공통적인 방법은 일종의 수학적 공식인 동트(d'Hondt)방식을 사용하는 것인데, 이 방식은 군소정당의 희생 하에 대규모 정당이 과잉대표하는 결과를 가져 온다. 스웨덴은 일부 의석을 전국에서 받은 표에 의한 비율로 선출하도록 하여 수치의 불균등성을 방지한다. 스웨덴의 21개 지역구에서는 의회 전체 349개의 의석 중에서 310석만 선출한다. 나머지 39석은 각 정당이 전국에서 획득한 비율로 배분한다.

비례대표 선거제도는 군소정당의 난립과 극단적인 정당의 등장을 막기 위해서 어느 정도의 득표를 하여야 의석을 배분받을 수 있는 제도를 채택하고 있다. 이를 '봉쇄조항(threshold clauses)'이라고 부른다.* 독일과 폴란드에서 정당이 의석배분을 받기 위해서는 전국 유효표의 5퍼센트 이상을 획득해야 하고, 스웨덴과 이탈리아는 4퍼센트, 이스라엘은 3.25퍼센트다.

비례대표 선거제도의 장점 비례대표는 의회의 의석 배분이 국민의 의사와 정당의 능력을 정확하게 반영하여 이루어지는 것을 의미한다. 정당들은 영국-미국식 선거제도(단순다수제)에서와 같이 대규모 중도층의 지지를 받으려고 노력하지 않아도 되고, 모든 사람들을 만족시키려고 노력하지 않아도 되기 때문에

(*역자 주)
'최소조건'이라는 용어로도 사용된다.

다수제(plurality)
과반이 안되더라도 가장 많은 득표를 한 후보를 당선시키는 제도.

혼합선거제도(mixed-member)
소선구제와 비례대표제도를 혼합한 선거제도.

사례연구 3.2
프랑스와 독일의 변형된 선거제도

프랑스는 소선구제를 사용하고 있지만 결선투표를 한다. 과반수를 획득한 후보가 없는 선거구에서는 1주일 후에 최대 8명의 후보가 결선투표를 실시한다.** 결선투표는 단순**다수제**로 당선자를 결정한다. 정당들 사이의 사전합의에 의해서 일부 후보들은 사퇴를 하고, 사퇴를 한 후보는 자신을 지지하는 유권자들에게 이데올로기적으로 자신과 가장 가까운 후보를 지지하도록 호소한다. 따라서 대부분의 2차 투표에는 둘 또는 세 명의 후보자들만 참여를 한다. 프랑스의 1차 투표는 미국의 예비선거와 비슷한 성격을 지니고 있다.***

독일의 선거제도는 FPTP와 비례대표제를 반씩 혼합한 제도이다. 독일인들은 선거 시 2표를 행사하는데, 그 중의 한 표는 자기 지역구를 대표할 개별 후보자에게 찍고 다수제에 의해서 결정이 된다. 두 번째 표는 자기 지역구를 대표할 정당에 투표를 한다. 하원에서 각 정당이 가질 수 있는 전체의석은 두 번째 표의 비율에 따라 결정이 된다. 그러나 전체 의석의 절반인 328석은 지역구에서 다수제에 의해서 당선된 후보자들로 채워진다.**** 독일의 혼합제 선거제도는 양당 플러스 정당체계(두 개의 주요정당과 몇 개의 작은 정당들)를 확립시켰고, 안정적이다. 독일의 선거제도는 비례대표제도의 변형이며, 과거의 연약하고 불안정했던 바이마르체제로 돌아가지 않기 위해서 제2차 세계대전 이후에 만들어진 제도이다. 바이마르체제는 비례대표 선거제도를 채택하고 있었으며, 전국을 하나의 큰 선거구로 활용했다. 1990년대에 이탈리아, 뉴질랜드, 일본이 소선거구제와 비례대표 선거제도를 묶은 독일식의 **혼합선거제도**를 채택했다.

이데올로기와 원칙을 보다 명확하게 제시할 수 있다. 만약 일부 국민들이 확실하게 믿는 것이 있다면, 그들은 정당을 만들어서 운영할 수 있고, 선거에서 봉쇄조항만 넘길 수 있다면 의석을 차지할 수도 있다. 그들은 FPTP제도에서처럼 보다 큰 정당으로 강제로 병합될 우려도 없고 자신들의 견해를 밝히는 것을 주저할 필요도 없다.

비례대표 선거제도의 단점 비례대표 선거제도는 정당이 난립하는 것을 막아내지 못하기 때문에 다당제로 되는 경우가 많다. 그러나 대체로 이러한 경향은 줄어들고 있으며, 비례대표 제도에서도 기본적으로 규모가 큰 양당에 추가로 작은 정당들이 추가되는 상황이 전개되고 있다. 스웨덴과 스페인은 두 개의 큰 정당에 추가하여 소수의 작은 정당들이 존재하고 있다. 이 국가들의 정치체제는 심각하게 분열되어 있지 않다. 반면에 이스라엘에는 다수의 정당들이 산재하고 있다. 전형적으로 10개 또는 그 이상의 정당들이 의회(Knesset)에 진출해 있다. 비례대표 선거제도를 채택한 이후 가장 큰 정당이 과반수 의석을 차지하지 못하면 다른 정당들과 연립정부를 구성해야 하는데, 대체로 이러한 경우가 많이 발생한다. 연립정부는 가끔 불안정하고 중요한 이슈들에 대해서 결정을 하기 어려울 때가 있다. 그러나 정당이 단독으로 통치할 정도로 규모가 크게 되면 그 체제는 상당히 안정되었다고 할 수 있다. 영국-미국의 제도는 대체로 한 정당의 과반수 획득을 전제로 하기 때문에 상당히 안정되어 있다. 2010년에 영국에서 어느 정당도 과반수 의석을 획득하지 못했기 때문에 연립정부가 구성되었었다 (별로 좋은 관계를 유지하지 못했다). 제2차 세계대전 이후 이탈리아는 극도로 불안정한 대표적 사례다. 이탈리아의 다당 연립정부의 평균 수명은 1년을 넘지 못하고 있다.

(** 역자 주)
1차 투표에서 유권자 총수의 12.5퍼센트 이상을 획득한 후보가 결선투표에 나갈 수 있기 때문에 이론적으로 최대 8명의 2차 투표 참여가 가능하다.

(*** 역자 주)
한국의 경우, 만약 결선투표제를 채택하게 되면, 잡음이 많은 정당공천을 없애고 누구나 출마할 수 있게 하고 1차 투표에서 후보자를 걸러 낼 수 있게 할 수 있을 것이다.

(**** 역자 주)
정당에 대한 투표에 의해서 정당에 할당된 의석보다 다수제에 의해서 당선된 의석이 더 많은 경우 그대로 당선된 것으로 인정하기 때문에 하원의 전체 의석이 늘어나는 경우가 있는데 이를 '초과의석제'라고 한다.

국가와 경제

3.5 국가가 경제에 관련되는 방식에 대해 설명한다.

정부들을 분류하는 또 다른 방식은 그들이 어떻게 경제를 운영하는가에 대한 것이다. 국가들은 두 가지 질문을 받는다. (1) 경제의 얼마나 많은 부분을 국가가 소유하거나 감독하는가? (2) 국가는 사회의 보다 빈곤한 영역들을 위해서 소유하고 있는 부를 얼마나 많이 배분하는가? 이에 대한 대답들은 보편적인 복지를 증대시키기 위한 4가지의 기본적인 접근방식을 제공한다. 그들은 자유방임, 국가주의, 사회주의, 그리고 복지국가이다. 이들은 4가지로 구분되는 표로 설명될 수 있다 (도표 3.1 참조).

자유방임제도에서 정부는 산업을 거의 또는 전혀 소유하지 않고, 복지 프로그램의 형태로 재분배하는 것이 거의 없다. 이 국가들은 아담 스미스, 그리고 다음으로는 프리드먼(Milton Friedman)의 이론을 따르는데, 그들은 경제에 대한 정부의 간섭이 성장과 번영을 축소시킨다고 주장했다. 이 이론은 민간사업과 개인의 주도가 국가를 자유롭고 번창하게 만든다는 내용이다.

복지국가는 산업을 거의 또는 전혀 소유하지 않지만, 부를 덜 부유한 사람들에게 재분배한다. 때때로 '사회민주주의'로 알려져 있는 서북유럽의 복지국가들은 건강보험, 아동보호, 직업훈련, 은퇴수당 등 '요람에서 무덤까지' 혜택을 주고 있다. 이의 지출을 위해서 복지국가들은 세계에서 가장 높은 세금을 부과하는데, 스웨덴과 덴마크의 경우 GDP의 약 50퍼센트를 차지한다. 산업의 대부분은 민영화 형태이다.

국가주의는 자유방임보다 앞선 구식 제도이다. 현재 대표적인 국가주의의 유형은 러시아와 중국의 **국가자본주의**다. 이 제도에서 국가(국가정부를 의미)는 제1의 자본가이며, 많은 주요 산업들을 소유하고 운영하지만 복지혜택은 별로 제공하지 않는다. 국가주의는 프랑스의 왕들이 프랑스의 부와 권력을 장악하기 위하여 산업을 관리 감독하는 강력하고 중앙집중화된 국가를 건설하면서 시작되었다 (따라서 프랑스어로 *étatisme*으로 불리기도 한다). 국가자본주의는 전형적으로 철도, 철강회사, 은행, 석유, 그리고 다른 대규모 기업들에 대한 국가 소유를 포함한다. 중소기업들은 민간소유이고 경쟁을 벌인다. 국가주의는 유럽

자유방임(laissez-faire)
"그대로 두어라"의 프랑스어이며, 정부가 경제에 대한 최소의 개입과 감독을 하는 것이며, 자본주의다.

복지국가(welfare state)
정부가 수입을 가난한 시민들에게 재분배하는 경제제도이다.

국가주의(statism)
국가의 권력과 위신을 고양시키기 위해서 주요 산업을 국가가 소유하는 경제제도이며, 자본주의 이전의 제도이다.

도표 3.1 국가주의, 사회주의, 자유방임, 복지국가 접근법

	높음	
국가소유	국가주의 (남아공, 브라질)	사회주의 (소련, 쿠바)
	자유방임 (미국, 스위스)	복지국가 (스웨덴, 덴마크)
	낮음 — 복지혜택 — 높음	

과 라틴 아메리카의 많은 지역에서 채택되었다. 프랑스, 브라질, 칠레, 멕시코가 국가주의 제도를 채택했었으나, 자유시장의 방향으로 개혁을 했다. 오직 정부만이 새로운 산업을 시작할 수 있는 자금, 아이디어, 재능을 갖고 있다는 주장을 하면서 많은 개발도상 국가들이 국가주의 모델을 따르고 있다. 국가소유 기업들은 관료들에 의해서 운영이 되고 경쟁이 거의 없기 때문에 대체로 비효율적이다. 그들은 종종 적자운영을 하고 국가 재무부의 보조금 지원을 받는다. 중국의 국가소유 기업들(SOEs: state-owned enterprises)은 은행체계를 고갈시키는 주된 원흉이다.

사회주의 제도는 국가소유와 확대된 복지혜택 모두를 실행한다. 구 소련이 대표적 사례이며, 사회 전체의 이익을 위해서 경제를 운영한다는 주장을 하면서 정부가 거의 모든 생산수단을 소유한다. 그러나 공산주의 체제들의 붕괴(자신들은 '사회주의'라고 부르지만 우리들은 '공산주의'라고 부른다)는 그들이 매우 불완전하게 작동되었다는 점을 보여준다. 오늘날 북한과 쿠바만이 사회주의의 (부정적) 사례로 남아 있으며, 그들의 제도도 변화의 시기가 도래한 것으로 보인다.

실제로 실행하는 데 있어서 정부들은 이 네 가지 제도들의 요소들을 혼합하여 선택하는 경우가 가끔 있다. 기본적으로 자유방임을 지향하는 미국도 복지정책을 필요로 하며, 너무 규모가 크기 때문에 실패의 가능성이 있는 기업들에 대한 구제금융을 지원한다. 공산주의 국가들이었던 중국과 베트남은 엄격한 사회주의를 운영했지만, 지금은 사적이고 자본주의적인 영역들이 성장하고 있다. 이 문제들에 대한 정답은 없고, 국가들은 이 조합들을 자주 변경하고 있다. 오늘날 우리는 동유럽, 프랑스, 라틴 아메리카에서 국가소유 산업으로부터 대규모의 전환이 이루어지는 것을 보고 있다. 스웨덴 같은 복지국가들에서는 너무 자비로운 혜택과 너무 과다한 세금의 문제 때문에 보수적인 정부가 선출되고 있다.

기본적인 미국의 입장은 작은 정부가 유지되어야 한다는 것이다. 그러나 세계의 다른 많은 지역에서 국가의 권력은 자연적이고 좋은 것으로 받아들여진다. 예를 들어, 15세기 프랑스에서 루이 11세는 강한 국가를 모색했고, 17세기에 루이 13세와 리슐리외(Richelieu) 추기경은 **강한 국가**를 더욱 확장했다. 이러한 강한 국가는 프랑스 사람들의 의식에 주입되었고, 이후 대부분의 유럽으로 퍼져 나갔다. 프랑스 형태의 강한 국가는 경제와 교육을 관리했고, 세금을 징수했으며, 고속도로와 운하를 건설했으며, 상비군을 조직했다. 특수학교에서

사회주의(socialism)
사회 전체의 선을 위해서라고 하면서 산업을 국가가 소유하는 경제제도이며, 자본주의와 반대 개념이다.

강한 국가(strong state)
국가 전체를 운영하고 세금을 부과할 수 있는 현대 정부의 형태.

훈련된 엘리트 관료들이 국가를 운영했다.

　이러한 태도는 20세기까지 지속되었고, 아직까지 존재하고 있다. 1870~1871년에 독일에 패배한 후 프랑스의 엘리트들은 현대화의 수단으로 국가를 활용했다. 파리정부는 국민들을 통합하고 결속시키려 노력했다. 중앙집중화된 교육체계는 지방 사투리 사용을 억제했고, 구태의연한 지방의 전통을 타파했으며, 대학교에 유능한 인재들을 끌어 모았다. 국가가 소유한 산업들은 프랑스를 경제강국으로 만들었다. 제2차 세계대전에서 다시 독일에 패배한 프랑스의 엘리트들은 프랑스를 현대화하는 데 국가의 힘을 다시 활용했다.

　이러한 시도는 성공했는가? 프랑스는 급속도로 현대화되었지만, 이것이 가장 빠르고 가장 효율적인 방식이었는가? 영국과 미국은 정부가 최소로 개입하는 방식으로 보다 더 발전했다. 자유시장 경제에서의 경쟁이 현대화를 더 값싼 비용으로 더 빠르게 했다. (이러한 비교는 공정하지 않을 수도 있다. 영국과 미국은 강하고 팽창적인 독일과 국경에서 맞서지 않았기 때문이다. 만약 독일과 직접 대결했다면 영국이나 미국정부의 역할은 보다 커졌을 것이다.)

　일본은 국가가 현대화를 주도하는 또 다른 사례이다. 도쿄정부는 산업의 다양한 영역에 사무라이 집단들을 할당하고 지원금을 제공하면서 서양의 최고의 것들을 복제하도록 하였다. 한 세대 이내에 일본은 "강한 국가, 강한 군대!"의 슬로건 하에 수공업으로부터 중공업으로 탈바꿈했다. 제2차 세계대전 이후 재무부와 통상산업부(MITI)는 성장하는 산업에 은행대출을 해 주고, 해외경쟁을 지원하고, 세계시장에 일본상품이 침투하도록 하면서 일본의 빠른 경제 도약을 주도했다. 일반적으로 경제에 대한 정부의 개입이 제대로 작동이 안 된다고 말하기 전에 우리는 일본에서 정부의 개입이 어떻게 성공했는지를 설명해야 한다. 물론 일본인들은 매우 독특하고 보다 협력적인 문화를 보유하고 있다. 다른 서양국가들의 MITI는 그들의 경제적이고 문화적인 환경에서는 성공하기가 어려울 수 있다. 그런데 일본의 경제성장은 1990년 이후 둔화되었다. 그 공식은 더 이상 작동되지 않았다.

　정부는 계획, 제안, 산업 간의 협력, 보험, 대출을 제공함으로써 경제를 관리하려고 시도해야 하는가? 전통적인 미국의 대답은 "아니다. 상황을 혼란스럽게 만들 뿐이다"였다. 유럽과 캐나다 사람들은 미국인들이 수십 년 전에 확립한 국가 건강보험제도와 관련하여 미국인들이 뜨거운 논쟁을 벌이는 것을 보고 놀라고 있다. 과거 미국 연방정부는 대규모의 영토를 획득하고 그 곳의 거주자들이 미국으로 편입되게 하고 즉각적으로 철도를 건설해 주면서 미국의 경제발전에 도움이 되도록 지속적으로 밀어붙였다. 1930년대에 테네시강유역개발공사(Tennessee Valley Authority)는 대부분 산업화와 거리가 있던 남부지역에 전기를 끌어 들이고 홍수를 방지하는 데 주력했다. 보수주의자들은 2008년 경제위기시 주요 금융기구의 구제금융을 반대했지만 많은 국민들은 필요한 조치라는 데 동의했다. 미국도 현대화의 수단으로 국가를 활용하고 있으며, 현재 연방의 헬스케어 프로그램을 갖추고 있다. 현대정치의 가장 중대한 질문은 우리가 국가의 개입을 어느 정도 원하는가이다.

토의질문

1. 민족과 국가의 차이는 무엇인가?
2. 약한 국가와 실패한 국가는 어떠한 국가들인가?
3. 아리스토텔레스의 6가지 정부형태는 어떠한 것들인가?
4. 정치제도의 핵심은 무엇인가?
5. 단일체제와 연방체제에는 어떠한 문제점들이 있는가?
6. 두 가지 주요 선거제도로는 어떠한 것들이 있으며, 그들에게는 어떠한 장점과 단점이 있는가?
7. 사회주의와 국가주의의 차이는 무엇인가?
8. 미국이 선호하는 최소 정부는 세계적인 지지를 받고 있는가?
9. 정부가 사회의 현대화를 시도할 수 있고, 시도해야 하는가?

핵심용어

강한 국가(strong state) p. 83
게리맨더(선거구 조정, gerrymander) p. 79
공화제(혹은 공화국, republic) p. 65, 74
과반수제도(majoritarian system) p. 78
국가주의(statism) p. 82
군주제(monarchy) p. 65
권한이양(devolution) p. 70
글라스노스트(glasnost) p. 75
다수제(plurality) p. 80
단일체제(unitary system) p. 68
데파르망(department) p. 70
복지국가(welfare state) p. 82
분권화(decentralization) p. 70

비례대표 선거제도(PR: proportional representation) p. 79
사회주의(socialism) p. 83
소선거구제(single-member districts) p. 77
실패한 국가(failed state) p. 66
약한 국가(weak state) p. 66
연방체제(federal system) p. 68
연합(confederation) p. 72
자유방임(laissez-faire) p. 82
자치권(autonomías) p. 71
정치제도(political institution) p. 63
제1차 행정구역(first-order civil divisions) p. 68
제도화(institutionalize) p. 64

중앙-지방 긴장(center-periphery tension) p. 68
지사(prefect, 프레페) p. 70
지역주의(regionalism) p. 68

현(縣, prefecture) p. 71
혼합선거제도(mixed-member) p. 80

참고문헌

Acemoglu, Daron, and James A. Robinson. *Why Nations Fail: The Origins of Power, Prosperity, and Poverty*. New York: Crown, 2012.

Burgess, Michael. *Comparative Federalism: Theory and Practice*. New York: Routledge, 2006.

Dahl, Robert A., and Bruce Stinebrickner. *Modern Political Analysis*, 6th ed. Upper Saddle River, NJ: Prentice Hall, 2003.

Farrell, David M. *Electoral Systems: A Comparative Introduction*. New York: Palgrave, 2001.

Fukuyama, Francis. *Political Order and Political Decay: From the Industrial Revolution to the Globalization of Democracy*. New York: Farrar, Straus & Giroux, 2014.

Gallagher, Michael, and Paul Mitchell, eds. *The Politics of Electoral Systems*. New York: Oxford University Press, 2006.

Hueglin, Thomas O., and Alan Fenna. *Comparative Federalism: A Systematic Inquiry*. Decorah, IA: Broadview, 2006.

LaCroix, Alison L. *The Ideological Origins of American Federalism*. Cambridge, MA: Harvard University Press, 2010.

Lijphart, Arend. *Patterns of Democracy: Government Forms and Performance in Thirty-Six Countries*. New Haven, CT: Yale University Press, 1999.

Lindblom, Charles E. *The Market System: What It Is, How It Works, and What to Make of It*. New Haven, CT: Yale University Press, 2001.

McCabe, Neil Colman, ed. *Comparative Federalism in the Devolution Era*. Lanham, MD: Lexington, 2002.

Micklethwait, John, and Adrian Wooldridge. *The Fourth Revolution: The Global Race to Reinvent the State*. New York: Penguin, 2014.

Moreno, Luis. *The Federalization of Spain*. Portland, OR: F. Cass, 2001.

Stephens, G. Ross, and Nelson Wikstrom. *American Intergovernmental Relations: A Fragmented Federal Polity*. New York: Oxford University Press, 2006.

Van Creveld, Martin. *The Rise and Decline of the State*. New York: Cambridge University Press, 1999.

Zijderveld, Anton C. *The Waning of the Welfare State: The End of Comprehensive State Succor*. Piscataway, NJ: Transaction, 1999.

4장 헌법과 권리

학습목표

4.1 헌법과 법령 사이를 구분한다.
4.2 헌법의 목적을 설명한다.
4.3 현대세계에서 다양한 '권리들'을 설명한다.
4.4 어떻게 미국의 위헌법률심사가 헌법들 중에 최초로 이루어졌는지를 설명한다.
4.5 자유로운 발언의 권리가 발전되어 온 경로를 추적한다.

미국인들은 연방정부가 자신들의 전화통화 또는 이메일을 폭넓게 검열하고 있다는 점을 알고 있다. 이러한 대테러 정책은 오래 전부터 있어 왔으며 일련의 관련법이 제정되어 왔는데, 이러한 사실은 한 정보기술자가 미디어에 유출시키면서 알려졌다. 1978년에 연방정부가 미국시민들을 염탐하지 못하도록 하는 해외정보감시법(FISA: Foreign Intelligence Surveillance Act)이 민주당 의원들의 발의에 의하여 제정되었으며, 이 법에 의하여 첩보를 수집하기 위한 영장을 발부할 수 있는 비밀 FISA법원이 설립되었다. 9/11 테러 이후 미 의회는 전화통화, 이메일, 재산, 신용카드, 그리고 무슬림 시민들을 감시할 수 있는 애국자법(Patriot Act)을 급하게 통과시켰다. 관련 헌법과 법률의 조항들은 휴대폰이나 인터넷 기기에 저장되어 있는 모든 통신 데이터들을 제출받을 수 있는 권한을 국가안보국(NSA: National Security Agency)에 부여했다. NSA의 슈퍼 컴퓨터들은 누가 누구를 얼마나 오랫동안 어디서 만나는지를 파악할 수 있는 알고리즘을 실행하고 있다. NSA는 메시지 내용까지는 열어 보지 않는다고 주장하지만, 수상한 행위에 대해서는 CIA 또는 FBI에 통보하여, 이 기관들이 FISA법원으로 하여금 수색영장을 청구할 수 있도록 하고 있다.

위에서 언급한 법들은 해외로부터의 위협을 대상으로 하지만, 그들은 미국인들이 감시를 받게 되는 '불합리한 수색과 구금'에 노출되는 결과를 야기하고 있다. 진보와 보수진영 모두가 프라이버시 침해와 빅데이터 경찰국가의 등장을 우려하고 있다. 민주당과 공화당을 불문하고 안보 관련 프로그램을 옹호하는 사람들은 이 프로그램이 어떠한 개인의 권리도 침해하지 않으며 테러와의 전쟁을 하는 데 필수적인 것이라고 주장한다. 그들은 프로그램을 비판하는 데 대해서 유감의 뜻을 보이면서 모두가 법을 준수해야 한다고 주장한다. 2012년에 미 의회는 FISA를 별 다른 토론 없이 재승인하였다. 과거 헌법학 교수였던 오바마 대통령은 다음과 같이 말했다. "당신은 100퍼센트의 안보를 확보할 수 없고, 100퍼센트 프라이버시를 누릴 수도 없으며, 불편함을 전혀 가지지 않을 수 없다. 우리들은 사회를 지키기 위해서 일부 선택을 해야 하게 될 것이다." 이는 대법원이 검토해야 할 완벽한 판례였다.

한편에서는 안보와 안전의 문제, 그리고 다른 한편에서는 자유와 프라이버시의 문제는 새롭게 등장한 문제들이 아니다. 긴장된 상황에서는 권리에 대한 일부 제약이 있어 왔다. 모든 정치체제는, 특히 긴박한 상황에 직면하여, 권력을 수립하고 제한하는 문제를 지니고 있다. 정부의 권력과 시민의 자유 사이의 균형은 정확하게 이루어지기가 어렵고 지속적으로 변화해 왔다.

소수자(minority)
대규모 사회 내에서 배경, 관점, 실행의 측면에서 구분되는 하위집단.

다수가 원하는 것과 **소수자**들의 권리 사이의 균형을 맞추는 것은 쉬운 일이 아니다. 예를 들어, 국가가 동성결혼을 금지할 수 있으며, 동성연애자들의 평등권을 부정할 수 있는가? 일부 사람들에게 동성결혼은 종교의 교리에 위배되는 것이다. 2015년에 미국 대법원은 평등권 보호에 관련된 법들에 따라 주들이 동성결혼을 거부할 수 없다는 판결을 5대 4로 내렸다. 미국 헌법은 종교의 자유를 보장하고 있으나, 일부 지역은 무슬림 교회의 건설을 금지하고 있다. 미국의 일부 사람들은 종교의 자유를 보장하는 미국 수정헌법 제1조가 무슬림에게는 해당되지 않는다고 주장한다.

이 문제들은 권리와 정치권력에 대한 이슈들을 제기한다. 대부분의 미국인들은 의회와 주들이 선호하지 않더라도 대법원의 판결이 법이라는 데에 동의한다. 우리는 공항에서 기도하는 무슬림들이 비행기를 폭파할지도 모른다는 의심을 갖고 그들이 비행기에 탑승하지 못하도록 하는 데 대해서 동의하지 않을 것이다. 테러리스트일지도 모른다는 생각이 드는 중동인처럼 생긴 사람에 대해서 특별한 경계심을 가져야 하는가? 어떻게 우리는 정치권력을 제한하고, 다수의 요구를 개인과 소수자들의 권리와 균형을 맞추어야 하는가? 전통, **법령**, 그리

법령(statute)
헌법의 일부가 아니라 의회가 통과시킨 일반적인 법률.

고 무엇보다도 통치의 기본 규칙을 제시하는 국가헌법이 일부 지침을 제공하고 있다.

헌법

4.1 헌법과 법령 사이를 구분한다.

일반적으로 **헌법**은 정치체제의 구조를 개괄하기 위해서 기술된 문서이다. 정치학자들은 '헌법'을 정부가 운영되는 데 필요한 성문(成文) 또는 불문(不文)의 규칙 또는 관습으로 정의한다. 거의 대부분의 국가들은 일련의 규칙들에 의하여 운영이 되어야 하기 때문에 헌법을 보유하고 있다. 혼란스럽거나, 부패하거나, 독재를 하는 체제에서는 헌법이 별로 중요하지 않게 된다. 무장된 부족들과 군벌들로 분열된 아프가니스탄은 새로운 헌법을 시행하지 못하고 있다. 콩고(이전의 자이레)에서는 국가의 부를 훔치고 있는 독재자 모부투의 권력에 대해 어떤 것도 제한하지 못하고 있다. 스탈린이 피의 숙청을 시작한 1936년에 소련은 문서상으로는 그럴듯해 보이는 헌법을 제정했지만, 이는 독재를 감추기 위한 속임수에 불과했다. 영국 및 이스라엘과 같은 일부 국가들은 기록된 것은 아니지만 헌법을 보유하고 있다. 영국의 관습, 법, 판례, 전통들이 강력하기 때문에 영국정부는 수 세기에 걸쳐서 발전되어 온 이러한 경험들에 의해서 구속된다는 점을 인정하고 있다. 따라서 영국정부는 성문헌법은 없지만 입헌정부라 할 수 있다.

현재 대부분의 헌법들은 개인의 권리와 자유를 구체화하고 있다. 미국의 헌법을 제외하고 개인의 권리와 자유를 규정하는 헌법은 최근에 만들어졌다. 캐나다는 1982년에야 권리와 자유에 대한 헌장(Charter of Rights and Freedoms)을 제정했다. 영국은 이와 유사한 것을 2000년에야 마련했는데, 유럽인권협약(European Convention on Human Rights)을 채택하는 방법을 활용했다. 그 이전에 권리와 자유에 대한 영국의 입장은 별로 분명하지 않았다.

헌법은 정부의 형태, 제도, 제한사항을 규정하고, 다수세력과 소수세력의 이익의 균형을 맞춘다. 정치학자들은 헌법에 어떠한 내용이 쓰여 있는지 뿐만 아니라 무엇이 실제로 실행되는지에 대해서 관심을 가진다. 미국의 헌법은 매우 짧고, 많은 부분에 대해서 언급을 하지 않고 남겨 두었다. 7개의 조항들은 대체로 정부 조직의 권한을 정의하고, 27개의 조항들은 시민권에 대해서 광범위하게 정의하며, 많은 부분에 대해서 해석의 여지를 남겨 두고 있다.

헌법(constitution)
정부를 구조화하는 기본 규칙들이며, 대체로 문서로 쓰여 있다.

이에 비해서 제2차 세계대전 이후에 제정된 헌법은 매우 구체적인 내용을 담고 있다. 1946년에 미 점령군에 의해 5일 만에 작성된(그 이전에 장시간 동안 그 구성요소들을 고안하고 있었다) 일본의 전후 헌법은 국민의 권리와 의무에 관한 40개의 조항을 포함하고 있는데, 그 중에는 생산적인 고용에 대한 권리, 생활 및 사회복지 혜택의 적절한 기준이 명시되어 있다. 이는 "정의 … 국내 안정 … 공동방위 … 보편적 복지 … 자유"를 포함한 미국 헌법 전문의 보편적 가치와 명확하게 대조되는 것이었다. 전후 독일 헌법(기본법)도 권리에 대해 많은 내용을 언급하고 있는데, 거기에는 기본적인 법적·정치적 자유뿐만 아니라 사회와 경제의 보호를 포함하고 있었으며, 구체적으로 교육체계에 대한 국가의 감시와 경제에 대한 공공 통제가 대표적 사례였다.

1988년의 브라질 헌법은 많은 권리들을 열거했는데, 그 중에는 주 40시간 노동, 의료와 은퇴 후 계획, 최저임금, 최대 이윤, 환경보호 등이 포함되었다. 대체로 이들은 브라질 경제가 수용하기 어려운 것들이었다. 이 권리들은 당시 필요로 했던 경제개혁에 방해될 수도 있었다. 많은 사람들은 구체적인 사회와 경제의 권리들이 헌법에 포함될 필요는 없다고 생각했다. 그들은 추후에 '법령'으로 통과되거나 시장의 작동원리에 맡겨져야 한다고 생각했다. 새로 제정된 헌법에서 권리들은 대체로 충족될 수 없었으나, 이상주의적인 헌법 기초자들은 모든 사회와 경제문제들이 해결될 수 있을 것이라고 생각했다.

영국은 불문헌법을 보유하고 있어도 별 문제가 없지만, 영국정부는 헌법을 성문으로 기초하려는 생각을 하고 있다. 미국은 매우 보편적인 헌법을 기초로 하여 정부 기능을 하고 있다. 영국과 미국에서 시간이 지남에 따라 헌법이 구체적인 내용들로 채워져 가고 있다. 최근 들어서 기성국가들은 모든 것들을 구체적으로 적시하는 긴 성문헌법을 제정하는 방향으로 나아가고 있다.

국가의 최상위 법

4.2 헌법의 목적을 설명한다.

고대 메소포타미아의 입법자였던 함무라비가 최상위 법인 바빌론 법을 성문화했던 것과 같은 이유로 국가들은 헌법을 제정한다. 헌법은 사회의 근본적인 법들을 명시하고 개정이 쉽지 않다. 헌법은 정부 또는 국민들의 활동을 측정하는 척도이다. 입법부는 한 해에 법을 통과시키고 그 다음 해에 그 법을 폐지할 수 있지만, 헌법의 개정은 의도적으로 매우 어렵게 만들어 놨다. 스웨덴의 헌법 개정은 두 번의 의회 결의를 거쳐야 하는데, 그 중간에 총선거가 이루어져야 한다.

미국의 헌법 개정은 더 어렵다. 가장 공통된 절차는 상원과 하원의 3분의 2 이상의 동의를 받아야 하고, 이후에 주 의회들 중에 4분의 3 이상의 비준을 받아야 한다. 미국은 1791년 권리장전(Bill of Rights) 채택 이래 헌법을 17번만 개정했다는 사실은 개정 절차의 어려움을 보여준다. 1983년에 평등권을 위한 개정은 실패했는데, 그 이유는 주 의회의 4분의 3의 비준을 받는 데 실패했기 때문이다. '앵커 베이비(anchor baby)'[*]의 시민권 획득을 막기 위한 공화당의 출생권 조항 관련 14차 헌법 개정안은 험난한 도전에 직면했다. 일본도 개헌을 위해서는 양원 의회에서 각기 3분의 2 이상의 통과와 국민투표의 과반수의 지지가 필요하다.[**] 2013년에 일본 수상이 양원에서 3분의 2 이상을 필요로 하는 것을 과반수로 낮추고 국민투표를 하자는 제안을 했다. 이는 일본이 전쟁을 할 권리를 제한하는 헌법 제9조를 개정할 수 있기 때문에 아시아 전체에서 논쟁이 벌어졌다.

(* 역자주)
원정출산아기.

(** 역자주)
한국의 경우 개헌을 하기 위해서는 국회의석의 3분의 2 이상 찬성과 국민투표 과반수 지지를 필요로 한다.

헌법의 일반적 성격

얼마나 구체적인가의 여부를 떠나서 헌법은 발생할 가능성이 있는 모든 문제를 다룰 수는 없다. 따라서 많은 국가에서 특정 사례에 대해서 헌법재판소가 법적인 해석을 하도록 하고 있다. 범 세계적으로 위헌심사는 상당히 새로운 것이다.

사례연구 4.1
헌법 개정의 위험들

새로운 헌법을 지속적으로 도입하는 국가들을 경계해야 한다. 이는 불안정의 징후이고, 어떠한 헌법도 국민들의 가슴과 마음을 충족시키지 못한다는 점을 의미한다. 혁명 이후 프랑스는 15개의 헌법을 제정했으나 모두가 완전하게 실행된 것은 아니다. 브라질은 1822년 독립 이후 7개의 헌법을 보유했다. 티토 하의 유고슬라비아에서는 매 10년 마다 새로운 헌법이 제정되었는데, 점점 불완전한 헌법이 탄생했다. 1963년의 유고슬라비아 헌법은 '5개'의 원으로 구성된 입법부를 설립하도록 했다. 국가의 최고법을 가지고 지속적으로 실험하는 것은 안정성과 정통성이 부족한 의미로도 해석이 될 수 있다. 이것이 1991년 유고슬라비아가 피의 분열을 하게 되는 이유이기도 하다. 헌법은 매우 중요하기 때문에 단순히 실험해 보기 위해서 제정되면 안 된다.

미국에서 처음 시작되었고 최근 수십 년 동안에 확산되었다. 따라서 대부분의 사례는 미국의 것들이다.

미국 헌법은 "의회가 종교의 운영을 존중하거나 자유로운 활동을 제한하는 법을 제정할 수 없다"고 언급하고 있다. 이는 매우 일반적인 선언이고, 어떻게 해석되는가는 — 예를 들어, 학교에서의 기도 실시와 사탄숭배 — 당시에 권력을 잡고 있는 사람들에 의해 좌우된다. 공립학교에서 기도를 하는 것은 교회와 국가의 분리 원칙을 위반하는 것인가? 아니면 학교에서 기도하는 것은 종교 활동의 자유의 한 부분인가? 아니면 그 학교가 있는 지역의 대부분의 주민들이 학교에서의 기도를 원한다면 허용될 수 있는 것인가?

특정 사건과 관련해서 헌법이 해석되어야 할 때가 있다. 누가 헌법에 내포된 일반적인 의미를 결정할 수 있는 권위를 가지고 있는가? 30개국 이상이 **위헌법률심사**의 권한을 국가 최상위 법원에 부여하고 있다. 이 법원은 정부의 활동에 대한 합헌성을 판단하고 위헌일 경우 무효를 선언한다. 이 권한에 대해서 논쟁이 일고 있다. 많은 비판가들은 최상위 법원 구성원들의 개인적 철학을 국법인 것처럼 부과한다고 비난한다. 헌법은 법 해석자들이 말하는 대로 적용이 되지만, 해석이 너무 주관적이 될 가능성은 위헌법률심사에서 위험한 요소가 될 수가 있다.

법원은 항상 동일한 형식으로 헌법을 해석하지는 않는다. 미국의 워런 법원(Warren Court)*은 **사법 적극주의**의 대표적 사례인데, 그렇다고 해서 반드시 '자유주의적'인 의미를 가지는 것은 아니다. 이는 특정 법률과 관행을 파기하겠다는 판사의 의지를 반영하는 것이다. 이와 반대의 철학은 **사법 소극주의**인데, 그 사례는 대법원이 자신들의 역할은 입법하는 것이 아니라, 입법은 의회의 선도를 따르겠다는 생각을 가지는 것이다. 사법 제한주의를 따르는 일부 법관들 중에는 골수 자유주의자들이라는 평을 받는 사람들도 있다. 반면에 여러 법들을 무력화 한 법관들 중에는 보수주의로 평가되는 사람들도 있다.

독일의 연방 헌법재판소에서도 이와 유사한 논쟁이 발생하고 있다. 독일 법원은 모든 법이 **기본법**을 준수해야 한다고 규정하고 있다. 1975년에 독일 헌법재판소는 낙태를 허용하는 법이 기본법의 임신중절 금지 조항과 충돌된다는 점을 인정하고 낙태허용법이 위헌이라고 판결했다. 1995년에 헌법재판소는 모든 교실에 십자가를 설치하게 한 바바리아 주의 법을 위헌으로 판결했다. 2009년에 독일 법원은 유럽연합이 독일의 민주주의와 주권에 미치지 못한다고 경고했다.

위헌법률심사(judicial review)
법들이 합헌적인가를 결정하는 법원의 능력이며, 모든 국가들에 존재하는 것은 아니다.

(* 역자 주)
흑인과 백인을 구분하도록 제정된 주법이 헌법에 위배된다고 판결.

사법 적극주의(judicial activism)
법령의 위헌을 선언해서 입법부를 앞서려는 법관의 의지.

사법 소극주의(judicial restraint)
입법부에서 통과된 법령을 뒤엎지 않으려는 법관의 의지.

기본법(Basic Law)
1949년 이후 독일의 헌법.

헌법과 입헌정부

헌법은 대체로 해석되는 방식에 의존한다. 다른 두 나라가 유사한 헌법을 채택할 수 있지만, 적용은 다르게 된다. 스웨덴과 이탈리아는 유사한 구조를 가지고 있지만, 그들의 **정치문화**는 상당히 다르다. 스웨덴 사람들은 순응적이고 이탈리아인들은 별로 그렇지 않기 때문에 기록된 규칙들은 다르게 기능한다. 헌법은 창작물(fiction)이라 할 수 있다. 소련의 헌법은 정부의 틀을 수립했는데, 그틀은 양원제 의회를 구성하고 집행권과 행정권을 내각에 부여하는 연방체제를 내용으로 하고 민주적인 권리를 길게 나열하여 시민들의 지지를 이끌어 냈다. 그러나 실제에 있어서는 공산당의 엘리트들이 개인의 권리 등 거의 모든 것을 통제했다.

입헌주의는 정부의 권한이 제한된다는 의미다. 이는 1215년에 영국의 귀족들이 존 왕에게 서명을 하도록 강요한 대헌장(Magna Carta)으로부터 시작되었다. 이 대헌장은 민주주의를 언급하지 않았고, 단지 왕의 권력을 제한하는 동시에 귀족들의 권리를 보호하는 것을 내용으로 했다. 그러나 몇 세기가 지나면서 현대의 영국, 미국, 캐나다에서 이 대헌장은 민주주의와 개인의 권리를 증진하는 데 사용되었다. 입헌적으로 통치되는 국가에서 법과 제도는 시민의 기본적인 권리가 침해되지 말아야 한다는 점을 보장하기 위해 정부의 권한을 제한한다. 이에 반하여 전체주의 또는 권위주의 정부는 헌법에 의한 제한을 받지 않는다. 헌법이 어떠한 내용으로 되어 있든 개인과 소수집단은 정부의 임의적 행위로부터 보호 받지 못한다. 1970년대 아르헨티나와 칠레의 성문헌법은 인권의 보호를 약속하고 있었지만, 당시의 군사정권 하에서 좌익으로 의심을 받던 수천 명의 사람들이 '사라졌다'(고문과 살해를 의미). 최근 들어 중국의 지식인들은 중국 헌법이 이미 보장하고 있는 권리를 중국정부가 실행하도록 투쟁하고 있다. 그들은 진정한 입헌주의가 실행되면 많은 문제가 해결될 것이라고 주장하고 있다.

미국은 소수자의 인권을 침해하지 않는 국가가 아니다. 미 남부에서의 노예제도와 아프리카계 미국인들의 시민권에 대한 침해와 더불어, 그 다음으로 가장 큰 사건은 1942년[*]에 악명 높은 행정명령(Executive Order) 9066호에 의거하여 11만 명의 일본계 미국인들을 외부의 적으로 잘못 판단하여 미 서부 해안에 수용했던 것이다 (그들 대부분은 미국에서 태어난 사람들이었다). 그들은 합당한 법적 절차 없이 가정, 기업, 자유를 박탈당했고, 철조망과 감시탑으로 둘

정치문화(political culture)
정치와 관련된 민족의 심리.

입헌주의(constitutionalism)
정부가 스스로의 권력을 제한하는 정도.

(* 역자주)
일본이 진주만을 공격한 다음 해.

러싸여 허물어져 가고 먼지로 뒤덮인 캠프로 보내졌다. 그들은 인종주의와 전쟁 히스테리의 희생자였다.

그 행정명령에 서명을 했던 당시의 전쟁성 장관 스팀슨(Henry L. Stimson)마저도 그 명령은 "우리의 헌법에 큰 오점을 남길 것"이라고 우려했다. 실제로 그랬다. 1983년에야 연방법원은 그 수용소의 합법성을 파기했다. 이 사건은 아무리 정착이 잘된 민주주의라도 과장되고 근거 없는 패닉 상태에서 시민의 자유를 내팽개칠 수 있다는 점을 보여 주었다. (9/11 테러 이후 무슬림들을 겨냥하여 비슷한 상황이 벌어졌다.) 이 수용소에서 모집하여 결성된 442전투부대(442nd Regimental Combat Team)는 제2차 세계대전에서 공을 가장 많이 세운 부대였다.*

(* 역자주)
수용소에 있던 젊은 남자들이 수용소를 벗어나는 유일한 방법은 유럽의 최전선으로 나가 싸우는 것이었다. 3만 3,000명의 일본계 미국인으로 구성된 442전투부대는 유럽의 최전선에 배치되어 '애국심 입증'을 위해 미친 듯이 싸웠다. 제2차 세계대전 때 가장 많은 훈장을 받은 부대가 이 부대였으며, 무공훈장만 1만 8,143개 받았다. 아이러니 하게도 442부대에서 가장 맹활약한 전설적인 인물은 한국계 2세인 김영옥 대령이었다.

헌법의 목적

만약 국가가 헌법에 기록되어 있는 내용에 대해 유의하지 않는다면, 왜 헌법을 제정하는가? 헌법은 여러 가지 역할을 한다. 국가의 이상을 제시하고, 정부의 구조를 공식화하며, 통치하는 정부의 권리를 정당화하는 시도를 한다.

국가의 이상에 대한 선언 미국 헌법의 전문은 6가지 목표에 대한 헌신을 선언한다. 그들은 보다 완전한 연방의 형성, 정의의 확립, 국내 안정 유지, 공동방위 제공, 보편적 복지의 증진, 자유의 수호이다. 1977년의 소련 헌법은 소련이 계급 없는 낙원을 건설하는 데 헌신하는 '발전된 사회주의 사회'라는 선언을 했다. 독일연방공화국의 헌법은 나치와의 결별을 모색하면서 '세계평화에의 기여'에 대한 확고함, 그리고 어떠한 집단의 사람들도 독일의 시민권을 박탈당하지 않는다는 선언을 공개적으로 했다. 이는 수십 만 명의 시민권을 박탈한 히틀러의 뉘렌베르그법(Nuremburg Laws)에 대한 반응이었다.

전문과 권리에 대한 내용들은 상징적인 선언들이다. 그들은 헌법을 기초한 사람들의 가치, 이상, 목표를 표현한다. 그들은 어떻게 해석이 되는가? 미국 헌법의 '보다 완전한 연방', 또는 '정의의 확립', 또는 '보편적 복지의 증진'은 무엇을 의미하는가? 헌법은 국가의 이상을 선언하지만, 이러한 목표와 가치들은 일부 결정을 필요로 한다.

정부의 구조를 형식화한다 헌법은 정부 내에서 누가 무엇을 하는가에 대해 기

사례연구 4.2
캐나다의 새로운 헌법

캐나다는 매우 기묘한 상황에 처해 있었다. 1867년 영국 의회에서 통과된 영국령북미법(British North America Act of 1867)은 캐나다에 독립을 부여했지만, 영국의 캐나다자치령(British Dominion of Canada)으로써 캐나다는 영국 하원의 동의를 받아야만 헌법을 개정할 수 있었다. 이에 대하여 캐나다인들은 점차 불만을 가지기 시작했고, 자신들의 헌법을 자기들에게 되돌려 주도록 요구했다. 이는 1982년에야 미국의 권리장전과 유사한 권리와 자유 헌장(Charter of Rights and Freedoms)의 제정을 통해 실현될 수 있었다.

록된 표현인 청사진이며, 각 부처의 권한을 설정하고 권력을 제한하는 동시에, 갈등을 해결할 수 있는 조정 채널을 제공한다. 미국 헌법의 제1조부터 3조까지는 의회, 대통령, 사법부의 임무를 개괄하고 있다. 의회는 세금과 관세를 징수할 수 있지만, 수출에 과세하는 것은 금지되어 있다. 대통령은 군대 총사령관의 직위를 보유하지만, 외국과 조약을 체결하기 위해서는 상원의 '권고와 동의'를 받아야 한다. **권력분립**이 되어 있는 체제에서 헌법은 정부의 다양한 부처의 권위와 책임을 분리시키고 있으며, 각 부처의 권력도 제한하고 있다.

미국의 헌법과 같이 '견제와 균형'을 명시한 헌법은 많지 않다. 대개의 헌법은 입법부와 행정부 사이의 관계를 연결하는 권력의 통일을 규정하고 있다. 미국의 건국의 아버지들이 한 방식으로 권력의 집중을 부인하는 헌법을 제정한 국가들은 별로 없다. 1993년의 러시아 헌법은 러시아의 의회인 **국가두마**(State Duma)보다 행정부에 더 많은 권한을 부여했다. 러시아의 대부분 국민들은 무정부상태를 방지하고 경제를 안정시키기 위해서 최고지도자에게 강한 권력을 부여하는 불균형한 제도를 선호하고 있다. 결국 헌법이 어떻게 작동하는가는 정치문화에 의해서 많이 좌우된다.

헌법은 중앙정부와 지방정부 사이의 권력 배분도 개괄하고 있다. 연방체제에서 권력과 책임은 하나의 국가정부와 다수의 지방정부들 사이에 배분되어 있다. 미국 헌법에서 중앙정부에 할당되지 않은 권력은 지방정부에 분할하여 할당되어 있다. 최근 들어서 연방정부가 교육, 보건, 복지, 주택 등과 관련된 재정의 몫을 늘려감에 따라 권력의 분산은 점점 불분명해 지고 있다.

대부분의 국가들은 단일체제를 택하고 있다. 그들은 권력을 지역적으로 배분하지 않고 있으며, 국가의 수도에 집중시키고 있다. 단일체제는 중앙과 지방 사

권력분립(separation of powers)
정부의 각 부처가 분리되어야 하고, 서로 견제하고 균형을 맞추어야 한다는 내용의 원칙이며, 미국과 일부 국가에서 채택하고 있다.

국가두마(State Duma)
러시아의 의회.

이의 권력 '균형'을 모색하지 않으며, 지방에 자율성도 별로 부여하지 않는다. 단일체제에서 중앙정부는 기존의 지방정부를 없애거나 재조정할 수도 있다. 이는 연방체제에서는 일어날 수 없는 일이며, 연방정부는 구성 정부들을 손쉽게 없애거나 변경시킬 수 없으며, 지방정부는 법적인 존재근거를 지니고 있다.

정부의 정통성을 확립해 준다 헌법은 정부에게 상징적이고 실질적인 정통성을 부여하기도 한다. 일부 국가들은 성문헌법이 제정되어 있어야 새로 설립된 국가들을 승인하며, 헌법이 있어야 영속성과 책임성을 인정받을 수 있다. 미국의 연합규약(Articles of Confederation)과 이후 미국 헌법은 미국의 독립을 상징화했다.

대개의 헌법들은 체제의 주요 변화 직후에 작성이 되고, 새로운 체제를 지배할 수 있는 권리를 확립하려는 노력을 한다. **제헌의회**는 어떤 체제의 전복 직후 새로운 헌법을 제정하기 위해 처음으로 열리는 입법부 회의이다. 1977년에 선출된 스페인 의회는 프랑코 체제를 폐기하고 새로운 1978년의 헌법을 제정하기 위해서 스스로 제헌의회로 전환하였다. 그 작업을 마친 후 그 의회는 이전의 정상적인 의회(Cortes)로 되돌아갔다. 1990년에 불가리아는 400명으로 구성된 대국가의회를 만들어 새로운 탈공산주의 헌법제정 작업을 시작했다. 헌법 제정을 마친 후 불가리아는 240명으로 구성된 정상적인 국가의회를 선출했다. 탈레반 체제를 축출한 이후 아프가니스탄의 파벌들은 2004년에 전통적인 제헌의회인 로야지르가(*loya jirga*)에 모여서 새로운 헌법을 제정했다. 그러나 아프가니스탄의 많은 지역을 통치하던 군벌들과 탈레반은 이를 무시했다.

제헌의회(constituent assembly)
새로운 헌법을 작성하기 위해 소집된 의회.

헌법은 권리를 보장할 수 있는가?

4.3 현대세계에서 다양한 '권리들'을 설명한다.

시민의 자유와 시민권

제2차 세계대전 기간 나치의 강제수용소에서 수백만 명이 살해당했으며, 일본인들은 중국인들을 강간하고 약탈했다. 이에 대한 대응으로 세계는 비인도적 행위를 방지하기 위한 조치를 취했다. 1948년에 유엔 총회는 세계인권선언(Universal Declaration on Human Rights)을 채택했는데, 이 선언은 대부분의 국가들이 공개적으로 위반하지 않을 근본적인 교훈과 규범을 확립하는 상징적인 선언이었다 (위반 시 제재할 권한은 없었다). 이러한 선언에도 불구하고 인권이 유린되는 사건은 지속적으로 발생했다. 1958년과 1961년 사이 중국의 기근으로 3,600만에서 4,500만 명의 중국인들이 사망했다. 후세인(Saddam Hussein)은 같은 이라크인들을 향해 독가스를 사용했다. 카빌라(Laurent Kabila)는 콩고에서의 부족 학살을 묵인하고 은폐했다. 이러한 행위들로 인하여 국제적인 원조와 무역으로부터 소외당했다. 인권침해에 대한 비난은 시리아로 하여금 자국 시민들을 살해하지 못하도록 설득을 하고 있다. 직접적으로 집행되는 것은 아니지만, 인권을 위한 규범의 확립은 인권탄압을 방지하는 데 보다 중요한 기여를 하고 있다.

프랑스의 인권시민장전(French Declaration of the Rights of Man and Citizen) 및 미국독립선언과 권리장전(Bill of Rights)의 형식에 따라 제정된 세계인권선언은 정부가 임의로 박탈할 수 없는 기본적인 시민권과 인권을 확언하고 있다. 여기에는 삶의 권리, 그리고 집회, 표현, 이동, 종교, 정치참여의 자유가 포함된다. 세계인권선언은 수많은 경제와 문화적 요구도 충족시키는데, 그들은 노동, 교육, 결혼, 가정구성을 할 수 있는 권리와 더불어 자신의 문화에 따라 살 수 있는 권리를 포함하고 있다. 이러한 권리들은 강요하기가 거의 불가능하고 실제로 추구된 적도 별로 없다. 권리와 자유는 정의하기가 매우 어렵고 모든 국가들은 일정한 방식으로 시민의 자유를 제한하고 있다. 소수집단의 문제는 범세계적인 것으로 되고 있다. 유럽에서 가장 심각한 시민권 문제는 세계의 거의 모든 지역에서 경멸되고 있는 집시들에 대한 문제이다.

소수집단과 시민의 자유

단일민족으로 구성된 국가는 별로 많지 않다. 대부분은 다양한 인종, 종족, 종교, 문화, 언어적 배경을 가지고 있으며, 그들이 보유한 시민의 자유와 문화의 자유는 종종 위태로울 때가 있다. 플로리다에 거주하는 아이티 사람들과 캘리포니아에 사는 멕시코계 미국인들은 영어를 하지 않으면 불이익을 받게 된다. 영국에 있는 인도인들과 파키스탄인들, 프랑스에 있는 알제리인들, 독일에 있는 터키인들은 그 국가의 지배적인 문화에 적응하는 데 어려움을 겪는다. 그러나 세계인권선언은 소수자 집단이 자신들의 문화적 독특성을 보존할 권리가 있다고 선언했다. 현재의 상황에서 이러한 권리는 강요될 수 있고, 강요되어야

만 하는 것인가? 이 문제와 관련하여 '다문화주의'에 대한 논의가 이루어지고 있다. 다수의 인종집단들을 보호하기 위해서 '다수로 이루어진 하나(e pluribus unum)'의 정책을 포기해야 하는가? 소수자 집단의 어린이들은 학교에서 부모의 언어로 교육을 받을 권리가 있는가의 문제, 그리고 학교에서 인종차별 없이 동등한 교육을 받도록 해야 하는가의 문제가 주요 이슈로 등장하고 있다.

미국 헌법의 적응성

4.4 어떻게 미국의 위헌법률심사가 헌법들 중에 최초로 이루어졌는지를 설명한다.

헌법은 전통, 새로운 사용, 법에 의해서 수정이 된다. 미국 헌법은 정당을 언급하지 않고 있지만, 미국의 정당체계는 미국 정치과정의 한 부분이 되고 있다. 미국 상원은 거의 모든 안건들을 통과시키려면 51표가 아니라 60표를 받아야 한다.* 안건의 통과를 막기 위해서 의사방해행위(filibuster)**를 하기도 한다. 헌법은 이들에 대해서 언급하지 않고 있다. 단지 최근 들어 의회가 양극화되어 대립을 하면서 이러한 관습이 생겼다. 판례와 정부의 전통도 사회의 기본법을 구성한다. 이전에 언급했던 위헌법률심사도 헌법 어디에도 나와 있지 않다. 법들이 위헌이라고 선언하는 대법원의 권위는 1803년에 대법원 자체에서 처음으로 주장되었다. 총기를 소유할 수 있는 권리와 표현의 자유는 미국 헌법의 변화하는 성격을 나타내 주고 있다.

(* 역자 주)
미국의 상원은 각 주에서 2명씩 대표하여 100명으로 구성되어 있다.

(** 역자 주)
의회에서 소수파 의원들이 다수파의 독주를 막거나 기타 필요에 따라 합법적인 방법과 수단을 이용하여 의사진행을 고의로 방해하는 행위.

총기소유권

2008년 미국의 대법원은 수정헌법의 '총기소유권'은 '개인적' 권리라는 판결을 처음으로 내렸다. 이는 지속적인 논쟁의 대상이 되어 왔다. 1939년 '미국 대 밀러(United States v. Miller)' 재판에서 대법원은 산탄총을 소지하고 다니는 것을 불법으로 판결했으며, 전국의 판사들은 밀러 재판을 총기소유 제한의 판례로 활용했다. 그러나 2008년의 '디스트릭트 오브 콜럼비아 대 헬러(District of Columbia v. Heller)' 재판에서 대법원은 콜럼비아 특별구의 엄격한 총기법은 제2차 수정헌법에 위배된다고 판결했다 (한글 고딕체와 영문 이탤릭체로 된 재판명의 앞 단어는 원고이고 뒤는 피고이다).

이론 4.1 권리가 무엇인가?

'권리들'은 어디서 오는가? 그들은 자연적인 것인가 또는 인위적인 것인가? 고전적인 사상가들은 '자연권(natural right)'이 **인권**의 기본이라는 입장을 견지한다. 자연(본성)은 신의 의도를 표현하는 것이고, 이를 구분해 내는 것은 어렵지 않다. 당신은 제트기가 건물과 충돌하는 것은 잘못된 것이라는 점을 즉각적이고 본능적으로 알고 있다. 삶과 자유는 자연적인 것이다. 따라서 정부는 명분이 있을 경우에만 국민들의 기본권을 박탈할 수 있다. 인권은 보편적으로 부정적인 상황에서 강조되는데, 예를 들어 폭정으로부터의 '자유'에 대한 주장이 나오는 것이다.

시민권은 보다 새로운 것이며, 보다 상위에 존재하는 권리이다. 시민권은 시민들이 발언하고 투표를 하는 자유를 향유할 수 있는 현대 민주주의와 함께 성장했다. 시민권은 인권과 같이 자명한 것은 아니다. 언론의 자유는 아마도 인권이라기보다는 시민권이라 할 수 있지만, 이 둘은 중첩되는 측면이 있다. 반대당을 조직하려는 권리와 같은 시민권을 박탈당한 사람들은 얼마 지나지 않아 자신들이 독재정치에 속박되어 있음을 발견하게 된다. 민주주의 국가에서 교육과 투표의 평등권이 주요 시민권의 이슈가 되고 있다.

경제권은 19세기 초기에 사회주의자들과 함께 등장한 권리이며 물질적 영역으로 변환되는 권리이다. 루즈벨트(Franklin D. Roosevelt)와 같은 자유주의자들에 의해서 발전된 경제권은 '~에 대한 자유'와 같이 적극적인 형식을 가지고 있는데, 거기에는 적절하게 살 수 있는, 직업을 가질 수 있는, 교육과 헬스케어를 받을 수 있는 권리가 포함된다. 이에 대한 정부 프로그램을 운용하기 위해서는 납세자들의 많은 돈이 필요하다. 보수주의자들은 이들은 권리가 절대 아니고, 단순히 다양한 집단들로부터 요구되는 기대사항들이라고 주장한다. 일부 사람들은 모호한 권리들이 제한 없이 생산되는 '권리 산업'을 우려하고 있다.

영국의 철학자 벤담(Jeremy Bentham)은 "권리는 법의 자식이다"라고 말했다. 헌법 또는 법령에 포함되는 것만이 권리가 된다. 의료보장법이 제정되기 이전에 고령 시민들은 건강보험의 혜택을 받을 권리가 없었다. 지금은 권리가 되었다. 모든 권리들은 다소 인위적이거나 '사회적으로 **구조화**'되었다. 좋고 바람직한 것은 모두가 자동적으로 권리가 되는가? 이익단체가 요구하는 모든 것이 실제로 권리인가? '권리'라는 용어를 너무 과도하게 사용하지 않도록 주의해야 한다.

헬러 재판은 몇 년 동안 지속되어 오는 수많은 질문들을 제기했다. 미국인들이 제한 없이 총기를 소유해도 된다는 의미인가? 집 밖에서도? 감추고 다녀야 하는가? 기관총도 되는가? 산탄총은? 방탄조끼를 관통하는 총알은? 테러리스트로 의심되거나 광적인 젊은이들에게도 허용이 되는가? 주들은 공적인 회의에 무기를 소지하고 참석하지 못하게 하는 것과 같은 합리적인 제한의 권한을 아직도 보유하고 있는가? 밀러재판과 헬러재판 모두는 두 세기 전에 제정된 헌법이 새로운 환경과 사례에 대응하여 재해석될 것이라는 점을 보여 주었다. 특히 살인적 광기를 가진 정신적으로 불안정한 사람이 총기구입을 하는 데 문제가 없을 경우와 같은 상황이 그 사례다.

인권(human rights)
적절한 절차를 거치지 않고 체포, 고문, 구금, 살해하는 등 정부가 학대하는 것을 방지하여 쟁취하는 자유.

표현의 자유

4.5 자유로운 발언의 권리가 발전되어 온 경로를 추적한다.

"의회는 연설 또는 언론의 자유, 평화롭게 집회를 할 수 있는 권리, 고충을 시정하기 위해 정부에 청원을 할 권리를 박탈하는 법을 제정하면 안 된다." 권리장전에 나와 있는 말이다. 표현의 자유는 민주주의 국가의 상징으로 인식이 되고 있다. 정부가 나쁘거나 틀렸다고 생각하는 시민들은 공공연하게 그렇게 말한다. 반정부 또는 반종교 사상은 정부기구로부터 간섭이나 조사를 받으면 안 된다.

대개의 국가들은 자유발언에 대해 강한 중요성을 부여하고 있으며, 국내문제를 동기로 한 '혐오발언(hate speech)'을 불법화하고 있다. 대부분의 유럽에서 유대인들에 대한 대학살이 있었다는 사실을 부인하는 것은 불법이다. 2015년 무슬림 극단주의자들이 프랑스 풍자 주간지 『샤를리 엡도(*Charlie Hebdo*)』의 직원 12명을 살해한 사건은 자유발언 대 혐오발언의 문제를 제기했다. 샤를리의 만화들은 세계의 무슬림을 공격하는 것처럼 예언자 마호메트(Prophet Muhammad)를 희화적으로 조롱했다. 150만 명의 사람들이 언론자유의 권리를 주장하며 파리에서 행진을 했다. 그러나 무슬림 군중들은 소위 혐오발언을 비판하는 분노의 시위를 벌였다. 이 사건으로 행동의 문화적 맥락과 권리를 정의하는 어려움이 중요하게 제기되었다.

자유발언은 쉽지 않다. 여기에는 인종차별을 주장할 권리도 포함되는가? 신문이 국가안보에 해를 끼칠지도 모르는 정보를 게재할 권리를 가지는가? 공공예산으로 운영되는 박물관은 일부 종교적으로 민감한 예술작품을 거부할 수 있는가? 민주시민들은 표현의 자유에 대한 권리를 신봉하지만, 대부분의 사람들은 일부 제한사항이 있다는 데 대해서 동의한다. 홈즈(Oliver Wendell Holmes) 판사는 실제로 불이 나지 않았는데 관중으로 가득 찬 극장에서 "불이야!"하고 소리치면 안 된다고 주장한다. 표현의 자유는 어떠한 미국의 주가 과거 남북전쟁 당시 노예제도를 지지하던 남부연합의 깃발을 게양하는 자유도 포함되는가? 이러한 상징은 극단적인 인종차별주의자가 폭력을 사용하는 상황까지 몰고 가는데, 그 사례는 2015년 노스캐롤라이나 주의 찰스턴에서 젊은 청년이 9명의 아프리카계 미국인들을 살해한 것이다.

공격적인 발언이 헌법에 의해서 보호되어야 하는지의 여부를 결정하기 전에, 자유발언의 권리는 어느 누구도 공격하지 않는 발언을 보호할 필요가 거의 없다는 점을 기억해야 한다.* 홈즈 판사에 따르면, 선언 또는 출판이 '실질적인

시민권(civil rights)
투표와 자유로운 발언을 하는 것과 같이 정치와 사회에 참여하는 능력이다. 때때로 인권과 혼동이 되기도 하는데, 시민권이 인권보다 상위 개념이다.

경제권(economic rights)
생활을 위한 적절한 물질적 기준을 보장하며, 가장 최근이면서 가장 논쟁이 많은 권리이다.

구조화(constructed)
구시대적이고 신성화되었지만, 실제로는 최근의 것이고 인위적이라고 광범위하게 믿는 것.

(* 역자 주)
다시 말해서 남을 공격하지 않는 발언은 보호 여부를 논할 필요가 없다는 말이다.

악'을 초래할 수도 있는 '분명하고 문제가 될 소지가 있는 위험'을 초래할 경우에 표현의 자유는 제한이 되어야 하며, 그 역할은 의회가 할 권리를 갖고 있다. 1925년 미국의 **기트로우 대 뉴욕**(*Gitlow v. New York*) 판결에서 대법원은 정부를 무력으로 전복시켜야 한다고 주장한 급진주의자인 기트로우에 대한 유죄판결을 확정지었는데, 그 이유는 기트로우의 발언은 '나쁜 경향'을 보여주는 것이며, '도덕을 타락시키고 범죄를 선동하고 공공의 평화를 훼손시킬 것'이기 때문이었다. '**적색 공포**'가 횡행하던 시절의 판결은 평온한 시기였다면 다른 결과로 나왔을지도 모른다.

적색 공포(red scare) 제1차 세계대전과 매카시(McCarthy) 시기에서와 같이 공산주의에 의한 전복에 대한 과장된 공포.

미국 수정헌법 제1조*에 대한 논쟁은 지속되었다. 1971년 베트남전쟁으로 이어지는 미 국방부의 비밀 연구결과 여러 편이 『뉴욕 타임스』와 『워싱턴 포스트』지에 유출되었고, 이 매체들은 이 연구에 기초하여 일련의 선풍적인 기사들을 게재하기 시작했다. 닉슨행정부는 즉각적으로 국가안보적인 이유로 게재를 중단시키는 법원 명령을 획득하였다. '국방부 문서(Pentagon Papers)'라고 알려진 재판에서 대법원은 공식적인 비밀들이 누설되었다는 정부의 주장을 빠르게 전원일치로 부결했다. 블랙(Hugo Black) 판사는 다음과 같이 설명했다.

(*역자주) 표현의 자유를 가장 잘 보장한 것으로 평가되고 있다.

> 오직 자유롭고 제한이 없는 언론만이 정부의 속임수를 폭로할 수 있다. 자유 언론의 책임 가운데 최고는 정부의 어떠한 부분이라도 국민들을 속이는 것을 방지하여, 국민들을 머나 먼 외국의 위험지역으로 보내서 사지에 몰아넣는 것을 막는 것이다. … 이 신문들은 신문사 설립자들이 신문사가 해 주기를 희망하고 신뢰하던 것들을 정확하고 숭고하게 시행했다.

최근 들어, 일부 사람들은 자유발언이 너무 멀리까지 나갔다고 주장하고 있다. 특히 인종주의와 포르노그래피를 다룰 때 그렇고, '정치적 정확성'의 명분으로 다른 사람의 발언을 제압할 때 그렇다고 한다. 인터넷이 이 논쟁의 새로운 영역을 광범위하게 개방해서, 혐오로 가득 찬 극단주의자들의 메시지가 확산되게 하고 있다. 이슬람 국가는 온라인을 통해서 전사들을 모집하는 데 성공하고 있다.

테러리스트를 위한 권리?

9/11 테러 이후 부시행정부는 체포된 테러 용의자에 대해 새로운 범주를 개발했는데, 그것은 '불법적 적의 전투원들(unlawful enemy combatants)'이었다.

그들의 신원에 대한 근거는 때때로 모호했다. 그들은 범죄 용의자와 전쟁포로 사이에 있었고, 어느 쪽의 권리도 결여하고 있었다. 그들은 물고문과 같은 방식으로 가혹한 심문을 받았다. 이 과정에 의해서 가치 있는 첩보를 획득했는지의 여부는 어느 누구도 모르고, 고문에 의해 획득한 진술은 재판에서 가치를 인정받지 못한다. 일부는 관타나모(Guantanamo)에 수용되었는데, 이 수용소는 미국 영토 밖에 있기 때문에* 뚜렷한 혐의, 재판, 기간 제한 없이 구금되었다. 의심의 여지 없이 그들 중의 일부는 위험한 테러리스트였지만, 그들에 대한 근거는 비밀로 유지되었다. 결국 그들은 재판을 받지 않고 종신형을 받게 되었다.

(*역자 주) 쿠바 동남부에 위치하고 있다.

9/11의 충격이 가라앉은 이후 많은 사람들은 위의 사건들이 합헌적인지에 대해서 의문을 가졌다. 2004년에 미 대법원은 관타나모가 미국의 법에 위배된다고 판결을 했다. 2006년과 2008년에 법원은 테러 용의자들이 **인신보호**의 권리를 갖고 있다고 판결했다. 법원은 구금되어 있는 사람들을 석방하거나 재판을 받도록 명령하지 않았지만, 행정부로 하여금 그들이 범죄 용의자인지 전쟁포로인지의 여부를 결정하도록 압력을 넣었다. 만약 전자라면, 그들은 재판을 받게 된다. 만약 후자라면, 그들은 제네바협정에 의한 대우를 받게 된다. 법원은 '불법적 적의 전투원들'이라는 새로운 범주를 쉽게 규정하지 못하도록 했다.

인신보호(habeas corpus) 구금자들은 판사 앞에서 자신의 결백을 주장할 수 있다.

미국에서 태어났으며 예멘에 거주하고 있는 열정적인 이슬람 성직자 한 명이 인터넷을 사용하여 범세계적인 폭력을 사주했는데, 여러 사람들이 이에 호응했고, 2009년에 미 육군의 정신과 의사가 13명의 동료 군인들을 사살했다. 적절한 절차를 거치지 않고 미국의 시민들을 처형한 죄로 그 이슬람 성직자는 2011년에 드론에 의해서 제거되었다.

미국에서 연설을 억제하거나 용의자를 체포한 정부행위의 역사를 보면 권리장전의 보장은 세월이 지나면서 다른 방향으로 해석되어 왔다는 점을 알 수가 있다. 의회, 대통령과 법원이 위험과 위협을 감지할 때, 그들은 보다 제한적이 되고, 또 다른 시기에는 보다 관용적이 되기도 한다. 권리는 상황에 따라 크게 좌우된다. 2001년의 9/11 테러공격 이후 적절한 절차 없이 수백 명의 용의자들을 구금하는 데 대해서 우려를 표하는 미국인들은 거의 없었다. 몇 년이 지나고 난 후, 과민반응에 대해 당황한 일부 미국인들은 급하게 통과된 애국자법이 헌법을 위반하지 않고 공항에서 여행객들을 불필요하게 수색하지 않는 방향으로 개정되어야 한다고 생각했다. 그 시기에 이루어진 영장 없는 도청은 위헌이라는 판결을 받았다.

인권과 시민권에 대한 국가들의 법적 제한을 확인할 때 상황정보 의존도

(context dependency)를 주의 깊게 살펴봐야 한다. 일부 체제들은 실질적인 위기에 처해 있다. 반대세력이 체제를 전복하려 하고 있다 (때로는 좋은 이유로). 선거는 일상적으로 조작되기 때문에, 그러한 체제를 전복시키는 유일한 방법은 폭력을 포함한 초법적인 수단을 활용하는 것이다. 어떠한 정부든 공포에 놓였을 때는 엄중하게 단속을 하고, 전복될지도 모른다는 점을 알게 될 때 공포에 젖게 된다. 미얀마(과거 버마), 남한, 인도네시아, 이집트, 이란, 남아공, 아르헨티나 등 많은 국가에서 선동적인 발언을 했다고 정치적 반대자들을 투옥시켰다. '발언의 자유'는 항상 좋은 것은 아니고, 다이너마이트가 될 수도 있다. 표현의 자유는 오랫동안 유지되어 온 합법적인 정부에서 평온한 시기에 성공적으로 유지된다. 요컨대 그것은 정치적인 것이다.

학습방법 4.1

참고문헌

당신의 논문을 읽는 누구든지 참고문헌들이 적절하고 맥락적인지에 대해서 읽어 볼 것이다. 참고문헌 리스트는 대개 글의 끝 부분에 위치한다. 여기서 보이는 것들은 미국정치학회(American Political Science Association)의 기준에 따른 것이지만, 이것이 반드시 표준은 아니다. 이는 미국심리학회(American Psychological Association)에서 차용해 온 것이며, 시카고인용형식(*Chicago Manual of Style*)의 변형이다. 당신의 지도교수는 학제 간에 지속적으로 활용되고 있는 현대어문학협회(Modern Language Association)의 스타일을 선호할지 모른다. 다양하게 변형된 스타일들이 존재하고 있다. 일반적으로 참고문헌은 독자들에게 당신의 자료들에 대한 로드맵을 제공한다.

당신의 논문 끝 부분에 포함될 '참고문헌' 또는 '인용자료'는 알파벳순으로 내어 쓰기 방식에 의해 작성하는데, 각 리스트는 저자 이름(성이 먼저), 연도, 따옴표 안에 제목, 저널 또는 책 이름(이탤릭체) 순으로 기록하고, 책의 경우에는 출판된 도시와 출판사 이름을 적는다. 만약 저자가 없는 자료라면, 논문의 제목 또는 웹사이트의 제공기관을 앞에 쓴다. 아래와 같이 작성한다.

참고문헌

Adams, Jonathan. 2007. *Development and the Environment*. Washington, DC: National Ecology Association.

Berry, Nicholas O. 2013. "Iran: Who Is Rational?" *Foreign Policy Forum*. May 21. foreignpolicyforum.com.

Jones, Robert. 2014. "Obama Announces Energy Program." *New York Press*. December 4.

Smith, Paul. 2015. "Obama and the Environment." *New Departure*. June 20.

Thompson, Earl. 2001. *George Bush and the Environment*. New York: Simple & Simon.

Williams, Charles. 2005. "The EPA Budget under Bush." *Ecology Quarterly* 17:417.

World Bank. 2009. *World Development Report 2008/2009*. New York: Oxford University Press.

토의질문

1. 헌법과 입헌주의는 무엇인가?
2. '권력'을 만드는 것은 무엇인가?
3. 헌법은 사회권과 경제권을 구체화해야 하는가?
4. 어떻게 매우 짧은 미국의 헌법이 현대에 작동될 수 있는가?
5. 대개의 헌법들은 '견제와 균형'을 내포하고 있는가?
6. 미국의 헌법은 어떠한 변화과정을 거쳐 왔는가?
7. 혐오발언을 금지하는 것이 자유발언보다 우선해야 하는가?
8. 테러 용의자도 권리를 향유해야 하는가?
9. 9/11은 미국의 권리에 대한 분위기를 어떻게 변화시켰는가? 이전에도 이러한 일이 발생한 적이 있는가?

핵심용어

경제권(economic rights) p. 100
구조화(constructed) p. 100
국가두마(State Duma) p. 95
권력분립(separation of powers) p. 95
기본법(Basic Law) p. 92
법령(statute) p. 88
사법 소극주의(judicial restraint) p. 92
사법 적극주의(judicial activism) p. 92
소수자(minority) p. 88
시민권(civil rights) p. 100
위헌법률심사(judicial review) p. 92
인권(human rights) p. 99
인신보호(habeas corpus) p. 102
입헌주의(constitutionalism) p. 93
적색 공포(red scare) p. 101
정치문화(political culture) p. 93
제헌의회(constituent assembly) p. 96
헌법(constitution) p. 89

참고문헌

Ackerman, Bruce. *Before the Next Attack: Preserving Civil Liberties in an Age of Terrorism*. New Haven, CT: Yale University Press, 2006.

Cornell, Saul. *A Well-Regulated Militia: The Founding Fathers and the Origins of Gun Control in America*. New York: Oxford, 2006.

Eisgruber, Christopher L., and Lawrence G. Sager. *Religious Freedom and the Constitution*. Cambridge, MA: Harvard University Press, 2007.

Fisher, Louis. *The Constitution and 9/11: Recurring Threats to America's Freedoms*. Lawrence, KS: University Press of Kansas, 2008.

Freeberg, Ernest. *Democracy's Prisoner: Eugene V. Debs, the Great War, and the Right to Dissent*. Cambridge, MA: Harvard University Press, 2009.

Herman, Susan N. *Taking Liberties: The War on Terror and the Erosion of American Democracy*. New York: Oxford University Press, 2011.

Howard, John. *Concentration Camps on the Home Front: Japanese Americans in the House of Jim Crow*. Chicago: University of Chicago Press, 2008.

Hunt, Lynn. *Inventing Human Rights: A History*. New York: Norton, 2007.

Levinson, Sanford. *Framed: America's Fifty-One Constitutions and the Crisis of Governance*. New York: Oxford University Press, 2012.

Lewis, Anthony. *Freedom for the Thought That We Hate: A Biography of the First Amendment*. New York: Basic Books, 2008.

Lichtblau, Eric. *Bush's Law: The Remaking of*

American Justice. New York: Pantheon, 2008.

Maddex, Robert L., Jr. *Constitutions of the World*, 3rd ed. Washington, DC: CQ Press, 2007.

Mayer, Jane. *The Dark Side: The Inside Story of How the War on Terror Turned into a War on American Ideals*. New York: Doubleday, 2008.

Murphy, Walter F. *Constitutional Democracy: Creating and Maintaining a Just Political Order*. Baltimore, MD: Johns Hopkins University Press, 2007.

Nelson, Samuel P. *Beyond the First Amendment: The Politics of Free Speech and Pluralism*. Baltimore, MD: Johns Hopkins University Press, 2005.

Posner, Richard. *Not a Suicide Pact: The Constitution in a Time of National Emergency*. New York: Oxford University Press, 2006.

Risen, James. *Pay Any Price: Greed, Power, and Endless War*. Boston: Houghton Mifflin Harcourt, 2014.

Rosenfeld, Seth. *Subversives: The FBI's War on Student Radicals, and Reagan's Rise to Power*. New York: Farrar, Straus & Giroux, 2012.

Seidman, Louis Michael. *On Constitutional Disobedience*. New York: Oxford University Press, 2013.

Shipler, David K. *The Rights of the People: How Our Search for Safety Invades Our Liberties*. New York: Knopf, 2011.

Stevens, John Paul. *Six Amendments: How and Why We Should Change the Constitution*. New York: Little, Brown, 2014.

Stone, Geoffrey R. *Perilous Times: Free Speech in Wartime from the Sedition Act of 1798 to the War on Terrorism*. New York: Norton, 2004.

Wittes, Benjamin. *Law and the Long War: The Future of Justice in the Age of Terror*. New York: Penguin, 2008.

5장 정치체제(레짐)

> **학습목표**
>
> **5.1** 왜 대의민주주의가 유일한 실현가능한 종류인지를 설명한다.
> **5.2** 민주주의의 엘리트이론과 다원주의를 비교한다.
> **5.3** 전체주의에 해당되는 특징을 열거한다.
> **5.4** 권위주의와 전체주의를 비교한다.
> **5.5** 왜 민주주의가 자주 실패하는지를 설명한다.

홍콩은 기이한 상황에 놓여 있다. 1842년 이래 영국의 식민지였다가 1997년에 50년 동안 중국의 자치지역인 '특별행정구역'으로 유지된다는 조건으로 중국에 반환되었다. 그러나 중국은 서서히 이 조건을 파기하고 중국화시키고 있다. 홍콩문제에 간섭하지 말라는 중국의 경고 때문에 영국이 영향력 행사를 거의 하지 않고 있는데, 홍콩에서 등장하기 시작한 민주주의를 향한 운동에 중국은 우려를 하고 있으며, 이 운동이 본토까지 확산될까봐 진압하기 위한 조치를 취하고 있다. 중국정부는 홍콩의 기업과 미디어가 민주주의 운동으로 되돌아간다면 거래와 광고를 잃게 될 것이라고 경고하고 있다. 그러나 수십 만 명의 홍콩 사람들은 거리에서 민주주의를 향한 시위를 벌였으며, 소셜 미디어를 통해서 2017년의 홍콩 선거에 공개적인 후보 선출과 직선제를 요구했다. 중국정부가 사주하는 위원회에 의한 간접방식에 의한 선출을 반대하였다. 중국정부는 홍콩의 자유선거가 본토 사람들에게 민주주의에 대한 아이디어를 제공할 것으로 우려했다.*

(*역자 주)
2017년 3월에 실시된 행정장관 선출 선거에서 홍콩주민들의 직선제 요구와 달리 이전의 간접선거 방식으로 시행되었고, 친중국 인사가 선출되었다.

민주주의는 논쟁적이며 전파되는 것이다. 민주주의는 단순하거나 쉽지 않다. 민주주의 국가들이 처음 시작될 때 그들이 과연 생존할 수 있을까에 대한 의문이 제기되었다. 그 의문의 배경에는 아테네와 로마의 민주주의가 멸망했다는 점이 있었다. 1831~1882년에 미국을 방문했던 프랑스 학자 토크빌(Tocqueville)은 미국의 민주주의를 자세히 관찰하고 경이롭고 신뢰가 간다는 결론을 내렸다. 다른 국가들은 19세기 후반과 20세기 초반에 서서히 그리고 마지못해 민주주의로 나아갔다. 일부 국가들은 민주주의를 시도했지만 후퇴하여 되돌아가는 경우도 있었다. 소련, 이탈리아, 독일의 독재정권들은 민주주의에 실망한 시민들로부터 지지를 받았다.

독재와 민주주의 사이의 논쟁은 앞으로 지속될 것이다. 그러나 이 둘은 단순히 흑백 차원은 아니다. 이 둘 사이에는 많은 변형이 존재하고 있다. 분류는 쉽지 않지만, 표 5.1에서 시도를 하고 있다. 러시아와 이란 등 일부 국가들은 미디어를 통제하고 선거를 조작하고 의회와 정당이 권력에 순응하는 가장(假裝)된 민주주의를 시행하고 있다. 많은 국가들은 민주화의 과정에 놓여 있고, 표에서는 '과도기적'이라는 표현을 썼다. 베네수엘라와 볼리비아는 권위주의적 노선을 걷고 있지만, 인도네시아와 나이지리아는 민주적인 방향으로 나아가고 있다.

프리덤 하우스(Freedom House)는 매년 국가들을 1~7의 범위로 순위를 매기고, '자유로움' (1에서 2.5), '부분적으로 자유로움' (3에서 5), '자유롭지 않음' (5.5에서 7)의 범주로 민주주의의 수준을 표시한다 (표 5.2 참조). 일부 국가들은 경계선에 있고, 일부 국가들은 겨우 자유로운 국가에 속하고 (인도), 어떤

표 5.1 주요 체제의 유형

	민주적 미국, 서유럽	과도기적 이집트, 러시아	권위적 이란, 중국	전체주의적 북한, 쿠바
미디어	자유	억제	순종	국가통제
정당	다수	1당이 지배	없거나 하나	하나
선거	경쟁적	불완전	조작	사기 또는 미실시
권력	정당들 사이의 순환	1인에게 고정	소집단이 장악	1인에게 집중
이데올로기	다양	제한된 범위	없거나 가장된	극단적인 하나
헌법	정부를 구속	선택적으로 해석	개인을 속박	우상 숭배 국가
시민의 자유	보호됨	침해 가능	거의 없음	없음
이익집단	많고 자율적임	적고 간섭을 받음	국가가 감독함	자율적인 것은 없음
경제	시장경제	부분적 시장경제	부분적 국가운영	국가가 운영
군대	선출된 관료에 종속	정치적 역할 수행	체제에 종속	지배정당이 통제
부패	약함	만연됨	지배적	심함

표 5.2 프리덤 하우스 순위 2015년

미국	1	자유로움
캐나다	1	자유로움
브라질	2	자유로움
인도	2.5	자유로움
멕시코	3	부분적으로 자유로움
보스니아	3.5	부분적으로 자유로움
콜롬비아	3.5	부분적으로 자유로움
말레이시아	4	부분적으로 자유로움
나이지리아	4.5	부분적으로 자유로움
파키스탄	4.5	부분적으로 자유로움
쿠웨이트	5	부분적으로 자유로움
베네수엘라	5	부분적으로 자유로움
이집트	5.5	자유롭지 않음
미얀마(버마)	5.5	자유롭지 않음
짐바브웨	5.5	자유롭지 않음
이라크	6	자유롭지 않음
아프가니스탄	6	자유롭지 않음
에티오피아	6	자유롭지 않음
이란	6	자유롭지 않음
러시아	6	자유롭지 않음
중국	6.5	자유롭지 않음
북한	7	자유롭지 않음

출처: Freedom House

국가들은 이동하고 있으며 (멕시코는 2.5에서 3으로, 에티오피아는 5에서 6으로 추락했다), 일부국가들은 자유롭지 않은 국가들 중에 상위층에 속하고 있다 (미얀마와 짐바브웨는 5.5).

대의민주주의

5.1 왜 대의민주주의가 유일한 실현가능한 종류인지를 설명한다.

민주주의는 다양한 의미를 가진다. 독재자들은 국민들이 정의로운 체제에 살고

민주주의(democracy)
대중의 참여, 경쟁적인 선거, 인권과 시민권이 존재하는 정치체제.

있다는 확신을 주기 위해서 민주주의라는 단어를 오용하고 있다. 소련은 자국이 가장 민주적이라고 주장하곤 했으며, 리비아의 카다피(Muammar Qaddafi)는 자신이 국민들의 의지를 가장 정확하게 구현해 준다고 주장했다. 민주주의는 항상 동등한 자유를 제공하지 않는다. 터키와 이집트 같은 국가에서 자유롭고 공정한 선거가 치러지지만, 권리와 자유에 대해서 폭압적 태도를 보이는 체제가 수립되기도 하는데, 이를 **반자유주의적 민주주의**로 규정한다. 민주주의는 복합적이고 균형 잡힌 체제이며, 사려 깊은 시민, 권력 제한, 법의 지배, 인권과 시민권을 필요로 한다. 스스로를 민주주의로 부르는 모든 국가가 반드시 민주주의인 것은 아니며, 모든 국가가 민주주의가 될 수 있는 능력을 가진 것은 아니다. 이집트가 최근의 사례다.

민주주의(영어 *Democracy*는 그리스어 *demokratia*에서 나왔는데, demos는 '국민'을 뜻하고, kratia는 '통치'를 뜻한다)는 19세기까지 부정적인 의미를 지니고 있었는데, 당시 사상가들은 직접민주주의가 폭도들의 지배라는 고대 그리스의 비판을 받아들였다. '진정한' 민주주의, 즉 모든 시민들이 관료들을 선출하고 법을 제정하기 위해서 주기적으로 회합을 하는 체제는 드물었는데, 아테네의 일반 민회(General Assembly), 뉴잉글랜드 타운 미팅, 스위스의 **란트슈게마인데**(*Landsgemeinde*)*가 몇 안되는 사례들이다.

미국의 일부 주에서 의회가 다룰 수 없는 이슈에 대해서 **국민투표**를 실시함으로써 직접민주주의가 지속되고 있다. 국민투표는 매우 민주적인 것처럼 보이지만, 국민투표 주관자들이 이슈를 과도하게 단순화하고 조종할 수 있다. 프랑스의 드골(Charles de Gaulle) 대통령은 자신의 권력을 강화하고 기성 정치인들을 우회하기 위해서 국민투표를 실시하곤 했다. 1999년 군사 쿠데타로 권력을 쟁취한 파키스탄의 전 대통령은 2002년에 국민투표를 실시하여 재신임을 받았다.

직접민주주의는 규모의 요인 때문에 시행하기가 어렵다. 17세기 초반 영국의 정치인 셀든(John Selden)은 런던 의회에서 "이 방에 모두를 넣을 수 없다"는 표현을 했다. 모든 결정을 수백만 명의 투표자들에게 맡기는 국가정부는 기능하기가 매우 어려워질 것이다. **대의민주주의**가 유일하게 작동가능한 제도로 부각되었다.

현대 민주주의는 국민에 의한 실질적인 정책의 무대가 아니다. 그 대신 국민은 보다 일반적인 역할을 수행한다. 립셋(Lipset)의 주장에 따르면 오늘날의 민주주의는 "정부 관료들을 변화시키기 위한 규칙적인 헌법적 기회, 그리고 정

반자유주의적 민주주의(illiberal democracy)
선거에 의해서 선출되지만, 시민권과 정부에 대한 제한 등 민주적 특징을 결여하고 있는 체제.

(* 역자주)
일 년에 한 번씩 주민들이 광장에 모여서 지역의 중요한 사항들을 결정하는 직접민주주의 제도의 한 형태.

국민투표(referendum)
후보자에게 투표하는 것이 아니라 이슈에 대해 투표하는 것이며, 직접민주주의의 한 형태이다.

대의민주주의(representative democracy)
직접 통치하지 못하고 선거를 통하여 뽑힌 대표들이 책임을 갖고 하는 정치.

권 장악을 위해 경쟁하는 사람들 중에서 선택을 함으로써 국민들이 주요 결정에 영향을 미치기 위한 가장 큰 역할을 하도록 허용하는 사회적 메커니즘을 제공하는 정치제도"이다. '입헌적'이라는 의미는 정부가 제한되고, 권위를 특정한 방식으로만 행사할 수 있다는 것이다. 대의민주주의는 여러 가지의 기본적인 특성을 가진다. 단순한 제도가 아니며 자동적으로 만들어지는 것도 아니다. 오랜 기간 동안 신중하게 구축이 되어야 한다. 러시아 또는 이라크 같이 준비되지 않은 국가에서 시도되면 실패할 수도 있다.

정부의 대중적인 책임성

민주주의에서 정책결정자들은 투표자들의 다수 또는 과반수의 지지를 받아야 한다. 리더들은 시민들에 대해서 책임을 갖고 있다. 선거에 의해 선출된 지도자들은 자신들이 투표에 의해서 직을 잃게 될 것이라는 생각을 항상 해야 한다. 어느 누구도 정치권력을 소유할 수 있는 내재적 권리를 갖고 있지 않다. 지도자는 시민들에 의해서 자유롭게, 공정하게, 주기적으로 선출되어야 한다. 대부분의 제도는 재선출을 허용하지만, 특정 임기 제한을 두고 있다. 재선출은 지지를 표현하고, 정부정책의 보편적인 방향을 통제하는 국민들의 수단이다. 임기 제한은 대중의 책임감에 어두운 측면을 보일 수도 있다. 만약 지도자들이 자신이 재임될 수 없다는 것을 알게 되면, 그들은 시민의 의지에 대해서 책임감을 덜 느낄 수도 있다.

정치적 경쟁

투표자들은 개별적 후보 또는 정당에 대해서 선택을 해야 한다. 유럽에서 투표자들은 여러 정당들 중의 하나를 골라야 하는데, 정당들은 서로 이데올로기와 정책에서 차별성을 두려고 노력한다. 한 정당 또는 한 후보만 놓고 선거를 실시하는 것은 가짜 선거다. 미국인들은 두 후보자들 중의 한명을 골라야 하는데, 대체로 각 후보는 주요 정당에 소속되어 있다. 그러나 대부분의 기존 의원들이 별다른 경쟁이 없이 다시 당선이 되는데, 그 이유는 기존의 의원들을 이기기 위해서는 많은 캠페인 비용이 들기 때문에 새로운 인물들이 쉽게 도전을 하지 못하고, 주 입법기관이 기존 의원들이 재선될 수 있도록 **선거구 조정**(*Gerrymandering*)을 해 주기 때문이다. 미국의 선거도 완전한 민주주의라 하기 어렵다.

정당들은 선거 이전에 충분한 시간을 두고 조직을 하고 자신들의 정강을 제시할 수 있는 시간과 자유를 갖는다. 투표 직전까지 반대활동을 하도록 허용하지 않는 체제는 선거를 조작한다고 할 수 있다. 마찬가지로 미디어 접근을 막는 것, 특히 텔레비전을 통제하는 것은 반대를 못하도록 하는 것이다. 민주주의의 많은 부분은 실질적인 선거가 이루어지기 오래 전부터 정치적인 자유를 허용하느냐의 여부에 달려 있다. 선거 실시 과정에도 문제가 생긴다. 사전 투표와 이중 투표가 실시되기도 하고, 개표 과정에서 잘못 계산될 수도 있다. 결함이 있는 선거는 유권자의 의지를 부정적으로 반영되게 한다. 선거 그 자체는 민주주의와 같은 것이라고 할 수 없다.

정권 교체

권력은 평화적이고 정당한 방법으로 교체되어야 한다. 어떠한 정당이나 개인도 행정력에 자물쇠를 채우고 있으면 안 된다. 한 정당이 수십 년 동안 권력을 장악하고 있는 체제는 민주적이라고 할 수 없다. 그러한 정당은 대중의 지지를 받았다고 주장할지 모르지만, 규칙을 조정하여 자신들이 권력을 유지할 수 있도록 한다. 싱가포르의 인민행동당은 12번 계속 선거에서 승리하여 정권을 이어오고 있다. 이 국가는 선거 유세 기간을 짧게 잡고, 선거구를 집권당에 유리하게 재조정하고 있다. 멕시코의 제도혁명당(PRI)은 1920년 이래 계속하여 14번의 선거에서 승리했다. 그러나 2000년에 폭스(Vicente Fox)의 국민행동당(PAN)이 대통령 선거에서 승리했고, 멕시코는 보다 민주화되었다. 마찬가지로 2002년에 39년 만에 케냐의 정권교체가 이루어졌다. 다른 아프리카 국가들도 정치교체의 좋은 징후들이 나타나고 있다.

하버드대학의 정치학자 헌팅턴(Samuel Huntington, 1927~2008년)은 안정적인 민주주의를 확립하기 위해서는 '두 번의 정권교체'가 있어야 한다고 주장했다. 다시 말해서, 두 번의 다른 선거결과가 나와야 민주주의가 확실하게 정착된다는 것이다. 예를 들어, 폴란드는 1989년에 공산주의 체제를 전복시켰고, 자유롭고 공정한 선거를 실시하여 연대(Solidarity)운동을 벌였던 바웬사(Lech Walesa) 정권을 수립했다. 그러나 일부 폴란드인들은 급격한 경제적 변화에 의해서 피해를 입게 되었고, 1995년의 선거에서 과거 공산주의를 뿌리로 하는 사회당 소속의 후보를 대통령으로 선출했다. 그러나 얼마 지나지 않아 폴란드인들은 사회주의 정당도 싫어하게 되었고 1997년에 중도우익 정당을 선택했다.

폴란드는 몇 번의 정권변화를 통해서 민주주의의 확립을 이루게 되었다. 러시아는 한 번의 정권교체도 이룩하지 못했다.

정권교체의 중요한 기능 중의 하나는 부패를 방지할 수 있다는 것이다. 부패한 정권에 대해서 강력한 비판과 도전을 하는 야당은 공직을 잘못되게 사용하려는 인간의 본성을 바로잡는 중요한 역할을 한다. 러시아와 중국 같이 교체가 없는 체제들은 부패하게 되어 있다.

불명확한 선거결과

정권교체와 관련하여 민주적 선거는 불명확성과 유동성의 요소들을 지니고 있어야 한다. 대체로 부족, 종교, 사회계층, 지역에 따른 후보 또는 정당에 집단적인 투표를 하는 경향이 나타나지 말아야 한다. 집단적인 투표가 이루어지는 경우 국가는 갈등과 편협함에 빠져 들게 된다. 일정 비율의 유권자들은 정치인들이 국가 전체를 위해서 걱정을 하고 주의를 기울이는 태도를 가지도록 투표를 해야 한다.

이라크의 선거는 종교와 매우 밀접한 관계를 가진다. 수니파와 시아파는 대체로 자기 파벌에 대해서 투표를 하기 때문에 국가의 거버넌스가 어려워지고 반란이 자주 발생한다. 부족에 밀접하게 관련되어 있는 아프리카의 투표는 민주주의를 생성하지 못한다. 짐바브웨에서 다수파인 쇼나족은 수십 년 동안 로버트 무가베를 대통령으로 선출했다. 그는 자신의 독재적 권력을 활용하여 소수파인 은데벨레족을 무자비하게 살해했다. 인도 사람들은 "인도인들은 자신의 투표를 하는 것이 아니라 **카스트**에 투표를 한다"는 자괴감을 나타냈다. 인도의 선거는 어느 카스트가 어느 정당을 선호하는가에 따라 결과가 전망되었다. 다행스럽게 인도의 개인주의는 카스트를 뛰어 넘어서 민주적이고 예측이 어려운 선거를 만들고 있다.

카스트(caste)
굳건하고 상속되는 사회계급 또는 집단.

국민의 대표

대의민주주의에서 투표자들은 입법부에서 활동할 대표자를 선출하고, 그 대표자가 자신들의 이익을 대변하고 보호해 주기를 원한다. 선출된 의원들은 통상적으로 자신들이 선출된 지역이나 집단들을 위해서 활동한다. 그러면 어떠한 방식으로 활동을 하는가? 일부 이론가들은 의원들이 선거를 통해서 선거구민들이 원하는 것들을 수행하도록 **위임자**의 역할이 주어진다고 주장한다. 다른 이론가들은 이에 동의하지 않는다. 지역구 주민들은 이슈들에 대해서 의견이 별로 없고, 선출된 대표자들은 **수탁자**로서의 활동을 해야 한다고 주장한다. 그들은 필요할 때는 선거구 주민들이 원하는 대로 활동을 하지만, 대체로 전체의 최대 이익을 위해서 활동한다.

물론, 모든 주제에 대해서 확실한 견해를 갖고 있는 사람들은 드물다. 만약 그들에게 아산화질소 제한과 무모한 은행 대출에 대해서 투표하라고 하면, 전문성을 가지고 자신 있게 투표할 사람은 별로 없을 것이다. 따라서 대의민주주의는 대표자가 반드시 선거구의 위탁자가 되어야 한다는 점을 의미하지 않고, 정부 정책의 보편적인 방향을 통제할 수 있는 능력을 갖기를 원한다. 예를 들어, 선거구민들은 교육의 발전에 대한 일반적인 기대를 갖고 있지만, 이 목표를 달성하는 구체적인 수단은 그들이 선출한 의원들에게 맡긴다. 이러한 국민들과 의원들 사이의 파트너십은 현대 민주주의의 근간이 되고 있다. 정치학자 샤츠슈나이더(E. E. Schattschneider, 1892~1971년)는 이 사례를 아래와 같이 간결하게 요약했다.

> 민주주의 이론은 국민들이 할 수 있는 것과 할 수 없는 것 사이를 구분하면서 시작되었다. 민주주의의 실행시 행해질 수 있는 최악의 실책은 인간들이 숫자만 많으면 할 수 없는 것이 없다는 인식을 가지도록, 신비감과 마술적인 전능을 보유했다고 생각하게 한 것이다. 이 점에서 민주주의의 공통적인 정의는 우리들로 하여금 우리 스스로를 바보로 만든 것이다.

위임자(mandate)
대중의 특정 바람을 위해서 활동하는 대표자.

수탁자(trustee)
특별한 위임 없이 공공선을 위하여 활동하는 대표.

다수의 결정

정부가 결정을 하는 데 있어서 완전한 합의를 이루는 경우는 많지 않다. 파벌 사이의 의견이 엇갈릴 경우 어떻게 해결하는가? 단순한 대답은 다수의 의견대로 결정하는 것인데, 이 절차는 고대 그리스의 민주주의에서 사용하던 것이다. 그러나 현대 민주주의의 보다 실질적인 개념은 다수에 의한 결정을 하되 소수의 권리를 존중하는 것이다. 그러한 소수의 권리를 존중하기 위해서는 체제에 순응하지 않는 독립된 사법부가 필요하다.

소수자의 견해는 중요하다. 아마도 현재 광범위하게 수용되고 있는 견해는 처음에는 소수의 견해였을 것이다. 지금 공공정책의 대부분은 다수집단과 소수집단 사이의 대립의 결과로 법제화된 것이다. 더욱이 소수 견해는 광범위하게 수용될 때까지 시간이 흐르면서 점차 강력해질 수도 있는 것과 같이, 다수의 견해는 현명하지 않고 작동이 어렵고 원하지 않는 것으로 입증이 될 수도 있다. 만약 소수의 견해가 침묵을 지키면, 다수의 의지가 '다수의 폭군'으로 될 수 있다.

반대와 불복종의 권리

소수의 권리와 관련하여 사람들은 잘못되었거나 불합리하다고 생각되는 정부의 지시에 대해서 저항할 권리를 가져야 한다. 소로(Henry Thoreau, 1817~1862년)는 1846년에 미국이 멕시코와 전쟁을 하는 데 대해 반대하면서 **시민불복종**을 옹호하는 발언을 했다 "모든 사람들은 혁명을 할 권리를 갖고 있다. 즉 정부의 폭압성과 비효율성이 막대하고 참기 어려울 때, 그 정부에 대해서 복종을 거부하고 저항할 수 있는 권리를 의미한다." 시민불복종을 가장 강하게 주창한 사람은 인도의 독립운동가 간디(Mahatma Gandhi)였다. 두 사람은 모두가 자신들의 저항 방식은 '시민적'이라고 주장했다. 즉 그것은 불복종이지만 비폭력적이고 국가의 일반적인 법적 구조를 넘어서지 않는다는 것이었다. 그것은 권위체들이 재고할 수 있도록 관심을 가지게 하는 시도였다. 궁극적으로 간디와 그의 추종자들은 영국이 인도를 떠나게 했다.

일부 사람들은 시민불복종을 개인의 의식적인 활동이라고 생각하지만, 다른 사람들은 그것을 조직하고 동원하는 시도를 한다. 미국에서 가장 괄목할만한 인물은 킹(Martin Luther King, Jr.) 목사였다. 1960년대에 그는 인종차별적인 법에 도전하는 비폭력적인 시민권 캠페인을 벌였다. 그와 그의 남부그리스도교지도자회의(Southern Christian Leadership Conference)의 다른 사람들은 자주 구속되었지만, 연방법원에 기소될 때마다 차별법은 위헌이라는 판결을 받곤 했다. 그들의 장기간에 걸친 행동은 법과 미국인들의 심리를 바꾸어 놓았다. 시민불복종이 없이 소수의 주장은 관심을 받지 못할 것이다.

정치적 평등

민주주의에서 모든 성인들은 정치에 평등하게 참여할 수 있다. 이론적으로 모든 사람들은 공직을 맡을 수 있지만, 비판가들은 공직을 맡기 위해서는 돈이 많이 들고 특정 인종이나 종교적 연결이 있어야 한다고 주장한다. 그러나 소수의 주장에 압력을 받아, 민주주의 국가들은 점차로 개방을 시작했고 기본적으로

시민불복종(civil disobedience)
부당한 법을 파기하고 상위법으로 적용시키기 위한 비폭력 행위.

엘리트 중심의 사회로부터 벗어나고 있다. 오바마(Barack Obama)의 미 대통령 당선이 그 사례다.

국민들과의 협의

대부분의 지도자들은 효율적으로 통치하기 위해서는 국민들이 무엇을 원하는지 알아야 하고, 그들이 필요한 것과 요구하는 것에 대한 대응을 해야 한다는 점을 인식하고 있다. 시민들은 해외의 전쟁, 세금, 실업, 또는 휘발유 값 때문에 고통을 받고 있는가? 현명한 지도자들은 자신들이 대중의 의견보다 너무 멀리 앞서 나가지 말아야 하고 너무 뒤쳐져서도 안 된다는 점을 인식하고 있다. 지도자들은 지속적으로 대중의 의견을 살핀다. 여론조사 결과에 가깝게 따라 간다. 미디어는 국민과 지도자 사이의 대화를 주선한다. 선출된 공직자들과의 기자회견이나 인터뷰를 하면서 기자들은 '뜨거운' 질문을 던진다. 사설, 편집자로의 편지, 트위터는 시민들의 견해를 나타낸다.

최근 들어 여러 비판가들은 미국 선거구의 작은 집단이 잘 조직되어 있고 강한 목소리를 내고 있다는 이유로 미국의 선출된 공직자들이 그 집단의 의견에 너무 많은 의존을 한다고 비판을 하고 있다. 대부분의 미국인들은 총기소유에 대해서 적어도 일부 통제를 하기를 원하지만, 국가총기협회(National Rifle Association)는 총기에 대한 입법을 방해하고 있다. 미국 정계는 전형적으로 시민들의 의견보다는 금융공동체의 의견을 더 듣고 있으며, 이에 따라 2008년에 의회가 거대 은행들에 대해서 구제금융을 실시했다.

언론의 자유

독재제체는 자유롭고 비판적인 **매스 미디어**를 용인하지 않는다. 그러나 민주주의 체제는 그러한 매스 미디어가 없이 유지될 수가 없다. 국가의 민주주의 척도를 측정하는 가장 빠른 방법들 중의 하나는 미디어가 정부를 비판할 수 있는가의 여부이며, '국경 없는 기자회(Reporters Without Borders)'의 '세계언론자유지수(World Press Freedom Index)'를 통해 확인할 수 있다. 최근의 반민주적인 발상 중의 하나는 정부의 부패에 대한 뉴스보도를 막기 위해 명예훼손법을 사용하는 것이다. 매스 미디어는 시민들에게 사실을 제공하고, 대중의 의식을 제고시키며, 통치자들이 대중의 요구에 답을 하도록 한다. 자유롭고 비판적

매스 미디어(mass media)
매우 광범위한 청중들에게 빠르게 도달하는 현대적 커뮤니케이션 수단.

인 언론이 없다면, 통치자들은 범죄와 부패를 감추고, 대중으로부터 적극적인 지지를 받고 있는 것처럼 가장을 할 수 있다. 1980년대 후반에 중국이 '민주화 운동'을 허용했을 때 중국의 미디어는 보다 자유롭고, 보다 정직하며, 보다 비판적이 되었다. 그러나 중국정부는 이를 오랫동안 묵인하지 않았다. 현재 중국의 비판적인 언론인들, 의사들, 변호사들, 활동가들은 구속되어 있다. '아랍의 봄'을 이끌었던 새로운 소셜 미디어는 통제하기가 어렵지만, 중국은 매년 수천 개의 블로그와 트위터를 폐쇄시키는 방식으로 통제를 하고 있다.

일부 미국인들은 미국의 미디어가 너무 멀리 나가서 정부의 권위를 훼손하고 국가를 약화시키는 적대적인 태도를 보인다고 주장한다. 일부 경우에 이는 사실이지만, 민주주의에서 무엇이 '너무 나간 것'이라고 결정할 수 있는 기제는 없다. 분별없는 보도에 대한 견제는 소위 '아이디어의 시장'이라 불리는 저널들, 방송국들, 블로그들이 경쟁을 하는 한 측면이다. 보도가 정확한지의 판단은 정부의 개입 없이 시민들이 하는 것이다. 반 농담조로 미국 언론은 단지 '정부의 제4부'라는 조롱이 나오고 있다.

민주주의의 실행: 엘리트주의와 다원주의?

5.2 민주주의의 엘리트이론과 다원주의를 비교한다.

앞서 언급한 민주주의의 범주들이 쉽지는 않지만 모두 충족된다 하더라도 정치권력은 균등하게 분배되지 않는다. 일부가 큰 권력을 가지는가 하면, 다수는 작은 권력을 가지거나 아주 가지지 못할 수도 있다. 정치학자들은 이러한 권력의 불균등성은 정상적인 것이고 피할 수 없는 것이라고 주장한다. **엘리트**들이 실질적인 결정을 하고, '대중'들인 일반 시민들은 보편적으로 이 결정에 따라 간다. 여기서 제기되는 핵심적인 논쟁은 엘리트들이 대중들에 대해서 얼마나 책임감을 가지고 있는가의 여부다. 엘리트들은 거의 책임감이 없다는 주장을 하는 사람들은 '엘리트이론가'들이고, 엘리트들이 궁극적으로 책임감을 갖고 있다고 주장하는 사람들은 **다원주의**자들이다.

엘리트에 대한 초기 사상가들 중의 한 명인 이탈리아의 정치학자 모스카(Gaetano Mosca, 1858~1941년)는 정부는 항상 몇 명의 수중에 놓이게 된다고 주장했다.

엘리트(elites)
정치체제에서 '최상위' 또는 가장 영향력이 있는 사람들.

다원주의(pluralism)
정치는 많은 집단들 사이의 상호작용이라는 이론.

발전은 되지 않았지만 어느 정도 문명화된 사회에서부터 가장 선진화되고 강력한 사회까지 모든 사회들에는 두 계층의 사람들이 존재하는데, 그 중의 하나는 지배하는 계층이고, 다른 계층은 지배당하는 계층이다. 수가 상대적으로 적은 첫 번째 계층은 모든 정치적 기능을 수행하고, 권력을 독점하며, 권력이 가져다주는 혜택을 향유하는 반면, 수가 많은 두 번째 계층은 첫 번째 계층의 지시와 통제를 받는데, 그 방식은 법적, 또는 인위적이고 폭력적으로 이루어지기도 한다.

독일의 사상가 미헬스(Robert Michels, 1876~1936년)는 민주적 의도를 가졌든 아니든 어떠한 조직도 적은 수의 엘리트에 의해서 운영이 된다고 주장하면서 이를 '과두제의 철칙(Iron Law of Oligarchy)'으로 불렀다. 보다 최근에 예일대의 정치학자 달(Robert Dahl, 1915~2014년)은 "참여 민주주의는 규모가 큰 현대 사회에서는 가능하지 않다. 정부는 너무 크고 이슈들은 너무 복잡하다. … 핵심적인 경제적·사회적 결정들은 … 극소수의 사람들에 의해서 이루어진다. 대규모의 정치체제에서 이와 다른 방식으로 결정이 이루어지는 것은 불가능하지는 않지만 매우 어렵다"고 주장했다. 이 세 사람들은 엘리트의 불가피성에 대해서 동의했지만, 엘리트이론가들인 모스카와 미헬스는 엘리트들이 책임감을 가지지 않고 있다고 주장한 반면, 다원주의자인 달은 엘리트들이 책임감을 갖고 있다고 주장했다.

상상과 달리 현대의 엘리트이론가들은 대체로 보수적이 아니라 급진적이다. 그들은 엘리트들에 의한 지배를 불공정하고 비민주적이라고 비난한다. 콜럼비아대의 사회학자 밀즈(C. Wright Mills, 1916~1962년)는 '권력 엘리트'를 비난했는데, 그 논리는 대기업들이 정치인들에게 돈을 바치고, 정치인들은 대규모 방위비에 찬성표를 던지며, 고위 장성들은 대기업에게 계약을 맺게 해 준다는 순환론을 배경으로 하고 있다. 이러한 맞물리는 음모는 미국을 전쟁으로 몰아넣게 한다고 밀즈는 전망했다.

돈과 연고는 엘리트들이 정치권력에 접근할 수 있도록 한다고 엘리트이론가들은 강조한다. 미 의회의 의원들 중의 반이 백만장자이고, 의원들은 선거구 주민들보다 약 9배의 수입을 올린다. 그러나 엘리트는 반드시 부자를 의미하지는 않는다. 엘리트는 기부를 할 수 있는 사람들에게 영향을 미쳐서 선거에 막대한 자금을 제공하도록 한다. 그 대신 자금 제공자들은 유리한 법, 정책, 세제혜택을 받는다. 대기업들의 돈은 주요 정당들을 통제하기도 한다. 대기업들은 선거캠페인에 막대한 자금을 제공하여 기업에게 가해질 수도 있는 심각한 피해를 막을 수 있다. 금융산업의 자금은 자신들을 규제하는 법안을 막을 수 있는 능력을 제공한다.

보다 자세히 살펴 볼 필요가 있다고 다원주의자들은 주장한다. 그들은 방위비를 증가시킨 것은 권력 엘리트가 아니라 냉전이었다고 하면서, 그 근거로 소련의 위협이 줄어든 다음 방위비가 급격하게 줄었다고 강조한다. 대부분의 정치인들은 온건한 입장에서 시작한다. 부유한 집안 출신의 정치인은 손에 꼽히는 정도이다. 정치인들은 대규모의 후원을 받는 경우가 있지만, 그들은 자신의 능력으로 득표를 하는 경우가 더 많다. 대기업들이 압력을 받을 때도 많다. 석면산업은 건강에 해롭다는 이유로 전면 폐쇄되었다. 담배회사들은 소송비용으로 수백만 달러를 지출하고 있으며, 정부의 압력을 지속적으로 받고 있다. 거대 은행들은 자체적인 의지에 반대되는 규제를 받고 있다.

이익집단(interest group)
자신들이 선호하는 정책을 펼치도록 정부를 압박하는 조직.

다원주의자들은 정치가 **이익집단**들을 통해서 기능한다고 말한다. 거의 모든 시민들의 집단은 어떠한 것을 항의하고 요구하기 위해서 단체를 조직할 수 있고, 대체로 정치인들은 그들에게 귀를 기울인다. 부유하고 잘 조직되어 있는 단체에 대해서는 더 많은 귀를 기울이지만, 어느 단체도 정치체제를 근본적으로 변화시키지는 못한다. 미국의 석유회사들은 세계에서 가장 부유한 기업들이고, 모두가 친아랍 기업들이다. 그런데 왜 미국의 정책은 이스라엘로 기울어져 있는가? 대부분의 미국 내의 유대인들과 극단적인 기독교인들은 친이스라엘 성향이고, 정치인들은 그들의 표와 후원을 필요로 하고 있다. 다원주의자들에 의하면, 이익집단들은 민주주의의 큰 통로이며, 정부로 하여금 국민들에게 귀를 기울이게 한다. 많은 사람들은 오직 다원주의 사회만이 민주적이 될 수 있다고 주장한다. 다원주의의 전통이 없는 사회에서 민주주의를 기대하는 것은 흙 없이 나무를 심는 것과 마찬가지라고 한다. 그 사례로 러시아에서 장기간의 공산주의 통치는 이익집단들의 자연적인 등장을 봉쇄했다.

순수 엘리트이론가들은 사회를 적은 수의 엘리트가 제일 위에 있는 단일의 피라미드로 생각한다. 순수 다원주의 이론가들은 사회를 서로 부딪치는 여러 개의 당구공들로 보고, 정부가 정책을 생산하는 것으로 생각한다. 이 두 가지 견해들은 과장되어 있다. 현실을 보다 정확하게 반영하는 작은 피라미드들에도 엘리트들이 상부에 차지하고 있다. 다원주의자들이 주장하는 바와 같이 많은 단위들의 상호작용이 있지만, 엘리트 사상가들이 생각하는 것과 같이 지도자와 추종자의 계층도 있다 (도표 5.1 참조). 로버트 달은 이를 '과두정치(polyarchy)'로 불렀는데, 이는 상호 간에 안정적인 이해에 도달한 다양한 집단

도표 5.1 엘리트 모델, 다원주의 모델, 과두정치 모델

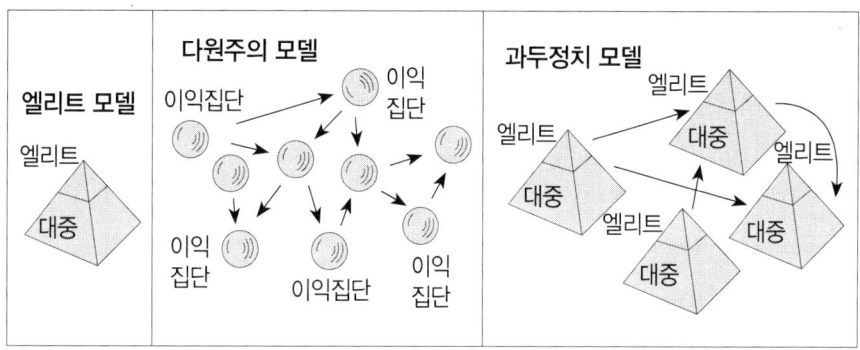

의 지도자들에 의한 통치를 의미한다.

레이파트(Arend Lijphart, 1936년~)는 그것을 '협의민주주의(consociational democracy)'로 불렀다. 각각의 중요한 단체의 엘리트들은 헌법적 게임의 규칙에 따라 역할을 수행하고, 추종자들이 폭력을 행사하지 못하도록 타협을 한다. 이에 대한 보상으로 각 단체는 원하는 것 일부를 획득하지만, 어느 누구도 모든 것을 얻지는 못한다. 이 과정이 성공적으로 이루어진 레이파트의 사례는 그의 고향 네덜란드에서 가톨릭, 칼뱅파(Calvinist), 세속 집단이 상호 간에 '엘리트 조화(elite accommodation)'를 이룬 것이었다. 반면에 레바논에서 엘리트 조화는 붕괴되었고, 시민투쟁이 전개되었다. 대부분의 안정된 국가에서 엘리트들에 의한 '갈등관리'가 이루어진다. 미국에서는 기업의, 노동의, 인종의, 지역의, 그리고 다른 엘리트들 사이의 상호작용이 이루어지는데, 각기 자신들의 사람들을 좋은 위치에 자리잡게 하면서, 다른 엘리트들과 다양한 수준의 협력을 한다. 이러한 엘리트들의 협력이 붕괴되면 피비린내 나는 내전을 경험하게 된다.

전체주의

5.3 전체주의에 해당되는 특징을 열거한다.

전체주의 체제에서 엘리트들은 거의 완전하게 무책임하다. 그들은 자신들을 권력 내에 가둬놓기 때문에 축출하기가 어려우며, 1989년의 동유럽과 1991년의 소련처럼 체제 붕괴가 이루어져야 제거가 된다. 지금 전체주의는 거의 남아 있지 않다. 전체적인 통제, 세뇌, 국가와 지도자에 대한 숭배는 잘못된 것이고 비효율적이라는 점이 증명되었다. 현재 그러한 정치모델에 매혹을 느끼는 사람들

전체주의(totalitarian)
국가가 시민들을 전제적으로 통제하는 정치체제.

| 민주주의 5.1 | 달(Dahl)의 '영향력의 조건' |

로버트 달의 많은 업적들 중의 하나는 권력의 다양성을 설명한 것이다. 달은 A가 원하는 것을 B가 하도록 하는 것이라고 권력을 정의했다. 달은 보다 중립적인 용어인 '영향력의 조건(influence terms)'이라는 용어의 사용을 선호했다. 그는 최선의 것부터 최악의 것까지 열거했다.

- '합리적 설득', 영향력의 가장 좋은 형태이며, 사실을 말하고 왜 어떤 것을 해야 하는지를 설명하는 것인데, 그 사례로는 의사가 금연을 하도록 확신을 주는 것이다.
- '조작적 설득', 낮은 수준이고, 다른 사람에게 어떤 것을 하도록 거짓말을 하거나 현혹시키는 것을 의미하며, 정치인들이 선거에서 사용하는 방법이다.
- '유인', 마찬가지로 저질이고, 뇌물이나 매표와 같이 다른 사람에게 어떤 것을 하도록 상을 주거나 벌을 주는 방식이다.
- '권력', 구속하거나 직업을 잃게 하는 것과 같이 모진 처벌을 하겠다는 위협을 하는 것이다.
- '강압', 기피할 수 없는 권력이며, 반드시 하도록 하는 것이다.
- '물리적 힘'은 육체에 해를 가하거나 위협을 하여 강압적 방법을 지원하는 것이다.

이에 따라 우리는 어떠한 정부가 가장 좋은 정부인지 구별할 수 있는데, 그것은 위에 열거한 조건들 중에 되도록 윗부분에 해당되는 민주정부이다. 아래 부분에 설명되는 것은 권위주의 형태가 사용하는 방식이다.

은 없다. 오직 북한만이 전체주의의 원형적인 사례로 남아 있고, 중국과 베트남은 정치적으로는 아니지만 경제적으로 개방을 하고 있으며, 쿠바도 그 경로를 따르고 있는 것으로 보인다. 20세기 초반에 스탈린, 무솔리니, 히틀러 체제의 등장과 함께 전체주의가 세력을 얻은 적도 있다. 대부분의 전체주의 사례들은 역사적인 것들이며, 최근의 것은 거의 없다.

전체주의가 무엇인가?

전체주의의 20세기 현상은 그 이전의 전제정(autocracy)과는 다른 모습을 보였다. 표트르 대제(Peter the Great)[*]와 루이 14세는 강력한 전제군주였으나, 당시의 빈약한 커뮤니케이션 때문에 권력행사의 제한이 있었다. 그들은 국민들을 근접하여 통제하기가 어려웠다. 독재 군주였던 루이 14세는 프랑스의 모든 것을 통치하려는 시도조차 하지 않았다. 보통의 시민들은 자신의 개인적인 삶을 살았다. 이와 다르게 20세기의 전체주의 국가들은 인간 삶의 모든 부분을 개조하고 변화시키려는 시도를 했다.

전체주의는 1917년 레닌이 러시아에서 권력을 장악하면서 시작되었다. 1922년

(*역자 주)
러시아 제국 로마노프 왕조의 황제(재위 1682년~1726년)였다.

이탈리아의 무솔리니와 1933년 독일의 히틀러가 뒤를 이었다. 이 세 국가 모두가 제1차 세계대전의 혼란에 빠져들게 되었다. 1920년대에 무솔리니 추종자들이 만든 용어인 전체주의는 한 정당이 전체 권력을 장악하고, 그 정당의 가치에 따라 사회를 개조하려는 시도를 하는 체제이다. 자유는 사라진다. 과거의 독재 지배자들은 국민들이 목소리를 내지 못하게 규제했지만, 전체주의 국가는 대중의 열광을 유도해낸다. 프리드리히(Carl J. Friedrich, 1901~1984년)와 브레진스키(Zbigniew Brzezinski, 1928년~)는 전체주의 국가의 6가지 특징을 식별했다. 그들 중의 4가지는 산업화 이전의 국가에서는 불가능한 것들이다.

모든 것을 포괄하는 이데올로기 전체주의자들은 역사, 경제, 그리고 미래의 정치 및 사회 발전에 대한 공식이론을 모색한다. 이 이데올로기는 세상을 흑백 논리로 묘사하고, 완전하고 행복한 사회의 건설을 해야 하는데, 이에 반대하는 어느 누구도 '국민들의 적'이라고 주장한다. 모든 사람들은 공식 이데올로기를 신봉하고 공부해야 한다. 마르크스주의-레닌주의의 사상에 대한 과정들이 모든 공산주의 국가들에서 필요하다고 강조했다 (중국은 아직도 필요로 한다).

단일정당 하나의 정당이 정치를 완전히 지배하고, 이 정당은 개인숭배를 배경으로 한 한 사람에 의해 영도된다. 무솔리니, 히틀러, 스탈린, 마오는 스스로 숭배를 유도했다. 정당원의 수는 대체로 인구의 10퍼센트 이내로 통제된다. 당원에게는 명예와 특권이 주어지며, 그 대신 당에 충성을 해야 한다. **위계**적으로 조직된 정당은 정부의 공식 제도보다 월등하거나 강하게 결속이 되어 있다. 정당의 당직자들은 정부의 중요한 모든 직을 장악하고 모든 시민들에게 충성을 부과한다.

위계(hierarchy) 사다리와 같이 권력의 서열에 따라 위부터 아래까지 구조화된 것.

조직적 테러 보안경찰이 시민들의 복종을 유지시키기 위해서 물리적이고 심리적인 방법을 활용한다. 나치의 게슈타포(Gestapo), 스탈린 시대 소련의 NKVD, 무솔리니의 OVRA는 사법적 구속력을 갖고 있지 않았다. 헌법적 보장이 존재하지 않거나 무시되었기 때문에 비밀 체포, 구속, 고문이 자행되었다. 때로는 '비밀경찰'로 불리던 보안군은 유대인, 지주, 자본주의자, 사회주의자, 성직자와 같은 모든 계층의 사람들을 탄압했다. '문을 노크하는' 위협은 모든 국민들을 공포에 빠지게 한다. 대규모의 체포와 처형을 자행하는 국가의 권력에 대해서 국민들은 무력감을 느낀다. 전쟁에서 사망한 사람들을 제외하고, 마오하에서 4,000만 명의 중국인들이 사망했고(대부분 기아 때문에), 히틀러 하에서 1,100만 명, 스탈린 하에서 600만에서 900만 명이 사망했다. 그러나 이러한 테러는 오래 가지 못했다. 소련은 스탈린의 무모한 전술을 포기하고, 일자리 박탈 또는 먼 지역으로의 추방이라는 통제와 협박의 교활한 방식으로 대체했다.

커뮤니케이션 수단의 독점   전체주의 국가에서 미디어는 공식 이데올로기에 부합되도록 엄격하게 검열되고, 현명한 지도자들 하에서 체제가 잘 운영된다는 점을 보여 주려는 시도를 한다. 사악한 외부 세력은 체제에 해를 미치는 것으로 묘사되고 배제되어야 한다고 강조된다.

무기의 독점   전체주의 국가의 정부는 무기를 완전히 독점하여 무장 저항의 여지를 남겨 놓지 않는다.

경제 통제   전체주의 체제들은 경제를 통제한다. 스탈린은 국가소유의 수단으로 직접적인 통제를 했고, 히틀러는 민간산업에 대한 당의 '협력'을 통해 간접적인 통제를 했다. 어떠한 방식으로 하든, 자원들을 중공업, 무기생산, 그리고 당이 원하는 모든 것에 투자를 함으로써 국가의 권력이 강화된다. 노동자들은 정부의 방향에 따라야 하고 소비자들이 필요로 하고 원하는 것은 중요하지 않다. 예를 들어, 소련은 우주에 인간을 보낸 첫 번째 국가이지만, 소비재 생산에 있어서는 비공산주의 국가에 한참 뒤떨어졌다. 식탁에 음식을 제대로 올려놓지 못할 정도의 경제적 낙후성은 소련의 가장 취약한 부분으로 입증이 되었고, 최근 들어서는 쿠바가 그렇다.

전체 통제의 이미지와 현실

완전한 민주주의가 없는 것처럼 완전한 전체주의 독재도 없다. 때때로 외부자들은 이 전체주의 국가들이 구사하는 전체적인 통제의 이미지에 의한 영향을 과도하게 받는 경우가 있다. 파시스트 이탈리아를 방문했던 사람들은 1인 통치에 의해서 이루어진다고 생각되는 법, 질서, 청결함, 목적지향성들에 의한 감명을 받았다. 그러나 실제에 있어서 이탈리아인들은 조용히 무솔리니를 비웃고 있었다. 그의 조직과 경제계획은 무질서했고, 그는 국가를 확고하게 지휘하고 있지 못했다. 1943년 영국군과 미군이 남부 이탈리아를 점령하자, 여러 해 동안 무솔리니에게 복종을 하지 않고 거짓말을 해 온 무솔리니의 장성들이 쿠데타를 일으켜 무솔리니를 축출했다. 1946년까지 명목상으로 왕조였던 이탈리아의 왕은 무솔리니를 수상 직에서 해임했다. 전체 통제가 불가능했던 것인가?

스탈린 사망 이후 모든 공산당의 지도층은 소련의 비효율적 관료체계와 소련의 경제성장을 방해한 경제의 불규칙성을 비난했다. 그러나 흐루시초프, 브레즈네프, 고르바초프는 이 문제를 제대로 해결하지 못했다. 소련 경제생활의 많은 부분이 비밀거래에 의해서 이루어졌는데, 이는 중앙계획을 무시하는 행위였다. 소련의 노동자들은 라디오부터 기관차에 이르기까지 모든 것을 훔쳤고, 술을 먹고 일터에 나타나는가 하면 아예 나타나지 않기도 했다. 전체 통제라는 것이 이런 것인가? 『프라우다(Pravda)』와 『이즈베스티야(Izvestia)』 등 소련의 신문들은 이러한 문제들에 대해서 대대적인 비판을 했지만, 정부는 이들을 해결하지 못했다.

통치정당인 공산당이 주민들의 일자리와 경력 향상을 통제하는데, 이는 당에 대한 신봉자들은 아니지만 기회주의자들에게는 관심의 대상이 된다. 이들은 '새로운 계층'으로 불린다. 젊은 사람들은 자기 발전을 위해서 참여는 하지만, 당의 정강에 대해서는 개인적으로 냉소적인 생각을 가진다. 곧 바로 끊임없는 부패가 만연하여 경제성장과 국가의 사기에 해를 미친다. 궁극적으로 당의 권력 독점은 체제의 정통성에 해를 입힌다. 중국은 공산당 중앙기율검사위원회를 통하여 만연된 부패를 근절하려 하지만, 많은 사람들은 이 방식이 정치적 경쟁자들을 제거하기 위해서 선택적으로 사용된다는 의구심을 갖고 있다. 만약 중국에서 부패된 공직자들을 모두 체포하면, 중국을 운영할 사람은 아무도 남지 않게 될 것이다.

앞서 언급한 전체주의 모델은 현실에 전혀 부합되지 않았다. 그것은 전체 통제를 하기 위한 단순한 '시도'였지, 성공적으로 달성하지 못했다. 1989년부터 시작하여 동유럽 국가들에서 연달아 공산주의 체제들이 붕괴되면서, 우리는 그 체제들이 얼마나 취약한지를 알게 되었다. 이데올로기의 측면에서, 당원까지도 포함한 시민들은 공산주의를 경멸했다. 유일 지배정당은 붕괴되었고 권력은 비공산주의자들에게 넘겨졌다. 조직적 테러는 동력을 잃게 되었다. 수년 동안 무시당했던 공식적인 매스 미디어는 자유언론에 길을 내주게 되었다. 통제 경제는 많은 고통을 이겨 내고 시장경제로 전환되었다. 지금 우리는 공산주의 체제들이 전체 통제를 한 번도 실행해 보지 못했다는 점을 알게 되었다.

우익 전체주의

우리는 전체주의 하면 공산주의에 초점을 맞추는 경향이 있는데, 이탈리아의 파시즘과 소련의 국가 사회주의와 같은 우익 전체주의는 공산주의와 조금 차이가 있다. 우익 전체주의는 산업화된 국가에서 경제 불황, 사회적 격변, 정치적 혼란, 민주주의가 취약한 지역에서의 민주화 과정에서 발생했다. 1922년의 혼란 상황에서 무솔리니는 이탈리아의 수상으로 임명되었고, 곧 바로 스스로 첫 번째 파시스트 독재자로 변신했다. 제1차 세계대전 이후 독일은 징벌적인 평화

학습방법 5.1

간결한 글쓰기

헤밍웨이는 작가들에게 언어의 깨끗함을 유지하면서 최대한 줄이라고 강조했다. 만약 당신이 쓰는 글의 길이를 반으로 줄인다면 글의 의미는 두 배로 명확해질 것이다. 불필요한 단어들을 없애라. 가장 고려되어야 할 목표는 부사, 형용사, 특별히 불필요한 용어들의 사용에 대한 것이다. 같은 주제의 문장들은 하나로 결합해라. "글을 줄이면서 빼 먹은 것이 있는가?"라고 스스로에게 물어봐라. 수동적인 표현보다는 능동적인 표현을 사용해라. 가능하면 명사보다는 동사를 사용해라.

장황한 글
오랜 기간 지속되는 정부의 무력함과 관료의 방관은 무관심과 비참여의 정치문화를 증폭시킨다.

간결한 글
거리감 있는 정부와 아무 것도 안 하는 관료는 국민들이 정치로부터 멀어지게 한다.

명사의 사용
독일의 선거는 신앙적 노선에 따라 표가 행사되는 뚜렷한 경향이 있는 바, 가톨릭 신자들은 기독민주당에 투표를 하고, 신교도들은 사회민주당에 투표를 한다.
지도자의 역할을 수행한다
성공을 달성한다

동사의 사용
독일의 가톨릭 신자들은 기독민주당에 투표를 하고, 신교도들은 사회민주당에 투표를 하는 경향이 있다.

지도한다
성공한다

한 주제, 두 문장
연방선거위원회의 통계는 고어가 전국 득표율에서 근소한 차이(0.5퍼센트)로 앞섰다는 점을 보여주었다. 그러나 이 위원회는 부시가 선거인단 투표에서는 4표 앞섰다는 점을 보여주었다.

결합된 문장
연방선거위원회는 고어가 국민 투표에서 근소하게 앞섰으나, 부시가 선거인단 투표에서 승리했다는 점을 보여주었다.

능동적 표현
국민투표의 결과는 고어의 승리였다.

수동적 표현
고어는 국민투표에서 승리했다.

조약(베르사유조약)과 초(超)인플레이션 때문에 고통을 받고 있었다. 불황에 의하여 실업과 노동 불안이 최고조에 달하자, 공산주의자들과 나치가 선거와 도로 상에서 크게 맞붙었다. 1933년에 히틀러가 정권을 장악한 후, 질서를 유지하고, 치욕적인 베르사유조약을 거부하고, 공산주의의 위협으로부터 개인의 재산을 보호하겠다는 약속을 했다. 그의 프로그램은 기업가들, 군국주의자들, 중산층의 국민들에게 매력을 느끼게 했다.

우익 전체주의는 혁명을 원하지 않으며, 오히려 현존하는 사회질서를 강화

휘그 민주주의(whig democracy)
단지 일부 국민들만을 위한 민주주의의 초기 단계.

선동가(demagogue)
극단적이고 현혹적인 이슈들을 가지고 대중들을 자극하는 정치인.

민주주의 5.2 | 민주주의는 왜 실패하는가

실제로 민주주의는 국가의 정치생활에서 매우 갑작스럽게 다가올 수 있다. 역사적으로 안정적인 민주주의는 대규모의 교육받은 중산층이 존재하고 있는 국가에서 등장했다. 1966년에 무어(Barrington Moore)가 관찰한 바와 같이, "부르주아가 없으면, 민주주의도 없다." 가난한 국가의 국민들은 민주주의보다는 생존에 더 많은 관심을 기울인다. 2004년의 라틴 아메리카에 대한 유엔의 조사는 다수의 국민이 식탁에 음식을 올려놓는 독재자를 그러지 못한 선출된 지도자보다 선호한다는 결과를 내 놓았다. 중산층은 온건적이고, 인내심이 강하며, 모든 것이 한 번에 이루어질 수 없다는 자각을 가지고 있다. 이러한 중산층 없이 이루어지는 선거는 민주주의를 방해한다는 사례가 이라크, 러시아, 짐바브웨에서 나타났다.

민주주의로의 전환은 미묘하고 점차적으로 천천히 이루어지는데, 19세기에 영국은 일련의 개혁법을 통과시킨 후 민주주의를 확립할 수 있었다. 전형적으로 민주주의 시행 후 첫 10년 동안은 부유한 사람들만 참여할 수 있는데, 이를 **휘그 민주주의**라 부른다. 대규모의 시민들이 갑자기 선거에 참여하면 체제는 붕괴될 수 있다. 새로 선거에 참여하는 분별력이 부족한 투표자들은 선동가들의 금권적이고 극단적인 약속에 현혹될 수 있는데, **선동가**들은 우매한 사람들의 표를 얻기 위해 단순한 정책들을 제시한다. '부의 공동분배'를 제시하지만, 낭비적인 지출로 경제가 파산되는 경우가 많다. 아르헨티나의 페론, 브라질의 바르가스, 베네수엘라의 차베스가 선동가들의 사례다. 때때로 쿠데타가 민주주의를 붕괴시킨다. 만약 사우디아라비아가 자유선거를 실시한다면, 많은 국민들은 이슬람의 극단주의자들에게 투표를 할 것이다. 민주주의를 너무 서둘러서 시행하게 되면, 선동가들, 군 장성들, 광신자들의 지배를 받을 수가 있다.

다양한 요인들이 민주주의를 방해할 수 있다.

1. 빈곤
2. 심각한 불평등
3. 중산층의 부재
4. 낮은 교육 수준
5. 석유
6. 부족사회
7. 시민사회의 부재
8. 식민지 경험
9. 조기 민주화의 경험 부재
10. 인근에 민주주의 국가 부재

실제로 이 요인들은 패키지로 나타날 수 있다. 이러한 요인들 모두가 또는 거의가 나타나는 국가의 민주주의는 거의 성공하지 못한다.

하고 국가를 찬미하면서 좌파들에 의한 혁명을 방지하려는 노력을 한다. 우익 전체주의는 이질적이고 열등해 보이는 사람들을 제거하려는 시도를 하는데, 그 사례는 히틀러가 유대인들과 집시들을 절멸시키려고 시도한 것이다. 시민들도 국가의 영광과 전쟁을 지지하도록 지시를 받는다. 개인소유는 대체로 허용이 되지만, 순종적인 카르텔과 국가무역협회는 당의 지시를 이행한다.

권위주의

5.4 권위주의와 전체주의를 비교한다.

권위적(authoritarian)
비민주적이지만 반드시 전체주의적인 것은 아님.

'권위주의'와 '전체주의'는 종종 혼동이 되지만, 차이가 있다. **권위적** 체제는 국민들의 투입을 최소화하는 작은 집단에 의해서 통치가 되는데, 그 작은 집단에는 독재자 또는 군대가 포함된다. 그들은 모든 것을 통제하려는 시도는 하지 않는다. 많은 경제적, 사회적, 종교적, 문화적, 재정적 문제들은 개인들에게 맡겨진다. 앞서 언급한 전체주의의 6가지 요건들 중의 대부분은 희석이 되거나 부재한다. 예를 들어, 권위적 체제들은 유포시킬만한 확고한 이데올로기를 거의 가지지 않고 있다. 일부 사람들은 이라크의 사담 체제를 전체주의적이라고 하지만, 권위적인 체제에 가깝다. 권위주의의 주요 형태는 표 5.3에 나와 있다.

권위주의 체제들은 지시, 복종, 질서가 존재하는 위계적 조직에 유리하도록 개인의 자유를 제한한다. 시민들은 결정과정에 자신들이 참여하지 못한 법을 준수하고 세금을 납부해야 한다. 존재 사실을 외부에 알리기 위한 목적으로만 민주주의의 장식이 존재하기도 한다. 부정선거는 지배정당의 통치를 확립시켜주고, 반대세력은 기회를 갖지 못하며, 일부는 체포되기도 한다. 입법부는 독재자의 법에 고무도장을 찍고, 꼭두각시 수상과 내각이 그 법들을 시행한다. 미

표 5.3 권위주의의 형태

	사례
군사정부	모리타니, 니제르
개인적 권위주의	우즈베키스탄, 베네수엘라
전통적 군주제	사우디아라비아, 쿠웨이트
지배정당체제	러시아, 짐바브웨
단일정당체제	중국, 쿠바

디어와 학계는 일자리를 잃지 않으려고 비공식적인 '자가 검열'을 하여 비판적인 코멘트를 하지 않는다. 프랑스의 루이 14세는 "짐이 곧 국가다(L'état c'est moi)"라는 문구를 남기면서 권위주의의 초기 형태를 보여 주었다.

프랑코(Franco, 1939~1975년) 하의 스페인은 지도자가 열성적인 참여와 동원보다는 정치적 수동성과 복종을 요구했기 때문에 전체주의보다는 '전통적인 권위주의'에 해당되었다. 프랑코와 그의 추종자들은 강요할만한 단일의 이데올로기를 보유하고 있지 않았고, 경제와 언론은 제한적인 다원주의 형식을 지녔다. 일부 비평가들은 중국과 러시아의 '권위적 자본주의' 체제라는 새로운 모델을 제시하는데, 이 체제는 부분적으로 시장경제는 허용하지만, 정치적으로는 강력한 통제를 기반으로 한다. 그들이 제시하는 목표는 경제성장과 삶의 기준의 향상이고, 대부분의 시민들은 이를 수용하며 민주주의에는 별 관심을 보이지 않는다. 그런데 러시아와 같이 성장이 중단되면 어떻게 되겠는가?

레이건 대통령 시절 미국의 유엔대사였던 정치학자 커크패트릭(Jeane J. Kirkpatrick, 1926~2006년)은 권위주의 체제와 전체주의 체제에는 차이가 있다고 주장했다. 권위주의 체제(아르헨티나, 칠레, 브라질)는 개혁을 할 수 있지만, 전체주의(공산주의 국가들)는 자체적인 개혁을 할 수 없다. 1980년대에 아르헨티나, 칠레, 브라질은 민주주의로 복귀했다. 커크패트릭의 명제는 소비에트 진영의 공산주의 체제들이 자체적인 개혁을 추진한 적이 없고, 그나마 개혁을 추진하는 동안 붕괴했다는 사실로부터 시작되었다. 21세기의 가장 중요한 질문은 중국 경제의 급속 성장이 교육받은 중산층을 생성하여 민주주의에 대한 요구가 시작되게 할 것이냐에 대한 것이다. 또는 중국체제는 삶의 기준의 향상과 중국 민족주의를 가지고 인민들을 영원히 매수할 수 있을까?

권위주의와 개발도상국

제2차 세계대전 이후 수십 년 동안 유럽의 제국들은 식민지들에게 독립을 부여했다. 모든 신생국들은 스스로 '민주주의 국가'라고 선언했지만, 이는 오래 가지 못했다. 서양의 역사에서 민주주의는 개인주의와 경쟁적 시장경제로부터 시작되었다. 개발도상 사회들은 산업화 이전의 사회였고, 가족과 부족을 강조하는 전통적인 농업경제였다. 교육과 소득 수준은 낮았고, 대부분의 국민들은 생존을 위한 투쟁에 동원되었다. 탈식민주의 지도자들은 전형적으로 사회주의 관점을 선호했고, 영국과 프랑스의 학자들은 정치적이고 경제적인 생존과 성장은

제3세계(Third World)
아시아의 일부분, 아프리카, 라틴 아메리카 등 개발도상 지역들.

(＊역자 주)
다시 말해서 미국인들은 외국정부를 민주화시킬 수 있다는 환상만 가지고 있다는 의미로 해석된다.

중앙집권적인 권력과 계획을 필요로 했다고 주장했다. 지도자들은 국민들이 무엇을 원하는지 자신들이 알고 있다고 주장하며 부정선거를 실시했다.

이러한 방식으로 **제3세계** 국가들은 단일정당 하의 권위주의로 전락하게 된다. 이러한 체제는 대체로 비효율적이다. 정부의 공직자들은 낭비적이면서 비현실적인 프로젝트를 시행하고, 규제와 세금을 통하여 개인의 발전적인 구상을 방해하며, 중요한 견해들을 통제한다. 부패는 경제성장을 방해한다. 이에 따라 탄자니아와 미얀마(버마) 같은 나라들은 스스로 가난에 빠져들게 되었고, 민주주의 또는 경제성장을 유지하지 못하게 되었다. 짐바브웨 같은 나라는 1980년에 민주적인 체제로 시작을 했으나, 지배정당의 지도자 무가베(Robert Mugabe)는 자신에게 충성하는 부족군대를 활용하여 권위주의 체제를 확립하

사례연구 5.1
이라크의 민주주의?

이라크는 1922년 영국이 오스만 제국의 3개 지역을 묶어서 만든 새롭고 인위적인 국가였다. 내부의 인구 집단들은 서로 좋아하지 않는다. 이라크인들의 60퍼센트는 아랍세계에서 소수민족인 시아파 무슬림이다. 후세인(Saddam Hussein)은 수니파(인구의 20퍼센트)를 통해서 통치를 했으며, 수십만 영의 시아파들을 살해했다. 2003년에 자유롭게 된 시아파가 선거에서 승리했고, 권력을 공유하자는 수니파의 요구를 무시했다. 시아파는 이라크의 경찰과 군대를 장악하고 수니파를 살해하는 보복을 하였으며, 극단적인 수니파는 시아파에 대한 자살폭탄 테러를 감행했다. 이라크의 북부는 수니파이지만 아랍계가 아닌 쿠르드족(인구의 약 20퍼센트)이 자치를 하고 있으며 독립선언을 준비하고 있다. 2014년에 많은 국가들로부터 모인 수니파 전사들이 이라크와 시리아의 일부 지역에서 이슬람 국가(Islam State)의 수립을 선포했다. 범죄를 위한 모금을 하면서 그들은 자신들의 신앙을 공유하지 않는 모든 사람들을 살해하기 시작했다.

선거가 자동적으로 민주주의를 가져다주지 않고, 민주주의는 경제적, 교육적, 정치적 발전이 이루어지는 안정된 국가를 필요로 한다. 대부분의 이라크 이웃국가들은 독재국가들이고, 정도의 차이만 있을 뿐이다. 사담 후세인은 우발적으로 나타난 지도자가 아니라 분리 일보 직전인 혁명적 국가의 부산물이었다.

2005년에 미국은 중동지역에 민주주의 확산 프로그램을 실시했지만, 거의 진전을 이루지 못했다. 레바논과 팔레스타인에서의 자유선거는 극단적인 헤즈볼라와 하마스의 권력만 더욱 팽창시켰다. 커크패트릭(Jeane Kirkpatrick)이 관찰한 바와 같이, "언제, 어디서, 어떠한 환경에서, 정부들을 민주화시키는 것이 가능하다는 믿음보다 교육받은 미국인들의 마음을 움직일 수 있는 아이디어는 없다."＊ 2011년에 튀니지, 이집트, 리비아, 예멘은 종신 대통령을 하야시켰지만, 이는 민주주의 정착에 아무런 관심도 없는 이슬람주의자들의 등장을 가져 왔다.

고 유지했다. 그는 권위주의 체제가 단합과 사회주의 경제를 확립하는 유일한 방식이라고 정당화 했다. 조작된 선거를 통하여 권력을 유지한 무가베 정권은 100만 퍼센트에 도달한 인플레이션을 방지하지 못했고, 대부분의 짐바브웨 국민들은 일자리를 잃고 빈곤에 처하게 되었으며, 반체제 인사들은 감옥에 가거나 살해당하였다.

권위주의 체제의 민주화

5.5 왜 민주주의가 자주 실패하는지를 설명한다.

1974년 이래 수십 개의 국가들이 권위주의와 전체주의를 포기하고 민주주의 체제를 선택했다. 그러나 최근 들어 일부 국가들이 과거로 회귀하고 있다. 아직도 세계 국가들의 절반이 민주적이지 못한 국가들이다. 대체로 서유럽이나 북미 지역에 있는 20여개 국가로부터의 민주주의 확산은 주요 학문적인 연구 주제가 되고 있다. 1989년에 창간된 계간지 『민주주의 저널(*Journal of Democracy*)』은 왜 민주주의가 나타났고, 어떠한 정책이 민주주의를 고무하는지를 설명하고 있다.

두 가지 형태의 체제들이 민주주의의 가장 최근의 물결에 기여했는데, 그들은 강력한 경제성장을 기록한 권위주의 체제들과 경제성장이 뒤졌던 붕괴된 공산주의 체제들이다. 칠레, 브라질, 남한, 대만 등 급속하게 성장한 체제들은 권위주의 정치체제였지만, 민간시장경제를 발전시켰다. 독재자는 "내가 정치를 운영할테니 당신들은 기업에서 일만 해라"라고 말하는 듯 했다. 성장주도 체제들은 거시경제정책(건전통화, 낮은 인플레이션, 대출을 위한 충분한 자금)을 수립하고 세계시장으로 수출을 했다. 이후 성장 경제는 전체 사회를 민주주의로 전환시켰다. 이러한 과정을 **현대화 이론**으로 부른다. 가난이 중산층의 소득으로 향상되면서 안정된 민주주의를 구사할 수 있는 동력이 생긴다. 간혹 가난한 국가에서도 민주주의가 유지된다. 인도가 이러한 예외적인 사례이고, 수십 년의 독재정치 이후의 인도네시아도 그렇다. 그럼에도 불구하고 대체로 민주주의는 중산층의 소득이 늘어나고 부유한 국가에서 작동이 된다.

왜 이러한 일이 생기는가? 첫째, 경제성장은 체제의 중심이 되는 대규모의 중산층을 형성시키며, 이 중산층은 체제의 전복이 아니라 체제의 개혁을 원한다. 둘째, 교육의 수준이 향상된다. 대부분의 국민들이 고등교육을 받고 많은

현대화 이론(modernization theory)
경제성장이 민주주의를 요구하는 대규모의 교육받은 중산층을 등장시킨다.

사람들이 대학을 졸업한다. 그들은 더 이상 무지하지 않고, 선동하지 않으며, 극단적인 아이디어를 가지지 않으며, 매표활동을 하지 않는다. 셋째, 국민들은 점차로 자신들의 이익을 인식하고 표현하는데, 그것은 다원주의의 표출이다. 그들은 기업, 직업, 지역, 종교적 차원의 요구를 한다. 그들은 잔인하고 부패하고 비효율적인 정부를 탐지해 내고, 자신들이 어린이와 같이 취급되는 것을 싫어한다. 2012년에 도시의 교육받은 러시아 사람들이 이러한 태도를 보였다. 마지막으로 시장 자체는 시민들에게 자립, 다원주의, 인내, 그리고 너무 많은 것을 기대하지 말아야 한다는 점을 가르쳐 주는데, 이들 모두는 민주주의를 유지하는 데 필요한 것들이다. 만약 이 모든 것들이 옳게 작동된다면 체제는 점진적이고 안정적으로 발전을 하고, 비판적인 언론의 허용, 정당의 형성, 자유선거의 실시가 이루어진다. 대만이 1984년부터 2000년까지 이러한 전환을 시행했고, 현재 활력이 넘치는 민주주의를 유지하고 있으며, 대만에서 이루어지는 선거에 대해서 중국 본토에서 많은 관심을 가지고 지켜보고 있다.

산유국(petrostate)
사우디아라비아와 같이 석유 수출에 기반한 국가.

이러한 전환은 **산유국**에서는 일어나지 않는다. 석유 수출국들은 국가의 부와 권력이 몇 사람에게 집중되기 때문에 민주주의가 실현되지 않는다. 석유 또는 천연가스의 수출이 국가 수입의 60퍼센트 이상을 차지하는 23개의 국가들 중에 민주주의 국가는 하나도 없다. 특히 1인당 GDP가 높은 산유국이 더욱 심각하다. 석유산업은 많은 노동자의 고용을 필요로 하지 않는다. 시민들은 일자리와 생필품 공급을 정부에 의존하고, 자율적이고 다원적인 중산층을 형성하지 못한다. 다시 말해서, 높은 1인당 GDP는 튼튼하고 교육을 받은 중산층을 의미하는 것은 아니다. 페르시아 만 주위에 존재하는 그러한 국가들은 전복될 가능성이 높은 반면, 민주주의로 나갈 가능성은 별로 없다.

공산주의 체제들의 붕괴는 부정적인 측면에서의 경제의 역할을 보여주고 있다. 공산주의 국가들은 서양이나 고속성장 국가들에 비해서 빈곤한 경제 실적과 느린 성장을 이룩하였다. 이 결과는 고르바초프(Mikhail Gorbachev, 1931년~)와 같은 비교적 자유주의적인 공산주의자들로 하여금 체제 개혁을 시도하게 하였다. 그들은 특히 첨단산업 분야에서 뒤지고 있다는 점을 알고 있었으며, 사회주의 경제에 자유시장의 요소를 주입함으로써 체제에 활기를 불어 넣을 수 있을 것이라고 생각했다. 그러나 공산주의는 다른 전체주의 체제들과 마찬가지로 개혁을 받아들이지 못했다. 프리드리히와 브레진스키가 제시한 전체주의의 6가지 요소와 같이 모든 것을 통제하려는 시도를 함으로써 휘어지지 않고 부러지는 부실한 체제가 만들어졌다. 공산주의자들이 자신들의 체제가 보다 합리적으로 수정되어야 한다는 점을 인정하면서 자신들이 틀렸다는 점을 수용했다. 공산주의 이데올로기, 단일정당 통제, 중앙계획경제체제 등 모두가 잘못된 것이었다. 개혁의 시도는 체제붕괴로 귀결되었다.

독재체제가 붕괴된 국가에서 민주주의는 장기간 지속될 수 있을까? 지금까지 폴란드와 체코공화국 등 구 공산주의 국가들은 그렇게 유지되고 있다. 그러나 최근 들어 헝가리는 권위주의 성향을 보이고 있다. 보다 동쪽과 남쪽 유럽에서 민주주의는 불완전하거나 후퇴하고 있다. 러시아, 우즈베키스탄 등의 국민들에게 시장경제는 낯설고 두려운 것이고, 실제로 통제경제에서 시장경제로의 전환은 혹독한 시련을 안겨 주고 있다. 민주주의를 전혀 알지 못하는 일부 투표자들은 안정과 소득을 회복해 주겠다고 약속하는 권위적 인물들에게 투표를 한다. 푸틴(Vladimir Putin)은 반대파들에게 침묵을 강요하거나 구속을 했으며, 대부분의 러시아인들은 그를 지지했다. 러시아의 정치문화는 한 명의 강력한 지도자가 통치하는 것을 선호한다. 행정부는 과도하게 강력하며 행정명령에 의한 통치를 한다. 의회(국가두마)는 취약하며 행정부에 충성한다. 푸틴은 에너지 분야(석유와 가스)를 국가의 통제 하에 넣었으며, 대부분의 매스 미디어는 푸틴에 충성한다. 혜택을 받는 일부만 갑부가 된다. 일부 학자들은 이를 **도둑정치**로 부르며, 세계의 많은 지역에서 발견되고 있다.

도둑정치(kleptocracy)
도둑들에 의한 통치, 조롱과 조소적인 비유.

민주주의는 쉽지 않다. 민주주의는 대규모의 잘 교육받은 중산층과 다원주의의 전통을 기반으로 한 시장경제 하에서 가장 잘 성장된 정치문화에 의존하는 매우 복합적이며 균형이 잘 맞추어진 체제이다. 수 세기에 걸친 종교와 철학의 진화는 민주주의의 태도를 성장시켰다. 이라크는 이 모든 것이 결여되어 있었다. 궁극적으로 이라크와 다른 어떠한 나라라도 민주주의로 전환될 수 있지만, 수십 년이 걸릴 것이다. 대부분의 학자들은 이를 지지하고 있는데, 이는 민주주의 국가들끼리는 서로 전쟁을 하지 않는다는 **민주적 평화**이론에 대한 강한 지지와 유사한 것이다. 이것이 사실이라면, 보다 민주적인 세계는 보다 평화로운 세계를 의미한다.

민주적 평화(democratic peace)
민주주의 국가들끼리는 전쟁을 하지 않는다는 이론.

토의질문

1. 왜 현대 민주주의는 대의민주주의를 의미하는가?
2. 민주주의를 정의하는 특징은 어떤 것인가?
3. 엘리트이론과 다원주의 이론 중에서 어느 것이 더 정확한가?
4. 왜 전체주의는 20세기 현상인가?
5. 전체주의와 권위주의의 차이는 무엇인가?
6. 전체주의 체제는 실패하게 되어 있는가? 왜 그런가?
7. 왜 많은 국가들은 민주주의로 전환되고 있는가?
8. 왜 민주주의는 실패하는가? 이라크에서는 작동이 되었는가?
9. 미국은 민주주의를 수출하려고 노력해야 하는가?

핵심용어

국민투표(referendum) p. 109
권위적(authoritarian) p. 126
다원주의(pluralism) p. 116
대의민주주의(representative democracy) p. 109
도둑정치(kleptocracy) p. 131
매스 미디어(mass media) p. 115
민주적 평화(democratic peace) p. 131
민주주의(democracy) p. 108
반자유주의적 민주주의(illiberal democracy) p. 109
산유국(petrostate) p. 130
선동가(demagogue) p. 125

수탁자(trustee) p. 113
시민불복종(civil disobedience) p. 114
엘리트(elites) p. 116
위계(hierarchy) p. 121
위임자(mandate) p. 113
이익집단(interest group) p. 118
전체주의(totalitarian) p. 119
제3세계(Third World) p. 128
카스트(caste) p. 112
현대화 이론(modernization theory) p. 129
휘그 민주주의(whig democracy) p. 125

참고문헌

Ayittey, George B. N. *Defeating Dictators: Fighting Tyranny in Africa and Around the World*. New York: Palgrave, 2012.

Bartels, Larry M. *Unequal Democracy: The Political Economy of the New Gilded Age*. Princeton, NJ: Princeton University Press, 2008.

Coggan, Philip. *The Last Vote: The Threats to Western Democracy*. London: Allen Lane, 2013.

Collier, Paul. *Wars, Guns, and Votes: Democracy in Dangerous Places*. New York: Harper, 2010.

Diamond, Larry. *The Spirit of Democracy*. New York: Holt, 2009.

Dobson, William. *The Dictator's Learning Curve: Inside the Global Battle for Democracy*. New York: Doubleday, 2012.

Flathman, Richard E. *Pluralism and Liberal Democracy*. Baltimore, MD: Johns Hopkins University Press, 2005.

Halper, Stefan. *The Beijing Consensus: How China's Authoritarian Model Will Dominate the Twenty-First Century*. New York: Basic Books, 2010.

Jamal, Amaney. *Of Empires and Citizens: Pro-American Democracy or No Democracy at All?* Princeton, NJ: Princeton University Press, 2012.

Linz, Juan. *Totalitarian and Authoritarian Regimes*. Boulder, CO: Lynne Rienner, 2000.

McFaul, Michael. *Advancing Democracy Abroad: Why We Should and How We Can*. Lanham, MD: Rowman & Littlefield, 2010.

McWilliams, Wilson Carey. *Redeeming Democracy in America*. Lawrence, KS: University Press of Kansas, 2011.

Ross, Michael L. *The Oil Curse: How Petroleum Wealth Shapes the Development of Nations*. Princeton, NJ: Princeton University Press, 2012.

Rothkopf, David. *Power, Inc.: The Epic Rivalry Between Big Business and Government—and the Reckoning that Lies Ahead*. New York: Farrar, Straus & Giroux, 2012.

Ringen, Stein. *Nation of Devils: Democratic Leadership and the Problem of Obedience*. New Haven, CT: Yale University Press, 2012

Runciman, David. *The Confidence Trap: A History of Democracy in Crisis From World War I to the Present*. Princeton, NJ: Princeton University Press, 2013.

Stepan, Alfred., ed. *Democracies in Danger*. Baltimore, MD: Johns Hopkins University Press, 2009.

Teorell, Jan. *Determinants of Democratization: Explaining Regime Change in the World*, 1972-2006. New York: Cambridge University Press, 2010.

Tismaneanu, Vladimir. *The Devil in History: Communism, Fascism, and Some Lessons of the Twentieth Century*. Berkeley, CA: University of California Press, 2012.

Tilly, Charles. *Democracy*. New York: Cambridge University Press, 2007.

Wedel, Janine R. *Shadow Elite: How the World's New Power Brokers Undermine Democracy, Government and the Free Market*. New York: Basic Books, 2009.

정치적 태도

제6장 정치문화 정치문화는 정부와 정치에 대한 각 사회의 광범위하고 일반적인 관점을 탐구한다. 참여문화와 직업윤리문화는 자유롭고 번영하는 사회를 유지시켜 주지만, 냉소적 문화는 해를 끼칠 수 있다. 한번 정착된 정치문화는 장기간 지속되지만, 사건들의 압력을 받아 약화될 수 있다. 어떠한 사회도 엘리트 집단과 하위문화의 차이들을 보여 준다. 정치문화는 주로 가족으로부터 학습을 하게 되고, 때때로 학교에서의 공공연한 사회화에 의해서 강화된다.

제7장 여론 여론은 지도자와 문제에 대한 특정 관점을 표현한다. 여론은 정치문화보다 편협적이고 빠르게 변화한다. 개인의 견해는 사회계급, 교육, 지역, 종교, 나이, 성, 인종에 의해서 형성이 된다. 표본이 무작위적이고 질문이 명확하면, 과학적 여론조사는 정확하다. 미국 대통령은 허니문 기간을 가질 수 있고 사건들을 해결할 수 있지만, 일반적으로 시간이 지나면서 받는 지지는 줄어든다. 여론조사는 응답자의 관심과 집중도의 영향을 받으며, 극히 왜곡된 결과가 나올 수도 있다.

6장 정치문화

학습목표

6.1 정치문화와 여론을 구분한다.
6.2 시간이 지나면서 국가의 정치문화가 어떻게 변하는지를 설명한다.
6.3 엘리트와 대중의 정치적 하위문화를 구분한다.
6.4 국가 내에서 특수한 소수의 하위문화의 효과에 대해서 설명한다.
6.5 정치사회화의 주요 수단들의 사례를 열거한다.

현재 미국은 부분적으로 분리된 정치문화를 지니고 있기 때문에 국가의 통치에 어려움을 겪고 있다. 현재 미국인들은 많은 가치를 공유하고 있으나, 몇 년 동안 두 개의 진영으로 나뉘어져 갈등을 겪고 있다. 자유주의 진영은 정부가 경제, 건강보험, 소수자 권리에 대해 개입할 필요성이 있다고 주장하고 있다. 보수주의 진영에서는 이에 대해서 극렬하게 반대하면서, 많은 것을 보장하지 않는 작은 정부를 선호하고 있다. 이 분열은 합리적 정책에 대한 논쟁보다 갈등의 골이 깊다. 이 분열은 생활과 사회를 바라보는 기본적인 방식의 차이에 기반하고 있다. 동성결혼, 낙태, 인종평등, 총기소지법이 그들을 분열시키는 근본적인 이슈들이다. 자유주의자들이 미국의 활력을 회복하기 위한 공정하고 필수적인 조치를 요구하는 데 대해서, 보수주의자들은 미국의 활력을 약화시키는 개별적 책임을 부식시키는 것이라고 비난한다. 양 진영은 상호 간에 좋은 말을 하지 않으며, 상대가 원하는 것이 무엇이든지 방해하려 노력하고 있다.

정치문화가 무엇인가?

6.1 정치문화와 여론을 구분한다.

각 사회는 국민들에게 규범과 가치를 제공하고, 국민들은 정치체제가 어떻게 작동해야 하는지, 그리고 정부가 자신들에게 그리고 자신들을 위해서 무엇을 해야 하는지에 대한 관념을 설정한다. 이러한 정치체제에 대한 믿음, 상징, 가치가 정치문화이며, 국가마다 상당한 차이가 있다. (이에 상응하여 회사들이 가지는 문화는 '기업문화'이고, 기업마다 차이가 있다.)

국가의 정치문화는 역사, 경제, 종교, 사회의 관행에 의해서 결정이 된다. 오래 전에 정립된 기본 **가치**들이 수 세기 동안 지속되기도 한다. 정치문화는 일종의 집단적인 정치적 기억이다. 미국은 '경쟁적인 개인주의'를 기반으로 하여 설립이 되었고, 이는 아직 존재하고 있다. 1000년 된 인도의 힌두교는 오늘날까지 유지되는 계급제도인 카스트(caste)를 강조하고 있으나, 인도정부는 이를 폐지하려고 노력하고 있다. 수 세기 동안 **국가주의**(*étatisme*)를 유지해 온 프랑스 국민들은 경제를 감독할 수 있는 큰 정부를 기대하고 있다. 수 세기 동안 아랍과 터키제국의 일부분이었던 이라크는 20여 년간 잔인한 후세인(Saddam Hussein)의 통치를 받으면서 독재정치에만 익숙해 있다. 이라크 정치문화의 뿌리에는 민주주의가 없다.

정치학자 버바(Sidney Verba)가 정의한 바와 같이 정치문화는 '정치적 행위가 발생하는 상황을 정의하는 경험적 신뢰, 표현적 상징, 그리고 가치들의 체계'이다. 이중의 많은 부분은 먼 과거까지 거슬러 올라간다. 미국인들은 항상 최소정부를 선호한다. 전통적인 봉건계급체계의 흔적이 아직 존재하는 일본에서 먼저 낮게 굽혀서 인사를 하는 사람은 자신이 열등 지위를 가졌다는 점을 나타내는 것이다. 일본인들은 부패하고 무능한 공직자들을 경멸하지만 관공서에 문제해결을 요청하는 관습을 가지고 있다. 전통적으로 어느 누구에게도 굽히기를 좋아하지 않는 미국인들은 자신들이 해당 이슈에 대해서 잘 모르더라도, 국가를 통치하는 방식을 비판하는 것이 자신들의 태생적인 민주적 권리라고 생각한다. 일본과 미국의 정치문화는 크게 차이가 난다.

가치(values)
심층적으로 신봉되는 관점이며, 정치문화의 핵심 요소다.

정치문화와 여론

정치문화와 여론은 둘 다 정치를 향한 태도를 관찰하는 것이기 때문에 중첩되는 측면이 있다. 정치문화는 정치와 정부에 대한 기본적이고 일반적인 가치를 추구하는 데 반해, 여론은 특정 지도자와 정책에 대한 견해를 추구한다. 정치문화는 정치체제를 유지하는 핵심적 태도인 정통성의 토대를 추구하는 반면, 여론은 현실적인 문제에 대한 대응을 추구한다.

정치문화와 여론의 방법론도 중첩된다. 인구의 무작위 표본에 질문이 제시되고, 인구 하위집단들의 대답들은 상호 연관이 된다. 그러나 질문들은 다르다. 정치문화 조사는 당신이 얼마나 다른 사람들을 신뢰하느냐에 대하여 질문한다. 여론조사는 대통령이 잘 하고 있는지의 여부에 대한 의견을 묻는다. 정치문화 연구는 비교적 관점을 파악하기 위해서 여러 국가들에 대해서 동일한 질문을 할 것이다. 정치문화와 여론 모두는 흐름을 파악하기 위해서 통시적인 추적을 할 것이다. 정치문화의 경우 정통성이 상승하는지 하락하는지의 여부를, 여론의 경우 대통령의 지지도가 어떻게 변하는지를 추적한다.

그러나 정치문화 연구는 종종 조사 차원을 넘어서 진행된다. 일부는 일상생활을 정밀하게 관찰하고 개인들의 감정에 대한 질문을 하는 인류학과 심리학의 방법을 사용한다. 여론 연구는 계량화된 데이터를 넘어서 추진되는 경우가 거의 없는 반면, 정치문화 연구는 통찰력을 획득하기 위해서 역사와 문학을 활용한다. 예를 들어, 19세기에 미국을 방문한 유럽인들의 관찰은 미국의 정치적이고 사회적인 가치의 연속성을 보여 준다. 실제로 1830년대 초반에 미국을 여행한 프랑스인인 토크빌(Alexis de Tocqueville)의 과감한 관찰은 아직도 보편적으로 적용되고 있다. 토크빌은 정치문화의 기초를 수립한 학자들 중의 한 명이다.

정치문화는 거의 영구적이거나 아주 천천히 변화한다고 인식이 되고 있는 반면, 여론은 자주 빠르게 변한다고 주장되고 있다. 그러나 최근의 연구는 정치문화의 변화 가능성도 상당히 높다는 점을 보여 주고 있다. 안정적이고 효율적인 정부와 경제성장의 시기에는 정통성에 대한 감정이 확고하다. 불분명하고 혼란스러운 정부와 경제퇴보의 시기에는 정통성이 약화된다. 여론이 오래 유지되면 궁극적으로 정치문화로 전환된다. 1960년대에 베트남에 대한 여론은 전쟁에 대한 지지를 약화시켰다. 같은 시기에 미국정부에 대한 신뢰도 저하되었다. 특정 주제에 대한 여론은 일반적인 정치문화에 영향을 미치고, 정치체제에 대해서 보다 **냉소적**인 태도를 갖게 한다.

물론 국가의 정치문화는 여론보다 천천히 변화하고, 정치문화에 잠재되어 있는 일부 요인들은 몇 세대 또는 몇 세기 동안 유지된다. 토크빌이 미국에서 발견한 기본적인 가치들은 대체로 변화하지 않고 있다. 프랑스인들은 자신들의

냉소적(cynical)
특히 정부에 대한 불신과 의구심.

고전 정치학 6.1

시민문화

알몬드와 버바는 정치의 신뢰와 가치에 있어서 국가들 사이의 차이점을 발견하기 위한 연구를 했다. 그들의 연구자들은 다섯 나라의 기본적인 정치적 견해를 밝히기 위해 1959년부터 1960년 사이에 1,000명에 대한 인터뷰를 했다. 이 조사 통계를 통해서 알몬드와 버바는 3가지의 일반적인 정치문화를 식별했는데, 그들은 참여형 정치문화, 복종형 정치문화, 향리형 정치문화이다.

참여형 정치문화

미국과 영국의 **참여형** 정치문화에서 국민들은 자신들이 시민이라는 확신을 가지고 정치에 대한 관심을 가진다. 그들은 자국의 정치체제를 자랑스럽게 생각하고, 체제의 발전에 대해 토의할 의지를 가지고 있다. 그들은 자신들이 정치에 영향을 미칠 수 있다는 점을 믿고 있으며, 불공정한 것에 대해서 항의할 수 있는 단체를 조직할 것이라고 주장한다. 이에 따라, 그들은 높은 수준의 **정치적 능력**과 **정치적 효력**을 보여 준다. 그들은 투표를 하는 데 대해서 자부심을 가지고 국민들이 정치에 참여해야 한다고 믿고 있다. 그들은 자신들의 공동체에서 적극적인 활동을 하며, 종종 자발적 조직에 참여하기도 한다. 그들은 다른 사람들을 신뢰하는 경향이 있다. 참여형 정치문화는 민주주의를 유지하기 위한 이상적 토양이다.

복종형 정치문화

복종형 정치문화는 참여형 정치문화보다 덜 민주적이다. 1950년대와 1960년대에 서독과 이탈리아 국민들은 자신들이 시민이라는 점을 이해하고 정치에 관심을 두었지만, 그들은 매우 수동적이었다. 복종형 정치문화의 국민들은 정치뉴스에는 관심이 있지만, 자국의 정치체제를 별로 자랑스럽게 생각하지 않으며, 정치체제에 대한 감정적인 애착심도 별로 없다. 그들은 정치에 대해서 토론하는 데 대해서 불편해 하고, 자신들이 지방 관료들과 대화를 하는 수준에서만 정치에 영향을 줄 수 있다고 느낀다. 그들은 단체를 조직할만한 기회도 별로 갖지 못한다. 그들의 정치적 능력과 효력에 대한 감각은 매우 낮은 수준이다. 그들은 투표는 하지만, 많은 사람들이 별로 열정을 가지지 않고 투표를 한다. 그들은 다른 사람들을 별로 신뢰하지 않는 경향이 있다. 복종형 정치문화에서 민주주의의 뿌리는 점차 가라앉고 있으며, 국민들은 자신들을 참여자라기보다는 복종자로 생각하고 있다.

향리형 정치문화

향리형 정치문화도 덜 민주적이고, 많은 국민들이 스스로 국가의 시민이라는 생각을 별로 가지지 않는데, 조사 당시 멕시코의 경우였다. '향리적'이라는 용어가 말해 주듯이 국민들은 한 지역에 소속된다는 정체성을 가지게 된다. 그들은 자기 나라의 정치체제에 대해서 별로 자랑스럽게 생각하지 않고 기대도 별로 가지지 않는다. 그들은 정치에 별로 관심을 가지지 않고, 정치에 대해서 별로 아는 것이 없으며, 정치에 대한 발언도 거의 하지 않는다. 그들은 정치에 참여할 욕망도 능력도 없다. 그들은 정치적 능력과 효력에 대해서 아무런 감각도 없으며, 기존의 제도에 대해서 무기력함을 느낀다. 향리형 정치문화에서 민주주의를 성장시키는 것은 매우 어려우며, 이를 위해서는 새로운 제도와 새로운 시민의식을 필요로 한다.

조상들이 했던 것처럼 지금도 정의롭지 못한 일이 발생할 경우 이에 대한 저항을 위해 파리의 거리로 뛰쳐나간다. 이탈리아인들은 정부에서 발생하는 문제에

참여형(participatory) 정치에 참여하려는 관심 또는 의지.

정치적 능력(political competence)
어떠한 것을 어떻게 정치적으로 달성할 수 있는가를 아는 것.

정치적 효력(political efficacy)
개인이 조금이라도 정치적 투입을 한다고 느끼는 것 (반대는 무기력한 느낌).

복종형(subject)
시민들이 권위에 복종해야 하지만 정치에는 별로 참여하지 않는 것.

향리형(parochial)
국가정치에는 거의 또는 관심이 없는 편협한 형태.

예상되는 반응에 대한 통치(rule of anticipated reactions)
정치인들은 대중이 어떠한 반응을 보일지에 대해서 예측을 하면서 정책을 결정한다.

투표율(turnout)
선거에서 유권자들이 투표를 하는 비율.

대해서 수 세기 동안 이어져 오는 냉소적인 태도를 보이고 있다. 자유민주주의를 전혀 경험해 보지 못한 러시아인들은 아직도 강력한 지도자를 지지하는 경향을 보이고 있다. 그러나 최근 들어서 민주주의에의 요구가 늘어나고 있다. 비록 기초는 확고하지 않지만, 정치문화는 정치체제를 지탱해 주거나 지탱해 주지 못하는 주춧돌과 같은 것이다. 이것이 러시아가 민주주의를 시도했으나 실패한 이유다.

정치참여

미국에서도 모든 시민들이 적극적으로 정치에 참여하는 것은 아니다. 그런데 어떻게 알몬드와 버바는 '시민문화'의 모델로 미국을 제시했는가? 그들이 발견한 것들 중의 하나는 참여가 단지 '간헐적이고 잠재적'인 것을 필요로 한다는 점이다. 민주주의 체제의 지도자들은 대부분의 시간 동안에 대부분의 사람들이 정치에 별로 관심을 보이지 않는다는 것을 알고 있다. 그러나 스캔들, 실업, 인플레이션, 인기 없는 전쟁으로 인하여 잠에서 깨어나면 대중들이 관련 정치인들을 낙선시키기 위해서 다음 선거에서 투표에 나선다는 점을 지도자들은 알고 있다. 이에 따라 지도자들은 항상 대중들이 수동적이고 조용하기를 원한다. **예상되는 반응에 대한 통치**를 하는 민주주의 체제의 지도자들은 대중이 자신들의 결정에 대해서 어떠한 반응을 보일지에 대해서 지속적으로 반문을 한다. 그들은 대중이 '전혀' 반응을 보이지 않으면 행복해 한다. 그들은 긁어 부스럼이 되지 않기를 바란다.

이 논리는 미국의 정치생활에 대한 곤혹스러운 사실을 설명하는 데 도움을 주는데, 그것은 미국의 **투표율**이 모든 산업화된 국가들 중에서 가장 낮다는 사실이다. 최근까지 미국의 유권자들 중에 절반만이 대통령 선거에 투표를 했으며, 최근 들어 이 비율은 조금씩 오르고 있다. 주와 지방선거의 투표율은 더 낮다. 유럽의 투표율은 4분의 3 정도는 된다 (그러나 여기서도 점차 낮아지고 있다). 투표율이 이렇게 낮은데, 어떻게 미국은 민주주의를 자랑할 수 있을까? 정치 이론가들은 민주주의 문화가 반드시 높은 투표율을 필요로 하는 것은 아니라고 대답한다. 그 대신에 민주주의는 국민들이 각성하여 투표에 참여하고, 시간과 돈을 기부하고, 단체를 조직하고, 청원을 하는 것이 필요하며, 선출된 공직자들은 이러한 점들을 알고 있어야 한다. 지도자들은 자신들을 낙선시키려는 상황이 벌어지는 것에 대해서 우려한다. 이러한 점에서 민주주의는 공직자들을

> ### 민주주의 6.1 | 시민사회
>
> '시민사회'의 개념은 정치문화와 밀접하게 관련되어 있다. 홉스는 이 개념을 문명화된 이후의 인간을 표현하는 데 사용했다. 헤겔은 이 개념이 가정보다는 크고 국가보다는 작은 조직을 나타내는 데 사용했는데, 그 조직은 교회, 클럽, 기업 등을 포함한다. 버크(Edmund Burke)는 '사회의 작은 소대들'이 정치생활의 기초를 형성한다고 기록했다. 그들이 타자들과의 협력, 법의 지배, 속박, 절제를 고무하는데, 토크빌은 이를 '마음의 습관(habits of the heart)'으로 불렀다. 이들이 없으면, 정치는 권력 장악을 위한 흉악한 약탈행위가 된다.
>
> 동유럽과 소련의 공산주의 붕괴 이후 시민사회의 개념은 민주주의의 성장을 설명하는 데 사용되었다. 공산주의 체제들은 시민사회를 억압하려는 시도를 했으며 거의 모든 것을 통제했다. 전체주의 체제가 붕괴될 때, 시민사회가 존재해야 하는 공백상태가 남겨진다. 어떠한 것도 제대로 작동되지 못하고, 무법천지가 된다. 공산주의가 붕괴된 이후 러시아가 서방국들과 같이 민주화가 될 것으로 예상되었으나, 러시아는 시민사회를 갖지 못했고 권위주의로 회귀했다. 마찬가지로 사담 후세인 이후 이라크가 안정된 민주주의가 될 것으로 예상되었으나, 시민사회가 만들어지지 못하고 이라크는 혼란에 빠지게 되었다.
>
> 활력이 넘치고 발전된 시민사회는 민주주의의 기반이다. 폴란드, 특히 폴란드인들에게 공산주의를 무시하라고 항상 가르쳤던 폴란드의 강력한 가톨릭 교회는 시민사회를 보유했고 빠르게 민주주의로 나아갈 수 있었다. 시민사회 없이 민주주의는 뿌리를 내리지 못한다.

구속하는 경향이 있는, 지도자들과 추종자들 사이의 심리적 연결이다. 민주주의 문화를 만드는 것은 실질적인 참여가 아니라 잠재적인 참여라 할 수 있다.

알몬드와 버바가 발견한 또 다른 핵심적인 것은 정의롭지 않은 법령과 관련하여 5개 국가들의 시민들은 지방정부에 영향을 미치기 위해서 무엇을 할 것인가에 대한 것이었다. 다른 나라의 사람들보다 많은 미국인들이 자신들은 "다른 사람들을 돕기 위해서 협력을 구할 것"이라고 대답했다. 미국인들은 정치적 문제에 직면했을 때 자연적으로 '단체를 형성'하는 사람들이고, 이것이 미국 민주주의의 중요한 근간이다. 알몬드와 버바가 '복종형'이라고 부른 정치문화에서 이 단체 형성 태도는 보다 약하게 나타난다.

다른 연구는 미국인들이 자신들의 체제를 자랑스럽게 생각하고, 자기 나라에서 민주주의가 작동하는 방식에 대해서 다른 국가의 시민들보다 더 만족한다는 점을 보여 준다. 1995년의 갤럽조사 결과 64퍼센트의 미국인들이 만족한다는 대답을 했다. 62퍼센트의 캐나다인들이 같은 대답을 했고, 독일인 55퍼센트, 프랑스인 43퍼센트, 멕시코와 헝가리인들 17퍼센트가 만족한다는 대답을 했다. 미국인들도 정부에 대한 불평을 말할 수 있지만, 그들의 민주주의에 대한 신뢰는 아직도 세계에서 가장 강하다.

학습방법 6.1

인용

모든 것을 인용할 생각을 하지 마라. 핵심 인사의 중요한 내용만을 인용하고, 정확한 용어와 문구가 당신 글의 내용에 중요할 경우에만 인용을 해라. 주요 외교정책에 대한 외교장관의 말은 인용하지만, 언론인이나 학자의 언급은 대체로 인용하지 않는 것이 좋다. 그들의 아이디어를 빌리고 싶을 경우에는 당신의 글로 풀어서 쓰도록 하는데, 이 경우에도 출처를 달아야 한다. 길게 인용을 하는 것 보다는 짧게 요약하는 것이 더 좋다.

인용하기

"좌우 양 진영에서 오바마 대통령에 대해서 비판하는 것은 별 문제가 되지 않는다"고 칼럼니스트인 프리드먼(Thomas Friedman)이 기록했다. "그러나 매우 위험한 일이 발생하고 있다. 극우진영으로부터의 비판은 위신실추의 방향으로 나아가게 하고, 라빈 암살 직전의 이스라엘에 존재하던 것과 같은 기류가 형성되고 있다"(Friedman 2009).

풀어 쓰기

워싱턴의 전문가들은 오바마 대통령을 향한 당파의 분노에 대해서 놀랐다.

때때로 학자 한 명은 "이슬람이 피비린내 나는 국경을 점하고 있다"라는 명확하고 도발적인 말을 한다 (Huntington 1993). 긴 문장을 전체 인용하지 말고 부분적인 인용을 해라. 흥미롭거나 의미있는 문구를 골라서 인용을 해라. 국방부 관료들은 자신들이 이라크의 혼란을 "예상하지 않는다"고 말한다 (Sinclair 2003). 만약 당신이 3줄 이상의 긴 어구를 인용해야 할 경우에는, 독립적인 문단을 만들어서 위 아래 옆의 여백을 두고 인용을 해라. 인용문 안에서 불필요한 단어 또는 어구를 생략할 경우에는 생략부호(…)를 넣도록 해라. 인용문의 원래 단어나 어구가 아닌 것을 삽입할 경우에는 꺾쇠괄호([ ])를 넣도록 해라.

> 템포를 늦춘다는 것은 뒤처지는 것을 의미한다. 그리고 뒤처지는 사람들은 패배한다. 구러시아의 역사는 … 후진성 때문에 항상 패배했다는 점을 보여준다. … 우리[러시아인들]는 앞선 국가들 보다 50년 내지 100년 뒤처져있다. 우리는 10년 이내에 이 간격을 줄여야 한다. 우리는 이것을 달성하든가, 아니면 그 밑으로 들어가든가 선택을 해야 한다.
> (Stalin 1931)

정치문화의 쇠퇴

6.2 시간이 지나면서 국가의 정치문화가 어떻게 변하는지를 설명한다.

대부분 선진국들의 정치문화는 최근 들어 보다 냉소적이 되었고, 투표율도 낮아지고 있다. 정치인들이 부패하고 있으며 정부기구들이 비효율적이 되어 간다고 생각하는 시민들이 늘어나고 있다. 특히 일본에서 가파른 하락이 이루어졌는데, 일본경제는 20년 동안 불경기를 경험했다. 1960년대와 1970년대에 베트남전쟁, 워터게이트 사건, 인플레이션을 경험하는 동안, 미국 국민들의 정부에 대한 신뢰가 급격하게 하락했다는 조사결과가 나왔다 (도표 6.1 참조). 1980년대에 '좋은 느낌'의 레이건(Ronald Reagan) 대통령 하에서 신뢰도는 상승했지만, 1960년대 초반*의 수준으로 회복하지 못했다. 신뢰도는 2003년 이라크에의 침공, 2013년 실업증가와 마비된 정부 당시 다시 하락했다. 냉소주의의 확산은 미국의 통치를 어렵게 했고, 유권자들은 워싱턴의 정치권에 대해서 지속적으로 분열되고 불쾌해 하는 모습을 보이고 있다. 미국의 정치문화는 과거만큼 통합되고 정통성의 확보가 되지 않고 있다.

이와 관련하여 미국 내에서 '문화전쟁'이 발생했는데, 이는 서로 중오하고 반대표를 찍는 보수주의자들과 자유주의자들 사이의 심각한 양극화 현상이다. 현재 미국은 두 개의 국가처럼 보인다. 하나는 보수적이고, 기독교인, 소도시 사람들, 국가의 중앙에 사는 사람들이며, 공화당을 지지한다. 다른 하나는 자유주의적이고, **세속적**이고, 도시사람들이며, 양 해안에 분포되어 있는 사람들이며, 민주당에 투표한다. 보수주의자들은 동성애 권리, 큰 정부, 증세, 오바마(Barack Obama)를 싫어하며, 폭스 뉴스를 본다. 자유주의자들은 대기업, 사형제도, 총기소유, 부시(George Bush)를 싫어하며, MSNBC**를 본다.

(* 역자 주)
1962년 쿠바 미사일 위기에서 소련의 흐루시초프를 굴복시킨 케네디 대통령 시절.

세속적(secular)
종교에 관련되지 않은 상황.

(** 역자 주)
미국과 캐나다에서 24시간 뉴스를 제공하는 케이블 뉴스 채널이다. 마이크로소프트와 NBC가 결합된 이름이다.

도표 6.1 미국인들의 정부에 대한 신뢰도, 1964~2013년

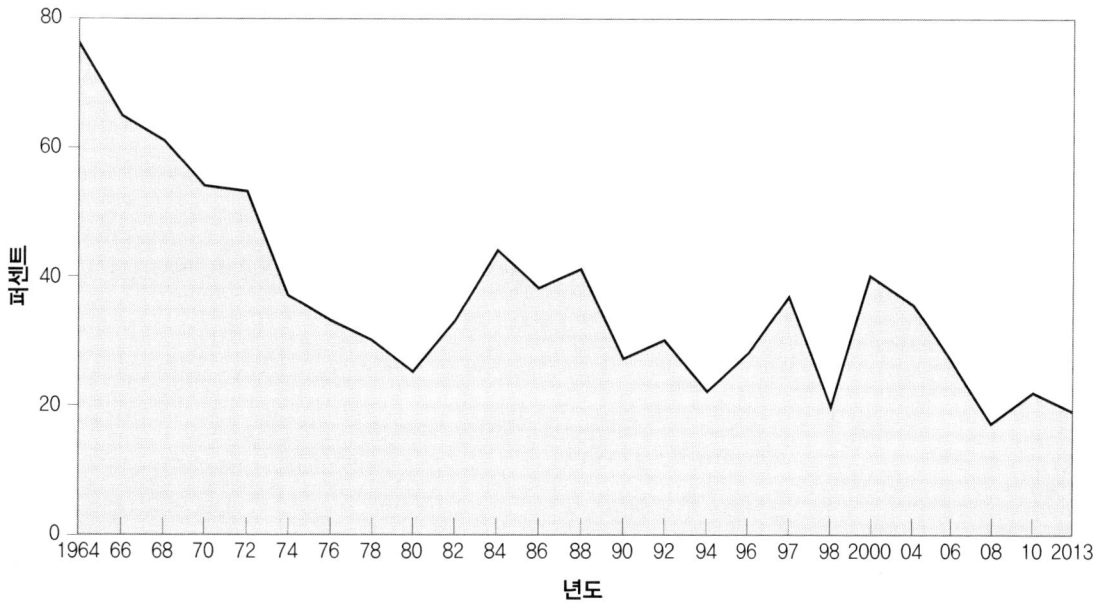

출처: 미시건 대학교의 미국선거연구(American National Election Studies), 1965-1996; 국민과 언론을 위한 퓨 연구센터(Pew Research Center for People and the Press), 1997-2013.

닉슨이 처음으로 1968년의 선거에서 이 분열을 활용하였으며, 이후 분열은 더욱 심각해 졌다. 이 양극화의 원인은 다양하고 논쟁적이다. 1960년대는 '마약, 섹스, 로큰롤(rock-and-roll)'에 심취한 젊은 미국인들이 정부를 비판하던 격동의 시기였다. 이에 대한 반응으로, 소위 닉슨이 말한 '침묵하는 다수'가 '가정의 가치'를 바탕으로 하는 보수적인 기독교와 공화당을 지지하게 되었다. 이는 종교적 미국과 세속적 미국 사이의 큰 격차를 남기게 되었다. 또 다른 문제는 미국이 베트남전쟁으로부터 심리적으로 회복되지 않은 것이고, 이 분노는 이라크전쟁에서 다시 나타났다. 헬스케어 개혁과 구제금융을 위한 대규모 예산은 보수주의자들을 자극했다. 경제적이고 인구학적으로 미국의 양 해변지역이 중심 내륙지역보다 발전되었다 (텍사스는 예외). 이러한 양극화가 지속된다면 미국의 정치적 안정이 훼손될 것이라고 우려되고 있다.

미국 정치문화의 쇠퇴가 많이 논의되고 있는 하나의 요인은 단체를 조직하는 미국인들의 추세가 줄어드는 것인데, 그 단체들은 의용소방대부터 노동조합까지 다양하다. 1830년대에 토크빌은 "미국인들은 나이를 불문하고 어떠한 환경에서도 어떠한 성향을 가졌는지에 구애받지 않고 계속해서 단체를 형성한다"고 주장했다. 그는 이러한 경향이 대체로 프랑스에서는 나타나지 않기 때문에 깊은 인상을 받았고, 미국 민주주의의 기반이라는 생각을 했는데, 이 시각은 이후 '시민문화' 연구에서 이어졌다. 일부 관찰자들은 이러한 풀뿌리 단체들이 점차 사라지고 있다는 주장을 하고 있다. 예를 들어, 하버드대의 정치학자 퍼트넘(Robert Putnam)은 볼링 인구가 늘어났지만, 볼링 리그게임은 줄어들고 있다고 주장했다. 그의 논문 "볼링을 혼자하기"는 많은 관심을 끌었고 논쟁을 불러일으켰다. 퍼트넘은 단체 수의 축소는 '사회자본'의 감소와 시민사회의 쇠퇴를 의미한다고 강조했다.

일부 사상가들은 정부에 대한 불신의 증가가 자연적인 것이며, 반드시 나쁜 것은 아니라고 본다. 세계 정치인들은 수십 년 동안 시민들에게 점점 더 많은 약속을 해 왔는데, 그 약속들 중에는 실현되기 어려운 것들이 많았고, 특히 충분한 재정이 뒷받침되지 않는 것들이 많았다. 그런데 그 동안 시민들은 보다 많은 교육을 받아서 약속과 실행의 차이를 판단하게 되었고, 이에 대한 비판력이 늘게 되었다. 터키, 브라질, 이집트, 인도네시아 등의 소위 '비판적 시민'들이 부패하고 시민들과 동떨어져 있는 정부들에 대해 대규모로 저항을 하고 있다. 이는 정치인들에게 경고가 되는 동시에 민주주의에게는 좋은 신호가 되고 있다.

정치문화는 변하고 있다. 오랜 기억 속에 깊게 자리 잡은 가치들과 현재 상황에 대한 대응의 조합이 변화의 동력이 되고 있다. 이 변화는 항상 약속을 지키지 못하는 정부의 실적에 대한 대응이기도 하다. 정치문화는 하늘로부터 떨어지는 것이 아니다. 정치문화는 정부의 활동 또는 비활동에 의해서 만들어진다.

엘리트와 대중의 하위문화

6.3 엘리트와 대중의 정치적 하위문화를 구분한다.

국가의 정치문화는 획일적이지 않다. 정치문화의 내부에 주류문화와 **하위문화** 사이의 차이, 그리고 엘리트문화와 대중문화 사이의 차이가 존재한다. 정치문화에서 언급되는 엘리트는 '통치 엘리트'(1퍼센트의 극소수)와 달리 보다 광범위한 의미의 엘리트이며, 교육을 더 받고, 소득이 더 많고, 영향력이 더 있는 사람들이다 (보다 많은 퍼센트). 엘리트는 정치에 보다 많은 흥미를 가지며, 보다 참여적이다. 엘리트들은 선거에 적극 참여하고, 불의에 대해서 저항하고, 단체를 형성하며, 공직에 도전한다. '시민문화' 연구에서 발견된 것은 시간이 지나면서 더 확실하게 확인이 되는데, 그것은 국민들이 교육을 더 많이 받을수록 정치에 더 많이 참여하게 된다는 것이다.

민주국가 정당의 전당대회에 참석하는 대의원들은 당연히 정치에 많은 관심을 갖고 있으며, 엘리트문화와 대중문화의 차이를 보여준다. 대의원들 중에 많은 사람들은 일반 투표자들보다 대학교육을 더 받았다. 대부분의 대의원들은 일반 투표자들보다 연간 소득도 더 많다. 또한 그들은 일반 투표자들보다 이념적이다. 다시 말해서 전당대회 대의원들은 단순히 일반 투표자들의 대표로 참여하는 것이 아니다. 교육, 돈, 이데올로기의 측면에서 더 많은 대의원들이 지도적인 역할을 한다. 이러한 상황이 크게 문제될 것은 없다. 이것이 세계적인 표준현상이다.

왜 이러한 상황이 벌어지는가? 교육을 더 받은 사람들이 더 출중한 '정치적 능력'을 보여주고, 정치활동에 어떻게 참여해야 하는지를 알고 있다. 또한 그들은 보다 나은 '정치적 효력'을 보여 주는데, 그 효력은 공직자들과 미디어에 글을 보내고, 회의에서 발언을 하며, 단체를 형성하는 방식을 통한 자기 확신에 의하여 이루어진다. 그들은 스스로가 하는 행동이 일부 정치적 영향력을 발휘할 것이라고 믿고 있다. 교육이 부족하고 가난한 사람들은 지식이 부족하고 엘리트들이 하는 행동과 같은 행동을 하기 위한 확신도 결여하고 있다. 그들 중에

하위문화(subculture)
주류문화 내의 소수자 문화.

많은 사람들은 무기력하다. 그들은 "내가 하는 것은 중요하지 않다. 그래서 별 문제가 없다"고 생각한다. 따라서 사회계층 사다리의 밑에 있는 사람들은 무관심하게 된다.

엘리트들과 대중들이 정치에 참여하는 방식의 차이는 민주주의의 중요한 아이러니라고 할 수 있다. 이론과 법적인 차원에서 민주주의는 모든 사람들에게 열려 있다. 실제에 있어서 일부 사람들은 다른 사람들보다 정치에 더 많이 참여한다. 교육을 더 받고 부유한 사람들이 (대체로 교육을 더 받은 사람의 소득도 많다) 정치에 더 많이 참여하기 때문에, 그들은 자신들의 이익을 추구하는 데 보다 강력한 입장에 놓이게 된다. 이러한 불평등한 상황을 개선할 수 있는 방법은 별로 없다. 투표권은 정치참여를 위한 단순한 시작점이다. 이 권리가 의사결정에 동등한 영향력을 행사할 수 있는 보장을 하는 것은 아니다. 정치에 대해서 무관심하고 무감각한 대중의 정치문화는 투표가 갖는 잠재성의 효력을 부정하게 된다. 능력과 효력에서 앞서는 엘리트의 정치문화가 그들의 영향력을 제고시켜 주고 있다.

이론 6.1 문화와 발전

아시아의 최근의 경제성장은 왜 어느 국가는 부유하게 되었는데, 어느 국가는 가난이 지속되고 있는지에 대한 문화적 설명을 해 주고 있다. 한국, 일본, 대만, 홍콩, 싱가포르는 자원이 없지만, 그 국가들은 열심히 일하고, 돈을 저축하며, 서로 신뢰하는 우수한 국민들을 보유하고 있다. (그 국가들 대부분이 민주주의로 전환되었다.) 최근의 가공할만한 경제성장의 이면에는 성장에 필요한 가치들을 증진시키는 유교의 유산이 자리잡고 있다. 반면에 중동에는 서로 불신하는 이슬람 국민들이 존재하고 있다. 석유가 가져다 준 부는 단지 표면적인 현대화를 가져다 주었고, 민주주의를 확립하지 못한 상태이며, 세계 최고의 실업을 기록하고 있다.

한 세기 전에 베버(Max Weber)는 프로테스탄티즘이 자본주의의 문화적 기초가 된다고 주장했다. '프로테스탄트의 노동윤리'는 사람들로 하여금 일을 열심히 하고 재산을 모으도록 압력을 넣는다. 북서유럽의 프로테스탄트 국가들은 자본주의와 민주주의가 처음 등장한 국가들이다. 오늘날에도 이 국가들은 부유하고, 신뢰와 법의 통치 수준이 높으며, 부패가 거의 없다. 르완다와 이집트 같이 이러한 문화가 결여되어 있는 국가들은 빠른 경제성장과 민주주의를 기대하기가 어렵다.

번영의 문화이론은 국가들이 전통주의, 불신, 운명론을 버리지 않으면 가난을 벗어나지 못한다고 강조하는데, 이는 중동지역에 만연한 것들이다. 가치의 전환 없이 외부의 지원은 종종 부패로 사라지게 된다. 문화이론의 비판가들은 수십 년 전에 유교가 동아시아의 후진성을 유지시킨다는 비난을 받았고, 가치는 경제성장이 확립된 이후에 변화한다고 지적한다. 어떠한 국가들이 자신들의 문화 또는 그 외의 다른 것에 기반하여 빠른 성장을 할지 아무도 예상할 수 없었다.

소수의 하위문화

6.4 국가 내에서 특수한 소수의 하위문화의 효과에 대해서 설명한다.

하위문화는 주류문화에 의해 지배받는 것을 싫어한다. 캐나다의 퀘벡지역에서 프랑스어를 사용하는 사람들은 캐나다로부터 분리하여 다른 국가가 되기를 원한다. 동파키스탄의 벵골인들(Bengalis)은 인종적, 언어적으로 서파키스탄인들과 차이가 있으며, 1971년에 분리되었다. 북스페인의 바스크 사람들과 북아일랜드의 로마 가톨릭 신봉자들은 정치적으로 하위문화를 형성할 만큼 본국과 차별성을 보이고 있다. 영국의 스코틀랜드와 웨일즈는 지배하는 잉글랜드에 대항하는 '켈트 주변부(Celtic fringe)'의 저항감을 지니고 있다. 전통적으로 그들은 노동당에 투표를 하는 반면, 잉글랜드인들은 보수당을 적극 지지하고 있다. 2014년의 국민투표에서 스코틀랜드인들은 근소한 차이로 영국에 남겠다는 의사를 보였고, 2015년에 스코틀랜드국민당(Scot Nats)이 스코틀랜드에서 노동당을 크게 이겼다.[*] 스코틀랜드인들은 분리주의를 기반으로 한 영국의 하위문화를 형성하고 있다.

하위문화들이 극히 독특한 국가들은 자체적인 위협을 받을 수가 있다. 소련과 유고슬라비아는 시민들이 국가보다는 자신들의 인종집단에 더 충성을 했기 때문에 분열이 되었다. 코소보의 알바니아 인종은 종교(무슬림)와 언어적 측면에서 세르비아 지배세력과 차이가 있었기 때문에 독립을 위하여 투쟁을 하여 결국은 쟁취했다. 인도에서 일부 시크족(Sikhs)은 자신들의 고향인 펀자브(Punjab)의 독립을 위해서 무력투쟁을 했다. 1985년에 간디(Indira Gandhi) 수상의 시크 경호원들이 그녀를 암살했다. 레바논과 나이지리아 같은 국가들은 문화적으로 분열이 되어 있는데, 이에 따라 폭력이 되풀이하여 발생하는 위험한 상황에 놓이게 되었다.

국가들은 하위문화들을 주류문화에 통합시키는 노력을 해야 하는가? 이러한 노력은 매우 어려운 것이지만, 그렇다고 그대로 두면 하위문화는 독립의 추구로 이어질 것인데, 스리랑카의 타밀이 그 사례다. 잉카제국을 정복한 페루의 스페인 사람들은 자체적인 언어와 문화를 유지하도록 허용했다. 그래서 지금 스페인어를 사용하는 페루 사람들은 케추아(Quechua)[**] 언어를 거의 이해하지 못한다. 통합되지 않은 어떠한 하위문화도 국가 정치체제에 있어서 적어도 문제가 되고 있으며, 최악의 경우에는 위협이 되고 있다.

1870년부터 프랑스는 교육체계를 중앙집중화함으로써 국가통합을 의도적

[* 역자주]
스코틀랜드국민당(SNP)은 2015년 총선에서 스코틀랜드의 59개 지역구 중에서 56석을 차지했고, 노동당은 1석만을 획득하였다.

[** 역자 주]
잉카 문명권의 공용어이다. 케추아족은 페루의 안데스 산맥에서 태평양 연안에 걸쳐 거주하는 원주민이며, 1571년 잉카제국이 멸망할 때까지 그 지배하에 놓여 있었다.

사례연구 6.1
퀘벡: '우리 집의 주인들(Maîtres Chez Nous)'

영국인들이 북미에 도착한 것과 거의 같은 시기에 프랑스인들도 북미에 도착했으나, 프랑스는 식민지화보다는 수지가 맞는 모피무역에 더 관심이 많았으며, 프랑스 거주자들을 별로 보내지 않았다. 그 결과 뉴프랑스는 남쪽의 영국 식민지보다 규모가 작았다. 두 제국은 프랑스와 인디안전쟁에서 충돌했고, 1759년 영국이 퀘벡시를 점령함으로써 결말이 났다. 역사적인 아브라함 고원 전투 — 실제로는 많은 사상자가 나지 않은 작은 전투였으나, 양 쪽의 사령관들이 사망했다 — 이후에 영국인들은 프랑스 캐나다인들에게 그들의 언어와 로마 가톨릭 종교를 유지하도록 허용했다.

문화적이고 정치적으로 퀘벡지역은 두 세기 동안 역동적인 북미 지역에서 잠들어 있는 전통의 섬으로 남겨졌다. 퀘벡은 프랑스혁명의 영향을 받지 않았고, 따라서 프랑스보다 보수적인 지역으로 남게 되었다. 퀘벡은 '혁명 없는 프랑스'로 불리고 있다. 영어 사용자들이 경제를 이끌었고, 몬트리올*은 대부분 영어를 사용하는 도시가 되었다. 많은 **프랑코폰**들은 자신들이 모여 사는 지역에서 가난하고 소외된 농부로 살며 **주변부화**되었다. 결국 앵글로폰들이 경제를 운영하고, 퀘벡 인구의 대다수인 프랑코폰들은 지역 정치인들과 가톨릭 교회에 복종을 하게 되었다.

1960년대에 퀘벡은 '조용한 혁명'을 일으키며 깨어났다. 프랑코폰의 태도는 전통적인 정치인들과 신부들로부터 극적으로 벗어나기 시작했다. 마치 새로운 세대의 퀘벡인들이 말하는 것 같았다. "당신들은 우리를 충분하게 오랫동안 억압하고 후퇴하게 만들었다. 우리는 현대화되고, 부유하며, 우리 집의 주인이 되고 싶다." 이러한 가치의 대변혁과 함께 퀘벡당(Parti Quebecois)이 등장하였고, 캐나다로부터 퀘벡의 분리를 요구하고 나섰다. 퀘벡당은 퀘벡이 진실로 다른 문화를 가지고 있으며, 영어를 사용하는 캐나다 하에 있는 것이 염증이 난다고 주장했다.

퀘벡당과 블록퀘벡당(Bloc Quebecois)은 퀘벡지역에서 가장 큰 정당들이 되었다. 1980년의 국민투표에서 퀘벡의 분리는 40 대 60퍼센트로 실패했다. 그러나 1995년의 국민투표에서는 근소한 차이로 실패했다. 그 이후 퀘벡의 분리 문제는 가라앉았고 퀘벡당에 대한 투표는 점차 줄어들었다. 퀘벡인들은 이 문제에 대해서 싫증을 내기 시작했다. 미국인들에게 퀘벡은 이중 언어와 다문화주의의 잘못된 사례로 인식이 되고 있다. 국가의 파편화로 나아가는 길이라고 우려하고 있다.

(***역자주**)
퀘벡 주 남부에 있는, 캐나다에서 인구가 2번째로 많은 대도시이다.

프랑코폰(francophone)
프랑스어를 사용하는 주민.

으로 추진했다. 당시 많은 지역이 침체되어 있었고 이상한 사투리가 사용되고 있었다. 프랑스 교육부는 마치 전도사들처럼 학교선생들을 지방으로 파견했다. 선생들은 프랑스의 영광과 통합을 강조하는 완전한 표준 교과서를 통해서 주입식 교육을 시켰다. 수십 년이 지난 후 보다 통합된 프랑스가 되었고, 이는 '확실한 정치사회화'의 사례가 되었다.

미국은 대부분의 미국인들이 편하게 느낄 수 있는 주류문화를 창조하기 위해서 학교와 자발적 통합 방식을 활용했다. 이주자들은 앞서 나가기 위해서는 영어를 배워야 한다는 점을 알고 있다. 성취 지향형 소비사회는 취향과 직업패턴을 표준화한다. 멜팅 팟(melting pot)*이 작동되지만, 완전하지는 않다. 2013년 보스턴 마라톤 폭파 테러범**들은 심리적으로 미국인이 절대로 될 수가 없다. 많은 미국인들은 종교와 음식에서 독특한 하위문화를 보유하고 있지만, 이들은 정치적으로 중요하지 않다. 아시아계 미국인들은 미국의 주류문화에 빠르게 통합되었다.

모든 미국의 집단들이 그렇게 운이 좋았던 것은 아니다. 아프리카계 미국인들과 히스패닉(Hispanic)***들은 완전히 통합되지 못하고 있지만, 점차 변하고 있다. 아프리카계 미국인들은 미 하원 의석의 약 10퍼센트를 점하고 있다. 캔사스 출신의 어머니와 케냐인 아버지를 둔 오바마 대통령의 당선은 아프리카계 미국인들을 심리적으로 통합하는 데 기여했다. 오바마의 당선은 1960년 케네디 대통령 이후 가톨릭 교인이 당선됨으로써 국가통합에 있어서 전환점을 기록했다.

정치사회화

6.5 정치사회화의 주요 수단들의 사례를 열거한다.

사회화 과정에서 어린이들은 평생 유지될 수도 있는 매너, 말하기, 신념 등을 익힌다. 이들 중 일부는 공식적인 교육에 의하여 이루어지지만, 대부분은 다른 사람을 모방하면서 습득된다. 같은 방식으로, 정치사회화는 정치적 가치와 특정 관습을 가르친다. 국기에 대한 충성 맹세, 국가 제창, 대통령으로부터 경찰에 이르기까지 권위를 지닌 인물들에 대한 복종은 가정, 친구, 선생, 텔레비전을 통해 학습된다. 문화적 빈민가에서 자란 어린이들은 주류문화와 조화되지 않는 하위문화에 길들여질 수도 있다. 이러한 점에서 정치사회화는 안정된 정부를 유지하는 필수 요건이다.

사회화의 수단

가정 아주 어린 시절에 마주치는 것들, 특히 가정에서 습득되는 것들은 다른 모든 요인들보다 중요하게 작용한다. 정부와 학교에 의한 공공연한 사회화의 가치가 가정에서의 사회화와 조화되지 않을 때, **공공연한 사회화**는 실패할 가능성이 높다. 폴란드와 같은 공산주의 체제들은 어린이들에게 사회주의의 가치

주변부화(marginalized)
사회와 경제의 끝 부분으로 밀려나는 것이며, 가난하며 하위문화를 형성한다.

앵글로폰(anglophone)
영어를 사용하는 주민.

(* 역자 주)
인종 문화 등 여러 요소가 하나로 통합되는 현상이며, '인종의 용광로'라고도 한다. 미국의 다민족문화가 멜팅 팟의 대표적 사례다.

(역자 주)**
2013년 4월 15일 마라톤 결승선 직전에 두 개의 폭발물이 폭발하여 3명이 사망하고, 183명이 부상당한 테러 사건이다. 2015년 5월 15일 테러범에게 사형이 선고되었다.

(* 역자 주)**
스페인 계통의 미국인들.

사회화(socialization)
문화를 배우는 것.

공공연한 사회화(overt socialization)
문화를 가르치는 정부의 의도적인 정책.

를 가르치는 노력을 했지만, 가정에서는 — 대체로 폴란드에서는 강력한 가톨릭 — 어린이들에게 이러한 메시지를 무시하도록 가르쳤다. 가정과 정부의 가치가 대체로 동일할 경우, 이들에 의한 사회화의 방식은 서로 강화하는 역할을 한다.

부모는 수십 년 동안 자녀의 정치적 행위에 영향을 미친다. 대부분의 사람들은 자신들의 부모와 유사한 방향으로 정치와 투표행위를 한다. 가정이 개인의

민주주의 6.2 | 세 개의 이스라엘

정치적 가치는 어디서 나오는가? 이스라엘이 자연적인 경험을 제공한다. 이스라엘은 동유럽의 유대인들에 의해서 사회주의적 가치를 기반으로 한 좌파적 성향에 의해 설립되었는데, 20세기 초반에 동유럽에 이러한 이데올로기가 공유되고 있었다. (가톨릭과 동유럽의 민족주의자들이 유대인들을 증오했기 때문에 동유럽의 유대인들은 보수적이 될 수가 없었다.) 키부츠(*kibbutz*, 이스라엘의 집단농장) 운동은 마르크스주의를 기반으로 했으며, 노동운동과 노동당은 사회민주주의의 성격을 지니고 있었다. 이들은 유럽의 이주자들을 포함하고 있었고, 유럽의 이종의 조직과 닮아 있었다. 이스라엘은 설립 초기부터 노동당을 중심으로 한 좌파 연립정부에 의해 통치되었고, 1977년 선거에서 (부패 때문에) 정권교체가 이루어졌다.

1948년 이후 중동 유대인들(예멘, 모로코, 알제리, 튀니지 등)의 대규모 유입은 유럽의 좌파적 시각 또는 민주주의 사상을 가지지 않은 사람들의 증가를 가져 왔다. 1970년대까지 이스라엘의 유대인 인구는 유럽 출신과 중동 출신이 반씩 차지하고 있었으며, 선거결과도 이러한 성향을 보였다. 중동 출신의 유대인들은 강력한 지도자와 민족주의적 정책을 선호한다. 그들은 아랍인들을 절대 불신하고 리쿠드(Likud, 현재 집권당)와 같은 우익정당들을 지지하고 있다. 이스라엘의 좌파 정당들은 그림자 내각을 형성하는 이전의 집권당으로 남아 있다. 두 개의 이스라엘 문화의 대립적 상징은 1995년 동유럽 출신의 노동당 소속 라빈(Yitzhak Rabin) 수상을 예멘 출신의 아미르(Yigal Amir)가 암살함으로써 극명하게 나타났는데, 아미르는 라빈이 팔레스타인과의 평화협상에서 너무 많은 양보를 했다고 생각했다.

1980년대 후반 이후 구소련으로부터 100만 유대인의 유입으로 인해 엄격하고 편협하며 흑백논리에 물들어 있는 소련의 태도가 주입되었다. 우리가 옳고 다른 모든 사람들은 틀리거나 위협이 된다는 분위기가 물들기 시작했다. 공정한 경쟁과 소수자의 권리는 무시되고 있다. 이스라엘은 아랍의 팔레스타인이 전혀 비집고 들어 갈 틈이 없는 유대인 국가가 되었다. 러시아 유대인들은 '이스라엘 바이테뉴(Yisrael Beitenu, 이스라엘은 나의 조국)'를 결성하고, 2009년의 총선에서 12퍼센트를 획득했으며, 의회(Knesset) 전체 120석 중에서 15석을 차지하여, 제3당이 되었다.

민주적 가치는 그 나라의 설립 당시부터 시작되는 것이고 쉽게 변하지 않는 것이라는 점을 이스라엘의 사례가 보여준다. 이스라엘에서 이주자들의 정치문화는 세 개의 층을 확고하게 형성했는데, 그들 중에 하나(첫 번째 것)만 민주적이었다. 민주주의는 민주주의를 지탱해 줄 민주적 문화를 필요로 하고, 민주주의를 뿌리 뽑는 데에는 시간이 걸린다. 민주적 문화가 없는 국가에 민주주의를 정착시키려는 시도는 어려운 투쟁이라는 점을 이라크의 사례가 보여주고 있다.

> ### 고전 정치학 6.2
>
> **권위주의적 성격**
>
> 개인적 특성을 정치적 태도와 연결시키는 가장 과감한 시도들 중의 하나는 아도르노(Theodore Adorno) 등이 1950년에 출판한 『권위주의적 성격(Authoritarian Personality)』이며, 그들 대부분은 나치 독일 출신의 난민들이었다. 개인의 성격은 초기 어린이 시절에 형성된다는 프로이드(Freud)의 이론을 바탕으로 하여, 아도르노와 그의 동료들은 파시스트 이전의 정치적 관점을 보여준 것으로 생각되는 29개의 질문을 고안했는데, 그 이름은 'F-스케일'이었다. 여기서 높은 점수를 기록한 사람들은 고전적인 엄격한 라이프스타일을 지니고 있으며, 외부자들과 소수자들에 대해서 편협하고, 편파적이고, 적대적인 태도를 보이며, 권력을 좋아하고 의지하며, 미신과 신비에 빠져들기도 한다.
>
> 아도르노의 연구는 많은 흥미를 불러 일으켰지만, 개인의 성격과 정치를 너무 단순하게 연결한 데 대한 비판을 받았다. 최근에 이러한 접근법이 다시 연구가 되고 있지만, 이 연구는 초기 어린이 시절이 아니라 유전적 특질에 기초하고 있다. 일란성 쌍둥이에 대한 연구는 권위주의, 광적인 신앙심, 보수주의 — 이들을 묶어서 '전통주의'라고 부름 — 에 대한 개인적 성향이 부분적으로 상속되는 것이라고 주장한다. 기본적인 정치적 가치는 학습되거나 합리적이라기보다는 유전적인 부분이 더 강하다.

기본적인 심리 구조를 형성하는데, 이는 정치적 태도를 결정한다. 이에 따라 정당선호와 정부에 대한 신뢰 또는 냉소와 같은 규범, 가치, 믿음, 태도가 완성된다. 3세부터 13세까지의 어린 시절에 특히 강한 영향을 받는다. 어린이들은 부모의 가치를 무의식적이고 무비판적으로 받아들이고, 이것이 평생 동안 유지되는 경유가 많다. 사람들은 어렸을 때 습득한 것을 성인이 되어 세상에 돌려 주는 경우가 종종 있다. 권위주의적 성격을 가진 사람들은 대체로 어렸을 때 거칠게 자란 경험이 있다는 연구결과가 있다. 알몬드와 버바는 어렸을 때 가정에서 결정을 하는 데 목소리를 낼 수 있었다는 것을 기억하는 사람들은 성인이 되어 정치적 효용성에 대한 감각을 더 많이 가진다는 점을 발견했다.

학교 보다 심층적인 사회화가 학교에서 이루어진다. 대부분의 정부들은 어린이들이 자긍심과 애국심을 가지게 하는 데 역사를 사용한다. 많은 아프리카 국가들은 다른 언어와 역사를 가진 부족들을 통일하기 위한 방법으로 프랑스어 또는 영어 교육을 활용하는데, 그 내용은 위대하고 통일되었을 당시의 신화적인 과거에 대한 것을 포함한다. 이러한 방식이 제대로 작동이 안 되는 경우가 종종 있다. 공산주의 국가들도 체제에 대한 지지를 이끌어 내는 데 학교 교육을 사용했다. 1989년에 이 시도는 결국 실패로 돌아갔다. 동유럽 주민들을 공산주의의 신봉자로 만들려던 학교의 시도를 가정과 교회가 무력화시켰다.

학교 교육의 양도 정치적 태도에 영향을 미친다. 오랫동안 교육을 받은 사람이 교육을 덜 받은 시민보다 자신의 공동체에 대해서 더 강한 책임감을 가지고, 공공정책에 대해서 더 많은 영향을 미칠 수 있다는 감정을 가지게 된다. 교육을 더 많이 받은 사람이 더 참여적이 된다. 고등학교 졸업자보다 대학졸업자가 특히 인종문제에 대해서 더 관용적이고 개방된 마음을 갖고 있으며, 고졸자는 편협한 시각을 가지고 있다. 교육은 보다 편견 없는 태도를 가지게 하고, 교육받은 사람들은 보다 높은 수준의 소득과 지위를 누리게 하며, 이는 그들로 하여금 관심과 참여의 폭을 보다 넓게 만들어 준다.

또래집단 친구와 놀이친구도 정치적 가치를 형성한다. 또래집단(peer group)의 상대적인 영향력은 점차 증대된다. 부모가 맞벌이인 경우 어린이들은 가정

사례연구 6.2
중국의 통합 추진

프랑스와 마찬가지로 중국은 교육을 통한 공공연한 사회화를 추구한 사례이며, 이는 어느 정도 순조롭게 진행되었다. 수 세기 동안 중국의 지식인들은 중국이 하나의 국가이며, 분리되면 안 된다고 강조해 왔다. 그러나 중국의 여러 가지 언어들은 이러한 하나의 중국에 반대되는 성향을 보이고 있다. 예를 들어, 남부의 광동어(Cantonese)를 사용하는 사람들은 북부의 표준중국어인 만다린(Mandarin)을 이해하지 못한다. 한 세기 전에 제국이 붕괴되어 가는 상황에서도 베이징은 만다린을 표준으로 만들려는 운동을 시작했다.

이러한 노력은 공산주의자들이 만다린을 모든 학교에서 공용어로 교육을 하고 텔레비전에서 사용을 하게 되면서 성과를 거둘 수 있었다. 현재 대부분의 교육받은 중국 본토 사람들은 만다린으로 말할 수 있는데, 물론 일상적인 생활에서는 만다린을 많이 사용하지 않는 경우도 있다. 역사상 처음으로 대부분의 중국에서 한 가지 언어를 사용하게 되었다 (그러나 아직도 홍콩이나 마카오에서는 광동어가 지배적으로 사용된다). 공용어의 사용은 중국을 하나로 묶는 데 도움이 된다. (같은 논리로, 인도와 인도네시아는 분열된 국민들을 통합하기 위해서 각기 힌디[Hindi]어와 바하사 인도네시아[Bahasa Indonesia]어를 국가 공용어로 채택했다.)

이와 더불어, 중국인들은 기록적인 경제성장에 대해서 큰 자부심을 갖고 있다. 2008년의 베이징 올림픽은 중국인들의 자긍심을 고조시켰다. 화려해진 수도 베이징, 올림픽 개막식과 폐막식의 웅장함, 중국의 금메달 획득은 국가(홍콩과 마카오 도)에 대해서 자랑스럽게 생각하는 기분을 갖게 하였고, 이는 국가통합의 상징이 되었다. 과거 하나의 중국에 대한 이상은 드디어 현실로 전환되고 있다.

보다는 또래들에 의해서 사회화가 될 수도 있다. '가정의 가치'를 지지하는 사람들은 이러한 상황이 젊은이들로 하여금 마약과 폭력에 빠질 수 있게 하는 원인이라고 주장한다.

다른 견해는 현대 미국과 같은 모바일 사회에서 부모들이 자신들과 유사한 성향을 가진 사람들이 사는 특정지역 근처에 사는 선택을 한다고 한다. 보수주의자들은 다른 보수주의자들이 같은 생활을 추구하는 교외 또는 소도시에 사는 것을 선호한다. 자유주의자들은 큰 도시에 사는 것을 선호한다.* 가정의 사회화는 세계를 유사하게 보는 또래집단에 의해서 강화될 수 있다. 그러나 다른 관점에 대해 동조하지 않는 분위기가 팽배하게 되면, 이는 정치가 양극화되는 주요 원인이 된다.

(*역자주)
이는 미국의 경우이고, 오히려 한국의 경우 부유한 보수주의자들이 도시 중심에 사는 것을 선호한다.

매스 미디어 매스 미디어, 특히 텔레비전은 영향력을 확대해 나가고 있다. 많은 사람들은 이 영향력이 부정적이라는 데 대해서 우려한다. 하버드대의 정치학자 퍼트넘(Robert Putnam)은 사람들이 TV를 많이 시청하게 되면, 공동체나 단체 활동에 있어서 소극적이고 무관심하게 된다고 주장한다. 선진국의 어린이들은 1년에 수 천 시간 동안 텔레비전을 보는데, 그 중의 일부는 폭력적인 것이며, 폭력적인 비디오 게임도 한다. 매우 어린 나이의 어린이들이 TV에 접근을 하게 되며, 3살 된 어린이도 텔레비전에 나오는 대통령을 식별할 수 있으며, 그가 국가의 일종의 '우두머리'라고 이해하게 된다. 의회의 의원들은 TV에서 별로 존경받는 인물로 비추어지지 않으며, 어린이들이 갖게 되는 이러한 인식은 평생 유지되기도 한다.

학교와 마찬가지로 매스 미디어가 주는 메시지가 가정이나 종교가 가르치는 것과 조화를 이루지 못하면 매스 미디어가 시도하는 사회화는 실패할 수가 있다. 소련의 연구자들마저도 소련의 매스 미디어보다도 가정이 개인의 정치적 관점에 더 많은 영향을 미친다는 점을 발견했다. 국왕(Shah)에 의해 통제되는 이란의 매스 미디어는 국왕에 대한 충성심을 고취시키는 시도를 했으나, 무슬림 교도들은 이슬람 사원(Mosque)에서 지역의 이슬람 지도자(*mullah*)의 말을 믿었고 국왕을 싫어했다. 아이러니하게도 현재 이란인들은 이슬람 보수주의자들에 의해 통제되는 이란의 미디어가 자신들에게 주입하는 것과 반대 방향의 믿음을 보이고 있다. 매스 미디어 스스로가 할 수 있는 것에는 한계가 있다.

정부 정부가 생활수준을 향상시키게 되면 정부 자체가 사회화의 수단이 될 수 있다. 많은 정부의 활동들은 정부를 대중들에게 설명하거나 과시하기 위한 목적으로 이루어지는 것이며, 항상 지지와 충성을 구축하기 위해 시도된다. 2014년의 소치 동계올림픽과 같은 멋진 광경은 국기와 군인들의 퍼레이드와 더불어 최고 지도자의 선포에 의해서 사회화의 효과를 강화했다. 그러나 정치적 태도를 통제하기 위한 정부의 권력은 제한되는데, 그 이유는 메시지와 경험은 그 내용을 왜곡시킬 수도 있는 친족 또는 또래집단과의 대화를 통해서 개인에게 도달되기 때문이다. 소외된 집단은 자녀들이 정부를 싫어하고 정부의 메시지를 무시하도록 사회화를 시킬 수도 있다.

Q 토의질문

1. 정치문화는 무엇인가?
2. 정치문화는 여론과 어떻게 다른가?
3. 러시아와 이란은 정치문화의 문제를 어떻게 제기하는가?
4. 알몬드와 버바가 발견한 정치문화의 세 가지 형태는 무엇인가?
5. 미국인들이 참여적이라면, 왜 그들의 투표율은 그렇게 낮은 것인가?
6. 1960년대부터 미국의 정치적 태도에는 어떠한 일이 생겼는가?
7. 엘리트의 정치문화와 대중의 정치문화는 어떻게 다른가?
8. 왜 일부 문화들은 경제성장을 이끄는가?
9. 당신은 어떠한 집단이 독특한 하위문화를 형성하는 것을 어떻게 알 수 있는가?
10. 정치사회화의 가장 강력한 수단은 무엇인가?

핵심용어

가치(values) p. 137
공공연한 사회화(overt socialization) p. 149
냉소적(cynical) p. 138
복종형(subject) p. 140
사회화(socialization) p. 149
세속적(secular) p. 143
앵글로폰(anglophone) p. 149
예상되는 반응에 대한 통치(rule of anticipated reactions) p. 140

정치적 능력(political competence) p. 140
정치적 효력(political efficacy) p. 140
주변부화(marginalized) p. 149
참여형(participatory) p. 139
투표율(turnout) p. 140
프랑코폰(francophone) p. 148
하위문화(subculture) p. 145
향리형(parochial) p. 140

참고문헌

Alexander, Jeffrey C. *The Civil Sphere*. New York: Oxford University Press, 2007.

Blondel, Jean, and Takashi Inoguchi. *Political Cultures in Asia and Europe: Citizens, States and Societal Values*. New York: Routledge, 2006.

Brewer, Mark D., and Jeffrey M. Stonecash. *Split: Class and Cultural Divides in American Politics*. Washington, DC: CQ Press, 2007.

Brogan, Hugh. *Alexis de Tocqueville: A Life*. New Haven, CT: Yale University Press, 2007.

Buruma, Ian. *Taming the Gods: Religion and Democracy on Three Continents*. Princeton, NJ: Princeton University Press, 2010.

Damrosch, Leo. *Tocqueville's Discovery of America*. New York: Farrar, Straus & Giroux, 2010.

Diamond, Larry, and Marc F. Plattner, eds. *How People View Democracy*. Baltimore, MD: Johns Hopkins University Press, 2008.

Fischer, David Hackett. *Fairness and Freedom: A History of Two Open Societies, New Zealand and the United States*. New York: Oxford University Press, 2012.

Huntington, Samuel P. *Who Are We?: The Challenge to America's National Identity*. New York: Simon & Schuster, 2004.

Lane, Jan-Erik, and Svante Ersson. *Culture and Politics: A Competitive Approach*, 2nd ed. Williston, VT: Ashgate, 2005.

Perlstein, Rick. *Nixonland: The Rise of a President and the Fracturing of America*. New York: Simon & Schuster, 2007.

Putnam, Robert D. *Bowling Alone: The Collapse and Revival of American Community*. New York: Simon & Schuster, 2001.

Riley-Smith, Tristram. *The Cracked Bell: America and the Afflictions of Liberty*. New York: Skyhorse, 2010.

Warren, Mark E., ed. *Democracy and Trust*. New York: Cambridge University Press, 1999.

Westen, Drew. *The Political Brain: The Role of Emotion in Deciding the Fate of the Nation*. New York: PublicAffairs, 2008.

7장 여론

> **학습목표**
>
> 7.1 일화(逸話)와 조사 증거를 구별한다.
> 7.2 여론의 관점을 형성하는 주요 요인들을 열거한다.
> 7.3 무엇이 여론조사를 잘못되게 하는지 설명한다.
> 7.4 여론을 구성하는 강도계수(intensity factor)를 설명한다.

'9/11'로 불리는 2001년 테러공격 직후 미국인들은 테러리스트들의 공격을 어디서든 어떠한 수단을 사용해서라도 막아내겠다는 결의를 했다. 시민권 침해를 지나치게 우려하면서도 테러 방지에 소홀히 하면 안 된다는 생각이 팽배했다. 가혹해야 한다는 메시지였고, 의회는 이 메시지의 소리를 크고 분명하게 들었다. 비행기를 타는 모든 사람들은 철저하게 수색되었고, 심지어는 폭발물 탐지를 위해 신발 조사까지 했다. 그러나 미국인들은 점차로 개인생활에 대한 침해에 대해 지쳐갔고, 특히 2013년에 자신들의 전화와 이메일이 연방당국에 의해 비밀리에 감시당하고 있다는 사실을 알고 분노했다. 테러리즘에 대한 관심이 줄어들고 프라이버시에 대한 관심이 증대되었다. 이 전환은 여론의 가변성을 보여 주는 사례인데, 이는 정상적이고 표준적인 것이다.

무엇이 여론이고, 무엇이 아닌가

여론(public opinion)
현재의 특정 이슈와 사건에 대한 시민들의 반응.

7.1 일화(逸話)와 조사 증거를 구별한다.

정치문화와 **여론**은 연결되어 있지만 같은 것은 아니다. 정치문화는 국민들이 심층적으로 배우는 장기적인 가치, 태도, 생각에 초점을 맞춘다. 민주주의 국가의 국민들은 정부의 권력이 잠재적으로 폭압적이기 때문에 통제되어야 하며, 민주주의가 정부의 유일한 형식이라 믿고 있다. 여론은 군대의 해외 파병과 투표의사 등 특정의 즉각적인 정책과 문제에 대한 국민들의 반응에 대해 관심을 가진다.

여론은 개인의 의견과 같은 것이 아니다. 이웃의 종교에 대한 한 여성의 의견은 여론의 부분이 아니지만, 공립학교에서 기도하는 문제에 대한 그녀의 감정은 여론의 한 부분이 될 수 있다. 여론은 사적인 문제가 아니라 정치적이고 사회적인 이슈에 대한 것이다.

앞으로 보게 되겠지만, 여론을 측정하는 방식은 매우 복잡하다. **일화** 속의 증거는 여론에 대한 빈약한 징후이며, 이것이 대표적인 근거인지에 대해서는 알 수 있는 방법이 없다. 한 사람의 단편적인 의견만 보는 저널리스트적인 접근도 조심해야 한다. 이와 유사하게 빈곤하게 설계된 조사도 잘못된 결과를 낼 수 있다.

일화적(anecdotal) 응답자 몇 명의 의견만 종합하는 것.

여론은 시민들이 반드시 강하고 분명하며 통합된 확신을 갖고 있다는 점을 의미하지 않는다. 여론은 소규모이면서 충돌되는 여러 집단들, 결정적인 의사를 갖고 있지 않은 집단들, 해당 문제에 대해서 관심 또는 의견이 없는 대규모의 집단도 포함된다. 여론은 대부분의 주제들에 대해서 빠르게 변할 수 있는 다양한 태도의 배열이다.

여론은 광범위한 무지를 보이기도 한다. 1991년의 여론조사에서 과반수가 부시 대통령의 리투아니아 정책에 대한 지지를 보였으나, 리투아니아가 어디 있는지 아는 사람은 별로 없었다. 해리스 폴(Harris Poll)의 2006년 여론조사에 의하면, 반대되는 뉴스 리포트가 있은 지 3년이 지났는데도, 미국인들은 2003년 전쟁 당시 이라크가 대량살상무기를 보유하고 있었다고 생각하고 있었다. 그리고 응답자의 64퍼센트가 후세인(Saddam Hussein)이 알카에다와 '강하게 연결'되어 있다고 대답했다 (그러나 그렇지 않았다).

(* 역자 주) 2003년 미국은 이라크가 핵무기 등 대량살상무기를 생산하고 있다는 주장을 하며 이라크에 대한 공격을 했으나, 이후 이라크가 대량살상무기를 생산하지 않고 있었다는 사실이 밝혀졌다.

그러면 여론조사의 결과를 가지고 정책을 수립해야 하는가? 많은 사람들은 휘발유에 대한 세금을 인상하는 데 대해 반대한다. 이것은 정부가 절대로 인상하지 말아야 한다는 것을 의미하는가? 선거에 의해서 선출된 지도자들은 항상 여론에 순응해야 하는가? 일부 지도자들은 공적인 이익을 위해서 여론과 다른 정책을 추진하고, 당대에는 많은 비난을 받는다. 그러나 몇 십 년이 지나고 난 후, 비난을 무릅쓰고 올바른 정책을 구사했다는 칭송을 받는 경우가 자주 있다. 일부 사람들은 현재의 정치인들이 여론에 너무 많은 귀를 기울인다고 말한다.

여론만 의식하면, 제대로된 국가 운영을 할 수 있는가?

여론은 민주주의에서 중요하다. 선거는 단지 대중의 원초적인 의지만을 표현한다. 선거결과는 투표자들이 후보자들에 대해서 어떻게 생각하는지에 대해서 알려줄 뿐 특정 이슈들에 대한 초점을 맞추는 경우는 거의 없다. 여론조사는 헬스케어 또는 전쟁과 같은 특정 이슈에 대해서 국민들이 생각하는 것을 공직자들이 알 수 있도록 세부사항을 제시해 준다. 따라서 여론은 대중의 견해를 정치에 투입하는 배경적이면서 구체적인 장치로 인식될 수 있으며, 선거를 미세 조정한다.

그러나 여론은 종종 무지하고 변덕스럽고 신뢰할 수 없다. 이를 알고 있는 공직자들은 종종 여론을 자기들이 원하는 방향으로 형성시키려는 노력을 한다. 오래 전에 영국의 사회학자 웹(Beatrice Webb)은 다음과 같이 말했다. "여론보다 자발적인 것은 없다. 모든 여론은 확신과 에너지의 중심으로부터 만들어진다." 때로는 이 말이 맞지만, 그렇지 않은 경우도 있다. 긍정적인 사례는 1971년에 미국의 닉슨 대통령이 자신이 중국을 방문하는 첫 번째 미국 대통령이 되겠다고 했을 때, 미국인들은 이 방문에 대해서 지지했다. 반면에, 2003년 미국이 이라크를 공격하기 전에 미국의 43대 부시 대통령(그의 아버지 부시는 41대 대통령이었다)은 이라크의 대령살상무기(WMD) 개발이 미국을 위협할 수도 있다고 주장했다. 대부분의 미국인들은 이를 믿었으나, WMD가 발견되지 않고 전쟁이 몇 년 동안 지속되자 반대 여론으로 돌아섰다.

여론은 이익집단들에 의해서 형성되거나 조작될 수 있다. 대중들의 불만이 제기될 때, 특히 미디어가 감시를 할 때, 이는 폭 넓은 동정을 유발한다. 미국 앨라배마의 셀마에서 투표권을 요구하는 아프리카계 미국인들을 향한 보안관의 잔혹행위가 텔레비전에 방영되자, 여론은 1965년에 투표권법(Voting Rights Act) 제정을 지지하는 방향으로 선회했다.

모든 정부는 여론에 취약하다. 비폭력 저항 방식을 사용하던 간디(Mahatma Gandhi)는 여론에 호소하여 인도의 독립을 쟁취했다. 허리에 두르는 옷을 걸쳐 입은 수척하고 동그란 안경을 낀 노인은 저항을 주도하면서, 영국인들이 인도를 떠나지 않으면 굶어 죽겠다는 단식투쟁을 계속했다. 그가 주도하는 대규모의 인도 국민회의는 1947년 영국이 인도의 독립을 허용할 때까지 국가를 통치 불능의 상태로 만들었다. 중국의 공산당 정부도 유독성 분출공장과 숨이 막히는 공기에 대한 시민들의 대규모 저항에 굴복했다.

여론 자체의 가변성 때문에, 여론은 정부들이 공공정책을 결정하는 데 사용

| 민주주의 7.1 | 여론조사의 약사(略史) |

1824년 미국의 『해리스 펜실베이니아(Harrisburg Pennsylvanian)』 신문은 지나가던 행인들에게 아담스(John Quincy Adams)와 잭슨(Andrew Jackson) 중에 누구에게 투표를 하겠냐고 물어봤다. 그들은 그러한 비과학적인 여론조사를 '바람의 방향'으로 불렀다. 그 이후 다른 신문사들은 조심스럽지만 비정형화된 방식으로 선거를 대비한 '모의투표(straw polls)'를 실시했다. 대중잡지였던 『리터러리 다이제스트(Literary Digest)』는 1924, 1928, 1932년의 대통령 선거를 예측하는 권위적인 여론조사를 실시했다. 『리터러리 다이제스트』는 보다 신뢰할만한 이론에 근거한 대규모 샘플을 활용하여, 신문구독자, 자동차 소유자, 전화번호부의 명단에 있는 약 1,000만 명에게 질문지를 우편으로 보냈다. 1936년에 이 잡지는 공화당의 랜든(Alfred M. Landon) 후보가 59.1퍼센트의 표를 획득하여 승리할 것이라고 예상했다. 루즈벨트가 60퍼센트 이상 획득하여 승리하면서 샘플링하는 불완전한 방식과 『리터러리 다이제스트』 자체의 소멸이 시작되었다.

그러나 1936년은 처음으로 '과학적 여론조사'가 새롭게 발전된 해였다. 신문사에 배급된 갤럽(George H. Gallup)의 조사결과는 루즈벨트의 승리를 전망했다. 갤럽은 『다이제스트』의 조사에서 사용된 샘플이 루즈벨트의 사회 및 경제정책에 불만이 있는 고소득자들에 편중되어 있었기 때문에 틀릴 것이라는 전망을 했다. 갤럽이 사용한 새로운 방식은 되도록 많은 수의 **샘플**보다는 **대표성** 있는 샘플을 선택하는 데 치중했다.

이후 과학적 샘플링 방식이 이 분야에서 지배적으로 사용되었고, 대체로 성공적인 결과를 기록했다. 그러나 1948년 미 대선에서 큰 실패를 겪게 되었는데, 거의 모든 조사결과는 듀이(Thomas E. Dewey)가 트루먼(Harry S. Truman)을 압도적으로 이길 것이라고 전망했으나, 트루먼이 4자 대결에서 49퍼센트를 획득하여 승리한 것이다. 이러한 조사결과의 착오는 후보 선택을 아직 정하지 않았던 응답자들이 후보 선택을 한 응답자들과 같은 비율로 후보 선택을 할 것이라고 잘못 예상했기 때문이었다. 실제로 그들 중에 75퍼센트가 트루먼에게 표를 행사했다.

이후 주요 여론조사 기관들은 조사방식을 세련되게 하기 위한 노력을 했고, 특히 오늘날에는 늦게 변심하는 응답자를 탐색해 내기 위한 특별한 노력을 기울이고 있다. 그들은 2 또는 3퍼센트밖에 차이가 나지 않는 결과를 정확히 예측할 수 있다고 주장하지 못하고 있다. 여러 차례의 대통령 선거에서 1퍼센트 이하의 근소한 차이로 당락이 결정되었기 때문에, 여론조사는 확신을 갖고 근소한 차이의 결과를 예측하지 못했다. 2000년의 선거는 너무 근소한 차이라서 누가 승리할 것이라는 지목을 하지 못했다. 지속적으로 제기되는 문제는 모든 응답자들이 투표를 하지 않을 경우 누가 투표할 것인가를 예측하는 것이다.

조사결과들을 집합적으로 분석하면서 여론조사가 보다 정확하게 되었다. 집합적으로 분석을 하는 과정에서 과거에 틀린 기록을 했던 기관의 조사결과를 제외하고 샘플의 크기에 따라 가중치를 두는 방식을 기본으로 하여 여러 조사결과들의 평균을 낸다. 집합적 분석은 여론조사들 간의 통계적 편차를 제거한다. 예를 들어, 플러스와 마이너스 3퍼센트 오차범위의 조사는 통계적으로 오차가 플러스와 마이너스 3퍼센트가 넘지 않을 확률이 95퍼센트 있다는 의미다. 그러나 이는 20개의 조사 중의 하나가 이 범주 안에서 여론을 확인하는 데 실패한다는 의미도 포함하고 있다.

하는 여러 요인들 중의 하나가 되어야 한다. 여론조사가 진정한 여론을 밝혀내는지, 여론이 국가를 위해서 최선의 것인지, 대중이 원하는 것과 다른 것을 했을 때의 결과가 어떤 것인지에 대해서 신중하게 판단을 해야 한다. 민주주의 국가에서 여론과 다른 방향의 정책을 추진할 때 다음 선거에서 패배할 수 있다. 여론은 비민주주의 국가에서도 중요하기 때문에, 지도자가 여론을 무시하면 전복되는 경우가 있다. 2013년에 키에프에서의 대규모 시위에 의해서 부패한 우크라이나의 지도자는 러시아로 탈출했다.

폭력과 강압을 일삼는 정부는 오래가지 못한다. 반체제 인사들을 탄압하는 잔인한 장치를 보유했던 스탈린의 소련마저도, 첫째는 계급 없는 낙원의 꿈과 나치 침입자들을 물리치는 러시아인들의 애국심에 의존을 했고, 그 다음 두 번째로 보안경찰에 의존을 했다. 1953년 스탈린의 사망 이후, 소련체제는 정통성을 유지하기 위해 동기부여와 선전의 방식을 활용했지만, 1989년에 동유럽 그리고 이어서 1991년 말에 소련이 붕괴되었다. 궁극적으로 대중의 지지 부족이 체제를 붕괴시켰다.

여론의 형태

7.2 여론의 관점을 형성하는 주요 요인들을 열거한다.

사회과학자들은 정치에 대해서 누가 어떻게 생각하는지 대략적으로 밝힐 수 있다. 물론 어떠한 사회적 범주도 무엇을 100퍼센트 찬성하고 반대한다고 밝힐 수 없다. 실제로 60퍼센트 또는 70퍼센트 정도면 상당히 높은 수준이다. 우리는 사회적 범주들 사이의 차이점들을 찾는데, 이 차이점들은 통계 규칙에 의해서 밝혀질 수 있다. 우리는 흑과 백이 아니라 회색의 밝은 면과 어두운 면을 탐구한다. 중요한 차이점을 발견하면, 우리는 그 차이가 나는 것들의 **특징**을 말할 수 있는데, 이는 사회적 범주들과 특정 이슈들이 국가의 여론을 분열시킬 수 있는 수준이 된다. 예를 들어, 스칸디나비아에서 사회계급은 정당 선호도를 구조화하는 데 특징이 되고 있다. 노동계급은 사회민주당을 지지하는 경향이 있으며, 중산층은 보다 보수적인 정당에 투표한다. 가톨릭 유럽에서 사회계급의 특징은 약하다. 노동계급은 좌익, 우익, 중도 모두에 분산된 지지를 한다. 가톨릭 유럽에서 종교와 지역이 전형적으로 가장 특징적인 요소가 된다. 미국에서 인종, 종교, 도시-지방의 차이가 특징이 된다.

특징(salience)
여론이 다루는 이슈들의 중요성 또는 대중이 가지고 있는 다양한 의견의 성격이다.

사회계급

마르크스는 **사회계급**을 매우 중요한 것으로 인식을 했다. 그는 노동자들이 사회주의자들로 될 것으로 예견했다. 실제에 있어서 일부분의 노동자들만이 사회주의자가 되었지만, 비교적 계급이 없는 미국에서도 사회계급은 중요하게 되었다. 수십 년 동안 미국의 수공업 노동자들은 민주당을 지지하고, 부유한 사람들은 공화당을 지지하는 경향이 있었다. 그러나 이들은 단지 추세였고, 다른 요인들에 의해 불분명하게 되는 경우도 있었다. 가난한 사람들은 종교와 사회문제에 있어서 보수적이 될 수 있고, 부자들이 자유주의적이거나 심지어는 급진적이 될 수도 있다. 미국의 백인 노동자들은 인종, 총기규제, 윤리(낙태, 동성애 권리), 전쟁에서의 리더십과 같은 비경제적 이슈들에 의한 영향을 받아서 과거 몇 번의 선거에서 공화당을 지지하였으며, 보다 많은 교육을 받은 사람들이 민주당 지지의 성향을 보이기도 했다.

사회계급은 측정하기가 매우 어렵다. 두 가지의 일반적인 방식이 있는데, 그들은 객관적 방식과 주관적 방식이다. 객관적 방식은 대상자의 연간 소득을 확인하고 이웃의 질을 판단하는 것이다. 주관적 방식은 본인에게 어느 사회계급에 속하느냐고 단순하게 물어보는 것인데, 이는 객관적 범주에 따라 바뀔 수도 있다. 대다수의 미국인들은 실제로 그렇지 않은데, 자신들이 중산층이라고 말한다. 그들 중에 많은 사람들이 대부분의 여론조사에서 중산층에 포함하지 않는 '노동계급'이다. 심지어는 많은 부유한 사람들도 자신의 수수했던 출신과 과거를 생각하며 중산층이라고 한다. 개인이 생활을 위해서 벌어들이는 소득의 액수 보다는 소득하는 방식이 더 중요하다. 전형적으로 미국의 농부들은 대부분 보수적이고, 학교선생이나 법률가들은 그렇지 않다. 직업의 종류에 따라 상이한 정치적 태도들을 보인다.

때때로 사회계급은 마르크스가 생각했던 것과 정반대의 방향으로 이루어지고 있다. 수준 높은 교육을 받은 전문가들이 미국의 부유한 교외지역을 자유주의적으로 만들고 있는데, 이는 빈곤한 보수주의적 지방 거주자들과 비교된다. 스페인에 대한 연구가들은 사회계급 사이의 **역방향**의 관계를 발견했다. 스페인에서 부유한 사람들이 가난한 사람들보다 좌파적인 성향이 강했다. 스페인에 대한 연구에서 교육이 가장 중요한 변수였다.

계급은 지역 또는 종교와 같이 다른 요인들과 조화를 이룰 때 중요하게 된다. 영국에서 계급과 지역이 투표의 많은 부분을 구조화한다. 프랑스에서는 계

사회계급(social class)
대체로 소득에 기반한 사회의 광범위한 계층이며, 저소득층, 중산층, 상류층으로 분류된다.

급, 지역에 종교(가톨릭의 실천 대 비실천)가 더해진다. 독일에서는 계급, 지역, 그리고 종파(가톨릭 또는 프로테스탄트)이다. 예일대의 라팔롬브라(Joseph LaPalombara)가 언급한 바와 같이, 문제의 핵심은 '계급 더하기 무엇'이다.

제2차 세계대전 이후 미국에서 상대적으로 공평한 소득 배분이 이루어졌으며, 이것이 대부분의 미국 시민들을 중산층으로 만들었다. 그러나 1970년대부터 소득은 점차 불균형적이 되었다. 대학교 졸업한 학력을 가진 사람들과 고졸 학력의 사람들 사이의 소득 격차는 두 배로 벌어졌다. 최상위 1퍼센트가 획득하는 소득은 점차 늘어만 갔다. 미국의 유명한 **사회적 유동성**은 서유럽이나 캐나다의 것보다 뒤처지게 되었다. 미국인들은 다가오는 세대는 항상 잘 살게 될 것이라는 믿음을 일부 잃어버리게 되었다. 비판가들은 미국의 중산층에 공동상태가 올 것에 대해서 우려했다. 사회계급의 중요성은 새롭게 부상하고 있으나, 정치적 영향은 불분명하다. 사회경제적 사다리에서 밑으로 떨어진 백인의 노동계급과 중산층은 이러한 하락이 큰 정부, 세금, 부채 때문이라는 보수주의 공화당의 주장을 지지했다.

사회적 유동성(social mobility)
국민이 하나의 사회계급에서 다른 계급으로 올라가거나 떨어지는 것.

교육

교육수준은 사회계급에 관련이 되고, 이는 양극화에 영향을 미친다. 대학을 졸업한 사람들은 정보기술과 금융에서 많은 돈을 벌고 있다. 대학을 졸업하지 못한 사람들은 상대적으로 어려운 생활을 하게 된다. 부유한 사람들은 자녀들을 자신들의 계급 위상에 고정시키면서 더 좋고 많은 교육을 시킨다. 교육비 상승은 상류층 아닌 사람들이 교육을 받지 못하게 하고, 이는 제2차 세계대전 직후에 많은 사람들의 신분이 상승되던 사회적 유동성을 방해하고 있다.

교육은 종종 분열적인 정치적 영향을 미치는데, 즉 교육받은 사람들은 **비경제적 이슈**들에 대해서는 자유주의적이 되지만, **경제적 이슈**에 대해서는 보다 보수적이 되는 경향이 있다. 대학교육을 받은 사람이 보다 관용적이고, 시민권을 옹호하며, 다른 관점들을 이해한다. 그러나 경제적 이슈에 있어서, 교육을 많이 받은 사람들은 복지를 위해서 많은 세금을 징수하는 방법으로 소득을 재분배하는 데 대해서 회의적인 태도를 보이고 있다. 물론 일부 교육을 받은 사람들은 경제적 문제와 비경제적 문제 모두에 있어서 지속적으로 자유주의적인 태도를 보이고 있다. 노동계급은 높은 임금에 관심이 많으며, 민족 및 사회 문제, 생활방식, 애국주의 등에 대해서는 관심이 적은 편이다.

비경제적 이슈(noneconomic issues)
애국주의, 종교, 민족, 성, 그리고 개인적 선택과 관련된 문제들.

경제적 이슈(economic issues)
일자리, 소득, 세금, 복지혜택과 관련된 문제들.

고전 정치학 7.1

알몬드의 세 가지 대중

1950년에 저술한 『미국 국민과 외교정책(The American People and Foreign Policy)』에서 알몬드(Gabriel Almond)는 미국에는 단 하나가 아니라 세 가지의 대중과 여론이 있다고 제시했다.

1. 대다수의 '일반대중(general public)'은 자신들이 직접적으로 관련되는 것 이상에 대해서 별로 알지 못하고 관심도 없다. 예를 들어, 국가가 전쟁에 돌입하거나 국제적 위기상황이 아니면 외교정책에 대해서 거의 관심을 보이지 않는다.
2. 소수의 '관심대중(attentive public)'은 더 많은 교육을 받았고, 외교정책과 같은 관념적인 정치문제에 관심이 많은 집단이다. 관심대중은 엘리트들의 활동에 대한 관중들이고, 그 대신 관심대중은 일반대중을 동원하는 관점을 제시한다.
3. '정책과 의견을 주도하는 엘리트'는 극소수의 고도로 영향력이 있는 집단이며, 정치에 때로는 직업적으로 관여된다. 여기 포함되는 의회 의원들, 임명된 공직자들, 최고 저널리스트들은 외교정책과 국내정책을 고안해 내고, 이를 관심대중과 일반대중에게 전달한다.

알몬드는 특히 외교문제에 대해서 강조한다. 뉴스를 보는 사람들은 점차 줄어들고 있으며, 세계문제에 관심을 두지 않는 사람들이 늘어나고 있다. 비즈니스, 미디어, 종교의 지도자들 및 학자들과 같은 관심대중과 엘리트들은 NAFTA, 무역확대, 발칸지역에 대한 개입에 대해서 일반대중들보다 더 많은 관심을 가진다.

지역

어떠한 국가라도 대체로 남부와 북부의 정치적인 구분이 되는 경우가 있다. 그러나 어느 지역이 더 보수적이고 어느 지역이 더 자유주의적인지에 대해서는 명확하지 않다. 르와르(Loire)강 이남의 프랑스, 그리고 타구스(Tagus)강 이남의 스페인은 대체로 수 세대 동안 좌파적 성향이 강했다. 그러나 이탈리아의 남부와 독일의 남부인 바바리아 주는 보수적이다.[*] 영국의 경우, 잉글랜드는 매우 보수적이고, 스코틀랜드는 스코틀랜드국민당을 지지하고, 웨일즈는 노동당을 지지한다. 미국의 남부는 수십 년 동안 '확고한 남부'로 불릴 정도로 자동적으로 민주당을 지지했으나, 최근 들어서는 공화당을 강하게 지지하는 성향을 보이고 있다. 그러나 이념적 성향에 있어서는 항상 보수적이다.

일반적으로 국가의 변경 **지역**은 수도에 대해서 저항감을 지니고 소위 '중앙-지방 긴장'을 야기한다. 때때로 변경 지역은 무력에 의하여 국가에 편입이 되기도 하며, 변경 지역은 이에 대해서 불행해 하고 불만을 가진다. 지역적으로 강

(＊역자 주)
한국의 경우 일제 시대에 좌익 인사들의 활동의 본거지는 남쪽지역이었으며, 북쪽지역은 기독교가 전파되면서 보다 보수적이었다. 그러나 해방 이후 북한지역이 소련에 점령되면서 공산주의 지역이 되었다.

지역(regions)
자존감, 그리고 때로는 문화적 차이를 보이는 국가의 한 부분.

압을 받은 기억은 수 세기 동안 잊혀지지 않는다. 퀘벡과 스코틀랜드가 이에 해당된다. 일부 지역은 중앙지역으로부터 경제적인 불이익을 받는다고 생각하고, 다른 언어를 사용하는데, 그 사례는 스페인의 카탈루냐와 바스크 지역, 벨기에의 왈로니아(프랑스어를 사용하는 남부), 퀘벡, 구 유고슬라비아의 슬로베니아, 그리고 인도와 중국의 여러 지역이 포함된다.

어느 지역이 국가에 정치적으로 편입되고 안정이 되면, 이는 아주 오랫동안 유지가 된다. 영국, 프랑스, 독일, 미국의 정치에서 지역이 매우 큰 역할을 하고 있다. 미국의 남부와 로키산맥에 걸쳐 있는 '선벨트' 주들은* 경제와 비경제 이슈에 대해서 보수적이고, 주들의 권리를 강조하고 있다. 북부와 동부의 주들이 포함되는 '한랭벨트(frostbelt)'는 산업이 쇠락하고 있으며, 특히 정부의 지출 프로그램에 대해서 자유주의적인 성향을 보이고 있다. 최근 들어 미국 남부의 보수주의는 공화당과 연계되고, 동북부의 자유주의는 민주당을 지지하고 있다.

종교

종교는 가장 폭발적인 정치적인 이슈가 되는 경우가 있으며, 정치적 관점의 구성에 많은 영향을 준다. 종교는 종파 또는 신앙심을 의미한다. 독일에서 가톨릭은 기독민주당을 지지하고, 프로테스탄트는 사회민주당을 지지한다. 이것이 종파의 문제이다. 대부분이 세례를 받은 가톨릭 신자인 프랑스에서는 **신앙심**의 문제가 제기되며, 대부분의 프랑스인들은 종교 때문에 큰 갈등을 겪지 않는다. 미사에 자주 가는 프랑스인들은 대체로 보수당에 투표를 한다. 공산주의를 지지하는 사람들 중에는 가톨릭 신자가 거의 없다. 폴란드에서 로마 가톨릭 교회는 폴란드인들에게 공산주의 체제를 축출하고 교회와 친근한 정당을 지지하라는 격려를 했다. 가톨릭 국가의 가장 큰 분열은 교권 중심주의자와 **반교권 중심주의자** 사이의 것이다. 프랑스, 이탈리아, 스페인에서 이 이슈에 대해서 장기간 분열이 되어 왔으며, 보수정당들은 친교회적이고 좌파 정당들은 교회의 영향에 대해서 적대적인 태도를 보이고 있다.

미국정치에서도 종교가 중요한 역할을 한다. 적어도 백인들 중에 프로테스탄트들은 공화당에 투표를 하는 경향이 있다. 종교는 민족과 중첩된다. 미국 가톨릭, 특히 폴란드 출신 가톨릭신자들은 민주당에 가장 충실한 사람들이었다. 그러나 민주당이 '임신중절 찬성'의 입장을 보이면서 가톨릭 국가에서 이주한 사람들의 민주당에 대한 지지가 줄어들기 시작했다. 가톨릭과 극단적인 프로테

(* 역자주)
남동부의 버지니아·플로리다 주로부터 텍사스와 네바다 주를 거쳐 서쪽의 캘리포니아에 이르는 북위 37도선 이남의 15개 주를 말한다. 온난한 기후와 석유, 가스자원이 풍부하며, 농업, 석유산업 외에 군수, 부동산, 관광 등의 산업이 급속한 성장을 이루어 인구유입이 두드러졌다.

신앙심(religiosity)
개인의 종교적 믿음의 수준이며, 종종 정치적 믿음에 영향을 미친다.

반교권 중심주의(anti-clericalism)
가톨릭 국가에서 교회가 정치로부터 분리되어야 한다는 운동.

스탄트들이 낙태에 대한 반대의 태도를 공동으로 취하면서, 이로 비롯된 종교적 입장이 정치에 많은 영향을 미치고 있다.

연령

나이가 정치적 견해에 어떠한 영향을 미치는가에 대해서는 **수명주기**이론과 세대이론이 있다. 대체로 인정이 되는 수명주기이론은 사람들이 나이가 들어가면서 변한다는 것이다. 이에 따라 젊은 사람들은 자연적으로 급진적이고 나이 든 사람들은 온건하거나 심지어는 보수적이다. 별로 책임이 없는 젊은 사람들은 이상적이고 반항적이지만, 가정, 일자리, 세금, 양육의 책임이 생기면 보수적이 되는 경향이 있다.

이 수명주기이론은 항상 이행이 되는 것은 아닌데, 그 이유는 젊은 성인일 때 겪은 큰 이벤트들이 평생 기억되기 때문이다. 전쟁과 불황에서 살아남은 사람들은 그 기억을 수십 년 동안 잊지 못하고, 그들은 전쟁, 경제, 정치에 대해 분명한 색깔을 가지게 된다. 사회학자 만하임(Karl Mannheim, 1893~1947년)은 이러한 현상을 **정치적 세대**라고 불렀다. 베트남전쟁 시대에 살던 사람들은 이라크와의 전쟁에 대해서 본능적으로 비판적이다. 개인적으로 1930년대의 대공황을 경험했던 사람들은 전후 번영시대에 자란 젊은 사람들보다 국가의 복지정책에 대해 지지를 한다.

수명주기(life cycle)
사람들이 나이가 들면서 의견이 변한다는 이론.

정치적 세대(political generations)
젊은 성인 때 겪은 큰 사건은 평생의 정치적 관점에 영향을 미친다는 이론.

젠더

여성운동이 시작하기 전부터 젠더에 대한 논의는 정치에서 중요하게 부각되었다. 전통적으로, 그리고 특히 가톨릭 국가에서 여성들은 보다 보수적이었고, 가정, 가족, 도덕에 보다 많은 관심을 가지고 있었다. 그러나 사회가 현대화되면서, 남성과 여성의 관점들은 변하고 있다. 여성들은 가정 밖에서 일을 시작했고, 사회와 경제문제에 대해서 남성들과는 차별화되는 여성들만의 관점을 발달시키고 있다. 1980년대에 **성별 격차**가 나타나기 시작하여, 그 이전보다 여성들이 자유주의적 투표성향을 보이기 시작했다. 여성들은 가정과 가족을 위한 정부의 프로그램을 지지했고, 전쟁을 강조하는 정부의 정책과 여권을 경시하는 풍조를 혐오한다. 최근의 선거결과를 보면 여성들이 이전보다 진보적인 성향을 보이고 있다.

성별 격차(gender gap)
여성들이 투표할 때 보이는 남성과의 격차.

인종과 민족

인종과 민족은 지역 및 종교와 관련이 되어 있지만, 때로는 차별적인 역할을 수행한다. 특히 다민족 사회에서 일부 인종집단이 정치적 하위문화를 형성한다. 미국의 경우 오랫동안 이주자들의 '용광로(melting pot)'로 불리고 있지만, 민족의식은 수 세기 동안 유지되고 있다. 미국의 정치는 인종적 개념으로 분류되고 있는데, 백인 앵글로-색슨 프로테스탄트(WASPs: white Anglo-Saxon Prot-estants)와 북유럽 출신들은 대체로 보수적이면서 공화당을 지지하고, 남부와 동부 유럽 출신들, 아프리카계 미국인들, 히스패닉들, 아시아계 미국인들은 자유주의적이며 민주당을 지지한다. 이는 개인과 정치의 복잡성을 너무 단순화한 것처럼 보이지만, 2012년에도 유지되었다.

엘리트와 대중의 의견

엘리트의 의견과 대중의 의견 사이에는 격차가 존재한다. 대중은 복합적인 이슈들에 대해서 이해를 잘 하지 못하지만, 정책결정이 이루어진 다음에는 반응을 보인다. 엘리트, 교육받은 사람들, 영향력 있는 사람들은 항상 보다 복합적이고 세련된 관점을 지니고 있다. 대중들은 종종 정책들을 잘못 이해하고 불평을 하기도 한다. 그들은 자신들의 기본적인 가치에 해를 입히는 데 대해서 민감하고, 불공정성이 제기될 때 과감하게 나선다.

예를 들어, 2008년 재정붕괴로 대규모의 경제침체의 위협이 고조될 때, 미국의 경제학자들, 은행가들, 의회 의원들, 대통령은 대기업에 대한 대규모의 긴급대출을 위한 정부의 프로그램 추진에 동의했다. 그러나 이는 엘리트들의 합의였고, 처음에 대중들은 어떻게 대응을 해야 하는지 알지 못했다. 이는 일반인들의 수준을 넘는 전문성이 필요한 주제였다. 그러나 2010년까지 대다수는 **긴급구제금융**에 대해서 반대했다. 구제금융으로 불황을 벗어날 수 있고, 대출금에 대한 상환이 가능해질 것이라는 설명도 받아들이지 않았다. 이 안에 찬성하는 의원들에 대해서 선거에서 보복하겠다는 위협도 했다.

마찬가지로 유럽에서도 대부분의 엘리트들은 '유로존'(유로존에는 19개국이 참여하고 있다)의 빈곤한 회원국들이 긴급금융지원을 필요로 한다는 점을 인정했다. 지원이 없으면 그 국가들은 붕괴되고 전체 유럽연합에 악영향을 미칠 것으로 예상되었다. 독일의 메르켈(Angela Merkel) 수상은 다음과 같이 말했다.

민주주의 7.2 | 여론 곡선

사람들이 이슈에 대해서 느끼는 방식은 한 쪽의 극단적 위치에서 다른 위치까지의 범위에서 여론의 분포를 나타내는 곡선에 의해서 통계적으로 요약된다. 아무도 의문을 갖고 있지 않은 주제에 대해서는 한 쪽으로 **비스듬한** 'J-곡선'의 모습을 보여준다. 예를 들어, 9/11 테러 이후 이슬람 테러리스트들을 분쇄해야 한다는 점을 원하지 않는 미국인들은 없었다 (오른쪽 제일 상단의 차트).

많은 이슈들에 대해서 여론은 가장 흔한 '종 모양의 곡선' 또는 **단봉형**(單峰形)의 분포를 보이는데, 이 형상은 양 극단의 숫자는 적고 가운데의 숫자가 많은 모양이다. 모든 선진화된 민주주의 국가에서 이념적으로 극좌와 극우의 숫자는 적고 중도에 많은 사람들이 몰려 있다 (오른쪽의 중간 차트).

세 번째 형상은 **쌍봉형**(雙峰形) 분포이며, 'U-곡선'의 모양을 보여 준다. 양 쪽 끝이 가운데 보다 많은 모양이다 (오른 쪽의 아래 차트). 대부분의 민주당 지지자들은 낙태를 지지하는 반면, 공화당 지지자들은 낙태에 반대하며, 중간 위치에 있는 사람은 별로 없다. 낙태는 정치적으로 **양극화**된 이슈다.

종 모양의 여론 곡선이 민주주의의 기초가 된다. 만약 많은 시민들이 극단적인 위치에 있게 되어서 U-곡선을 그리게 되면, 정치체제는 붕괴된다. 대표적 사례로는 1933년 독일에서 극단주의자들의 정권 장악, 1936년 스페인의 내전, 1973년 칠레에서의 군사 쿠데타가 있다. 대부분의 민주주의 국가들은 기본적인 문제들에 대해 많은 사람들이 가운데 집중되는 단봉형의 분포를 보여 주고 있다. 민주주의는 중도적인 체제이다.

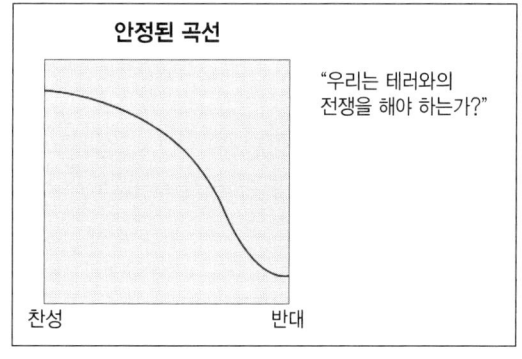

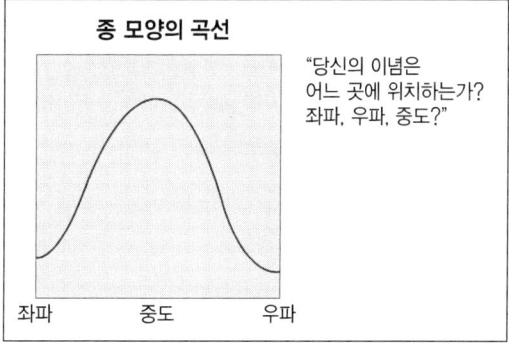

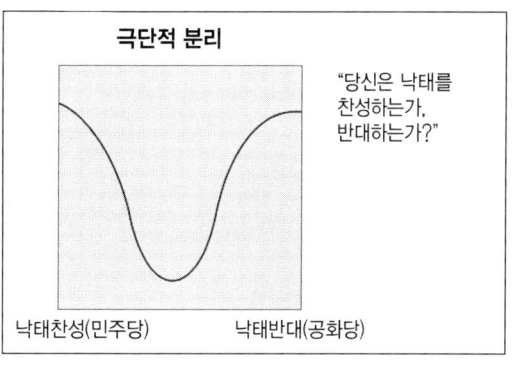

"만약 유로화가 실패한다면, 유럽이 실패할 것이다." 그러나 보통의 유럽인들, 특히 많은 재정부담을 떠안고 있는 독일인들은 분개했다. 그들은 열심히 일하고 자신의 신분에 맞는 생활을 하고 있었다. 그런데 왜 아무 생각 없이 막대한 부채를 지고 있는 국가들에 대해 구제금융지원을 해야 하는가? 미국과 유럽이

비스듬한(skewed)
한 쪽이 최고로 분포되어 있는 곡선.

단봉형(單峰形, unimodal)
가운데 하나의 봉우리만 있는 분포이며, 종 모양의 곡선.

쌍봉형(雙峰形, bimodal)
양 쪽 끝에 숫자가 많고 가운데는 적은 분포이다.

양극화(polarize)
쌍봉형 분포로 의견이 분리됨.

비슷한 상황에 놓이게 되었다.

여론에 대한 훌륭한 연구, 특히 외교정책과 금융과 같이 복잡하고 전문화된 분야에 대한 연구는 항상 엘리트의 여론과 대중의 여론 사이를 구분한다. 대중 여론은 대체로 정보가 부족하고 분노를 하고, 건전한 정책 수립을 위한 기반이 약하다. 대체로 누가 통치를 해야 하는가 고전적 질문이 제기된다. 복합적인 문제들을 이해하는 전문가들이 해야 하는가, 아니면 일반 시민들이 해야 하는가? 대부분의 정치학자들은 일반 여론이 정책결정을 주도할지도 모른다는 점에 대해서 우려를 하고 있다.

여론조사

7.3 무엇이 여론조사를 잘못되게 하는지 설명한다.

여론을 측정하는 방법에는 여러 가지가 있다. 의회 의원들은 매일 자신들이 받는 전화를 통하여 여론을 조사한다. 보다 최근에 그들은 소셜 미디어인 트위터의 반응 숫자를 통해 대중(특히 젊은층)의 지지를 확인한다. 당신은 지역의 커피숍에 가서 사람들이 무엇에 대해서 대화를 하는지 확인할 수 있다. 그러나 이러한 모든 방식들은 침묵하는 사람들이 어떠한 의견을 가지고 있는지를 밝히지는 못한다.

여론조사는 그 결과가 보다 많은 사람들의 의견을 반영한다는 점을 확인하기 위해서 설계된다. 특히 선거가 있는 해에 실시되어 발표되는 조사결과는 매우 관심 있게 관찰이 된다. 전쟁, 실업, 헬스케어, 선거 후보들에 대해서 국민들이 일상적으로 생각하는 방향에 대한 통계가 거의 매일 발표된다.

그러나 여론조사의 정치적 부작용에 대해서 논쟁이 지속되고 있다. 예를 들어, 여론조사는 불확실한 의견에 대해 과도한 관심과 영향을 미치지는 않는가? 언론인들은 여론조사를 권위 있는 평결로 간주하여 자신의 논리를 충족시키는 데 활용하지는 않는가? 여론조사는 공공정책을 결정하기 위한 공정하고 민주적인 방법으로 간주해도 되는가? 여론조사는 정책을 결정하기에 충분한 신뢰를 갖고 있는가? 누가 여론조사를 활용하고, 어떠한 목적을 충족시키고, 우리는 조사결과를 믿을 수 있는가?

이와 유사하게, 사람들이 표현하는 의견들은 그들이 이슈들에 대해서 어떻게 생각하는지를 진실로 반영하는가? 대체로 대부분의 사람들은 정치에 별로 관심을 두지 않는다. 그들은 자신들에게 직접 연관이 되지 않는 이슈들에 대해서 별로 관심을 보이지 않으며, 대부분의 이슈들에 대한 정확한 정보도 얻지 못한다. 예를 들어, 조사받은 미국인들 중의 절반이 자기 지역구 의원의 이름을 제대로 밝히지 못하고 있다. 따라서 전체 대중 중에서 일부분만이 대부분의 이슈들에 대한 분명한 견해를 유지하기 위해서 뉴스보도와 사설에 충분한 관심을 보이고 있다. 여론조사는 모든 불확실성에 대해서 사람들이 그리는 정확한 그림을 반영할 수 있는가?

따라서 잘 설계된 설문조사는 대중의 의견을 파악하는 가장 최선의 방법이지만, 조사결과를 맹목적으로 받아들일 필요는 없다. 여론조사 결과로부터 획득할 수 있는 것에는 한계가 있다. 정책결정자들은 여론조사로부터 획득한 것과 자신이 알고 있는 지식 사이의 균형점을 찾아야 한다.

여론조사 기술

1,000명의 사람이 수천만 명의 잠재적 투표자들의 의견을 어떻게 표현할 수 있을까? 그 대답은 복합적이지만, 다음에서 요약되는 기술에 의하여 모색된다.

모집단으로부터 표본추출 여론조사자는 우선 자신이 어떤 사람들의 의견이 대표되도록 조사하기를 원하는지 결정을 해야 한다. 일반적으로 여론조사는 어린이들이 아니라 어른들의 의견에 대해서만 관심을 가지고 있다. 그러나 모든 성인들의 의견들이 동등한 중요성을 가지는 것은 아니다. 대체로 여론조사자들은 앞으로 다가 올 선거에 투표할 가능성이 있는 성인들에 대해서만 관심을 가진다. 다음으로 조사자들은 등록된 투표자들 또는 선택된 집단의 의견에 대한 관심을 가지는데, 그들은 **유력한 유권자**들이다. 여론조사 결과를 대표하는 사람들이 **모집단**이다.

대부분의 여론조사 모집단에는 너무 많은 사람이 있어서 그들 모두를 조사 대상으로 하기는 어렵다. 여론조사자들은 모집단으로부터 **표본**을 추출하고, 질문에 대한 표본의 답변을 전체 모집단의 의견으로 **추론**하는 데 사용한다. 표본의 대표성이 보장되는 한 추론의 정확도는 높다. 표본이 대표성을 가지기 위해서는 모집단의 모든 구성원들이 표본으로 선택될 수 있는 동등한 기회를 가져야 한다. 조사 이후의 통계는 500, 1,000, 1,500명의 표본이 약간의 **오차범위**를 지니고 전체 모집단의 의견을 대표할 수 있다는 점을 보여주는데, 표본의 크

유력한 유권자(likely voters)
과거 투표참여와 의도를 봤을 때 향후 선거에 참여할 것으로 보이는 사람.

모집단(population)
여론조사를 대표하는 모든 사람들.

표본(sample)
조사의 대상으로 선택된 사람들이며, 통상적으로 전체를 대표한다.

추론(inference)
표본의 의견이 전체 모집단의 의견을 반영한다고 수용하는 것.

오차범위(margin of error)
표본의 의견이 모집단의 의견과 차이가 날 수 있는 범위이며, '+/− 3%'로 표시된다.

기가 클수록 오차범위가 줄어든다.

단순확률표본(simple random sample) 무작위로 선택된 모집단의 하위 집합.

대표성 있는 표본을 추출하는 가장 기본적인 방법은 **단순확률표본** 방식을 활용하는 것이다. 모집단의 모든 사람의 이름표가 들어 있는 모자 안에서 표본을 위한 이름표를 뽑는 것과 같은 방식이다. 여론조사자들은 '집락표집(cluster sampling)' 또는 '층화표집(stratified sampling)'과 같이 보다 복잡한 무작위 표본추출 방식을 사용하는데, 집락표집은 개별적으로 인터뷰를 해야 하는 여행비용을 절약해 주고, 층화표집은 전체 모집단 내의 하부 집단들이 적절성 있게 대표한다는 확신 하에서 표본을 추출하는 것이다. 어떠한 표본추출 방식을 사용하든지, 그 방식들 모두는 대상 모집단의 각 구성원들이 유효한 조사를 하기 위해 선택되는 동등한 기회를 가진다는 기준에 부합된다.

표본에 접근하는 방법 다음 단계는 여론조사자의 질문에 대답을 하는 응답자로 알려져 있는, 표본에 포함된 사람들에게 접근하는 것이다. 여행비용 때문에 조사 응답자들을 직접 만나는 것은 비용이 많이 드는 방식이며, 선진국에서는 별로 사용되지 않고 있다. 전화나 컴퓨터가 흔하지 않은 개도국에서는 직접 만나서 하는 대면조사가 유일하게 가능한 방식이다. 우편으로 조사하는 방식도 비용이 많이 들며, 얼마나 돌아올지 모를 회신에 의존을 해야 한다. 온라인 또는 이메일로 하는 조사가 점차 공통적인 방식이 되고 있으나, 누구나 컴퓨터를 가지고 있지 않으며 포괄적인 이메일 주소 리스트도 존재하지 않는다.

선진국에서 가장 공통적인 조사방법은 전화를 통한 조사를 하는 것이다. 여론조사자들은 대상지역의 전화번호를 무작위로 추출하는 무작위 전화걸기(RDD: Random Digit Dialing) 방식, 또는 투표자 등록 파일에서 표본을 추출하는 등록기반표집(RBS: Registration Based Sampling) 방식을 사용한다. 각 방식은 장단점이 있다. 전화 조사방식은 대면 인터뷰보다 적절한 방식이지만, 전화 또는 조사자의 질문에 대답하는 것을 꺼리는 사람들의 증가는 조사결과의 신뢰를 위협하고 있다.

질문하기 한 쪽으로 편향된 응답을 피하기 위해서 공정한 문구로 질문을 하는 것이 중요하다. 예를 들어, 1999년에 『워싱턴포스트』/『ABC TV』가 시행한 여론조사는 전체 응답자를 반으로 나누어서 다른 질문을 했다. 응답자의 50퍼센트에게는 만약 탄핵이 추진되면 클린턴 대통령이 사임을 해야 하는가, 아니면 "상원에서 혐의에 대해서 투쟁을 해야 하는가"의 질문을 했다. 응답자의 59퍼센트가 사임을 해야 한다고 답을 했다. 전체 응답자의 나머지 50퍼센트에게는 내용은 같지만 문구를 다르게 해서 질문을 했다. 탄핵이 추진되면 사임을 해야 하는가, 아니면 "대통령 직을 유지하면서 상원의 판결에 맞서야 하는가." 이 질문에 대한 응답자들의 43퍼센트가 사임을 해야 한다고 대답했다. 약간의 차이가 나는 문구, 즉 "투쟁하다(fight)"와 "판결에 맞서다(face)"의 차이가 결과를 다르게 나오게 했다. 또 다른 사례는, 1992년의 여론조사에서 문구가 잘못된 질문(이중 부정 문장)에 대해서 5명 중의 1명의 미국인들이 나치의 대학살이 실제로 있었다는 데 대해서 의문을 표시했다. 1994년에 보다 분명한 내용의 질문을 했을 때. 오직 2퍼센트만이 대학살이 발생한 데 대해서 부인을 했다. 여론조사자는 어느 한 응답자를 다른 응답자보다 고무시켜서 결과가 편향되게 나오도록 목소리의 톤을 다르게 하거나 동정적인 태도를 보이지 말아야 한다.

여론조사는 얼마나 신뢰할만한가?

우리가 여론조사의 한계를 인정하는 한 여론조사의 결과는 신뢰할 만 하다. 미국의 여론조사 기관은 매년 수십억 달러의 비용을 지출하고 있으며, 선거 후보자들은 대선 예비선거와 총선을 앞두고 수천 회의 빠른 '추적 여론조사'를 의뢰한다. 그들은 이 여론조사를 통하여 선거결과를 예측하고, 투표자들이 관심을 가지는 이슈들에 대해 이해를 한다. 누가 투표할 것인가를 알 수 있게 되는 것은 선거 이전의 여론조사에서 매우 중요하다. 투표할 것이라고 대답한 많은 응답자들이 실제로는 투표를 안하는 경우가 많다. 이 유권자들과 후보를 아직 결정하지 않았다는 응답자들은, 투표를 할 것이고 이미 후보자를 결정했다는 사람들과 같은 수준으로 분열하는 투표성향을 보이지는 않을 것이다. 이러한 관점을 무시했기 때문에, 1948년 미국 대선에서 트루먼이 패배할 것이라고 잘못 예상했다. 높은 투표율이 선거결과를 변화시킬 수 있다.

여론은 **가변성**이 있고, 특히 사건의 영향이 있을 때 빠르게 변할 수 있다. 1965년에 미국의 존슨(Lyndon Johnson) 대통령이 베트남전쟁을 확대하기 시작할 때 그의 참모 한 명이 그에게 "여론이 전폭적으로 우리 편으로 기울고 있다"고 존슨에게 말했다. 여론조사를 중요하게 따르던 노련한 정치가였던 존슨은 "그렇다. 그런데 시간은 오래 가지 않을 것이다"라고 답했다. 그가 옳았다. 1965년에 3분의 2가 전쟁을 지지하던 여론이 1968년에 3분의 2가 전쟁을 반대했다. 이와 비슷한 사례가 이라크와의 전쟁에서 발생했다. 2003년에 3분의 2가

가변성(volatility)
여론이 빠르게 변하는 성향.

이라크와의 전쟁을 지지했으나, 2006년에는 3분의 2가 반대했다. 미국인들은 오래 계속되고 언제 끝날지 모르는 전쟁을 싫어한다.

응답자들이 전혀 모르는 이슈에 대해서 여론조사자들이 질문을 할 때 가변성이 나타나기도 한다. 사람들은 자신이 그 이슈에 대해서 이전에 생각해 본 적이 없더라도 자기가 아는 것처럼 보이기를 원하기 때문에 질문에 대한 답을 주는 경향이 있다. 여론조사자들은 이러한 불명확한 대답을 우연이라도 측정하는 것을 피해야 한다. 새롭거나 복합적인 이슈들이 불명확한 대답이 나올 확률이 높은 것들이다. 이러한 불명확한 대답들 때문에 여론조사의 가변성이 나타나는 것이다. 대중은 쉽게 자기의 마음을 바꾸지 않는다. 그런데 여론조사 결과가 변화하는 것은 응답자들이 잘 모르는 이슈에 대해서 과거에 자기가 어떻게 대답했는지 기억을 못하고 다음 조사에서 다른 대답을 하기 때문이다.

전화 여론조사의 신뢰성을 위협하는 다른 요인은 '무응답자'의 비율이 높아지는 것이다. 전화판매원들의 전화에 짜증이 난 사람들은 무언가를 부탁하는 전화는 끊어버린다. 수신번호를 확인하고 모르는 번호로부터 오는 전화는 받지 않는다. 응답률이 낮아지면, 그 조사는 무작위 또는 대표성을 가진 조사가 되지 않는다. 인터넷을 통한 조사도 응답자들이 '스스로 선택'하고 평균 이상의 소득과 교육을 받은 사람들이기 때문에 같은 문제를 안고 있다. 자신이 참여하려는 의지를 가진 사람들에게서만 응답을 받는 여론조사는 효력이 없다.

휴대폰의 증가도 유사한 문제의 원인이 되고 있다. 최근까지 여론조사자들은 유선전화로만 조사를 했다. 오늘날 많은 사람들이 집 전화는 없고 휴대폰만 소유하고 있다. 대부분의 젊은 사람들은 오직 휴대폰만 가지고 있기 때문에 조사자들이 그들의 의견을 청취하기가 어렵다. 최근 들어 조사자들은 휴대폰도 자신들의 표본에 포함시키고, 표본들 중에 놓친 부분들에 대해서 통계학적으로 보완하려는 노력을 하고 있다.

기술과 대중의 습관이 변화하는 데 따라 여론조사자들은 자기들의 조사방법을 지속적으로 업데이트해야 한다. 그들은 선거 후보자, 미디어, 대중에게 유용한 정보를 제공하여 수입을 올리고 있다. 만약 그들의 방법이 신뢰를 받지 못하게 되면, 신뢰를 보이는 경쟁자들에게 사업을 빼앗길 것이다. 2012년 갤럽의 마지막 여론조사 결과는 롬니(Mitt Romney)가 오바마(Barack Obama)를 이길 것이라고 전망했다. 갤럽은 앞서 언급한 분야들의 실수들로 인하여 잘못된 예측을 했고, 이후 사업상으로 많은 손해를 보게 되었다.

학습방법 7.1

변수

변수(variable)는 변화하는 요소이며, 변화의 기초가 된다. 이 장에서, 나이, 종교, 교육, 소득이 여론을 형성하는 변수들이다. 당신은 할 수만 있다면 이 요인들을 계량화한다. 변수들은 두 가지의 기본 형태를 보이는데, 그들은 **독립변수**와 **종속변수**다. 독립변수는 당신이 생각하기에 변화에 영향을 미치거나 원인이 되는 것이지만, 당신은 항상 확신을 할 수는 없다. 예를 들어, 당신은 국가의 1인당 GDP가 민주주의로 인도한다고 가정할 수 있다. 1인당 GDP는 독립변수이고, 민주주의는 종속변수이면서 다른 변수들의 영향에 의존하는 변수이다.

당신은 이 둘을 서로 바꿀 수 있으며, 민주주의가 부(富)에 영향을 미치는 독립변수로 만들 수 있다. 인과관계는 입증하기가 매우 어려우며, 인과적 흐름은 양 방향으로 이루어진다. 일부 사람들은 민주주의가 번영을 가져 온다고 주장한다. 물론 일부의 경우에 인과관계는 한 방향으로만 이루어질 수도 있다. 우리는 '프로테스탄트교의 백인 남성'을 공화당에 투표하는 독립변수로 볼 수 있지만, 공화당에 대한 투표가 사람들로 하여금 프로테스탄트교의 백인 남성으로 전환되게 할 수 있다는 말을 할 수가 없다.

만약 당신이 측정할 수 있는 수준의 두 가지 변수를 가지고 있다면, 당신은 시간의 흐름에 따라 그들을 추적할 수 있으며, 긍정적인 **공분산**(共分散)을 보여주기 위해서 같은 그래프에 두 개의 선을 그릴 수 있다. 긍정적인 공분산은 하나가 변하면 다른 것도 변한다는 것이며, 이는 당신이 추구하는 주제를 지지하는 데 시간이 오래 걸릴 수도 있다. 때때로 당신은 부정적인 또는 반대의 공분산을 보게 되는데, 이는 하나가 올라가면 다른 것은 내려가는 것이지만, 이것도 당신의 주제를 입증할 수 있다. 만약 공분산이 거의 또는 전혀 없게 되면, 즉 그래프의 두 선이 서로 연관이 없이 혼란스럽게 되면, 당신은 원점으로 돌아가서 당신의 주제를 바꿔야 한다. 때때로 공분산은 시간의 간격을 두고 발생하여 당신에게 보다 흥미로운 주제를 제공한다. 예를 들어, 대통령은 외교정책 결정을 하는데, 여론은 그 정책에 대해서 6개월 뒤에 반응을 하는 경우도 있다.

국가여론

7.4 여론을 구성하는 강도계수(intensity factor)를 설명한다.

지도자에 대한 지지의 변화

국가 여론조사에 있어서 가장 오래되고 중요한 사항들 중의 하나는 지도자가 얼마나 직무를 충실히 수행하느냐는 질문인데, 이 질문은 반드시 국민들이 지도자를 얼마나 '좋아하는지'를 묻는 것이 아니다. 그러나 실제에 있어서 지도자를 좋아하는 응답자는 지도자의 업무실적에 대해서도 인정을 할 것이다. 따라

독립변수(independent variable)
어떠한 것이 발생하도록 영향을 미치거나 원인이 된다고 생각되는 요인.

종속변수(dependent variable)
'독립변수'의 영향 하에서 변화하는 요인.

공분산(共分散, covariance)
두 개의 요인들이 서로 얼마나 강하게 연관되면서 함께 변하는지를 밝히는 것.

허니문(honeymoon)
임기 초기의 지도자에 대한 높은 지지.

결집효과(rally event)
지도자에 대한 지지가 일시적으로 상승되는 효과.

(* 역자 주)
한국의 경우 김영삼 대통령은 정권 초기 금융실명제 실시, 군대 내의 하나회 제거 등 경제와 정치면에서 민주화 조치를 취했으나, 대북정책의 실패로 정권을 잃었다. 반대로 노무현 대통령은 개성공단 추진, 남북정상회담 등으로 지지율이 올랐으나, 임기말 양극화 현상의 심화로 정권 재창출에 실패했다.

서 지도자의 능력에 대한 여론조사에 '인기'라는 개념이 사용되는 경우가 가끔 있다. 정확한 개념은 '지지' 또는 '인정'이다.

전형적으로 지도자들은 높은 지지율로부터 시작하고, 이후에 그 지지율은 점차 하락한다. 임기 첫 해의 몇 달 동안 그들은 언론 및 대중들과 **허니문** 관계를 가진다. 대중들의 높은 지지는 대통령으로 하여금 자신의 법안이 의회에서 쉽게 통과되는 효과를 낸다. 아이러니하게도 이러한 초기의 높은 지지는 대통령의 팀이 경험이 적거나 대통령의 목표를 달성하기 위한 이로운 수단이 별로 많지 않을 때 이루어진다. 그러나 몇 년이 지나고 난 후 경제가 나빠지고 외교정책이 실패하는 등 문제들이 축적이 되고, 이러한 상황에서 지지율은 점차 하락한다. 대통령들이 첫 해에 받은 지지율을 그대로 유지한 채 임기를 끝내는 경우는 거의 없다.

대통령이 강한 압박 하에 놓이거나 주요 조치를 취할 때, 그에 대한 지지율이 일시적으로 오르게 된다. 어려운 결정을 하거나 결정적인 대응을 하는 지도자에게 국민들의 지지가 결집되는 것이다. 정치학자 뮬러(John Mueller)는 이를 **결집효과**로 불렀다. 1979년 미국의 카터 대통령은 미국인들이 이란에 인질로 잡혔을 때 지지율이 13퍼센트 상승했으나, 얼마 지나지 않아 무능함 때문에 비난을 받았고 재선에 실패했다. 미국의 41대 부시 대통령은 1991년의 걸프전이 시작되면서 지지율이 18퍼센트 상승했으나, 장기적인 경기 침체의 책임으로 1년 반 뒤의 재선에 실패했다. 43대 부시대통령은 9/11 테러로 35퍼센트의 지지율 상승이 있었고 이 지지율은 2003년의 이라크 공격 당시에도 유지가 되었으나, 이라크 문제가 장기화되면서 지지율이 하락했다. 2011년 오사마 빈 라덴을 살해하면서 오바마 대통령의 지지율이 11퍼센트 상승했다.*

특히 임기 후반에 있는 대통령들은 자신들의 하락된 지지율을 상승시키기 위해서 극적인 조치를 취하는 등 결정적인 모습을 보이려고 노력한다. 외국 지도자들과의 정상회담 실시, 테러리스트들에 대한 과감한 공격, 인질로 억류된 자국민들의 구출작전 실시 등이 지도자들에 대한 지지율을 상승시킨다. 미국의 트루먼, 케네디, 닉슨, 카터, 레이건, 두 부시 대통령들에 대한 최고의 지지율은 극적인 외교정책의 이벤트로 가능했다. 1961년 쿠바의 카스트로를 제거하기 위한 피그만 공격이 실패했는데도 미국인들은 케네디 대통령에 대한 지지를 결집했다. 그러나 모욕적인 상황이 오래 지속되면, 대통령의 지지율은 하락하는데, 그 사례로 카터와 레이건이 이란을 다루는 데 있어서 결정적이지 못했기 때문에 인기가 하락했다. 이와 유사하게 전쟁이 지연되면 인기에 치명상을 입게 된다. 트루먼이 한국전쟁에서, 존슨이 베트남전쟁에서, 그리고 부시 대통령(아들)이 이라크에서 경험했다. 경제 불황도 인기에 악영향을 미친다. 5명의 미국 공화당 출신 대통령이 이에 해당되었는데, 그들은 아이젠하워, 포드, 레이건, 두 명의 부시 대통령들이었다. 활성화된 경제는 대통령의 인기에 많은 도움을 준다. 클린턴 대통령의 경우 탄핵이 시도되는 와중에도 1990년대 후반의 경제 호황으로 높은 지지율을 유지했다. 오바마의 지지율은 경제 성장이 둔화되었을 때 낮아졌다가, 경제가 개선되면서 지지율이 올라갔다.

자유주의와 보수주의

여론의 양극화가 이루어지는 경우가 많다. 정치학자들은 자유주의와 보수주의의 분열이 엘리트들 사이의 단순한 동요인지, 아니면 대중이 이념적으로 단봉형(unimodal)을 탈피하여 쌍봉형(bimodal)으로 나아가게 된 것인지에 대한 논쟁을 벌인다. 일부 여론조사 결과는 많은 사람들이 자신이 온건하다고 하면서, 일부 이슈들에 대해서 자유주의적 시각을 보이면서 다른 이슈들에 대해서는 보수주의적 시각을 보인다고 한다. 일부 학자들은 우리가 정치에 대해서 무지한 사람들보다는 정치에 대해서 관심을 보이는 사람들에게 초점을 맞추어야 한다고 주장한다. 정치학자 애브람위츠(Alan Abramowitz)는 이를 정치적 양극화로 설명한다. 자유주의와 보수주의가 동의하는 이슈들은 점차 줄어 간다. 대부분의 자유주의자들은 국민들에게 보다 많은 서비스를 제공하는 큰 정부를 지지하는 한편, 비슷한 수의 보수주의자들은 보다 적은 서비스를 제공하는 작은 정부를 선호한다.

'경제적' 자유주의와 '비경제적' 자유주의의 차이에 대해서 논하는 것도 흥미롭다. 은퇴한 사람들은 경제적 자유주의의 프로그램인 사회적 보호와 의료지원에 대해서 지지를 하지만, 자신은 전통적 가치에 있어서 보수주의자라고 주장한다. 그들은 비경제적 문제에 있어서 '보수주의'를 지향한다. 그러나 정부의 의료사업 지원과 같은 경제적 이슈들에 대해서 (때로는 무의식적으로) 초자유주의적 입장을 견지한다. 여기서 특정 이슈에 따라 변화하는 자기 정체성의 혼란이 야기된다. 살아 온 성향이 그렇기 때문에 자신을 보수적이라고 하는 사람들도 실제로 정부가 자신을 위해 경제적 지원을 할 때에는 경제적 자유주의의 시각을 가지게 된다. '온건'한 입장을 가지는 사람들도 늘어나고 있다. 경제 이슈에 대해서 자유주의 시각을 가지고 있으면서 비경제 이슈에 대해서 보수주의 시각을 가지고 있는 사람, 그리고 그 반대의 사람 모두가 자신들이 온건적 입장을 가지고 있다고 한다. 최근 들어서 '자유주의'라는 용어가 비교적 대중적이지 못하게 되었고, 많은 자유주의자들은 자신이 '진보주의자' 또는 온건주의자로 불리는 것을 선호한다.

누가 관심을 기울이는가?

여론은 분열되어 있다. 집단들은 서로 다른 문제들에 관심이 있다. 농부들은 수확물의 가격에 대해서 관심이 있고, 부유한 사람들은 세금에 대해서, 철강과 자동차 산업 종사자들은 수입(輸入)에 대해서, 여성과 소수민족은 평등에 대해서 관심을 가진다. 어느 한 집단이 만족할 때 다른 집단은 불만족할 수도 있다. 경제성장은 부유한 사람들에게 환영할만한 일이지만, 가난한 사람들에게는 빈부격차를 심화시키는 불만스러운 것이다.

관심대중(attentive public)
특히 국내외 문제를 포함하는 정치에 관심을 가지는 시민들.

수는 별로 많지 않지만 **관심대중**(앞의 '고전 정치학' 글상자 참조)은 강력한 정치적 영향력을 가지는데, 그 이유는 관심을 가지는 사람들이 아이디어를 가지고 있으며, 이를 실현하여 정치적 능력을 구현하기 때문이다. 때때로 그들은 일반대중을 선동하기도 한다. 베트남전쟁과 이라크전쟁, 그리고 남아공의 인종차별에 대한 반대는 교회, 신문, 대학에서 말하고 기록한 소수의 비판자들로부터 시작되었다. 일반대중들은 별로 관심을 가지지 않는 상황에서, 관심대중이 중동과 아프리카의 잔인한 행위에 대해 관심을 가지기 시작했다. 관심대중은 무관심하고 지연된 반응을 보이는 일반대중들에게 '점화 플러그' 역할을 한다.

이러한 이유로 모든 체제들은 지식인들을 조심스럽게, 때로는 의구심을 가지고 대한다. 공산주의 체제들은 반체제 지식인들을 색출해 내기 위해서 대규모 노력을 기울인다. 정치인들과 행정부 관리들은 일반대중과 다음 선거에 영향을 줄지도 모르는 비판을 최소화하기 위해서 관심대중들에 대해서 많은 시간과 에너지를 투입한다. 정부와 뉴스 미디어의 관계는 최후까지 양보를 하지 않고 긴장을 늦추지 않는 게임이다. 일반대중들이 무관심하고 낮은 수준의 흥미를 갖고 있다는 점을 알고 있는 엘리트들은 여론에 별로 관심을 가지지 않는 태도를 보이는 경향이 있다. 1998년의 퓨(Pew) 연구는 대부분의 일반대중들이 일상적인 중요한 이슈들에 대해서 의미 있는 의견을 가지는 방법을 충분히 알고 있지 않다는 점을 발견했다. 다시 말해서, 엘리트들은 제기되는 문제들에 대해서 자신들이 가장 잘 알고 있기 때문에 자신들이 결정을 해야 한다고 믿고 있다. 불행하게도 민주주의에 있어서 그들의 의견이 옳다.

일반대중이 가진 무관심과 분열 때문에 그들의 견해가 식별되기 어렵고 그들의 견해가 정책결정에 거의 영향을 주지 못한다. 선출된 지도자들은 가장 적극적인 견해를 가진 집단에 관심을 기울이는 경향이 있다. 여론조사를 보면, 대부분의 사람들은 낙태를 허용할 것이지만, 낙태를 강력하게 지지하는 사람들은 거의 없다. 전국적으로 낙태를 반대하는 사람들의 수는 적지만, 그들의 견해는 **강렬함**을 보이고 있기 때문에 낙태에 대해서 적극적인 관심을 가지지 않는 사람들을 압도할 수 있다. 유대인은 미국인구의 2퍼센트 이내지만, 그들은 이스라엘에 대한 강력한 지지자들이기 때문에 대부분의 선출된 관료들은 친 이스라엘 입장을 견지하고 있다. 소수가 가진 강력한 견해가 무관심한 다수를 압도하는 경우가 종종 있다.

강렬함(intensity)
어떠한 의견이 가진 확고함과 열정.

관심대중과 열정적인 의견 보유자들의 불균형적인 영향은 여론의 문제들 중의 하나로 부각되고 있다. 때때로 '대중'의 의견이 거의 없고, 이슈들에 관심을 가지거나 주의를 기울이는 소규모 집단들의 산재된 의견만 있을 경우가 있다. 그들의 견해들은 대표성이 부족한 이유로 제외되어야 하는가, 또는 그들은 실제로 관심을 가지는 유일한 사람들로 비중 있게 다루어져야 하는가? 어느 것이 더 민주적인 접근인가? 대부분의 사람들은 미온적인 견해라도 가장 많은 사람들의 견해를 따라가는 것이 민주적이라고 주장한다. 그러나 심각한 문제에 대한 의견이 필요할 때, 대부분의 사람들은 대중들이 무지하거나 잘못된 의견을 갖고 있을 때 단순히 머리 수만 세는 것은 바람직하지 않다고 주장한다.

여론조사는 공정한가?

여론조사는 단순히 여론을 모니터하는 것만이 아니라 여론을 형성하는 데 기여도 한다. 비판가들은 공표되거나 방송되는 여론조사 결과가 선거를 왜곡할 수도 있다는 주장을 한다. 예를 들어, 뉴스 미디어는 어느 한 후보가 다른 후보를 앞선다는 여론조사 결과를 계속 강조할 수 있다. 이러한 공표를 하게 되면, 뒤지고 있는 후보자는 지지자들과 후원자들이 흥미를 잃게 되어 자신의 선거캠페인이 부실하게 된다고 주장한다. 특히 캠페인 초기에 빈약한 여론조사 결과가 나오면 일부 후보자들은 스스로 실패를 감지하게 된다. 초기 여론조사에서 앞선 후보들은 보다 많은 후원을 받고, 보다 많은 언론의 주목을 받으며, 보다 많은 지지자들을 확보하게 된다.

현재 이루어지고 있는 논쟁 중의 하나는 투표자가 투표를 하고 투표소를 나오자마자 질문을 받는 '출구조사'의 효과에 관한 것이다. 미국의 경우, 동부와 서부 사이의 시차가 3시간이 나기 때문에, 서부에서는 아직 투표가 진행되고 있는 시간에 동부에서는 텔레비전에서 출구조사의 결과를 가지고 당선자를 전망할 수 있게 된다. 동부에서의 이른 예측이 서부의 투표에 영향을 미치는가? 대통령 후보에 대한 이른 예측은 정확할 수 있지만, 이른 예측에 의한 투표자들의 감소는 보다 많은 사람들이 투표를 했다면 승리했을 가능성이 있는 주 또는 지방 후보자들에게 피해를 줄 수도 있다. 일부 사람들은 출구조사 결과의 방송을 늦추어야 한다는 요구를 하고 있다. 프랑스는 선거일 이틀 전부터 선거 당일 까지 여론조사의 공표를 금지하고 있다.* 선거 당일 오후 8시에 투표가 끝난 다음에야 조사결과를 발표할 수 있다. 출구조사가 미국 대선 투표에 영향을 미치지는 않지만, 하원, 상원, 주 의회의 선거에는 영향을 미칠 수도 있다는 근거가 발견되고 있다. 여론조사 결과가 특히 빠르게 공표되는 경우 그 영향은 중립적이지 못하지만, 이를 통제하기 위한 헌법상의 법적인 방법을 찾아내기가 어렵다.

(＊역자주)
한국의 경우, 선거 일주일 전부터 여론조사 공표를 금지하고 있다. 국민의 알 권리 침해이기 때문에 일주일의 기간을 줄이거나, 폐지해야 한다는 요구가 일부 나오고 있다.

국가는 여론조사에 의해서 통치되어야 하는가?

앞서의 논의에서 의미하는 바와 같이, 대체로 국가는 여론조사에 의해서 통치되어서는 안된다. 첫째, 여론은 폭 넓게 변화하는 성향이 있다. 일반대중들은 많은 이슈들에 대해서 지식이나 의견이 없고, 이는 소수가 여론조사의 결과를 좌우한다는 의미이다. 특히 커뮤니케이션의 수단을 장악하고 있는 지도자들은 자기가 생각하는 방향으로 여론에 영향을 미칠 수 있고, 자신들이 듣기 원하는 종류의 피드백이 만들어지도록 유도할 수 있다.

질문지의 문구와 표본의 선택은 조사결과를 심각하게 왜곡할 수 있다. 여론조사는 표준화된 질문들과 무작위 표본선택 방법을 활용하여 전문가들에 의해서 이루어져야 한다. 당신을 한 방향으로 몰고 가는 '편향적 조사'에 대해서는 답을 할 필요가 없다. 전화조사에 대한 낮은 응답률은 조사의 신뢰성을 저하시킨다. 응답의 가변성과 불명확한 대답도 여론조사의 심각한 문제가 되고 있다. 어떤 해에는 지지하던 여론이 다음 해에는 반대할 수도 있다. 여론조사를 신봉하는 최고 지도자들은 스스로 함정에 빠질 수 있다. 조사가 잘 된 여론조사는 특정한 시기의 여론에 대한 유용한 스냅 사진이 될 수 있지만, 신중한 분석과 세심한 예측을 대체할 수는 없다.

Q 토의질문

1. 정부는 여론을 따르거나 창조하는가?
2. 국가의 여론을 형성하는 데 종교는 얼마나 중요한 역할을 하는가?
3. 정치세대의 이론은 무엇인가?
4. 세 가지의 고전적인 여론 곡선은 어떤 것인가?
5. 왜 『리터러리 다이제스트(*Literary Digest*)』는 1936년 선거를 틀리게 예측했는가?
6. 왜 여론조사들은 1948년 선거를 틀리게 예측했는가?
7. 왜 모집단에서 표본을 추출하는 방식을 알리는 것이 중요한가?
8. 무작위 표본은 무엇인가?
9. 무엇으로 대통령의 '인기'를 실제로 측정할 수 있는가?
10. 응답자의 강력한 태도와 가변성은 무엇인가?

핵심용어

가변성(volatility) p. 171
강렬함(intensity) p. 177
결집효과(rally event) p. 174
경제적 이슈(economic issues) p. 162
공분산(共分散, covariance) p. 174
관심대중(attentive public) p. 176
단봉형(單峰形, unimodal) p. 168
단순확률표본(simple random sample) p. 170
독립변수(independent variable) p. 173
모집단(population) p. 169
반교권 중심주의(anticlericalism) p. 164
비경제적 이슈(noneconomic issues) p. 162
비스듬한(skewed) p. 167
사회계급(social class) p. 161
사회적 유동성(social mobility) p. 162
성별 격차(gender gap) p. 165
수명주기(life cycle) p. 165
신앙심(religiosity) p. 164
쌍봉형(雙峰形, bimodal) p. 168
양극화(polarize) p. 168
여론(public opinion) p. 156
오차범위(margin of error) p. 169
유력한 유권자(likely voters) p. 169
일화적(anecdotal) p. 157
정치적 세대(political generations) p. 165
종속변수(dependent variable) p. 173
지역(regions) p. 163
추론(inference) p. 169
특징(salience) p. 160
표본(sample) p. 169
허니문(honeymoon) p. 174

참고문헌

Abramowitz, Alan. I. *The Disappearing Center: Engaged Citizens, Polarization and American Democracy*. New Haven, CT: Yale University Press, 2010.

Alvarez, R. Michael, and John Brehm. *Hard Choices, Easy Answers: Values, Information, and American Public Opinion*. Princeton, NJ: Princeton University Press, 2002.

Aronowitz, Stanley. *How Class Works: Power and Social Movement*. New Haven, CT: Yale University Press, 2003.

Asher, Herbert. *Polling and the Public: What Every Citizen Should Know*, 8th ed. Washington, DC: CQ Press, 2010.

Berinsky, Adam J. *In Time of War: Understanding American Public Opinion from World War II to Iraq*. Chicago: University of Chicago Press, 2009.

Dalton, Russell J. *Citizen Politics: Public Opinion and Political Parties in Advanced Industrial Democracies*, 5th ed. Washington, DC: CQ Press, 2008.

Druckman, James N., and Lawrence R. Jacobs. *Who Governs? Presidents, Public Opinion, and Manipulation*. Chicago, IL: University of Chicago Press, 2015.

Lardner, James, and David A. Smith, eds. *Inequality Matters: The Growing Economic Divide in America and Its Poisonous Consequences*. New York: New Press, 2005.

Mueller, John. *War, Presidents and Public Opinion*. New York: Wiley, 1973.

_____. *Overblown: How Politicians and the Terrorism Industry Inflate National Security Threats and Why We Believe Them*. New York: Simon & Schuster, 2006.

Murray, Charles. *Coming Apart: The State of White America, 1960–2010*. New York: Crown, 2012.

Silver, Nate. *The Signal and the Noise: Why So Many Predictions Fail-But Some Don't*. New York: Penguin, 2012.

Stonecash, Jeffrey M. *Class and Party in American Politics*. Boulder, CO: Westview, 2000.

Traugott, Michael W., and Paul J. Lavrakas. *The Voter's Guide to Election Polls*, 4th ed. Lanham, MD: Rowman & Littlefield, 2008.

Wald, Kenneth D., and Allison Calhoun-Brown. *Religion and Politics in the United States*, 6th ed. Lanham, MD: Rowman & Littlefield, 2011.

Weisberg, Herbert F. *The Total Survey Error Approach: A Guide to the New Science of Survey Research*. Chicago: The University of Chicago Press, 2005.

Weissberg, Robert. *Polling, Policy, and Public Opinion: The Case Against Heeding the "Voice of the People."* New York: Palgrave, 2002.

제3부 정치적 상호작용

제8장 정치 커뮤니케이션 현대 정치는 미디어를 중심으로 전개되고 있으며, 이의 매개가 되는 전자제품들이 급속도로 변하고 있다. 특히 엘리트 미디어가 중요하다. 신문이 쇠퇴하고 있고, 텔레비전이 가장 큰 영향력을 행사하고 있으며, 인터넷의 중요성도 증대되고 있다. 그러나 TV뉴스가 보도하는 범위가 줄고 있으며, 시청자들에게 만족스럽지 못한 정보를 제공하고 있다. 정부와 미디어가 충돌하는 경우가 빈번한데, 특히 미디어가 기만당했다고 생각될 때 이런 일이 발생한다.

제9장 이익집단 이익집단들은 다원주의의 기반이고, 따라서 민주주의에 중요하다. 그러나 이익집단들은 정부의 프로그램에 의해서 설립될 수도 있다. 대규모 자금이 불법적인 이익집단의 영향과 되풀이되는 스캔들을 조장한다. 이익집단들이 보다 높은 사회경제적 위상을 가질수록, 입법부, 행정부, 사법부의 결정, 그리고 대중에 대한 호소에 보다 더 잘 접근할 수 있다. 일부 정치체제에서 강력한 이익집단들이 민주주의에 반대되는 활동을 하기도 한다.

제10장 정당 정당들은 특히 민주주의 체제에서 정부를 구성하는 매우 중요한 장치이다. 정당들은 중앙집중도에서부터 이데올로기를 통한 조직까지 다양한 방식으로 분류될 수 있다. 대부분의 현대 정당들은 많은 단체들과 관점들이 조합되는 '포괄(catchall)' 정당이 되고 있다. 논리적으로 정당들과 구분이 되는 정당체계는 정당들이 어떻게 상호작용하는지를 결정한다. 정당체계는 일당제, 지배정당체계, 양당체계, 다당체계로 분류된다. 선거제도가 정당체계에 영향을 미치고, 특정상황에서는 정당체계가 붕괴될 수도 있다.

제11장 선거 우선, 우리는 누가 가장 투표를 할 가능성이 있는지를 생각하고, 투표율이 집단들에 따라 불균형적이라는 점을 발견한다. 그 다음, 우리는 누가 어떻게 투표를 할지 질문하고, 핵심 변수들이 소속 정당, 사회계급, 지역, 종교, 나이, 도시-농촌 격차 등이라는 점을 확인한다. 수 세기 동안 많은 투표자들이 지지 정당을 바꾸는 선거 재편성 이론에 대해서는 의문이 제기되고 있다. 최근 일부 국가에서 유권자들은 강력한 정당 양극화 현상을 보이고 있다. 개인적 인품이 선거에서 승리하는 데 도움이 되는 것은 확실하지만, 일부 투표자들은 후보자들의 현직에서의 업무실적에 대해서도 평가를 한다. 일부 후보자는 대중이 요구하는 바에 따라 정치적 입장을 바꾸기도 한다.

8장 정치 커뮤니케이션

> **학습목표**
>
> **8.1** 현대의 매스 미디어를 열거하고 어느 것이 가장 영향력이 큰지 보여 준다.
> **8.2** 소셜 미디어의 정치적 영향력을 보여준다.
> **8.3** 텔레비전이 정치담론에 해를 미치는지, 아닌지를 논의한다.
> **8.4** 매스 미디어에서 '구조적 편향'의 정의를 내리고 설명한다.
> **8.5** 민주주의를 위해서 적대적인 미디어가 어떻게 필요한지를 보여준다.

블로그(blog)
정기적으로 업데이트 되는 웹 사이트이며, 때로는 다른 사이트나 정파와 연결된다.

인터넷과 소셜 미디어는 커뮤니케이션의 혁명을 가져 왔고, 체제의 통제 밖에서 빠른 커뮤니케이션을 시행하는 젊은 세대를 출현시켰다. 그러나 이러한 변화의 정치적 영향은 불확실하다. 일부 사람들은 인터넷의 발전을, 스스로 배우고 생각하는 자유를 향유하며 인간의 지평이 넓어진 15세기 인쇄술의 발명과 비교하지만, 일부 사람들은 조심스러운 태도를 보이고 있다. **블로그**와 웹 사이트들은 이데올로기와 정파에 의해서 왜곡이 되고, 정치를 보다 분열시키고 양극화하여, 자유주의자들은 자유주의적 블로그만 읽고 보수주의자들은 보수주의적 블로그만 읽으면서 대화를 위한 회합은 전혀 이루어지지 않는다.

많은 사람들은 위성 텔레비전 알자지라(Al Jazeera)가 아랍의 정치 민주화에 중요한 역할을 했다는 점을 인정한다. 알자지라는 1996년에 방송을 처음 시작했고, 바로 아랍세계의 가장 인기 있는 뉴스 제공 미디어가 되었다. 관찰자들은 젊은이들에 의해서 활용된 인터넷, 페이스북, 트위터가 2010~2013년 아랍의 봄에서 결정적인 역할을 했다는 데 대해서 동의한다. 새로운 미디어가 등장한 지 몇 년 뒤에 정치적 소요가 나타나게 될 수도 있다. 다음과 같은 3차원적 흐름이 발견될 수 있다. (1) 인구가 팽창되면서, (2) 부패(경제성장과 관련하여)가 증가하듯이, (3) 소셜 미디어가 범세계적으로 확산된다. 그러나 커뮤니케이션 연구는 인과관계에 있어서 한쪽 면에 치우치고 있는데, 다시 말해서 커뮤니케이션은 경제 및 사회 등 다른 분야의 변화에 있어서 결과라기보다는 원인이 되고 있다.

매스 미디어와 정치

8.1 현대의 매스 미디어를 열거하고 어느 것이 가장 영향력이 큰지 보여 준다.

'매스 미디어(mass media)'는 정치에 강력한 영향을 미친다. 1780년대에 새로운 헌법에 대한 지지를 이끌어 내기 위해 미국의 13개 주의 신문에 "연방주의 논집(*Federalist Papers*)"이 발표되었다. 1828년 앤드류 잭슨의 존 퀸시 아담스에 대한 승리는 가장 더러운 '미디어 캠페인'에 의한 것이었다. 일부 신문들은 잭슨과 그의 부인이 부도덕하다고 비난했다. 1904년 테디 루즈벨트는 강하고 준비된 이미지를 가진 '미디어 후보'였고, 언론보도와 선거에서 승리했다. 그리고 프랭클린 루즈벨트의 라디오에서의 '화롯가 대화(fireside chats)'와 더불어 수백 번에 걸친 기자회견은 그의 정책에 대한 지지를 이끌어 내는 데 기여를 했다. 오늘날 전 세계적으로 매스 미디어는 정치의 구성요소로 인정을 받고 있으며, 현대의 캠페인은 텔레비전에 너무 의존되어 있기 때문에, 비판가들은 후보자들이 이슈들을 놓고 경쟁을 하는 것이 아니라, 선거전문 마케팅 컨설턴트들이 상품처럼 포장해서 판매하고 있다는 비난을 하고 있다.

학자들은 오래 전부터 정치가 커뮤니케이션에 의존한다는 점을 인정해 왔다. 정치학자 도이치(Karl W. Deutsch, 1912~1992년)는 현대화와 민족주의가 우편, 전화, 신문의 증가에 의해서 어떻게 측정될 수 있는지를 보여 주었다. 커뮤니케이션이 더 잘 이루어질수록, 현대화가 더 잘된다 (둘 중에 어떤 것이 어떤 것의 원인이 되는지에 대해서는 입증을 하지 못한다). 정치체제와 커뮤니케이션체제는 서로 평행적이다. 이 중에 어느 하나가 없이 다른 것이 존재할 수 있을지는 의문스럽다.

모든 정치행위는 커뮤니케이션에 대한 대응이다. 다양한 수준과 형태의 커뮤니케이션이 존재한다. **대면**(對面) 커뮤니케이션은 정치적 견해를 바꾸거나 강화시키는 가장 기본적이고 효과적인 방식이다. 그 이유는 대면 커뮤니케이션

대면(對面, face-to-face)
개인 접촉에 의한 커뮤니케이션.

고전 정치학 8.1

대중 커뮤니케이션의 2단계 흐름

매스 미디어는 정치적 견해에 어떻게 영향을 미치는가? 라자스펠드와 카츠(Paul Lazarsfeld and Elihu Katz)의 1940년대와 1950년대의 연구는 '2단계 흐름'을 발견했다. 첫 단계는 미디어 메시지이고, 중요한 둘째 단계는 존경받는 지역의 **여론 주도자**들인데, 알몬드(Almind)는 이들을 '관심대중'으로 불렀다. 이 사람들은 매스 미디어로부터 정치 아이디어들을 획득하여, 덜 관심을 가진 친구들과의 대면 접촉을 통해 이 아이디어들을 전달한다. 매스 미디어의 설득은 이러한 여론 주도자들에 의존한다.

여론 주도자들(opinion leaders)
다른 사람들의 견해에 영향을 미치는 지역적으로 존경받는 사람들.

유세(stump)
투표자들에게 개인적으로 연설하는 선거캠페인.

방식은 매스 미디어가 할 수 없는 대화를 허용하기 때문이다. 1930년대까지 대면 커뮤니케이션이 정치 캠페인 방식의 주요 수단이었다. 후보자들은 선거구에서 **유세**를 하면서 작은 투표자 집단들 앞에서 연설을 했다. 그러한 연설을 하면서 후보자들은 지역구 선거 참모들과 정치 조직자들의 도움을 받아 투표자들의 지지를 이끌어 냈다. 텔레비전의 등장은 대부분의 지역 유세를 무력화시켰지만, 무료의 미디어 보도가 가능하다는 점, 그리고 지역 후보가 비교적 많은 수의 유권자들에게 어필할 수 있다는 점은 긍정적인 면으로 작용한다.

매스 미디어는 매우 많은 시청자들에 도달하고, 따라서 대면 커뮤니케이션보다 많은 투표자와 여론의 지지를 이끌어낸다. 가장 큰 규모라고 하는 집회에서의 연설은 단지 수천 명을 대하는 것에 불과하지만, 매스 미디어는 무한대의 인원을 향한 한 방향의 커뮤니케이션이다. 시청자들은 후보자의 TV 메시지를 보고 곧 바로 누구를 지지하는지 결정할 수 없다. 매스 미디어는 일반적으로 기존의 정치적 견해를 강화하지만, 어떤 사람의 의사를 쉽게 전환시키지는 못한다. 라디오와 텔레비전은 인쇄된 문구보다는 강한 설득력을 가지는데, 그 이유는 이 미디어들이 대면 커뮤니케이션의 성격을 가지고 나중의 친구들과의 대화에 부분적으로 영향을 주기 때문이다.

텔레비전은 텔레비전의 뉴스캐스터와 평론가들이 영향력 있는 **여론 주도자**가 되기 때문에 일반적인 '여론 주도자'들의 역할을 침식할 수도 있다. 텔레비전은 정치 메시지를 직접 전달할 뿐만 아니라, 뉴스와 아이디어를 모든 가정으로 전달함으로써 사회를 간접적으로 변화시킬 수 있다. 모든 관찰자들은 텔레비전이 없었다면 1960년대 미국의 남부에서 시작된 시민권 운동이 성공할 수 없었을 것이라는 데에 동의한다. 1960년대에 인권문제가 신문에 기사화되거나 라디오에서 다루는 경우는 거의 없었다. 그러나 텔레비전 뉴스는 평화적 행진에 대해서 공격을 하는 소방호수와 경찰견을 방영했고, 이는 많은 미국의 백인들이 아프리카계 미국인들에 대한 평등권을 지지하도록 만들었다. 일부 사람들은 세계 첫 번째의 텔레비전 방영 전쟁이었던 베트남전쟁에 대한 텔레비전의 보도가 많은 사람들로 하여금 전쟁과 존슨 대통령을 반대하도록 만들었다고 믿고 있다. 2004년 미국 군인들이 이라크 죄수들을 가혹하게 다루는 화면들도 유사한 영향력을 발휘했다.

한 두 세대 이전의 사람들보다 현재의 사람들에게 보이는 뉴스에 대한 흥미가 줄어들었다. 과거에 비해서 3분의 1의 사람들만이 텔레비전의 뉴스를 시청하거나 신문을 읽는다. 그리고 뉴스는 정치와 세계문제로부터 인간적으로 관심을 끄는 문제 또는 건강, 사업, 생활방식 등 '활용이 가능한 뉴스'로 전환되고 있다. 이러한 전환은 정치에 대한 일반적인 관심의 쇠퇴와 평형을 이루고 있으며, 커뮤니케이션과 정치 사이의 긴밀한 연계를 확인시켜 주고 있다. 이러한 쇠퇴의 원인에 대해서는 논쟁이 이루어지고 있다. 일부 사람들은 가치의 변화를 주시하는데, 특히 새롭고 **내성적**인 세대가 정치뉴스보다는 엔터테인먼트에 탐닉하는 모습을 중시하고 있다. 그들은 단지 테러공격, 전쟁에의 개입, 재정붕괴의 경우에만 실질 세계에 대한 관심을 기울인다.

내성적(introspective) 자신의 내부에만 관심을 가지는 성격.

현대의 다양한 미디어는 교육, 소득, 연령 면에서 다른 시청자들에게 접근하고 있다. 교육을 많이 받은 개인들은 더 많은 미디어를 활용한다. 대학 졸업의 학력을 가지고 부유한 사람들은 라디오와 텔레비전을 시청하는 동시에 신문, 잡지, 책도 읽는다. 교육을 덜 받은 사람들 대부분은 텔레비전을 보고, 대체로 엔터테인먼트 프로그램을 시청한다. 잡지 또는 책을 읽는 사람들은 드물다.

연령도 매스 미디어 활용에 영향을 미친다. 나이 든 사람들은 신문과 잡지의 사설과 뉴스 내용에 보다 많은 관심을 가지며, 10대 또는 젊은 사람들은 딱딱한 뉴스보다는 스포츠, 록스타, 특집기사에 관심을 가진다. 젊은 사람들은 소셜 미디어도 선호한다. 뉴스와 사설에 대해서 지속적으로 관심을 가지는 대학생은 드물다.

현대의 매스 미디어

신문 1910년에 미국에는 2,000가지 이상의 일간지가 발행되었고, 대부분의 미국 도시들에는 둘 또는 그 이상의 경쟁지들이 있었다. 현재는 그 수의 반 밖에 남지 않았고, 두 가지의 신문을 보유한 도시들도 거의 없다. 오랜 기간 적자에 허덕이는 주요 신문들은 직원의 수를 줄이고 워싱턴과 해외 지사들을 폐쇄했다. 일부는 사업을 접기까지 했다. 인터넷 뉴스가 확대되면서 많은 시민들은 이를 선호하지만, 정치와 사설의 다양한 견해를 접하지 못하고 있다. 이윤을 추구하며 논쟁을 꺼리는 대기업들은 미국 신문 부수의 75퍼센트를 차지하고 있으며, **현상유지**의 성향을 보이고 있다. 실질적이고 이상적인 이유로 명확한 논쟁 방식의 뉴스를 전달하는 신문은 거의 없다. 대부분의 신문사 수입은 광고에 의해서 이루어지고, 광고 비율은 신문의 발행부수에 의존하는데, 이것이 중도적인 뉴스게재 정책을 가져와서 뉴스 보도가 공격적이 아닌 성격을 가지게 한다.

> **현상유지(status quo)**
> 현재의 상태를 유지하는 것.

저널리즘은 뉴스를 보도하는 데 있어서 객관성의 오래된 전통을 가지고 있다(사설 면의 경우에는 그렇지 않다). 직업 자체의 표준 때문에 뉴스 보도자들은 뉴스를 공정하고 정직하게 보도하고 있다. 객관성을 자긍심으로 삼고 있는 AP통신(Associated Press)은 보도에 개인의 견해를 넣지 않고 있다. 일부 사람들은 무엇을 보도할지에 대한 선택에 저널리스트의 개인적 견해가 영향을 주지 않느냐는 의문을 보인다. 여하튼, 블로그는 중립성의 전통을 따르지 않고, 때로는 거칠게 논쟁적이고, 저널리즘보다는 행동주의에 기반한다. 일부 사람들은 객관적 보도의 종언을 우려하고 있다.

신문은 어느 정도의 정치적 영향력을 가지는가? 과거에 비해서 많이 줄었다. 1960년대만 해도 선진국 국민들의 80퍼센트가 일간지를 읽었다. 현재는 30퍼센트 이하로 줄어들었다. 사람들이 뉴스를 접하는 주요 수단에 있어서 신문은 텔레비전과 인터넷에 뒤지는 세 번째 위치를 점하고 있을 뿐이다. 젊은 사람들은 인터넷과 소셜 미디어에 몰두하면서 신문은 멀리하고 있다. 텔레비전의 환경 하에 자란 사람들은 읽는 것을 별로 좋아하지 않는다. 신문 내용의 많은 부분이 광고로 채워져 있고(사람들이 신문을 읽는 주요 이유 중의 하나다), 통신사의 보도 내용을 복사한 것들이 많다.*

> **(* 역자 주)**
> 이는 대부분 신문들의 주요 보도내용이 유사하다는 의미임.

라디오 신문과 마찬가지로 라디오도 쇠퇴하고 있다. 미국의 경우, 현재 3개의 회사가 미국 라디오 방송국의 절반을 소유하고 있다. 클레어 채널 커뮤니케이션즈(Clear Channel Communications) 회사가 1,200개 이상의 방송국을 운영하고 있다. 이 회사는 본부에서 통일된 뉴스를 제작하고, 지방의 문제는, 토네이도 경고마저도 다루지 않고 있다. 두 번의 세계대전 사이에 라디오는 인기가 있었고, 라디오의 뉴스, 코멘트, 정치연설 등은 상당한 영향력이 있었다. 그러나 1950년대에 텔레비전의 등장과 함께 라디오는 사양길로 접어들었다. 이념적 양극화에 따른 논쟁적 대담 프로그램만이 일부 청취율을 유지하고 있다.

뉴스 서비스 신문, 라디오, 텔레비전의 뉴스들은 방송국 자체에서 만드는 것보다 AP통신 등 **통신사**에서 각 방송으로 배급한 뉴스들이 많다. 엘리트 신문사는 통신사의 뉴스를 복사하는 것을 지양하고, 자사의 기자들이 보도하는 것에 대해 자긍심의 문제로 생각하고 있다. 그러나 많은 신문들은 통신사에서 제공하는 사진, 스포츠 뉴스, 심지어는 음식 조리법과 더불어 시사 뉴스를 받아서 게재하고 있다.

> **통신사**(wire service)
> 모든 매체에 뉴스를 판매하는 언론기관.

AP는 신문사들의 연합체이고, 회원사들은 보도자료를 공급받기 위해 매주 수천 달러를 지불한다. 그 신문사들은 지역의 뉴스를 AP에 전달하고, AP는 이 뉴스를 재작성해서 국가 또는 세계 차원에서 배포한다. AP는 정부에 의해서 소유되지 않고, 보조받지 않고, 통제받지 않고, 감시받지 않는 몇 안 되는 통신사 중의 하나다. 정부로부터 자유로운 것을 자랑스럽게 생각하지만, 재정난을 겪고 있다. 온라인에서 뉴스를 무료로 획득할 수 있는데 왜 비용을 지불하고 구입하는가? 영국의 로이터(Reuters), 프랑스의 AFP, 독일의 DPA는 정부의 감시에 대해서 신중한 태도를 보이고 있으며, 중국의 신화통신은 베이징정부의 대변인 역할을 하고 있다. UPI(United Press International)가 AP와 경쟁을 했으나, 현재 문선명의 통일교가 소유하면서 이전의 특성이 많이 변질되어 있다

정부는 AP를 통제하지 않지만, 다른 문제들이 AP의 질과 영향력을 제한한다. 첫째, 상황이 너무 빠르게 지나가기 때문에 매분이 마감시간이다. 이는 사건을 파헤칠 수 있는 시간이 부족하다는 의미다. 이에 따라 보도되는 내용들이 피상적인 것들이 많다. 둘째, 최근까지 통신사들의 뉴스에 대한 정의는 공식적인 **출처**에서 나온 것이었다. 대부분의 내용들이 경찰, 외무부, 국방부 등에서 나온 것들을 기반으로 한다. 통신사 내부의 모토는 다음과 같은 것이다. 만약 공식적인 것이 아니면 뉴스가 아니고, 공식적인 것이면 사실이어야 한다. 이는 통신사들이 세계에서 발생하는 결정적인 상황을 놓치게 한다. 그 이유는 통신사들이 반대의 입장에 있는 사람들, 거리의 일반적인 시민들, 바자회에서의 상인 등 공식적인 대변인들과는 완전히 다르지만 때로는 더 정확한 관점을 가지고 있는 사람들에 대한 보도를 하지 않기 때문이다. 이러한 이유로 뉴스 미디어들은 이란의 혁명을 예견하는 데 실패했다. 때때로 가장 최고의 뉴스 내용은 핵심사건 또는 선언에 대한 것이 아니라 사람들이 말하고 생각하는 내용일 때가

> **출처**(source)
> 뉴스 보도자가 정보를 획득하는 사람과 장소.

있는데, 이는 블로그를 통해서 가장 잘 확인할 수 있다. 늦게나마 지금 신문과 통신사는 종합과 해석의 기능을 포함하고 있다.

엘리트 미디어 『뉴욕 타임즈』,『워싱턴 포스트』,『월 스트리트 저널』,『파이낸셜 타임즈』 등은 일부 사람들만 읽지만, 그들은 가장 큰 영향력을 가지고 있다. 정책결정자들은 이를 읽고 뉴스내용과 사설을 심각하게 받아들인다. 일반적으로 부유하고 교육을 더 받았으며, 지방지를 읽는 사람들보다 더 많은 영향력을 가진 사람들이 읽기 때문에 이 신문들을 **엘리트 미디어**라 부른다. 이 미디어의 독자들 대부분은 자신의 관점을 일반시민들에게 전달하는 오피니언 리더들이다.

엘리트 언론은 정부 또는 정당들이 잘못하는 것들을 찾아서 '조사보도'를 추구하는데, 일반 신문들은 고소를 두려워하여 피하는 것들이다. 『뉴욕 타임즈』는 1971년에 베트남전쟁에 대한 "펜타곤 보고서"들을 보도하여 국가를 혼란에 빠지게 했다. 1972년『워싱턴 포스트』의 워터게이트 도청에 대한 끈질긴 추적은 1974년 닉슨 대통령의 사임을 가져 왔다. 『월 스트리트 저널』의 사설들은 미 정부의 경제정책 결정에 영향을 미친다. 런던에서 발행되는 활기차고 정열적인 『파이낸셜 타임즈』는 미국에서도 판매가 되어 『뉴욕 타임즈』와 『월 스트리트 저널』의 판매를 잠식하고 있다. 일부 사람들은 『파이낸셜 타임즈』를 엘리트 중의 엘리트 신문이라고 평가하고 있다.

> **엘리트 미디어(elite media)**
> 엘리트들과 관심대중들이 읽는 매우 영향력 있는 신문과 잡지들.

소셜 미디어

8.2 소셜 미디어의 정치적 영향력을 보여준다.

인터넷과 소셜 미디어의 정치적 영향력은 점차 증대되고 있다. TV와 신문의 뉴스는 안 보는 사람이 많지만, 온라인 뉴스를 보는 사람들은 늘고 있으며, 특히 젊은 사람들이 많이 본다. 온라인 뉴스는 무료다. 언제라도 읽을 수 있으며, 관심 있는 내용만 집중해서 볼 수 있다. 대부분의 사람들은 정치뉴스보다는 스포츠나 재정에 관한 소식을 더 선호한다. 정치인들의 온라인을 통한 후원금 모집도 이루어지고 있다. 오바마의 경우 2012년의 대선 당시 7억 달러의 온라인 후원금을 모집했다.

인터넷은 전통적인 미디어가 간과하는 이야기들을 잡아낼 수 있다. 블로그는 의심스러운 정치 기부금, 고문, 영장 없는 감시, 금융위기 등을 신문이나 텔레비전보다 먼저 심층적으로 밝혀낸다. 이러한 발견은 기존의 미디어들로 하여금 과거에는 무시했던 것들을 새로 보도하게 만든다. 인터넷에 비해서 기존의 주류 미디어들은 상당히 무관심한 태도를 보였다.

소셜 미디어 세대는 자신들이 모든 것을 밝혀낼 수 있다고 생각하는데, 사실 그렇지 않다. 경험 있는 기자와 같은 누군가가 밖으로 나가서 그동안 많은 사람들이 침묵하기를 원했던 뉴스를 파헤쳐야 한다. 원래 뉴스로서 투입이 되지 않은 이슈들을 소셜 미디어가 밝히는 것은 가십거리에 불과하다. 특히 프린트 미디어와 같은 전통적인 미디어는 자신들만이 자신의 분야를 알고 사실을 밝힐 수 있는 전문성을 가진 '수준 높은 저널리즘'을 실행한다고 주장한다. 그들은 정부, 법원, 전쟁, 자연재해에 대한 기본적인 뉴스를 보도한다. 이러한 전통적인 미디어는 비싸지만, 인터넷은 "정보는 무료이어야 한다"는 슬로건 하에서 아무런 비용도 요구하지 않고 이야기들을 뉴스요약 형식으로 제공한다. 비용을 거의 들이지 않는 블로그들은 현장에 기자를 보내지 않고, 무보수 자원자들이 보내 온 이메일을 기반으로 이야기를 엮는다. 신문과 텔레비전은 자신들의 '균형'(모든 것의 양면성을 보도하는)을 자랑스럽게 생각하지만, 블로그와 트위터는 이에 대한 관심이 없다.

전자 미디어는 전반적으로 시민들이 정보를 잘 전달받을 수 있게 하는가? 많은 사람들이 이에 대해서 의문을 제기한다. 인터넷은 미디어 세계에 접근하는 비용을 대폭 줄여줬다 (음악의 디지털화가 음악세계에 들어가는 비용을 대폭 낮추어 준 것과 같이). 수천 개의 온라인 잡지가 발행되고 있으며, 그들의 대부분은 매우 논쟁적이다. 블로그에 연결하는 사람들 중에 85퍼센트는 같은 정치적 견해를 가진 사람들이라는 연구 결과가 있다. 사상적인 통합은 인터넷의 강점이 아니다. 당신이 온라인으로 정보를 획득하는 방법에는 여러 가지가 있다. 당신은 www.asahi.com/english를 통하여 일본의 최고 신문을 읽을 수 있다. 대부분의 신문과 잡지들은 인쇄물이 쇠퇴하면서 온라인으로도 같이 발행을 하고 있다. 수백만 명이 1개월에 20달러만 내고 컴퓨터를 통해 『뉴욕 타임즈』를 읽을 수 있다. 미디어와 관련하여 제기되는 가장 큰 주제 중의 하나는 미디어들이 온라인 구독자들로부터도 사용료를 받아야 하는가에 대한 것이다.

디지털 미디어는 비민주적인 체제를 붕괴시킬 수 있다. 컴퓨터와 휴대폰으로 집회를 한 이란인들은 2009년의 조작된 선거에 저항했다. 젊은 튀니지인들, 이집트인들, 시리아인들은 독재체제에 저항하기 위한 시위를 하는 데 휴대폰을 사용했다. 소셜 미디어를 사용하는 수백만 명의 중국인들은 주요 정치인들의

사례연구 8.1
미디어와의 전쟁

2003년의 이라크전쟁은 개전 당시와 전쟁 전개 과정에서 미디어의 강력한 지지를 받았다. 9/11 테러는 부시 대통령에 대해 감정적이고 무비판적인 지지를 하는 대대적인 '결집효과'를 창출했고, 여기에는 언론도 포함되어 있었다. 미디어는 이라크가 대량살상무기(WMD)를 개발하고 있다고 주장하는 행정부의 주장을 받아들였다. 그러나 전쟁 이후 어떠한 WMD도 발견되지 않았고, 극심한 혼란 속에서 안정된 민주주의를 정착시키려는 노력도 허사로 돌아갔다. 오판한 데 대한 복수를 하려는 것처럼 미디어들은 비판적으로 돌아섰고, 행정부는 언론이 대중에게 잘못된 정보를 전달해서 사기를 저하시켰다고 맞받아 쳤다.

전쟁에 대한 대중의 지지가 줄어드는 데 대해서 미디어가 책임을 져야 하는가? 정치학자 뮬러(John Mueller)는 한국전쟁(1950~1953년), 베트남전쟁(1965~1873년), 이라크전쟁(2003~2011년)이 개전 초기에는 대중의 3분의 2가 지지를 했으나, 3년이 지나면서는 3분의 1 또는 그 이하로 떨어졌다고 주장했다. 더구나 한국전쟁은 기본적으로 텔레비전 이전의 전쟁이었기 때문에 지지율 하락에 대해 TV를 비난할 수 없다. 텔레비전이 아니라 전쟁의 장기화와 사상자 증가가 지지율 하락의 원인이다. 대중들은 전쟁의 장기화를 싫어한다. 이라크전쟁에 대한 지지는 더 빠르게 하락했는데, 그 이유는 WMD가 발견되지 않았기 때문이었다.

미국 군대는 아직도 미디어를 비난하고 철저한 통제를 가하고 있다. 2003년에 기자들은 전투부대에 소속되어 종군기자로 보도할 수 있었다. 기자들이 군인들과 빠르게 결합이 되면서 보다 생동감 있는 보도를 할 수 있었다. 그러나 이는 편협된 시각의 보도(마치 장갑차 내에서의 시각과 같은)였고, 전체적인 전쟁의 상황을 설명하지 못했다. 그리고 곧이어 발생한 약탈과 폭력행위로 확대시키기가 어려웠다. 미국의 이라크 점령에 대한 대중의 지지도 줄어들었는데, 이것은 뉴스 보도 때문인가, 실제상황 때문이었나? 2004년 미국의 경비병들이 이라크 죄수들을 성적으로 모욕감을 주는 사진들이 이메일로 전송되자 도덕적인 비난을 받았는데, 이는 1968년 베트남에서의 미라이학살의 충격을 연상케 했다. 이 두 경우 모두 사진을 미디어가 찍은 것이 아니라 미국 군인이 찍은 것이었다.

2004년 『뉴욕 타임즈』와 『워싱턴 포스트』는 전례 없는 사과를 통해 2003년 이라크전쟁 당시 행정부의 주장을 믿은 데 대해서 유감의 뜻을 표명했다. 이후 부시와 오바마행정부는 1917년의 간첩법(1917 Espionage Act)에 의거하여 미국의 비밀 반테러 프로그램을 보도한 뉴스에 대해서 처벌을 하겠다는 위협을 가했다. 언론인들은 헌법에 보장된 대중의 알 권리를 강조했다. 정부는 이 뉴스가 반테러의 노력에 해를 입혔다고 주장했다. 만약 재판에 회부된다면, 미디어가 승리할 것이라고 대부분의 사람들이 생각했다.

2003년의 침공이 있은 지 몇 년이 지나지 않아서, 보수주의자들을 포함한 모든 성향의 칼럼니스트들은 이라크에서의 서투른 일처리에 대해서 비판을 했다. 백악관과 국방부 어느 쪽도 불리한 뉴스를 오랫동안 억누를 수는 없었다. 뉴스보도를 '관리할' 확실한 방법이 별로 없었다. 궁극적으로 사실은 밝혀지고 이에 대한 분노가 이어진다. 미디어는 '되돌아오는' 패턴을 따랐다. 처음에 미디어는 행정부의 주장과 구성을 받아들였지만, 이후 자신들이 잘못 판단했다는 점을 자각을 한 후, 분노하고 부정적인 방향으로 선회했다.

스캔들을 언급하며 추방을 요구했으며, 이에 대한 뉴스를 통제하는 정부에 대해서 불만을 가지고 있다. 경제성장을 위해 대부분의 국가들은 소셜 미디어를 허용하고 있지만, 경제적이고 기술적인 측면이 정치적이고 비판적인 분야에 영향을 미치면서 국가의 정보독점이 균열되고 있다. 중국은 수만 명의 소셜 미디어 감시자들을 운영하면서 비판적인 블로거들을 체포하고 있지만, 중국인들은 '만리방벽(Great Firewall)*'을 뛰어 넘는 프리웨어(freeware)에 대해서 자부심을 느끼고 있다.

민주적 참여를 지지할 수 있는 디지털 미디어의 특성은 이 미디어가 아이디어를 양 방향으로 흐르게 한다는 것이다. 신문(편집자에게 보내는 편지를 제외하고), 텔레비전, 심지어는 많은 웹 사이트들의 경우에도, 정보를 언론인들로부터 대중으로 한 방향으로만 전달을 한다. 소셜 미디어는 대화하는 것과 유사하다. 대중은 페이스북에 포스팅을 하거나 아이디어를 리트윗하는 것과 같이 뉴스 스토리에 코멘트를 달 수가 있다. 이는 의미있는 민주적 토론의 장을 만들기도 하지만, 때로는 단순히 엘리트들의 토론을 재탕하는 수준에 마물기도 한다.

(*역자주)
만리장성(Great Wall)과 컴퓨터 방화벽(Firewall)의 합성어이며, 반정부 혹은 유해한 정보라 생각되는 검색 결과를 자동으로 차단하는 중국의 인터넷 검열 시스템을 이르는 말이다.

거대한 매체, 텔레비전

8.3 텔레비전이 정치담론에 해를 미치는지, 아닌지를 논의한다.

대부분의 사람들이 '미디어'를 말할 때 그들은 텔레비전을 의미하는데, 그 이유는 텔레비전이 아직까지 가장 강한 영향력을 행사하기 때문이다. 선진국 국민들의 3분의 2가 아직까지 뉴스를 텔레비전을 통해서 보고 있는데, 이는 수십 년 전의 90퍼센트보다 많이 줄어든 수치다. 많은 사람들이 신문보다 텔레비전에 더 많은 신뢰를 보이고 있다. 그러나 현재 젊은 사람들은 텔레비전보다는 인터넷이나 소셜 미디어에서 더 많은 뉴스를 구하고 있다.

제2차 세계대전 이후 텔레비전은 정치의 모든 것을 다루고 변화시켰다. 텔레비전 방영 시간을 확보하는 것이 선거캠페인의 중요한 부분으로 자리 잡고 있다. 최고의 미디어 컨설턴트를 초빙하기 위한 자금을 확보하는 사람들이 대체로 승리한다. 텔레비전이 선거 투표율과 정당 인기 하락의 주 원인이 아닌가 의심을 받고 있다. 일부 관찰자들은 텔레비전이 짧은 시간의 연설이나 인터뷰를 방영하여 정치를 시시한 것으로 만들 수도 있다는 우려를 한다. 통찰력있는 분석은 이루어지지 않고, 선전구호(catchy phrase)만이 남아 있다.

텔레비전 뉴스

개념적으로 텔레비전은 비주얼을 기본으로 한다. '토킹 헤즈(talking heads)*'가 라디오보다 더 많은 뉴스를 제공하는 것은 아니지만, 텔레비전은 개성과 신뢰성을 제공하며, 이는 일종의 대면 커뮤니케이션의 성격을 가진다. 뉴스 제작자들은 비주얼이 없는 것보다 '좋은 비주얼'을 가진 뉴스를 선호한다. 추상적이고 심층적인 토픽은 별로 보도되지 않고, 카메라 기자가 영상을 찍을 수 있는 극적인 행위 등이 채택되는 경우가 많다. 다른 뉴스 미디어들과 마찬가지로 텔레비전은 수년 동안 지속된 이집트 지도자 무바라크(Hosni Mubarak)에 대한 증오심은 무시했으나, 2011년에 카이로의 군중들이 그의 추방을 외칠 때는 뉴스로 방영을 했다. 텔레비전은 베트남전쟁이 무엇 때문에 발생한 전쟁인지에 대해서는 설명을 하지 않았지만, 1968년에 방영된 사이공 군 장성의 베트콩 살해 장면은 미국인들로 하여금 전쟁에 반대하도록 선회하게 했다. 텔레비전 뉴스는 시선을 끄는 역할을 한다. 원래 텔레비전은 다른 미디어들보다 감정적인 미디어다. 커뮤니케이션 이론가인 맥루한(Marshall McLuhan, 1911~1980년)은 텔레비전의 보도는 뇌를 지나쳐서 가슴으로 직접 간다고 주장했다.

현장에서, 특히 외국에서 텔레비전 카메라 촬영에는 비용이 많이 들기 때문에, 카메라 촬영팀은 통신사 또는 온라인을 통하여 사건을 미리 파악한 이후에 현장에 도착한다. 텔레비전은 무엇이 발생할 것인지 사전에 알려고 하고, 거기에 맞춰서 카메라 촬영 계획을 짠다. 이러한 이유로 텔레비전 뉴스는 기자회견, 연설, 의회 상임위 청문회, 공식 성명발표 등에 치중된다. 일부 비판가들은 이들을 **미디어 이벤트**라 부르고, 이 이벤트들은 대체로 텔레비전 보도가 없으면 일어나지 않을 일들이라고 비판한다. 보도에 공백이 있는 상황에 대해서는 개인이 휴대폰으로 찍어서 유튜브에 올리고, 이를 텔레비전이 받아서 방영한다. 영상의 질은 매우 낮은 수준이지만, "현장에 있었다"는 감각을 전달하고, 전문적 미디어가 할 수 없는 신빙성을 제공한다. 세계의 사람들은 터키와 이집트에서의 시위와 시리아에서의 참수현장을 발생 직후에 볼 수가 있다.

텔레비전에서 분석은 별로 이루어지지 않는다. 보통의 뉴스는 1분 정도만 보도가 되고, 심층적인 보도도 4분 정도만 보도된다. 원로 텔레비전 앵커인 크롱카이트(Walter Cronkite)는 텔레비전의 뉴스는 '헤드라인 서비스'에 불과하다고 강조했다. 시청자들이 보다 구체적이고 심층적인 내용을 알고 싶으면 다른 방식으로 정보를 구해야 한다는 점을 의미한다. 많은 사람들이 심층적인 것을

(역자주)* 말하는 사람의 얼굴이 텔레비전 화면 가득히 잡히는 1인 샷.

미디어 이벤트(media event) 미디어의 보도를 위하여 계획된 사건 뉴스.

원하지 않고, 좀 늦더라도 눈으로만 관심을 끄는 것에만 흥미를 보이고 있다. 궁극적으로 국민들은 빈약한 수준의 정보만 접하게 된다.

텔레비전과 정치

텔레비전은 정치를 다양한 방법으로 변화시켰다. 선출된 현직 정치인의 임기는 보장이 되고, 텔레비전은 이를 인정하고 강화해 주지만 항상 **현직자**들이 무조건적으로 이롭게 해 주지는 않는다. 텔레비전 뉴스는 대통령에 대해서 과도하게 초점을 맞춘다. 의회는 그보다 덜 보도가 되고, 사법부에 대해서는 더욱 조금 보도가 된다. 이는 대통령을 숭배하는 장기적인 추세를 심화시킨다. 텔레비전이 어린이들을 사회화시키는 것과 같은 방법으로 대통령이 모든 문제를 해결할 수 있는 전능한 부모와 같은 인물로 인식되도록 한다. 그러나 대통령이 문제들을 해결하는 데 실패하면, 미디어는 대통령이 사태를 더 악화시켰다는 혹평을 한다. 전지전능하다고 치켜세워졌던 인물이 결국은 모든 비난을 받게 되는 것이다. 미디어, 특히 텔레비전은 대통령에 대한 숭배를 상기시키고, 대중들이 대통령의 능력에 대해 불만족하게 만든다. 미디어에 의해서 기대가 최고로 상승되었다가, 실망도 이에 상응한 수준으로 가혹하게 이루어진다. 일부 비판가들은 미디어가 이런 식의 보도로 정치체제를 붕괴시키고, 국가를 불안정하게 하고, 통치를 불가능하게 만든다고 주장한다.

현직자(incumbent) 공직을 점유하고 있는 기존의 직원.

텔레비전에 의한 지명 텔레비전은 대통령 후보를 지명하는 데 중요한 역할을 한다. 모든 시각이 대통령 후보 지명에 쏠려 있는 동안 비평가들은 누가 실질적인 승자가 될지에 대해서 전망을 한다. 여기서 선두주자라고 평을 받는 후보가 **편승**효과를 누릴 수 있게 되고, 따라서 텔레비전은 그 후보에 대해서 더 많은 보도를 하게 된다. 지명 과정에서 텔레비전이 킹메이커 역할을 하고, 후보자들은 자신의 스케줄과 전략이 텔레비전에 노출이 가능하면 많이 되도록 한다.

편승(bandwagon) 선두주자가 더 많은 지지를 받게 되는 추세.

후보자들에 대한 텔레비전 보도는 이슈보다는 개성에 더 많은 초점을 맞춘다. 텔레비전이 후보자에 대해서 강렬한 클로즈업을 하고 자연스러운 모습을 보이게 함으로써 시청자들로 하여금 후보자의 개성에 대해서 자신이 생각한 것이 맞다는 생각이 들게 한다. 반드시 이러한 상황이 언제나 전개되는 것은 아니다. 일부 후보자들은 전문가들처럼 자신 있게 미디어를 활용한다. 다른 후보들은 긴장하여 자신의 정상적인 개성을 드러내지 못한다. 후보자들이 텔레비전에서 보이는 모습은 선출된 이후에 어떻게 활동할지에 대해서는 거의 알려주지 못하지만, 투표자들은 텔레비전에 비치는 후보자의 모습을 중요하게 바라본다.

이와 같이 텔레비전이 후보자를 지명하는데 주요 역할을 하는 동안, 정당은 무시된다. 점차적으로 후보자들은 자신의 개인 팀을 활용하여 후원금을 모으고, 투표자들에게 텔레비전을 통해서 직접적인 발언을 한다. 정당을 운영하는 사람들은 정치에 대한 전문성이 별로 없고 효율적인 후보자들을 선별할 수 있는 능력이 부족한 경우가 많다. 텔레비전의 역할에 의해서 뜻하지 않은 후보가 등장할 수도 있고, 정치적 경험이 부족한 후보가 지명될 수도 있다.

그러나 정당 약화의 원인으로 텔레비전을 비난하는 데 있어서는 신중해야 한다. 몇몇 도시의 조직을 제외하고 미국의 정당들이 대부분의 유럽 정당들보다 강하게 조직된 사례는 없다 (유럽정당들도 쇠퇴하고 있다). 미국의 정당들은 오래 전부터 쇠퇴하고 있는데, 반드시 텔레비전 때문만은 아니다. 특정 이익집단들, 정치행동위원회들, 직접 메일과 온라인 청원 등의 다른 요인들이 정당의 권력을 약화시키고 있다. 텔레비전이 유일한 범인이 아니다.

텔레비전과 무관심 관찰자들은 오랫동안 텔레비전의 수동성과 무관심에 대해서 의구심을 품어 왔다. 하버드대의 정치학자 퍼트넘(Robert D. Putnam)은 '시민참여'의 감소에 대해서 검토하면서, 제2차 세계대전 이후에 태어난 사람들이 보다 신뢰하는 태도를 보이고 단체와 정치에 더 많이 참여하는 경향이 있다는 점을 발견했다. 그 이유는 그 사람들이 텔레비전 세대가 시작되기 전인 1950년대에 성장했기 때문이라고 주장했다. 텔레비전 시대에 성장한 젊은 사람들은 이러한 성향이 부족하다. "텔레비전을 보면서 보내는 시간은 사회적 신뢰와 단체 가입에 있어서 부족한 성향을 보이며, 신문을 읽는 시간은 이 점에 있어서 풍부한 성향이 유지된다"고 퍼트넘은 강조했다. 혼자서 화면에만 집중하는 시간(컴퓨터, 태블릿 PC, 스마트폰)은 이웃들과 신뢰를 쌓는 사회적 상호작용을 방해한다.

이와 관련된 비난은 텔레비전이 투표율을 저하시킨다는 점이다. 미국의 투표율은 1960년 선거캠페인의 방식으로 텔레비전이 처음 사용되기 시작한 이래 1988년까지 13퍼센트가 하락했다. 그때부터 최근 약간 상승할 때까지 낮은 투표율이 유지되었다. 최상위 두 후보자들이 별로 차이가 없는 비슷한 목소리를 내는 경우가 상당히 있다. 많은 후보자들의 네거티브 선거운동이 투표자들에게 혐오감을 줘서 관심을 이탈시킨다. 무제한의 정치자금 모금에 의한 공세와 역공세가 거세지면서 투표자들은 **교차압력**을 받아 망설이고 무관심한 성향으로 선회하게 된다. 텔레비전에서 정치프로그램을 위한 비용지불이 금지되어 있고, 미국의 선거캠페인 기간이 1년인 것에 비해 훨씬 짧은 1개월만 선거캠페인을 하는 서유럽의 투표율은 미국보다 높다. 미국만이 TV의 정치 광고를 규제하지 않는다.

텔레비전을 통한 캠페인은 막대한 정치자금을 필요로 한다. 의회 의원을 선출하는 선거보다 대통령 선거의 경우 텔레비전 홍보비용이 훨씬 더 많이 든다. 대개의 경우, 선거비용이 풍부해서 텔레비전에 자주 비치는 후보가 유리한 결과를 얻게 된다. 이는 특별 이익집단들과 정치행동위원회들의 중요성이 부각되게 하고, 정당의 역할이 약화되는 동시에 시민들의 무기력함이 심화되기도 한다. 많은 투표자들이 후보자들의 소속 정당에 크게 관심을 두지 않고, 시민들은 정당의 노선에서 벗어나는 경향을 보이게 되는데, 일부 정치학자들은 이러한 현상을 투표자들의 '이탈(dealignment)'이라고 부른다. 일부 사람들은 정당의 정체성이 부족한 투표자들이 텔레비전에 의해 설득당할 수도 있다는 우려를 한다.

텔레비전의 소유와 통제 미국정부는 산업화된 국가의 커뮤니케이션에 대해서 최소한의 통제를 하고 있다. 전신의 발명 이래 미국정부는 뒤로 물러나 민간산업이 이윤추구를 위해 커뮤니케이션을 운영하도록 허용했다. 이에 반해서 유럽에서 전화와 마찬가지로 전보는 우편 서비스에 포함되었다. 헌법에 발언의 자유가 명시되어 있고 자유기업의 정신 때문에 미국은 간섭을 피하고 있다. 권력의 중앙집중과 정부의 가부장적 전통이 있는 유럽국가들은 전자 커뮤니케이션의 국가통제가 철도와 마찬가지로 정상적인 것이 되고 있다. 현재 유럽의 TV는 부분적으로 국가가 운영하고 부분적으로 민간이 소유하는데, 양자 모두가 정치적으로 편향적 보도를 한다는 비판을 계속 받고 있다.

교차압력(cross-pressured)
반대되는 정치세력들로부터 압력을 받아 무관심으로 선회하는 것.

미디어 서비스는 충분히 이루어지고 있는가?

8.4 매스 미디어에서 '구조적 편향'의 정의를 내리고 설명한다.

매스 미디어는 정치적 상황을 공정하고 정확하게 보도하지 못한다. 첫째, 뉴스보도는 매우 선택적으로 이루어지고, 일부 분야에 과도하게 집중하는 반면, 다른 분야는 무시한다. 이를 '구조적 편향(structural bias)'이라고 부른다. 뉴스

시간의 많은 비중을 차지하는 대통령에 대한 보도는 다른 정치인이나 조직에 비해서 보다 드라미틱하고 눈길을 끈다. 편집자들과 프로듀서들은 의회와 법원에

이론 8.1 뉴스 프레이밍

사회학자 고프먼(Erving Goffman)에 의해 개발된 **프레이밍**은 많은 사회과학자들에 의해서 사용되지만, 커뮤니케이션 연구에서 뉴스 기사의 기본적인 방향을 의미한다. 과도하게 단순화하고 고정관념화하는 것과 유사하게, 프레이밍은 주어진 토픽에 대한 뉴스를 당분간 지배하는 준거틀을 설정하는 것을 의미한다. 뉴스 캐스터는 이를 '리드(lead)'라 부르는데, 그 의미는 뉴스 줄거리의 방향을 설정하는 핵심적인 첫 단락이다.

프레이밍은 의식적으로 한 방향으로 기울어지는 것을 의미하지는 않고, 기자, 편집자, 독자들이 뉴스에 대한 감각을 가지도록 기사의 폭을 협소화하는 것이다. 뉴스는 어떠한 주제가 복합적이라는 표현을 하기는 어렵고, 그 시점에 맞는 어떤 프레임 하나를 선택해야 한다. 다른 경우와 마찬가지로 2012년 후반에 뉴스 캐스터들은 일부 경제인들과 기업인들이 동의하는 정부의 공식적인 입장인, 미국의 경제가 2013년에 심각한 불황을 맞게 될 것이라는 전망을 했다. 그러나 그러한 상황은 발생하지 않았다. 주요 미디어들의 내용들은 유사한 리드를 보이는 경향이 있다. 대부분의 미디어들은 지배적인 프레임을 받아들이고, 복합적이거나 의구심이 드는 독자적 프레임은 피하고 있다.

정치적으로 프레이밍은 막강한 권력을 제공한다. 누가 프레임을 짜든지, 제기된 문제는 대중의 담론을 이끌어 낸다. 부시행정부는 이라크전쟁을 대량살상무기의 개념으로 프레임을 짜고, 초기에 미디어의 지지를 받았다. 나중에 자신들이 잘못 유도되었다는 점을 알게 된 이후, 미디어들은 이라크 스토리를 내전과 혼란으로 프레임을 다시 구성했다. 백악관은 이를 별로 좋아하지 않았다. 이라크전쟁은 백악관과 미디어가 가장 큰 관심을 가진 프레이밍 경쟁이다.

엘리트들은 뉴스기사를 프레이밍하는 데 있어서 우월한 위치에 있다. 미디어는 양이고, 정치엘리트들은 양을 지키는 개들이다. 백악관은 미디어를 비난하지만, 통상적으로 미디어는 초기에 백악관과 다른 조직이 제공한 프레임들을 받아들인다. 2008년에 미국의 거대한 금융기관들이 붕괴될 위기에 처하자, 뉴스 캐스터들은 구제금융계획을 선호하는 금융가들을 인터뷰해야 했다. 후에 일부 뉴스 캐스터들은 학자들과 싱크탱크 경제전문가들로부터 상이한 프레임들을 개발했지만, 당분간 미디어는 또 다른 대붕괴 직전에 있는 백악관의 프레임에 대한 질문을 하지 않았다. 대부분의 뉴스 기사들은 빠른 구제금융을 실시하지 않으면 경제가 붕괴될 위기에 처하고 있다는 논조를 유지했다.

잘못 유도하는 프레임들로부터 당신을 보호하기 위해서 당신은 무엇을 할 수 있는가? 첫째, 다원적인 뉴스 출처를 사용한다. 블로그가 표준적 프레임에 질문을 제기하는 첫 번째의 것이 될 것이다. 둘째, 정책의 지침을 제공하고, 선거에서 승리하고, 돈의 흐름을 촉진하기 위한 정치적이고 재정적인 목적을 달성하려고 기사들을 프레임하려는 시도가 여러 측면에서 이루어진다는 점을 인식해야 한다. 셋째, 뉴스 기사에 사용된 출처들을 기록한다. 그들은 그 이슈에 대한 이해관계가 있는가? 만약 그렇다면, 프레임을 구성하는 데 별 문제가 없다. 마지막으로 모든 뉴스 기사들을 회의론과 인내심을 가지고 다룬다. 균형 잡힌 관점을 획득하기 위해서는 일주일 또는 이주일을 기다려야 할 준비가 되어 있어야 한다. 패닉은 건전한 판단에 반대되는 결과를 야기한다.

대한 보도가 독자나 시청자들을 지루하게 할지도 모른다는 우려를 한다. 대통령이 헬리콥터를 타고 내리는 모습, 외국 정상들을 맞이하는 모습, 해외 순방하는 모습, 스캔들에 연루되는 모습들 모두가 텔레비전의 관심을 끄는 장면이 된다. 의회의 경우, 상임위원회 회의에 고집스럽고 논쟁적이며 적대적인 증인이 참석하여 긴장된 분위기가 이루어질 때 관심을 끌게 된다. 상임위 위원들은 비난성의 질문을 던지고, 증인은 부인하는 태도로 대답을 하고, 이 과정에서 때로는 고성이 오간다. 이것은 흥미를 끄는 드라마이지만, 그 이외의 의회 활동은 별로 활기가 있지 않다. 그리고 법원도 관심을 끌 수 없는 가장 큰 장애가 존재한다. 대개의 재판정에는 카메라 촬영이 금지되고 있다. 이에 따라, 보도되는 내용만 보면, 대통령과 행정부가 가장 큰 권력을 가지고 가장 중요한 대부분의 일을 하는 것처럼 보이고, 의회나 법원은 거기 미치지 못한다는 생각이 들게 한다.

프레이밍(framing)
뉴스 기사의 기본적인 방향과 해석.

특히 공무원과 지방정부에 대해서는 보도가 제대로 되지 않는다. 무수한 부처, 기관, 관료조직들이 국가를 통치하지만, 관료들은 지루한 인터뷰를 하고 규칙들은 이해하기가 어렵다. 정부의 관료들은 다음 해에 이루어질 뉴스거리를 제공하지 않는다. 어떠한 기관이 어떠한 범주를 활용하여 원자력 발전소가 가동되도록 허용하는가? 원자력 발전소에 사고가 발생할 때까지 미디어는 이에 대해서 관심을 가지지 않는다. 어느 부처가 대통령 캠페인의 후원자들에게 수백만 달러의 계약을 맺어 주었는가? 규제자들과 미디어들은 금융산업이 수 년 동안 부정한 일을 저질러도 감지하지 못한다. 정부의 어떤 기관이 태풍의 경고를 발하는가? 통상적으로 뉴스 미디어는 무언가 잘못되고 충격스러운 일이 발생할 때까지 기다린다. 정부기관에는 정치적인 소재들이 존재하는데, 관심을 기울이는 사람은 별로 없다.

세계문제에 있어서 뉴스 미디어는 보도 이전에 무슨 사건이 발생하기를 기다린다. 엘리트 미디어를 제외하고 문제가 생길 것을 예상하여 그 배경이 되는 보도를 하는 경우는 거의 없다. 따라서 테러가 발생하거나 지구 어디에선가 폭력이 발생하면 시청자들은 놀라운 뉴스를 접하게 된다. 현재 우리는 도처에 위험이 도사리고 있는 폭풍 전야와 같은 세상에 살고 있지만, 미디어는 사건이 발생하기 전까지 이러한 상황에 별로 관심을 두지 않는다. 미디어 종사자들은 자신들의 역할은 분석이나 조기 경보를 하는 것이 아니라 '좋은 영상'을 제공하는 것이라 생각하고 있으며, 이러한 이유로 시청자들은 사건이 발생했을 때 더욱 놀라고 혼란스럽게 된다.

미디어의 가장 큰 문제는 세계에 어떠한 일이 발생할지에 대해서 분명하고 포괄적인 그림을 그리지 못한다는 점이다. 긴박한 마감시간에 맞추기 위해서, 최고의 활동 장면을 보도하기 위해서, 공식적인 출처에 전적으로 의존하면서 미디어는 대중들에게 수많은 작은 뉴스거리들을 제공하지만, 그들을 하나의 큰 뉴스로 묶어내지 못한다. 미디어는 지그소 퍼즐(jigsaw puzzle)*의 조각들만을 제공할 뿐이다. 이러한 상황에서 제공되는 뉴스들은 항상 불완전하고 오해를 유발한다. 우리는 총기발사 사건에 대한 뉴스를 보는데, 그러한 상황이 전개되기까지의 이유와 과정에 대해서는 잘 알지 못한다.

(* 역자 주)
여러 가지의 다양한 모양으로 불규칙하게 분리되어 있는 조각들을 제자리에 맞추어 조합하면 하나의 그림이 완성되는 놀이기구.

무엇을 해야 하는가?

엘리트 미디어를 제외하고 일반적인 매스 미디어는 '의미'를 제공하지 않는다. 역사적 배경이나 장기적인 결과를 설명할 수 있는 능력을 가진 기자들은 별로

사례연구 8.2
미디어와 워터게이트

1972년에 뉴스 기사가 닉슨행정부의 붕괴를 향해서 방아쇠를 당겼고, 미디어는 부분적으로라도 공공도덕의 수호자라는 새로운 자아를 갖추게 되었다. 백악관과 연관이 있는 사람들이 워터게이트에 소재하는 민주당 선거캠페인 본부에 불법 침입하여 전화기에 도청장치를 했다는 이유로 체포되었다. 나중에 『모든 대통령의 사람들(All the President's Men)』이라는 서적을 출간한 『워싱턴 포스트』의 두 젊은 기자들의 끈질긴 조사에 의해서 백악관의 대통령 집무실인 오벌 오피스(Oval Office)가 주도한 방대한 은폐 사실이 밝혀졌다. 닉슨 대통령은 탄핵을 당하지는 않았다. 하원의 특별위원회가 탄핵을 권고하는 투표를 하자 닉슨은 1974년에 사퇴했다. 닉슨이 사퇴를 하지 않았다면, 하원은 확실하게 탄핵 결의를 했을 것이고, 상원도 닉슨의 유죄를 인정했을 것이다.

미디어의 보도 없이 이것이 가능했을까? 궁극적으로 법적 움직임이 법원과 의회를 통해서 이루어졌을 것이고, 미디어는 이러한 정부의 기관들이 자신들의 의무를 무시하거나 지연시키지는 않았을 것이라는 점을 확신하고 있었다. 미디어가 닉슨을 사임시켰는가? 닉슨의 사람들은 그렇게 생각하고 있으며, 항상 언론에 대해서 질색을 한다. 다른 사람들은 언론의 보도가 없었더라도 좀 시간이 걸리고 덜 드라마틱하겠지만 같은 결과에 도달했을 것이라고 주장한다. 중요한 점은 미디어와 정부가 뒤얽혀 있고, 같은 과정의 부분이라는 것이다.

워터게이트 이후 미디어의 일부 기관들, 특히 엘리트 언론과 국가 텔레비전 네트워크는 일반적으로 행정부에 대해서 적대적인 입장을 유지했다. 이후 양당의 대통령에 대해서 무절제하고 때로는 비합리적인 비판을 했다. 대통령의 정책에 대해서 거의 자동적으로 의문을 제기하고 비판을 했다. 미디어는 워싱턴 어디에서든지 스캔들을 추적하고 무자비한 공격을 하여 추락시켰다.

없다. 기자들은 어떠한 문제라도 다 다룰 수 있는 일반 전문가(generalist)가 되기를 기대받고 있다. 일반 기자들이 가장 잘 할 수 있는 것은 공식적인 출처가 제공하는 정보를 받아 적는 것이다. 이러한 이유로 단신(straight news)보다 사설이나 전문가 칼럼이 더 많은 '뉴스'를 포함하고 있는 경우도 발생한다. 사설이나 칼럼은 뉴스를 의미있는 맥락에 대입하여 이해를 시키고, 단순한 기사는 조각난 사실들만을 전달할 뿐이다.

어떠한 일들이 행해질 수 있는가? 전문 뉴스캐스터들은 대중에게 충분한 정보가 제공되지 않고 있으며, 보도가 좀 더 확대되고 심화되어야 한다는 점에 동의한다. 그러나 그들은 대중 자체도 제한적 요인을 지니고 있다고 강조한다. 일부 비즈니스 저널리스트들이 금융체계에 문제가 있다고 경고했으나, 은행가들과 투자자들을 비롯한 대부분의 사람들은 2008년의 위기발생에 대해서 깜짝 놀랐다. 어떻게 사람들이 관심을 가지게 할 수 있는가? 특히 멀리서 발생하거나 복잡한 이슈에 대해서 더 많은 정보를 획득하기를 원하는 사람은 별로 없다. 뉴스 시청자들에 대한 조사 통계를 보면, 사람들은 해외 뉴스에 대해서는 별로 관심을 보이지 않고, 국내 뉴스에 더 많은 관심을 보인다. 대부분의 국민들은 지식인들이 아니고, 대부분 복잡하고 심층적인 분석을 별로 좋아하지 않는다. 그들은 총기사고에 대해서 관심을 가지지만, 그 이유에 대해서는 별로 궁금해하지 않는다.

미디어는 시민들이 복잡한 세계를 이해할 수 있는 능력을 가질 수 있도록 대중을 교육시킬 책임을 가지고 있는가? 미디어에 종사하는 일부 이상주의자들은 그러한 책임감을 갖고 있지만, 이 이상주의자들의 생각은 단호한 비즈니스 타입의 행동주의자들에 의해서 희석이 된다. 얼마 지나지 않아서 이상주의자들은 냉소적이 된다. 결국 머지않아 주요한 개선이 이루어질 것이라는 기대를 할 수 없게 된다. 관심집단에 속하는 정치학도들이 생각하는 해답은 엘리트 미디어를 만드는 것이다.

적대세력: 미디어와 정부

8.5 민주주의를 위해서 적대적인 미디어가 어떻게 필요한지를 보여준다.

민주주의에서 비평가로서 미디어의 역할은 오랫동안 인정받아 왔다. 1787년에 제퍼슨(Thomas Jefferson)은 다음과 같이 기록했다. "신문 없는 정부와 정부 없는 신문 중의 하나를 선택하라면, 나는 후자를 선택하는 데 주저하지 않을 것이다." 러시아와 멕시코에서 범죄, 부패, 권력남용을 조사하던 저널리스트들이 자주 살해되는데, 혐의자는 거의 체포되지 않고 있다. 그 지역의 많은 뉴스 제작자들은 살아남기 위해서 '자가 검열'을 실행하고 있다.

수 세기에 걸쳐서 언론은 정부를 비판해 왔다. 그러나 1960년대 후반과 1970년대 초반에 미디어와 정부의 새로운 **적대적** 관계가 형성되어 아직까지 유지되고 있다. 모든 미디어가 설전에 가담하지 않는다는 점은 확실하다. 통신사의 기사를 받아쓰는 대부분의 신문사들은 공식적인 출처에서 인용을 하고 있다. 그러나 엘리트 미디어와 텔레비전은 행정부에 대해서 적대적인 입장을 취하는 경우가 자주 있다.

적대적(adversarial)
적의를 품고 비판하고 반대하는 경향.

미디어가 행정부를 비판한 대표적인 사례는 베트남과 워터게이트에 대한 것이었다. 두 사례 모두의 경우, 행정부는 여론을 무마하기 위해서 미디어에 거짓말을 했다. 많은 미디어 사람들은 이용당한 데 대해서 불평을 하고, 기자회견에서 날카로운 질문을 하는 보복을 했다. 닉슨의 대통령직 수행방식은 사태를 더욱 악화시켰다. 그는 오랫동안 언론을 두려워하고 싫어했다. 대통령 기자회견 전에 닉슨은 어두운 방에서 신경을 안정시키곤 했다. 그는 비밀리에 행동하기를 좋아했고, 그의 결정을 뉴스 캐스터를 통해서가 아니라 직접 방송을 통해서 대중에게 알렸다. 이 때문에 언론은 항상 그에게 불만을 표시했다.

사이공에서 미군은 매일 오후에 '5시의 촌극(five o'clock follies)'이라는 이름이 붙여진 기자회견을 했는데, 항상 낙관적인 대변인이 전황의 진전을 발표하곤 했다. 기자들은 반복적이고 잘못된 내용의 브리핑을 지겨워하며, 자체적으로 전황을 파악하기 시작했다. 사이공정부는 국민들의 지지를 받지 못했고, 베트콩들이 마음대로 다니면서 공격을 할 수 있었으며, 남베트남의 군대가 베트콩들을 물리칠 수 있는 전술이나 사기가 부족했다. 『뉴욕 타임즈』의 한 젊은 기자가 쓴 디엠정부에 대한 비판적인 기사는 미국인들의 디엠정부에 대한 신뢰를 저하시켰고, 결국 1963년 디엠은 축출되고 자신의 군 장성들에 의해 암살당했다. 이러한 상황 전개는 엘리트 미디어에 의해서 시작된 것이었다.

베트남전쟁은 첫 번째 텔레비전 전쟁으로 묘사되고 있다. 혈흔이 흥건한 젊은 미군의 시체가 텔레비전에 총천연색으로 비춰졌다. 우리는 텔레비전의 보도가 미국인들로 하여금 베트남전쟁을 반대하게 만들었다는 주장을 폭 넓게 받아들이는 데 대해서 주의해야 한다. 한국전쟁(1950~1953년)은 텔레비전으로 보도되지 않았지만, 전쟁이 수행되는 과정에서 여론이 반전으로 기울게 되었다. 미군의 사상자가 늘어가면서 전쟁에 대한 지지가 줄어들었다. 미국인들의 마음을 바꾼 것은 텔레비전 보도가 아니라 미군 사망자의 증가였다. 베트남전쟁의 경우 『뉴욕 타임즈』와 『워싱턴 포스트』에 실린 "펜타곤(국방부) 문서들"이 전쟁 반대의 기폭제가 되었다. 닉슨행정부는 이 문서의 보도에 대해서 격분을 하고 공개를 중지하도록 지시했는데, 이것이 미국정부가 신문을 검열한 첫 번째 사례다. 이때부터 정부와 미디어 사이의 갈등이 확대되었다.

언론은 너무 멀리 나간 것인가? 일부 사람들은 미디어가 모든 권위체를 비난하는 것에 대해서 우려를 하고 있다. 미디어는 자신들이 항상 옳고, 정부가 항상 틀렸다고 생각하는 것처럼 보인다. 보수주의자들은 미디어가 자유주의적 성격이 강하다고 주장하는 반면, 급진주의자들은 미디어가 보수적 정치세력과 대기업을 지지한다고 주장한다. 양쪽 주장에 모두 일리가 있지만, 궁극적으로 모든 기구들이 미디어의 감시 하에 놓이게 된다는 점을 인식해야 한다. 미디어가 정치인들의 운명을 좌우할 수도 있다. 인터넷의 도움을 받아, '저널리즘의 책임성'을 구현하여 대중이 판단할 수 있는 기회를 주기 위해서, 고문, 드론공격을 비롯한 모든 비밀자료를 밝히려 하고 있다. 스노우든(Edward Snowden)에 의해서 유출되고 위키리스크에 의해서 게시된 비밀문서들은 미디어에게 저널리즘의 임무를 수행하는 수단을 제공하지만, 일부 사람들은 그 대가로 국가안보가 희생당할 수 있다고 주장한다.

대체로 뉴스 기자와 작가들은 자유주의적 성향을 보인다는 연구 결과가 있고, 보도를 보면 이러한 점이 나타나는 경우가 있다. 그러나 대부분의 방송국과 신문사의 소유주들은 보수주의자들이며, 그들은 구성원들의 자유주의적 성향을 억제시키려는 노력을 한다. 라디오 토크쇼는 우익의 성격을 보이고, 다큐멘터리 프로그램과 블로그들은 급진적 좌파의 성향을 보유한다. 미디어의 편향적 성격에 대해서는 입증하기가 어려운데, 그 이유는 미디어가 모든 정치인들을 비슷한 비중으로 불신하기 때문이다.

민주주의에서 미디어의 적절한 역할은 어떠한 것인가? 대체로 언론은 정부를 자기들보다 낮은 수준으로 평가하고 있다. 그러면 미디어는 정부를 얼마나 많이 비판을 해야 하는가? 언론인들은 워터게이트를 밝혀낸 기자들을 모델로 해서, 정부 모든 수준에서 발생할지 모르는 스캔들을 캐고 다녀야 하는가? 언론은 명예훼손 혐의로부터 일정 부분 보호를 받고 있으며, '공적' 인물들은 미디어의 감독 대상이 되고 있다. 일부 공적 인물들은 막강한 언론에 의해서 무기력하고 비애감을 느끼게 되고, 미디어는 정치에 대해서 대체로 냉소적인 태도를 보이게 된다. 지나치게 비판적인 미디어 때문에 여론 자체도 비판적이 되어 가고 있다.

Q 토의질문

1. 매스 미디어와 대면 커뮤니케이션은 어떻게 다른가?
2. 어떠한 저널들이 엘리트 미디어를 구성하는가?
3. 인터넷은 정치 커뮤니케이션을 어떻게 변화시키고 있는가?
4. 텔레비전 뉴스 보도의 약점은 무엇인가?
5. 돈으로 텔레비전 방영 시간을 살 수 있으며, 그에 따라 선거를 살 수 있는가?
6. 텔레비전은 정치적 무관심을 유발하고 있는가?
7. 어느 나라의 매스 미디어가 가장 자유로운가?
8. 미디어가 아프가니스탄전쟁에 대한 지지를 하락시켰다는 비난을 받아야 하는가?
9. 정보를 수월하게 제공받고 수집하려면 어떻게 해야 하는가?
10. 미디어와 정부가 적대적이 되는 것은 바람직한가?

핵심용어

교차압력(cross-pressured) p. 195
내성적(introspective) p. 185
대면(對面, face-to-face) p. 183
미디어 이벤트(media event) p. 192
블로그(blog) p. 182
엘리트 미디어(elite media) p. 188
여론 주도자들(opinion leaders) p. 184
유세(stump) p. 184

적대적(adversarial) p. 200
출처(source) p. 187
통신사(wire service) p. 187
편승(bandwagon) p. 193
프레이밍(framing) p. 197
현상유지(status quo) p. 186
현직자(incumbent) p. 193

참고문헌

Bennett, W. Lance, Regina G. Lawrence, and Steven Livingston. *When the Press Fails: Political Power and the News Media from Iraq to Katrina*. Chicago: University of Chicago Press, 2008.

Boehlert, Eric. *Bloggers on the Bus: How the Internet Changes Politics and the Press*. New York: Simon & Schuster, 2010.

Buell, Emmett H. Jr., and Lee Sigelman. *Attack Politics: Negativity in Presidential Campaigns since 1960*. Lawrence, KS: University Press of Kansas, 2008.

Cohen, Jeffrey E. *The Presidency in the Era of 24-*

Hour News. Princeton, NJ: Princeton University Press, 2008.

Gant, Scott. *We're All Journalists Now: The Transformation of the Press and Reshaping of the Law in the Internet Age*. New York: Simon & Schuster, 2007.

Ghonim, Wael. *Revolution 2.0: The Power of the People Is Greater Than the People in Power: A Memoir*. New York: Houghton Mifflin Harcourt, 2012.

Goodwin, Doris Kearns. *The Bully Pulpit: Theodore Roosevelt, William Howard Taft, and the Golden Age of Journalism*. New York: Simon & Schuster, 2013.

Graber, Doris A. *On Media: Making Sense of Politics*. Boulder, CO: Paradigm, 2012.

Hall, Kermit L., and Melvin Urofsky. *New York Times v. Sullivan: Civil Rights, Libel Law, and the Free Press*. Lawrence, KS: University of Kansas Press, 2011.

Jones, Alex S. *Losing the News: The Future of the News that Feeds Democracy*. New York: Oxford University Press, 2009.

Kumar, Martha Joynt. *Managing the President's Message: The White House Communications Operation*. Baltimore, MD: Johns Hopkins University Press, 2009.

Levy, David A. L., and Rasmus Kleis Nielsen. *The Changing Business of Journalism and Its Implications for Democracy*. New York: Peter Lang, 2010.

Mindich, David T. Z. *Tuned Out: Why Americans Under 40 Don't Follow the News*. New York: Oxford University Press, 2004.

Morozov, Evgeny. *The Net Delusion: The Dark Side of Internet Freedom*. New York: PublicAffairs, 2011.

Perlmutter, David D. *Blogwars*. New York: Oxford University Press, 2008.

Prior, Markus. *Post-Broadcast Democracy: How Media Choice Increases Inequality in Political Involvement and Polarizes Elections*. New York: Cambridge, 2007.

Wasik, Bill. *And Then There's This: How Stories Live and Die in Viral Culture*. New York: Penguin, 2010.

West, Darrell M. *Air Wars: Television Advertising in Election Campaigns, 1952–2008*, 6th ed. Washington, DC: CQ Press, 2013.

Wu, Tim. *The Master Switch: The Rise and Fall of Information Empires*. New York: Knopf, 2011.

9장 이익집단

학습목표

9.1 이익집단을 정의하고 정당과의 차이점을 설명한다.
9.2 이익집단과 민주주의 사이의 관계를 설명한다.
9.3 이익집단들을 효과적이게 만드는 요인들을 사례를 들어 설명한다.
9.4 이익집단들이 활용하는 다양한 전략들을 설명한다.
9.5 어떻게 이익집단들이 강하게 될 수 있는지를 설명하고 사례를 든다.

(*역자 주)
억만장자들로 이루어진 미국의 민간정치자금단체.

일련의 미국 대법원 판결들은 이익집단들에게, 위험한 요소는 있지만 새로운 기회를 제공했다. '슈퍼팩(super-PACs)'*이라 불리는 새로운 집단들은 익명의 억만장자 기부자들로 하여금 정치 캠페인에 무한대의 돈을 지원할 수 있도록 허용했다. 이 슈퍼팩을 통하여 억만장자들은 자신들의 재정이익과 이념적 관심사항을 충족시켜 줄 후보자들이나 단체들에게 수백만 달러를 지원하고 있다. 선거캠페인에 대한 후원과 지출은 증가했지만, 선거결과에 대한 전체적인 순수 효과는 불분명하다.

이익집단들의 편재(遍在)

9.1 이익집단을 정의하고 정당과의 차이점을 설명한다.

슈퍼팩은 자금이 충분하며 정치에 영향을 주는 가장 최근의 조직이다. 비판가들은 부유한 사람들이 정치를 지배할 것을 우려하지만, 민주주의에서 이를 막을 수 있는 방법은 없다. 이러한 영향력을 줄이기 위해서는 발언의 자유를 통제하는 등 정치과정에 대한 집단의 투입을 제한하는 것이다. 어떠한 집단이 어느 정도의 영향력을 가져야 하는가에 대해서 누가 결정을 할 것인가? 이 결정을 하는 누구라도 민주주의를 심각하게 훼손할 수 있다.

이익집단을 뒷받침하고 있는 이론은 민주주의가 제대로 유지되고 있는 사회에서 개인이 개별적으로 할 수 있는 것은 거의 없다고 주장한다. 해결책은 비슷한 마음을 가진 사람들이 집단을 형성하는 것이다. 어렵게 조직하고, 기금을 모집하고, 로비를 한 이후에 영향력을 가지기 시작한다. 이러한 '다원적' 관점으로 보면, 정치의 핵심은 집단이다. 이 관점은 다양한 집단들이 보유한 자원의 불균등성에 대해서 고려를 하지 않기 때문에 순진한 시각이라는 평을 받는다. 부유한 개인들과 기업들은 중요한 영향력을 가지며, 일반시민들은 거의 또는 전혀 영향력을 가지지 못한다. 이익집단의 활동은 대체로 다원적인 선진국가에서 활성화되고 있지만, 독재국가에서도 집단들이 독재자의 환심을 사기 위해서 조용하게 활동을 한다.

'이익집단'이라는 용어는 정부에 영향을 미치려고 노력하는 사람들의 집단을 의미한다. 일부 이익집단들은 일시적인 것이며, 또 다른 일부는 영구적이다. 일부는 특정 정책에 초점을 맞추고, 다른 일부는 광범위한 변화에 초점을 맞춘다. 일부는 행정부 기관들을 대상으로 하여 활동을 하고, 다른 일부는 사법부 또는 입법부 영역을 대상으로 활동을 하며, 또 다른 일부는 여론을 대상으로 활동을 한다. 그러나 모든 이익집단들은 공공정책의 결과에 영향을 행사하여 공통된 개인의 이익을 증진시키려고 시도하는, 공적인 책임을 가지지 않고 있는 조직이다.

이익집단과 정당

이익집단들은 정당과 비슷한 면이 일부 있다. 이 둘은 공공정책에 영향을 미치려고 시도하지만, 이익집단은 선거과정의 밖에서 활동을 하며 대중에 대해서 책임을 지지 않는다. 정당은 선거에서 이겨야 한다. 이익집단들은 자기들의 주장에 공감하는 후보자의 지명에 영향을 미칠 수 있지만, 후보자들은 이익집단의 기치 아래가 아니라 정당의 기치 아래에서 선거활동을 한다.

목표 정당은 선거를 통해서 권력을 추구한다. 이익집단은 통상적으로 특정 프로그램과 이슈에 초점을 맞추고 있으며, 정부의 공식 조직을 대표하는 경우는 거의 없다. 그 대신 이익집단은 입법부와 행정부에 영향을 미치려고 노력한다. 이익집단은 종종 모든 정당들의 지지를 받으려는 시도를 한다. 특히 경제 집단들은 모든 정당의 지지를 원한다. 그러나 일부 이익집단들은 한 정당의 지지만 추구하는 경우도 있다.

구성원의 성격 정당은 선거에서 승리하기 위해서 광범위한 지지를 추구하고, 모든 이해관계를 포괄하려는 노력을 한다. 보수정당도 모든 소득층의 지지를 받으려고 노력한다. 일반국민들, 특히 중산층의 정당이라는 정체성을 지닌 진보정당도 많은 부유한 사람들의 지지를 받고 있다. 이익집단들은 보다 편협한 구성원들로 채워져 있다. 노동조합은 유사한 생활과 노동의 조건과 목표를 공유한 사람들로 구성되어 있다. 이상주의적인 이익집단들은 종교, 환경, 젠더 등의 목표를 추구하고 있다. 로마 가톨릭과 극단적인 프로테스탄트가 낙태반대로 연합하는 것과 같이 어울리기 어려운 다른 집단들이 연결되는 경우가 있다.

정당과 이익집단의 수를 비교해 보면, 한 국가 내의 정당의 수는 통상적으로 10개 이내로 제한되어 있으나, 이익집단의 경우는 제한이 없고, 미국을 비롯한 일부 국가에서는 이익집단의 증가를 장려하고 있다. 1830년대에 토크빌(Tocqueville)은 "세상의 어느 국가도 미국보다 집단 결사의 원칙을 다양한 목표에 성공적으로 사용하고 적용시킨 국가는 없다"고 주장했다. 토크빌의 말은 아직도 정확하다. 워싱턴 D. C.의 전화번호부를 열어 보면 '국가 …'로 시작되는 단체들의 이름이 수백 개가 나온다. 워싱턴의 번영은 2만 개 이상 이익집단들의 본부가 위치하고 있기 때문에 가능하다.

이익집단에는 누가 속하는가?

모든 선진사회는 산업, 문화, 경제, 교육, 인종, 종교집단들을 포함한 다원적인 성격을 지니고 있다. 다양한 이익들은 자동적으로 다양한 집단들을 형성하게 한다. 다원적 민주주의에서 다양한 이익집단들은 서로가 자체적인 주장과 관점을 제시함으로써, 이론적으로 반대되는 이익의 균형을 이루게 하여 어느 한 집단도 정치체제를 지배하는 것을 방지한다. 이러한 낙관적인 관점에 따르면, 정부의 정책은 국민들의 다양한 이익을 대표하는 많은 집단들 사이의 경쟁의 결과이다.

그러나 이익집단들은 부유한 사람들과 기업인들이 과대 대표되고 있다. 일부 집단들은 부유하고 결속이 잘 되어 있기 때문에, 민주주의의 운동장이 편평하지가 못하다. 비판가들은, 만약 집단이론이 제대로 적용된다면, 가난한 사람들이 경제 파이의 보다 큰 부분을 차지하기 위해서 집단을 형성해야 한다. 그러나 교육을 덜 받은 가난한 사람들은 자신들의 이익을 증진시키기 위한 집단을 형성하는 데 민첩하지가 못하다. 부유하고 교육을 더 받은 사람들이 정치에 더 많이 참여하는 경향이 있고, 여기에는 이익집단을 조직하고 운영하는 것도 포함된다.

낮은 계층의 사람들은 자신들의 이익을 대변할 수 있는 조직을 형성하지 못하기 때문에, 그들은 정치체제 내에서 활동을 하기보다는 폭발적인 행동을 하는 경우가 많다. 프랑스혁명이 바스티유(Bastille) 감옥에 대한 시민의 공격으로부터 시작되었듯이, 시민들의 불만이 폭발하게 된다. 최근의 미국역사에서, 도시 내부의 폭동은 많은 아프리카계 미국인들의 인종과 관련된 이슈들에 대한 불만이 폭발한 것이다. 빈민지역의 폭동에서 표출된 불만들은 기업, 노동조합, 또는 다른 집단들의 권력에 도전을 거의 하지 못했다. 사회의 모든 영역들이 이익집단을 효율적으로 형성하고 활용하는 것은 아니다.

이론 9.1 대항적 권력

다원주의 이론에 따르면, 어떠한 이익집단들도 권력을 독점하지 못하는데, 그 이유는 특정 이익집단에 반대되는 활동을 하는 하나 또는 그 이상의 집단들이 존재하기 때문이다. 대항적 권력(Countervailing Power) 이론에 따르면, 기업협회는 노동조합에 의해서 상쇄되고, 유대교 로비는 이슬람 로비에 의해서, 수입을 우려하는 산업은 수출을 열망하는 산업에 의해서 상쇄된다. 이러한 균형은 사회를 자유롭고 민주적으로 만든다고 다원론자들이 주장한다.

그런데 모든 것이 항상 균형이 이루어질 수가 있는가? 세계 다른 지역에서와 마찬가지로 미국의 노동조합의 구성원들의 수는 점차 줄어들고 있으며, 현재 기업협회보다 세력이 약하다.

전력과 가솔린 생산자들은 3억 2,000만 명 소비자들의 대항적 로비 없이 강력한 로비를 행사하고 있다. 헬스케어 개혁을 둘러싼 투쟁은 거대한 보험사, 병원과 의사조직, 고용주들, 그리고 제약회사들 사이에 매일 140만 달러를 소비하는 로비가 이루어지고 있다. 보험산업이 봉쇄를 했기 때문에, 2010년의 법안은 민간을 제외하고 공적인 보험 선택 조항만 포함되었다. 반면에 헬스케어의 소비자들은 기본적으로 대표권을 가지지 못했다. 오직 몇 개의 분야에서만 대항적 권력이 존재하고 있다.

이익집단과 정부

9.2 이익집단과 민주주의 사이의 관계를 설명한다.

이익집단들은 정부에 영향을 미치려고 노력한다. 그런데 아프가니스탄과 같이 작은 정부가 있고, 그 정부가 수도인 카불 이상으로 확대되지 못한다면? 부족, 씨족, 군벌, 마약 재배자, 탈레반 전사 등 여러 집단들이 있지만, 우리는 그들의 상호작용을 '다원적'이라고 부르지는 않는다. 멕시코에서 마약과 관련된 범죄가 주요 경제활동에 포함되며, '카르텔'이라 불리는 무장한 이익집단이 활동하고 있다. 약한 국가는 범죄와 정치가 상호 침투하는 양상을 보이고 있다. 모든 '이익집단'의 활동이 바람직하거나 평화로운 것은 아니다. 바람직한 이익집단의 활동은 그 집단이 법의 체계 내에서 활동하겠다는 의지에 달려 있는데, 이는 대체로 강한 선진국에서 이루어지는 것이다.

정부가 어떠한 것에 대한 자금 지원을 하게 되면, 혜택을 받은 집단은 프로그램을 지속하기 위해서 강한 의욕을 가지고 조직을 발전시킨다. 정부가 더 확대되고 보다 많은 프로그램을 지원하게 되면, 이익집단들이 확산된다. 대체로 정부의 각 부처나 기관에는 하나 또는 그 이상의 이익집단들이 기웃거리면서 더 많은 지원, 규칙의 수정, 자신들의 기관 수립을 요구하고 있다. 미국에서 교육부와 에너지부는 이러한 환경 하에서 만들어졌다. 레이건 대통령이 이들을 폐지하겠다고 선언했으나, 그렇게 할 수가 없었다. 그 부처들을 만들고 관련되어 있는 이익집단들이 너무 막강했다.

때때로 이익집단들이 정부의 입법과 집행에 참여한다. 영국 의회의 '이해관계가 있는 구성원들'은 자신들이 산업이나 노동조합을 대표한다고 공개적으로 인정하는 사람들이다. 이것은 특별히 비난받을 일이 아니며 상당히 정상적인 것이다. (그러나 영국에서는 정부의 영향력을 이익집단에 조용히 팔아넘기는 것은 '추잡'한 것이고 스캔들을 조장한다고 생각하고 있다.) 스웨덴의 이익집단들은 특별히 규모가 크고 강력하다. 대부분의 새로운 법안을 발의하는 스웨덴의 '왕립위원회'는 의원, 정부관료, 이익집단 대표들로 구성되어 있다. 제안서가 기초된 이후, 이 문서는 논평을 받기 위해서 관련된 모든 이익집단들에 회람된다. 스웨덴의 농부들과 노동자들을 위한 일부 수당들은 농장조직과 노동조합에 의해서 운영이 된다. 일부 사람들은 이를 **조합주의**라 부르고, 그 의미는 이익집단들이 정부의 기능을 수행하는 것이다. 스웨덴에서 많은 부분의 공공정책을 결정하기 위해서 기업, 노동, 내각의 최고 대표들이 정기적인 회합을 한다. 비판가들은

조합주의(corporatism)
이익집단의 정부에의 직접적인 참여.

너무 화목한 관계가 의회 민주주의를 완전히 우회할 수도 있다고 우려한다.

정부가 설립한 이익집단

정부는 많은 이익집단들에게 생명력을 불어 넣어주고 있다. 농업 프로그램이 있기 때문에 농업 로비단체들이 있고, 교육 프로그램이 있기 때문에 교육 로비단체들이 있으며, 정부가 전쟁을 하기 때문에 재향군인 로비단체가 있다.

1938년 경제공황을 탈피하기 위한 FDR의 프로그램의 한 부분으로, 미 의회는 '패니매(Fannie Mae)'로 불리는 연방저당권협회(Federal National Mortgage Association)를 설립하여, 주택융자를 떠맡고 주택구입과 건설을 고무했다. 1968년에 의회는 패니매를 민영화하여, 은행이 소유한 저당물들을 사서 다시 꾸미고 판매를 함으로써 돈을 만드는 일반적인 회사로 전환하도록 했다. 이러한 중요한 '2차적 저당시장'에서의 경쟁을 확립하기 위해서, 1970년에 미 의회는 연방주택대부저장(Federal Home Loan Mortgage Corporation, 'Freddie Mae')을 설립했는데, 이것도 민간기구이고 패니매와 유사한 활동을 하고 있다.

순환적 흐름이 통상적으로 발생하고 있다. 의회는 프로그램을 만들고, 프로그램은 이익집단을 만들고, 이익집단은 의회의 지지를 받으려고 활동을 한다. 경제난 상황에서 농부들을 지원하기 위한 농업 보조금이 점차 늘어나서 농업사업(agri-business)으로 확대되고, 이는 별다른 제약사항 없이 발전된다. 프로그램이 한번 수립되어 추진되면 이익집단의 영향력 때문에 중단되기가 어렵다.

이익집단으로서의 관료

정부와 이익집단은 중요하지만 때때로 간과되는 또 다른 방식으로 관련되어 있다. 관료들은 규모가 크고 강력한 이익집단이 되어 왔다. 공무원들은 단순히 법을 수동적으로 집행하는 사람들이 아니고, 법을 제정하고 적용시키는 투입의 역할도 한다. 많은 법안들이 특별한 기관들로부터 시작되고 있다. 입법부의 위원회들에 제시되는 많은 데이터와 증언들이 행정부 부처들과 기관들로부터 제공된 것들이다. 일본 경제산업성(METI)의 강력한 관료들은 무슨 입법을 해야 하는지 의회에 의견을 제시한다.

관료들은 자신들의 이익을 발전시킨다. 그들은 자신들의 임무가 극도로 중요하다는 생각을 하고, 매년 더 많은 예산과 인력을 요구한다. 과거에는 이익집단들이 사회와 경제의 파생물이라고 생각했으나, 지금은 정부의 파생물이라고 생각하고 있다. 정부와 이익집단은 쌍둥이로 태어났다. 정부의 규모가 커지면, 이익집단의 수와 규모도 팽창된다.

모든 정치체제가 이익집단들을 보유하고 있다고 말하는 것은 큰 의미가 없는데, 왜냐하면 상이한 정치체제 내의 이익집단들은 다르게 활동하기 때문이다. 이익집단들이 활동하는 방식에 있어서 핵심적 결정 요인들 중의 하나는 정부이다. 다원주의는 단순히 정부에 영향을 미치려고 노력하는 집단들의 존재에 의해서 결정되는 것이 아니라, 집단들이 공개적 상호활동을 하도록 정부가 허용하거나 고무하는 수준에 의해서 결정된다. 다원주의는 '해야 한다'라는 규범적 구성요소를 지니고 있다.

효율적인 이익집단

9.3 이익집단들을 효과적이게 만드는 요인들을 사례를 들어 설명한다.

정치문화

지방 자치정부와 결사체 형성의 전통이 있는 다원주의 사회에서 이익집단들이 번성한다. 이 전통이 약한 곳(프랑스 반다원주의 사례연구 글상자 참조)에서 이익집단들은 어려움을 겪는다. 영국, 스웨덴, 미국 사람들이 프랑스, 이탈리아, 멕시코 사람들보다 자발적 결사체에 참여하는 경향이 더 많다. 보다 많은 교육을 받은 성인 남성들이 (그러나 점차 변하고 있음) 이익집단에 더 많이 소속되어 있다. 모든 이익집단들이 정치적인 것은 아니지만, 비정치적인 집단들도 회원들 사이의 대화를 통해 일부 정치적인 영향력을 가진다. 자전거 클럽의 회원들이 자전거 도로 건설을 지지할 때 정치에 개입된다. 많은 사람들이 이익집단에 참여하는 사회에서, 사람들은 정치능력과 정치**효력**의 감각을 더 가지게 된다.

효력(efficacy)
어떤 개인이 다르게 만들 수 있는 감각.

이익집단과 정치자금

이익집단 성공의 가장 중요한 요인은 돈이다. 충분한 돈이 있다면, 이익 추구를

사례연구 9.1
프랑스의 반(反)다원주의

미국과 영국은 고도의 다원주의 국가들인데, 그 이유는 이익집단의 활동이 바람직한 것이고, 로비가 건전한 민주주의를 위한 정상적인 활동으로 간주되기 때문이다. 반면, 프랑스에도 이익집단의 활동이 이루어지고 있으나, 불쾌하고 불결한 것으로 인식되고 있다. 수 세기 동안 프랑스는 전통적으로 중앙집중적이고 가족주의적인 정부를 유지해 왔다. 프랑스는 파리의 내각이 국가의 목표를 수립하고 경제의 많은 부분을 감독하는 것에 익숙해져 있다.

철학자 루소(Jean-Jacques Rousseau)는 아직도 프랑스 사람들의 마음속에 남아 있다. 그는 모든 공동체가 원하는 '일반의지'를 혼란스럽고 왜곡되게 하는 '특정의지'가 있으면 안 된다고 주장했다. 루소는 다원주의자들이 거부하는 것과 같은 일반의지가 있다고 가정했다. 이에 따라 이익집단들은 전체 공동체의 좋은 것을 왜곡되게 하는 것으로 인식된다. 프랑스의 엘리트 관료들은 이익집단이 '객관적이지 않은' 것으로 생각하며 관심을 두지 않는다. 프랑스의 이익집단들은 미국이나 영국의 이익집단들보다 제한된 환경 하에서 활동을 한다. 미국이나 영국의 정치인들은 다양한 이익을 대변하는 조직들을 허용하는 것이, 정치적 소수를 억누르는 데 정부를 사용하는 다수의 권력을 제한하는 최선의 방법이라고 주장한다.

위한 집단이 필요하지 않다. 돈은 선거에 특히 중요하고, 집단은 지지를 원하는 후보자들을 돕는다. 대부분의 민주주의 학자들은 이익집단과 후보자들이 과도하게 긴밀한 연결을 하게 되면 위험이 존재한다는 점을 인정하는데, 그 위험은 "돈으로 최고의 정치인을 산다"는 말과 연결이 된다. 선거와 연결되는 정치단체에 후원되는 돈에 대한 제한이 없게 되면, 이는 정치인을 돈으로 사거나 부패의 근원이 된다고 사람들은 우려한다. "돈은 정치인에게 있어서 모유(母乳)와 같은 것이다"라는 말이 풍자되고 있다.

많은 국가들이 개혁을 시도하고 있다. 일본의 개혁가들은 정치인들이 재벌, 은행, 농장, 심지어는 조폭과 관련된 이익집단들에 극도로 의존하는 '돈의 정치'를 타파하려는 노력을 하고 있다. 독일과 스웨덴은 국가 선거에서 주요 정당에게 거의 완전한 **공공자금지원**을 하고 있다. 1977년에 민주주의를 회복한 스페인은 정당들이 선거에서 받은 표와 의석수에 따라 보조금을 지원한다. 영국, 프랑스, 독일 등의 국가들은 선거캠페인 비용에 제한을 가하고 있다.

미국은 캠페인 비용을 공공지원하거나 캠페인 비용에 제한을 가하는 정책을 여러 가지 이유로 기피하고 있다. 첫째, 자유를 강력하게 강조하고 있다. 어느 개인이 어떤 후보에게 자금을 지원하고 그 후보가 그 자금을 사용할 경우, 그

공공자금지원(public financing)
거두어들인 세금을 활용하여 선거자금지원 등을 하는 것.

정치인은 자금 제공자의 정치적 요구에 구속이 될 우려가 있다. 이렇게 되면 헌법에서 규정하고 있는 발언의 자유에 침해가 된다. 둘째, 미국의 정당들은 약한 편이고 지명하는 절차가 있기 때문에 미국의 선거캠페인은 오래 걸리고 비용도 많이 든다. 서유럽에서 정당들은 이미 후보자들과 정강을 결정해 놓고 있는 상태이기 때문에 선거캠페인 기간이 짧고 비용이 적게 든다. 셋째, 앞서의 두 가지 조건들 때문에, 미국의 의원들은 자신에게 유리한 방향으로 작동이 되는 공공자금지원의 형식을 찾기가 어렵다. 일부 노력을 하더라도 부정적인 **예상하지 못한 결과**가 초래될 수도 있다.

예상하지 못한 결과(unforeseen consequence)
법 또는 정책이 기대하는 대로 작동되지 않고 발생되는 나쁘거나 의도되지 않은 결과.

비판가들은 돈의 정치가 통제 불능의 수준으로 되었다고 우려한다. 옹호론자들은 돈의 정치는 다원적 민주주의가 작동되는 일부분이고, 그 금액은 미국의 전체 경제에 비하면 땅콩 수준에 불과하다는 비교를 한다. 이익집단과 돈에 대해서 무언가 조치를 취할 수 있고, 취해야만 하는가? 일부 사람들은 정당들이 더 잘 조직되어 있고, 선거캠페인 기간이 짧으며 비용도 적게 드는 유럽식 체제로 가는 것이 바람직하지 않는가의 의견을 제시한다. 그렇지만 복잡하고 시간이 걸리는 미국의 지명과 선거체제에서는 불가능하다는 의견이 지배적이다. 그리고 유럽의 이익집단들은 선호하는 후보들에게 풍부한 (때로는 비밀리에) 자금을 지원하고 있다.

정치자금의 공정성과 투명성을 확보하기 위한 대안으로 누가 누구에게 얼마를 후원했는지 파악하기 쉽게 하는 것이다. 현재 대체로 누가 누가에게 얼마나 정치자금을 후원했는지 밝히게 되어 있지만, 대중에게 정치지금에 대해서 투명성을 보이도록 상대진영과 미디어에 즉각적으로 보고되지는 않고 있다. 만약 후원금에 대해서 온라인으로 대중에게 즉각적으로 알리도록 보고의무를 수정한다면, 감시자들이 후보자가 정치적으로 의문이 가는 곳으로부터 대규모의 후원금을 받았는지 확인이 가능하다. 부유한 이익집단의 아이디어에 연관되지 않으려면, 그들의 돈을 받지 않으면 된다.

단일이슈집단의 등장

이익집단의 영향에 있어서 두 번째로 중요한 요인(돈 다음)은 집단과 관련된 이슈의 강도일 것이다. 정당한 이슈는 수백만 명을 동원하고, 집단의 결속과 참여를 제공하며, 후원을 고무한다. 또한 부유한 개인들이 거금을 후원할 수 있도록 설득하기도 한다. 전통적으로 이익집단들은 관련된 이슈들에 대해서 다양한 주장들을 하고 있는데, 그 이유는 집단들이 다양한 프로그램들과 기관들의 이해관계를 포괄하고 있기 때문이다. 예를 들어, 노동관련 조직은 정부가 사회 안전, 의료보험, 교육, 수입과 관세 등의 문제, 그리고 실업률 통계에 관심을 가지도록 설득을 한다. 이와 같이 이익집단들은 다양한 이상적 목표들을 추구해 왔으나, 1970년대 이후부터는 **단일이슈집단**들이 등장하기 시작했다.

단일이슈집단들에게는 오로지 하나의 이슈만이 중요하고, 매우 강력한 관심을 가진다. 전통적으로 물질적인 이슈들보다는 윤리적인 이슈들이 많기 때문에, 타협이 어려운 것들이다. 단일이슈집단의 가장 괄목할만한 이슈는 생명에 대한 권리, 즉 낙태반대운동이다. 1973년에 미국의 대법원은 주들이 낙태를 할 수 있는 여성의 권리를 임의로 제한할 수 없다는 판결을 내렸다. 많은 로마 가톨릭 교인들과 프로테스탄트 극단주의자들은 이 판결에 충격을 받았는데, 그 이유는 그들은 임신의 순간부터 인간의 생명이 시작되고, 태아를 낙태하는 것은 살인이라고 믿었기 때문이다. 페미니스트 등은 낙태는 여성 개인이 결정할 문제이고 누구도 개입할 수 없는 이슈라고 주장한다. 낙태를 결정할 수 있는 권리는 여성들이 자신의 생명에 대한 통제를 할 수 있는 선택권을 가지는 것이며, 제2계급 지위로부터 해방되는 것을 의미한다.

관심이 집중되는 또 다른 단일이슈들로는 공립학교에서의 기도와 동성결혼의 문제가 있다. 이 두 가지 이슈들과 낙태금지 이슈는 때때로 '도덕적 이슈'로

단일이슈집단(single-issue group) 한 가지 대의에만 집중하는 이익집단.

사례연구 9.2
노동조합의 권력

국가마다 노동조합의 권력이 다른데, 미국 노동조합의 권력은 별로 강한 편이 아니다. 1950년대 이후 미국 노동자의 노동조합 가입률은 3분의 2 이상 줄었다. 노동조합이 결성된 대부분의 작업장들은 민간부문보다는 공적 부문에 존재하고 있다. 학교교사, 경찰, 소방대, 공무원들이 공장 노동자들보다 노동조합에 많이 가입되어 있는데, 이들은 파업이 금지되어 있다. 미국의 대규모 공장에서 파업을 하게 되면 많은 관심을 받기 때문에 미국의 노동조합이 매우 강력한 것처럼 보이지만, 노동조합보다는 사업추진 업무가 훨씬 많은 영향력을 가지고 있다. 아래 수치는 각 국가의 노동조합이 설치된 작업장의 비율을 보여 주고 있다.

스웨덴	78%
영국	28%
독일	20%
일본	19%
미국	12%
프랑스	8%

인용되고 있다. 총기규제 문제도 주요 이슈로 등장하고 있으며, 케네디 대통령 형제들(John과 Robert Kennedy)과 킹(Martin Luther King Jr.) 목사의 암살 이후 이 이슈가 더욱 부각되었다. 강력한 국가총기협회(NRA: National Rifle Association)는 총기규제를 적극적으로 반대하고 있다. 이 다양한 이슈들 어느 것도 단순하게 해결되기 어려운 이슈들이고, 타협이 이루어지기도 어려운 이슈들이다.

이익집단의 규모와 회원권

이익집단의 규모와 회원 수는 그 집단의 영향력을 보여준다. 미국에서 가장 크고 가장 빠르게 성장하고 있는 이익집단은 미국퇴직자협회(AARP: American Association of Retired Persons)인데, 3,700만 명이 회원으로 되어 있는 이 집단의 많은 회원들은 교육을 받았고, 강력하며, 사회 안전과 메디케어의 보호와 강화에 깊은 관심을 가지고 있다. 미국의 민주당과 공화당은 위의 두 가지 광범위한 프로그램의 보호를 원한다는 주장을 하고 있다. AARP가 발언을 하면, 의회가 진동한다.

그러나 이익집단의 힘에 있어서 규모만이 반드시 가장 중요한 요인은 아니다. 돈과 결속력이 종종 규모를 상쇄한다. 유대인들과 많은 복음주의 기독교인들의 지지를 받으며 충분한 재정능력을 가진 미국-이스라엘 공공문제위원회(AIPAC: American-Israel Public Affairs Committee)는 미 의회가 친이스라엘 성향을 유지하도록 하고 있다. 국가총기협회(NRA)는 총기규제 법안에 대해서 성공적인 활동을 하고 있다. 지금까지 언급한 AARP, AIPAC, NRA는 미국에서 가장 영향력 있는 로비단체들로 간주되고 있다. 모든 다른 조건들이 동일하다면, 규모가 큰 집단이 작은 집단보다 영향력이 있지만, 모든 조건이 동일할 수는 없다.

사회경제적 지위(socio-economic status)
집단들의 서열을 매기는 데 있어서 소득과 명성의 조합.

회원들의 **사회경제적 지위**가 이익집단의 영향력을 좌우한다. 자신의 직업과 공동체에서 영향력이 있는 부유하고 많은 교육을 받은 사람들은 보다 많은 존중을 받는 집단을 형성할 수 있다. 의사협회를 구성하고 있는 의사들의 사회경제적 지위는 국가 내에서 우월적 지위를 유지하는 데 중요한 역할을 한다. 일본계 미국인들의 교육과 직업의 상승이 이루어지면서, 일본계 미국시민연합(JACL)은 영향력을 가지기 시작했고, 제2차 세계대전 기간의 위헌적 수용소 감금에 대한 사과와 보상을 받아 냈다. 반면에, 유색인지위향상협회(NAACP)는 수백 만 명을 위해 활동을 하고 있으나 별 영향력을 가지지 못하고 있다. 가장 큰 불만을 가진 불우한 사람들의 조직은 별로 관심을 끌지 못하고 있다.

권위체로의 접근

정부의 사람들이 이익집단의 요구에 귀를 기울이지 않게 되면, 이익집단의 재정, 이슈, 규모는 아무 쓸모도 없게 된다. 의회 의원들과 공무원들에게 수 년에 걸쳐 공을 들이면, 문호가 개방될 수 있다. 어떤 집단이 정부의 부처와 안정적이고 수용적인 관계를 수립하게 되면, 예일대의 라팔롬바라(Joseph

학습방법 9.1

표

표(table)는 지역, 국가, 연도, 투표자, 의원, 이익집단 등 당신이 공부하고 있는 것들에 측정된 수치를 포함한 리스트를 보여준다. 후에 당신은 이들의 일부를 '변수'로 사용할 수 있다. 금액, 인구 등 당신이 사용하는 사례와 관련된 수치들을 측정하여 표로 만든다. 당신은 이들을 크기 순서, 수량 순서, 또는 최신 연도 순서로 열거한다. 알파벳 순서가 의미가 없는 경우도 있다. 우리는 어떠한 정치후원단체가 가장 많은 후원을 하는지, 누가 최대의 기부자인지를 가장 앞 순서에 나열한다.

다른 사례로, 국가들의 상대적인 부(富)는 다양한 방식으로 측정될 수 있다. 가장 기본적으로 국내총생산(GDP)을 첫째 열에 나열하고 삶의 비용(구매력평가, PPP: purchasing-power parity)을 측정하는 것이다. 국내총생산을 인구 수(둘째 열)로 나누면 구매력평가 기준 1인당 GDP(GDPpc at PPP, 셋째 열)로 산출되고, 이것이 상대적인 부를 비교하는 가장 좋은 방법이다. 가장 부유한 국가부터 가장 가난한 국가까지의 순으로 나열한다.

국가	GDP (억 달러)	인구(만 명)	구매력평가 기준 1인당 GDP($)
미국	174,200	31,400	54,600
프랑스	25,810	6,300	40,400
러시아	35,650	14,200	24,800
멕시코	21,410	11,500	17,900
콜롬비아	6,400	4,500	13,400
중국	176,200	134,300	12,900
인도네시아	26,760	25,500	10,600
인도	73,760	125,000	5,900

출처: *CIA World Factbook*

구조적 접근(structured access)
이익집단의 관료에 대한 장기적이고 우호적인 연결.

LaPalombara)가 언급한 **구조적 접근**을 향유하게 된다. 미 의회의 그리스계 미국인 의원들은 터키, 사이프러스, 그리스의 부채에 대한 그리스인들의 주장에 대해서 자연스럽게 수용적인 태도를 보이고 있다. 아랍계 미국인들은 유대인들이 의회에 지나치게 많이 접근하고 있다고 강렬하게 항의하면서, 자신들도 접근을 할 수 있는 집단들을 형성하고 있다. 이러한 접근을 시도하는 것은 잘못된 일이 아니고, 민주주의가 작동되는 중요한 부분이다.

그러면 이익집단에 대한 문이 닫히고 접근을 할 수 없게 되면 어떠한 일이 발생하는가? 다원주의자들은 민주주의에서 이러한 일이 발생할 수는 없다고 하지만, 이러한 일은 발생하고 있다. 아프리카계 미국인들과 미국 원주민 전사들은 어느 누구도 자기들 말을 들어주지 않거나 자기들의 주장을 심각하게 받아들이지 않는다고 주장한다. 오로지 도시 빈민지역과 인디안 보호구역에서의 폭력사태 발생 시에만 정부가 관심을 가질 뿐이다. 부유하고 강력한 사람들이 용이한 접근을 할 때, 가난하고 비조직화된 사람들은 어떠한 접근도 가능하지 않다. 이 결과는 통상적으로 폭력으로 연결된다.

이익집단의 전략

9.4 이익집단들이 활용하는 다양한 전략들을 설명한다.

입법부에의 접근

로비활동(lobbying)
입법에 영향을 주는 이익집단의 활동.

로비활동은 큰 관심을 끈다. 기업들이 선거캠페인에 도움을 주고 자기들에게 유리한 입법이 이루어지게 하는 것은 많은 사람들에게 로비스트들이 의회를 산다는 확신을 주게 된다. 실제로, 새로운 법이 제정되면 이익이 위협을 받는 집단들은 그 법이 통과되지 않게 하는 데 드는 비용을 아끼지 않게 되고, 대체로 그러한 작업은 성공을 거둔다. 예를 들어, 담배제조회사들은 금연과 관련된 입법이 되지 않도록 노력을 기울인다. 큰 회사들은 협조적인 의원들에게 자기 회사의 비행기를 이용해 여행을 하도록 하고, 스포츠 행사에 회사가 보유한 특별석에서 관람하게 해 준다.

최근 들어, 영향력을 발휘할 수 있는 많은 사람들이 로비스트로 등록하는 것을 피하면서 대신 '전략 컨설턴트'라는 타이틀로 활동을 한다. 그들은 로비스트들이 하는 것과 같은 활동을 하지만, 고객과 수수료를 밝히지 않는다. 여러 조사에 따르면, 등록되지 않은 컨설턴트들은 공식적인 로비스트들의 수와 비슷한 것으로 파악되고 있다.

행정부에의 접근

이슈와 관련하여 행정부가 이익집단의 보다 중요한 대상이 될 수 있다. 이익집단은 새로운 법을 필요로 하거나 원하지 않고, 단순히 기존의 규칙과 규정에 대한 유리한 해석을 원할 수도 있다. 예를 들어, 오염방지집단들은 맑은 공기에 대한 정의의 강화를 추구한다. 반면에, 산업집단들은 느슨한 정의를 원한다. 이익집단들은 자신들의 분야와 관련된 부처에 집중한다. 정부의 각 부처는 자기 분야의 이익집단들의 요구와 주장에 주의를 기울인다. 실제로 정부의 많은 관료들은 자신들과 연관된 집단들에 의해 '포획'되어 있거나 '식민지화' 되어 있다. 이와 반대현상이 발생하기도 한다.

이익집단들은 입법부에 대해서 취하는 것과 같은 많은 전술들을 행정부에 대해서 사용하는데, 거기에는 개별 접촉, 연구, 공적 관계가 포함된다. 일부는 돈을 제공한다. 세계 대부분 지역에서 공직자들의 부패가 다반사 발생하고 있다. 뇌물을 밝히는 공직자들은 전문 관료출신들보다는 정치적으로 임명된 사람들이 많다. 영향력을 발휘하려는 이익집단들은 장차관 등 자신들의 이익을 보호해 줄 정부의 최고직위를 지명하는 데 역할을 하려는 시도를 한다.

사법부에의 접근

이익집단들은 사법부를 사용하기도 하는데, 특히 미국의 사법체계가 다른 국가들의 사법부보다 강하기 때문에 이익집단들의 접근이 더 많이 이루어지고 있다. 독일과 같이 법의 지배가 강한 국가들에서 법원이 이익집단의 적극적 활동을 하는 무대가 되기도 하는데, 특히 이익집단들이 연방 헌법재판소에 낙태 또는 노동자의 권리에 대한 이슈들을 제기한다.

매년 미국의 주와 연방법원들은 미국시민자유연맹과 시에라 클럽(Sierra Club)* 과 같은 이익집단들에 의하여 제기되는 사례들을 청취한다. 최근 들어 미국 대법원은 이익집단들이 제기한 다양한 사회 이슈들을 다루는데, 그들은 여성권리, 사형제도, 총기소유, 동성결혼 등에 관한 것들이다. 이익집단들은 두 가지 사법적 방법을 사용한다. 첫째, 자신들이 대표하는 집단이나 계층의 사람

(* 역자주)
미국의 천연자원을 보호하는 단체.

집단소송(class action)
행동을 같이 하는 많은 사람들을 대신하여 제기하는 소송.

법정조언자(amicus curiae)
사건의 당사자가 아니면서 법원에 진술을 제시하는 사람.

들을 대신하여 직접 소송을 제기한다 (이러한 소송을 **집단소송**으로 부른다). 둘째, 자신들과 명분을 같이 하는 사람들을 위하여 이익집단이 '법정조언자' 소견을 제출하는 것이다.

대중에의 호소

조직된 이익집단들은 평화로운 방식으로, 또는 별로 평화롭지 않은 방식으로 자신들의 사례를 대중들에게 제시한다. 강력한 이익집단들도 자신들의 대중적 이미지가 중요하다는 점을 인식하고, 자신들이 얼마나 보편적 복지에 기여를 하고 왜 자신들의 이익이 국가에 좋은 것인지를 알리는 홍보 캠페인에 투자한다. 예를 들어, 철도산업은 다른 교통수단과의 경쟁에서 이기고 살아남기 위해서 텔레비전을 이용하여 자신들이 '공정한' 정부의 정책에 얼마나 합당한지를 홍보한다.

일부 이익집단들은 자신들에 대한 광고를 하지 않으면서 자신들의 목표를 증진시키는 낮은 자세를 유지한다. 이러한 집단들은 자신들의 대의를 확인시키는 뉴스기사를 제공하여 게재되도록 하고, 자신들에게 치명적인 기사의 공표를 막기 위한 작업을 조용히 진행시킨다. 예를 들어, 담배회사들은 흡연이 건강에 나쁘다는 사실에 의문을 제기하는 연구에 조심스럽게 재정지원을 한다.

시위

일부 조직들은 별다른 비용을 들이지 않고 자기들의 주장을 홍보할 수 있지만, 대부분의 이익집단들은 그러한 기회를 갖지 못하고, 그러한 공표를 할 비용을 마련하기도 어렵다. 이와 같이 불리한 집단들은 자신들의 대의를 알리기 위해서 시위의 방법을 택한다. 간디(Mahatma Gandhi)는 영국인들이 인도에서 떠나게 하기 위해서 이 방법을 활용했다. 간디는 1846~1848년의 멕시코와의 전쟁에 대해 저항을 한 미국의 시인 소로(Henry David Thoreau)의 "시민 불복종"이라는 에세이로부터 비폭력 저항의 가르침을 받았다. 소로의 아이디어는 1950년대와 1960년대에 아프리카계 미국인들의 시민권을 위해 저항한 킹(Martin Luther King Jr.) 목사에 의해서 채택되었다.

투자은행들의 재정적이고 정치적인 자원들에 의해서 완전히 압도당한 일부 월스트리트 비판가들은 직접적인 저항만이 자신들의 유일한 선택이라고 느꼈

고전 정치학 9.1

올슨의 이익집단 이론

미국의 경제학자 올슨(Mancur Olson, 1932~1998년)은 1965년에 저술한 『집단행동의 논리(Logic of Collective Action)』의 저자로 잘 알려져 있다. 그는 특히 재정이 풍부하고 작지만 잘 조직된 집단들이 종종 광범위한 대중의 이익을 무시한다고 주장했다. 이 조직은 자신들에게 유리하고 편협한 법과 판결을 통해서 많은 것을 얻을 수 있기 때문에 적극적으로 로비를 한다. 그러나 대중들이 이를 통해 얻을 수 있는 것은 거의 없으며, 강력하게 조직되어 있지도 않을뿐더러, 로비도 거의 하지 못한다. 소수가 다수를 능가하게 된다.

여기에 관련된 것은 올슨의 '무임승차 증후군'이다. 무료로 탈 수 있는데 왜 표를 사는가? 어떠한 방식을 사용하더라도 같은 결과를 얻을 수 있을 때, 왜 그것을 위해서 시간과 돈을 투자하는가? 노조의 계약 하에 이미 놓여 있는데, 노조의 회비는 왜 납부하는가? 미국이 무료로 안보를 제공해 주는데, 왜 유럽인들은 NATO에 많은 기여를 해야 하는가?

올슨은 1982년의 『국가의 상승과 쇠퇴(The Rise and Decline of Nations)』에서 이익집단이 과도하게 강하게 되었을 때 어떠한 일이 생기는지에 대해서 경고를 했다. 그들은 변화와 성장을 막고, 국가적 불황을 초래할 것이다. 정치인들은 하나 또는 그 이상의 강력한 이익집단에만 관심을 보이고, 보다 광범위한 공공선에는 신경을 쓰지 않게 될 것이다. 영국의 사례를 들어 보면, 이익집단들이 고도로 조직되어 있고 정치인들은 그 집단들에만 귀를 기울이면서 경제 침체에 빠지게 되었으며, 대처(Margaret Thatcher) 수상은 노동조합과 기업주 모두로 인해 느슨해진 정책에 수정을 가했다.

제2차 세계대전에 조직적인 이익들이 모두 파괴된 일본은 전후 수십 년 동안 엄청난 성장을 했다. 그러나 20세기 후반까지 일본의 산업과 농업의 협회들은 성장이 멈추어져 있었다. 이러한 상황에서 경제이익집단들, 정치인들, 관료들로 채워진 '철의 삼각'이 개혁을 이끌었다. 올슨의 추종자들은 이러한 '경화(硬化)' 상태가 모든 국가들의 운명이 되지 않을까 우려했다. 미국은 과도하게 강해진 이익집단들에 의해 희생이 되거나, 그들 때문에 침체된 상황을 주기적으로 성장의 자극을 줄 수 있을 것인가?

다. 처음에 뉴스 미디어는 2011년의 월스트리트 점령운동*에 대해 관심을 보이지 않았으나, 소셜 미디어가 지지자들, 기부자들을 끌어 모으면서 결국 뉴스보도가 되었다. 한 점령자가 든 플래카드 "우리는 99퍼센트이다"**라는 문구가 전파되면서 전국적인 정치토론의 도화선이 되었다.

폭력적 저항

전통적인 정치적 경로에 있어서 신뢰를 상실한 집단은 폭력적인 저항을 유일한 대안으로 삼게 된다. 가난, 차별, 좌절, 개인적이고 사회적인 불공평의 감정을

(* 역자주)
미국의 경제가 월스트리트에 있는 상위층의 이익을 위해 왜곡되고 있다는 주장을 하며 시작된 시위.

(** 역자주)
경제성장의 혜택을 거의 누리지 못한 99퍼센트와 대부분의 혜택을 독차지한 1퍼센트를 구분하자는 주장.

느끼는 세력은 폭력적 저항의 수단에 의존하게 된다. 사건이 발생하여 억압된 감정이 폭발할 수가 있고, 시위로 시작된 행동이 과격해져서 폭도로 변할 수 있다. 시위자들은 대체로 폭력을 반대한다고 하지만, 사회적이고 경제적인 불평등을 항의하는 데 대한 공권력의 탄압 때문에 폭력이 발생한다는 주장을 한다.

폭력적 저항은 효과가 있는가? 미국에서 도시 폭동이 발생한 시기에 '위대한 사회'※ 관련 법안이 통과된 것은 우연의 일치가 아니었다. 폭력의 발생으로 통치가 불가능해진 인도와 파키스탄의 지역에서 영국인들은 철수해야만 했다. 남아공정부는 흑인들이 게릴라전쟁을 시작한 이후에야 개혁을 추진하기 시작했다.

(＊ 역자주)
1965년 미국의 존슨 대통령이 연두 국정연설에서 빈곤과의 전쟁을 선언하면서 '위대한 사회'의 건설을 강조했다. 관련 법안으로 추진된 사회복지 입법계획에는 교육에 대한 연방지원정책, 확대사회보장계획을 통한 노인의료지원정책, 주등록법에 따라 참정권이 박탈된 사람에 대한 연방정부의 법적 보호 등이 포함되어 있었다.

이익집단에 대한 평가

9.5 어떻게 이익집단들이 강하게 될 수 있는지를 설명하고 사례를 든다.

모든 민주주의의 중심에는 이익집단들이 있는데, 그들은 시민들의 요구를 얼마나 효과적으로 충족시켜 주는가? 이익집단들은 입법과정에 폭넓은 이익들을 대변하는데, 이는 좋은 일이다. 그러나 많은 소규모 조직들은 투입하기에 적절한 회원들이나 자금을 충분히 보유하고 있지 않다. 둘 이상의 집단들이 연합을 하지 않으면, 그들은 보다 규모가 크고 보다 강력한 집단들로부터 자신들의 이익을 방어하기가 어렵게 된다. 이익집단들이 요구를 제시한다는 사실만으로 그 요구가 관철이 된다는 의미는 아니다. 이익집단들 사이의 자원은 매우 불균형적이다. 일부 집단들은 부유하고 강력하며 많은 영향력을 가지고 있다. 반면에, 다른 조직들은 무시될만한 수준이다.

문제가 더 있다. 집단으로 조직화 되는 데 포함되지 않은 개인들은 어떻게 하나? 누가 그들을 대변해 주나? 많은 시민들이 이익집단의 구성원이 되거나 혜택을 받지 못하고 있다. 그들은 선거에 투표를 하지만, 당선된 지도자들은 개인 투표자들보다는 집단에 관심을 더 둔다. 만약 입법부와 행정부가 오직 이익집단과 조율해 나간다면, 누가 전체 국가의 이익에 대해서 고려를 할 것인가? 대체로 아무도 거기에 대해 신경을 쓰지 않는 것으로 보인다. 그래서 우리는 루소가 강조한, 사회를 구성하는 '특정 의지' 위에 '일반의지'가 있어야 한다는 점을 중요시해야 한다.

다른 문제는 이익집단들이 자신들의 구성원 모두를 위해서, 아니면 단지 소규모의 강경파들을 위해서 활동을 하느냐의 여부이다. 대부분의 이익집단들은 자신들이 대변을 해 주는 모든 사람들보다는 보다 강력한 견해를 지닌 소수의 지도자들에 의해 지배되고 있다. 유대인 조직들은 대부분의 미국 유대인들보다는 이스라엘을 더 강력하게 지지하고 있다. 로마 가톨릭의 상층부는 일반 가톨릭 신자들보다 피임과 낙태에 대해서 보다 강력한 입장을 취하고 있다. 이익집단들의 활동이 그 집단을 대변한다고 주장하는 사람들 모두의 관점을 대표한다고 혼동을 해서는 안 된다.

정치력의 교착

이익집단들은 서로 경쟁을 하고, 그러한 경쟁 속에서 입법부와 정부기관들에 대한 이익집단의 영향력이 제한된다. 이익집단들은 정부의 활동을 교착시킬 수도 있다. 정부의 활동이 이익집단 각각에 의한 분노를 일으킬 수 있기 때문에 일부 이슈들은 '뜨거운 감자'가 될 수도 있다. 전형적으로 경쟁하는 이익집단들은 충분한 투표력과 정치인들에 대한 영향력을 바탕으로 하여 그러한 이슈들을 열정적으로 지지하거나 격렬하게 반대를 한다. 정부는 강력한 이익집단들로 인해 중요한 문제를 해결하지 못하는 어려움을 겪으면서 교착상태에 빠질 수가 있다. 이탈리아는 이러한 이유로 '교착사회'로 불리고, 미국도 이 범주에서 크게 벗어나지 않는다.

미국의 양당 의원들은 연방 세법(稅法)이 수천 페이지에 달해서 모든 내용을 이해하는 사람이 별로 없을 정도로 너무 길고 복잡하다는 불평이 많다는 데 동의한다. 그러나 그 세법의 조항들에 이해관계가 걸려 있는 이익집단들의 반대 때문에 보다 공정하고 간단하게 수정을 하지 못하고 있다. 올슨(Mancur Olson)이 주장한 바와 같이(앞의 고전 정치학 '올슨의 이익집단 이론' 글상자 참조), 소수가 다수를 능가할 수 있다. 일부 사람들은 괴물과 같은 법을 개정하기 어렵다는 데 대해서 분개를 한다. 오히려 부분적인 개정 때문에 더 길어지고 복잡해져서, 사업을 확장하게 된 세무사와 세무 법무사들을 미소 짓게 하고 있다.

양당체제에서, 특정 이슈들은 되도록 많은 사람들의 투표에 호소하려고 노력하는 정치 후보자들에 의해서 무력화되는 경향이 있다. 그 결과 개별 투표자들의 편협한 이익과 선거캠페인의 보편적인 공약 사이의 괴리가 발생한다. 이는 특정 이슈에 대해서 강력한 정치적 행위가 이루어지도록 압력을 가하는 이익집단들에 의해서 발생되는 문제이다. 그러면 이익집단들은 일반 시민들의 요구에 얼마나 대응을 하는가? 중소기업인들, 정보력이 부족한 시민들, 자금이 부족한 소수 집단들은 대규모의 이익집단들과 정부의 밀고 당기는 상황 하에서 힘을 발휘하지 못한다. 일부의 경우, 효율적인 이익집단들의 충돌되는 요구들 때문에 정당들이 무력화되고 정책결정이 마비되는 경우가 있다. 모든 사람들을 위한 것과 특정 집단을 위한 것 사이의 정확한 균형점은 아직 발견되지 못하고 있다.

Q 토의질문

1. 이익집단 없이 민주주의가 존재할 수 있는가?
2. 모든 시민들이 이익집단을 조직하는 데 있어서 평등한가?
3. 정부는 이익집단을 어떻게 형성하는가?
4. 이익집단들과 그들의 돈은 막강한 힘을 가지는가?
5. 프랑스의 반(反)다원주의는 무엇인가?
6. 입법부에 로비하는 것과 행정부에 로비하는 것 중에 어느 것이 더 효과적인가?
7. 이익집단들은 민주주의를 우회할 수 있는가?

핵심용어

공공자금지원(public financing) p. 211
구조적 접근(structured access) p. 216
단일이슈집단(single-issue group) p. 213
로비활동(lobbying) p. 216
법정조언자(amicus curiae) p. 218
사회경제적 지위(socioeconomic status) p. 214
예상하지 못한 결과(unforeseen consequence) p. 212
조합주의(corporatism) p. 208
집단소송(class action) p. 218
효력(efficacy) p. 210

참고문헌

Abramoff, Jack. *Capitol Punishment: The Hard Truth About Washington Corruption from America's Most Notorious Lobbyist.* Washington, DC: WND Books, 2011.

Biersack, Robert, Paul S. Herrnson, and Clyde Wilcox, eds. *After the Revolution: PACs, Lobbies, and the Republican Congress.* Needham Heights, MA: Allyn & Bacon, 1999.

Browne, William P. *Groups, Interests, and U.S. Public Policy.* Washington, DC: Georgetown University Press, 1998.

Cigler, Allan J., Burdett A. Loomis, and Anthony J. Nownes, eds. *Interest Group Politics,* 9th ed. Washington, DC: CQ Press, 2016.

Graziano, Luigi. *Lobbying, Pluralism and Democracy.* New York: Palgrave, 2001.

Grossman, Gene M., and Elhanan Helpman. *Special Interest Politics.* Cambridge, MA: MIT Press, 2002.

Johnson, Haynes, and David S. Broder. *The System: The American Way of Politics at the Breaking Point.* Boston: Little, Brown, 1996.

Kaiser, Robert G. *So Damn Much Money: The Triumph of Lobbying and the Corrosion of American Government.* New York: Knopf, 2009.

Leibovich, Mark. *This Town: Two Parties and a Funeral—Plus Plenty of Valet Parking!—in America's Gilded Capital.* New York: Penguin, 2013.

Lessig, Lawrence. *Republic, Lost: How Money Corrupts Congress—and a Plan to Stop It.* New York: Twelve, 2011.

Lindsay, D. Michael. *Faith in the Halls of Power: How Evangelicals Joined the American Elite.* New York: Oxford University Press, 2007.

Rauch, Jonathan. *Government's End: Why Washington Stopped Working.* New York: PublicAffairs, 1999.

Smith, Bradley A. *Unfree Speech: The Folly of Campaign Finance Reform.* Princeton, NJ: Princeton University Press, 2001.

Thomas, Clive S., ed. *Political Parties and Interest Groups: Shaping Democratic Governance.* Boulder, CO: Lynne Rienner, 2001.

Tilly, Charles, and Sidney Tarrow. *Contentious Politics.* Boulder, CO: Paradigm, 2006.

Wilcox, Clyde, and Carin Larson. *Onward Christian Soldiers? The Religious Right in American Politics.* Boulder, CO: Westview, 2006.

10장 정당

> **학습목표**
>
> **10.1** '투입장치'로서의 정당의 기능을 설명한다.
> **10.2** 미국정당과 유럽정당을 비교한다.
> **10.3** 정당을 분류하는 데 있어서 이념적 스펙트럼을 설명한다.
> **10.4** 여러 가지의 정당체계를 열거하고, 사례를 제시한다.
> **10.5** 어떻게 정당이 상품 브랜드와 같은 것인지 설명한다.

정당(political party)
특정 호칭을 지니고 공직에 선출되기 위해 노력하는 집단.

정치가 있는 곳에 **정당**이 있다. 세계 어느 국가를 막론하고 정당이 존재하고 있다. 독재국가의 1당 독재로부터 민주주의 국가들의 다당체계까지 다양하게 정당이 존재하고 있다. 대체로 민주주의 국가에서 정당은 이데올로기에 의해서 성격이 구분된다. 보수와 진보 성향의 정당들로 양분화되어 있으며, 일부 국가들, 특히 의원내각제를 채택하고 있는 국가들에서는 제3당이 캐스팅 보트 역할을 하는데, 제3당의 경우 중도적인 성향을 가진 정당이 있는가 하면, 녹색당 등과 같이 특수 전문 분야의 정당들도 존재한다. 최근 들어서 보수와 진보로 양극화된 정당들이 중도 성향으로 근접하는 성향을 보이고 있으며, 이러한 상황에서 중도적인 정당들이 세력을 점차 잃어가고 있다.

일부 정치학자들은 세계적으로 정당들의 기본 가치와 제안들, 그리고 투표자들의 성향이 이념적 대결을 벗어나 중도를 향하고 있다고 주장한다. 정당 내에서는 극단주의자들이 목소리를 높이지만, 전국적인 선거에 있어서는 훨씬 유연한 목소리를 내고 있다. 특히 후보자의 개별 성향, 풀뿌리 조직, 그리고 후원금 모금이 정당의 이념화보다 중요한 요인들로 인식이 되고 있다.

학습방법 10.1

교차표(크로스탭)

교차표(cross-tabulation)는 두 개의 변수를 보여줌으로써 독자들이 둘 사이의 관계를 파악할 수 있도록 하는 표이다. 예를 들어, 하나의 변수가 높을 경우 다른 변수는 높은가 또는 낮은가? 아래 표 10.1을 참고하기 바란다. 이 표는 두 가지의 변수를 제시하는데, 하나는 1인당 GDP이고, 다른 하나는 1부터 7까지 국가의 순위를 매기는 프리덤 하우스의 지표이다. 1은 가장 자유로운 민주주의 국가이고 7은 가장 낮은 국가이다. 이 표를 가지고는 이들의 분명한 관계 또는 패턴을 파악하기가 어렵다.

만약 표 10.2 처럼 같은 정보를 교차표에 넣으면, 부유한 국가들이 민주적이고, 가난한 국가는 그렇지 못하다는 점이 발견된다. 교차표 자체가 논문 전체가 될 수는 없고, 많은 질문들이 제기되는 시작점이다. 예를 들어, 인도와 러시아는 위의 논리에 맞지 않는다. 왜 가난한 인도는 민주적이고, 높은 소득(하락하고 있지만)의 러시아는 민주적이지 못한가? 우리는 인도의 의회당이 장기적인 발전을 하여서 어떻게 인도를 민주주의의 과정(때로는 불안정했지만)으로 나아가게 했는지를 연구하게 된다. 러시아는 거의 반대현상이고, 석유 수입이 증가하는데도 프리덤 하우스 순위는 하락했다. 멕시코는 자유로운 단계에서 부분적으로 자유로운 단계로 하락했다. 인도네시아는 장기간 자유롭지 않은 국가였으나, 최근에 상당히 자유롭고 공정한 선거를 실시하고 있다. 교차표는 경제수준이 단순히 이야기의 일부라는 점을 보여준다. 정확하게 파악을 하기 위해서는 각국의 역사, 제도, 문화를 자세히 들여다봐야 한다.

표 10.1

국가	구매력지수(PPP) 평가 1인당 GDP 2014년 ($)	프리덤 하우스	순위, 2012년
미국	54,600	1	자유로움
프랑스	40,400	1	자유로움
러시아	24,800	6	자유롭지 않은
멕시코	17,900	3	부분적으로 자유로움
콜롬비아	13,400	3.5	부분적으로 자유로움
중국	12,900	6.5	자유롭지 않은
인도네시아	10,600	3	부분적으로 자유로움
인도	5,900	2.5	자유로움

출처: *CIA World Factbook* and Freedom House

표 10.2

프리덤 하우스 순위, 2015년	1인당 GDP, 2014년	
	25,000달러 미만	25,000달러 이상
자유롭지 않은	2	
부분적으로 자유로움	3	
자유로움	1	2

고도로 당파적인 정치는 새로운 것이 아니다. 미국은 대중정당을 발전시킨 첫 국가이며, 1800년의 대통령 선거부터 시작이 되었는데, 이는 유럽에서 정당이 발전되기 시작한 것보다 수십 년 앞선 것이다. 그러나 유럽인들은 정당을 보다 완전하게 발전시켰다. 미국인들은 정당이 민주주의의 위대한 도구라는 것을 잊은 듯이 보였다. 샤츠슈나이더(E. E. Schattschneider, 1892~1971년)는 다음과 같이 주장했다. "정당의 등장은 현대 정부의 기본적인 특징들 중의 하나라는 점은 의심의 여지가 없다. 정당은 민주주의를 창조했고, 현대 민주주의는 정당들을 제외하고 생각할 수 없다."

민주적이든 아니든, 대부분의 현대 사회들은 시민들과 정부를 연결시켜 주는 정당을 보유하고 있다. 스페인, 칠레, 브라질의 군사 독재자들은 정당이 국가의 정치적 문제를 일으킨다고 비난하며, 정당 없이 정치를 하려 했다. 그러나 결국 이 독재자들은 자신들의 통치를 뒷받침할 수 있는 복종적인 정당들을 수립했고, 이 독재자들이 사라지고 난 후 자유 정당들이 거의 즉각적으로 등장했다. 정당을 선호하든지 증오하든지 간에, 국가들은 정당 없이 국가를 운영하는 것이 불가능한 것처럼 보인다.

정당의 기능

10.1 '투입장치'로서의 정당의 기능을 설명한다.

민주주의와 권위주의 체제에서 정당들은 정치체제를 결속되고 작동되게 하는 다양하고 중요한 기능을 수행한다.

국민과 정부 사이의 다리

정치체제의 측면에서 볼 때, 정당은 시민들이 정부로부터 듣고 싶어 하는 자신들의 요구와 바람을 허용하는 주요 '투입' 장치이다. 정당 없이 개인들은 혼자 설 수는 있을지 몰라도 정부로부터 무시를 당하기 쉽다. 정당에 참여하거나 정당에 투표를 함으로써 시민들은 정치적 결정에 일부 영향을 미칠 수 있다. 최소한도의 수준에서, 정당들은 시민들에게 자신들이 완전히 무력하다는 감정을 가지지 않게 하고, 이러한 믿음이 정부의 정통성을 가지게 하는데, 이 때문에 독재자들도 정당을 갖게 되는 것이다.

이익의 집합

만약 이익집단이 정치조직의 최상위 형식이라면, 정부는 혼란스럽고 불안정하게 될 것이다. 이익집단은 공직자들에 영향을 미치기 위해서 다른 이익집단들과 투쟁을 벌일 것이다. 범국가적인 지지를 받을 수 있는 중요한 가치, 목표, 이데올로기는 거의 없다. 정당은 **이익집합**을 통하여 이익집단들의 대립을 억누르고 완화시킨다. 이익집단들의 분리된 이익들을 하나의 대규모 조직으로 끌어들인다. 이러한 과정에서 이익집단들은 자신들의 요구를 온건화시키고, 협력하며, 정당의 선의를 위하여 활동을 하게 된다. 이에 대한 보답으로 이익집단들은 자체적인 이익들의 일부를 충족하게 된다. 정당들, 특히 대규모 정당들은 이익집단들의 연합으로 분석이 될 수도 있다.

이익집합(interest aggregation)
분리된 이익들을 보편적인 정당의 강령으로 융합시키는 것.

정치체제로의 통합

정당은 이전에는 배제되었던 이익집단들을 정치체제 안으로 끌어들인다. 정당들은 새로운 집단들을 적극적으로 포용하여, 정당의 정강을 형성하는 데 발언권 또는 투입 기능을 부여한다. 이러한 과정은 이익집단들이 전체적인 정치체제를 지지하는 실용적이고 심리적인 동기를 제공한다. 집단의 구성원들은 시민을 대표한다는 느낌을 가지게 되고, 정치체제에 대한 효능감과 충성심을 발전시킨다. 예를 들어, 영국의 노동당과 미국의 민주당은 노동조합의 권리, 공정한 노동 조건, 복지혜택, 교육의 기회를 제시함으로써 노동자들을 당으로 끌어들였다. 정당이 포용함에 따라 급진적인 노동운동은 온건적으로 전환되고, 곧바로 정치체제를 지지하게 되었다. 아이러니하게도 현재 영국과 미국의 노동자들은 정치권으로 성공적으로 편입되어, 많은 사람들이 보수당이나 공화당에 투표를 하게 되었다. 정당이 노동자들을 정치체제로 통합시키지 못하는 나라에서 노동운동은 급진적으로 되고, 때로는 혁명적으로 되기도 한다.

정치사회화

정당은 당원들에게 정치 게임을 수행하는 방법을 가르쳐 준다. 정당은 시민들에게 후보자들 또는 선출된 공직자들을 소개하고, 당원들이 어떻게 대중에게 연설을 해야 하고, 회의를 주재해야 하며, 협상을 해야 하는지를 가르쳐서, '정치적 능력'을 심화시키고 체제 전체에서 그들의 정통성을 구축하게 한다. 정당은 또한 지도자들을 위한 훈련의 장이다. 역사적으로 일부 유럽의 정당들은 청년단체들, 축구리그, 신문, 여성분야 등에 관여하여 독특한 하위문화를 수립하려고 시도했다. 이러한 시도는 성공하지 못했는데, 그 이유는 정당들이 당원들을 정치에 참여하도록 사회화하는 과정에서, 그들이 원래 소유했던 하위문화를 그대로 유지했기 때문이다. 이러한 시도는 일부 잔존하고 있는데, 이탈리아에서 기독교민주당은 인민당으로 이름을 바꿨고, 공산당은 좌파민주당으로 이름을 바꾸면서 남아 있다. 일부 미국정당들은 사회 서비스를 제공한다. 뉴욕의 민주당 중앙위원회인 태머니 홀은 유럽의 이민자들을 환영하고 일자리와 주거지를 구하는 데 도움을 주면서 그들이 민주당에 소속되도록 했다.

정당 일체감(partisan identification [party ID]) 때로는 어려서부터 시작되는, 특정 정당에 대해 지속되는 심리적 유대감.

정치학자들은 어떻게 **정당 일체감**이 형성되는지에 대해서 주목한다. 정당 일체감은 정당에의 가입과 같은 것이 아니며, 오히려 개인이 정당에 대해서 심리적으로 더 강한 유대감을 느끼는 것이다. 정당 일체감은 종교처럼 자신의 정체성의 한 부분이 되는 것이다. 정당 일체감이 한번 형성되면, 변화시키는 것이 불가능한 것은 아니지만 매우 어렵다. 정당과 일체감을 갖게 하는 사회화는 어렸을 때 부모의 영향에 의해서 시작되기도 하는데, 부모는 정치적 가치를 비롯한 모든 종류의 가치를 자식들에게 물려준다. 정당 일체감이 없게 되면, 후보자나 이익집단들은 새로운 지지자들을 찾아야 한다. 후보나 이슈가 사라지게 되면, 그 지지자들은 자신들의 지지를 자연스럽게 전환시키는 데 어려움을 겪는다. 그러나 정당 일체감이 있다면 자기가 지지했던 리더가 사라지더라도 그 정당에 대한 지지는 지속된다.

투표자들의 동원

동원(mobilization) 사람들이 정치에 참여하도록 독려함.

정당은 투표에서 승리하기 위한 노력을 한다. 자기 당의 후보자들을 위한 선거캠페인을 하는 과정에서 정당은 투표자들을 **동원**한다. 정당의 홍보가 없다면 많은 시민들은 선거에 참여하지 않을 것이다. 대부분의 정치학자들은 정당과 투표율 사이에 인과관계가 있다고 믿고 있다. 강하고 잘 조직된 정당들이 있는 스웨덴의 투표율은 90퍼센트에 달하고 있다 (최근 들어서 이 수치는 낮아지고 있다). 일부 비판가들은 정당의 선거 홍보가 정치를 경박하게 만든다는 주장에 반대한다. 이것이 사실일 수 있지만, 이슈들을 단순화하고 명확하게 만드는 것은 투표자들로 하여금 복잡한 대안들 중에서 선택하는 능력을 제공하는 가치 있는 기능이다. 실제로 정당이 없었다면 정치에 관심을 가지지 않았을 시민들이, 단지 후보자가 어느 정당에 소속되어 있기 때문에 투표를 한다. 시민들이 이러한 제한된 정보만 가지고 투표하는 것과, 아예 투표를 하지 않는 것 중에서 어느 것이 더 나은가?

정부의 조직

선거에서 승리한 정당은 정부의 조직을 장악하고 정책을 자기 정당의 정강에 맞도록 변경한다. 대통령제 국가에서 가장 많은 의회 의석을 가진 정당은 의회 의장과 상임위원장들을 임명한다. 새로 선출된 대통령은 수천 명에 달하는 정부와 부속 기관의 인사들을 임명할 수 있고, 임기 동안 자신이 소속된 정당이 정책을 조종하도록 허용한다. 영국과 같은 의원내각제 국가에서 정부에 대한 정당의 통제력은 더 강력한데, 그 이유는 의원내각제에서 승리한 정당은 입법부와 행정부 모두를 장악하기 때문이다. 정당의 권력이 강하기 때문에 수상이 원하는 것은 대체로 지체 없이 이룰 수 있다.* 그러나 어떠한 체제에서도 정당이 완전하게 정부를 통제하지 못하는데, 그 이유는 정부의 관료들이 가진 힘도 막강하기 때문이다. 정당은 정부를 통제하려고 시도하지만, 항상 성공하는 것은 아니다.

(* 역자주)
권력이 분립되어 입법부가 행정부를 견제하고 균형을 맞추는 대통령제와 달리 의원내각제에서 의회와 행정부 사이의 권력이 융합되어 있기 때문에 정책 추진의 효율성이 높다.

민주주의 국가에서의 정당

10.2 미국정당과 유럽정당을 비교한다.

민주주의에서 정당 조직의 세 가지 점들이 중요한데, 이는 **중앙집중**의 수준, 정당이 정책에 참여하는 정도, 재정을 조달하는 방법이다.

중앙집중(centralization)
국가 수준의 본부가 수행하는 통제.

중앙집중

후보자 선출과정에서 정당 지도층이 행사하는 통제력은 매우 다양하다. 이스라엘의 후보자 선출 방법은 고도로 중앙집중화 되어 있다. 각 정당은 120명의 후보자가 나열되어 있는 **정당명부**를 의회에 제출하고, 투표자들은 이 명부들 중의 하나를 선택한다. 비례대표 투표에 의해서 명부의 상위에 있는 후보들만이 당

민주주의 10.1 │ 유권자를 무시하는 정당들

민주주의 국가에서 정당이 유권자들을 무시할 수 있는가? 민주주의 이론에 따르면, 불가능하다. 왜냐하면 유권자들을 무시하면 바로 선거에서 패배하고 위상의 변화를 감수해야 하기 때문이다. 그러나 **신제도주의 이론**에 따르면, 정당들은 정당 내부의 문제 때문에 유권자들이 원하는 것에 대해서 거의 관심을 기울이지 않게 된다. 강한 전통과 리더십 패턴을 가진 오래된 기성정당들은 정당 내부의 투쟁에 너무 많은 관심을 가지기 때문에 정당 외부의 유권자들의 의견을 무시하는 경우가 있다. 하나의 조직으로서의 정당은 선거에 이기는 것 이외에 자체적인 내부문제에 더욱 관심을 기울여야 하는 경우가 있다. 영국의 노동당은 대부분 자체 문제에 집중하고 유권자들보다 훨씬 왼쪽으로 치우쳤기 때문에 네 번의 선거에서 연달아 패배했다. 마침내 중도적인 성향을 채택하면서 1997년, 2001년, 2005년 선거에서 승리했다. 그러나 다시 방향성과 결속력을 잃으면서 2010년과 2015년의 선거에서 패배했다.

1983년에 캐나다의 진보보수당(PC: Progressive Conservatives)은 멀로니(Brian Mulroney)의 리더십 하에서 하원의 295석 중에서 과반수를 확보했다. 멀로니와 PC는 대처리즘 성격의 자유시장 정책을 채택하였고, 실업률이 상승했음에도 이 정책을 고수했기 때문에, 인기가 하락했다. PC와 멀로니는 새로운 자유무역협정(NAFTA)을 지지하는 캠페인을 하여 1988년 선거에서 승리했지만, 아슬아슬한 과반수를 차지했다. 악화된 경제, 퀘벡문제, 특정 기업에 대한 편애는 대중이 PC에 대해서 나쁜 평판을 가지게 했다. 이 상황에서 PC는 왜 변하지 않았는가? 왜 멀로니는 사임하지 않았는가? 결국 그는 사임했지만, 두 번째 임기가 거의 끝나는 시점에 사임했다. 그는 캐나다의 첫 여성 수상이었던 캠벨(Kim Campbell)에게 권력을 넘겨주었는데, 그녀는 단기간 집권을 한 희생양이었다. 1993년 선거에서 PC는 단지 2석 만을 획득하고, 사라져 갔다. 자유당이 정권을 장악했고, 사라진 PC는 새로운 보수당에 의해서 대체되었으며, 보수당은 2006년과 2011년의 선거에서 승리했다. 2011년에 자유당은 리더십 문제에 직면하여, 2위 자리마저 중도정당인 신민주당에 넘겨주고 세 번째 정당이 되었다.

수십 년 동안 일본을 통치한 자민당도 유권자들을 무시했다. 1990년에 일본은 장기적인 경제침체에 들어갔다. 무능한 자민당 지도자들은 금융개혁에 대해서 말을 했지만, 실제로 실행을 거의 하지 못했다. 자민당 내부의 파벌들이 서로 발목을 잡고 있었다. 자민당 총재들은 일본의 유권자들이 변화를 싫어하기 때문에 자기들이 항상 집권할 것이라고 생각했으나, 일본 국민들은 자민당에 대해서 염증을 느끼고 여러 차례의 선거에서 자민당의 의회 의석 과반수 획득을 실패하게 만들었다. 많은 자민당 정치인들이 새로운 당을 만들겠다고 자민당을 떠났다. 2009년의 총선에서 일본의 유권자들은 자민당 대신에 민주당을 선택했다. 그러나 2012년 말의 선거에서 일본의 유권자들은 새롭게 개혁된 자민당을 선택했지만, 경제개혁은 다시 실패했다.

정당이 선거해서 패배했을 때에 정당은 스스로 재평가를 해야 한다. 이때의 논쟁은 유권자들의 메시지가 분명하지 않다고 주장하는 이데올로기 순수주의자들, 그리고 순수주의자들이 독립된 유권자들을 위협하여 떠나게 한다는 온건주의자들 사이에 벌어지는 갈등이다. 이러한 정당의 통제권을 놓고 벌이는 투쟁에서의 승리자들이 다음 선거에서 후보자들과 메시지를 통제하게 된다. 일부의 경우, 정당 내의 투쟁에서 패배하는 세력이 캐나다와 일본에서처럼 당을 떠나서 새로운 당을 만든다.

선된다.* 정당 지도부는 노력하고 신뢰할 수 있는 사람들을 명부의 상위에 배치하고, 신인은 하위에 배치한다. 이 제도는 정당의 중앙집중적 성격을 확립시켜 준다.

영국은 조금 덜 중앙집중화 되어 있다. 영국의 정당들은 중앙당과 지방당의 협의를 통하여 후보를 선출한다.** 중앙당은 해당 선거구 출신이 아닌 사람을 후보로 제시할 수 있고, 지방당은 그 후보자를 관찰하여 찬성 또는 반대의 의견을 낸다. 지방당은 중앙당에서 제시한 후보를 반대한 이후 자체적인 후보를 제시할 수 있다.

독일은 이스라엘처럼 정당명부를 사용하지만, 16개의 주로 분리되어 선거를 치루기 때문에 중앙당의 통제력은 부분적으로 분산되어 있다. 이 체제들의 다양한 중앙집중화 정도는 정당들로 하여금 **결속**, 규율, 이념적 지속성을 제공한다. 이스라엘, 영국, 독일에서 정당에 투표할 때 그것이 무엇을 의미하는지, 당선되면 무엇을 집행하려고 노력하는지를 당신은 알고 투표를 한다. 당선 이후 의원들은 개인적 판단보다는 당의 결정에 따라서 투표를 한다.

역사적으로 정당의 권력이 분산되어 있는 미국에서 정당의 규율은 약한 편이다. 대부분의 후보들은 정치자금을 모으고 캠페인을 준비하는 데 스스로의 능력에 의존한다. 실제로 상하원의 후보자들은 자신들이 운영하는 지방 또는 주 차원의 새로운 정당조직을 만든다. 공화당과 민주당의 중앙위원회는 후보자들을 지원할만한 자원을 별로 가지고 있지 않다. 후보자들은 텔레비전과 다른 미디어를 통하여 유권자들에게 직접 호소를 한다. 후보자가 소속된 정당에 대해서 TV 방송이 언급을 하지 않는 경우가 점차 늘고 있다. 따라서 후보자들은 중앙당에 대해서 다음과 같은 말을 한다. "나는 당의 도움을 거의 받지 못했다. 승리하는 데 당의 지원을 별로 받지 않았기 때문에, 당선이 된 지금 반드시 당에 충성을 해야 할 필요를 느끼지 못한다." 이러한 상황에서 미국 정당들의 권력은 분산되고 결속이 와해되기도 한다. 선출된 의원들은 정당이 아니라, 자신의 양심, 선거구민들, 선거자금 제공자들의 요구에 따라 활동을 한다. 1980년대와 1990년대에 정당들이 이념적인 유대감을 강화하기 위해서 재편한 후, 정당들의 지도층은 보다 결속되고 강화된 규율을 유지하기 위해서 후보자들을 모집하고 자금을 확보하는 데 치중했다. 2012년에 자칭 **티 파티**로 부르는 보수성격의 반정부단체가 탄생하면서 공화당은 협상을 지지하는 실용주의자들과 굴복 받아들이지 않는 강경파로 분열되었다. 대부분의 정당들이 파벌을 포함하고 있으며 분열의 위험이 상존하지만, 미국의 선거제도는 그러한 파벌들이 정당 결

신제도주의 이론(neo-institutional theory)
정당 내의 제도가 자체적인 관심사의 중심이며, 때로는 유권자들과 단절이 된다.

(* 역자 주)
비례대표 선거제도는 투표자들이 개인 후보가 아니라 정당에 투표를 한 후, 각 정당이 받은 표의 비율을 인원수로 환산하여, 명부에서 그 숫자만큼 당선되는 제도이다.

(** 역자 주)
영국의 선거제도는 단순다수제이며, 전국을 소선거구로 나누어서 각 선거구 투표에서 1위를 한 후보가 당선되는 제도이다.

결속(coherence)
합리적인 하나가 되기 위하여 함께 하는 것.

티 파티(Tea Party)
매우 보수적인 공화당원들.

속의 약화를 조장한다.

정부정책수립

선거에서 승리한 정당은 어느 정도까지 입법안을 제정할 수 있는가? 이 문제에서 대통령제는 심각한 비판에 직면하게 된다. 의원내각제에서 정권을 장악한 정당(들)은 의회에서 입법안을 통과시킬 수 있는 정도의 투표수를 모으기 어려워지면 사퇴해야 한다. 대통령제에서는 어느 당이 의회의 과반수를 차지했느냐에 따라서 문제가 발생한다. 대통령이 당선될 때 제시한 공약은 그 정당의 의원들을 구속하지 않는다. 때때로 대통령을 배출한 집권당이 의회에서 과반수 정당이 아닌 경우가 있다. 그 경우에 집권당은 의회에서 법안을 통과시키기 위해서 야당(들)과 타협을 해야 한다. 유럽과 같이 승리한 정당이 입법부와 행정부를 장악하고 있는 경우 의원들은 정당 지도부의 지시에 따라 표를 행사하는 경우가 대부분이지만, 정당의 권력이 비교적 취약한 미국을 비롯한 대통령제의 국가에서 유권자들은 의원들이 자기 양심에 따라 투표하기를 원하고 있다.

정당의 정부 참여

책임정당정부(responsible party government)
투표자들은 정책의 성공 여부에 따라 선거를 통해 지배하고 있는 정당에 벌을 주거나 상을 준다.

위대한 사회(Great Society)
미국 존슨 대통령의 사회개혁을 위한 야심 찬 프로그램.

유럽 형태의 의원내각제는 **책임정당정부**의 대표적인 사례이다. 입법권과 행정권의 견제와 균형을 기본으로 하는 미국식의 대통령중심제에서 정책을 수립하기 위해서 분리된 권력을 정당들이 연결시키는 것은 쉽지 않다. 때때로 강력한 대통령이 행정부와 의회에 대한 통제권을 행사할 때 정당의 정강이 법으로 통과되는 경우가 있다. 그 사례는 1965년과 1966년에 미국의 존슨(Lyndon Johnson) 대통령이 민주당이 장악한 의회를 통해서 **위대한 사회** 프로그램을 수립한 것이다. 정당의 통제력이 분열되고 정당의 규율이 약화된 상황에서 투표자들은 국가운영이 제대로 이루어지지 않을 경우 누구를 공직에서 축출해야 하는지 알지 못할 때가 있다. 만약 정당의 권력은 강하지만, 대통령과 의회의 통제력이 분열되어 있는 경우, 정부에서 이루어질 수 있는 일이 별로 없다.

유럽식의 의원내각제에서 승리한 정당이 정부가 되며, 더 정확히 말해서 정당의 지도부가 내각이 된다. 이 제도는 분산화된 미국식 정당체계보다 분명한 책임과 투표자의 선택을 부과한다. 의원내각제와 대통령제 모두에서 정당들은 정당에서 활동하는 당원들을 정부부처나 기관에 일자리를 제공함으로써 정부에 참여한다. 영국에서 승리한 정당의 파벌에서 100명 정도가 내각과 내각 하위조직에 참여하는 한편, 미국에서는 새로운 대통령이 당선된 후 **정치적 임명**을 받는 사람은 3,000명에 달한다.

정치적 임명(political appointment)
공무원이 아닌 사람에게 주어지는 정부의 일자리. 때로는 지지의 대가로 제공된다.

정당의 자금 조달

정당은 활동을 하기 위해서 자금조달을 필요로 하며, 비용이 점차 늘어가기 때문에, 정당의 부유한 후원자들에의 의존이 점차 심화되어 가고 있다. 정당과 후원자 사이의 관계에는 **투명성**이 거의 없다. 일본의 자민당은 기업, 은행, 농업협동조합, 심지어는 야쿠자 조폭들로부터 막대한 후원금을 받는 것으로 악명 높다. 적은 액수의 당비를 받는 유럽의 전통적인 방식으로는 충분하지 않기 때문에, 정당들은 자금을 조달하는 데 필사적이다. 일부는 부정한 방법을 사용하기도 한다. 미국, 영국, 프랑스, 독일, 일본 등 거의 모든 민주국가들은 정당 후원금과 관련된 스캔들 때문에 어려움을 겪고 있다. 이 문제는 민주주의의 핵심이 되는 정치적 경쟁에 관련되어 있기 때문에 치유하기가 쉽지 않은 문제이다. 1976년 미국의 선거캠페인에 들어 간 돈은 5억 달러였는데, 2012년에는 대통령, 상하원 선거에 65억 달러가 소요되었다. 이에 비해서, 2010년 영국의 총선거에서는 1억 5,000만 달러가 사용되었는데, 여기서도 지출액이 빠른 속도로 늘어나고 있다.

투명성(transparency)
정치자금과 거래 내역을 공공의 감시에 공개하는 것.

많은 민주주의 국가들은 정치자금 후원을 제한하거나 규제하는 법을 보유하

고전 정치학 10.1

뒤베르제의 세 가지 정당 유형

프랑스의 정치학자 뒤베르제(Maurice Duverger, 1917~2014년)는 정당의 유형을 대중정당, 간부정당, 열성가정당의 세 가지 범주로 구분했다. **대중정당**은 서유럽의 사회주의 정당들과 같이 규모가 크고 이념적인 성향이 뚜렷한 정당이다. 이 유형의 정당은 당비를 가지고 재정을 확보한다. 이에 비해서, 미국의 공화당이나 민주당 같은 **간부정당**은 조직력이 약하고 정치적으로 적극적인 엘리트들에 기반을 두고 있다. **열성가정당**은 히틀러 하의 나치당과 같이 한 개인의 지배하에 설립된 정당이다. 비슷한 사례의 정당은 남미의 강력한 지도자들인 아르헨티나의 페론과 브라질의 바르가스가 세운 '개인주의적' 정당들이다. 이라크에 사담 후세인이 세웠던 바아트(Ba'ath)당도 마찬가지 유형이다. 개인주의적 정당들은 설립자보다 더 오래 생존하는 경우는 드물다.

대중정당(mass party)
헌신적인 지지자를 확보하려는 정당이며, 통상적으로 공식적인 당원들을 보유한다.

간부정당(cadre party)
일부 정치전문가들에 의해서 운영되는 정당이며, 간헐적인 활동을 한다.

열성가정당(devotee party)
개인에 의해서 설립되고 운영되는 정당이다.

국유화(nationalization)
주요 산업을 정부가 소유하는 것.

고 있다. 독일, 스페인, 스웨덴, 핀란드는 선거에서 각 정당이 달성한 실적의 비율로 정부의 기금을 정당에 지원하고 있다. 이는 분명히 새로운 정당에 대한 차별대우 정책이다. 1974년에 미 의회는 유사한 법안(대통령선거자금법)을 통과시켰는데, 이 법은 납세자가 소득세 납부금 중 3달러를 대통령 후보자들에게 선거자금으로 지원하도록 국세청에 허용하는 법안인데, 그 조건은 전국적으로 최소 5퍼센트의 지지를 받은 후보자의 지지율에 따라 분배하는 것이다. 그러나 이 법에 의한 지원은 실제 선거자금에 많이 미달하고, 부족한 부분은 민간정치후원단체들의 지원으로 보충하고 있다.

정당의 분류

10.3 정당을 분류하는 데 있어서 이념적 스펙트럼을 설명한다.

정당을 분류하는 기본적 방법은 이념적으로 왼쪽부터 오른쪽까지 스펙트럼을 정해 놓고 분류하는 것이다. 공산당과 같은 좌파 정당은 주요 산업을 **국유화**하여 계급의 차이를 평등화하는 것을 목적으로 한다. 서유럽의 사회민주당 같은 중도좌파 정당은 복지국가를 선호하는데, 산업의 국유화는 추구하지 않는다. 스웨덴과 이탈리아의 자유당과 같은 중도 정당은 사회문제에 대해서 보편적으로 자유주의적 태도를 보이지만, 경제에 있어서는 보수적(자유시장)인 입장을 보인다. 독일의 기독민주당 같은 중도우파 정당은 복지국가를 억제(해체는 아니지만)하고 자유로운 사업에 맡겨야 한다는 입장을 보이고 있다. 영국 대처 수상 하의 보수당과 같은 우파 정당은 복지국가를 해체하고, 노동조합의 세력을 타파하며, 자본주의의 괄목할만한 성장을 도모해야 한다는 주장을 한다. 현재 대부분의 유럽국가들은 극우 정당으로 분류되는 반이민 정당과 반EU 정당을 보유하고 있다. 스웨덴은 보다 완성된 정치적 스펙트럼을 지니고 있다 (도표 10. 참조).

공산당

공산당이 통치하는 공산주의 체제는 별로 없다. 동유럽과 소련의 공산당들은 선거에서 패배하여 모두 사라졌다. 중국, 베트남, 북한, 쿠바는 당이 통제하는 국가를 유지하려고 노력하지만, 변화하지 않으면 안 될 상황에 처하고 있다.

도표 10.1 스웨덴의 단원의회(Riksdag)를 구성하고 있는 정당들은 이념적으로 좌우 스펙트럼을 망라하고 있다. 스웨덴은 비례대표 선거제도를 채택하고 있다. 의회에 과반수 정당이 없는 상황에서 사민당이 녹색당과 소수연합(과반수에 미달되는 연합)을 구성하고 있으며, 때때로 소규모 중도 정당들의 지지를 받고 있다.

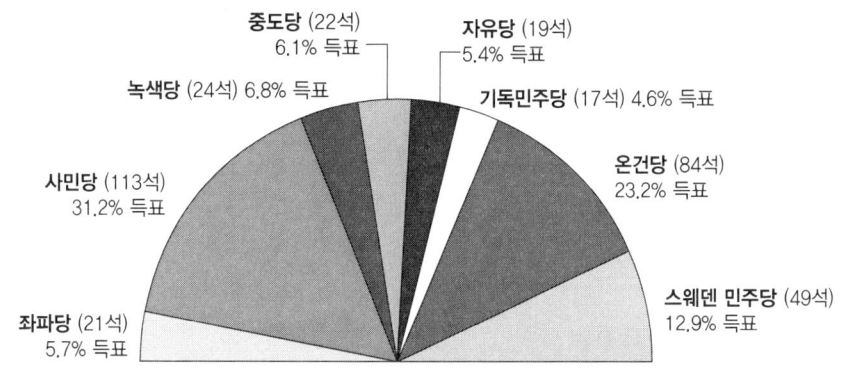

소련에서 레닌에 의해서 기초가 세워졌고 스탈린이 발전시킨 '고전적' 공산주의 체제는 단일정당이 정부와 경제를 관리하는 것을 특징으로 했다. 공산당이 직접 통치를 하지 않고, 국가와 경제를 운영하는 인사들에게 지시를 내리고, 감독하고, 통제했다. 성인 인구의 10퍼센트에 달하는 공산당원은 가장 신뢰할 만하고, 활동적이며, 열정적인 사람들 중에서 엄선하여 충원했다.

대부분의 소련 공직자들은 두 가지의 모자를 썼다. 하나는 정부의 공무원이었고, 다른 하나는 공산당원이었다. 지방으로부터 국가 차원까지 정부의 모든 수준에 상응하는 당 조직이 있었으며, 이 당 조직에서 후보자를 결정하고 정책노선을 수립했다. 예를 들어, 국가의 최상위에는 입법기구인 최고 소비에트(Supreme Soviet)가 있었고, 당에는 이에 상응하는 중앙위원회가 있었다. 이 위원회는 최고 소비에트의 후보를 지명했고, 의제를 설정했으며, 입법결과를 지도했다. 10여 명의 당 최고 인사들로 구성되어 중앙위원회를 지도하는 **정치국**은 소비에트 거버넌스의 진정한 심장부였다. 당의 총서기가 정치국을 지도했으며, 그는 고위직 인사들을 임명했으며, 이를 통해 권력을 축적했다. 중국도 소련의 형식을 따랐지만, 상위층을 하나 더 만들었는데, 그 층은 정치국의 강력한 7인 **상임위원회**이다. 이 위원회에는 중국의 국가주석과 수상이 포함된다.

왜 소련의 고르바초프(Mikhail Gorbachev, 1985~1991년) 대통령은 소련의 정당구조를 의도적으로 약화시켰는가? 중요한 사안들 모두를 통제하려고 시도하는 단일정당은 수많은 문제점들을 발생시켰다. 공산당은 당원들에게 최

정치국(Politburo)
공산당의 국가를 통치하는 집단.

상임위원회(Standing Committee)
중국 공산당의 최고 통치기구.

기회주의자(opportunists)
자기 자신만을 위하는 사람.

관료(apparatchik)
공산당의 전임 당원.

고의 일자리, 주택, 소비재를 제공하기 때문에, 당은 **기회주의자**들로 충원이 되었고, 그들 중 많은 인원은 부패했다. 당의 **관료**들은 매우 보수적인 성향을 지녔고, 개혁에 대한 열의가 없었다. 이러한 인사들의 지도하에서 소련의 경제는 쇠퇴했고, 미국, 서유럽, 일본경제에 크게 뒤지게 되었다. 소련을 밝은 미래로 이끌어야 할 공산당이 국가를 퇴보하게 만든다는 인식을 들게 했다. 고르바초프는 국가를 구하기 위해서 자신이 당의 권력독점을 타파해야 한다는 결론을 내렸다. 그는 당시 소련체제가 얼마나 허약했는지를 이해하지 못했다 (당시 많은 서방의 정치학자들도 마찬가지였다). 개혁을 할 수가 없었고, 결국은 붕괴되었다.

소련의 경험은 권력을 독점하는 단일정당이 영원히 작동될 수 없다는 점을 보여주었다. 토론, 경쟁, 책임이 없는 공산당 형태의 정당은 부패하고, 유연하지 못하며, 현대세계의 새롭고 복잡한 임무를 수행하기 어렵게 된다. 중국 공산당은 이러한 문제점들을 피하기 위해서, 주요 산업(금융 포함)과 정치적 통제만 당이 유지하고, 대부분의 경제는 민간이 주도하도록 넘겨줬다. 현재 중국 공산당은 사업가들도 당원으로 가입시키고 있다. 중국의 빠른 경제성장으로 많은 수의 교육받은 중산층이 늘어났으나, 이들의 부패에 대한 비판이 증대됨에 따라 중국 공산당의 일련의 개혁적 조치가 장기적으로 유지될지에 대해서는 불분명하다.

정당체계

10.4 여러 가지의 정당체계를 열거하고, 사례를 제시한다.

정당체계(party system)
어떻게 정당들이 서로 상호작용을 하는가.

'정당체계'는 '정당'과 같은 것이 아니다. 정당은 선거에서의 승리를 목표로 하는 조직이다. **정당체계**는 여러 정당들이 서로 상호작용하는 것이다. 정당은 나무를 보는 것이고, 정당체계는 숲을 보는 것이다. 건강한 정치체제는 정당체계에 달려 있는데, 그 체계가 안정적이든지 불안하든지, 너무 많은 정당이 있는지, 정당들이 중앙을 차지하려고 경쟁을 하든지, 정당체계는 정치체제에서 핵심적인 역할을 한다. 불안정한 정당체계는 건실한 헌법질서를 파괴할 수 있다. 안정적이고 합리적인 정당체계는 히틀러 이후의 독일과 프랑코 이후의 스페인에서 민주주의가 가능하게 했다.

2010년 영국의 총선 결과 과반수 의석을 차지한 정당이 없었기 때문에 정국이 불안하게 되었다. 과반수에 미달한 보수당은 군소정당인 자유민주당과 연

고전 정치학 10.2

키르히하이머의 '포괄'정당

대부분의 민주주의 국가들에서 둘에 추가된 정당체계가 이루어지는 추세에 맞추어, 투표자들에게 모든 방식의 호소를 하는 큰 규모로 확대된 정당들이 성장하고 있다. 제2차 세계대전 이전의 많은 유럽 정당들은 이념적으로 편협했고, 일정 영역의 인구들의 지지를 받으려 노력했다. 사회주의 정당들은 아직도 부분적으로 마르크스를 기반으로 하고 있으며, 노동자 계급을 대변하고 있다. 중도와 보수 정당들은 중산층과 상류층을 지향하고 있으며, 농업당은 농부들을 향하고 있다. 이러한 정당들은 **세계관 정당**으로 불리는데, 그 이유는 그 정당들이 표를 획득하는 것뿐만 아니라 세계에 대한 관념을 증진시키려 하기 때문이다.

제2차 세계대전 이후 세계적인 번영이 시작되면서, 사람들은 과거의 이념적인 편협성을 벗어나려고 노력했다. 대부분의 서유럽 지역에서, 모든 성향의 투표자들을 환영하는 규모가 크고 이념적으로 느슨해진 정당들이 출현하여 세계관 정당들을 흡수하거나 배제했다. 독일의 정치학자 키르히하이머(Otto Kirchheimer)는 이러한 새로운 유형의 정당을 묘사하기 위해서 **포괄**이라는 개념을 만들어 냈다. 그의 포괄정당 모델은 기업가, 노동자, 농부, 가톨릭, 프로테스탄트, 여성 등 모든 독일인들을 대상으로 한 독일기독민주연합이었다. 현재 민주주의 국가들의 통치정당은 거의가 포괄정당의 성격을 지니고 있다. 영국의 보수당, 스페인과 프랑스의 사회당, 일본의 자민당도 포괄정당들이다. 물론 미국의 공화당과 민주당도 가장 크고 오래 된 포괄정당이다.

대부분의 정치학자들은 정당들이 편협성과 경직성으로부터 탈피하는 움직임을 환영하지만, 여기에는 다른 문제가 발생하고 있다. 포괄정당은 많은 관점들을 포함하고 있기 때문에, 당내 파벌 간의 갈등이 발생한다. 정당 내의 갈등이 정당 사이의 갈등을 대체하고 있다. 특히 이탈리아의 기독민주당과 일본의 자민당에 많은 파벌들이 존재하는데, 이 정당들은 정당을 주도하는 개인들을 중심으로 봉건적 세력분열을 일으키는 모습을 보이고 있다.

합정부를 구성했는데, 이 두 당은 많은 정책적 분야에서 다른 의견을 보였다. 2011년에 영국은 선거제도를 개혁하는 국민투표를 하여 자유민주당이 의석을 더 가질 수 있는 제도를 선택하려 했으나, 투표 결과는 부결로 나왔다. 2015년 선거에서 보수당이 안정적인 과반수 의석을 획득하여, 국민들의 지지가 하락한 자유민주당이 더 이상 필요하지 않게 되었다. 부분적으로 선거제도와 관련이 되어 있는 정당체계는 정치에서 정말로 중요하다.

세계관 정당
(Weltanschauung)
특정 이념에 치중하는 정당.

포괄(catchall)
모두를 환영하는, 규모가 크고 이념적으로 느슨한 정당.

정당체계의 분류

정당체계를 가장 단순하게 분류하는 방법은 체계 내 정당의 수를 세는 것이다. 하나 또는 두 개의 정당이 존재하는 경우 '지배정당체계'라 부른다. 둘 또는 그

| 민주주의 10.2 | 다당제의 장점 |

다당제에서 당신은 보다 많은 메뉴에서 선호하는 정당을 고를 수 있다. 스웨덴의 경우처럼 다양한 정당들이 존재하면, 단지 두 개의 정당이 있는 미국에서보다 선택의 폭이 넓어지게 된다. 대부분의 유럽에서 환경에 대해서 관심이 많은 사람들은 녹색당을 선택한다. 독실한 기독교인들은 기독민주당에 투표를 할 수 있다. 좌파들은 사회당에 투표를 하고, 보수성향의 사람들은 보수당에 투표를 할 수 있다.

미국의 의원 선출 투표지는 주에 따라 다르지만, 녹색당, 자유당, 사회노동당 등 10개 이상의 정당들이 포함되어 있을 수도 있다. 그러나 이 정당들에 대해 투표를 하게 되면, 그 표는 사표가 된다. 이는 미국이 선택하고 있는 승자독식의 선거제도(단순다수제) 때문이다. 따라서 미국에서 제3당 후보에 투표를 하는 것은 단순히 저항심에서 하는 것일 뿐이다. 대부분의 유럽국가들과 이스라엘에서 투표자들이 제3당에 찍어도 그 표는 버리는 표라고 생각하지 않는다. 만약 그 정당이 의석 획득을 위한 최소조건(독일은 5퍼센트의 득표, 스웨덴은 4퍼센트의 득표)을 통과한다면, 그 정당은 의회의 몇 석을 획득할 수 있기 때문이다. 유럽에서 선택의 폭이 넓고 선택의 결과가 유효하기 때문에 투표율이 높은 편이다. 미국의 경우, 주요 정당의 예비선거가 다당제와 같이 선택의 폭을 넓혀줄 수 있다. 예를 들어, 공화당을 지지하는 사람들은 예비선거에서 기업 친화적 보수주의자, 종교적 보수주의자, 극우 성향의 보수주의자, 고립주의자, 개입주의자들 중에서 선택할 수 있다.

초창기(inchoate)
아직 제대로 형성되지 못함.

이상의 정당이 존재하는 경우 '둘에 추가된 정당체계'로 부른다. 이론적으로 무(無)당체계는 없으며, 앞서 설명한 바와 같이 독재자들도 자신을 지지해 줄 복종적인 정당을 원한다. 일부 체계들은 매우 혼잡스러운데, 이를 유동적 또는 **초창기** 정당체계로 부른다.

일당체계 이 체계는 전체주의 또는 권위주의 체제와 연관이 있고, 20세기의 현상이며 21세기까지 이어지고 있다. 소련, 중국, 그리고 아프리카와 아시아의 많은 신생국들이 일당체계 국가들이(었)다. 이 국가들에는 하나의 정당만 존재하면서 정부의 모든 수준을 통제한다. 이러한 정당의 지도자들은 국민들이 실제로 원하고 필요로 하는 것을 제공하기 때문에 자신들은 민주적이라고 합리화한다. 이를 입증할 수 있는 어떠한 공정한 선거나 여론조사가 실시되지 않는다. 1989년 동유럽에서 발생한 것과 같이, 기회가 주어지면 시민들은 일당체계를 거부한다. 아프리카를 비롯한 일부 개발도상국가들은 다수 정당이 존재하게 되면 부족들을 중심으로 형성이 되기 때문에 혼란과 폭력이 발생한다고 주장한다.

지배정당체계 일당체계와 다르게, 지배정당체계에서는 반대되는 정당들이 선거에서 경쟁을 하지만, 지배하는 정당 이외의 정당들에게는 불리하게 되어 있다. 지배정당은 잘 조직되어 있고, 지지자들에게 일자리와 재정 혜택 등 유인책들을 제공한다. 가장 중요한 것은 지배정당이 텔레비전을 통제하는 것이다. 이 지배정당과 경쟁하는 정당들은 의도적으로 약화되어 있고, 어떠한 기회도 주어지지 않는다. 현재 일부 민주주의 국가들이 지배정당체계를 유지하고 있으나, 투표자들이 지배정당의 부패와 부정에 대해 혐오를 느끼게 될 때, 더 이상 유지되기가 어렵게 된다. 인도는 오랫동안 의회당이 지배했고, 일본은 자민당, 멕시코는 제도혁명당(PRI)에 의해 지배되었다. 2000년의 멕시코 선거에서 PRI가 패배하고 보수적인 국민행동당(PAN)이 승리하여 폭스(Vicente Fox)가 대통령이 됨에 따라, 멕시코는 지배정당체계에서 다당체계로 전환되었다 (좌파 정당으로는 혁명민주당이 자리 잡았다). 2009년 일본의 총선거에서 민주당이 자민당을 밀어 냈다 (2012년 선거에서 자민당이 복귀했다). 현재 러시아는 푸틴이 이끄는 러시아연합당에 의한 지배정당체계를 유지하고 있으나, 많은 러시아 국민들은 진정한 경쟁체제를 원하고 있다. 미국의 많은 지역구에서 약한 정당은 기회가 거의 없기 때문에 실질적으로 지배정당체계가 유지되고 있는 형국이다.

양당체계 우리에게 가장 친숙한 제도는 미국과 영국에서 운용되는 양당체계이다. 이 제도에서 주요 두 정당이 선거에서 이길 수 있는 비슷한 기회를 가진다. 미국의 자유당과 영국의 자유민주당 같은 제3당이 지지를 받는 경우가 있지만, 이는 두 거대 정당들에 대한 투표자들의 불만이 표출된 것에 불과하다. 제3당을 지지할 조짐이 보이면, 주요 양당 중의 하나, 아니면 두 당 전부가 불만을 가진 투표자들의 지지를 받기 위한 정책을 제공한다. 이러한 점에서 규모가 작은 제3당이 영향력을 미칠 수 있다. 일부 비평가들은 거대한 두 정당들은 기존의 고정관념에 고착되어 있기 때문에, 새로운 아이디어는 대부분 제3당에서 나온다고 주장한다.

다당체계 이는 여러 정당들이 경쟁하는 제도이다. 스웨덴의 정당체계에는 왼쪽부터 오른쪽 스펙트럼까지 8개의 정당들이 배열되어 있다. 각 정당은 선거에서 획득한 표의 비율에 따라서 의석을 차지한다. 이 제도는 불안정하다는 비판을 종종 받지만, 반드시 그렇지는 않다. 이스라엘, 네덜란드, 스웨덴, 노르웨이는 효율적인 통치를 하는 안정된 다당연합을 형성하고 있다. 정당의 수가 내각이 **불안정**하게 되는 유일한 이유는 아니다. 불안정의 많은 부분은 정치문화, 기

불안정(instability)
내각의 빈번한 교체.

교착상태(immobilism)
주요 정치 이슈를 해결하지 못하는 어중간한 상태.

본 이슈들에 대한 합의의 수준, 내각을 조직하고 해체하는 규칙에 달려 있다. 학자들은 양당제와 다당제 중에 어느 것이 더 나은지 장기간 논쟁을 해 오고 있다. 두 제도 모두가 마비상태와 **교착상태**에 봉착할 우려가 있기 때문에 어느 것이 낫다고 판단하기 어렵다. 이러한 점에서 두 제도의 중간 형태인 '둘에 추가된' 정당체계가 등장했다.

둘에 추가된 정당체계 현재 많은 민주주의 국가들은 두 개의 큰 정당과 하나 또는 그 이상의 의미 있는 소정당들을 보유하고 있다. 독일에는 기민당과 사민당의 두 주요 정당들이 있지만, 자유당, 녹색당, 좌파당이 정치적 중요성을 가지는 데 충분한 표를 획득하고 있다. 오스트리아는 장기간 두 개의 큰 정당이 지배해 왔지만, 현재는 민족주의와 반이민을 강조하는 자유당이 제3당으로 존재하고 있다. 영국은 전통적으로 양당체계로 인식되어 왔지만, 의미 있는 제3당들이 존재해 왔다. 2015년에 스코틀랜드국민당이 오랫동안 스코틀랜드의 지배정당이었던 노동당을 밀어냈다. 분열적인 다당제를 유지해 오던 스페인은 현재 **둘에 추가된 정당체계**를 유지하고 있다. 규모가 큰 사회당과 중도우익인 인민당이 있으며, 몇 개의 군소정당들이 있다. 자세하게 들여다보면 미국도 일시적으로 의미 있는 제3당들이 존재해 왔기 때문에 때로는 둘에 추가된 정당체계를 유지한다고 할 수 있다. 1990년대의 개혁당과 2000년의 녹색당은 미국 선거와 이후 주요 정당의 정강에 영향을 주었다고 할 수 있다.*

둘에 추가된 정당체계 (two-plus party system)
두 개의 큰 정당과 하나 이상의 군소정당들이 존재하고 있는 국가의 정당체계.

(* 역자 주)
한국의 경우도 진보정당과 보수정당의 양당에 극우 또는 극좌의 군소정당들이 존재하며, 간혹 중도적인 정당도 출현하기 때문에 둘에 추가된 정당체계에 속한다고 할 수 있다. 현재는 더불어민주당과 자유한국당이 양대 정당이며, 군소정당들로 바른미래당, 민주평화당, 정의당이 의미 있는 제3당으로 존재하고 있다.

개인주의적(personalistic)
강력한 지도자의 개인주의에 기반한다.

유동적 정당체계 불안정한 신생 민주주의 국가들의 정당체계는 유동적이고 초창기적이기 때문에 순간적으로 변하고 앞서 설명한 범주들에 적용시키기 어려운 체계가 이루어진다. '혼란'이라는 단어 이외에는 달리 설명할 방법이 없다. 이러한 국가들에서는 정당들이 등장했다가 바로 사라지고, 지도자의 개인주의적 성향에 따라 정당의 존재가 좌우되며, 프로그램이나 이데올로기는 별로 중요하지 않다. 강력한 카리스마를 보유한 남미의 정치인들이 새로운 정당을 설립하지만, 오랫동안 지속되는 정당은 드물다. 1989년에 폴란드, 체코슬로바키아, 헝가리에서 광범위한 포괄정당들이 공산당을 밀어내고 선거에서 승리했지만, 곧 분열되었다. 러시아의 정당체계도 유동적이었다. 푸틴 대통령은 1999년 선거 전에 자신의 연합정당을 설립했고, 2004년에 러시아에서 가장 큰 정당이 되었다. 이 정당은 푸틴의 **개인주의적** 정당이었고 푸틴이 러시아를 통치하기 위한 도구에 불과했다. 1990년대에 일본의 지배정당체계가 붕괴되었고 초창기 정당체계가 되었다. 몇 년 지나서, 이러한 일본의 정당체계는 둘에 추가된 또는 다수당 체계가 되었다. 미국의 개입 이후 이라크와 아프가니스탄의 정당체계들은 매우 유동적인 상황이 되고 있다.

적어도 두 개의 정당이 존재하는 경우, 우리는 그 체계를 '경쟁적 정당체계'로 부르는데, 그것이 부패를 막을 수 있는 요체이다. 권력을 독점하는 단일정당은 이데올로기가 무엇이든지 간에 부패할 수밖에 없다. 정당 '내(in)'의 행정체계에서 발생하는 부패를 정당 '밖(out)'의 충격요법으로 견제할 수 있지만, 완전한 치유는 어렵다. 지도자의 친구나 가족들이 외국의 은행, 투자, 재산을 통해서 불법적으로 재산을 취득하는 러시아와 중국 같은 나라에서 경쟁적 정당체계가 유용한 제도가 될 수 있다. 경쟁적 정당체계에 의해서 불법적 재산취득이 밝혀질 경우, 정당의 내부문제가 밖으로 드러나게 될 것이다.

정당체계와 선거제도

국가가 어떠한 정당체계를 유지하는가는 매우 복잡한 것이고, 역사적 발전에 뿌리를 두고 있다. 언제 그리고 어떠한 상황에서 선거권이 확대되었는가? 매우 상이한 일부 국가들이 유사한 정당체계를 선택하고 있다. 문화적으로 분열된 인도는, 문화적으로 통합된 일본(자민당)과 마찬가지로 지배정당체계를 유지하고 있다. 그러나 인도와 일본은 최근 들어 분열된 정당체계를 보이고 있다. 어떤 한 요인만 가지고 이러한 현상을 설명하기는 어렵다. 정치학자들은 대체로 **선거제도**의 중요성에 대해서 동의하고 있다.

국가가 해야 할 가장 중요한 제도적 선택 중의 하나는 소선거구 선거제도와 비례대표 선거제도 중에서 어느 것을 택하느냐의 문제이다. 한 표라도 더 받은 후보가 승리하는 소선거구제는 양당제 또는 양당 이상의 정당체계를 생성한다. 그 이유는 분명하다. 이 제도 하에서 소규모의 제3당은 원래 받은 지지보다 과소대표(의석확보) 되기 때문이다. 이의 대표적인 사례는 영국과 미국의 의회에서 발생한다. 이 제도는 경마와 유사하기 때문에 첫 번째 결승점 통과자의 승리(FPTP: first past the post)로 부르기도 한다. 소선거구제에서 과반수 또는 적어도 제1다수를 차지하기 위해서 정치적 세력들을 모아서 하나의 당으로 만들게 되면 큰 이득이 있다. 만약 정당이 분열되면, 그 정당은 선거에서 연합된 정당에 패배하게 된다. 정당 내의 파벌들은 서로 좋아하지 않지만, 정치적 미래를 위해서 함께 해야 한다는 점을 알고 있다.

선거제도(electoral system)
선거를 실시하는 법이며, 소선거구제와 비례대표제의 두 가지 방법이 있다.

> **이론 10.1** 사르토리의 정당경쟁
>
> 어느 누구보다도 사르토리(Giovanni Sartori)는 정당체계를 분류하는 방식으로 정당의 수를 세는 것에 대해서 불만을 가졌다. 중요한 것은 정당들이 경쟁하는 수준과 방식이라고 했다. '다당체계'라는 개념만으로는 안정적인 체제와 불안정한 체제를 구분하기가 어렵다. 사르토리는 '분절적(分節的) 다당제'를 **분극적(分極的) 다당제**와 구분했다.
>
> 이념적 차이가 별로 없는 정당들로 구성된 분절적 다당제에서는 다섯 개 또는 그 이하의 정당들이 **중앙추구** 또는 구심적인 경쟁을 한다. 그 정당들의 정강과 공약은 중도 성향의 투표자들을 향한다. 좌파 정당들은 자신들의 급진주의를 억제하고, 우파 정당들은 보수성향을 완화시키는데, 그 이유는 투표하는 대중들 대부분이 중도적이라는 점을 좌우파의 정당들이 알고 있기 때문이다. 따라서 분절적 다당제의 정치적 생활은 정적이고 안정적인 경향이 있으며, 이데올로기적인 측면은 강조되지 않는다.
>
> 정당의 수가 다섯 또는 여섯 이상이 될 때, 사르토리는 분극적 다당제의 위험이 있다고 주장한다. 이 체계에서 정당들은 **중앙이탈** 또는 원심적인 경쟁을 하고, 이데올로기적으로 극단적이 된다. 급진좌파 또는 급진우파 정당들 모두가 보다 급진적인 해결책을 제시한다. 일부 정당들은 '반체제적'이거나 혁명적이다. 중앙에 밀착되어 있는 정당들은 양측의 급진정당들로부터 공격을 받는다. 이러한 상황은 정치적 불안정을 야기하고, 내전으로까지 이어지는데, 그 사례는 1930년대의 스페인과 1973년 칠레의 군사쿠데타이다.

분극적 다당제(polarized pluralism)
정당들이 보다 극단적으로 되는 정당체계이다.

중앙추구(center-seeking)
정치적 스펙트럼의 중앙에 있는 투표자들의 지지를 받기 위해 온건적으로 되는 정당들.

중앙이탈(center-fleeing)
중심에 있는 투표자들을 무시하고 극단적으로 되는 정당들.

비례대표 선거제도(PR: Proportional Representation)는 정당의 분열을 허용하고 심지어는 고무하기도 한다. 비례대표 선거제도는 다선거구제를 사용하고, 그 선거구에서 각 정당이 받은 비율로 의석을 배분한다. 이에 따라 정당이 결속된다고 해서 큰 이득이 없다. 파벌집단은 다른 관점들과 타협을 하지 않더라도 일부 의석을 획득할 수 있다는 점을 파악하고 있다. 이스라엘의 비례대표 선거제도는 이스라엘 의회(Knesset)에 10개의 정당들을 진출시켰다. 스웨덴의 의회(Riksdag)에는 8개의 정당들이 의석을 확보하고 있다. 선거제도의 수정은 국가의 정당체계를 변화시킬 수 있다. 독일의 경우 다수정당체계에서 둘에 추가된 정당체계로 바뀌었다. 프랑스는 다수정당체계에서 양당제로 바뀌었고, 폴란드의 경우에는 과도하게 분열된 다당제에서 온건적인 다당제로 바뀌었다.

정당의 미래

10.5 어떻게 정당이 상품 브랜드와 같은 것인지 설명한다.

정당의 미래에 대한 학자들의 의견은 분열되어 있다. 한편, 대부분의 민주주의 국가들에서 정당원은 줄어들고 있으며, 투표자들은 덜 충성적이 되어 가고 있다. 20세기의 대규모 이념적 대결은 종식되었다. 대부분의 주요 정당들은 중도를 향하고 있으며, 규모도 줄고 있다. 매스 미디어와 이익집단들이 정당의 일부 기능을 흡수하고 있다. 새로운 정책 아이디어들은 종종 싱크탱크로부터 나온다. 만약 선거캠페인이 부유한 후원자에 의해서 운영이 되거나, 만약 이익집단들이 자기들이 선호하는 후보자들을 당선시키기 위해서 정당, 심지어는 후보자들을 뛰어넘는 선거활동을 한다면, 정당이 무슨 소용이 있겠는가?

대체로 지방의 공직은 어느 한 정당이 계속하여 독점하는 경우가 많다. 지방의 소수당은 승리할 기회를 거의 가질 수 없기 때문에 노력을 할 동기를 별로 가지지 못한다. 지배정당은 자신들의 지위를 유지하기 위해서 별로 노력할 필요가 없기 때문에 덜 역동적인 활동을 한다. 따라서 국가 차원의 정당 조직은 미디어 또는 이익집단에 의해서 큰 역할과 의미를 가지지 못하게 되고, 지방 수준에서는 실패 또는 성공이 변함없이 지속되기 때문에 별 의미 없는 정당이 된다.

다른 한편, 일부 사람들은 과거보다 현재에 정당의 의미가 더 커졌다고 생각한다. 민주주의 국가들에서 이데올로기적 차별성이 더욱 명확해 졌고, 정당들의 이데올로기적 지향성이 더욱 강화되었다고 한다. 정당의 이념적 차별성을 무시하고 교차투표를 하는 경향도 많이 줄었다. 정당의 정체성을 추구하는 대중들, 특히 정치과정에 관심을 가지거나 참여하는 사람들은 점차로 이데올로기적인 특성을 보유하게 되고, 반대당의 당원들과 정치적 가치를 공유하는 부분이 점차 줄고 있다. 그 결과 정당의 결속력이 증대되는데, 그 이유는 다른 정당원들과 협력하게 되는 동기가 증대되었기 때문이 아니라, 정당 내의 사람들이 동의하는 부분이 더 많아지기 때문이다.

정당들이 점차 중요하게 되는 측면과 덜 중요하게 되는 측면이 공존하는가? 선거에 자금과 인력을 제공하는 데 있어서 정당의 조직자들이 점차 덜 중요하게 되어가는 반면, 정부 내 정당의 결속, 그리고 정치사회화와 대중의 이익을 결집시키는 데 있어서 정당의 중요성은 지속적으로 증대되고 있다. 아마도 미래의 정당은 브랜드화 할 것이다. 그렇게 되면, 유권자들은 코카콜라와 펩시콜라 사이에서 고르듯이 정당들이 제시하는 브랜드들 사이에서 선택을 할 것이다. 그 브랜드들의 가치는 자신들이 선택한 브랜드의 가치를 높이려고 노력하는 활동가들, 후보자들, 그리고 공직자들 사이에 벌어지는 투쟁의 결과가 될 것이다.

토의질문

1. 경쟁하는 정당들 없이 민주주의가 유지될 수 있는가?
2. '이익의 집합'이란 무엇이며, 정당들은 어떻게 이를 구현하는가?
3. 어떻게 개인들은 정당의 정체성을 가질 수 있도록 사회화되는가?
4. 영국에서와 같이 정당의 중앙집중화가 되면 무엇이 좋은가?
5. 어떻게 정당이 선거에서 자폭행위를 할 수 있는가?
6. 공산주의 정당들은 민주주의 정당들과 어떻게 다른가?
7. 어떻게 당신은 정당들을 이데올로기적 스펙트럼에 따라 분류할 수 있는가?
8. '포괄'정당은 무엇인가?
9. 다양한 '정당체계'에는 어떠한 것들이 있는가?
10. 경쟁적인 정당체계는 부패를 어떻게 다루는가?

핵심용어

간부정당(cadre party) p. 234
개인주의적(personalistic) p. 240
결속(coherence) p. 231
관료(apparatchik) p. 236
교착상태(immobilism) p. 240
국유화(nationalization) p. 234
기회주의자(opportunists) p. 236
대중정당(mass party) p. 234
동원(mobilization) p. 228
둘에 추가된 정당체계(two-plus party system) p. 240
분극적 다당제(polarized pluralism) p. 242
불안정(instability) p. 239
상임위원회(Standing Committee) p. 235
선거제도(electoral system) p. 241
세계관 정당(Weltanschauung) p. 237
신제도주의 이론(neo-institutional theory) p. 231

열성가정당(devotee party) p. 234
위대한 사회(Great Society) p. 232
이익집합(interest aggregation) p. 227
정당 일체감(partisan identification [party ID]) p. 228
정당(political party) p. 224
정당체계(party system) p. 236
정치국(Politburo) p. 235
정치적 임명(political appointment) p. 233
중앙이탈(center-fleeing) p. 242
중앙집중(centralization) p. 229
중앙추구(center-seeking) p. 242
책임정당정부(responsible party government) p. 232
초창기(inchoate) p. 238
투명성(transparency) p. 233
티 파티(Tea Party) p. 231
포괄(catchall) p. 237

참고문헌

Black, Earl, and Merle Black. *Divided America: The Ferocious Power Struggle in American Politics*. New York: Simon & Schuster, 2007.

Dalton, Russell J., and Martin P. Wattenberg, eds. *Parties without Partisans: Political Change in Advanced Industrial Democracies*. New York: Oxford University Press, 2001.

Edwards, Mickey. *The Parties versus the People: How to Turn Republicans and Democrats into Americans*. New Haven, CT: Yale University Press, 2012.

Eldersveld, Samuel J., and Hanes Walton Jr. *Political Parties in American Society*, 2nd ed. New York: Palgrave, 2000.

Fiorina, Morris P., Samuel J. Abrams, and Jeremy C. Pope. *Culture War? The Myth of a Polarized America*, 3rd ed. New York: Pearson, 2010.

Hershey, Marjorie Randon. *Party Politics in America*, 16th ed. Upper Saddle River, NJ: Pearson, 2014.

Hetherington, Marc J., and Thomas J. Rudolph. *Why Washington Won't Work: Polarization, Political Trust, and the Governing Crisis*. Chicago, IL: University of Chicago Press, 2015.

Kabaservice, Geoffrey. *Rule and Ruin: The Downfall f Moderation and the Destruction of the Republican Party: From Eisenhower to the Tea Party*. New York: Oxford University Press, 2012.

Karvonen, Lauri, and Stein Kuhnle, eds. *Party Systems and Voter Alignments Revisited*. New York: Routledge, 2001.

Lawson, Kay, and Peter H. Merkl, eds. *When Parties Prosper: The Uses of Electoral Success*. Boulder, CO: Lynne Rienner, 2007.

Luther, Kurt, and Ferdinand Muller-Rommel, eds. *Political Parties in the New Europe: Political and Analytical Challenges*. New York: Oxford University Press, 2005.

McCarty, Nolan, Keith T. Poole, and Howard Rosenthal. *Polarized America: The Dance of Ideology and Unequal Riches*. Cambridge, MA: MIT Press, 2008.

Mayhew, David R. *Partisan Balance: Why Political Parties Don't Kill the U.S. Constitutional System*. Princeton, NJ: Princeton University Press, 2011.

Rosenblum, Nancy. *On the Side of the Angels: An Appreciation of Parties and Partisanship*. Princeton, NJ: Princeton University Press, 2008.

Skocpol, Theda, and Vanessa Williamson. *The Tea Party and the Remaking of Republican Conservatism*. New York: Oxford University Press, 2011.

Ware, Alan. *Political Parties and Party Systems*. New York: Oxford University Press, 1996.

11장 선거

> **학습목표**
>
> **11.1** 투표율에 대해서 설명한다.
> **11.2** 누가 투표를 왜 하는지를 전망하는 변수들을 검토한다.
> **11.3** 누가 어떻게 투표하는가를 전망하는 변수들을 검토한다.
> **11.4** '선거 재편성' 이론을 비판한다.
> **11.5** 선거에서 승리하는 전략을 설명한다.

이 장에서 우리는 선거에 대해서 세 가지의 일반적인 질문을 제기한다. 첫째, 왜 사람들은 투표를 하는가? 이는 투표율과 연관이 된다. 둘째, 사람들은 어떻게 투표를 하는가? 이는 유권자들의 정당에 대한 충성도와 관련이 되어 있다. 셋째, 누가 선거에서 승리하는가? 이는 후보자 또는 정당의 선거 전략과 관련이 있다.

왜 사람들은 투표를 하는가?

11.1 투표율에 대해서 설명한다.

2013년의 미국 선거에서 투표율은 상승했다. 민주당은 자기들의 고정적인 지지층인 젊은 사람들, 여성들, 아프리카계 미국인들, 히스패닉들, 그리고 그동안 선거에 참여하지 않던 사람들을 선거에 참여하도록 독려하게 되면, 자기들이 승리할 것으로 전망했다. 이에 따라, 민주당은 자기 당을 선호하는 부동층이 선거등록을 하고 투표하도록 지역조직에 많은 자금을 투입하고, 노력하는 데 집중했다. 2008년과 2012년의 선거에서 패배한 공화당은 TV광고 대신 풀뿌리 운동에 대한 관심을 집중시켰다. 일부 공화당원들은 민주당이 자신들을 지지하는 투표자들의 투표율을 높이기 위해서 불공정하게 격려활동을 한다고 비난했지만, 그것은 효과적인 캠페인이 지향해야 할 방식이었다.

2012년 미국의 투표율은 59퍼센트였는데, 이는 2008년의 63퍼센트보다는 낮았지만, 그 이전의 다른 선거들에 비해서는 높은 편이었다. 역사적으로 미국의 투표율이 높은 적은 한 번도 없었다. 가장 높았을 때는 1960년의 63퍼센트였다. 스웨덴, 독일, 이탈리아의 투표율은 80퍼센트를 넘긴 적이 허다하다. 1994년에 남아공에서 흑인들에게 처음으로 투표권이 부여된 선거에서의 투표율이 86퍼센트에 달했는데, 이는 그들이 투표권 획득을 얼마나 갈망했는지를 보여주는 결과였다.

미국에 대통령 선출이 아닌 다른 일반 선거에서의 투표율이 40퍼센트가 되지 않는 적이 가끔 있다. 왜 미국인들은 투표를 별로 하지 않는가? 전통적으로 미국 투표불참자들의 반 이상은 후보자들에게 흥미가 없거나 만족하지 못한다고 말한다. 많은 사람들이 자신의 표가 어떠한 변화도 가져오지 못한다거나, 정말로 좋은 후보가 없다고 주장한다. 다른 이유는 미국의 양당정당체계 때문인데, 두 개의 거대 정당이 흥미를 끌거나 분명한 선택을 할 수 있는 기회를 제공하지 못한다. 정당들의 경쟁은 치열하게 시작되지만, 선거일이 다가오면서 두 당 모두가 중도적인 입장을 가지게 된다. 대통령 선거에서 후보들은 서로에 대한 비난으로부터 선거운동을 시작하지만, 막바지에 그들은 일자리, 헬스케어, 강한 미국건설에서 유사한 목소리를 낸다. 텔레비전은 선거운동 이전부터 두 정당에 대해 혐오감을 가질 정도의 원초적이고 불결한 정치행위에 대해서 장시간 방송을 한다. 미국인들 중에 정치모임에 참석하고, 정치후원금을 제공하며, 이웃에게 선거운동을 하는 사람은 20명 중에 한 명이 되지 않는데, 이는 다른 민주주의 국가들보다 높은 비율이다.

5명의 미국인들 중에 2명은 투표를 하지 않는다. 미국의 낮은 투표율은 정치학자들 사이에 주요 논쟁을 불러 일으켰다. 한 학파는 미국인들이 정당성을 잃은 미국의 정치체계로부터 마음이 떠나고 있다고 주장한다. 다른 학파는 별로 걱정할 일이 아니라고 하면서, 낮은 투표율은 많은 미국인들이 기본적으로 정치체제에 만족하고 있거나, 또는 불만족스러운 점이 없다는 점을 의미한다고 주장한다. 투표율이 매우 높은 국가들은 당파정치가 매우 격렬해져서 정치적 경쟁이 심한 국가들이다.

왜 유럽과 미국의 투표율은 다른가? 분명한 이유는 유럽의 선거등록이 자동적으로 이루어지기 때문이다. 유럽의 지방관청들은 18세가 되는 성인을 선거인으로 등록시킨다. 미국인들은 개인적으로 등록을 해야 하기 때문에, 선거를 몇 개월 앞두고 하는 사람도 있고, 선거캠페인이 한참 불붙을 때 하는 사람도 있다. 미국의 선거는 화요일에 실시되고, 대부분의 유럽국가들의 선거는 일요일에 실시된다 (2008년부터 많은 유럽국가들이 조기투표를 허용했기 때문에 투표율이 오르기도 했다). 미국의 지방, 주, 국가 후보자들에 대한 투표와 국민투표까지 포함되는 긴 투표용지는 투표자들에게 당혹감을 안겨준다. 유럽의 투표용지는 단순하게 정당만 선택하게 하기 때문에 단순하다. 대부분의 유럽국가들은 텔레비전의 정치 광고를 통제하거나 제한하며 일부 국가들은 금지하고 있다.

누가 투표하는가?

11.2 누가 투표를 왜 하는지를 전망하는 변수들을 검토한다.

대부분 민주주의 국가들에서 투표자들은 중년이고, 보다 많은 교육을 받은 사무직들이며, 시골보다는 도시나 근교에 산다. 또한 그들은 정당에 대한 정체성을 보다 많이 공유하고 있다. 이와 반대로 투표 불참여자들은 젊고, 교육이 부족하며, 육체노동자 또는 무직자들이다. 소득과 교육, 연령, 성별, 주거지역이 누가 투표하느냐의 핵심요인들이다.

소득과 교육

고소득자가 가난한 사람들보다, 고학력의 사람들이 저학력의 사람들보다 투표를 더 많이 한다. 이 두 가지 특성은 종종 함께 나타나고 (교육을 많이 받은 사람이 부유하다), 서로 강화해 준다. 고소득자가 선거결과에 이해관계가 많고, 교육은 관심과 지적수준을 향상시켜 준다.

공장의 노동자들은 선거 후보자들 사이의 차별성을 별로 발견하지 못한다. 그들은 세금을 납부하고, 규칙을 따르며, 생활을 위한 노력을 하며, 행정부가 바뀌더라도 별로 변화를 느끼지 못한다. 그러나 고위층과 전문가들은 선거 승리자와 자신의 개인적 운명 사이에 직접적인 관계가 있다는 점을 느낀다. 사무직 근로자들도 행정부의 변화에 의한 영향을 받지만, 그들은 그 변화에 대해서 잘 알지 못한다.

투표하는 사람들과 투표하지 않는 사람들의 차이는 '효능'에 대한 감각인데, 이는 개인이 적어도 조금이라도 권력을 가지는 느낌이며, 이러한 감각은 노동자들에게는 낮고 전문가들에게는 높다. 부자와 고학력자들은 이익집단들이 정책을 성공적으로 변화시키는 것을 봐 왔다. 일반 노동자들은 자신들의 정치적 생활을 '조용한 다수'로 생각하고 있다. 그들의 친구들, 이웃들, 가족들 중에 부유한 사람은 많지 않고, 정부에 압력을 행사할 만큼 잘 조직되어 있지도 않다.

고학력자들은 개인적인 경제적 이해관계 이상으로 선거에 대하여 광범위한 이익을 갖고 있다. 부유하든 아니든, 고등교육을 받은 사람들은 선거에 대하여 더 많은 관심을 가지고, 더 많은 정보를 가지며, 더 많이 참여한다. 교육은 참여하려는 감정을 상승시키고 지적인 호기심을 불러일으키는데, 이는 사람들로 하여금 더 많은 정치뉴스에 관심을 가지게 한다. 교육은 누가 투표를 하느냐에 대한 가장 결정적인 요소이지만, 미국의 경우 교육수준이 상승하는 만큼 투표율이 저하된다는 수수께끼가 숨겨져 있다는 연구결과가 있다.

결정적인 대답은 아니지만, 몇 가지 설명이 되고 있다. 교육이 과거와는 성격이 달라졌다. 일부 대학 졸업자들은 과거와 같은 엘리트의 지위를 갖지 못하고

이론 11.1 다운즈의 투표이론

합리적 선택이론에 기여한 다운즈(Anthony Downs)의 1957년 저서 『민주주의 경제이론(An Economic Theory of Democracy)』은 특히 선거에서 결정권을 가질 확률이 낮다는 것을 감안할 때, 비용보다 이익이 중요한 경우 사람들은 투표를 한다. 다시 말해서, 중요한 이해관계가 얽혀 있을 경우 시민들은 투표라는 분란의 행위에 동참을 하게 된다. 세금 인상을 우려하는 부동산 소유자들은 세금의 영향을 별로 받지 않는 임차인들보다 투표에 참여할 확률이 높다. 금융에 관련된 것이든, 개인적인 문제이든, 정치정보의 비용이 개인이 투표할지를 결정한다. 모든 사람들이 정치뉴스를 보거나 정치모임에 참여하는 것은 아니다. 따라서 대부분의 사회에서 가난하거나, 교육을 덜 받은 사람들이 투표할 확률은 가장 낮다 (인도는 예외적인 국가이다).

다운즈의 이론은 왜 대부분의 사람들이 투표를 하는가에 대한 질문을 던진다. 투표를 하여 받는 혜택보다 비용이 클 경우, 그리고 자신의 투표가 결정력을 가질 확률이 낮을 경우에 사람들은 투표를 하지 않을 것으로 예상하지만, 실제로는 많은 사람들이 투표를 한다. 왜? 그 대답은 시민의 의무, 민주주의 과정에 참여한다는 개인적인 만족감, 결정력 있는 투표가 될지도 모른다는 불확실성이다. 이는 왜 사람들이 투표를 하지 않는가에 대해 질문을 하는 것보다는 투표를 하는 데 대해서 완전히 이해할 수 있는 답을 준다.

있다. 현재 직업을 얻기 위한 학사학위는 제2차 세계대전 이전의 고등학교 졸업의 수준과 비슷하다. 대학의 많은 전공들이 취업을 위한 것들이며, 국가와 세계에 대한 호기심 또는 지식을 갈구하기 위한 전공들이 아니다. 그리고 투표 자체도 과거와 다른 의미를 가진다. 고학력 시민들은 자신들이 좋아하는 후보나 정당이 없을 경우에는 투표할 가치를 느끼지 못한다. 잠재적인 투표자들은 네거티브 캠페인에 대해서 염증을 느끼고, 모든 정치인들은 불결하다는 결론을 내린다. 일부 사람들은 텔레비전이 정치참여의 후퇴를 조장한다는 비난을 한다.

탈물질주의가 다른 설명을 해 준다. 이 문화이론에 따르면, 모든 산업화된 국

탈물질주의
(postmaterialism)
현대 문화가 획득하고 소비하는 것 이상으로 옮겨간다는 이론.

학습방법 11.1

추세분석

어떤 하나의 것이 다른 것의 원인이 되는 것을 설명하는 것은 어렵고, 특히 사회과학에 있어서 더욱 어렵다. 때때로 우리가 할 수 있는 가장 최선의 방법은 하나의 것이 다른 것과 상호관련이 있거나 같이 변하는지를 보여주는 것이다. 예를 들어, 우리는 부유한 국가들이 어떻게 민주주의 국가가 되고 가난한 국가는 아닌지에 대해서 주목을 했지만, 이는 단순히 대략적인 진실이다. 많은 예외가 있기 때문에 우리는 "이다" 대신에 "추세이다"라고 말한다. 한 걸음 더 나아가, 두 가지 중에 어느 것이 원인이 되느냐에 대한 질문도 있다. 국가가 부유해지면 민주적이 되는가? 민주화가 되는 것이 부유하게 만드는가?

대부분의 사회과학자들은 X가 Y의 원인이 된다는 인과관계에 대해서 설명을 하는 데 조심을 하고, 인과성은 간접이며 복잡한 것이라고 말한다. X는 Q를 불러일으킬 수 있고, 이는 Z로 하여금 Y의 방향으로 나아가게 할 수 있다. 예를 들어 보면, 부(富)는 대규모의 중산층을 조성하고, 이는 교육에 높은 가치를 부여하고 이익을 분명히 밝히게 하며, 그 다음에 권위주의 통치를 막아준다.

우리가 연구하는 많은 부분은 P, Q, R이 함께 작용하여 Z로 이어진다는 **다중인과**에 대한 것이다. 1인당 GDP, 교육, 이익집단 형성 중에 어느 것이 민주주의를 건설하는 데 가장 중요한 것인가? 그들 모두가 중요하고, 어느 하나를 선택하기가 어렵다. 그들 모두가 일괄적으로 나타날 수도 있다. 인과분석 대신에 우리는 **조건-제어(if-then)분석** 방식을 사용하기도 한다. 우리가 X를 발견하면, Y도 발견한다. 우리는 이 관계가 대등하지 않을 수도 있다는 점을 발견한다. 우리가 X를 발견하면, Y를 발견할 확률은 3분의 2이다. 이를 **추세분석**이라 부르고, 사회과학에서 표준적으로 사용되는 방식이다. 예를 들어, "가난한 국가들은 민주주의 국가가 되지 않는 추세이지만, 민주주의 국가가 되는 경우도 여럿 있다." 그리고 개인들이 종종 집단의 추세와 다르게 행동하는 경우도 있다. "아프리카계 미국인들은 민주당에 투표하는 추세가 강하지만, 일부는 공화당에 투표를 한다." 대부분의 인과관계는 이론을 통하여 정립이 되며, 이는 왜 하나의 것이 다른 것의 원인이 되고, 그들의 상호관계에 의해서 이것이 입증이 되는지를 설명한다. 다시 말해서, 데이터 하나 만으로는 관계를 설명할 수 없고, 논리적 설명, 즉 이론에 의해서 뒷받침되어야 한다.

가들에서 경제는 제조산업에서 지식과 정보산업으로 옮겨 간다. 이와 함께 인간들의 가치가 사회로부터 탈피하여 자신에게로 전환된다. 새로운 시대에는 관계들, 올바른 식이요법, 야외활동, 음악 등 개인적인 것들만이 중요하게 된다. 사회와 정치적인 문제들은 더 이상 많은 사람들의 관심을 끌지 못한다. 탈물질주의 이론이 정확하다면, 교육은 반드시 시민들을 보다 참여적으로 이끌어 내지 못한다.

다중인과(multicausal)
어떠한 것을 발생하게 하는 여러 가지 요인들.

조건-제어분석(if-then statement)
X가 발생하면 Y도 발생한다는, 두 변수들이 연결되어 있다는 주장.

연령

25세 이하의 젊은 사람들은 정치적인 사고를 덜 가지며, 투표를 덜 하는 편이다. 투표를 하기 위한 등록도 별로 하지 않는다. 소득과 재산이 적은 젊은 사람들은 경제적으로 선거결과의 영향을 덜 받는다. 그들이 세금을 납부하기 시작할 때에야, 그들의 이해관계가 성장하기 시작한다. 젊은 사람들의 관심사항을 들여다보면, 정치문제에 대해서 시간을 투자하여 관심을 가지는 사람들은 드물고, 관심이 있더라도 추상적이고 거리감이 있다.

추세(tendency)
두 변수들이 연결되어 있지만, 완전하지는 않다는 것.

1971년에 미국은 투표연령을 21세에서 18세로 낮추는 헌법 개정을 했고, 당시 많은 민주주의 국가들이 유사한 결정을 했다. 그 결과들은 유사했다. 새로운 **선거권**을 가진 젊은 사람들은 나이 든 사람만큼 투표를 하지 않았다. 젊은 사람들보다 중년이나 노년들이 투표를 더 하는 경향이 있는데, 그 이유는 중년들이 권력을 가지게 되는 최고점의 연령에 있고, 노년들은 사회 안전과 메디케어에 관심을 가지기 때문이다. 최근 미국의 선거에서 70세 이상이 가장 높은 투표율을 보였다.

선거권(franchise)
투표를 할 수 있는 권리.

성별

전통적으로 거의 모든 사회에서 남성이 여성보다 투표를 더 많이 하는 경향이 있다. 대체로 여성들은 비교적 최근에 와서야 선거권을 획득했다 (스위스는 1971년에야 여성들에게 선거권을 부여했다). 1920년 이후 미국에서 여성에게 **투표권**이 부여되었을 적에 남성과 여성의 투표율 차이는 점차 좁혀지다가 역전이 되었다. 최근의 미국선거에서 여성들이 남성들보다 더 많은 투표를 했는데, 이는 여성의 학력이 높아졌음을 반영하는 것이다.

투표권(suffrage)
투표할 수 있는 권리.

주거지역

대부분의 세계에서, 도시의 투표율이 지방의 투표율보다 높은데, 그 부분적인 이유는 평균적으로 도시의 학력이 높기 때문이다. 투표소도 도시 가까이에 있다. 한 지역에 오래 산 사람들이 이사했거나 새로 전입한 사람들보다 투표를 할 가능성이 높다. 오래 거주한 사람들이 지역문제에 더 관심을 가지고, 공동체의 집단과 활동에 더 많이 참여하게 된다.

누가 어떻게 투표하는가?

11.3 누가 어떻게 투표하는가를 전망하는 변수들을 검토한다.

사람들이 투표를 할 때 특정 후보나 정당에 표를 행사하는 이유는 다양하고 복잡하다. 그 요인들은 장기적인 변수와 단기적인 변수로 나눠진다. 정당에 대한 충성은 평생 동안 개인의 투표에 영향을 미치는 장기적인 변수이다. 단기적인 변수는 개인이 이번에 투표하는 성향과 몇 년 뒤에 투표하는 성향에 차이가 있는 것이다. 영국의 1983년 총선에서 대처(Margaret Thatcher)는 포클랜드전쟁에서의 승리를 선거캠페인에 활용했고, 1987년의 총선에서는 경제성장과 노동당의 무질서를 선거의 동력으로 활용했다. 대처의 보수당은 두 선거에서 모두 승리했다. 이와 유사하게 1976년 미국의 대선에서 카터(Jimmy Carter)는 워터게이트 스캔들로부터 비롯된 '도덕적 요인'의 혜택을 봤다. 선거가 다가오는 몇 개월 동안의 경제적 조건이 투표에 중요한 영향을 미친다. 2008년의 경제침체는 미국의 공화당에 상처를 안겨 주었고, 점진적인 경제 회복은 2012년에 민주당에 도움을 주었다. 그러나 이러한 단기적인 변수들은 정당에 대한 충성심의 영원한 전환은 아니다.

정당 일체감

'정당 일체감(Partisan identification 또는 party ID)'은 많은 사람들이 오랫동안, 때로는 평생 동안 한 정당에 대해서 느끼는 애착심이다. 강한 정당 일체감을 가지는 사람들은 습관적으로 그 정당에 투표를 한다. 약한 일체감을 가진 사람들은 간혹 다른 당에 투표를 할 수도 있다. 정당 일체감이 없는 사람들은 쉽게 유혹당할 수 있으며, 많은 사람들이 투표 때마다 다른 성향의 표를 행사한다. 정당 일체감은 개인이 머릿속에 넣고 다니는 것이며, 따로 가입하는 것이 아니다.

정당 일체감은 어린 시절에 부모로부터 강한 영향을 받는다. 어렸을 때 종교를 받아들이는 것처럼, 일부 어린이들은 어린 시절부터 특정 정당에 대한 일체감을 가지고 절대 변하지 않는다. 정당 일체감을 가지고 있으면, 선거캠페인이 복잡하게 되는 상황에서 투표를 용이하게 할 수 있다. 정당 일체감은 투표를 어떻게 하는가에 대한 '고정적 결정'이다. 강한 일체감을 가진 사람들은 자기가 선호하는 정당의 후보를 강력하게 지지하고, 다른 후보들은 의심의 눈초리로 본다. 이는 후보와 이슈들에 대해 정보를 수집하는 데 드는 비용을 줄이는 지름길로 생각될 수도 있다 (앞의 '다운즈의 투표이론' 글상자를 참고할 것).

정당 일체감은 투표의 안정성에 있어서 매우 중요하다. 대체로 한 정당에 밀착되어 있는 사람들은 정치인들로 하여금 국민들이 무엇을 원하는지 예견하고 그것을 제공하려고 노력할 수 있도록 한다. 약한 정당 일체감은 시민들이 자신의 투표성향을 쉽게 바꾸기 때문에 투표에 큰 변동성을 가져 오며, 때로는 TV 광고에 의한 영향을 받기도 한다. 일부 정치학자들은 정당 일체성의 감소는 민주주의를 악화시킨다고 하지만, 다른 학자들은 정당 일체감 감소는 오히려 민주주의를 활성화시킨다고 주장한다.

유럽의 많은 지역(프랑스 제외)과 일본에서의 정당 일체감은 항상 미국보다 강했지만, 그 차이는 점차 줄어들고 있다. 영국, 독일, 스웨덴, 일본 등의 국가들은 오랜 기간 두 개의 큰 정당 사이의 분열이 지속되는 성향을 지니고 있었다. 정당에 대한 일체감이 점차 강화되면서, 한 주요 정당에서 다른 정당으로의 **변동**은 약 1퍼센트에서 5퍼센트의 범위를 벗어나지 않았다. 그러나 최근 들어, **계급투표**가 줄어들고 **탈물질주의**가 등장하면서 정당 일체감이 줄어들고 있으며, 이러한 현상은 미국에서 간혹 나타나고 있다. 프랑스의 투표자들은 미국인들보다 정당 일체감이 약한 편인데, 그 이유는 프랑스 정당들의 분열, 합병, 당명 변경 때문이다. 이러한 정당의 변화는 정당 일체감이 뿌리내리는 데 방해가 되며, 프랑스 유권자들이 유동적이 되게 한다.

정치학자들은 어떠한 부류의 사람들이 다양한 정당들과 일체감을 가지는지에 대해서 설명할 수 있다. 어떠한 사회적 범주의 사람들도 특정 정당에 100퍼센트 투표를 하지 않는다. 일부 사람들은 집단의 규범을 무시한다. 특정 사회적 범주의 사람들 중의 절반 이상이 한 정당에 투표를 한다면, 그 사회적 범주와

변동(swing)
선거 때마다 정당을 바꾸는 투표자들의 비율.

계급투표(class voting)
경제적 이익을 증진시키는 정당에 대해서 투표를 하는 사회적 계급의 추세.

정당 사이에는 중요한 관계가 있다고 봐야 한다. 만약 4분의 3이 투표를 하면, 강력한 관계가 있다고 인정이 된다. 이러한 투표경향은 완전한 관계가 아니라 추세를 분석하는 데 유용하다 (이 장의 '추세분석' 글상자를 참조할 것.)

정치가들과 정치학자들은 특정 정당에 대하여 일체감의 추세를 보이는 집단을 **투표 블록**이라고 부른다. 후보자들의 전략은 다양한 유권자들을 포괄하기에 충분한 블록들을 확보하는 것이고, 자신들에게 투표할 가능성이 가장 높은 블록들에게 영향을 미칠 수 있는 캠페인을 벌이는 것이다. 그러나 투표 블록의 개념은 과도하게 단순화한 것이며, 고정된 블록 같은 것이 없다는 주장도 있다.

투표 블록(voting bloc)
명확한 추세를 보이는 집단.

계급투표

사회계급은 정당 일체감이나 투표행태의 결정적인 요인이다. 계급의 구분이 별로 없는 미국에서도 임금 노동자들, 특히 노조 회원을 가장으로 둔 가정의 구성원들은 민주당에 투표를 하는 경향이 있다. 2012년에 1년 수입이 5만 달러 이하의 가정 구성원들의 과반수는 오바마를 찍었다. 그러나 부유한 전문직 종사자들도 오바마를 찍었기 때문에, 오바마는 쌍봉형(雙峰形 bimodal, 제7장의 '여론 곡선' 글상자 참조)의 지지를 받았다고 할 수 있다. 대부분의 유럽국가들에서 노동조합이 사회민주당 또는 노동당에 연결되어 있기 때문에 계급투표가 강하게 나타난다. 규모가 큰 스웨덴과 독일의 노동조합들은 조합원들에게 사회민주당을 찍도록 설득한다. 부유한 영국인들, 프랑스인들, 독일인들, 스웨덴인들은 보수정당을 지지하는 성향이 있다.

두 가지 요인이 계급투표를 희석시킨다. 일부 노동자 계층이 보수정당을 찍는데, 그 이유는 그 계층의 사람들이 자신을 중산층으로 생각하거나, 가족의 전통이 있거나, 비경제적 이슈들에 대한 개인적 확신이 있기 때문이다. 대체로 영국과 미국의 노동계층의 과반수가 보수당과 공화당을 지지하는 경우도 있다. 이와 반대로, 일부 중산층과 상류층이 좌파 정당을 지지하는 경우가 있는데, 그 이유는 그들이 노동계급 출신이거나, 가족의 전통이 있거나, 대학에서 자유주의적 관점을 익혔기 때문이다. 특히 이러한 사람들은 노동계층의 정당들에게 교육받은 리더십을 제공하는 점에 있어서 중요하다. 이러한 두 가지 교차적인 상황, 즉 노동계층이 보수정당을 지지하고 중산층이 좌파 정당을 지지하는 성향은 계급투표를 희석시킨다.

지역투표

일부 지역들은 특정 정당과 일체감을 보이고 있다. 이 지역들은 수 세기 전에 점령당했거나 정복된 지역이며, 거주민들은 아직도 저항감을 지니고 있다. 중세기에 파리의 왕들은 때로는 무력으로 르와르강 이남지역으로 영토를 넓혔으며, 아직도 그 지역의 주민들은 사회당에 투표를 하는 성향을 보이고 있다. 영국의 '켈트 외곽(celtic fringe)'으로 불리는 스코틀랜드와 웨일즈에서 노동당을 찍는 사람들이 잉글랜드보다 많다. 스코틀랜드 사람들은 1746년의 컬로든 전투(Battle of Culloden)에서의 패배를 잊지 않고 있으며, 2015년의 선거에서 대부분의 의석을 스코틀랜드국민당에게 제공했다. 내전 직후 미국의 남부는 민주당을 확고하게 지지했으나, 1980년대 이후 강력한 공화당 지역이 되었으며, 내전 이후 공화당의 요새였던 동북부는 현재 민주당을 강하게 지지하고 있다 (앞으로 나올 '선거 재편성' 절을 참고할 것).

외곽 지역은 멀리 있는 수도에 의한 통치에 대해서 경제적이고 문화적인 저항감을 가지기도 하는데, 이에 따라 '중앙-주변 긴장'이 조성된다. 스코틀랜드와 앨버타는 런던의 영국정부와 오타와의 캐나다정부와 석유수입을 나누고 싶어 하지 않는다. 이탈리아의 남부와 북부는 서로 좋아하지 않으며, 투표도 다른 성향으로 하고 있다. 독일의 오씨(*Ossis*, 동독출신)들은 베씨(*Wessis*, 서독출신)에 의한 통치에 저항을 하고 있으며, 투표도 그러한 방향에서 한다. 인도의 많은 언어들은 투표행태에 나타나고 있다.

종교집단

종교인과 세속인 사이의 차이도 선거에서 중요한 변수로 등장하고 있다. 2012년의 미국 대선에서 오바마는 대부분의 '비종교인들', 가톨릭, 유대인들의 지지를 받았고, 경쟁자였던 롬니는 대부분의 백인 프로테스탄트 교도들의 지지를 받았다. 프랑스에서 독실한 가톨릭 신자들은 대부분 보수진영에 투표를 하고, 세속인들은 대부분 좌파를 지지한다. 이탈리아에서 인민당이 로마 가톨릭 교회에 의해 설립되었으며, 아직도 관계를 맺고 있다. 독일의 가톨릭 지역의 사람들은 중도우익인 기독민주당을 지지하고, 프로테스탄트 지역 사람들은 사회민주당에 투표를 한다.

사례연구 11.1
미국의 선거제도에는 결함이 있는가?

어떠한 선거제도도 대중의 뜻을 거버넌스로 공정하고 단순한 방식으로 전환시키지 못한다. 모든 제도들이 문제를 안고 있다. 제도가 공정하면(예를 들어, 비례대표 선거제도), 단순하지가 않다. 제도가 단순하면(예를 들어, 단순다수 소선거구제도), 공정하지 못한 경향이 있다. 2012년의 미국 의회선거에서 민주당이 전국적으로 140만 표를 공화당보다 더 획득했으나, 공화당이 33석을 더 차지했는데, 그 이유는 게리멘더링(선거구 조정) 때문이었다.

2000년의 미 대통령 선거에서 두 가지 재앙이 발생했다. 첫째, 시대착오적인 **선거인단** 제도는 궁극적으로 일반투표에서 승리한 후보가 선거에서 승리하는 것을 저지했다. 둘째, 결함이 있는 투표방식이 문제가 되었다. 고어(Al Gore) 후보가 전체투표에서 적지 않은 수인 50만 표(0.51퍼센트)를 더 획득했으나, 선거인단 투표에서 조지 W. 부시 후보에게 271-266으로 패배했다. 이와 비슷한 현상이 19세기에 세 번 발생했다.

미국의 주와 카운티(군)는 투표방식을 자율적으로 선택하고 있는데, 거기에는 결함 있는 방식도 포함이 된다. 일부는 아직도 투표용지를 사용하고, 일부는 1892년에 개발된 수동식 투표기를 사용하고 있으며, 일부는 빛으로 스캔하는 방식을 사용하고 있다. 비용 때문에 많은 카운티들은 전자와 터치스크린 방식의 제도 도입을 늦추고 있다. 최악의 제도는 플로리다의 팜비치 카운티에서 사용하는 것인데, 40년이 지난 저렴한 기술을 사용하고 있다. 투표자들은 IBM 천공(펀치)카드를 틀에 넣고 선택하는 후보에 펀치를 사용하여 직사각형의 구멍을 뚫는 방식이다. 최대 6퍼센트는 구멍이 완전하게 뚫리지 않아서 계수기가 '무효표'로 판정을 하고 있다. 이 방식은 오랫동안 결함이 많다고 알려져 왔고, 많은 주에서 소송이 제기되었으며, 매사추세츠 주에서는 불법으로 판결이 났다.

선거인단 제도는 유권자가 적은 주들이 과다대표 될 수 있도록 설계되었다. 각 주는 그 주의 상원의원과 하원의원 수만큼의 선거인단의 선거인을 가지게 되어 있다. 따라서 아무리 작은 주라도 3명의 선거인을 보유하게 되고, 그들은 그 주에서 주민들 투표의 다수를 획득한 후보에게 하나의 단위로 투표를 한다. 인구가 적은 주에서 행사된 표는 인구가 많은 주의 표에 비해서 몇 배의 힘을 가지게 된다. 와이오밍 주에서의 표는 캘리포니아 주의 표에 비해서 거의 4배의 가치를 가진다. 미 중부의 광활한 지역의 작은 주들은 공화당을 지지하는 경향이 있다. 동북부의 큰 도시들과 서부 해안 지역은 민주당을 지지하는 성향을 보이고 있다. 어떤 주에서 큰 차이로 이기더라도 몇 표 차이로 이기는 것보다 크게 이로운 점이 주어지지 않는다.

미국 대선의 선거인단 제도는 대체로 비민주적이고 **시대착오적**인 제도로 비판을 받고 있다. 이 제도는 국민들의 뜻과 선거결과 사이의 연결을 단절시키지만 개혁을 하지 못하고 있는데, 그 이유는 과다 대표되고 있는 5명 이하의 선거인을 보유한 17개의 작은 주들의 반대 때문이다. 이 주들은 헌법 개정을 막을 수 있는데, 헌법을 개정하기 위해서는 상하원 각각 3분의 2 이상의 찬성과 주 의회 4분의 3 이상의 찬성이 있어야 한다.

선거인단 제도를 옹호하는 사람들은 단순히 국민들의 표에 의존하는 제도로 바꾸는 것을 별로 선호하지 않는다. 1992년의 선거에서 페로(Ross Perot)가 19퍼센트 지지를 받은 것과 같이 제3당 후보가 강세를 보이면, 당선자는 과반수 이하의 지

계속

지를 받고 당선되게 된다. 당시 빌 클린턴은 국민들의 투표에서는 43퍼센트 밖에 못 받았지만, 선거인단의 투표에서는 69퍼센트의 지지를 받았다.

선거제도에 문제가 있는 나라는 미국뿐이 아니다. 2010년 영국의 총선은 어떠한 정당도 과반수 의석을 확보하지 못하여 연합정부를 구성했다. 권력의 분립을 기반으로 하는 미국은 대통령이 통치를 하기 때문에 의원내각제를 하는 영국과 같은 상황을 피해갈 수 있다. 하원의 과반수 의석을 보유한 세력이 수상을 임명하는 영국에서, 당시 보수당이 자유민주당과 연합정부를 구성할 수밖에 없었다.

도시투표

세계의 큰 도시들은 자유주의 또는 진보진영에 투표를 하는 강력한 성향을 보이고 있다. 노동계층의 투표는 도시에 집중되어 있다. 도시들은 교육과 지식의 중심지이고, 도시의 지식인들은 대체로 자유주의적이거나 진보적인 성향을 보이고 있다. 지방과 교외의 거주자들은 보수적 가치를 포용하고, 보수정당들에 투표를 한다. 잉글랜드 사람들은 대체로 보수당에 투표를 하지만, 런던은 그렇지 않다. 독일의 바이에른 주는 보수적 성향이 강하지만, 이 주의 수도인 뮌헨은 그렇지 않다. 이탈리아는 장기간 기독민주당의 지배를 받았지만, 이탈리아의 도시들은 그렇지 않고, 대체로 진보적인 시장들이 선출되었다.

선거인단(Electoral College)
작은 주들이 유리하게 작용되는 미국의 대통령 선출 선거제도.

시대착오적(anachronism)
새롭지 못하고 과거 관습을 되풀이 하는 것.

선거 재편성

11.4 '선거 재편성' 이론을 비판한다.

정치학자들은 장기간 **재편성** 이론에 대해서 논쟁을 벌여 왔다. 두 가지의 재편성이 식별된다. 전통적으로 사람들은 수십 년 동안 정당 일체감을 유지하지만, 수차례의 중대한 선거를 거치면서 많은 유권자들의 정당 충성심이 변한다. 이러한 **결정적 선거**는 다음 선거가 어떻게 될지 결정하지는 않지만, 새로운 투표 블록과 미래의 논쟁을 위한 주요 주제를 제기한다. 결정적 선거는 한 정당에게 이득을 주지만, 절대적인 지배력을 뜻하는 것은 아니다.

결정적 선거가 치러지지 않는 사이에 정당 일체감은 안정적이 되고, 대부분의 사람들은 일체감을 가진 정당에 투표를 한다. 이를 '정상적 투표' 또는 '지속적인 선거'로 부른다. 때때로 자신이 일체감을 가지고 있는 정당의 득표가 충분해 보일 때, 약한 정당에 힘을 불어 넣기 위해서 그 정당에 투표를 하는 경우가

재편성(realignment)
정당 일체감의 장기간에 걸친 주요 변화.

결정적 선거(critical election)
재편성으로 귀결되는 단일 선거.

있다. 이는 단지 일시적으로 지지 정당을 바꾸는 것이기 때문에 '일탈 선거'로 부른다. 이후에 유권자는 장기간 유지하던 정당 일체감으로 돌아간다.

대안적 이론은 정당 일체감을 갑작스럽고 지속적으로 전환시키는 결정적 선거는 예외적인 것이고, 여러 차례의 선거를 거치면서 **점진적 재편성**이 이루어진다는 주장이다. 유권자들은 새로운 이슈들이 등장하게 되면, 즉각적으로 정당 일체감을 전환시키는 것이 아니라 그 이슈들에 대응하는 투표성향만 일단 바꾸는 것이다. 점진적 재편성이 이루어지기 위해서는 몇 년 또는 몇십 년이 걸리기도 한다. 일부 연구자들은 국가적 재편성이 아니라 '지역적' 재편성으로 시작된다고 주장한다.

점진적 재편성(secular realignment)
정당 일체감이 느리고 점차적으로 이루어지는 것.

새로운 재편성?

2008년과 2012년에 미국의 민주당은 미국의 유권자들이 자신들에게 유리하게 재편성되었다고 주장했다. 많은 전문가들은 젊은 사람들, 여성들, 소수민족들의 승리 연합이 새롭고 자유주의적 블록의 등장을 가져 왔다고 언급했다. 그러나 일부 정치학자들은 공화당 또는 민주당으로의 재편성이 이루어지지 않았고, 단지 투표자들이 당시의 이슈들에 대해 대응적인 투표를 한 것이라고 주장했다. 재편성이 이루어졌는지, 다시 말해서 투표 행태의 지속적인 변화가 이루어졌는지를 확인하기 위해서는 여러 차례의 선거를 거쳐야 한다. 대부분은 재편성이 아니라는 데 동의한다.

재편성 이론에는 일부 문제가 있다. 일부 정치학자들은 재편성 이론을 모든 선거에 일괄적으로 적용시킬 수 없다고 한다. 많은 사람들은 재편성 이론이 대통령 선거에만 적용이 되고, 의회 선거와는 관련이 없는 경우가 많다고 한다. 미국인들은 때때로 입법부와 행정부를 다른 정당이 장악하는 여소야대 정부를 구성하게 하여 교착상태에 빠지게 한다. 정당 일체감이 강하다면, 이러한 분리된 투표 성향은 나타나지 않을 것이다. 1992년과 1996년의 빌 클린턴 승리, 2008년의 오바마 승리는 모두 경제 때문이었고, 선거 재편성 이론과는 관련이 없다. 만약 투표자들이 선거 당시의 상황과 후보자들의 개성에 대한 반응으로 투표를 했다면, 정당 일체감의 논리는 재고되어야 한다.

일부 사람들은 재편성 대신에 **이탈**이라는 개념의 사용을 제안한다. 1960년대 중반 이래 어떠한 주요 정당에도 개입되지 않은 유권자들의 수가 늘어났다. 1948년에 자칭 독립적이라고 하는 미국의 유권자들은 5분의 1 이하였으나, 이

이탈(dealignment)
정당 일체감의 장기적인 후퇴.

민주주의 11.1	정파적 양극화

정치학자들은 미국 유권자들의 **양극화**가 점차 심해지는 데 관심을 가지고, 민주주의에 해가 될지도 모른다는 우려를 하고 있다. 정당 일체감이 보다 호전적이 되면서, 다른 정당에 대해서 혐오감을 가지면서 헐뜯고 있다. 이러한 추세가 당분간 지속되면서, 1990년대에 공화당 지지자들은 경제가 호황기에 접어들었는 데도 클린턴을 경멸하는 태도를 보였다. 공화당과 민주당은 서로 헐뜯으면서 투쟁을 하고 있다. 여러 가지 요인들이 이러한 양극화 현상에 기여하고 있다.

1. 레이건(1981~1989년) 하에서, 공화당이 지속적으로 보수화되면서 의회 내 공화당 의원 중에 온건한 사람들이 사라졌다. 정도 차이는 있지만, 민주당의 경우에도 지속적으로 자유주의화 했다.
2. 엘리트들이 이전보다 이념적 의제에 보다 강하게 집착했다. 새로운 싱크탱크들, 정기 간행물들, 웹사이트들, 특히 보수집단들은 중도적인 표를 획득하려는 정당을 배제하는 입장을 취했다.
3. 1972년 대법원의 '1인 1표'의 판결은 주들이 의회의 선거 지역구를 인구비례에 평등하도록 했다. 현재 많은 주들이 인구조사 이후 선거구를 재조정하고 있다. 현직들이 다시 재선되게 할 목적으로 비슷한 마음을 가진 유권자들이 포함되도록, 컴퓨터를 활용해서 매우 정확하게 선거구 조정을 하고 있다. 자기들이 패배하지 않을 것이라고 자신하는 현직 공직자들은 보다 이념적인 정파를 조장하고, 중도로 지향하는 표들을 견제한다.
4. 기동성 있는 미국인들은 문화적으로 자신들이 선호하는 지역으로 이사를 가서, 남부는 보수적이고 북동부는 자유주의적으로 만들어서 국가의 전 지역을 이념적으로 물들인다. 미디어가 분류한 '붉은 지역'(공화당을 지지하는 주들)과 '푸른 지역'(민주당 지지 지역)은 서로 좋은 말을 하지 않는다.
5. 이러한 경향은 광신적 **종교성**에 강하게 기초하고 있는 미국의 '문화전쟁'을 반영한다. 광신적인 미국인들은 공화당 지지자들에 의해 조성된 '도덕적 가치'에 모여든다. 덜 광신적인 미국인들은 여성과 소수자들의 평등, 공정한 세금, 헬스케어에 초점을 맞추고, 민주당에 모여든다. 다른 이슈들에 관심을 가지고 있는 두 가지의 문화는 서로 경멸하고 반대 성향의 투표를 한다.

일부 역사학자들과 정치학자들은 미국정치가 항상 이러한 방향으로 흘러 왔다고 주장한다. 지역적이고 문화적인 정치가 미국 선거에서 항상 확대되어 왔다. 양극화는 반드시 나쁜 것은 아니다. 2008년과 2012년의 선거는 양극화 때문에 투표율이 올랐다.

비율은 약 3분의 1로 늘어났다. 현재 독립적이라고 주장하는 사람들은 젊고, 대학교육을 받았으며, 회의적인 사람들이다. 많은 사람들이 격동의 시대를 지냈고 지도자들의 몇몇 거짓말을 경험한 사람들이다. 1964년에 존슨 대통령은 베트남전쟁에 미군을 파병하지 않을 것을 약속했다. 1974년에 그들은 닉슨이 부끄럽게 사퇴하는 것을 봤다. 2003년 미국이 이라크를 침공한 이후 그들은 이라크가 대량살상무기를 개발과 보유하지 않았다는 사실을 알게 되었다. 전통적인

양극화(polarization)
의견이 중도를 벗어나 두 개의 적대적인 진영을 구성하는 것.

종교성(religiosity)
개인의 종교에의 심취도의 수준이며 종종 정치적 믿음에 영향을 준다.

정당정치에 대한 그들의 신뢰가 흔들렸다. 양대 정당은 모두 정직하지 않은 것으로 인식이 되었다. 만약 제대로 된 제3당이 출현한다면, 그들은 그 정당으로 갈 것으로 보인다.

일부 정치학자들은 경제가 좋은 시기와 나쁜 시기 모두에 전개되는 이탈은 세 가지의 경향과 일치한다고 주장한다. (1) 투표율의 저하, (2) 정당 일체감의 쇠퇴, (3) 정부에 대한 신뢰의 하락. 이 세 가지는 모두 함께 발생하는가? 서로 원인이 되는가? 아마도 신뢰의 하락이 근본 원인이 될 것이다. 그러나 2008년과 2012년의 높은 투표율은 미국의 투표자들이 정치에 대해서 완전히 실망하지는 않은 점을 보여준다.

일부 연구자들은 이탈과 독립적 투표가 얼마나 많은지 의문을 가진다. 자신이 '독립적'이라고 주장하는 많은 투표자들이 실제로는 어느 한 정당에 기울어져 있다. 자신이 정치적으로 중립적이라고 주장하는 유권자는 전체의 15퍼센트이고, 실제로 투표하는 사람들은 11퍼센트이다 (독립적이라는 사람들은 투표를 덜 하기 때문에).

무엇으로 선거에서 이기는가?

11.5 선거에서 승리하는 전략을 설명한다.

이론적으로 선거는 시민들로 하여금 정부를 선택하고 인도하도록 하는 것이다. 그러나 현대 선거에서 합리적 선택의 기본 요소는 개성과 매스 미디어라는 두 가지 요인에 의해서 조작된다. 사람들은 자신들이 무엇을 위해서 왜 투표를 하는지 분명히 인식하지 못하고 투표를 하며, 이는 민주주의에 대한 위협이 될 수 있다.

현대 정당들은 당 지도자의 개성을 중요하게 보여준다. 특히 산업화된 선진 세계에서 이데올로기는 거의 강조되지 않는다. TV의 광고와 보도는 정당에 대해서는 언급하지 않고 지도자의 이미지만 크게 다룬다. 지도자는 **카리스마**와 결단력이 있지만 온화하고 자상한 사람으로 제시된다. 레이건과 오바마는 정치적 개성으로 승리를 한 대표적인 사례이고, 다른 나라의 지도자들도 유사한 접근을 했다. 영국의 블레어 수상은 빌 클린턴의 스타일을 따라함으로써 성공했다. 프랑스의 대선 후보들은 종종 자상한 이미지를 투영하고, 정치적 논쟁을 뛰어 넘어서 부모의 모습을 보이기도 한다. 독일의 수상 후보들은 실증적이고 신뢰감 있으며 낙관적인 이미지를 보이지만, 자신들이 어떠한 정책을 추구할지에

카리스마(charismatic)
개인적으로 강한 흡인력을 가지는 것.

대해서는 별로 말하지 않는다. 이것들이 세계적인 패턴이다. 일반적인 성격을 유지해라, 행복한 모습을 보여라, 정당을 언급하지 말고, 많이 웃어라.

자신감과 낙관적인 이미지를 보이는 후보자들이 대체로 선거에서 승리한다. 사태가 잘못될 것이라고 우려하면서 비관적인 태도를 보이는 후보자들은 대체로 패배한다. 지도자의 개성은 매스미디어, 특히 텔레비전을 통해서 전달이 되고, 이를 통해서 후보자의 이미지를 관리할 수 있으며, 심지어는 외모도 변경시킬 수 있다. 질의응답 세션 대신에 사진촬영 기회를 가지는 것이 언론인들에 의한 당황스런 질문을 피할 수 있는 방법이다. 사진촬영의 기회는 후보자의 자연스러운 활동을 보여줄 수 있다. 이후에 활동에 대한 설명을 덧붙일 수 있다. 사진촬영은 말이 포함되지 않는 이로운 점이 있다. 후보자를 지원하는 전문가는 후보가 말 실수를 하여 조심스럽게 쌓은 이미지를 망칠 수 있다고 우려한다. 언론인들은 되도록 멀리 해야 한다.

이러한 현상은 세계적으로 발생한다. 한 영국의 전문가는 "텔레비전이 가장 유용한 캠페인이다"라고 주장했다. 2010년에 영국에서 처음으로 주요 세 정당의 당수들이 모여서 TV 생방송 토론을 했다 (미국에서는 1960년 이후 TV 토론이 있어 왔다). 이 토론은 영국인들의 관심을 제고시켰고, 투표율을 상승시켰다. 텔레비전에서는 세트, 조명, 배경음악, 분장, 해설 등 모든 것의 통제가 가능하다. 미국에서 개발된 텔레비전의 선거 방송은 유럽으로 퍼져 나가고 있다. 정치와 선거에 있어서 텔레비전은 세 가지 주요 기능을 한다. 첫째, 단순히 관심을 끌게 하는 장치이다. 둘째, 후보의 아이디어를 이미지로 전달할 수 있는 기능을 한다. 셋째, 후보를 시대의 영웅으로 묘사하는 것이 가능하다. 최근 들어, 가장 긍정적 개성을 보유하고 있다는 이미지를 광고로 낼 수 있는 후보가 승리하는 경우가 늘어나고 있다. 이는 텔레비전의 광고비용이 엄청나게 비싸기 때문에, 자금이 가장 충분한 후보가 승리한다는 의미로 해석된다. 자금력이 부족한 후보는 자신을 이익집단에 파는 경우가 있다. 정당은 후원금 모집하는 집단으로 전락하게 된다. 이러한 문제는 미국에서 시작되어 유럽으로 확산되고 있다.

텔레비전으로 방영되는 낙관적인 이미지는 온건하고 마음을 확정하지 않은 투표자들에게 영향을 미치는 반면, 가장 충성적인 지지자들을 투표에 참여하도록 하기 위해서 우려감을 불러일으키는 선거캠페인을 사용하기도 한다. 이 캠페인은 상대 후보가 당선되면 어떠한 일이 벌어질 것인지에 대해서 극단적인 표현을 한다. 이러한 위협적인 전술은 신뢰할 수 있는 지지자들이 투표에 참여하도록 하는 데 목표가 있다. 2012년에 미국의 오바마 후보 팀은 롬니가 당선되면 고령자를 위한 의료수당을 삭감할 것이라는 캠페인을 벌여서 민주당을 지지하는 노인들이 투표를 하도록 했다. 공화당은 민주당이 총기소유 규제를 할 것이라는 캠페인을 벌여서 공화당을 지지하는 총기소유자들이 투표에 참여하도록 한다.

회고적 투표

대통령 선거캠페인에서 대두된 이슈들을 신중하게 평가하는 투표자들은 거의 없고, 현 대통령의 실적에 대한 평가를 하고 투표하는 경우가 많다. 그들은 특히 현 대통령이 경제정책을 잘했는지 못했는지 평가를 한다. 현 대통령에 대한 투표자들의 축적된 또는 일괄적 평가를 한 후에 하는 투표를 **회고적 투표**라고 하는데, 그 이유는 현 대통령이 지난 임기 동안 공직에서 한 실적 전체를 회고하여 평가하기 때문이다. 투표자들이 현 정부가 보편적으로 긍정적인 국가운영을 했다고 생각하면, 현 대통령이 소속된 정당의 후보에 대한 지지를 한다. 특히 회고적 투표를 좌우하는 이슈들은 경제와 관련된 평가가 중심을 이룬다.

회고적 투표는 정당 일체감, 이슈들, 후보자의 개성에 의해서 자연적으로 착색된다. 정당 일체감이 약하거나 독립적인 투표자들에게 현직의 전체적인 실적이 투표에 크게 반영된다. 전체적인 실적에 대한 강력하고 적극적인 관념은 정당 일체감도 변화시킬 수 있다. 투표 행태는 복합적이다. 사람들이 후보자를 "좋아한다"라고 말하면, 이는 후보자의 정당, 이슈들에 대한 후보의 입장, 개인적 이미지, 또는 경제실적을 좋아한다는 의미로도 해석될 수 있다. 이러한 퍼즐 풀기는 캠페인 전략의 핵심이다.

회고적 투표(retrospective voting)
현 지도자의 전체적인 실적에 기초하여 투표하는 것.

후보의 전략과 투표자 집단

선거캠페인 전략은 '한 발을 홈 베이스에 디디고' 통상적인 정당 지지자들을 멀리하지 않으면서, 독립적이거나 결정을 미루고 있는 중요한 투표자들의 지지를 받으려고 노력한다. 이것이 투표를 앞두고 후보자들이 중도를 향하는 가장 큰 이유다. 이러한 관점에서, 선거캠페인은 자기를 지지하지만 투표를 하지 않는 사람들의 투표율을 높이는 데 중점을 둔다.

대부분의 선거캠페인은 **선거구**의 의견과 요구를 충족시키도록 계획되는데,

선거구(constituency)
공직자를 선거에 의해서 선출하는 지역이나 사람들.

때로는 여론조사에 의하여 결정된다. 후보들은 정당의 능력과 대응력의 수준을 알고 있어야 하는데, 이는 선거과정에서 사회의 다양한 집단들이 생각하는 것이고, 선거구민들의 선택과 투표율을 좌우하는 것이다. 투표자들의 의견의 방향과 강도를 알게 되면, 후보들은 전형적으로 승리하는 데 필요한 '투표 블록'을 구성하는 노력을 한다.

여러 개의 작은 투표 블록들이 연합하여 선거에 승리하는 경우가 가끔 있다. 미국의 경우, 민주당은 노동자들, 아프리카계 미국인들, 가톨릭 교인들, 유대인들, 도시 투표자들의 블록들이 연합하여 지지했다. 공화당은 지방과 농촌의 투표자들, 프로테스탄트 교인들, 비노조 노동자들의 연합에 의한 지지를 받았다. 1960년대부터 이러한 전통적인 블록들이 와해되기 시작했으며, 양 정당은 새로운 블록을 건설하려는 시도를 하고 있다. 블록이 와해되면서 투표율이 저하되었고 정당에 대한 충성도가 약화된 점은 주목할 만하다.

최근 들어 많은 선거구민들이 인구학적이고 인종적이며 종교적인 분류에 적합하지 않게 되었다. 그 대신 종교, 자유기업, 복지, 애국주의, 시민권, 그리고 다른 이슈들이 과거의 투표 블록의 범위를 넘고 있으며, 개인의 집단적 정체성이 정치적 학습과는 모순되게 나타나기도 한다. 사람들이 어떠한 이슈에 대해서는 진보적이고 또 다른 이슈에 대해서는 보수적인 경우가 있기 때문에 '진보'와 '보수'라는 구분도 모호해졌다. 선거캠페인은 잠재적 지지자들을 식별하는 데 있어서 보다 정교해졌고, 유권자들의 집단 정체성, 정당 일체감, 또는 이념적 정향에 대한 일반적인 호소보다는 특정 이익에 기초하여 투표를 하도록 유도하는 것이 더욱 어렵게 되었다.

민주주의 11.2 | 후보들의 입장 변화

기본적으로 후보들은 기회주의적이고, 선거에 승리하기 위해서 이슈들에 대한 입장을 바꾼다. 많은 사람들은 이를 보고 '믿을 수 없다' 또는 '무원칙주의'라고 하지만, 이것이 민주주의가 작동되는 것이라 할 수 있다. 불신을 받거나 인기가 없는 정책을 추진하는 공직자들은 다음 선거에서 축출된다. 정치인들에게 원칙을 지키고 "올바른 것만 하라"고 요구하는 사람들은 다음과 같은 답을 듣게 된다. "만약 내가 선출되지 않는다면, 내가 달성하려고 하는 모든 올바르고 정의로운 일들이 수포로 돌아갈 것이다. 따라서 나는 이 이슈에 집중해야 한다."

미국 공화당의 1994년 '미국과의 계약(Contract with America)'은 농장에 대한 보조금을 10년에 걸쳐서 줄이는 방안을 포함하고 있었다. 그러나 2002년까지 공화당은 농장에 대해서 이전보다

계속

(앞 페이지에서 계속)

더 많은 지원을 하고 있었다. 그렇게 하지 않으면, 2004년 조지 W. 부시 대통령의 재선에서 '정치적 자살'을 하는 것으로 생각했다. 농장의 표를 의식한 민주당도 보조금을 지지하지 않을 수 없었다.

2008년의 미국 대선 후보들은 캠페인이 시작될 때 이라크에 대해서 상당히 다른 시각을 갖고 있었다. 매케인은 미군을 이라크에 '100년'이라도 주둔시킬 용의가 있다고 주장했다. 오바마는 '즉시' 미군을 철수시킬 것이라고 선언했다. 캠페인이 진행되는 동안, 두 사람 모두가 중도적인 방향으로 입장을 선회했다. 매케인은 이라크가 안정된 후 '가능하면 빨리', 대체로 2년 정도 뒤에 철수시키겠다고 입장을 바꿨다. 오바마도 철수를 서두르지 않고 16개월 정도는 주둔시키겠다고 했다. 2008년 가을 그들은 중도의 많은 표를 의식하여 크게 간격을 벌리지 않았다. (실제로 미군 철수는 2011년 말까지 3년에 걸쳐서 이루어졌다.)

입장을 바꾸는 것이 민주주의 원칙에서 벗어나는 것인가? '지속성'과 '원칙'만을 고수하는 정치인들은 선거에서 패배할 가능성이 상당히 있다. 관점과 정책을 바꾸는 정치인들은 미디어와 상대방으로부터 비난을 받지만, 이는 연속성을 바탕으로 하여 새로운 현실에 적응하는 것이다. 정책을 결정할 때 가장 고려하는 것이 무엇이냐는 질문을 받은 영국의 맥밀란(Harold Macmillan, 1957~1963년) 수상은 '이벤트'라고 대답했다. 정치생활의 많은 부분은 이벤트에 대한 기회주의적 대응이라는 것이다. 정치인이 기본원칙을 지키는 것과 국민들의 새로운 의사에 대응하는 것 사이에서 균형을 지키는 것은 쉽지 않은 일이다.

토의질문

1. 왜 최근 들어서 미국의 투표율이 상승하고 있는가?
2. 2000년 미국의 선거제도는 무엇이 잘못 되었는가 (부시 당선, 고어 패배)?
3. 우리는 투표 불참에 대해서 어떻게 생각해야 하는가?
4. 정당 일체감은 선거에 어떠한 영향을 미치는가?
5. 투표시 '성별 차이'는 왜 발생하는가?
6. 소득의 수준은 개인의 투표 성향에 영향을 미치는가?
7. 결정적 선거(critical election)는 투표자들의 정당에 대한 점진적 재편성, 일탈, 또는 이 둘 중의 어느 것도 아닌 상황에 의한 것인가?
8. 경제는 선거에 어떠한 영향을 미치는가?

핵심용어

결정적 선거(critical election) p. 257
계급투표(class voting) p. 253
다중인과(multicausal) p. 251
변동(swing) p. 253
선거구(constituency) p. 262
선거권(franchise) p. 251

선거인단(Electoral College) p. 257
시대착오적(anachronism) p. 257
양극화(polarization) p. 259
이탈(dealignment) p. 258
재편성(realignment) p. 257
점진적 재편성(secular realignment) p. 258
조건-제어분석(if-then statement) p. 251

종교성(religiosity) p. 259
추세(tendency) p. 251
카리스마(charismatic) p. 260
탈물질주의(postmaterialism) p. 250
투표 블록(voting bloc) p. 254
투표권(suffrage) p. 251
회고적 투표(retrospective voting) p. 262

참고문헌

Abramowitz, Alan I. *The Polarized Public? Why American Government Is So Dysfunctional*. Upper Saddle River, NJ: Pearson, 2013.

Bishop, Bill, and Robert G. Cushing. *The Big Sort: Why the Clustering of Like-Minded America Is Tearing Us Apart*. Boston: Houghton Mifflin, 2008.

Cahn, Naomi, and June Carbone. *Red Families v. Blue Families: Legal Polarization and the Creation of Culture*. New York: Oxford University Press, 2010.

Caplan, Bryan. *The Myth of the Rational Voter*. Princeton, NJ: Princeton University Press, 2007.

Claggett, William J. M., and Byron E. Shafer. *The American Public Mind: The Issues Structure of Mass Politics in the Postwar United States*. New York: Cambridge University Press, 2010.

Edsall, Thomas Byrne. *The Age of Austerity: How Scarcity Will Remake American Politics*. New York: Doubleday, 2012.

Flanigan, William H., Nancy H. Zingale, Elizabeth a. Theiss-Morse, and Michael W. Wagner. *Political Behavior of the American Electorate*, 13th ed. Washington, DC: CQ Press, 2015.

Gerken, Heather K. *The Democracy Index: Why Our Election System Is Failing and How to Fix It*. Princeton, NJ: Princeton University Press, 2009.

Halperin, Mark, and John Heilemann. *Double Down: Game Change 2012*. New York: Penguin, 2013.

Issenberg, Sasha. *The Victory Lab: The Secret Science of Winning Campaigns*. New York: Crown Publishers, 2012.

Johnson, Dennis W. *No Place for Amateurs: How Political Consultants Are Reshaping America*. New York: Routledge, 2007.

Kennedy, Randall. *The Persistence of the Color Line: Racial Politics and the Obama Presidency*. New York: Pantheon, 2011.

King, Desmond S., and Rogers M. Smith. *Still a House Divided: Race and Politics in Obama's America*. Princeton, NJ: Princeton University Press, 2011.

Nelson, Michael, ed. *The Elections of 2012*. Washington DC: CQ Press, 2014.

Paulson, Arthur. *Electoral Realignment and the Outlook for American Democracy*. Boston, MA: Northeastern University Press, 2006.

Polsby, Nelson W., Steven E. Schier, and David A. Hopkins. *Presidential Elections: Strategies and Structures of American Politics*, 13th ed. Lanham, MD: Rowman & Littlefield, 2011.

Reiter, Howard L. & Jeffrey M. Stonecash. *Counter Realignment: Political Change in the Northeastern United States*. New York: Cambridge University Press, 2011.

Sabato, Larry, ed. *Pendulum Swing*. New York: Longman, 2011.

Winters, Jeffrey A. *Oligarchy*. New York: Oxford University Press, 2011.

Wuthnow, Robert. *Red State Religion: Faith and Politics in America's Heartland*. Princeton, NJ: Princeton University Press, 2011.

정치제도

제12장 입법부 미국과 같은 대통령제는 의회와 분리된 선거에서 선출된 강력한 행정부의 수장이 있으며, 쉽게 축출이 되지 않는 '권력분립' 제도이다. 반면에 영국과 같은 의회제도는 국가의회에서 수상을 선출하는 '권력융합' 제도이다. 의회는 '불신임 투표'를 하여 수상을 사임시킬 수 있으며, 이는 연합정부가 분열되었을 때 자주 발생한다. 연방제도는 미국의 상원(Senate)과 같은 상원(upper house)이 있는 양원제가 필요하다. 단일국가는 대체로 단원제로 유지되고 있지만, 양원제를 택하고 있는 국가도 있다. 이론적으로 의회는 법을 제정하지만, 실제로는 정부로 하여금 지역구에 보조금을 지급하도록 하는 역할도 한다. 현재 행정부를 감시하고 비판하는 것이 의회의 가장 유용한 기능이다. 불행하게도 행정부의 중요성이 부각되면서 입법부의 중요성이 줄어들고 있다.

제13장 행정부와 관료 대통령제는 종종 '교착상태' 때문에 어려움을 겪고, 의회제는 '현상유지' 때문에 어려움을 겪는다. 이러한 현상은 민주주의 국가에서는 당연한 것이다. 푸틴이 러시아에서 하는 것과 같이 오로지 권위주의 국가에서나 입법부-행정부 사이의 어려움이 타파될 수 있다. 의회제의 수상들은 간혹 보다 강한 권력을 모아서 '대통령화'하는 경향을 보이고 있다. 일부 학자들은 대통령이 친밀한 개성을 투영하여 과도한 힘을 가진 대통령이 되는 데 대해서 우려를 한다. 행정부의 부처들 내에서, 관료들이 복잡한 상황과 정책을 이해하는 유일한 사람들이기 때문에 권력이 그들에게 흘러들어가고 있다. 일본의 관료들이 실질적으로 국가를 통치한다고 인식되고 있다. 어떠한 정치체제도 관료사회를 통제하는 데 성공하지 못하고 있다.

제14장 사법부 법은 국가체제 내에서 특히 강력한 역할을 하며, 모든 국가가 그런 것은 아니지만 대체로 입법부 및 행정부 등 다른 부들과 균형적인 가치를 지니고 있다. 미국과 같은 관습법 체계에서 판사가 법을 만들고, 법은 시간이 흐르면서 변화한다. 유럽과 같은 성문법 체계에서 법은 비교적 고정된 형식이고, 그들 중의 일부는 고대 로마까지 거슬러 올라간다. 이와 같이 영국과 미국의 고발적이고 대립적인 체계는 유럽의 심문적인 체계와 상당한 차이가 있다. 미국의 대법원과 같이 중요하고 흥미로운 제도를 가진 국가는 별로 없는데, 미국의 대법원은 헌법과 관련된 이슈들에 대해서 위헌판결을 내린다. 워런(Warren) 대법관 하의 대법원은 특히 강력하고 논쟁적이었으며, 시민권, 형사절차, 의회 선거구를 변경시켰다.

# 12장 입법부

> **학습목표**
>
> **12.1** 의회의 기원을 추적한다.
> **12.2** 대통령제와 의회제를 비교한다.
> **12.3** 양원제 의회의 목적을 설명한다.
> **12.4** 법 제정이 더 이상 입법부의 주요 기능이 아니라는 주장에 대해서 논한다.
> **12.5** 입법부의 약점을 행정부의 권위와 비교해서 설명한다.

최근에 세계는 미국 의회가 양극화되고 무력화되어 예산안도 통과시키기 어렵게 된 데 대해서 우려를 하고 있다. 많은 사람들은 이것이 세계의 많은 국가들에게 사례가 되는 위대한 민주주의인지에 대해서 의문을 제기한다. 미국 의회에 대한 여론은 최저점을 기록하고 있다. 금융등급을 결정하는 기관에서 미국정부의 채권 등급을 하향 조정했는데, 그 이유는 경제적인 이유 때문이 아니라, 문제가 발생할 때 의회가 적절한 조치를 취하려는 의지가 부족하기 때문이었다. 영국의 철학자 로크(John Locke)는 '입법부'를 정부의 가장 중요한 기관이라고 언급했다. 미 의회는 로크의 논리가 잘못되었다는 점을 입증하려는 것처럼 보인다.

의회의 기원

12.1 의회의 기원을 추적한다.

정치제도는 현대화되면서 이론화되고, 보다 전문화되고, 복잡해지고, 차별화되었다. 대부분의 원시적인 씨족들은 자신들을 통치할 유일 지도자를 섬기고 있었다. 부족들은 주요 문제들에 대해서 토의할 평의회를 보유하고 분쟁을 판결했다. 아테네와 같은 도시국가는 입법, 행정, 사법의 기능을 갖춘 의회를 보유하고 있었다. 로마의 원로원은 여러 가지 역할을 복합적으로 수행했지만, 로마가 공화국에서 제국으로 전환되면서 세력이 약화되었다. 중세에 지배적이었던 봉건체제는 군주, 귀족, 주요 성직자 사이의 균형이었고, **봉건주의**는 우리가 처음으로 접하는 '세력균형'에 의해 이루어졌다.

정부를 제한하는 제도를 가진 국가는 대체로 봉건제도의 과거를 지니고 있으며, 권력의 분산이 좋은 것이고, 권력의 집중은 나쁜 것이라는 철학을 가지고 있다. 중국과 같이 절대주의적인 전통을 갖고 있는 국가들은 민주주의를 건설하는 데 어려움을 겪고 있다. 이러한 세력균형의 사례는 중세 아라곤(동북부 스페인)의 귀족들이 새로운 왕에게 행한 서약이었다. "당신만큼 훌륭한 우리는, 우리보다 더 나은 것이 없는 당신이 우리의 모든 법과 규칙을 준수한다면, 당신을 왕이면서 지배자로 인정을 하고, 그렇지 않다면 할 수 없다."

빈번하게 전쟁을 치르는 의욕적인 군주들은 국가의 수입을 반드시 필요로 했다. 그들 중 일부는 세금 징수를 위해 명사(名士)들로 구성되는 집회들을 구성하기 시작했다. 이들은 '지갑의 힘'의 대가로 왕의 정책에 적절한 수준의 의견 투입을 할 수 있었다. 이것이 영국 **의회**의 시작이었으며, 영국 의회는 양원으로 구성되었는데, 귀족원(Lords)은 귀족과 교회 지도자들, 서민원(Commons)은 기사와 시민들로 조직되었다. 스웨덴의 의회(Riksdag)는 처음에 4개의 원(귀족, 성직자, 시민, 농부)을 포함했다. 프랑스의 국회(Estates General)는 3개의 원(귀족, 성직자, 시민)으로 시작했으나, 프랑스의 군주들이 개인의 권력을 축적하여 **절대주의**를 추구하면서 국회는 잊혀 갔다.

영국, 스웨덴, 그리고 일부 유럽국가들에서 의회들이 점차 권력을 보유하여 군주들의 절대주의적인 요구에 대해 저항할 수 있게 되었다. 16세기에 이혼 문제로 로마와의 관계를 단절한 영국의 헨리 8세는 영국이 로마 가톨릭 교회의 영향력으로부터 벗어나기 위한 법을 통과시키기 위해서 의회와의 파트너십을 발전시켰다. 17세기에 영국의 의회는 스스로가 군주와 동등하며, 심지어 세금문제에 있어서는 우세한 힘을 가졌다고 생각했다. 영국의 내전은 왕당파와 의회파 사이에 누가 더 권력을 가졌는가를 놓고 벌인 투쟁이었다. 1649년에 의회가 찰스 1세를 재판하고 교수형에 처함으로써 권력을 장악하게 되었다.

이러한 격동의 시기에 살았던 영국의 철학자 로크(John Locke)는 의회가 가

봉건주의(feudalism)
정치권력이 여러 층에 분산되어 있는 제도.

의회(parliament)
국가의 입법기구이다. 영국에서 시작되었으며, 특히 영국의 하원(House of Commons)을 의미한다.

절대주의(absolutism)
탈봉건적 권력의 군주로의 집중.

대통령제(presidential systems)
행정부의 대통령을 분리된 선거로 선출하는 제도. 대통령 중심제로도 불리며, 상징적인 대통령이 아니다.

대통령(president)
대통령제에서 최고 권력을 가진 인물이며, 의회제에는 상징적인 대통령이 존재한다.

의회제(parliamentary systems)
의회선거만이 있는 제도이며, 의회에서 수상을 선출한다. 의원내각제로 불리기도 한다.

수상(prime minister)
의회제에서 최고 정치적 인물.

연합정부(coalition)
여러 당이 연합하여 정부를 구성.

내각 붕괴(fall)
의회제에서 투표 또는 사임에 의해서 내각이 붕괴되는 것.

내각(cabinet)
정부의 각 부처를 지휘하는 장관들의 집단.

정부(government)
유럽에서 내각을 의미하며, 미국에서는 행정부로 표현된다.

행정부(administration)
미국의 대통령에 의해서 임명되는 집행부서들의 집합이며, 유럽의 '정부'와 같은 의미로 사용된다.

장 기본적이고 중요한 권력이라고 찬양했다. 18세기 계몽주의 시대에 프랑스의 철학자 몽테스키외(Montesquieu)는 정부가 입법부와 행정부로 분명히 구분되어 서로 견제와 균형을 이룰 때에만 자유가 획득될 수 있다고 공언했다. 현대 정부들은 이러한 두 가지의 조직을 보유하고 있지만, 대통령제의 경우에만 견제와 균형이 이루어지고 있다. 이론적으로 입법부는 사회에 가치를 부여하는 법을 제정하고, 행정부는 입법부에서 제정한 법령을 집행한다. (사법부도 동등한 권력을 가진 경우는 미국 이외의 다른 국가에는 별로 없다.) 행정부와 입법부의 책임은 종종 중첩되는 경우가 있으며, 권력분립이 분명하게 이루어지는 경우는 드물다.

대통령제와 의회제

12.2 대통령제와 의회제를 비교한다.

대통령제는 행정부와 입법부의 권력분립을 가장 분명하게 보여준다. 세계의 소수국가들이 채택하고 있는 이 제도는 국가의 원수와 행정부의 수장을 겸하는 **대통령**을 보유하고 있다. 대체로 국민들의 직접선거에 의해서 선출되는 대통령은 상당한 권력을 보유하고 있으며, 쉽게 축출되지 않는다. **의회제**에서 국가원수(군주 또는 상징적인 대통령)와 행정부의 수장(**수상** 또는 총리)이 분리된다. 이 제도에서 수상이 중요한 인물이다.

의원과 대통령을 별도로 선출하는 대통령제와 달리 의회제에서 투표자들은 의회 의원들만 선출한다 (도표 12.1 참조). 그들은 자신의 지지표를 입법부와 행정부에 분리해서 행사할 수 없다. 의회는 원내 세력분포에 의거하여 행정부를 구성한다. 만약 '비례대표 선거제도'를 사용한다면, 의회에 여러 정당들이 진출하게 된다. 만약 어느 한 정당도 과반수 의석을 차지하지 못하면, 둘 또는 그 이상의 정당들이 **연합정부**를 구성해야 한다. 한 정당 또는 여러 정당이든, 의회의 과반수 세력이 내각을 지지해야 하고, 그렇지 않으면 **내각의 붕괴**가 발생한다. 통상적으로 군주(영국과 스페인) 또는 실권이 별로 없는 대통령(독일 또는 이스라엘)이 의석이 가장 많은 정당의 당수에게 수상이 되어 '정부를 구성'하도록 '요청(다른 선택권이 없다)'한다.

같은 의미로 사용되는 **내각**과 **정부**는 미국에서는 **행정부**로 불린다. 통상적으로 영국의 캐머런정부로 부르고 미국의 오바마행정부로 부른다. 그러나 최근 들어서 많은 국가들이 '행정부'의 개념을 많이 사용하고 있다. 의회제에서 수

도표 12.1 대통령제와 의회제

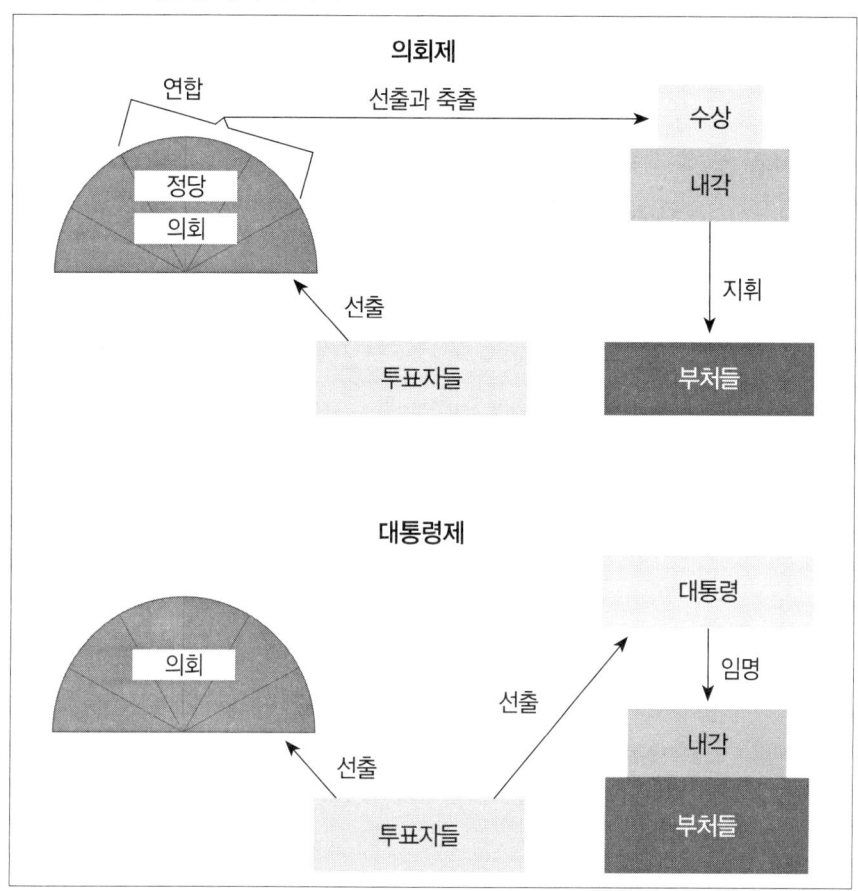

상은 자기를 지지하는 정당과 협의를 한 후 의회 의원들 중에서 장관들을 임명한다. 이 장관들이 각 부처를 지휘하게 되면서 정부가 구성된다. 수상과 내각은 의회에 '책임'을 진다. (19세기 민주화 이전에 장관들은 오로지 군주에 대해서 책임을 졌다.)

대통령제에서 대통령은 의회에 책임을 지지 않는다. 행정부와 입법부의 긴밀한 관계가 단절된다. 대통령은 별도의 선거에 의해서 선출이 되며, 의회 밖에서 각부 장관들을 물색하여 임명한다. 대통령제인 경우에 장관 또는 법관들을 임명할 때 의회의 동의를 받는 경우가 있다. 대통령제에서는 의회제에서와 같이 입법부와 행정부가 서로 통제하고, 해체하고, 축출할 수 없다. 이 때문에 대통령제가 더 안정적이라는 평을 받는다. 대통령은 인기가 떨어지고 의회의 공격을 받을 수 있지만, 그래도 대통령은 임기 동안 헌법과 법률에 의하여 주어진 권력을 가지고 통치할 수 있다.

권력의 분립과 융합

미국은 '견제와 균형'이라는 개념에 기초한 '권력분립' 체계를 매우 자랑스럽게 생각하고 있다. 영국의 조지 3세의 독재로부터 독립을 쟁취한 이후, 미국인들은 정부 내에 서로 견제할 수 있는 조직들을 만들었다. 이는 현명한 조치였고, 미국을 독재정치로부터 보호할 수 있었다. 그러나 이는 매우 느리고 성가신 절차였고, 정치학자 코윈(Edward S. Corwin, 1878~1963년)이 언급한대로 행정부와 입법부 사이의 '투쟁에의 초대'였다. 입법부와 행정부는 서로 방해가 되는 경우가 발생한다. 의회는 대통령이 원하는 법안을 통과시키지 않을 수 있고, 대통령은 의회가 통과시킨 법안에 대해서 거부권을 행사할 수 있다. 일부 학자들은 입법부-행정부의 '교착'은 대통령제에서 일반적으로 발생하는 것으로 생각한다.

경제정책과 조세개혁 같은 중요한 문제들은 입법부와 행정부 사이에서 몇 년 동안 고착되어 있을 수도 있다. 대통령은 의회를 해산하고 새로운 선거를 시행할 수 없으며, 정해진 일정에 따라야 한다. 의회는 탄핵절차에 의하지 않고는 대통령을 사임시킬 수 없다. 의회와 행정부가 서로 다른 당이 장악하는 경우도 상당히 발생한다. 일부 사람들은 이러한 '분열된 정부'의 상황이 국가예산의 낭비를 줄이고 잘못된 정책을 막을 수 있기 때문에 유용하다는 생각을 한다. 대통령의 소속당과 의회의 다수당이 같더라도, 입법부와 행정부 사이에는 긴장이 존재하며 서로가 독자적인 방향으로 나가는 데 대해서 견제한다.

고전 정치학 12.1

대통령제의 기원

견제와 균형을 기반으로 하는 대통령제는 프랑스의 귀족인 몽테스키외(Montesquieu, 1689~1755년) 남작에 의해서 고안되었다. 그는 『법의 정신(The Spirit of the Laws)』이라는 고전 정치학 서적을 집필하기 위해서 유럽 전 지역을 여행했다. 프랑스의 왕과 갈등이 생긴 이후, 그는 몇 년 동안 영국에 머물렀고, 왕(행정부)과 의회(입법부)의 상호균형으로부터 발생하는 자유를 찬양했다. 당시 프랑스 국회(Estates General)는 거의 활동을 하지 않고 있었다. 왕이 절대적인 권력을 가지고 모든 것을 운영하고 있었다.

몽테스키외가 영국의 견제와 균형에 대해서 집필할 때, 견제와 균형은 붕괴되고 의회가 왕에 대해서 우월권을 갖고 있었다. 몽테스키외는 과거로 사라져 버린 영국의 '혼합 군주제'라는 이상적인 형식에 대해서 설명했다. 미국 건국의 아버지들은 몽테스키외의 저작을 읽고 견제와 균형 이론을 정립하려는 노력을 했다. 다른 국가들은 별로 관심을 가지지 않았다.

서유럽 사람들은 미국식 대통령제가 비효율적이고 이해하기 어려운 제도라고 생각했고, 미국의 헌법이 제정된 이후에 보다 현대적인 제도를 개발하여 유지하고 있다. 의회제는 서로 대립적인 조직이 아니라 **권력융합**을 기본으로 하고 있다. 실제로 행정부의 최고 지도자가 의회의 의원이기 때문에 입법부와 행정부를 구분하는 것이 쉽지 않다. 영국, 독일, 일본, 네덜란드의 제도에서 수상은 정부의 수장이 되기 전에 일반 의원들처럼 의원으로 선출이 되어야 한다. 의석을 가장 많이 보유한 정당의 지도자가 (군주 또는 상징적인 대통령에 의해서) 정부를 구성하도록 공식적으로 요청을 받는다. 정부 또는 내각을 구성하는 개인들은 의회의 의석과 행정부의 공직을 겸임한다. 영국의 경우, 약 100명의 **의원**들이 행정부에서 공직을 맡고 있다. 실제로 내각은 행정부 각 부처의 행정을 지휘하기 위해서 파견된 의회의 위원회이다.

영국 의회의 회기가 진행 중일 때 내각의 각료들은 동료 의원들의 질문에 답변하기 위해서 의회에 참석한다. 영국의 하원은 거의 매일 오후에 질의답변 시간을 가진다. 두 주요 정당의 의원들은 복도를 사이에 두고 마주 앉는데, '정부석(government benches)'과 '**야당**석(opposition benches)'으로 분리된다. 정부석의 앞자리는 내각 각료들이 앉고, 그 맞은편에는 야당의 '그림자 내각(shadow cabinet)'의 구성원들이 앉는데, 그들은 다음 선거에서 자기 당이 승리하면 장관이 될 사람들이다. 행정부의 책임을 맡지 않은 의원들은 각료들 뒤에 앉는데, 그 자리를 **평의원석**이라 부른다. 수상과 각료들에게 하는 대부분의 질문들은 야당석에서 나오는데, 처음에는 서면 질의를 하고 다음에 구두 질문으로 이어진다. 대답에 대해서는 비판이 가해지고, 야당은 다음 선거에서 승리하기 위해서 정부를 곤혹스럽게 만든다. 대부분의 의회제는 비슷한 형식으로 작동이 된다.

대통령제에서 의회의 상임위원회는 행정부의 장관들과 관료들을 상임위 청문회에 호출하여 질문을 할 수 있다. 그러나 위원회에 참석하는 것은 의회 본회의에 참석하는 것과는 차이가 있다. 의회와 동등하게 권력이 분립된 대통령은 청문회에 호출되지 않는다.

권력융합(fusion of power)
입법부와 행정부가 같은 분지(分枝)로부터 형성되는 것.

의원(MP)
영국 의회, 특히 하원의 구성원.

야당(opposition)
정부에 참여하지 않는 의회 내의 정당들.

평의원석(backbencher)
어떠한 리더십이나 행정부의 책임을 가지지 않은 일반 의원들.

의회제의 장점

의회제에는 여러 가지의 장점이 있다. 대통령제에서 빈번하게 발생하는 입법부-행정부의 교착상태가 발생하지 않는데, 그 이유는 입법부와 행정부 모두를 같은 정당이 지배하기 때문이다. 만약 영국의 보수당이 하원에서 과반수 의석을 차지한다면, 보수당의 지도자들이 행정부를 장악하게 된다. 보수당의 내각이 새로운 법을 하원에 제출하면, 하원의 보수당 의원들이 당의 리더십을 따르기 때문에 통과하는 데 어려움이 없고 지연되지도 않는다.

만약 집권당의 의원들이 내각의 지도자들에 대해서 동의하지 않는다면, 지지를 철회하고 정부에 대한 '불신임' 투표를 시행한다. 이러한 상황은 매우 드물게 발생한다. 이렇게 되면, 정부는 붕괴되고, 하원에서 과반수의 지지를 받는 새로운 지도부로 대체된다. 만약 새로운 선거가 실시되어 야당이 과반수 의석을 차지하게 되면, 내각은 사임을 하고 새로 승리한 정당의 지도부에 의해 대체된다. 선거없이 내각의 지도부가 교체되든 선거에 의해서 교체되든, 입법부와 행정부의 불화는 오래 지속되지 않고 하나로 융합이 된다.

의회제에서 수상과 내각은 빠르게 축출된다. 의회에서 가장 중요한 투표 중의 하나는 **신임 투표**이다. 만약 '불신임 투표'가 통과되면 수상과 내각은 사임해야 한다. 의회제에는 대통령제에서 탄핵을 놓고 벌이는 고민과 갈등 같은 것은 존재하지 않는다. 새로운 수상과 내각을 위한 투표가 바로 실시된다. 만약 정부가 주요 정책적인 실수를 하게 되면, 의회는 임기가 끝나기를 기다리지 않고 내각을 제거할 수 있다. 만약 대통령제에서 국민들이 대통령의 정책에 반대를 하더라도, 대통령을 제거할 수 있는 방법이 별로 없다. 의회제는 인기 없는 수상이 오랫동안 권력을 유지하지 못하도록 한다.

그러나 의회제에는 어려움도 있다. 첫째, 자신이 소속된 정당의 **원내대표**의 지시를 받는 의원들은 정당의 지도자들에게 충성을 하기 때문에, 의회에서의 투표 결과는 예상과 어긋나지 않는다. 정부를 구성하는 정당들은 내각이 제출한 거의 모든 법안에 대해서 찬성표를 던진다. 의회 내에서의 연설과 설득은 별로 영향을 미치지 못하고, 당이 지시하는 대로 투표를 한다. 이 제도 하에서 의원들은 독립성을 잃게 되고, 의회는 내각을 위한 고무도장 이상의 역할을 하지 못한다. 법안의 통과는 보다 합리적이고, 빠르게 진행되며, 효율적이지만, 의회는 행정부에 문제제기를 하지 못하고 독립적인 투입도 하지 못한다. 이러한 제도를 택하고 있는 유럽국가들의 의회는 대통령제를 택하고 있는 **미국 의회**보다 활력이 부족하고 중요성도 떨어진다. 대통령제에서의 의회는 대통령에 대해서도 반대를 하고, 심지어는 같은 당 내에서도 반대의사가 제기된다. 많은 유럽의 의원들은 미국의 의원들이 향유하고 있는 독립적 위상과 조직의 분리를 동경하는 경우가 있다.

신임 투표(vote of confidence)
의회에서 정부를 지지하거나 축출하기 위해서 실시되는 투표.

원내대표(whip)
당내 의원들에게 언제 어떻게 투표하라고 지시하는 의원.

미국 의회(Capitol Hill)
미국의 상원과 하원을 포함한 의회.

둘째, 정당체계와 선거제도의 유형에 따라, 의회제 민주주의는 어떠한 단일 정당도 의회의 과반수 의석을 획득하지 못하고, 여러 당이 의회에 진출하는 경우가 종종 있다. 이는 가장 많은 의석을 보유한 정당이 과반수 의석을 넘기기 위해서 다른 작은 정당들과 연합을 해야 한다는 점을 의미한다. 2015년의 총선에서 영국의 보수당은 과반수 의석(총 650석 중의 330석)을 획득하여, 2010년부터 2015년까지 연합정부를 구성했던 자유민주당의 도움을 받지 않고 정부를 구성할 수 있었다.

간혹 의회제에서 **소수정부**가 구성되는 경우가 있는데, 이는 의석이 과반수에 미달하는 제일 큰 정당이 작은 정당들의 지원을 받되, 연합정부를 구성하지 않는 것이다 (스웨덴 사례). 만약 소수정부가 중요한 법안이나 예산안에 대해서 작은 정당들의 지원을 받지 못하게 되면, 결국은 불신임 투표가 통과되어 새로운 선거를 치러야 한다. 이는 1970년대에 영국에서 발생했는데, 노동당의 소수정부는 작은 정당들의 지원에 의존했다. 그러나 1979년에 작은 정당들은 노동당에 대한 지지를 중단했고, 불신임 투표에 의해서 내각이 붕괴되었다. 영국의 전설적인 안정된 정부가 의회 내 과반수 의석을 차지하는 정당이 없을 경우 어떻게 흔들리는지를 눈여겨 볼 필요가 있다. 정당체계는 정부의 안정을 좌우하는 지표가 된다.

연합정부가 구성이 되는 경우, 통상적으로 의석이 가장 많은 정당의 당수가 수상이 되고, 그 다음으로 큰 정당의 당수가 외교장관을 맡는다. 내각의 나머지 **장관직**은 협상에 의해서 임명이 된다. 이탈리아가 연합정부의 사례이고, 어떻게 잘못 되는지를 보여준다. 연합 파트너들은 정책을 놓고 다툼을 벌이고, 하나 또는 그 이상의 정당이 연합에서 탈퇴하여 연합세력의 의석이 과반수에 미달하게 된다. 이 정부는 불신임 투표와 관계없이 의회의 지원을 받지 못하여 붕괴된다. 정국의 불안정, 빈번한 내각의 변화와 더불어 행정부의 권위가 상실된다. 제2차 세계대전 이후 이탈리아 정부는 60번 넘게 교체되었다.

이러한 점이 항상 나쁘다고 할 수는 없다. 새로운 선거를 하지 않고, 의회 내에서 협상에 의해서 과거와 같은 연합 파트너들이 다시 내각을 구성할 수도 있다. 문제는 수상이 연합 붕괴를 막는 데 집중을 하여, 연합한 정당이 소외될 수도 있는 새로운 정책을 추진하는 데 주저한다는 점이다. 따라서 문제는 너무 잦은 변화가 아니라 거의 변하지 않을 수도 있다는 점이다. 새로운 주요 문제를 결정할 능력이 부족한 무기력증이 다당 의회제의 위험한 점이다. 이러한 의회제의 문제를 대통령제의 '교착'의 문제와 비교해 보는 것이 의미가 있다.

소수정부(minority government)
의회 내에서 확고한 과반수를 장악하지 못한 내각.

장관직(portfolio)
정부 각 부처의 장.

모든 의회제가 무기력증에 빠지지 않는다는 점은 확실하다. 영국에서 통상적으로 최다 의석 보유 정당이 과반수 의석을 차지하여 단독으로 통치를 한다. 스웨덴과 같은 일부 연합정부 내각들은 연합을 구성한 정당들이 일반적인 합의를 기초로 하고 있기 때문에 결속이 강하고 효율적이다. 제2차 세계대전 이후 독일과 영국에서 불신임 투표는 각기 한 번씩 밖에 없다. 보편적으로 연합에 참여한 정당이 많을수록 불안정한 것은 사실이다.

양원제 또는 단원제?

12.3 양원제 의회의 목적을 설명한다.

세계 국가들 중에 3분의 2가 두 개의 의회를 유지하고 있는데, 대체로 상원과 하원으로 분리되어 있다. 이를 **양원제** 의회로 부른다. 이름은 상원이라 부르지만, 통상적으로 실질적인 권력은 하원보다 약하다. 전형적으로, 만약 상원이 하원에서 통과된 것을 반대하게 되면, 하원은 어떤 경우에는 단순 과반수로 상원의 반대를 무효화 할 수 있다. 미국의 상하원만이 같은 수준의 권력을 갖고 있으며, 법안은 같은 문구로 양원 모두에서 통과되어야 한다.

중국, 스웨덴, 이스라엘 등 일부 소수의 국가들이 **단원제**를 채택하고 있다. 유고슬라비아는 5원제를 채택한 적이 있다. 남아공은 진기하고 단명했던 3원제를 채택했었는데, 3원은 각기 백인, 혼혈인, 동인도인들로 구성되었다. 과반수인 흑인들은 포함되지 않았다. (1994년 이후 남아공은 흑인 과반수가 포함되는 양원제를 택하고 있다.)

연방국가들이 양원제를 채택하는 이유는 분명하다. 상원은 연방을 구성하는 각 지방을 대표하며, 하원은 인구에 기초하여 나눈 지역구에서 선출된 의원들로 구성된다. 이는 미국 헌법에 포함된 위대한 타협안이다. 상원은 주를 대표하고, 하원은 국민을 대표한다. 연방체제는 상원을 필요로 한다. 예를 들어, 독일의 상원(Bundesrat)은 16개의 주(*Länder*)를 대표하며, 헌법 문제에 대해서는 하원과 동등한 권한을 가진다. 다른 이슈들에 있어서는 하원(Bundestag)에 비해서 열세의 권한을 갖고 있다.

연방이 아닌 단일국가 체제에서 양원제의 유용성은 불분명하다. 1999년에 상속귀족의 대부분을 제외하고 1대의 **종신귀족**만을 유지시키는 개혁을 한 영국의 상원인 **귀족원**은 하원이 너무 조급하고 순종적으로 통과시킨 법안의 잘못

양원제(bicameral)
상원과 하원을 보유한 의회.

단원제(unicameral)
하나의 원으로 구성된 의회.

(* 역자 주)
한국은 단명했던 제2공화국 기간에만 양원제를 채택하였고, 1948년 정부 수립 이후 현재까지 단원제를 채택하고 있다.

종신귀족(life peer)
상속이 되지 않는 영국의 귀족이며, 귀족원의 구성원이 된다.

귀족원(Lords)
영국의 상원이며 약한 권한을 보유하고 있다.

된 점을 토론하는 노인들의 사회 조직으로 인식되고 있다. 하원은 귀족원의 반대를 단순 과반수의 통과로 무력화시킬 수 있다. 이는 프랑스 상원의 경우도 마찬가지인데, 간접적으로 선출되는 상원의원들은 대체로 농업문제에 관심을 보이고 있다. 뉴질랜드, 덴마크, 스웨덴은 모두 단일국가이면서 양원제를 채택했다가, 상원이 별 의미없다는 판단 하에 최근 들어 단원제로 변경했다.

입법부는 무엇을 하는가

12.4 법 제정이 더 이상 입법부의 주요 기능이 아니라는 주장에 대해서 논한다.

과거 고등학교의 공민권에 대한 질문을 고려해 보자. 법안은 어떻게 법으로 되는가? 의원들이 개별적으로 법안을 제출할 수 있지만, 이는 대체로 지역구를 위한 절세 방법 등 사소한 문제에 국한된다. 대부분의 중요한 법안은 정부 또는 행정부가 제안한다. 대체로 행정부의 각 부처에서 아이디어를 내고 법안의 기초를 세우며, 집권당의 의원들이 입법부에 제출한 후, 토론과 수정 작업을 거친다.

위원회 제도

현대 입법부의 많은 권력은 위원회들이 보유하고 있으며, 위원회는 법안을 만들 수도 있고 폐기할 수도 있다. 민주적인 의회는 전문가와 이익집단의 의견을 듣기 위해서 공청회를 개최하는 경우가 있다. 만약 위원회가 법안에 대해서 긍정적인 의견을 보이면, 이 법안은 본 회의에 넘겨져 과반수 찬성으로 통과가 된다.

실질적으로 거의 모든 의회들은 다수의 상임위원회들을 보유하고 있으며, 긴급한 문제를 다루기 위해서 때때로 임시위원회를 구성하기도 한다. 영국의 하원은 다섯 개의 상임위원회와 여러 개의 특별위원회를 두고 있다. 영국의 위원회들은 미국의 위원회들보다 중요성이 떨어진다. 영국이 채택하고 있는 의회제가 가지는 권력융합의 의미는 내각이 제출한 법안에 대해서 의회가 비판하거나 거부하지 않을 것이라는 점을 바탕으로 하고 있다. 단지 수정만 할 뿐이다. 권력분립의 기초 위에서 미국 의회의 위원회들은 가장 완전하게 발전해 왔다. 미국 하원에는 21개, 상원에는 20개의 상임위원회가 있고 종종 새로운 위원회들을 만든다.

학습방법 12.1

추적연구

어떠한 것에 대해서 연구하기 위한 좋은 방법은 그것이 시간이 지나면서 어떻게 변화하는지를 연구하는 **추적연구**이다. 예를 들어, 워싱턴에 본부를 두는 이익집단의 수가 증가하는 데 대해서 알고 싶다고 가정해 보자. 당신은 이러한 것의 진행을 알려 주는 신뢰할만한 2차 자료를 찾게 될 것이다. 그리고 당신은 몇 년 동안의, 아니면 몇십 년 동안의 워싱턴 전화번호부에서 '국가(National)'와 '협회(Association)'의 단어가 포함된 이름의 수를 찾을 것이다. 그러고 나서 당신은 아래와 같이 최근 순으로 숫자를 나열할 것이다.

2015	1,937
2010	1,879
2000	1,754
1990	1,628
1980	1,607
1970	1,592

보다 장기적인 흐름을 파악하기 위해서 당신은 수십 년 동안, 아니면 한 세기 동안의 변화를 매 5년 아니면, 매 10년 주기로 수를 파악할 것이다. 다른 추적연구는 하나 또는 여러 개의 이익집단의 행위, 선거캠페인 비용, 의회에 의하여 제안된 법안의 수, 각 지역별 대통령 투표의 성향 변화 등이 포함될 수 있다. 보다 더 가독성을 높이기 위해서 당신은 조사된 수를 그래프로 표현할 수도 있다.

모든 추적연구가 계량화를 필요로 하는 것은 아니다. 어떠한 연구는 숫자와 관련되지 않은 것일 수도 있다. 예를 들어, 풀브라이트(J. William Fulbright) 상원의원이 시간이 흐르면서 정부의 외교정책을 지지하는 입장에서 베트남전쟁에 대한 반대로 태도를 바꿨는지를 그의 연설과 저술에서의 인용과 문구들을 추적함으로써 파악이 가능하다.

추적연구(longitudinal) 시간이 지나면서 어떻게 변하는가에 대해서 하는 연구.

의회의 위원회와 소위원회는 매 회기마다 제출되는 수많은 법안들을 검토하고, 그 중에 심각하게 고려할 것들만 추려 낸다. 의회제에서 정부의 법안은 자동적으로 중요한 안건이 된다. 의원 개인이 제출한 법안은 위원회에서 신속하게 처리가 된다. 통상적으로 입법부는 규모가 크기 때문에 전체 의원의 의견이 반영된 법안을 기초하는 것이 불가능하다. 입법부가 의도하는 정확한 문구와 범위에 대한 합의를 위해서 법안들은 위원회에서 우선적인 심사를 한다. 입법 활동의 대부분은 전체가 참여하는 본회의에서가 아니라 위원회에서 이루어진다.

위원장의 권한에 대해서는 일부 논쟁이 있다. 일반적으로 위원장은 연공서열에 의해서 정해진다. 일부 국가에서는 임기를 정해 놓고 위원들의 비밀투표로 위원장을 정하는 경우가 있고, 정당들 간의 합의에 의해서 의석 비율에 따라 위원장을 배정하기도 한다. 위원장의 권한은 점차 줄어들고 있으며, 특히 소위원회들이 만들어지면서 권력이 분산되고 있다. 일부 사람들은 의원회의 권한이 약해지면 정당지도자에게로 권력이 집중될 수 있다고 우려한다. 그러나 정당이 결속되고 권력이 있을 때 의회의 지도부에도 권력이 주어지기 때문에, 위원회의 권력이 강하고 약한 것은 별 문제가 되지 않는다.

입법부에 대한 세밀한 관찰

이론적으로 입법부의 주요 목적은 법을 제정하는 것이다. 그러나 이는 정치제도에 따라 다양하고, 일반적으로 쇠퇴하고 있다. 이상적인 측면에서 의회는 법을 제정하고, 헌법 개정을 발의 및 의결하고, 조약을 비준하며, 조세수입을 통제하며, 정부의 활동을 감시한다. 그러나 권위주의 국가에서 입법부는 그냥 보여주기 위한 것일 뿐이다.

법 제정 의회의 의원들이 법안을 통과시키지만, 그들이 원래부터 법에 정통한 사람들은 아니다. 그래서 우리는 의원들의 '규칙 제정 기능'을 의회의 많은 기능들 중의 작은 부분으로 보고 있다. 이미 언급한 바와 같이 법안의 많은 부분은 정부의 각 부처에서 제기한다. 의회제에서, 특히 한 정당이 과반수 의석을 점유하고 있는 경우 내각은 원하는 것을 모두 얻을 수 있다. 정당의 규율에 따라 집권당의 의원들은 당 지도부에서 지시하는 방향으로 자동적으로 투표를 한다. 이러한 의회에서의 투표는 정당의 노선에 따르기 때문에 예측이 가능하다. 일부 비평가들은 이러한 의회는 행정부를 위한 고무도장에 불과하다고 말한다.

정당의 규율이 느슨한 대통령제 국가에서 통상적으로 몇 명의 의원들이 당의 지시를 거역하는 경우가 있다. 이러한 국가에서도 법안의 많은 부분은 정부에 의해서 제시된다. 특히 경제정책, 전쟁관련 정책, 국가발전 프로그램의 시행과 축소 등과 관련된 법안은 행정부에서 만들어지고, 의회에서 통과된다. 국가경제의 가장 중요한 부분을 차지하는 국가예산도 의회에서 다루는 중요한 안건이며, 예산의 초안은 행정부에서 작성되고 의회에서 통과된다. 이러한 점에서 '법 제정'이 의회가 하는 유일하고 제일 중요한 기능은 아니다.

지역구 활동 의원들은 지역구민들을 돕는 데 많은 시간을 보낸다. 대부분의 의원들은 지역구민들이 보낸 편지에 답장을 쓰는 직원을 보유하고, 자신이 정부를 견제한다는 점을 사람들에게 확신시켜 주며, 자기를 뽑아준 지역구민들에게 정성을 쏟는다. 때때로 의원들은 **선거구민 지원업무**에 너무 바빠서 법 제정에

선거구민 지원업무(constituency casework) 의원들이 자신을 선출해 준 선거구민들을 돕는 행위.

관심을 거지지 못하는 경우도 있다. 실제로 선출된 대표들은 정부에 대한 불만을 가진 사람들을 대신하여 개입을 하는 전문가, 즉 **옴부즈맨** 역할을 하기도 한다. 이것이 잘못된 일인가? 의원들이 수행해야 할 역할이 맞는가? 맞는 역할인데, 일부 관점을 소홀히 하는 부분이 있다. 국민의 대표가 국가 전체의 발전을 위해서 가져야 할 광범위한 시각을 가지지 못한다는 약점이 있다. 지역구민들을 지원하는 업무에 치중하는 의원들은 보다 큰 문제에 대해서 관심과 시간이 부족할 가능성이 높기 때문에, 법안 제출 등 법 제정의 업무가 정부 쪽으로 보다 치중될 가능성이 있다. 그러면 민주주의가 약화될 우려가 생긴다.

옴부즈맨(ombudsman)
'대리인'이라는 스웨덴 단어이다. 정부의 잘못된 정책에 의해 피해를 보는 시민들을 돕기 위해 의회가 임명한 변호사.

지역구에 대한 봉사는 의원의 재선과 연관되어 있다. 의원은 베푸는 일을 많이 해야 재선에 도움이 된다. 의원은 지역구를 자주 방문하여 지역의 문제를 많이 듣고 정부의 지원을 주선하는데, 이는 의원에 당선되어 공적인 지위를 가지지 않으면 하기 어려운 일들이다. 그래서 제도 내의 의원들은 이러한 업무를 추진하기 위해서 권력을 추구하게 된다.

정부에 대한 감독과 비판 잠재적으로 현대 의회의 가장 중요한 역할은 행정부처에 대해서 예리하고 비판적인 시각을 가지는 것이다. 비록 법 제정 권한은 제한이 되어 있어도, 의회는 정부의 활동이 국익에 합당하고, 부패하지 않았으며, 효율적이라는 점을 확인하기 위해서 정부를 감시함으로써 정부의 업무에 강력한 영향을 미칠 수 있다.

질의시간(Question Hour)
하원에서 야당이 내각에 도전할 수 있도록 보장된 시간.

영국에서 **질의시간**은 의원들로 하여금 정부의 장관들을 신문하여 곤란한 지경에까지 이르게 한다. 영국의 집권당이 대체로 하원 의석의 과반수를 차지하고 있기 때문에 내각이 불신임 투표를 받을 가능성은 별로 없지만, 장관들은 의원들의 질문에 대해서 성의껏 답변을 해야 한다. 불충분하고 확신이 없는 대답을 하거나 거짓말을 하는 경우에 집권당은 다음 선거에서 패배할 수도 있다.

권력이 분립되어 있는 대통령제 국가에서 의회의 행정부에 대한 견제는 더욱 강력하다. 의회가 해당 정책에 대해서 법안을 통과시키지 않더라도, 정부에 대해서 어렵고 때로는 당황스러운 질문과 비판을 함으로써 정책을 수정하는 경우가 가끔 있다. 의원들은 정부가 예산 지출을 과도하게 많이 하거나, 금융기관에 구제금융을 제공하거나, 의료지원에 과다한 지출을 하거나, 국민들에게 불이익을 주거나 사회적으로 비민주적인 정책을 추진할 때 정부에 대해 압력을 가한다. 정부가 잘못된 정책을 추진하지 못하도록 하는 의회의 역할이 법을 제정하는 것보다 더 중요한 경우가 있다.

교육   의회는 시민들에게 정부가 다루는 문제들에 대해서 정보를 제공하고 가르치는 역할을 한다. 의회는 발생하는 문제들에 대해서 대중의 관심을 불러일으킴으로써 대중의 요구를 창출해 낸다. 1960년대 중반에 미국 상원의 외교관계위원회 위원장이었던 풀브라이트(J. William Fulbright) 의원은 위원회 공청회의 텔레비전 중계를 허용함으로써 미국인들에게 베트남전쟁에 대해서 교육을 시켰다. 이후 민주당은 이라크전쟁에 대한 비판적인 공청회를 공개했다. 모든 민주주의 국가들은 의회 토론에 대해서 광범위한 언론보도를 허용하고, 텔레비전 방영까지 하고 있다.

대의(代議)정치   의회의 가장 기본적인 기능 중의 하나는 국민들을 대표하는 것이며, 적어도 국민들에게 자신들을 대표한다는 느낌을 가지도록 하는 것이다. 의원들은 엘리트들이지만, 민주주의 국가에서의 의원들은 지역구민들의 이익을 고려한다. 대의정치의 큰 부분은 심리적인 것이다. 국민들은 자기들을 대의하는 사람들이 있다는 느낌을 가질 필요가 있다. 만약 이러한 생각을 가지지 못하면, 국민들은 정부의 권력에 직접 도전을 하고, 정부는 정통성을 잃게 된다. 남아공의 **인종차별**법은 백인만으로 구성된 의회에서 통과되었는데, 그러한 이유로 대다수 흑인들의 지지를 받지 못하고 불복종운동이 전개되었다. 결국 인종차별 제도는 붕괴되었다.

인종차별(apartheid)
과거 남아공에서 실시되었던 엄격한 인종분리 제도.

지금까지 설명한 것들은 입법부가 수행하고 있는 역할들의 일부분이다. 그들 중의 하나가 법을 제정하는 것이고, 그 역할은 통상적으로 관료와 행정부에서 나온 아이디어를 따라서 하는 것일 뿐이다. 만약 입법부가 위에서 언급한 기능들을 전부 수행한다면, 매우 많은 업무를 제대로 하는 것이다.

입법부의 쇠퇴

12.5   입법부의 약점을 행정부의 권위와 비교해서 설명한다.

19세기 말까지 비평가들은 의회들이 원래 예정된 방식으로 업무를 추진하지 않고 있다는 생각을 했다. 로크(Locke)의 기대와 달리 의원들은 행정부에 권력을 빼앗기고 있었다. 대부분의 정치학자들이 그러한 추세가 지속되거나 강화될 것이라는 점에 동의했다. 그러나 일부 비평가들은 로크의 기대치가 너무 높았다고 하면서, 의회는 법안의 제시는 많이 하지 않더라도 행정부에 대해서 효과적으로 견제를 하고 있다는 주장을 했다.

구조적인 단점

의회제에서 정당의 규율은 강하고, 의원들은 당 원내대표에게 복종해야 한다. 유럽의 의회에서 간혹 우리는 한 두 표 차이로 이슈가 결정되는 경우를 보게 된다. 정부가 의회에서 과반수의 의석을 점유하고 있기 때문에 정부가 원하는 방향으로 결정이 된다. 이러한 제도에서 개별 의원들이 할 수 있는 것은 거의 없고, 언론이나 대중들 사이에서 의회의 업무에 대한 특별한 언급도 별로 없다. 오로지 연합이 붕괴되었을 때, 어떻게 진전이 될지 궁금해지기 시작한다. 유럽의 의회들은 미국의 의회보다 사실 합리적이고 효율적이지만, 그들은 그다지 강력하지 않고, 관심도 덜 받고 있다. 효율성은 위축으로 이어진다.

의회제의 장점인 높은 효율성은 대통령제에는 부족한 편이다. 약한 정당 규율에 따른 거의 봉건적인 권력의 분산, 그리고 행정부와 교착상태가 되는 추세는 매우 비효율적인 결과를 가져 온다. 그러나 이러한 현실은 의회를 보다 생동감 있고 중요하게 만들어 준다. 간혹 의원들은 불만족을 표출하면서 정당을 바꾸기도 한다. 이러한 의회의 중요성에도 불구하고, 권력은 대통령과 행정부에 집중되어 있다. 행정부를 통솔하는 대통령은 한 목소리지만, 의회에는 다양한 목소리가 있다. 의회는 위원회와 소위원회로 분열되어 있으며, 위원장들은 미디어의 관심을 끌려는 노력을 하고 있다. 이러한 문제점들 때문에 의회에서의 합의가 지연되거나 성사되지 않는다.

미국에 존재하는 구조적인 문제는 상원에서 중요한 안건이 통과되기 위해서는 100명의 상원의원 중에서 최소 60명이 찬성해야 한다는 규칙이다. 상원의 규칙 중에는 입법을 봉쇄하기 위해서 한 의원이 '필리버스터(filibuster)'*를 할 수 있으며, 이는 상원의원의 5분의 3 이상의 찬성이 있어야 중단시킬 수 있다. 정당체계가 양극화되어 있는 상황에서 60퍼센트 이상의 동의를 받는 것은 쉬운 일이 아니다. 연 평균 필리버스터의 수는 1950년대에 3.2회에서 1981년에 16.5회로 늘어났고, 2004년 이후에는 100회 이상으로 늘어났다. 입법을 봉쇄하기 위해서는 41명의 찬성이 필요하다. 미국을 건설한 사람들은 단순과반수(현재는 부통령의 투표를 포함하여 51명의 찬성)의 지지를 받으면 법이 통과되도록 했으나, 지금은 통상적으로 60명의 찬성이 필요하다. 이는 의회의 마비를

(* 역자 주)
다수당의 일방적인 법안 처리를 막기 위해서 장시간 발언으로 의사진행을 방해하는 행위.

가져 와서, 작은 정당이 주요 정당의 지배를 봉쇄하는 '거부권 정치(vetocracy)'라는 신조어를 탄생시켰다. 반면에, 일부 비평가들은 필리버스터가 소수세력의 권리를 보호하고, 다수에게 유리하게 하는 성급한 결정을 방지할 수 있다고 평가한다.

과다 지출

대부분의 의회들이 과다 지출하는 경우는 정치적 상황이 만들어 주는 현상이다. 객관적인 측면에서 균형예산이 가장 바람직하다. 그러나 재선되어야 한다는 개인의 이익은 지출의 증가를 선호하게 만든다. 새로운 다리와 고속도로 건설, 군사장비, 농업보조금 지급 등은 선거구민들에게 직접적인 혜택을 가져다 준다. 의료보험에 대한 지원금 확대는 정치인들이 고령 시민들의 고충에 귀를 기울이고 있다는 점을 보여 준다. 일부 개인들에게 도움이 되는 것이 반드시 전체에게 도움이 되는 것은 아니다.

여러 차례에 걸쳐서 미 의회는 과다 지출에 대해서 자체적인 규제를 하려고 노력했다. 1985년에 의회는 전문가를 의회 직원으로 임명하여 지출을 제한하는 권한을 넘겨주려고 했다. 그러나 미 대법원은 이것이 위헌이라는 판결을 내렸다. 그러자 의회는 1996년에 '선택적(line-item)' 거부권을 대통령에게 부여하여, 선심성 예산을 제한하는 권한을 입법부에서 행정부로 이관시켰다. 이에 대해서 대법원이 위헌판결을 내렸는데, 그 내용은 헌법이 법안의 일부에 대해서 거부하는 권한을 허용하지 않는다는 논리를 바탕으로 했다. 의회는 이렇게 말하고 있었다. "우리는 포기했다. 우리는 너무 분열되어 있다. 대통령, 당신이 우리의 헌법적 의무를 맡아주기 바란다." 놀랄만한 사실은 미 의회가 자신들의 권한을 행정부에게 양보하는 것을 원한다는 점이다.

1994년에 상하원 모두를 장악한 공화당은 '지출 상한'을 정하여 적자예산을 종식시키려는 결정을 했다. 그러나 이러한 시도는 의미가 없게 되었는데, 그 이유는 1990년대 후반에 경제적 호황으로 예상치 못했던 세금수입의 증가가 있었고 흑자예산이 이루어졌기 때문이었다. 또 다시 공화당과 민주당은 지역구를 위한 선심성 프로젝트를 만들어 내면서 지출제한의 개념은 잊어버리게 되었다. 그러나 경제적 호황이 끝나면서, 2001년의 감세, 두 차례의 중동전쟁, 2008년과 2009년의 대규모 구제금융으로 국가수입은 급감했고 적자가 급증했다. 베이비 붐 세대가 은퇴하면서, 지출만 증가했다. 상하원을 장악한 공화당은 지출의 상한선을 정하겠다고 서약했지만, 주요 방위비 증가가 요구되는 상황에 처하게 되었다.

이해가 어려운 법안

법안은 점차 길어지고 이해하기 어려워지고 있다. 1948년에 통과된 미국의 법들의 길이는 평균 두 페이지 반 정도였다. 그러나 지금은 평균 20페이지에 달한다. 2010년의 부담적정보험법(Affordable Care Act, 일명 '오바마 케어')은 2,400페이지였고, 더 많은 설명과 규칙이 포함되었다. 부시 대통령의 2001년 낙오자 없는 교육법(No Child Left Behind Education Act)은 1,000페이지였다. 의회 또는 국세청 어느 누구도 수십 센티미터 두께의 세법을 완전하게 이해하지 못하고 있다. 세무 회계사들은 의회가 세법을 '개혁'할 때마다 조롱하고 있다. 그들은 개악을 하고 있으며, 세무 회계사들에게 더 많은 사업을 창출해 주고 있다.

법안을 제대로 읽는 의원들은 별로 없다. 그들은 시간이 부족하다. 그들은 자신이 읽는 대신 브리핑에 의존하거나, 자신들에게 어떻게 투표하라는 정당의 지침에 의존한다. 많은 의원들은 자신들이 투표한 법안이 시행되는 것을 보고 놀라기도 한다. 시민들은 더욱 황당스럽다. 의회에 대해서 좋은 인상을 갖고 있지 않은 시민들은 의회의 입법 과정에 대해서도 불신을 하고, 법안의 내용을 자세히 읽지 않는다. 법안이 복잡하고 이해가 쉽지 않은 것은 미국만의 문제가 아니고 세계적인 문제이다.

현대 사회, 경제, 의료보험은 복잡하고, 따라서 이와 관련된 법안도 짧고 단순할 수가 없다. 실질적으로 너무 복잡하다는 것은 누구도 이해하기 어렵다는 점을 의미한다. 의원들과 로비스트들이 후원자들과 고객을 대신으로 한 법안을 만들 때, 일부 조항이 누락되고 관련 없는 조항이 들어갔는 데도 모르고 통과되는 경우도 있다. 19세기 독일의 비스마르크 수상은 법과 소시지에는 무엇이 들어갔는지 모르는 것이 더 나을 때가 있다고 언급한 적이 있다.

전문성의 부족

의원들 중에 기술, 군사, 경제, 사회문제에 대한 전문가들은 별로 없다. 535명의 미국 상하원 의원들 중에 반 이상이 법률가들이다. 유럽 의원들 중에 법률가들은 그렇게 많지 않고, 학교교사, 언론인, 정당인들이 포함되어 있다. 그러나 의원들 중에 기술 전문가들은 별로 없고, 정보판단, 의료보험, 금융대출, 환경오염에 대한 전문가도 부족하다. 이에 따라 의원들은 행정부처의 전문가들에 주로 의존해야 한다. 많은 법안들이 이 전문가들로부터 시작이 되고, 그들은 위원회 청문회의 증인으로 불린다. 통과된 법의 적용은 이 행정부의 전문가들에게 상당한 재량권이 주어진다.

독립적인 연구기능을 가진 의회는 별로 많지 않다. 대체로 전문적 지식은 정부 또는 이익집단에 의존하고 있다. 권력분립에 의존하는 대통령제 국가에서는 그나마 독립적인 전문기구를 일부 보유하고 있다. 미국에는 입법부의 기구로 회계감사국(GAO: Government Accountability Office), 의회조사국(CRS: Congressional Research Service), 의회예산처(CBO: Congressional Budget Office)가 있다. 이들은 의회가 행정부에 의존을 덜 하도록 독립적인 평가와 데이터를 제공한다. 다른 대통령제 국가들의 의회도 유사한 조직들을 보유한 경우가 있다.

심리적 불이익

거의 모든 시민들은 의원들보다는 대통령이나 수상에 대한 관심이 더 많다. 단일 지도자에게 더 반응을 하는 인간의 보편적인 심리가 바탕이 된다. 대통령은 카리스마를 보유하지만, 의원들은 거의 보유하지 못한다. 어렸을 때부터 대통령에 대한 존경심을 가지도록 사회화되지만, 의원들에 대해서는 멸시감을 익히게 된다. 의회제에서도 투표자들은 수상이 될 후보자들의 개성을 중요시 한다. 텔레비전도 행정부 수장에게 더 많은 방송시간을 할애함으로써 이러한 추세를 더욱 고조시킨다. 어리석은 의원들이 자기들끼리 싸우는 동안, 대통령이나 수상은 조용히 국가의 안전을 위해 힘쓴다는 부모와 같은 인물로 국민들은 생각한다. 이에 대해서 일부 정치학자들은 '대통령의 우상화'에 대해서 우려한다. 의원들은 다른 당의 결점만 들춰내는 분열된 목소리만 낸다. 정당 간의 대립은 대중에 명확하게 전달되지만, 행정부 내의 갈등은 별로 알려지지 않는다.

회의 불참 문제

회기 중에 의회를 방문해 보면, 의사당이 거의 비어져 있어서 실망을 하게 된다. 항상 대부분의 의원들이 회의에 불참하고 있다. 그들은 할 일이 많다. 지역구를 지원하거나 방문해야 하고, 이익집단들과 대화를 해야 하고, 위원회에도 참석을 해야 한다. 연설을 들을 시간이 어디 있겠는가? 의회에서 이루어지는 연설들은 어느 누구의 표심을 변화시키지 못하고, 대부분의 의원들이 연설의 내용을 미리 알고 있다. 연설은 매스 미디어를 위한 것이다.

의원들은 다른 일로 바쁘기 때문에, 또는 게으르기 때문에 회의에 불참하며, 불참하는 의원들은 입법이 자기들의 주 업무가 아니라는 생각을 한다. 그리고 당의 방침에 의해서 투표를 하는 자신이 별로 중요하지 않다고 생각하기도 한다. 어떻게 그들이 회의에 적극적으로 참석하여 투표를 하게 할 것인가? 유일한 방법은 당의 규율과 당의 지시에 따라 투표하는 관습을 약화시켜서, 투표 결과가 어떻게 될지 예상을 하기 어렵게 만드는 것이다. 만약 누구라도 통과의 결정권을 가질 수도 있게 된다면, 토론에 활기와 긴장이 돌아올 것이고, 의원들은 관심을 가지고 회의에 참석하고 투표에 참여할 것이다.

의원 교체의 부족

민주주의 의회에서 의원직은 하나의 직업이 되고 있으며, 평생직업의 개념이 등장하고 있다. 한번 선출이 되면, 뚜렷한 사유가 없는 한 재선되려는 노력을 한다. 이는 신선함이 떨어지고, 새로운 아이디어를 가진 젊은 피가 의회에 진출하지 못하며, 의원들의 평균 연령을 상승시킨다. 대체로 현직 의원들 중에 90퍼센트가 재선에서의 승리를 추구한다. 현직 의원들이 다음 선거에서 엄청난 이득을 가지게 된다. 선거구의 유리한 조정, 인지도, 미디어 보도, 기업과 이익집단들로부터의 풍부한 선거자금 등에서 유리한 고지에 서게 된다. 현직 동안에 스캔들에만 연루되지 않으면, 재선은 거의 확실하다. 이러한 환경에서 도전자들은 무기력하게 되고 현직들이 거의 당선된다.

국민이 선출한 대표가 은퇴까지 현직에 머문다면, 이것이 민주적이라고 할 수 있는가? 이렇게 되면, 혁신, 그리고 여론의 새로운 흐름에 대응할 수 있는 능력을 잃게 된다. 민주주의는 험난한 미래를 맞이하게 된다. 미국을 건설한 사람들은 신선한 관점들이 의회에 스며들게 하도록 의원의 임기를 2년으로 짧게 정했다. 해밀턴은 의원 선출을 위한 선거를 자주해야 할 필요성에 대해서 언급했다. "국민들이 통치한다. 국민들은 자신들이 바로 선출한 대표들을 통해서 활동을 한다." 의원들이 자주 교체되지 않는 문제 때문에 의원들의 임기 제한에 대해서 거론이 되고, 일부는 그러한 약속을 했지만, 실행은 되지 않고 있다. 한번 권력을 장악하게 되면, 자기만이 지역구를 위해서 성실히 봉사할 수 있는 유일한 사람이라는 생각들을 가지게 된다.

의회제의 경우도 비슷한 문제를 안고 있다. 선거에 의해서 교체되는 의원들은 별로 없고, 대부분의 의원들은 자기들의 의원직을 평생직업으로 간주하고 있다. 비례대표 선거제도에서, 정당의 고위층 인사들이 당선이 확실시 되는 정당명부의 상위에 오른다. 젊은 신인들은 승리할 가능성이 거의 없는 정당명부의 끝 부분에 오르게 된다. 그러나 비례대표 선거제도에서 새로운 작은 정당이 의회에 진출할 수 있기 때문에, 이를 통하여 참신한 인물과 새로운 아이디어가 의회로 진출하게 된다. 1980년대에 서유럽 여러 국가들의 의회에 녹색당이 진출하여 기존의 대정당들이 환경문제에 관심을 가지도록 했다.

의회의 딜레마

최근까지 러시아에서 발생한 상황은 의회의 딜레마를 보여준다. 1990년대에 러시아는 옐친(Boris Yeltsin) 대통령과 러시아 의회(Duma) 사이의 교착상태를 경험했다. 통치가 제대로 이루어지기 위해서는 강력한 행정부에 권력이 부여되어야 한다. 그러나 민주주의를 유지하기 위해서는 권력이 행정부와 입법부 사이에 분리되어야 한다. 경제가 붕괴 직전의 상황에 처해 있던 러시아는 개혁을 서둘러야 했지만, 옐친을 반대하는 공산주의자들과 민족주의자들이 지배하고 있던 의회는 개혁의 발목을 잡았다. 푸틴은 자신이 정당을 설립하여 이 문제를 해결했는데, 그 정당은 의회 의석의 3분의 2를 차지하고 있다. 푸틴이 의회를 소유하게 되었고, 러시아는 더 이상 민주주의 국가가 아닌 것으로 되었다.

미국에서도, 대통령과 다른 정당이 의회를 지배할 때, 즉 '분리된 정부'가 구성되었을 때 의회가 제 역할을 한다. 유권자들도 이러한 상황을 선호한다. 철학자 로크(John Locke)의 말이 옳았다. 의회가 민주주의의 기초이다. 그러나 범세계적으로 의회의 기능은 쇠퇴하고 있으며, 권력은 행정부로 흘러가고 있다.

Q 토의질문

1. 의회는 어떻게 탄생되었는가?
2. 대통령제와 의회제의 차이는 어떤 것인가?
3. 왜 미국 의회는 과다 지출하는가?
4. 행정부-입법부의 '교착'은 무엇인가?
5. 단일국가에서 양원제는 어떠한 좋은 점이 있는가?
6. 의원들은 자신들이 통과시키는 법의 초안을 자신들이 만드는가?
7. 입법부의 중요성이 감소하고 있는가? 그 이유는?

핵심용어

권력융합(fusion of power) p. 273
귀족원(Lords) p. 276
내각 붕괴(fall) p. 270
내각(cabinet) p. 270
단원제(unicameral) p. 276
대통령(president) p. 270
대통령제(presidential systems) p. 270
미국 의회(Capitol Hill) p. 274
봉건주의(feudalism) p. 269
선거구민 지원업무(constituency casework) p. 279
소수정부(minority government) p. 275
수상(prime minister) p. 270
신임 투표(vote of confidence) p. 274
야당(opposition) p. 273
양원제(bicameral) p. 276
연합정부(coalition) p. 270
옴부즈맨(ombudsman) p. 280
원내대표(whip) p. 274
의원(MP) p. 273
의회(parliament) p. 269
의회제(parliamentary systems) p. 270
인종차별(apartheid) p. 281
장관직(portfolio) p. 275
절대주의(absolutism) p. 269
정부(government) p. 270
종신귀족(life peer) p. 276
질의시간(Question Hour) p. 280
추적연구(longitudinal) p. 278
평의원석(backbencher) p. 273
행정부(administration) p. 270

참고문헌

Brady, W. David, and Craig Volden. *Revolving Gridlock: Politics and Policy from Jimmy Carter to George W. Bush*, 2nd ed. Boulder, CO: Westview, 2005.

Copeland, Gary W., and Samuel C. Patterson, eds. *Parliaments in the Modern World: Changing Institutions.* Ann Arbor, MI: University of Michigan Press, 1994.

Deering, Christopher J., and Steven S. Smith. *Committees in Congress*, 3rd ed. Washington, DC: CQ Press, 1997.

Dodd, Lawrence C., and Bruce I. Oppenheimer, eds. *Congress Reconsidered*, 10th ed. Washington, DC: CQ Press, 2012.

Draper, Robert. *Do Not Ask What Good We Do: Inside the U.S. House of Representatives*. New York: Free Press, 2012.

Hayes, Michael T., and Lou Frey Jr., eds. *Inside the House: Former Members Reveal How Congress Really Works.* Lanham, MD: University Press of America, 2001.

King, Anthony. *Running Scared: Why America's Politicians Campaign Too Much and Govern Too Little*. New York: Free Press, 1997.

Laver, Michael, and Norman Schofield. *Multiparty Government: The Politics of Coalition in Europe*. New York: Oxford University Press, 1990.

Lijphart, Arend, ed. *Parliamentary versus Presidential Government*. New York: Oxford University Press, 1992.

Mann, Thomas E., and Norman J. Orenstein. *It's Even Worse Than It Looks: How the American Constitutional System Collided with the New Politics of Extremism*. New York: Basic Books, 2012.

Mayhew, David R. *Congress: The Electoral Connection*, 2nd ed. New Haven, CT: Yale University Press, 2004.

Miller, Kristina C. *Constituency Representation in Congress: The View from Capitol Hill*. New York: Cambridge University Press, 2010.

Polsby, Nelson W. *How Congress Evolves: Social Bases of Institutional Change*. New York: Oxford University Press, 2005.

Rawls, W. Lee. *In Praise of Deadlock: How Partisan Struggle Makes Better Laws*. Baltimore, MD: Johns Hopkins University Press, 2009.

Shapiro, Ira. *The Last Great Senate: Courage and Statesmanship in Times of Crisis*. New York: PublicAffairs, 2012.

Wolfensberger, Donald R. *Congress and the People: Deliberative Democracy on Trial*. Baltimore, MD: Johns Hopkins University Press, 2000.

13장 행정부와 관료

> **학습목표**
>
> **13.1** 대통령과 수상을 비교한다.
> **13.2** 미국 대통령이 너무 강한 권력을 가진다는 비판을 평가한다.
> **13.3** 대통령제와 의회제의 각료들을 비교한다.
> **13.4** 관료화가 불가피하다는 명제에 대해서 생각한다.
> **13.5** 어떻게 관료가 병적인 존재가 되는지를 사례를 가지고 설명한다.

정책을 추진할 때마다 공화당 의원들의 방해를 받은 민주당 출신의 오바마 대통령은 과거 양당 출신의 대통령들이 오랜 기간 발전시킨 기술을 구사했는데, 그것은 대통령에게 주어진 법과 권력을 사용하여 의회를 피해 가는 것이었다. 공화당 의원들은 오바마가 대통령 권력에 대한 헌법적 제한을 무시하고 권력을 행사한다는 비난을 했지만, 과거의 공화당 출신 대통령인 닉슨, 레이건, 부시(아버지와 아들) 등도 공화당의 동의하에 같은 방식의 활동을 했다. 대통령의 월권적 행위에 대한 헌법의 도전은 별로 작동이 되지 않았는데, 그 이유는 수백 개의 법들이 대통령으로 하여금 구체성이 부족한 부분을 보완하고, 예외적인 정책을 추진하며, 집행을 늦출 수 있는 '행정명령'을 내릴 수 있는 권한을 부여했기 때문이다.

입법부 없이 통치를 할 수 있을 정도로 권력을 축적하지 못하도록 어떻게 행정부를 규제하는가의 이슈는, 1776년 미국혁명 이후 중요한 관심사가 된 오래된 문제이다. 대통령이 너무 강력한 권력을 가지는 데 대한 공화당의 우려는 옳은 것이지만, 권력 관계가 역전이 될 가능성은 희박하다. 경제위기와 안보위협에 직면한 대통령들은 과거 트루먼 대통령이 처음으로 주장한 '아무 것도 하지 않는 의회'라는 말대로 의회가 마비되는 것을 원하지 않고 있다. 대륙 규모의 국가에서 이루어지는 경제적이고 기술적인 변화는, 13개의 대체로 지방형의 주들이 존재할 때 미국 건국의 아버지들이 마음에 품었던 대로 최소의 거버넌스를 유지하기가 어렵다는 점을 의미한다. 미국 건국자들이 가졌던 당시의 근본적인 효과적인 통치방식은 부정적인 방향의 권력을 가질 잠재력이 있는 행정부에 대하여 입법부가 견제와 균형을 하는 것이었다. 그러나 중단되지 않는 시대적 변화와 더불어 행정부가 입법부보다 강력하게 되었다. 더욱이 일부 정치학자들은 다른 추세를 내다보고 있다. 행정부 내에서 권력은 선출된 공직자들로부터 관료들에게로 전환되고 있다. 이러한 두 가지 추세를 막을 단순한 방법은 없다.

행정부는 입법부보다 오래 전부터 존재해 왔다. 왕과 황제들은 문명이 시작되면서 나타났고, 한참 후에야 경쟁이 되는 입법부가 등장했다. 실제로 대부분의 세계에서 '정부(government)'라는 단어는 집행부서(executive branch)를 의미한다. 유럽에서 '정부'는 '내각'과 같은 것이다. '캐머런정부'는 캐머런(David Cameron) 수상의 내각과 각료들을 표현하는 것이다. 미국에서 (그리고 점차 다른 국가들에서도), 이 조직은 행정부(administration)로 불린다. 미국인들이 관료체계와 관료들을 포함하여 부르는 '정부(the government)'는 세계 다른 나라들에서는 '국가(state)'로 불린다.

대통령과 수상

13.1 대통령과 수상을 비교한다.

두 개념은 비슷하기 때문에 학생들은 혼동을 잘 한다. '국가의 원수'는 이론적으로 최고 지도자이지만, 때로는 영국의 여왕과 스웨덴의 왕 같이 단지 상징적인 임무만 수행하는 경우도 있다. 이 군주들은 외국 대사의 신임장을 받고, 국경절 같은 날에만 제한적인 연설을 하는 방식으로만 국가를 대표한다. 왕국이 아닌 공화국에서 그들의 역할은 상징적인 위상을 가진 대통령이 수행한다. 예를 들어, 독일, 이탈리아, 이스라엘 같은 국가들에는 국가원수로 대통령이 존재하지만, 그들은 실질적인 정치에 있어서는 거의 역할을 하지 못한다. (그들은 잘 알려져 있지도 않다. 당신은 그들의 이름을 아는가?)

'정부의 지도자'가 실질적인 행정부의 수장이며, 수상 또는 총리로 불린다. 또한 그는 소속 정당을 대표하고, 선거캠페인을 주도하며, 정부를 지휘한다. 이는 영국과 독일 등 의회제 국가에서 활용되는 제도이며, 미국과 같은 대통령제 국가에서는 대통령이 국가의 원수와 행정부의 수장을 겸한다.

의회제에서 국가의 의회는 간접적으로 수상을 선출한다. 이 경우 의회가 선거인단의 역할을 하는 것이다. 의회는 불신임 투표에 의해서 수상과 내각을 축출할 수 있는데, 흔히 발생하는 일은 아니다. 수상은 의회에 대해서 책임을 진다. 만약 수상이 과반수 의석을 차지한 정당을 대표한다면, 정부의 안정이 유지되며, 별 다른 반대를 받지 않고 입법 프로그램을 통과시킬 수 있다. 수상이 하원에서 안정적이고 규율화된 과반수를 차지하고 권력을 행사하는 것은 대통령제 국가의 대통령이 부러워할 만한 일이다.

그러나 어느 정당도 과반수를 획득하지 못하면, 정부는 정당들의 '연합'에 의해서 구성이 되어야 하고, 각 정당은 정부부처를 배분하여 운영을 하게 된다. 때때로 연합한 정당들이 정책에 대해서 이견을 보이고, 분열의 위협이 발생하기도 한다. 이는 수상의 권력을 약화시키고, 주요 정책의 변화는 새로운 갈등을 야기할 것이라는 점을 인지하게 된다. 의회제의 수상이 보유한 권력이 대통령제의 대통령 권력보다 약하다고 말하는 것은 옳다고 하기 어렵다. 이는 수상의 정당이 의회에서 과반수를 차지하고 있느냐의 여부에 달려 있다.

대통령제에서는 의회에 의존하거나 의회에 대해서 책임을 지지 않는 대통령이 자체적으로 선출이 되고 임기가 보장이 되기 때문에 의회제에서 발생하는 문제들을 피해갈 수 있다. 대통령제에서 의회가 대통령의 정책을 싫어하고 투표로 정책안을 부결시킬 수 있지만, 대통령을 직접적으로 축출하기 위한 투표는 거의 불가능하다. 대통령과 의회는 병렬적으로 서 있으면서, 서로 노려보지만, 그들은 서로를 제거할 방법이 없다는 점을 인지하고 있다. 때때로 대통령이 수상보다 '강하다'라는 말을 듣고, 행정부를 고정된 임기 동안 안정적으로 운영할 수 있다고 하는데, 그 말이 맞다. 그러나 대통령은 새로운 입법을 하거나 예산을 준비할 때 의회에서 통과에 어려움을 겪는다. 대통령제와 의회제에서 모두 발생하는 행정부-입법부의 **교착**상태는 민주적 정치체제에서 나타나는 부작용이라 할 수 있다.

교착(deadlock)
행정부와 입법부가 서로 견제하는 것.

영국에서의 '정부구성'

영국체제는 의회제에 역사적 뿌리를 둔 고전적인 사례이다. 엘리자베스 2세 여왕은 총선 직후에 하원의 가장 의석이 많은 정당의 최고 지도자를 초대하여 수상에 임명하고, 내각을 구성하도록 한다. 수상은 20여 명의 **장관**들과 정부 내 여러 주요 직위에 대해서 임명을 한다. 그들 모두가 의원(MPs)들이며, 대부분이 수상의 정당에 소속되어 있으며, 대체로 정당 내의 주요 집단에서 배출된다. 이론적으로 수상은 '동료들 중의 제1인자(primus inter pares)'이며, 내각이 합의를 이루게 하기 위한 지휘를 한다. 수상은 정부의 수장이며, 장관들을 해임할 수 있다. 정부의 정책에 대해 반대하는 장관은 사임을 하고 하원의 의원으로 되돌아간다. 최근 들어, 영국의 내각은 수상이 사전에 몇 명의 자문관들과 의논하여 결정한 정책에 대해서 대부분 동의하는 모습을 보이고 있다.

장관(minister)
정부 각 부처의 우두머리.

독일의 '건설적 불신임'

독일의 수상은 영국의 수상에 버금가는 권력을 보유하고 있다. 독일의 수상도 하원(Bundestag) 내 의석이 가장 많은 정당의 최고 지도자이다. 수상은 한번 임명이 되면, 하원이 대체할 새로운 내각에 대해서 투표를 하여 통과시킬 경우에만 사임을 하게 된다. 이를 '건설적 불신임(constructive no confidence)'으로 부른다.* 이러한 건설적 불신임 제도는 독일정부의 안정에 많은 기여를 하고 있다. 내각을 붕괴시키는 것보다 대체 내각을 수립하는 것이 더 어렵기 때문에, 독일에서 건설적 불신임은 1982년에 단 한번 있었다. 당시 소수 정당인 자유민주당이 사회민주당을 떠나 야당인 기독민주당과 연합을 했다. 건설적 불신임을 통해 임명된 수상은 다른 수상들보다 권력이 막강하다.

(* 역자 주)
영국의 경우 대안을 준비하지 않고 불신임 투표를 할 수 있으나, 독일의 경우는 반드시 후임 내각을 정한 후 불신임을 해야 한다.

프랑스의 '동거정부'

프랑스의 드골(Charles de Gaulle, 1958~1969년) 대통령은 대통령과 수상이 권력을 공동으로 보유하는 준대통령제**를 설계했다 (러시아와 중국의 사례). 대통령은 7년 임기(현재는 5년으로 줄었음)로 국민에 의해 직접 선출되고, 의회의 의원들도 5년의 임기로 선출된다. 만약 대통령과 수상***이 같은 당에서 나오면 별 문제가 없다. 대통령은 자기 뜻에 맞는 수상을 선출하고, 그는 대통령과 의회의 연결고리 역할을 한다. 1993년에 러시아 헌법은 대통령과 수상이 존재하는 프랑스 제도를 도입했고, 행정부-입법부의 교착상태가 발생했다. 그러나 푸틴이 들어서서 행정부와 의회 모두를 장악하면서 이러한 문제가 사라졌다. 중국에서 공산당의 지도자가 주석이다. 수상은 주석 하에서 일상적인 업무

(** 역자 주)
한국에서는 이를 이원집정제 또는 분권형 대통령제로 표현한다.

(*** 역자 주)
수상은 영국과 같이 의회의 다수당의 당수가 임명된다.

(* 역자 주)
한국에도 국무총리가 있기 때문에 준대통령제의 성격을 가졌다고 할 수 있으나, 총리가 국회 다수당에서 나오는 것이 아니라 대통령이 임명하기 때문에 프랑스식의 준대통령제(이원집정제)와는 차이가 있다.

(** 역자 주)
프랑스 이원집정제의 특징은 대통령이 외교와 안보를 맡고, 수상이 내치와 경제를 맡는 것이다.

를 처리한다.*

1986년에, 그리고 또 다시 1993년에 임기 2년을 남기고 프랑스 사회당 출신의 미테랑(François Mitterrand) 대통령은 보수당이 지배하는 의회를 맞이하게 되었다. 헌법은 이러한 경우에 어떻게 해야 하는지 지침을 주지 않았다. 미테랑은 야당인 드골주의자를 수상으로 임명하여 많은 사회주의 조치들을 취소하게 허용하면서 이 문제를 해결했다. 미테랑 자신은 상위의 외교정책에만 치중을 했다.** 프랑스에서는 이를 결혼하지 않은 남녀가 같이 사는 의미의 '동거(cohabitation)'로 표현한다. 1997년에는 이와 반대의 상황이 벌어졌다. 드골주의 대통령 시라크(Jacques Chirac)는 조기 의회선거를 실시했다가 패배하여 사회주의자들이 장악하는 의회에 직면하게 되었다. 그 결과 다시 동거정부가 이루어졌다. 시라크는 사회주의자인 조스팽(Lionel Jospin)을 수상에 임명했다. 대통령제에서 행정부와 의회가 갈등이 생기는 '교착'의 문제를 프랑스식 준대통령제에서는 공식적인 '동거정부' 제도를 활용하여 해결하고 있다.

수상의 '대통령화'

의회제는 점차로 '대통령화' 되어 가고 있다. 의회에서 안정적인 과반수를 차지한 정당 출신의 수상은 대통령제의 대통령처럼 활동하고 있으며, 의회에 대해

민주주의 13.1 | 직접선거로 수상을 선출하는 이스라엘

1996년에 개정된 법에 의해서 이스라엘 사람들은 의회와 수상을 **별도의 직접선거**에 의해서 선출했는데, 이는 세계 어느 나라도 경험해 보지 않은 제도였다. 이스라엘의 유권자들은 두 개의 표를 행사했는데, 하나는 정당, 다른 하나는 수상을 선출하기 위한 것이었다. 개념적으로 의회제는 수상을 간접선거로 선출하고, 통상적으로 의회 다수 정당의 지도자가 수상이 된다. 대통령제에서는 행정부의 수장이 직선에 의해서 선출된다. 따라서 이스라엘 제도는 순수한 의회제에서 대통령제로 전환된 것이지만, 전체적인 전환은 아니다. 이스라엘 의회는 수상을 불신임 투표에 의해서 축출할 수 있으며, 연합내각을 구성하기가 매우 어렵게 되었다.

더 문제가 되는 것은 이스라엘 유권자들이 수상에 대해서는 신중하게 표를 행사하고, 다른 한 표로는 10개가 넘은 소정당들에 대해서 분산된 투표를 해서, 의회를 매우 분열적으로 만드는 것이었다. 두 번에 걸쳐서 독특한 혼합제를 불행하게 시도한 후, 2001년에 의회는 그 제도를 포기했다. 이 경험은 두 제도(대통령제와 의회제)에서 반씩 빌려서 제도를 만들면 제대로 작동이 안 된다는 점을 보여주었다. 안정을 하기 위해서는 어느 한 제도를 택해야 한다.

서도 약한 책임을 지고 있다. 그러한 수상은 자기가 불신임 투표에 의해서 축출되지 않을 것이라는 점을 알고 있으며, 유일하게 우려하는 것은 대통령과 마찬가지로 다음 선거에 대한 것이다. 이러한 추세는 영국과 독일에서 강하게 나타나고 있다 (파벌이 제거된 일본의 정당들은 대체로 약하고 단명한 수상을 배출하고 있으며, 영국과 독일과 같이 강한 수상은 나타나지 않고 있다.)

점차로 의회제에서의 선거가 대통령 선거와 닮아가고 있다. 기술적으로 의회제의 선거에 '수상 후보'는 없다. 시민들은 수상이 아니라 정당 또는 의원후보에 대한 투표를 한다. 그러나 누구나 다음의 수상은 의석이 가장 많은 정당의 지도자가 될 것이라는 점을 알고 있기 때문에, 그들은 수상을 선출하는 간접선거를 하는 것이다. 이러한 이유로 실질적으로 모든 유럽의 선거에서, 대통령이 선거캠페인을 벌이는 것과 같이, 정당 지도자에 대한 포스터를 만들고 텔레비전 보도를 한다. 대통령제의 선거처럼 정책, 정당, 이데올로기보다 인물과 개성이 더 중요하게 되어 가고 있다.

임기

대통령은 고정된 임기를 갖고 있다. 미국, 브라질, 나이지리아 대통령의 임기는 4년이고(그들은 한 번의 재선을 더 할 수 있다), 멕시코 대통령의 임기는 6년 단임제이다.* 프랑스와 많은 다른 국가들의 대통령들은 회수에 제한 없이 재선될 수 있다. 푸틴은 러시아의 4년 중임제를 6년 중임제로 바꾸었고, 한번 거르면 다시 선출될 수 있도록 했다. 대통령이 오랫동안 임기를 유지하면, 선거에 의한 선출을 하더라도 부패하고 독재가 될 가능성이 높다. 그 사례는 짐바브웨를 30년 이상 통치한 무가베(Robert Mugabe)인데, 그는 국가경제가 붕괴되었는 데도 권좌에 머물러 있었다.

의회제에서 수상은 선출 회수에 제한 없이 직을 유지할 수 있고, 소속 정당이 선거에서 승리하면 계속 수상직을 유지할 수 있다. 앞서 언급한 바와 같이, 선거에서의 승리는, 마치 대통령제의 대선과 같이, 점차 지도자의 인품과 개성에 좌우되어 가고 있다. 영국의 대처(Margaret Thatcher) 수상은 1987년에 세 번째 임기를 시작했으나, 1990년에 정치적인 문제 때문에 11년에 걸친 집권을 끝냈다. 독일의 콜(Helmut Kohl) 수상은 네 번 연속하여 16년 동안(1982~1998년) 수상직을 연임했다. 대부분의 수상들은 새로운 선거를 치르면 승리할 수 있을 것이라고 생각될 때 언제든지 의회를 **해산**할 수 있다. 경제가 좋고 다른 모

(*역자주)
현재 한국은 5년 단임제이다.

해산(dissolve)
새로운 선거를 실시하기 위해서 의회를 해체시키는 것.

| 민주주의 13.2 | 푸틴의 권위주의 |

푸틴(Vladimir Putin)은 2000년부터 2008년까지 러시아의 대통령을 역임했고, 이후 수상으로 지낸 후, 2012년에 다시 대통령으로 당선되었다. 그는 민주주의처럼 보이는 척하면서 권위주의적 권력을 공고화하고 있다. 프랑스의 준대통령제를 본 딴 1993년의 헌법은 대통령에게 권력이 집중되도록 했다. 푸틴은 대통령의 권력을 더 강화했다. 소련의 정보기관인 **국가보안위원회(KGB)**의 요원이었던 푸틴은 소련의 해체 이후의 정보기관인 연방보안국(FSB)의 국장을 역임했다. 불안정적이었던 러시아의 1대 대통령이었던 옐친 대통령은 혼란을 막기 위해서 푸틴을 연방보안국장으로 임명을 했고, 17개월 만에 자신의 다섯 번째 수상으로 임명했다.

일부 사람들은 푸틴도 결국은 임시적인 지도자가 될 것이라고 생각했으나, 그는 KGB의 경력을 십분 발휘하여 안정적인 지위를 유지해 나갔다. 그는 누가 무엇을 훔쳤는지에 대한 경찰의 자료를 활용하여 자신의 권력을 유지시키고 확대시켜 나갔다. 러시아가 급격하게 쇠퇴하면서, 1999년에 인기를 잃은 옐친은 대통령 직을 푸틴에게 넘겨주었고, 푸틴은 2000년, 2004년, 2012년 대통령 선거에서 손쉽게 승리했다. 그는 자신의 러시아통합당(United Russia Party)을 창립했고, 러시아 의회(Duma)의 의석을 휩쓸었다.

푸틴은 러시아를 좌절의 환경에서 구해냈고, 바로 인기를 얻게 되었다. 러시아인들은 강력한 최고 지도자를 선호하고, 푸틴은 지속적으로 자기의 권력을 강화해 나갔다. 그는 에너지 산업과 텔레비전을 국가소유로 되돌렸고, 체첸과의 전쟁을 수행했으며, 비협력적인 지역 통치자들과 올리가르히(oligarch, 특권층)들을 제거했다. 올리가르히들은 내부적인 사유화 과정에서 갑자기 부자가 된 사람들을 포함한다.

푸틴은 자신의 정치체제를 '관리 민주주의(managed democracy)'로 부르면서, KGB 시절의 동료들이었던 실로비키(*siloviki*)*들을 요직에 앉혀서 활용하고 있다. 푸틴은 자신에 대해서 반대하는 사람이 별로 없는 의회(Duma)에 별로 관심을 두지 않고 있다. 푸틴을 비판하는 일부 사람들은 구속되거나 암살당했지만, 석유와 천연가스의 수입으로 경제상황이 좋을 때는 이에 대해서 반감을 가진 러시아인은 거의 없었다.

2008년에 푸틴은 과감한 정권교체를 시도했다. 그는 충복인 메드베데프(Dmitri Medvedev)를 대통령으로 앉히고, 자신은 사전계획에 의해서 수상직을 차지했다. 푸틴은 스스로 '강등'을 했지만, 실권을 유지했으며, 4년 뒤에 대통령으로 복귀하기 위한 포석을 두었다. 러시아의 민족주의에 집중하면서 푸틴은 자신의 권력을 더욱 강화해 나갔고, 2014년 우크라이나에 대한 침공을 감행하여 인기를 더욱 상승시켰다.

국가보안위원회(KGB)
소련의 정보와 안보를 총괄하는 강력한 국가기관이었다.

든 환경이 유리할 때 수상들은 1년 이나 2년 앞당겨서 선거를 실시한다. 대통령제의 대통령들이 가지지 못하는 권력이다.

반면에, 영국의 수상은 의회에서 과반수 지지를 잃게 되면 즉시 축출된다. 1979년에 '소수정부'의 지도자였던 노동당의 캘러헌(James Callaghan) 수상은 11명의 스코틀랜드국민당 의원들의 지지를 잃게 되어 과반수에 미달하게 되었고, 하룻밤 사이에 보수당의 대처에게 수상직을 넘겨줘야 했다. 일부 이탈리아의 수상들은 연합이 자주 붕괴되면서 수상직을 짧게 유지했다. 두 개 대정당의 강력한 파벌 경쟁의 노리개 감이 되고 있는 일본의 수상들은 최근 들어 평균 1년의 직을 유지하고 있다. 이론적으로 의회제의 수상들은 장기간 집권을 할 수 있지만, 실제적으로 그들의 임기는 선거, 연합의 붕괴, 스캔들에 좌우되고 있다. 따라서 의회제의 수상들은 쉽게 왔다(easy-come)가 쉽게 가는(easy-go) 측면에서 대통령제의 대통령과 비교된다. 대통령들은 정치적 격동으로부터 부분적으로 보호받고 있다. 예를 들어, 미국의 오바마 대통령은 두 번째 임기 동안 지지율이 폭락했으나, 그의 임기가 끝날 때까지 축출할 방법이 없었다.**

대통령제의 대통령은 **탄핵**을 당한 상황에 처할 수 있으나, 이는 시간이 많이 걸리고 절차가 불명확하여 별로 시도되지 않고 있다. 1868년 미국의 존슨(Andrew Johnson) 대통령은 하원에서 탄핵의결이 되었으나, 상원에서 1표 차이로 구제되었다. 닉슨(Richard Nixon) 대통령은 하원에서 탄핵의 움직임이 있자, 스스로 사임했다.*** 클린턴(Bill Clinton)에 대한 탄핵도 추진되었으나, 유죄를 입증하지 못했다. 만약 문제의 인물이 행정부 수장이 된다면 의회가 탄핵 절차를 진행하여 제거할 수 있는 권한을 가진다. 의회제에서는 불신임 투표에 의해서 보다 짧은 시간에 쉬운 방법으로 정부를 교체할 수 있다.

행정부의 리더십

13.2 미국 대통령이 너무 강한 권력을 가진다는 비판을 평가한다.

미국 대통령들은 두 가지의 특징적인 리더십 스타일로 구분할 수 있다. 카터(1977~1981년) 대통령은 손수 관리하는 꼼꼼한 사람이었다. 그는 행정부의 많은 업무에 대해서 직접 지휘하려고 노력했다. 그는 지능과 열정을 가지고 많은 시간을 투자하여 많은 데이터를 기억했다. 이에 대해서 비판하는 기업 전문가들을 비롯한 사람들은 카터의 방식은 잘못된 접근이라고 하면서, 수장이 모든 것을 관리하려고 하면, 산만하고 지치게 될 뿐이라고 주장한다.

레이건 대통령(1981~1989년)은 간섭을 별로 하지 않는 대통령이었으며, 큰 그림만 그리고 구체적인 것들은 신뢰할만한 부하들에게 맡겼다. 그는 낮잠을 즐겼고 휴가를 자주 갔다. 비판가들은 레이건이 중요한 문제에 대해서 관심을 가지지 않고 심각한 상황이 벌어질 때까지 내버려 둔다고 비난했다. 이란-콘트라 스캔들은 부하들이 일반적인 방향에 대한 지시만 받고 구체적인 사항은

【* 역자 주】
'강한 사람'의 뜻을 가지는 러시아어로, 구 소련 국가보안위원회(KGB) 또는 그 후신인 연방보안국(FSB) 등 정보기관과 군, 경찰 출신 인사를 말한다. 이들은 러시아의 주요 권력기관을 장악하고 수직적 구도의 권력체제를 통해 푸틴을 보좌하며 러시아를 통치하고 있다.

【** 역자 주】
한국의 경우에도 이명박 대통령 초기에 미국과의 FTA 체결과 광우병 문제로 촛불시위가 실시될 때, 지지율이 10퍼센트대로 하락했으나 대통령직을 중단시킬 방법이 없었다. 다음 박근혜 대통령 시기에도 소위 국정농단이 밝혀지면서 하야를 요구하는 촛불시위가 진행되어 지지율이 10퍼센트 이하로 떨어졌으나, 즉시 사임을 시키지 못하고 몇 개월에 거친 복잡한 탄핵 절차를 거쳐서 물러나게 했다.

탄핵(impeachment)
대통령제 국가에서 대통령을 제거하는 것.

【*** 역자 주】
한국도 2017년 박근혜 대통령을 탄핵했다. 한국의 탄핵절차는 국회의원 3분의 2 찬성 이후 헌법재판소의 의결을 거쳐야 한다.

> ### 고전 정치학 13.1
>
> #### 라스웰의 '권력의 심리학'
>
> 예일대의 라스웰(Harold Lasswell)은 프로이드의 심리학을 정치학에 대입하여 개념들을 소개했다. 1936년의 『정치학: 누가 무엇을 획득하는가(Politics: Who Gets What)』라는 고전서와 다른 저작물에서 라스웰은 정치인들이 정신적으로 불균형적인 상태에서 정치를 시작하고, 권력과 지배에 대한 비정상적인 욕구를 가진다고 하면서, 이것이 정치를 하는 이유라고 설명했다. 정상적인 일반인들은 정치에 대해서 무관심하다. 만약 라스웰의 말이 맞다면 행정부의 많은 사람들이 공직에서 제거되고, 이 직업을 원하지 않는 사람들이 선출되어야 한다. 이는 실제로 적용될 수 없는 종류의 분석이다. 매우 매혹적이지만 활용될 수 없는 것이다.
>
> 정상적인 사람들도 고위직에서 강력한 권력을 가지게 되면 미치광이가 된다고 처음으로 말한 사람은 플라톤이다. 그들은 아무도 믿지 않기 때문에 그렇게 되지 않을 수 없다. 아마도 정확하게, 그들은 자신이 많은 적들을 가지고 있고, 이러한 실질적이고 상상의 적들을 물리치기 위해서 더 많은 권력을 추구해야 하며, 이는 더 많은 적을 만들게 된다는 점을 인식하게 된다. 이는 히틀러와 스탈린에 대한 통찰력 있는 묘사다. 플라톤에 따르면, 폭군은 반드시 미치광이가 되며, 온전한 정신을 가진 폭군은 없다. 문제는 개인의 심리가 아니라, 정치적 직위의 본질이 너무 강한 권력을 갖게 한다는 것이다. 만약 플라톤의 말이 맞다면 (맞다고 생각되지만), 해결책은 권력을 제한하고, 권력을 남용하는 지도자를 제거하는 수단을 가지는 것이다. 대통령제에서 선거 패배와 탄핵의 위협이 대통령직과 권력 소유자들을 건전하게 만드는 경향이 있다.

자신이 알아서 해야 할 때 어떠한 일이 발생하는지를 보여줬다. 국가안보회의(NSC) 직원들은 이란에 무기를 불법적으로 판매하고 그 이윤을 불법적으로 니카라과의 반군들에게 지원하는 것이 대통령이 원하는 것이라고 생각했다.

꼼꼼히 챙기는 스타일과 느슨하게 내버려 두는 스타일 사이의 중간 스타일이 바람직한가? 일부 비평가들은 아이젠하워(1953~1961년) 대통령이 그러한 모습을 보였다고 평가한다. 프린스턴 대학의 정치학자 그린스타인(Fred Greenstein)은 아이젠하워의 스케줄과 일정을 분석하고, 아이젠하워는 중요하고 복잡한 결정을 내리는 매우 적극적인 대통령이었지만, 다른 사람이 공로(때로는 비난도 있었다)를 인정받도록 하고 자신은 나서지 않았다는 결론을 내렸다. 그린스타인은 이를 '숨겨진 대통령(hidden-hand presidency)'이라고 불렀다. 예를 들어, 1954년에 인도차이나에서 어려움을 겪고 있는 프랑스를 위해서 미군을 파견해야 한다는 상황에 직면하여, 아이젠하워는 상원의 지도층을 백악관으로 불렀다. 그는 미국이 인기 없는 한국전쟁을 막 끝냈기 때문에 새로운 전

민주주의 13.3 　제왕적 대통령?

매디슨(James Madison)은 『페더럴리스트(*The Federalist*)』 47호에 다음과 같은 글을 남겼다 "입법부, 행정부, 사법부의 모든 권력을 한 사람에게 모으는 것은 바로 폭정의 정의이다." 아담스(John Adams)는 견제와 균형은 '도둑을 잡기 위해 도둑을 사용'하는 것과 같다고 주장했다. 그러나 최근 들어, 많은 사람들은 현대의 대통령이 권력을 축적하여 헌법의 견제와 균형을 뒤엎고 있다는 우려를 한다.

의회와 대통령은 더 이상 균형을 이루지 못한다 (아마도 균형을 이룬 적이 한 번도 없는지 모른다). 헌팅턴은 1882년부터 1909년까지 의회가 주요 입법의 55퍼센트를 발의했으나, 1910년과 1932년 사이에는 46퍼센트로 줄었고, 1933년부터 1940년까지 의회는 8퍼센트의 법안만 발의했다고 주장했다. 헌팅턴은 입법부의 기능이 "분명히 행정부로 전환되었다"고 말했다.

베트남전쟁이 끝나 가고 워터게이트 사건이 끓어오르는 시기에 역사학자 슐레진저(Arthur Schlesinger Jr.)는 당시의 우려감을 자신의 책인 『제왕적 대통령(*The Imperial Presidency*)』에 기록했다. 존슨(Lyndon Johnson)은 선전포고도 하지 않고 미국을 전쟁의 도가니에 몰아넣었다. 닉슨(Richard Nixon)도 선전포고 없이 전쟁을 라오스와 캄보디아로 확대시켰다. 또한 닉슨은 의회가 통과한 **세출예산**을 집행하지 않았다. 그는 불법적인 부분 거부권을 사용하면서, 일부 분야에 대한 지출을 거부했다. 대통령은 헌법적 경계를 넘었는가? 공화국으로부터 시저에 의한 통치로 전환된 고대 로마와 같이, 미국은 제왕적 대통령의 국가가 되고 있는가?

의회는 1973년에 전쟁수권법(War Powers Act)을 통과시키고, 다음 해에 닉슨에 대한 탄핵을 시도하면서 권위를 되찾으려는 노력을 했다. 대통령과 의회가 다시 균형을 이루면서 새 시대를 맞이하는 것처럼 보였다. 그러나 미국의 제도가 제대로 된 기능을 하기 위해서는 강한 대통령을 필요로 했기 때문에 힘의 균형의 시대는 실패하게 되었다.

1977년에 대통령이 된 카터(Jimmy Carter)는 대통령직의 탈제국화(deimperialize)를 시도했으나, 이는 비효율적인 백악관을 만들고 말았다. 카터는 밖으로 떠돌면서 워싱턴 정가에서 무시당했고, 자신의 정당이 지배한 의회로부터 소외되었다. 그의 입법안은 의회에서 봉쇄되었고, 특히 에너지에 대한 제안은 수정안에 의해서 희석되었다. 1980년 선거가 다가오면서 미국의 유권자들과 의회는 보다 강력하고 경험이 많은 행정부 수장을 원했다.

1970년대에 의회가 독립적 권위를 회복하려고 한 시도는 1981년에 레이건(Ronald Reagan)이 백악관에 입성하면서 짧게 끝났다. 대통령은 다시 의회를 앞서 나가기 시작했다. 1986년에 백악관의 국가안보회의(National Security Council)는 의회를 무시하고 이란에 대한 무기판매를 시행했으며, 이 대금을 니카라과정부를 전복시키는 데 지출했다. 의회의 레이건 지지자들도 위원회 청문회에서 레이건이 임명한 사람들에게 화를 내면서 몰아붙였다. 행정부의 권력 남용에 실망한 의회는 막강한 권력을 가지게 된 행정부를 다시 한 번 견제하려는 노력을 했다.

2001년 테러공격 이후 의회는 행정부에 다시 한 번 보다 많은 권력을 부여했다. 부시 대통령의 참모들은 대통령이 국가를 수호할 수 있도록 제한 없는 권한을 부여하는 '단일행정부체제이론(unitary executive theory)'을 주장했는데, 그 권한 중에는 영장 없는 감청, 일반 법원을 벗어나는 구속과 재판, '공격적인 심문 기술'을 포함한다. 비판가들은 단일행정부체제이론은 1인 통치로 나아가는 단계라고 우려했다.

세출예산(appropriation) 입법부에서 통과된 정부 예산.

쟁에 미군을 파견하는 데 대해서 상원의원들이 신중한 태도를 보일 것이라는 점을 알고 있었다. 상원의원들은 미군 파견을 반대했고, 아이젠하워는 그들의 뜻을 따랐다. 실제로 그는 군대파견을 절대 원하지 않았지만, 자신은 마치 상원

학습방법 13.1

그래프

컴퓨터 덕분으로 그래프 만드는 것이 쉬워지고 색깔도 넣을 수 있게 되었지만, 때로는 잘못 사용되기도 한다. 한 무리의 숫자들이 반드시 좋은 그래프를 만드는 것은 아니다. 숫자들은 패턴을 보여야 한다. 그래프가 상승하게 되면, 어떤 것의 성장을 보여주는 것이다. 만약 상승했다가 하강하면, 이는 순환을 보여주는 것이다. 우리는 1980년부터 2010년까지 30년 동안 워싱턴에 자리를 잡은 이익집단들의 증가에 대한 추적연구를 할 것이다. 우리의 가정은 세월이 지나면서 이익집단들이 증가한다는 것이다.

우리는 컴퓨터로 그래프를 만들거나 종이 위에 자를 가지고 그릴 수 있다. 우선 크게 L을 그린다. 세로 선은 **Y축**이며, 0부터 시작하여 우리가 발견한 가장 큰 수치인 2,937보다 조금 큰 3,000까지의 눈금을 표시한다. 눈금의 숫자는 연구에 가장 필요한 단위로 나누어서 표시한다. 그 눈금은 5퍼센트 마다, 또는 5,000달러마다, 또는 100개의 이익집단 마다 표시될 수 있다.

이제 가로 선인 **X축**을 그리고, 1980년부터 2010년까지 눈금 표시를 한다. Y축으로부터 오른쪽으로 옮겨 가면서 X축에 표시되어 있는 해당년도의 이익집단의 숫자를 점으로 표시한다. 보다 보기 쉽게 하기 위해서 점을 연결하여 **선 그래프**를 만든다 (또는 컴퓨터가 이 작업을 하도록 한다).

선이 대체로 올라가게 되면, 당신은 논문에 이

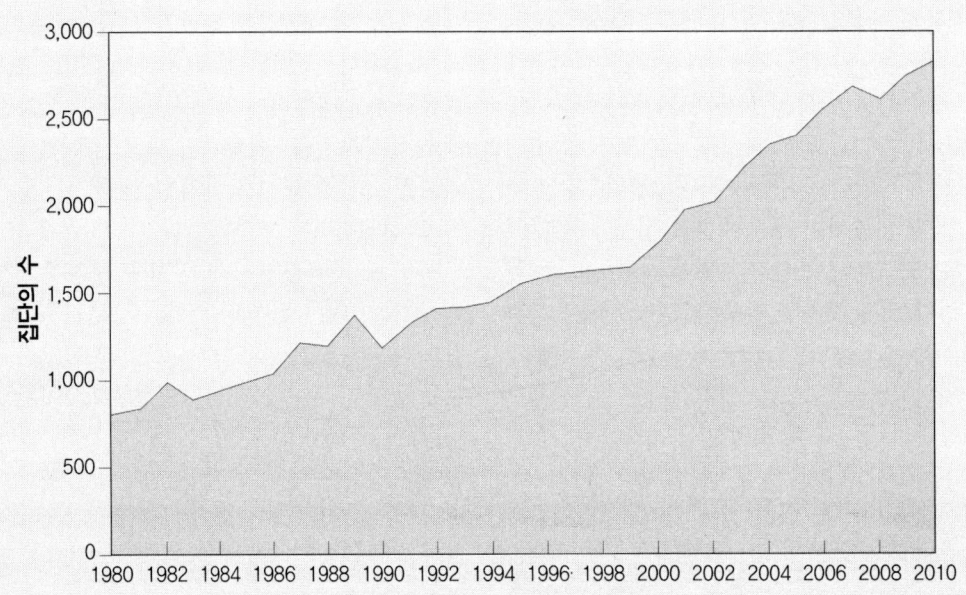

계속

의원들이 반대하기 때문에 그렇게 결정한 것처럼 보이게 했다.

   루즈벨트(Franklin D. Roosevelt, 1933~1945년) 대통령은 사람들이 고의적인 혼란이라고 부르는 스타일을 활용했다. 목적이 교차되어서 활동하는 기관들과 참모들을 만들어 놓고, 루즈벨트는 그들이 충돌하게 하였다. 진실로 어렇게 적을 것이다. 워싱턴에 이익집단의 수는 계속 증가하고 있다. 만약 선이 내려가는 추세를 보이면, 워싱턴의 기반을 둔 이익집단은 줄고 있다고 기록할 것이다. 만약 올라가지도 않고 내려가지도 않는 편형상태를 유지하게 되면, 당신의 논문은 거기에 맞도록 설명을 해야 할 것이다.

   만약 당신이 둘 또는 그 이상의 것들이 어떻게 변화하는지를 비교하기를 원한다면 (공분산), 당신은 색깔이 들어간 선을 사용할 수 있다. 예를 들어, 파란선은 민주당에 대한 투표수, 붉은 선은 철도 노동자의 규모 변화를 보여주는 것이다. 노동자들이 민주당에 투표를 하는 추세를 파악하기 위한 것이다.

   모든 그래프를 선으로 그릴 필요는 없다. 막대 그래프가 사용되기도 한다. 선 그래프는 하나의 데이터가 다음의 데이터와 연결되는 모습을 보여주지만, **막대 그래프**는 그렇지 않다. 만약 당신이 시간이 지나면서 여러 번의 선거에 걸쳐서 민주당에 투표하는 퍼센트의 변화를 보려면 선 그래프를 그려야 한다. 만약 당신이 같은 시기에 항목들 사이에 어떻게 차이가 있는지를 보여 주려면, 예를 들어 2016년에 소득 차이에 따른 투표성향 차이를 보려면, 막대 그래프를 사용해야 한다.

Y축(Y axis)
그래프의 세로 선.

X축(X axis)
그래프의 가로 선.

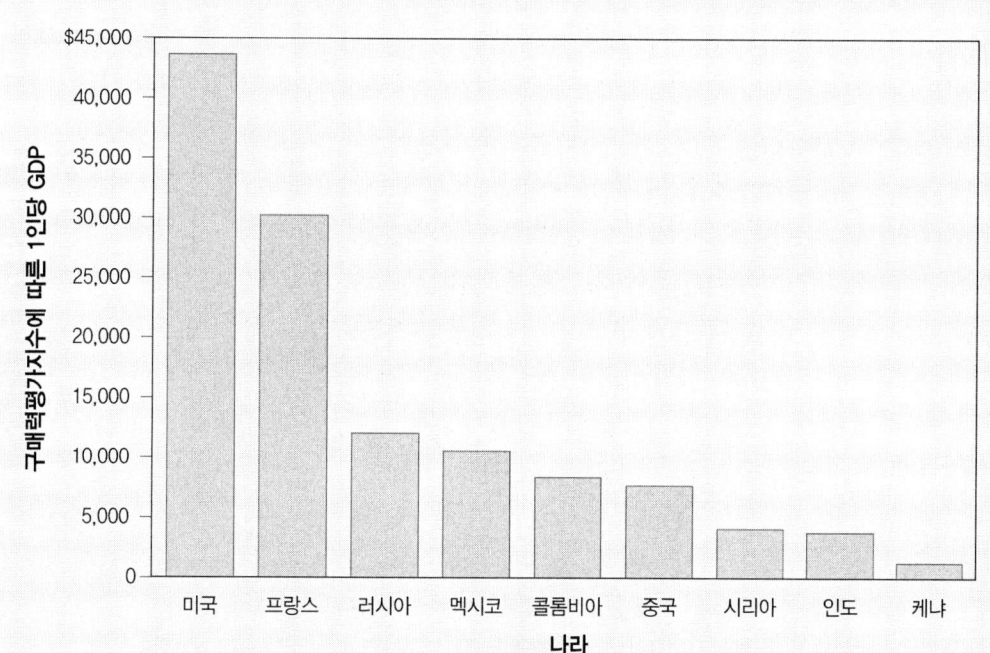

선 그래프(line graph)
시간의 흐름에 따라 변하는 데이터를 연결하여 보여 주는 그래프.

막대 그래프(bar graph)
범주 내의 독립적 데이터의 차이를 보여 주는 그래프.

고 중요한 결정은 자기 책상에서 이루어지도록 했고, 나머지 결정들은 자기 없이 이루어지도록 했다. 이 방식도 간섭과 방임형의 중간 형태라고 할 수 있다. 클린턴의 백악관은 이러한 자발적이면서 창조적인 접근을 활용했지만, 클린턴은 보다 간섭하는 방식으로 자신이 많은 정책심의에 참여했다.

과도한 기대의 위험

대통령제와 의회제에서 행정부의 수장에 대해서 많은 관심이 쏟아지고 있다. 국민들은 대통령 또는 수상이 낮은 실업률과 낮은 물가상승을 유지하면서 경제를 발전시키기를 기대한다. 낮은 세금을 유지하면서 정부의 수입을 늘리기를 기대한다. 잘못되는 데 대해서 책임을 지라고 하면서, 국가운영에 너무 간섭을 하지 말고 참모들에게 맡기라는 주문도 한다.

대통령이나 수상은 어떻게 이 모든 것을 할 수 있을까? 어떻게 그들은 정부, 경제, 부하들, 그리고 정치를 운영할 수 있을까? 그들은 이 모두를 할 수가 없고, 또 하지도 않고 있다. 그 대신 현명한 지도자들은 대부분의 시민들이 행복감을 가질 수 있도록 조용하고, 발전적이고, 호감을 가질 수 있는 분위기를 만든다. 레이건 대통령이 이 점에 있어서 탁월했다. 거버넌스의 구체적인 사항들은 별로 중요하지 않다. 그 문제들은 참모 또는 직업 관료들에게 맡기면 되고, 이에 대해 관심을 가질 시민들은 별로 없다. 중요한 것은 재선되는 것이고, 이를 위해서는 정책보다 개인의 인품과 개성이 중요하고, 실적보다는 상징이 더 중요하다.

전 세계적으로 권력이 행정부로 쏠리고 있으며, 입법부의 권력은 점차 쇠퇴하고 있다. 이러한 상황이 지속된다면, 민주주의를 어떻게 보호할 수 있을까? 민주주의는 선거에 의해서 책임을 물으면 유지가 된다는 주장이 나오고 있다. 대통령이든 수상이든, 정기적인 간격을 두고 선거를 치르게 되면 민주주의는 보호가 된다. 아마도 견제와 균형의 개념은 18세기의 아이디어이고 21세기에는 적합하지 않을지도 모른다. 아마도 우리는 행정부의 지배 속에서 살아가는 법을 배워야 할 것이다.

내각

13.3 대통령제와 의회제의 각료들을 비교한다.

행정부의 수장은 내각에 의한 지원을 받는다. 내각의 구성원인 각료는 정부의 각 **행정부처**를 이끄는데, 장관이라고도 부른다. 내각의 규모는 국가마다 다른데, 소규모인 미국은 15개 부처인 반면, 유럽국가들은 대체로 20개가 넘는다.

행정부처(ministry)
업무에 따라 분류되는 정부의 각 부처.

미국은 정부부처의 수를 천천히 증가시키고 있는데, 의회에서 많은 토론을 거치고 정부 예산에 관련되어 결정되기도 한다. 대부분의 역사 동안에 미국은 10개 이내의 부처를 유지하고 있었다. 보건사회복지부, 주택도시개발부, 교통부, 에너지부, 교육부, 보훈부, 국토안보부는 1960년대 이후에 추가된 부처들이다. 유럽에서 행정부 수장이 부처들을 추가하고, 폐쇄하고, 통합하고, 이름을 바꾼다. 정부를 구성한 세력이 과반수를 점유하고 있는 의회는 별다른 이의를 제기하지 않고 동의한다. 예를 들어, 1980년대에 대부분의 서유럽 국가들은 환경부를 새로 추가했다. 미국의 환경보호청은 하위 부처로 존재하고 있으며, 환경 문제에 대한 책임은 환경보호청과 다른 부처들 사이의 책임 문제로 남아 있다.

내각의 적정 규모는 어떤 것인가? 이는 체제가 어떻게 수립이 되었고, 시민들이 어떠한 기대를 가지고 있느냐에 좌우된다. 미국은 작은 정부를 지향하면서, 되도록 시장에 맡겨 두려고 했다. 이러한 정책으로 농장의 파산, 실업자 증가, 폐업 회사의 증가 등이 발생하자 미 행정부는 농업부, 노동부, 산업부를 신설했다. 1970년대에 '오일 쇼크' 이후 에너지부가 추가되었다. 미국의 내각은 점진적으로 유럽의 규모로 변해가고 있다.

내각에는 누가 근무하는가?

영국과 독일 같은 의회제에서 장관직은 의회에서 기획이 되고, 장관들은 의원직을 겸임한다. 그들은 의원이면서 장관이 되는 것이다.* 통상적으로 그들은 선거에서 승리한 후 수 년 동안의 정치적 경험을 가지고 있으며, 의회 위원회에서 활동을 한 경력을 가지고 있다. 예를 들어, 독일 하원의 국방위원회 위원장은 최우선 순위의 국방부 장관 후보다. 미국 등 대통령제 국가의 장관들은 일반적으로 활동하는 정치인들이 아니라, 기업인, 법조인, 학자들 중에서 선택이 된다. 그들은 자신이 맡게 될 부처의 전문분야의 배경을 가지고 있지만, 선거에 의하여 선출된 경력을 가진 사람은 별로 없다. 부시(아버지) 대통령은 4명의 의

(*역자 주)
대통령제를 지향하는 한국도 장관과 의원직의 겸임이 가능하다.

원을 내각에 포함시켰고, 클린턴과 오바마는 각기 3명의 의원을 장관으로 임명했다. 이러한 점에서 미국의 제도는 유럽의 제도를 조금 닮아가고 있는 듯이 보이지만, 미국에서 장관으로 취임할 의원들은 우선 의원직을 사임해야 한다는 점이 유럽과 다른 점이다.

활동하는 정치인들 또는 정부 밖의 전문가들 중에서 누구를 장관으로 임명하는 것이 더 바람직한가? 유럽식으로 의원들 중에서 임명되는 장관들은 정치적인 경험이나 관련 분야의 지식이 풍부하다. 그들은 의회의 관련 의원들과 개인적으로 친분이 있고, 그들과 긴밀한 관계를 가지고 일을 할 수도 있다. 장관과 의원들은 마치 적과 같이 서로를 의심의 눈초리로 바라보지도 않는다. 장관들은 의회에서 비판을 받지만, 이는 야당으로부터 나오는 것이다. 자신이 속한 정당의 의원들은 대체로 지지한다.

전통적인 미국의 방식대로 외부인을 장관으로 임명하면, 신선한 관점이 제시될 수 있겠지만, 정치적인 경험이 부족하기 때문에 부적절한 업무추진과 비현실적인 프로그램을 시행하여 의회와 충돌을 할 수도 있다. 이에 따라 집권당의 의원들마저 외부에서 영입한 장관들을 지지하지 않을 수 있다. 정치적 경험의 부족은 다양한 문제를 일으키고 있다.[*]

내각의 중요성은 점점 하락하고 있다. 내각은 뚜렷한 목적의식이 부족하며, 회의 개최 빈도도 점차 줄어들고 있다. 3명 이상의 장관 이름을 알고 있는 국민들은 별로 없다. 왜 내각은 이렇게 무시당하는 수준으로 되었는가? 부분적인 이유는 장관들 중에 정치적 인물로 잘 알려진 인물이 없기 때문이다. 그리고 장관들은 일상적인 업무만 진행하고 있다. 자기 부처의 프로그램을 추진하기 위해 의회에서 더 많은 예산을 받아 와야 하지만, 대체로 장관들은 이미 책정된 예산으로 이미 계획된 프로그램을 운영하는 일을 맡고 있다. 대통령은 일반적으로 정치적이고 정책적인 결정을 하는 데 있어서 장관들보다는 자신의 참모나 자문관들에 의존을 하고 있다. 장관들은 자기가 대표하고 있는 부처의 관료들을 옹호하고, 대통령과 참모들에게 자기 부처를 위한 로비를 하기도 한다. 이러한 이유로 장관들은 협의의 대상에서 제외되는 경우가 많다. 그들은 아이디어의 발상자가 아니라 행정가로 비쳐지고 있다.

(* 역자 주)
대통령이 자격과 능력이 부족한 측근을 장관에 임명할 우려도 있다.

관료

13.4 관료화가 불가피하다는 명제에 대해서 생각한다.

관료라는 용어는 부정적인 의미를 내포하고 있다. 관료는 시민들이 정부를 생각할 때 비효율적이고 지연되는 의미를 가지게 한다. 관료사회를 연구한 독일의 위대한 사회학자 베버(Max Weber)는 관료의 개념을 좋아하지 않았지만, 피할 수 있는 방법은 없다고 생각했다. 관료는 법과 정책을 집행하기 위해 임명된 대규모의 집단이다. 이상적으로, 관료는 지시 또는 권위의 위계 하에서 규칙과 절차에 따라 활동한다. 관료는 합리성, 획일성, 예측성을 바탕으로 정부가 작동되게 하고 감독을 받는다. 스탠포드대의 정치학자 후쿠야마(Francis Fukuyama)는 초기에 효율적인 관료사회를 이루게 되면 강하고 번영하는 국가가 건설된다고 주장한다. 부패한 관료사회는 국가의 발전을 저해한다.

역사 초기에, 그리고 몇 세기 동안, 공직자들은 단순히 왕과 귀족의 친지들로 충원되었다. 그들은 자신의 직업을 개인적 부를 축적하는 데 사용했다. 고대 중국에서 시험에 의해서 선발되는 관료제도가 처음 시작되었다. 중국의 관료를 의미하는 **만다린**은 유교와 다른 고전에 기초하여 치열한 경쟁 하에 치러지는 시험에 의하여 선발되었다. 현대의 공무원들과 같이 만다린들은 통상적으로 9단계의 직급으로 분류되었다. 일부 평론가들은 유럽의 사상가들보다 수 세기 앞서서 유교가 안정과 번영을 이루게 하는 좋은 거버넌스의 관념을 개발했다고 주장한다.

관료 또는 '공무원'의 다른 개념은 '영구적' 정부의 의미이다. 우리가 연구해 온 것들의 대부분은 선거에 의해 선출된 공직자들이 왔다가 가는 '임시적 정부'의 성격을 지니고 있다. 많은 **직업 공무원**들은 한 기관에서 평생 직장생활을 한다. 그들은 선거에 의해서 선출된 공직자들로부터 지시를 받지만, 또한 법에 따라서 활동을 한다. 그들은 새로 정치적으로 임명된 상사들보다 자기 분야에 대해서는 더 많이 알고 있다. 정치적으로 임명된 사람들은 과감하고 새로운 아이디어를 가지고 조직을 개편하려 하며, 이에 대해서 관료들은 매우 조심스러운 반응을 보인다. 관료사회는 대체로 보수적이며, 이들을 움직이게 하는 것은 정치인들에게 매우 어려운 과업이다.

관료는 공적 또는 사적으로 대규모의 조직으로 구성되면서 자동적으로 시작된다. 유럽의 국가들에서 봉건세력들의 약한 균형이 이루어지던 중세기에, 로

관료(bureaucracy)
정부의 행정기관에 충원되는 직업 공무원.

만다린(mandarin)
과거 유교에 기반을 둔 중국의 관료. 만대인(滿大人)의 중국어 발음이다.

직업 공무원(career civil servants)
정치적으로 임명이 되지 않고 평생 공무원으로 지내는 사람.

> ### 고전 정치학 13.2
>
> #### 관료에 대한 베버의 정의
>
> 베버(Max Weber, 1864~1920년)는 처음으로 관료를 분석한 학자다. 그가 관료를 정의하는 기준은 아래의 것들을 포함한다.
>
> 1. 행정부는 계급 구조로 조직된다.
> 2. 각 부처는 자체적인 경쟁 분야를 보유하고 있다.
> 3. 공무원은 선거가 아니라, 학력 또는 시험으로 결정하는 기술적인 자격을 기초로 하여 임명된다.
> 4. 공무원들은 직급에 맞는 고정된 임금을 받는다.
> 5. 전문 직업이고 공무원으로 고용되는 것이다.
> 6. 자신만의 사무실을 보유하지 않는다.
> 7. 통제와 규율에 적용된다.
> 8. 상관의 판단에 따라 진급이 결정된다.
>
> 베버는 자신이 비교적 새로운 현상을 연구하고 있다는 느낌을 가졌다. 위의 특성들 중의 일부는 고대 중국에서 발견되지만, 전부는 아니다. 민족국가와 마찬가지로, 관료는 16세기경에 유럽에서 시작되었지만, 베버가 논의하기 시작한 20세기에야 완전한 권력을 보유하게 되었다.

마 가톨릭 교회는 복합적이고 효율적인 행정체계를 지니고 있었다. 교회에서 평생을 지내면서 훈련을 받은 사람들의 위계질서를 통하여 권위가 교황에서부터 사제까지 흘러들어 갔다. 르네상스 시대에 자체적인 행정조직을 개발할 때까지, 왕들은 읽고 쓸 줄 아는 몇 명 안 되는 성직자들에 의존을 했다. 명령과 많은 규율을 기반으로 하는 군대도 관료조직을 갖추고 있다.

미국

미국의 공무원 중에서 연방 공무원은 15퍼센트에 미치지 못한다. 2,150만 명의 공무원 중에서 약 1,500만 명은 지방정부에서 일을 하고 있으며, 300만 명은 주정부, 그리고 280만 명이 연방정부에서 근무하고 있다 (군인은 제외). 교사, 경찰, 소방관 등 대부분의 공공 봉사직은 지방정부에 의해서 운영되고 있다.

미국이 경쟁에 의해서 공무원을 선발하기 시작한 것은 유럽보다 늦다. 미국의 정치인들은 정치적 지지자들에게 보상을 하기 위해서 공직에 임명해 주는 논공행상을 벌여 왔다. 후쿠야마는 합리적이고 경쟁에 기초한 관료제가 정착되기 전에 민주주의가 막 시작할 때 이러한 방법이 사용되었다고 주장한다. 1883년의 펜들턴공무원개혁법(Pendleton Civil Service Reform Act)은 연방직을 위한 경쟁시험을 정착시켰다. 정치적 기제의 기반이 되는 주와 지방직의 지지자 임명은 20세기에도 일부 이어져 왔다.

미국의 15개 행정부 부처들은 연방 공무원 전체의 85~90퍼센트를 고용하고 있다. 각 부처는 의회의 예산에 의해서 운영이 되고 있으며, 대통령이 임명(상원의 동의 필요)한 장관이 통솔하고 있다. 차관과 차관보도 대통령이 임명하기 때문에, 베버의 개념에 따르면 관료가 아니다. 이는 차관보가 영구직 공무원에 속하는 다른 나라의 경우와 차이가 있다.

법을 쇄신하는 데 있어서 관료들이 대중이나 의회보다 더 중요한 역할을 하는 경우가 있다. 대표적인 사례는 담배 포장지와 광고에 건강경고 문구를 삽입하기 위한 투쟁이었다. 담배산업은 선거 후보에 대해서 상당한 지원을 했기 때문에 의회 의원들은 경고문구 삽입에 동조하지 않았다. 그 대신 관료, 대중, 건강 전문가들, 그리고 컴퓨터를 활용한 통계 전문가들이 나섰다. 1965년에 흡연과 건강에 관한 자문위원회(Advisory Committee on Smoking and Health), 그리고 의무국장(국가 공중보건 책임자)은 담배 흡연이 폐암 발병률을 증가시키고 수명을 단축시킨다는 신뢰할만한 데이터를 제시했다. 이 보고는 담배회사들에 대해 압박을 가했고, 1966년에 담배제조회사들은 모든 담뱃갑에 경고 문구를 넣었으며, 1969년에 미 연방통신위원회(FCC: Federal Communications Commission)는 모든 라디오와 텔레비전에서 담배광고를 금지시켰다.

행정부처들은 구체성이 불분명한 법과 정책들을 수행한다. 대부분의 법들은 일반적이고, 부처들로 하여금 구체적인 실행 계획을 수립하도록 하며, 이에 따라 전문가들은 정책을 조정할 수 있다. 관료들은 많은 지식을 보유하고 있으며, 지식이 권력이다. 레이건행정부는 에너지부(DOE: Department of Energy)를 폐지할 것이라고 밝혔다. 당시 이 책의 공동저자 중 한 명이 에너지부의 직원인 친구에게, 왜 에너지부 폐지에 대해서 우려하지 않느냐고 물었다. 그 친구는 "그들은 우리를 폐지 못할 것이다"라고 잘 아는 듯이 대답했다고 한다. "그들은 폐지 못할 것이다. DOE는 핵무기를 제조하고, 행정부는 핵무기 제조에 필요한 엄청난 예산을 숨기기 위해서 DOE 예산을 필요로 한다." 레이건은 DOE를 폐지하지 않았다. 미국의 관료사회는 다른 나라에 비해서 규모가 작고 경량화되어 있다. 보다 강한 국가주의적 전통을 갖고 있는 유럽이나 라틴 아메리카의 관료사회의 규모가 크고 규율도 강하다.

공산주의 국가들

소련은 세계에서 가장 관료화된 국가들 중의 하나였고, 이것이 붕괴의 원인들 중의 하나가 되었다. 공산당에 의해 지배를 받은 소련의 공무원 사회는 부패했고, 비효율적이었으며, 개혁이 불가능했다. 마르크스 이론에 따르면, 프롤레타리아 독재는 서양식의 관료제를 필요로 하지 않지만, 1917년의 혁명 직후 소련인들은 엄격한 관료제를 실시했으며, 1930년대에 스탈린은 **5개년 계획**을 위하여 관료제를 강화했다.

5개년 계획(Five-Year Plans)
빠르고 중앙에서 관리하는 소련의 산업 성장을 위한 스탈린의 계획.

소련의 관료들인 **노멘클라투라**들은 가장 활동적이고 효과적인 특권 엘리트들이었다. 그들은 좋은 아파트에 살고, 특별 상점을 사용했으며, 교외에 주택을 보유했다. 각 행정부처의 최고직은 내각의 구성원인 장관이었고, 장관은 공산당의 높은 직위를 보유한 최고위 행정 관료였으며, 때로는 공산당의 정치국원도 있었다. 각 부처에는 신뢰가 높은 정당원들이 정당의 정책을 수행하기 위해서 하위직에 편성되었다. 이는 소련 관료의 보수화를 조장했고, 어떠한 소련의 지도자도 극복할 수 없는 장애요인이었다.

노멘클라투라(nomenklatura)
소련의 최고 직위를 차지하고 있는 엘리트 관료.

중국에서도 **간부**로 불리는 모든 공직자들은 당원들이고 공산주의 체제의 중추이다. 당은 부패와의 전쟁을 벌이는 것처럼 보이지만, 중국의 행정은 위험스러울 정도로 지방으로 분산되어 있기 때문에, 공직자들은 마음 놓고 뇌물을 받고, '세금'을 거두며, 토지를 농부로부터 개발자들에게 넘기고 있다. 그러한 부패에 대해서 매년 주요 시위가 발생하는 것이 중국 체제의 아킬레스건이다. 2012년 이후 고위직들의 부패가 체제를 뒤흔들 정도였는데, 가장 많은 수법은 부정한 방법으로 축적한 재산을 해외 은행에 은닉하는 것이었다. 공산당의 중앙기율검사위원회는 정당원들을 강등시키거나 추방할 권한, 또는 범죄를 법원에 기소할 권한을 갖고 있으며, 일부는 사형선고를 받았다. 공산당 최고지도자이면서 국가주석인 시진핑은 부패를 척결하겠다는 서약을 했고 기율검사위원회로 하여금 고위 간부들에 대한 조사를 지시했다. 그러나 간부들은 국가를 운영하기 위해서 체제가 의존하고 있는 사람들이기 때문에 중국에서 모든 부패를 종식시키는 것은 어려운 일이다.

간부(cadre)
아시아의 공산주의 체제에서 공직에 종사하는 정당원.

프랑스

17세기와 18세기에 프랑스는 대부분의 유럽에 모델이 되는 높은 수준의 관료

국가를 건설했다. 프랑스혁명이 군주정치를 붕괴시킨 후, 나폴레옹은 관료에 의한 중앙통제를 회복하고, 보다 합리적이고 효과적으로 만들었다. 리슐리에(Richelieu)의 지사(*intendants*)를 모델로 삼아서 각 **데파르망**에 정부의 정책을 수행하기 위한 **지사**(*prefects*)를 설치했다. 프랑스의 최고위 공무원들은 기술학교(Ecole Polytechnique) 또는 제2차 세계대전 이후에 공무원들을 훈련시키기 위해서 설립한 국립행정학교(Ecole Nationale d'Administration) 등 최고 수준의 교육기관 출신들이다. 제3공화국(1871~1940년)과 제4공화국(1947~1958년)의 불안정은 관료의 권력을 증대시켰는데, 그 이유는 입법부 또는 행정부의 지침이 거의 없이 프랑스를 운영해야 했기 때문이었다. 프랑스는 지금도 강력한 관료사회이며, 중앙집중이 과도하게 이루어지는 경우도 있다.

데파르망(département)
현재 96개에 달하는 프랑스의 지역 단위 정부 조직이다.

독일

프러시아와 프러시아의 지배계급인 **융커**는 독일 행정부에 큰 족적을 남겼다. 충성심 강하고 효율적이며 열심히 일을 하는 고결한 융커들은 베를린에 종속되면서 모든 고위직 공무원들을 통솔하는 국가 귀족이었다. 1740년부터 1786년까지 프러시아를 통치한 프리드리히 대제(Frederick the Great)는 효율적인 행정에 대한 열정을 가지고 있었으며, 행정가들을 양성시키기 위한 대학교들을 설립했다. 1871년 프러시아에 의해 통일된 독일은 국가와 황제에 충성을 하는 프러시아 문화의 영향을 받게 되었다. 바이마르 공화국(1919~1933년)이 단명했던 이유들 중의 하나는 공무원 계급이 민주주의를 멸시했기 때문이었다. 제3제국의 등장과 함께 대부분이 히틀러로 집중되었다.

융커(Junker)
프러시아의 국가 귀족.

현재의 독일정부는 대부분의 행정이 주(*Land*) 수준에서 이루어지는 연방의 구조를 지니고 있다. 오늘날의 독일 공무원들은 민주주의를 준수하고 있다. 예를 들어, 내무부의 한 부서는 주 기관들과 협력하여 정치적 극단주의를 배격하기 위한 교육 프로그램을 운영하고 있다. 유럽 전역에서 법을 학부 과정에서 배우는데, 법의 교육을 받은 독일의 관료들은 미국과 영국의 유연한 관습법이 아니라 성문법에 기초하고 있는 로마법의 정신을 바탕으로 하여 업무를 시행하고 있다.

영국

프랑스와 달리 영국은 지방자치정부의 강한 전통을 지니고 있으며, 권위의 분산이 이루어지고 있다. 이러한 행정의 패턴은 입법부가 행정부를 통제하는 영국-미국식의 대의정부에 대한 강조 결과이다. 19세기 동안 영국정부의 지방 수준에서의 발전은 행정 권위체의 분산을 고무했다. 20세기가 되어서야 중앙정부가 지방의 문제들을 다루기 시작했다. 1854년 노스코트-트레벨리언(Northcote-Trevelyan) 개혁까지 영국의 관료사회는 부패와 족벌주의가 팽배해 있었다. 관료의 직위(군사직 포함)는 공개적으로 사고파는 상황이 전개되었다. 미국보다는 앞서지만 다른 유럽국가들보다는 늦은 1870년에 영국은 경쟁적인 시험에 기초한 **공무원 공개채용** 제도를 확립했다.

공무원 공개채용(merit civil service)
후원 관계가 아니라 경쟁 시험에 의해서 공무원을 채용하는 것.

영국의 장관들은 의회에 책임을 지지만, 실질적인 관료의 권력은 보다 낮은 직급의 차관, 차관보 등 직업 관료들이 보유하고 있다. 따라서, 비록 영국과 미국의 관료들이 분산된 권위를 공유하고 있지만, 관료에 대한 통제는 미국보다 영국이 더 엄격하다. 영국의 관료들은 자신들이 **정치와 분리**되어 있다는 데 자부심을 느끼고, 어떠한 정권이 들어서더라도 부처의 정책을 충실하게 수행한다고 주장한다.

정치와 분리(apolitical)
정치에 관심이 없거나 참여하지 않는 것.

일본

일본은 관료에 의해서 통치되는 극단적인 사례다. 1870년대 일본의 메이지 유신 주도자들은 프랑스의 공무원을 모델로 하였으며, 일본정부의 장관들은 항상 막강한 권력을 보유했다. 제2차 세계대전의 이전, 중간, 이후에 동일한 관료들이 관직을 유지했으며, 자유시장보다는 교도(敎導) 자본주의(guided capitalism)에 의한 경제성장을 도모했다. 일본의 관료들은 선출된 공직자들을 무시해야 할 광대로 인식했다.

일본의 핵심 장관들은 재정, 경제, 무역, 산업, 농업, 건설 분야의 장관들이다. 그들은 대출, 보조금, 정부계약을 주선하면서 자신이 책임을 맡은 부처를 이끈다. 일본의 최고 관료들은 동경대학교 졸업자들이다. 일본의 많은 공무원들은 자신이 담당했던 산업에서 일자리를 구해서 젊은 나이에 사직한다.

일본의 정부부처들은 자급형이고, 서로 협력하지 않으며, 전체를 위한 공공선을 추구하지도 않는다. 정부부처들은 특정 경제부문을 지휘하며, 대부분의 하위 분야들은 부처에 복종한다. 장관은 의회 의원직을 겸직한 정치적으로 임명된 사람들이며, 실질적으로 모든 일을 운영하는 **차관**은 직업 공무원들이다.

차관(vice minister)
일본의 정부부처를 지휘하는 공무원.

일본의 가장 유명한 부처는 통산성(MITI)이고, 통산성은 일본의 수출에 열광한 두뇌들이 모여 있는 곳이며, 제2차 세계대전 이후 일본의 경제성장을 이끄는 동시에 다른 국가들에게 일본식의 교도 자본주의 모델을 제시했다. 그러나 1990년 이후 일본의 경제성장은 중단되었고, 산업의 과도한 팽창, 투자의 실패, 은행들의 파산, 세계에서 가장 높은 소비자물가 등이 관료들의 책임으로 비난받았다. 새로운 세대의 일본 정치인들이 관료사회를 개혁하여서 그들이 민주적 통제에 놓이도록 추진하고 있다.

이론 13.1 관료정치

일부 정치학자들은 관료사회 사이의, 또는 관료사회 내에서의 투쟁, 특히 무대 뒤에서의 투쟁은 정책결정에 기여를 하거나 심지어는 통제를 한다고 주장한다. 관료들은 최고 지도자들이 의존할 수 있는 정보를 제공한다. 미국의 많은 관료조직들은 서로 다른 방법으로 정보를 수집하고, 분석하며, 배포하는데, 이 과정에서 다툼이 발생하는 경우도 있다.

하버드대학의 앨리슨(Graham Allison)은 쿠바에 소련의 미사일이 옮겨졌다는 사진정보가 백악관에 도착한 이후에 쿠바 미사일 위기가 시작되었다고 한다. 미국의 공군과 중앙정보국이 U2 정찰기를 누가 조종하느냐를 가지고 대립을 하는 바람에 지연이 되었다고 한다. 기관들 사이의 경쟁과 '표준적 절차'가 케네디와 그의 참모들이 활동을 하는 정보의 세계를 만들었다. 1969년에 많은 사람들에게 읽혀진 논문을 통해서 앨리슨은 정치학자들이 잠시 동안 관심을 보인 **관료정치** 모델을 만들어냈다.

9/11 테러와 2003년 미국의 이라크 침공과 함께 정보에 대한 통제가 뜨거운 이슈가 되었다. 9/11 이전에 FBI와 CIA는 법적 제한 때문에 정보를 공유하지 않았다. 2002년에 국토안보부(Department of Homeland Security)가 설치되어 22개의 기구들을 통합했으나, 위의 문제는 해결되지 않았는데, 그 이유는 FBI와 CIA가 거기 포함되지 않았기 때문이다. 국방부 분석관들은 이라크가 대량살상무기(WMD)를 보유하고 있으며, 테러를 지원하고 있다는 명확한 근거를 가지고 있다는 주장을 했다. 국무부와 CIA는 근거가 불명확하다고 신중한 태도를 보였다. 국방부의 견해가 지배하게 되었고, 확신에 찬 전쟁이 시작되었다. 전쟁 이후에 WMD는 발견되지 않았다. 자기들이 전문성이 있다고 주장한 국무부가 전쟁 이후 이라크 점령을 위한 계획을 수립했다. 국방부가 국무부와 국무부의 계획을 무시했다. 그 결과는 혼란스러운 점령과 국무부의 분노였다.

관료정치 모델은 아직도 설득력이 부족한데, 그 이유는 대통령이 실질적인 책임을 맡고 있으며, 대통령 자신이 어느 기관의 정보에 의존할지 미리 결정하기 때문이다. 부시 대통령은 이라크를 매우 증오했고, 국방부가 이라크는 사악한 정부라고 주입시켰다. 심지어 국방부는 이라크를 공격하기 위한 특별한 팀을 구성하고 있었다. 국방부는 반대 근거를 모두 차단했다. 관료체계를 구조화하면서 백악관은 자신들이 선호하는 정보세계를 만들었다. 워싱턴의 관료들은 9/11과 이라크의 WMD를 놓고 비난하는 게임을 했고, 여러 명의 CIA 고위층이 사임했다. 그러나 여러 기관들을 어떻게 활용하는가의 문제는 여전히 남겨진 과제였다. 관료들은 대체로 복종적이다.

관료의 문제

관료정치(bureaucratic politics) 정책을 수립하는 데 있어서 기관들 사이의, 또한 기관 내부의 투쟁.

13.5 어떻게 관료가 병적인 존재가 되는지를 사례를 가지고 설명한다.

세계는 관료를 사랑하지 않는다. 이 용어는 퇴화하고 있다. 프랑스와 이탈리아에서 반대파의 이면에 있는 공직자들에 대한 증오는 정치문화의 한 부분이다. 미국의 유권자들은 관료들이 간섭하기 좋아하고, 과다한 임금을 받고(연금 포함), 해고하기가 어렵다고 선거 후보자들이 비판하는 것을 좋아한다. 하지만 이 문제는 풀기가 어려운데, 그 이유는 누군가 정부의 일상적인 활동을 계속해 나가야 하기 때문이다. 정치인들이 이러한 일을 할 만한 동기 또는 의지를 갖고 있지 않다. 새로 들어서는 미국의 행정부, 특히 공화당의 경우에, 민간산업에 대한 규제를 철폐하고 관료의 수를 감축함으로써 공공행정이 기업형태의 효율성을 가질 수 있도록 추구한다. 그 결과 중의 하나는 월 스트리트의 무모한 대출과 투자에 대해서 어느 누구도 안 된다고 말할 수 없게 된 것이다. 효율성, 수익성, **생산성**은 정부의 업무에 적용시키기 어렵다.

생산성(productivity) 상품이나 서비스를 생산해 내는 효율성.

(* 역자 주)
아이히만은 제2차 세계대전 중에 유대인들의 학살을 주도한 독일장교이다.

최악의 경우, 관료는 '아이히마니즘(Eichmannism)'*의 상징을 보여줄 우려가 있다. 유럽의 유대인들을 학살한 중심인물인 아이히만은 나중에 이스라엘의 판사에게 자신은 자신에게 주어진 업무를 했을 뿐이라고 말했다. 나치 관료들은 사람들을 물건 다루듯이 했고, 이 문제는 독일에만 국한되지 않는다. 해학적인 측면에서 관료에 대해서 파킨슨의 법칙(Parkin's Law)이 존재한다. 파킨슨의 법칙은 업무량 증가와 공무원 수의 증가는 서로 아무런 관련이 없으며, 공무원 수는 일의 분량과 관계없이 증가함을 통계학적으로 증명한 법칙이다.

관료와 부패는 서로 연결되어 있다. 공직자들이 규칙을 시행할 때, 일부는 친지나 후원자들을 고려하게 된다. 규칙이 많을수록, 더 많은 관료를 필요로 하며, 그러면 더 많은 부패가 발생한다. 덴마크와 뉴질랜드와 같이 공공서비스의 강한 윤리성이 있는 일부 국가들에서는 부패 없는 공공행정을 유지할 수 있다. 대부분의 나라들은 부패해 있고, 일부는 정도가 약하고 일부는 엄청난 수준이다. 칠레는 행정업무와 관료의 수를 줄이는 방법으로 라틴 아메리카에서 부패가 가장 덜 한 국가가 되었다. 오로지 민간산업 출신의 전문가들만이 그 산업을 감독할 수 있다는 주장 하에, 기업들이 행정기관들을 '정복'하거나 '식민화'한다.

관료에 대한 초기의 이론가들은 직업관료들이 공공정책을 만드는 사람이 아니라 법을 집행하는 사람들이라는 가정을 하고 있었다. 실제로 경쟁의 방식으로 공무원을 채용하면서 당파가 없는 행정이 이루어질 수 있었다. 그러나 대부분의 국가들에서 정책을 만들면서 공적인 책임을 지지 않는 행정가들이 탄생하였다. 일본이 극단적인 사례이다. 관료들을 유연하고, 창조적이며, 책임을 가지게 하는 것이 이번 세기의 주요 과제들 중의 하나이다.

Q 토의질문

1. 권력은 행정부에서 관료사회로 전이되는가?
2. 왜 수상들은 대통령과 같이 되어 가는가?
3. 미국의 대통령직도 강력한가?
4. 대통령 리더십에는 어떠한 다양한 스타일이 있는가? 현대 대통령의 스타일은 어떤 것인가?
5. 라스웰의 정치권력의 심리학을 설명할 것.
6. 내각은 과거와 같이 아직도 중요한가?
7. 모든 큰 조직은 관료화되는가?
8. 베버(Max Weber)는 관료의 성격을 어떻게 묘사했는가?
9. 왜 정부가 관료들을 통제하는 것이 어려운가?

핵심용어

5개년 계획(Five-Year Plans) p. 308
X축(X axis) p. 301
Y축(Y axis) p. 301
간부(cadre) p. 308
공무원 공개채용(merit civil service) p. 310
관료(bureaucracy) p. 305
관료정치(bureaucratic politics) p. 312
교착(deadlock) p. 292
국가보안위원회(KGB) p. 296
노멘클라투라(nomenklatura) p. 308
데파르망(département) p. 309
막대 그래프(bar graph) p. 302

만다린(mandarin) p. 305
생산성(productivity) p. 312
선 그래프(line graph) p. 302
세출예산(appropriation) p. 300
융커(Junker) p. 309
장관(minister) p. 293
정치와 분리(apolitical) p. 310
직업 공무원(career civil servants) p. 305
차관(vice minister) p. 310
탄핵(impeachment) p. 297
해산(dissolve) p. 295
행정부처(ministry) p. 303

참고문헌

Ackerman, Bruce. *The Failure of the Founding Fathers: Jefferson, Marshall, and the Rise of Presidential Democracy*. Cambridge, MA: Harvard University Press, 2005.

Baker, Peter. *Days of Fire: Bush and Cheney in the White House*. New York: Doubleday, 2013.

Burke, John P. *The Institutional Presidency: Organizing and Managing the White House from FDR to Clinton*, 2nd ed. Baltimore, MD: Johns Hopkins University Press, 2000.

Cheibub, José Antonio. *Presidentialism, Parliamentarianism, and Democracy*. New York: Cambridge University Press, 2007.

Ghaemi, Nassir. *A First-Rate Madness: Uncovering the Links Between Leadership and Mental Illness*. New York: Penguin, 2011

Greenstein, Fred. *Inventing the Job of President: Leadership Style from George Washington to Andrew Jackson*. Princeton, NJ: Princeton University Press, 2009.

Helms, Ludger. *Presidents, Prime Ministers and Chancellors: Executive Leadership in Western Democracies*. New York: Palgrave, 2005.

Jones, Charles O. *The American Presidency*. New York: Sterling, 2009.

Jreisat, Jamil E. *Comparative Public Administration and Policy*. Boulder, CO: Westview, 2002.

Kerwin, Cornelius M., and Scott R. Furlong. *Rulemaking: How Government Agencies Write Law and Make Policy*, 4th ed. Washington, DC: CQ Press, 2010.

Lindblom, Charles E. *The Policy-Making Process*, 3rd ed. Englewood Cliffs, NJ: Prentice Hall, 1992.

Maraniss, David. *Barack Obama: The Story*. New York: Simon & Schuster, 2012.

Maranto, Robert, Tom Lansford, and Jeremy Johnson, eds. *Judging Bush*. Stanford, CA: Stanford University Press, 2009.

Miklis, Sidney M., and Michael Nelson. *The American Presidency: Origins and Development*, 7th ed. Washington, DC: CQ Press, 2015.

Morris, Irwin L. *The American Presidency*. New York: Cambridge University Press, 2010.

Neustadt, Richard E. *Presidential Power and the Modern Presidents: The Politics of Leadership from Roosevelt to Reagan*. New York: Free Press, 1991.

Nye, Joseph. *Presidential Leadership and the Creation of the American Era*. Princeton, NJ: Princeton University Press, 2013.

Peters, Guy. *Politics of Bureaucracy: An Introduction to Comparative Public Administration*, 6th ed. New York: Routledge, 2009.

Pika, Joseph A., and John Anthony Maltese. *The Politics of the Presidency*. 8th ed. Washington, DC: CQ Press, 2013.

Poguntke, Thomas, and Paul Webb, eds. *The Presidentialization of Politics: A Comparative Study of Modern Democracies*. New York: Oxford University Press, 2005.

Rudalevige, Andrew. *The New Imperial Presidency*. Ann Arbor, MI: University of Michigan Press, 2005.

Savage, Charlie. *Takeover: The Return of the Imperial Presidency and the Subversion of American Democracy*. New York: Little, Brown, 2007.

Wills, Gary. *Bomb Power: The Modern Presidency and the National Security State*. New York: Penguin, 2010.

Wilson, James Q. *Bureaucracy: What Government Agencies Do and Why They Do It*. New York: Basic Books, 1990.

14장 사법부

> **학습목표**
>
> **14.1** 다양한 종류의 법을 구분한다.
> **14.2** 판례법과 성문법을 비교한다.
> **14.3** 영·미의 재판과 유럽의 재판을 비교한다.
> **14.4** 위헌심사가 무엇이며 어떻게 이루어지는지 설명한다.

미국이 논쟁적인 이슈 때문에 곤경에 빠질 때, 특히 분열된 의회가 해결점을 찾지 못할 때, 그 문제를 법원에 넘긴다. 2010년에 의회가 소위 '오바마 케어'라 불리는 부담적정보험법(ACA: Affordable Care Act)을 통과시킬 때, 공화당 의원들은 이 법이 시행되면 시민들이 건강보험에 가입해야 하기 때문에 위헌이라고 주장했다. 2012년에 대법원은 5대4의 표결로 이 법이 합헌이라는 판결을 내렸다. 대부분의 공화당 의원들이 분개했지만, 어느 누구도 대법원의 판결에 도전하자는 제안을 하지 않았다.

미국인들은 자국의 '법의 지배'에 대해서 자랑스럽게 생각한다. 이의 한 척도는 미국 변호사들의 숫자다. 미국은 인구 10만 명당 변호사가 281명인데 비해서, 영국은 94명, 프랑스는 33명, 일본은 7명이다. 이러한 체제들에서 **법**은 매우 다른 역할을 수행한다. 미국의 수많은 변호사들은 미국의 자유와 경쟁적 개인주의의 기풍을 표현하고 있다. '작은 사람'이 강자를 대상으로 해서 소송을 걸 수 있는 능력을 가지는 국가는 별로 없다. 많은 미국인들은 미국에서 너무 많은 소송이 제기된다고 불평하지만, 시민들이 단순히 정부와 기업에 복종해야 하는 일본식 제도를 수용할 사람은 별로 없다. 변호사가 없는 법은 법이 관료들에 의해서 운영되는 것과 마찬가지다. 법이 보장하는 자유를 원한다면, 많은 변호사

법(law)
처벌을 피하려고 복종을 해야 하는 것.

법의 종류

14.1 다양한 종류의 법을 구분한다.

이 절은 수 세기 동안 인간에 의해서 작성되고 편찬된 실정법에 대해서 논의한다. 자연법과 달리, **실정법**은 판결을 하는 데 법전을 사용한다. 현대의 복합적인 사회는 많은 종류의 법을 필요로 하는데, 여기서는 다섯 가지의 주요 법에 대해서 논의한다.

실정법(positive law)
오랜 시간 동안 인간에 의해서 작성되고 수용된 법이며, 자연법에 반대되는 개념이다.

형법

미국 인구의 0.7퍼센트인 230만 명이 교도소에 있는 상황에서, 형법은 가장 흔하게 접할 수 있는 법체계이다. 현대 형법은 대체로 법령으로 제정되어 있으며, 사회악과 공동체에 대한 위협으로 간주되는 부정행위의 특정 범주를 대상으로 한다. 결과적으로 희생자가 아니라 국가가 기소인 또는 **원고**가 된다. 범죄는 크게 세 가지 범주로 구분이 된다. 도로교통법 위반과 같은 법률위반 행위는 보통 벌금이 부과된다. 도박과 매춘과 같은 심각하지만 주요 범죄가 아닌 경우에는 경범에 해당되고, 벌금이 부과되거나 짧은 기간 구류된다. 강간, 살해, 도둑, 강도 등 주요 범죄를 저지른 중범인 경우에는 정식으로 구속이 된다. 미국에서 납치와 다른 주에서의 자동차 도둑 등의 범죄는 연방 차원에서 다루는 범죄이고, 살해와 강도와 같은 범죄들은 주로 주 차원에서 다루며, 은행 강도와 마약 밀매 등은 연방과 주 모두에서 다루는 범죄이다.

원고(plaintiff)
재판에서 소송을 제기하는 사람.

민법

범죄가 아니라 시민들의 개인 문제를 다루는 법령이다. 대부분의 국가에서, 민간 영역에서 **판례법**이 성문법을 보완한다. 결혼과 이혼, 상속, 계약, 파산 등이 민법이 다루는 분야이다. **민법**에 의한 재판에서는 피해를 입었다고 주장하는 민간인이 원고가 된다. 판결은 구속기간을 정하는 것이 아니라, 돈에 의한 보상으로 이루어진다. 민법에 의한 소송은 국가가 아니라 개인에 의해서 이루어진

판례법(common law)
"판사가 법을 만든다." 수 세기 동안 판결되어 온 과거 사례.

민법(civil law)
개인들 사이의 비범죄적 논쟁.

다. 사기 등의 범죄행위와 연관하여 금전적인 손해를 입힌 경우에는 하나의 사건에 대해서 형법과 민법 모두가 적용되는 소송이 제기될 수도 있다.

헌법

성문헌법은 대체로 문서로 작성되어 있다. 구체적인 내용은 후속 법 제정과 법원에서의 헌법 해석에 의해서 보완이 된다. 헌법재판소 또는 최상위 법원이 위헌심사를 하여 법령과 행정처분이 헌법을 위반했는지의 여부를 결정한다. 제2차 세계대전 이후 대부분의 민주주의 국가들은 위헌심사 제도를 도입했으며, 위헌심사는 거버넌스에 지대한 역할을 한다.

행정법

비교적 최근에 발전된 행정법은 정부기관들에 의한 규제명령들을 다룬다. 각 행정기관들이 법령을 해석하면서 행정법으로 자리 잡게 된다. 예를 들어, 법령은 상거래에 있어서 '불공정하거나 기만적인 행위'를 금지한다. 그러면 어떠한 사업이 '불공정'한 것인가? 정부의 공정위원회 같은 곳에서 결정을 해야 한다. 정부기관이 의회에서 제정된 법을 해석하고, 향후 결정에 지침이 될 만한 규칙과 판례법을 정한다. 이러한 절차를 거쳐서 만들어진 행정규칙들이 법제화되면서 행정법으로 된다.

국제법

국제법은 조약들, 그리고 대부분의 국가들이 인정한 관습들로 이루어져 있다. 국내법과 같은 방식으로 집행이 되지 않는 점에서 차이가 있다. 국제법을 판결하는 판사와 법원은 존재하지만, 법의 준수는 대체로 자발적으로 이루어진다. 대부분의 국가들이 위반하지 않으려는 이해관계 때문에 국제법이 대체로 준수가 되고 있다. 국제법의 주요 기제는 **상호성**과 **일관성**이다. 좋은 대접을 받기를 원하는 국가들은 다른 국가들에 대해서 예의를 갖추어야 한다. 또한 국가들은 여러 국가들에 대해서 다른 기준을 적용한다고 비난받는 것을 원하지 않기 때문에, 다른 국가들을 일관되게 다루려고 노력한다. 일부 국제법은 국내 법원에서 다룬다. 각국의 법원은 그 국가가 비준한 국제조약을 준수해야 한다는 판결

상호성(reciprocity)
법적 기준을 서로 적용시키는 것.

일관성(consistency)
같은 기준을 모두에게 적용시키는 것.

> ### 고전 정치학 14.1
>
> #### 법의 근원
>
> **도덕률**(道德律)은 그리스 철학이 유대교-크리스트교 사상과 융합되면서 발생한 개념이다. 신 또는 조물주에 귀속을 시킴으로써 도덕률은 인간이 만든 법보다 상위에 있었다. 도덕률은 인간들이 살 권리, 자유, 행복을 추구할 권리, 재산을 소유할 권리, 노동의 결실을 향유할 권리를 조물주로부터 부여받았으며, 이러한 권리들은 어떠한 정부도 빼앗아 갈 수 없는 것이라는 아이디어에 기반하고 있다. 많은 사람들이 도덕률은 인간이 만든 법에 우선하고, 일부 사람들은 도덕률을 인용함으로써 일반법에 대한 그들의 도전을 정당화한다. 인도의 간디(Mahatma Gandhi)와 미국의 킹(Martin Luther King Jr.) 목사는 자신들의 행동이 인간이 만든 법에는 위배될지 몰라도, 도덕률을 따르기 때문에 도덕적인 문제가 없다고 주장했다.
>
> 중세 가톨릭 신학자들에 의해서 발전된 **자연법**은 자연을 준수하는 것이 신의 의지를 나타내는 것이라고 주장한다. 신이 생명을 창조했고, 따라서 생명을 종식시키는 것은 명백하게 잘못된 것이다. 대량학살이 나쁘다는 것을 말해 줄 법전은 필요 없고, 단순히 자연의 섭리를 준수하면 된다. 1961년에 나치의 고위직이었던 아이히만(Adolph Eichmann)을 기소하면서 이스라엘의 검찰관은 아이히만이 자연법에 따라서 대량학살은 잘못된 것이라는 점을 알아야 하고, 나치의 어떠한 은유법도 그것을 정당화시킬 수 없다고 주장했다.

도덕률(higher law) 신으로부터 오는 섭리.

자연법(natural law) 자연으로부터 오는 섭리이며, 추론에 의해서 이해된다.

을 내리고 있다. 해외에서 손해를 본 국내기업이 손해를 입힌 해외기업의 배상에 대해 국내법원에 제소하는 경우가 있다. 우리는 대체로 국제공법에 대한 연구를 하지만, 기업들이 점차 글로벌화 되면서 국제사법의 영역 역시 확대되고 있다.

원초적인 법체계는 구두에 의한 것이고, 관습과 신념으로 구성되어 있다. 현대 법체계는 대체로 기록에 의하여 성문화되어 있으며, 체계적으로 정리되어 있다. 법을 기록한다는 것은 보다 정확하고 표준적으로 만든다는 것이다. 법전화는 고대부터 시작되었고, 문명 발전의 주요 특징이 되어 왔다. 십계와 함무라비 법전은 법전의 초기 형태이지만, 고대의 위대한 법전은 로마법이었다. 사회생활의 모든 측면을 포괄하고 '올바른 이성'에 기초하고 있는 로마법의 구체적 내용은 보편적이고, 유연하며, 논리적이라서 아직도 세계의 많은 곳에서 활용되고 있다. 로마법은 가톨릭 교회의 교회법, 그리고 서기 533년에 비잔틴 제국의 유스티니안(Justinian) 황제가 제정한 유스티니안 법전에 흡수되었고, 이들은 대부분의 현대 유럽법의 기초가 되었다. 현대 유럽법은 로마법, 봉건법, 교회법의 융합에 기초하고 있다.

법원, 재판관, 변호사

14.2 판례법과 성문법을 비교한다.

법제도가 발전하면서 사법제도도 발전했는데, 그 이유는 매일 법과 관련된 행정처리를 해야 하기 때문이다. 사법제도는 항상 계층적이며, 서로 다른 법원들이 특정 재판권을 보유하고 있다. 다시 말해서, 법원들은 다른 종류의 사건을 맡으며, 특정 지역적인 권위도 지니고 있다.

미국의 법원제도

미국의 법원제도는 독특하며, 51개의 사법조직을 보유하고 있는데, 하나는 연방법원들을 포함하는 국가제도이고, 나머지는 50개의 주 제도들이다. 연방제도는 주제도와 중첩된다. 연방법원은 많은 사건들을 다루는데, 그 중에는 어떤 주에서 발생한 문제이지만, 당사자는 다른 주에 사는 경우가 있다. 이를 '복수 주 간의 문제(diversity jurisdiction)'라고 부른다. 반대로 연방법(헌법 또는 법령)의 이슈들이 주 법원에서 논의가 시작되는 경우도 있다. 미국의 대법원은 연방문제에 대한 주법원의 판결을 검토하기도 한다.

국가 법원구조 94개의 연방지방법원들이 미국 국가법원제도의 기초를 이룬다. 이 법원들은 677명의 판사들을 고용하고, 연방법에 의하여 제기되는 민사 소송, 연방법을 위반한 형사 사건, 다양한 관할권에서 발생하는 사건 등을 재판하는 법원의 역할을 수행한다. 그러나 연방법의 적용을 받는 대부분의 형사 사건들은 주법원에서 재판이 진행된다.

연방지방법원의 결정은 항소법원에 항소될 수 있다. 179명의 판사가 포함된 13개의 항소법원들이 존재하고 있다. 각 항소법원들은 3명 또는 그 이상의 판사들을 필요한 수만큼 고용하고 있다. 3명의 판사들의 패널이 항소 사유를 듣지만, 질문은 거의 하지 않는다. 그들은 법이 잘못 해석되었거나 잘못 적용되지 않았는지에 대해서만 고려를 한다. 항소법원은 주로 원고와 피고 양측에서 제시한 **요약문**을 보고 **항소**에 대한 판결을 과반수 투표로 결정한다.

요약문(brief)
관련된 사실, 법, 사례 등을 제공하기 위해서 어느 한 편에 의해서 제출된 간결한 문서.

항소(appeal)
상급 법원으로 사건을 가져가는 것.

사례연구 14.1
판례법 대 성문법

영국의 판례법은 3세기부터 5세기까지 영국을 점령한 앵글족(Angles)과 색슨족(Saxons)의 게르만법을 관습적으로 사용하면서 시작되었다. 이 법은 자유롭고 평등한 인간의 권리를 강조했고, 이전의 재판결과에 의한 **판례**를 기초로 하여 발전되었다. 이것이 '판사가 만든 법'이라는 용어를 낳았다. 1066년에 영국을 노르만족(Normans)이 점령한 이후, 노르만족은 게르만법의 지역적이고 분산화된 성격이 국가 전체의 거버넌스에 방해가 된다는 판단을 하고, 지역의 법들을 종합할 수 있는 중앙 법원을 설립하였고, 영국의 모든 지역을 위한 '관습'법을 만들었다. 그들은 배심원에 의한 재판이라는 새로운 제도도 만들었다.

재판을 할 때 영국의 판사들과 법원들은 즉흥적인 결정을 해야 할 경우가 많았다. 대부분은 교회에서 교육을 받은 경험이 있고, **교회법**에 친근감을 갖고 있었다. 이에 따라, 왕의 법이 부적절하다고 생각이 될 때, 판사들은 교회법을 적용시켰다. 이 법의 적용이 불가능할 때에 판사들은 상식과 영국사람들의 일반 습관을 활용했다. 수 세기에 걸쳐서 판례법의 중요한 부분들이 로마법, 교회법, 영국 지역관습을 융합하면서 발전되었다.

판례법은 세 가지 특징을 지니고 있다. 첫째, 관습법이며, 포괄적인 법전이 아니라 개별적인 판결에 기초하고 있다. 둘째, 판례법은 **사법판단**(*judicial decision*)에 의하여 만들어지며, 따라서 유연성이 있다. 판사들은 새로운 사건에 맞도록 이전의 재판결과와 원칙들을 재해석하거나 수정할 수 있다. 셋째, 판례법은 **선례구속**(先例拘束, *stare decisis*)에 기초한다. 과거와 현재의 두 사건이 정확하게 일치하지 않기 때문에, 판사는 이전의 판례를 변경시키기 위해서 두 사건의 차이를 지적해 낸다. 이에 따라 판례법은 놀랄만한 유연성을 가지게 된다. 17세기 영국에 지배하는 제도로서 의회(입법부)가 등장함에 따라 성문법이 추가로 제정되어 판례법의 많은 부분을 대신했다. 오늘날 판례법과 성문법이 충돌할 경우 성문법이 우위를 차지한다.

판례법의 중요성은 점차 쇠퇴하고 있지만, 아직 영국(스코틀랜드 제외), 미국(루이지애나 제외), 캐나다, 호주, 뉴질랜드, 그리고 많은 과거 영국의 식민지 국가들에서 영향력을 가지고 있다. 성문법의 많은 부분은 과거 판례법의 조항들을 공식적으로 법령화한 것이다. 판례법은 영국의 사회와 정치를 발전시켰고, 미국에 독특한 정치적 습관을 부여했다.

유럽대륙(특히 프랑스)의 법제도는 매우 다르게 발전했다. 프랑스의 왕들이 봉건주의를 붕괴시키고 전체주의로 나아감에 따라, 법학자들은 중앙정부를 뒷받침하고 상업을 고무하기 위해 **로마법**을 회생시켰다. 프랑스의 판사들이 활용한 로마법의 가치는 보편적이었고, 기록된 것이었으며, 고대 세계에 적합했으며, 교회법을 통해 이미 알려져 있었다.

법을 성문화한 나폴레옹은 프랑스 사법체계에, 그리고 궁극적으로 세계 많은 지역에 대해 지속적인 기여를 하고 있다. 현대 유럽법의 첫 번째 성문화라고 할 수 있는 1804년의 **나폴레옹 법전**은 봉건법을 배제하고, 민법이 종교의 영향에서 벗어나도록 했다. 나폴레옹 법전은 고문과 불법 체포 및 구금 방지, 시민자유, 시민평등 같은 프랑스혁명으로부터 획득한 것들을 보전했다. 나폴레옹은 대부분의 유럽을 점령하면서 자신의 법전을 가져갔다. 이에 따라 유럽의 법제도는 아직 나폴레옹 법전에 기초하고 있다. 이 법전은 미국의 루이지애나, 아시아, 아프리카, 라틴 아메리카에서 사용

계속

되고 있다. 오늘날 프랑스의 중앙집중화도 나폴레옹 법전의 기본적인 철학을 반영하는 것이다.

오늘날 세계의 많은 사람들이 **나폴레옹 법전** 하에서 살고 있다. 대부분의 **성문법**은 구체적인 동시에 정확하고, 포괄적이며, 일반인들도 이해하기가 쉽다. 판사들은 단순히 적용시키기 위한 법을 만들지는 않는다. 판례는 중요성이 떨어진다. 미국과 같은 제도에서 사법체계는 행정부에서 독립되어 있지 않다. 따라서 위헌검토의 권한은 제한되어 있다. 이 권한은 입법부와 공유되거나, 특별 헌법재판소에 부여되어 있다. 대부분의 유럽 국가들이 헌법재판소를 보유하고 있는 것은 비교적 새로운 현상이다.

판례법과 성문법의 차이는 명료하다. 판례법은 일반적이고 대체로 판사가 만드는 법이며, 판례와 관습에 의존한다. 성문법은 구체적이고 대체로 의회에 의해서 입법이 된다. 두 가지 법제도 모두가 군주를 현대화하고 중앙집권화할 필요에서 발전된 것인데, 그들은 영국의 헨리 1세와 2세, 그리고 프랑스의 루이 13세와 나폴레옹이었다. 그러나 이 제도들은 점차로 같아지고 있다. 영어권 국가들에서 성문법이 늘어날수록, 판례법의 중요성과 적합성은 줄어들고 있다. 두 가지 제도에서, 행정기관들의 입법에의 참여가 늘어나고 있다. 행정기관들이 제정하는 규칙들도 법체계의 한 부분이 되고 있다.

주 법원제도 50개의 주들은 각기 자체적인 법원제도를 지니고 있으며, 이 법원제도들은 미국의 법 관련 업무의 90퍼센트를 담당하고 있다. 이 주 제도들이 다루는 것은 형사보다는 민사업무가 대부분이다. 일반적으로 주의 재판업무는 카운티 수준에서 이루어지며, 원칙적으로 민사와 형사 사건들 모두를 포괄하고 있다. 시골에서 치안판사들은 사소한 일들에 대한 재판을 한다. 도시지역에서도 치안법원이나 경찰법원도 같은 일을 한다. 지역법원은 배심원 없이 재판을 하고(중대한 사건의 경우 주 법원으로 이관한다), 법 위반자들이 받는 처벌은 벌금 또는 짧은 구류이다.

판사

연방 판사 연방 판사들은 대통령에 의하여 지명이 되고, 반드시 상원의 동의를 받아야 한다. 행정부와 정치권의 압력을 방지하기 위해서 판사들은 탄핵을 받지 않으며 종신 근무할 수 있다. 일부 연방판사들은 정당 소속에 의해서 지명을 받을 수 있지만, 대부분의 판사들은 충분한 자격을 보유하고 있다. 법무장관이 자격이 되는 후보자들의 명단을 만들고, 결원이 생기는 경우 대통령이 그 명단에서 선택을 한다. 대통령은 미래의 판사를 고를 때 미국법률인협회(ABA)에서 결정한 명성 위주의 서열을 참고로 한다. FBI가 각 후보의 신상파악을 한다. 상원의 동의는 형식적인 측면이 있으나, 최근에는 매우 정치적인 성격을 지니

판례(precedent)
이전의 판결에 기초한 법적 결정.

교회법(canon law)
로마법에 기초한 로마 가톨릭 교회의 법.

로마법(Roman law)
고대 로마의 법전에 기초하는 법.

성문법(code law)
로마법을 업데이트하여 기록된 법.

재판관(bench)
재판을 하는 공직자.

고 있다. 간혹 능력이 부족한 당의 인물로 **재판관**을 대통령이 임명하려 한다고 야당이 비난하는 경우가 있으며, 때로는 동의를 받지 못하도록 방해하여, 한 동안 공석이 유지되는 경우도 있다.

주 판사 주 판사들은 선거에 의해서 선출되거나 임명이 되는데, 임기는 최고 14년까지 다양하다. 민주당과 공화당은 같은 명부에서 판사 후보자를 지명하기도 하는데, 이에 따라 법관선거는 대체로 비당파적이 된다. 캘리포니아의 판사들은 임명이 되지만, 추후에 투표에 의한 동의를 받아야 한다. 플로리다에서 주지사가 비당파적 지명위원회에서 작성한 명부에서 판사를 임명하고, 몇 년 동안 재판을 진행한 후 실시되는 투표에 의해서 그 직을 유지할지에 대한 신임을 확인받는다. 일부 사람들은 선출된 주 판사들이 교묘한 재판기술을 활용하여 대중들의 인기를 끄는 정치인이 될 우려가 있다고 주장한다. 다른 사람들은 임명된 주 판사가 주지사의 정치적 동료가 될 수 있다고 받아친다. 플로리다의 제도는 이 둘의 문제점들 사이에서 균형을 찾기 위한 제도이다.

법원의 비교

14.3 영·미의 재판과 유럽의 재판을 비교한다.

판사들은 어떠한 역할을 수행해야 하는가? 그들은 수동적으로 법 드라마를 보는 것처럼 절차의 갈등적인 부분에 대해서만 심판관처럼 행동해야 하는가? 아니면 적극적으로 증인을 심문하고, 증거를 밝히며, 진행되는 과정에 논평을 하면서 재판을 진행해야 하는가? 이 후자의 형식은 미국인들에게는 이상하고 위험한 것인데, 그 이유는 미국의 소극적 판사들이 판례법 전통에 길들여져 있기 때문이다. 반면에, 성문법 국가들에서 판사들은 매우 적극적인 역할을 수행한다.

대립(adversarial)
반대되는 양측의 갈등에 기초하는 제도.

고발(accusatorial)
대립과 유사하지만, 검사가 범죄 피고를 기소하는 것.

영·미의 대립과 고발의 과정

영국과 미국의 법원들은 불법의 교정과 위법의 색출을 추구하지 않는 수동적인 기관들이다. 그 대신 그들은 법이 도전을 받고, 피고가 자신들에게 올 때까지 기다린다. 이 제도는 **대립**과 **고발**을 기초로 하여 작동된다. 대립과정에서 양측 (원고와 피고)은 공평한 법원에서 자신들에게 유리한 판결이 나오도록 경쟁한다. 법원은 실질적인 이익의 충돌을 포함하지 않는 사건은 다루지 않는다. 원고는 피고가 어떠한 방식으로 얼마나 손해를 입혔는지 밝힐 수 있어야 한다. 양측은 자신들의 증거를 제시하고, 증인을 부르고 교차 심문하며, 서로의 주장에 대해서 반박을 한다. 판사는 증거와 증언의 유효성, 법적 절차, 논쟁점에 대해 결정을 한다. 이러한 과정을 거친 후 판사는 사실과 관련법에 기초하여 판결을 내린다. 배심원이 참석하는 재판일 경우, 판사는 배심원들에게 증거의 중요성과 관련법을 알려 준 후, 배심원의 평결을 거의 그대로 받아들인다.

형사 사건의 경우, 경찰이 조사를 한 후 검사에게 사건을 송치하면 검사는 기소를 할지 결정을 해야 한다. 실제 재판은 민사재판과 유사하게 진행되지만, 정부가 원고로 되며, 범죄 혐의자가 피고가 된다. 이러한 고발제도의 취약점은, 특히 가난한 후진국에서 적용이 되면, 최상의 변호사를 임명하는 쪽에 유리한 판결이 나올 수 있다는 점이다. 결국 돈이 형벌의 수준을 결정하게 되는 것이다.

영국의 법원

영국의 법원제도는 1873년의 재판소법(Judicature Act)에 의해서 수립되었고, 대체로 판례법 전통을 따르고 있다. 이 법원제도는 민사법원과 형사법원으로 분리되어 있다.

판사의 임명과 임기   영국의 판사들은 명목상 군주에 의해서 임명되지만, 내각의 일원이면서 귀족원의 사회를 보는 귀족원 의장의 권고에 기초하여 수상이 선택한다. 영국의 판사들은 종신 임기제이고, 정치 위에 존재한다. 영국은 전통적으로 위헌심사 제도가 없지만, 2000년에 유럽인권협약(European Convention on Human Rights)에 가입하면서 일부 위헌심사 제도를 가지게 되었다. 현재 영국의 판사들은 유럽인권협약을 사용하여 법령과 경찰의 행위를 검토할 수 있다.

변호사의 역할   영국과 미국은 공통된 법적 전통을 공유하지만, 중요한 차이들이 있다. 그중의 하나는 영국에서 정부는 범죄를 기소하기 위해 변호사를 고용한다. 영국에는 미국과 같은 전문적인 검사가 없다. 미국의 변호사들은 법정 내외에서 모든 종류의 법적 업무를 수행하지만, 영국에서는 **사무 변호사**(*solicitor*)가 법정에서 고객들을 대표하는 이외의 모든 법적업무를 담당한다. 법정에 참여하는 전문 변호사로 **법정 변호사**(*barrister*)가 있다.

유럽의 법원제도

나폴레옹 법전의 영향을 받은 프랑스 제도를 기초로 하고 있는 유럽의 법원제도는, 영국법원과 달리, 형사와 민사를 구분하지 않고 있다. 그 대신, 대부분의 유럽국가들은 일반법원과 행정법원을 분리하는 제도를 유지하고 있다. 유럽의 법관들은 법과 절차에 대한 재판을 진행하는 패널로 자리는 지키지만, 재판의 마무리 판결을 할 때는 배심원이 평결과 선고를 할 수 있도록 퇴장한다. 배심원들은 법관들의 우월한 지식 및 지혜와 혼합하여 재판을 진행한다. 일부 제도들, 특히 독일의 경우, 판사는 혼자 재판을 운영하거나, 두 명의 '배심원들'과 같이 재판을 실시한다.

유럽의 심문과정 성문법을 지닌 국가들의 판사들은 판례법 국가의 판사들보다 적극적인 역할을 수행한다. 검사는 조사를 수행하고 증거와 증언을 수집하여 **조사 판사**에게 증거를 제시하는 법무부 공무원이다. 영국과 미국의 제도와 달리, 유럽의 치안판사(magistrate)가 재판에 사건이 회부되기 전에 유죄 여부를 미리 결정을 한다. 마찬가지로 미국의 지역 검사가 재판에 회부할지의 여부를 실질적으로 결정한다. 유럽의 형사재판에 있어서, **기소** 여부는 지역 검사가 아니라 판사에 의해서 이루어지며, 증거의 중요성 여부는 상대방(원고와 피고)에 의해서 통제되지 않고, 법원에 의해서 결정된다. 이에 따라 필요한 증거를 획득하는 데 우선조치를 취할 수 있게 된다.

미국제도에서 피고인은 형이 확정될 때까지 무죄로 추정된다. 유럽에서 이 가정은 거의 역방향이다. 미국 또는 영국법원에서 입증의 부담은 기소한 측에 부과되며, 피고는 자신을 방어하기 위해서 한 마디도 안 해도 된다. 기소자는 '합리적 의심 수준 이상으로' 유죄를 입증해야 한다. 성문법 국가들에서 피고인은 조사 판사가 잘못되었다는 입증을 해야 할 부담을 지니고 있다.

변호사의 역할 영국이나 미국의 재판 변호사들과 달리, 프랑스와 독일의 변호사들은 증인들에게 질문을 하지 않는다. 그 대신 그들은 상대방의 주장에 대해 논리적이거나 사실적인 실수를 밝혀내고, 배심원의 마음을 바꾸도록 노력한다. 대체로 유럽 변호사들의 역할은 미국의 변호사들보다 중요하거나 창조적이 아

조사 판사(investigating judge)
유럽의 사법제도에서, 증거와 이슈를 수집하는 사법부 공직자.

기소(indict)
어떤 사람의 범죄를 공식적으로 제기하는 것.

닌데, 그 이유는 법원이 사건의 사실을 발견하기 위한 선제적 조치를 취하기 때문이다.

러시아의 법원

대개의 인사들이 공산주의 치하에서 훈련을 받았기 때문에, 러시아의 탈공산주의 법제도는 소련 구조의 많은 부분을 답습하고 있다. 현재 러시아는 재산법과 시민권 등 '부르주아' 개념을 포함하여 '법의 지배'를 구축하기 위한 노력을 기울이고 있다. 1991년에 러시아 역사에서 첫 번째 독립된 재판소인 헌법재판소가 15명의 법관들을 구성원으로 하여 설립되었다. 이론적으로 헌법재판소는 대통령과 의회가 한 행위에 대한 합헌성을 판결할 수 있다. 실제로 러시아 대통령들은 법관을 임명할 수 있는 권한을 포함하여 막강한 권력을 보유하고 있으며, 법원이 이 권력에 대해서 균형을 맞추기가 어려운 상황이다. 러시아에 범죄도 늘어나고 있다. 러시아에 새로 등장한 부유하고 강한 권력을 가진 계층은 의원, 언론인, 경쟁자들을 포함하여 자신의 길에 방해하는 사람들을 제거하기 위하여 갖은 불법적 수단을 동원하고 있다. 이러한 상황을 해결할 수 있는 유인한 법적 장치는 '권총' 뿐이라는 말이 나올 정도이다.

소련법의 기본 개념과 사법과정의 작동은 서방 민주주의 국가들의 것과 상당한 차이가 있었으나, 정치적이 아닌 단순한 형사 사건에 있어서는 유사했다. 소련법은 법이 지배계층을 위해 작동된다는 마르크스의 아이디어와 함께 시작되었다. 자본주의자들은 당연히 사유재산을 보호하기 위하여 제정된 부르주아 법들을 가지고 있다. 이론상 소련의 권력을 장악하고 있는 프롤레타리아들은 국유재산을 보호하기 위한 사회주의법을 지니고 있었으며, 사회 전체에 적용이 되었다. 스탈린의 공포정치가 느슨해진 뒤에, 국가재산을 훔치는 행위가 소련 경제에서 빈번하게 발생했으며, 이는 체제의 경쟁력을 저하시키는 작용을 했다. 아주 희귀하게 존재하는 사유재산에 대해서는 거의 언급이 되지 않았다. 소련법에서는 선동과 전복에 대한 내용이 중요하게 포함되었는데, 이 분야는 서방에서는 별로 중요하지 않았다. 소련 시민들이 '반국가활동' 또는 '국가에 대한 비판'을 하게 되면 시베리아로 유배를 가는 중형을 선고받았다.

정치와 관련이 되지 않은 사건들은 소련법에 의해서 비교적 공정하게 취급되었다. 검사가 증거를 수집하고 재판에 회부했지만, 때로는 사회적 요인들을 완화시키는 고려를 하고 가벼운 처벌을 요구하기도 했다. 피고인의 변호사가 허용되었지만, 그들은 의뢰인에게 법적 자문만 할 수 있었으며, 검사의 증거에는 도전을 할 수가 없었다. 배심원 제도가 없었다. 모든 소련의 판사들은 공산당원이었다.

일부 정치적 사건들에 대해서는 전혀 재판이 이루어지지 않았다. 소련의 복종적인 정신과 의사들은 반체제 인사들을 '불온한 정신분열증 환자'로 진단하고, 재판 없이 형무소 수준의 병원에 감금했다. (소련이 붕괴된 이후 이 병은 사라졌다.) 1974년에 노벨 문학상 수상자인 솔제니친(Alexander Solzhenitsyn)은 재판 없이 독일로 가는 비행기에 태워져서 추방되었다. 이와 유사하게, 1980년에 반체제 물리학자였던 사하로프(Andrei Sakharov)는 서방의 기자들로부터 격리를 하기 위해서 먼 지역으로 추방되었다. 소련의 국가보안위원회(KGB)는 강력한 조직이었고, 법원과 상관없이 활동을 했다. 소련 붕괴 이후 KGB는 연방보안국(FSB)으로 전환되었는데, KGB의 조직원들을 승계했고, KGB의 원래 목적과 권력을 그대로 이양 받았다. 체제 반대자들은 처형되거나 투옥되었으나, 실질적으로 아무도 재판을 받지 못했다. 푸틴 대통령은 대학에서 법을 전공했고, KGB 요원으로 활동했으며, FSB의 최고 책임자로 근무했으며, 러시아의 지도자가 된 후 정부의 요직에 과거 KGB 요원들을 앉혔다. 푸틴은 반대파들을 제거하는 데 법 절차를 지키는 것처럼 보이는 방식을 사용했으며, 횡령 또는 탈세 혐의가 있는 사람들은 수십 년 동안의 징역형에 처했다. 법의 지배는 러시아에서 시행된 적이 없으며, 민주주의는 사망했다. 법의 지배와 민주주의는 밀접하게 연관되어 있다.

법원의 역할

14.4 위헌심사가 무엇이며 어떻게 이루어지는지 설명한다.

위헌심사는 다른 나라들보다 미국에서 더 발전했으며, 미국인들은 다른 나라의 국민들보다 자국의 법원에 대해 기대하는 바가 크다. 미국의 법원에서 드라마틱한 충돌이 자주 발생하기 때문에, 미국 텔레비전에서의 '법정 드라마' 방영이 다른 나라들보다 많다.

서방 민주주의 국가들의 법원은 미국의 제도와 유사하지만, 하는 업무는 그렇게 많지 않다. 예를 들어, 스위스에서 주법원은 사건들을 연방법원에 보내서, 주법이 스위스 헌법에 위반되는지를 결정하게 할 수 있다. 그러나 연방법원은 스위스 의회에서 통과된 법의 합헌성 여부는 검토하지 않는다. 독일의 헌법재

학습방법 14.1

산포도(散布度)

당신이 갖고 있는 숫자들이 하나의 패턴을 형성하는 것을 보여주기 위해서, 당신은 교차표(cross-tab)의 수준을 넘어서 **산포도** 또는 산점도(散點圖, scatterplot)를 작성하는데, 이는 해당 숫자를 그래프에 점으로 표시하여 당신의 주장을 명확하게 한다. 만약 당신이 가치 있는 어떤 것을 발견한다면, 이 점들은 완전하지는 않지만 하나의 패턴을 형성하면서, 두 변수들 사이의 관계를 교차표보다 명확하게 보여줄 것이다. 반면에, 만약 점들이 그래프에 무작위적으로 분산된다면, 이는 아무런 패턴이나 관계가 없다는 점을 보여주는 것이다.

베를린에 소재하는 연구기관인 국제투명성기구(TI: Transparency International)가 작성한 부패인식지수(CPI: Corruption Perceptions Index)는 부패에 얼마나 많이 접하게 되느냐에 대해서 국제기업인들에게 설문을 한 조사결과이다. 이 조사결과는 주관적이고 불완전하지만, 뇌물을 받는다고 자인을 하는 사람들은 거의 없기 때문에 객관적인 측정은 불가능하다. TI는 국가들을 100(매우 청렴)부터 1(전체적으로 부패함)까지 등급을 매겼다. 아래 도표의 산포도는 X(수평) 축에 1인당 GDP를, Y(수직) 축에 CPI를 나타낸다.

당신의 컴퓨터는 '가장 적합한 선'(때로는 곡선)을 그릴 수 있다. 이 선은 아이티에서 캐나다까지 이어진다. 대부분의 점들은 선에서 크게 벗어나지 않으면서, 부유한 국가일수록 부패가 덜 하다는 점을 보여준다. 그러나 선에서 멀리 벗어나는 일부 국가들, 즉 **이상점**이 존재한다. 개인당 소득이 높은 국가 순으로 밑에서 3분의 1에 해당하는 칠레의 경우, 청렴도는 비교적 높은 편이다. 스캔들이 자주 발생하는 이탈리아, 일본, 프랑스의 경우, 그 국가들의 부가 보여주어야 하는 것보다 높은 수준의 부패를 보여주고 있다. 가장 특이한 이상점의 국가는 미국이다. 이상점들을 설명하기 위해서 당신은 그 국가들의 역사, 제도, 정치문화를 연구해야 한다. 이상점들은 매우 재미있는 이야기들을 들려주는 경우가 있다.

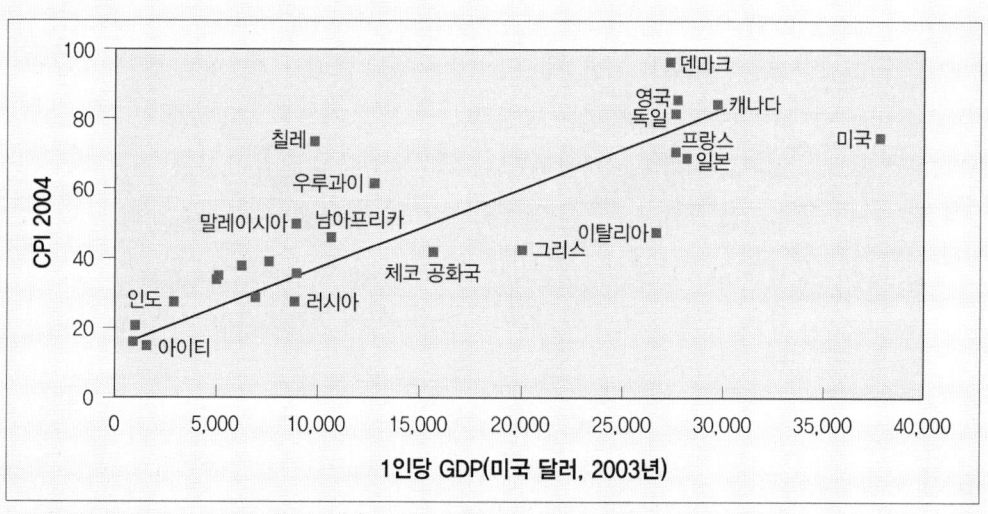

산포도(scattergram)
양 축의 그래프에 표시되는 분포.

이상점(outlier)
기대되는 위치로부터 벗어나는 점.

판소는 법령이 기본법(독일의 헌법)에 적합한지를 확인하기 위하여 심사한다. 카를스루에(Karlsruhe)에 위치하고 있는 독일의 헌법재판소는 제2차 세계대전 이후 미국의 입장 고수로 기본법에 포함되었으며, 이는 유럽에서 새로운 개념이었다. 독일 헌법재판소는 16명의 판사로 구성되어 있고, 상원과 하원이 각기 8명씩 선출하며, 재임이 안 되는 12년의 임기로 임명이 된다. 헌법재판소는 주들 사이의 사건들에 대한 결정을 내리고, 시민의 자유를 보호하며, 위험한 정당을 불법화한다. 헌법재판소의 판결은 매우 중요하다. 1950년대에 헌법재판소가 신나치당과 공산당이 헌정질서를 전복시키려 한다는 점을 발견해 내고, 이들을 불법화했다. 1974년에 헌법재판소는 낙태법이 기본법의 임신중절 반대 조항과 충돌되는 점을 확인했다. 독일의 헌법재판소는 보다 엄격한 성문법에 기초하여 판결을 내리기 때문에, 그 판결은 미국의 대법원이 판례법 하에서 내리는 판결을 국법으로 간주하는 미국보다 영향력이 약하다.

미국의 대법원

미국 대법원이 보유한, 연방법의 합헌 여부를 심사하는 권한은 헌법에 구체적으로 언급되어 있지 않으며, 상당한 도전을 받아 왔다. 위헌심사는 1787년의 제헌회의(Constitutional Convention)에서 처음으로 고려되고 논의되었다. 회의 대표들은 제안된 법률의 합헌성에 대한 의문이 생기면 입법의원들이 판사들에게 견해를 물어볼 수 있도록 제안했다. 매디슨(James Madison)은 "국민들이 제정한 헌법을 위반하는 법은 판사들에 의해서 무효화될 것"이라고 주장했다. 그러나 그러한 권한은 법원에 이중 견제 기능을 부여하고 중립성을 훼손할 수 있다고 우려하는 사람들이 이러한 방침에 대해서 도전을 했다. 다른 사람들은 이러한 방침이 권력분립에 위배된다고 주장했다. 게리(Elbridge Gerry, 1812년에 선거구 조정방식인 게리멘더를 제시한 인물)는 이 방침은 '판사들의 정치인화' 한다는 경고성의 발언을 했다. 회의가 끝나면서 위헌심사는 분명하게 확정되지는 않았다.

그러나 해밀턴(Alexander Hamilton)은 『페더럴리스트(*Federalist*)』 78호에서 오로지 법원만이 입법권한을 제한할 수 있다고 주장했다. 1801년부터 1835년까지 대법원장이었던 마셜(John Marshall)은 이러한 주장에 동의했다. 그러나 위헌심사의 방침은 보편적으로 인정이 되지는 않았다. 강력한 의지를 가진 대통령들은 법원의 권위에 대해서 저항했다. 제퍼슨(Thomas Jefferson), 잭슨

(Andrew Jackson), 링컨(Abraham Lincoln), 루즈벨트(Franklin D. Roosevelt) 대통령들은 강력한 의지를 가진 법관들과 첨예한 대립을 했다. 오바마 대통령은 자신이 다수의 대법원 판결들을 좋아하지 않는다는 점을 명확히 했다.

토의질문

1. 왜 정치제도는 법원에 의존하는가?
2. 자연법과 실정법의 차이는 무엇인가?
3. 판례법과 성문법의 차이는 무엇인가?
4. 자기 나라의 법원제도를 설명할 수 있는가?
5. 유럽과 미국의 재판은 어떠한 점에서 차이가 있는가?
6. 독일에서 미국의 대법원과 같은 역할을 하는 기구는 무엇인가?

핵심용어

고발(accusatorial) p. 322
교회법(canon law) p. 321
기소(indict) p. 324
대립(adversarial) p. 322
도덕률(higher law) p. 318
로마법(Roman law) p. 321
민법(civil law) p. 316
법(law) p. 315
산포도(scattergram) p. 328
상호성(reciprocity) p. 317
성문법(code law) p. 321
실정법(positive law) p. 316
요약문(brief) p. 319
원고(plaintiff) p. 316
이상점(outlier) p. 328
일관성(consistency) p. 317
자연법(natural law) p. 318
재판관(bench) p. 322
조사 판사(investigating judge) p. 324
판례(precedent) p. 321
판례법(common law) p. 316
항소(appeal) p. 319

참고문헌

Bach, Amy. *Ordinary Justice: How America Holds Court*. New York: Holt, 2010.
Barber, Sotirios A., and James E. Fleming. *Constitutional Interpretation: The Basic Questions*. New York: Oxford University Press, 2007.
Baum, Lawrence. *Judges and their Audiences*. Princeton, NJ: Princeton University Press, 2008.
Belsky, Martin H., ed. *The Rehnquist Court: A Retrospective*. New York: Oxford University Press, 2002.
Bingham, Tom. *The Rule of Law*. London: Allen Lane, 2010.
Breyer, Stephen. *Active Liberty: Interpreting Our Democratic Constitution*. New York: Knopf, 2005.
Calvi, James V., and Susan Coleman. *American Law*

and Legal Systems, 7th ed. New York: Longman, 2011.

Carp, Robert A., Ronald Stidham, and Kenneth Manning. *Judicial Process in America*, 9th ed. Washington, DC: CQ Press, 2013.

Carter, Lief H., and Thomas F. Burke. *Reason in Law*, 9th ed. New York: Longman, 2012.

Dworkin, Ronald. *The Supreme Court Phalanx: The Court's New Right-Wing Bloc*. New York: New York Review of Books, 2008.

Feldman, Noah. *Scorpions: The Battles and Triumphs of FDR's Great Supreme Court Justices*. New York: Twelve Books, 2010.

Greenhouse, Linda, and Reva Siegel. *Before Roe v. Wade: Voices that Shaped the Abortion Debate Before the Supreme Court's Ruling*. New York: Kaplan, 2010.

Howard, Philip K. *Life Without Lawyers: Liberating Americans from Too Much Law*. New York: Norton, 2009.

Jenkins, John. *The Partisan: The Life of William Rehnquist*. New York: PublicAffairs, 2012.

Murphy, Bruce Allen. *Scalia: A Court of One*. New York: Simon and Schuster, 2915.

Shesol, Jeff. *Supreme Power: Franklin Roosevelt vs. the Supreme Court*. New York: Norton, 2011.

Sunstein, Cass R. *A Constitution of Many Minds: Why the Founding Document Doesn't Mean What It Meant Before*. Princeton, NJ: Princeton University Press, 2009.

Sweet, Martin J. *Merely Judgment: Ignoring, Evading, and Trumping the Supreme Court*. Charlottesville, VA: University of Virginia Press, 2010.

Tribe, Laurence, and Joshua Matz. *Uncertain Justice: The Roberts Court and the Constitution*. New York: Holt, 2014

Tushnet, Mark. *In the Balance: Law and Politics on the Roberts Court*. New York: Norton, 2014.

제5부 정치제도가 하는 것

제15장 정치경제 정치경제는 경제와 정부가 하는 상호작용을 포괄하는 광범위한 개념이다. 보수주의자들까지도 정부가 경제를 안정시키는 역할을 해야 한다고 주장한다. 일부는 케인즈의 경기대응 지출을 통해서 이를 실현하고, 다른 정부들은 이자율을 통해서 화폐공급을 늘리거나 줄이는 정책을 옹호한다. 서방국가들은 되풀이되는 인플레이션, 증세 또는 감세, 예산과 무역적자, 석유파동, 거품붕괴로 어려움을 겪고 있다. 재정이 충분하지 않기 때문에, 국가들은 가난한 사람들을 위한 복지가 아니라, 모든 사람들이 혜택을 받을 수 있는 대규모의 복지후생프로그램들(사회보장과 메디케어)을 재고해야만 하는 상황에 봉착하고 있다.

제16장 폭력과 혁명 정치적 폭력은 체제붕괴의 징후이며, 거의 모든 국가가 경험하는 것이다. 여러 종류의 폭력이 존재하는데, 그들은 근원적, 분리주의적, 혁명적, 쿠데타 성격의 폭력들이다. 혐오하는 정치체제를 약화시키기 위해서 테러를 자행한다. 변화와 상승하는 기대감이 폭력을 조장하기도 한다. 베트남은 '혁명적 정치적 전쟁'보다는 덜 게릴라적인 전쟁이었다. 혁명은 구 엘리트들을 완전히 제거하고, 오래 전에 브린턴(Crane Brinton)이 제시한 순환을 따르는 경향이 있다. 그는 온건세력에 의한 전복으로 체제가 붕괴되면, 극단주의자들의 테러에 의하여 또 다른 전복이 발생하고, 이후 또 다른 테러가 발생하거나 잠잠해 진다는 순환논리다. 이란이 이 순환론에 적합한 사례다. 최근의 아랍의 봄 사례가 보여주듯이 혁명은 최악의 상황으로 끝나는 경향이 있다. 그러나 지배층이 부 또는 권력을 포기하려 하지 않기 때문에 혁명을 방지하는 것은 어렵다.

제17장 국제관계 국제관계(IR)는 무정부적이기 때문에 주권자가 질서를 유지하려는 시도를 하는 국내정치와 다르다. 그 대신 세력과 국가이익이 국제관계의 많은 부분을 결정한다. 몇 년이 지나기 전까지 국가이익을 확인하기 어려운 경우가 있다. 전쟁의 원인에는 미시적이고 거시적 이론들, 오해, 세력(불)균형이 포함되어 있다. 세계정부 수립, 집단안보, 민주주의 확대 등 전쟁을 예방하기 위한 다양한 방안들이 강구되고 있다. 기능주의는 국가들이 우선적으로 작고 실질적인 문제들부터 협력을 해야 한다는 제안을 하고 있다. 외교, 특히 제3국에 의한 중재와 평화유지활동이 분쟁을 해결하기도 한다. 일부 사람들은 국가주권의 개념이 약화되고 있으며, 유엔이나 나토 같은 초국가기구들이 개입하고 있다는 주장을 한다. 현재 세계화, 화폐평가, 석유 등 경제요인들이 점차 확대되고 있다. 강대국들의 외교정책은 개입주의와 고립주의 사이의 갈림길에 놓여 있다. 인류는 혼란스럽고 위험한 세계에 적응하며 살아야 하는 상황이 되었다.

15장 정치경제

> **학습목표**
>
> **15.1** 정치와 경제 사이의 관계를 설명한다.
> **15.2** 1960년대 이후 수많은 경제문제들을 검토한다.
> **15.3** 사회적 권리와 복지를 비교한다.
> **15.4** 사회적 권리와 복지 프로그램의 확대 또는 축소에 대한 논쟁을 소개한다.
> **15.5** 복지 프로그램에 대한 정부의 모순된 충동을 논의한다.

2008년에 전 세계적으로 몰아 친 경제위기는 일반적인 불황이 아니었다. 몇 년에 한 번 씩 발생하고 빠르게 회복이 가능했던 단순한 불황과는 다른 것이었다. 일부 경제학자들은 이 경제위기를 불황보다 더 나쁘고 오래 지속되는 '위축'으로 불렀다. 이 경제위기는 국내가격의 붕괴를 가져왔고, 기존의 불황을 극복하기 위한 표준적 정책으로는 불경기 경제를 회복시키는 것이 거의 어려웠다. 정부의 프로그램 또는 단순한 시간의 경과가 서서히 경제를 회복시킬 것이라는 기대도 하기 어려운 상황이었다.

구제금융(bailout)
기업들의 붕괴를 막기 위해서 정부가 긴급으로 제공하는 대출.

긴축(austerity)
정부의 지출을 줄이는 것.

불경기를 어떻게 극복하는가에 대한 뜨거운 논쟁은 정치와 경제 사이의 긴밀한 관계를 보여준다. 대부분의 경제학자들은 **구제금융**이 필요하다고 주장했다. 구제금융 없이 세계는 새로운 불황에 빠져들게 될 것이라고 우려했다. 심지어는 중국까지 포함된 세계의 정부들은 유사한 조치를 취했다. 최악의 상황은 피했지만, 보수주의자들은 정부의 적자가 너무 커서 인플레이션과 통화붕괴가 우려된다고 비판했다. 구제금융을 망설였던 유럽의 약한 경제는 유로화, 심지어는 유럽연합의 미래에 대한 의문을 갖게 했다. 대부분의 유럽국가들은 긴축을 실행했으나, 불경기 경제는 지속되었다. 미국의 연방정부는 **긴축**을 실시하지 않았지만, 미국경제는 서서히 회복되었다. 공화당은 긴축의 실시를 요구했지만, 대부분의 미국 경제학자들은 긴축을 하게 되면 1930년대의 대공황의 실수가 되풀이될 것이라고 경고했다. 일부 경제학자들이 말한 대로, 정치의 내용은 경제다. 대부분의 대논쟁들은 경제에 관한 것이다.

정치경제가 무엇인가?

15.1 정치와 경제 사이의 관계를 설명한다.

정치경제는 오래 되고 유연한 개념이다. 아담 스미스(Adam Smith), 리카르도(David Ricardo), 밀(John Stuart Mill), 마르크스(Karl Marx) 등 18세기 후반과 19세기의 고전 경제학자들 모두는 자신들이 **정치경제**라고 부르는 분야에 대한 저술을 했다. 그렇게 함으로써, 그들은 정부, 사회, 경제를 하나로 봤던 아리스토텔레스의 뜻을 따랐다. 또한 고전적 정치경제학자들은 규범적 방향성을 가지고, 번영을 촉진하기 위해서 정부가 무엇을 해야 하는지에 대한 처방을 내렸다. 19세기 후반에 경제학자들이 점차로 과학적이 되고 숫자를 다루게 되면서, 그들은 자신들의 학문 이름에서 '정치'라는 단어를 제외했고, 학문의 방향을 경험적 기술과 예측으로 전환했다.

정치경제(political economy)
정치와 경제가 상호 영향을 미치는 것. 정부가 경제에 대해서 해야 하는 것이다.

최근 들어 정치경제의 개념이 당파적 색채를 보이며 재등장했다. 급진주의자들은 자본주의, 그리고 국가 사이와 국가 내의 부의 불평등한 분배를 비판하는 데 마르크스주의(최근 들어서 인기가 떨어진) 대신에 '정치경제' 개념을 사용하고 있다. 보수주의자들은 아담 스미스에 의해 주장된 순수한 시장제도를 회복하는 데 정치경제 개념을 사용하고 있다. 우리는 이데올로기적 측면을 배제하고, 정치경제 개념을 정치와 경제의 상호작용을 설명하는 데 사용할 것이다. 이는 매우 큰 상호작용이다.

정치에서 경제가 많은 부분을 차지하고 있다. 정치인들은 번영을 약속하면서 선출되고, 그 번영을 실현함으로써 재선된다. 실질적으로 모든 **공공정책**의 선택은 경제문제를 포용하고 있으며, 경제문제가 정책을 수립할 수도 파기할 수도 있다. 선호하는 산업을 부양시키기 위한 정책이 설계될 수 있지만, 비용이 많이 들면 지속되기 어렵다. 예를 들어, 의회가 휘발유에 에탄올(옥수수에서 추출한 알코올)을 첨가하도록 대규모 보조금을 지급하도록 결의했으나, 가뭄으로 곡물 가격이 상승한 상황에서 옥수수를 식량에서 연료로 전환하도록 곡물 재배

공공정책(public policy)
정부가 추진하는 정책이며, 다양한 대안들 중에서 선택을 한다.

자들에게 지급하는 보조금은 불필요하다는 비판을 받았다.

　경제가 성장하면서, 국가는 새로운 복지정책을 추구할 수 있게 된다. 경제발전이 저조하게 되면, 정부는 대규모 적자를 감수해야 하고, 경제성장에 박차를 가할 수 있는 정책들을 고안해야 한다. 헬스케어, 환경, 에너지, 복지 등 거의 모든 사회 이슈들은 경제와 연관이 되어 있다. 정책결정자가 이러한 근본적인 경제적 성격을 잊게 되면, 최악의 정책적 선택을 하게 된다. 후보자들은 종종 어떻게 비용을 충당할지를 구체적으로 밝히지 않고 새로운 프로그램을 약속하는 경우가 있다. 다른 모든 정책들보다 우선적으로 경제정책에 집중을 해야 한다. 정치학자들은 어느 정도 경제학자가 되어야 한다.

　20세기 초반에 많은 유럽정부들과 미국정부는 '고전적 자유주의' 독트린을 따랐고, 대체로 경제를 멀리 했다. 그러나 1929년의 대공황 발생 이후 경제를 멀리 하는 정책은 상황을 더 악화시켰으며, 국민들은 정부의 개입을 요구했다.

　영국의 경제학자 케인즈(John Maynard Keynes)는 1936년의 저서에서 **경기순환**의 주기를 둔화시키는 방법으로 불황을 치유할 것을 제안했다. 상황이 나쁠 때 정부는 **불황**을 단시간 내에 완화시키기 위해서 공공사업과 복지에 대한 '경기대응적 지출(countercyclical spending)'을 시행하여 '총수요'를 증가시킨다. 너무 빠르게 성장하여 불확실한 거품과 인플레이션의 위험이 있는 경제는 세금을 인상하여 진정시켜야 한다. 고전적 아담 스미스의 버전인 자유시장에 대한 신봉자들은 '적자지출(deficit spending)'에 대해서 반감을 보이지만, 케인즈는 우리는 우리 자신에게 빚을 진 것이고, "장기적으로 우리는 모두 죽게 될 것이다"라고 경고한다. 일부 사람들은 '케인즈 혁명'이 공황을 벗어나게 했다고 말한다. 다른 사람들은 루즈벨트(FDR)의 뉴딜 정책은 케인즈주의를 적용시킨 것은 절대 아니라고 주장한다. 그러나 또 다른 사람들은 뉴딜이 부채와 **인플레이션** 이외에 달성한 것이 있느냐는 의문을 제기한다.

　제2차 세계대전 이후 하이예크(Friedrich Hayek)와 프리드먼(Milton Friedman) 같은 보수주의 경제학자들은 아담 스미스가 주장한 원래의 공급과 수요에 기반한 '신고전주의' 이론을 가지고 케인즈주의를 퇴색시켰다. 정부의 규제가 철폐되고 자유시장이 강조되었다. 그리고 나서 2008년에 오직 몇 명의 경제학자들만이 예상했던 금융 붕괴가 발생했고, 많은 경제학자들이 즉각적으로 다시 케인즈를 찾았다. 심지어는 부시 대통령을 비롯한 미 공화당 인사들도 케인즈의 논리에 따라서 수십억 달러의 연방정부 자금을 흔들리는 은행과 기업에 퍼붓기를 원했다. 의회의 조치는 너무 느리기 때문에, 경기순환을 완화시키

경기순환(business cycle)
여러 해 동안 성장과 불황 사이에서 교차되는 경제의 추세.

불황(recession)
경제 쇠퇴의 시기. 축소되는 GDP.

인플레이션(inflation)
전체적인 물가의 상승.

사례연구 15.1
세금의 적정 수준

국가들마다 세금의 차이가 있는데, 미국의 경우 다른 산업화된 국가들에 비해서 낮은 편이다. 다음 표는 주요국들의 국민들이 국세와 지방세 포함하여 납부한 총 세금의 GDP에 대한 퍼센트이다. 미국인들은 자신들의 세금이 너무 높다고 불평하는데, 아마 그들은 0퍼센트라도 불평을 할 것이다. 미국은 복지국가로 분류되기 어렵기 때문에 세금은 비교적 낮은 편이다. 대부분의 유럽인들은 국가로부터 많은 복지혜택을 받기 때문에 세금에 대해서 불평을 적게 하는 편이다.

문제는 미국인들이 세금을 더 낮추기 위해서 어떠한 프로그램을 얼마나 줄일 것인가의 여부다. 국방? 사회보장? 메디케어? 그 이외에 연방 프로그램을 줄여서 세금을 낮추면, 나중에 주 또는 지방에 세금부담이 과중하게 되는 결과가 초래된다. 정부 활동의 적정 수준과 균형을 맞추는 세금의 적정 수준을 정하는 데 대한 논쟁은 끝없는 정치 논쟁이 되고 있다. 대중들은 낮은 세금과 높은 수준의 정부 서비스를 원하는데, 이는 실현이 거의 불가능한 희망이다.

덴마크	49
프랑스	45
독일	37
영국	33
캐나다	31
일본	30
미국	25

출처: OECD

는 작업은 **연방준비이사회**가 맡았다. 의회는 세금을 올리거나 내리는 방식, 또는 긴급자금을 지원해서 경기순환을 완화시키려 했지만, 연방준비이사회는 이자율을 조정하여 경제활동을 증가시키거나 줄이는 방식을 사용했다.

연방준비이사회(Federal Reserve Board) 이자율을 올리거나 내릴 수 있는 미국의 중앙은행이며, 'Fed'로 불린다.

정부와 경제

15.2 1960년대 이후 수많은 경제문제들을 검토한다.

지금 가장 문제가 되고 있는 경제문제는 어떠한 것들이 있으며, 정부들은 어떻게 대응을 하고 있는가? 1960년대 이후에 발생한 경제적 사건들을 분석해 보고, 어떻게 그 문제들이 재생되는지 파악해 본다. 많은 문제점들은 아직도 지속되고 있다.

인플레이션

경제정책의 실패로 인플레이션이 발생하는 경우가 대부분이지만, 전쟁과 같은 큰 사건으로 인플레이션이 발생하는 경우도 있다. 예를 들어, 1965년까지 미국의 인플레이션은 낮은 수준을 유지했으나, 1965년에 존슨 대통령이 베트남전쟁을 확대시키면서 크게 상승되었다. 전쟁비용으로 1,400억 달러가 지출되었는데, 이 금액으로 구입할 수 있는 물자와 서비스가 부족했다. 풍부한 자금으로 충분하지 않은 물자들을 구입하면서 인플레이션이 발생했다. 베트남전쟁에 의해서 발생한 인플레이션은 1980년대까지 지속되었다. 존슨 대통령은 전쟁이 경제에 많은 영향을 미치기 전에 빠르고 값싸게 전쟁에서 승리할 수 있을 것으로 생각했으나, 이 정책을 실패했다. 많은 경제학자들은 만약 존슨 대통령이 전쟁 초기에 세금을 인상했으면, 최악의 인플레이션은 피할 수 있었을 것이라고 말하고 있다.

세금인상

존슨 대통령은 두 가지 이유 때문에 베트남전쟁의 비용을 충당하기 위해 세금을 인상하는 것을 망설였다. 첫째, 그는 1964년에 의회를 통해서 세금을 인하했다. 바로 다음 해에 이러한 정책을 뒤집기가 어려웠다. 둘째, 그는 미국을 장기적이고 비용이 많이 드는 전쟁으로 몰아넣었다는 점을 인정하고 싶지 않았다. 1968년에 존슨 대통령과 의회가 사태를 파악하고 마음을 바꿔서 세금을 10퍼센트 인상했으나, 이미 때는 늦었다. 인플레이션이 확고하게 자리 잡은 이후였다.

국제수지

1950년대 후반부터 미국은 해외에 파는 것보다 사는 데 더 많은 돈을 썼다. 1960년대 전쟁으로 인한 번영을 맞이하여, 미국은 수출보다 훨씬 많은 수입을 했다. 미국인들은 수입된 물품을 싼 가격에 구입할 수 있었다. 대규모의 **국제수지** 적자가 발생했다. 다른 화폐에 대비하여 미국 달러의 과도하게 높은 가치는 해외 상품들을 싸게 살 수 있다는 점을 의미했지만, 미국 상품을 해외 시장에서 팔기 어렵다는 의미도 갖고 있었다. 일본상품, 이어서 중국상품들이 미국 시장

국제수지(balance of payments)
국가가 수출하는 것과 수입하는 것을 비교한 가치.

을 크게 점유했다. 많은 미국 달러가 세계로 흘러 들어갔다.

변동환율

국제수지 불균형을 방지하기 위한 노력으로 1971년에 닉슨 대통령은 달러와 금 사이의 연결, 즉 1944년부터 지속되어 온 **고정환율**을 중단시켰다. 1온스의 금을 35달러에 고정시키고 다른 화폐들을 달러에 고정시켰던 브레튼우즈 합의는 전후 회복에 기본이 되었다. 그러나 세계적인 달러의 인플레이션은 미국이 보유한 금의 가치절하를 가져왔다. 이에 따라 닉슨 대통령은 더 이상 달러를 금에 고정시키지 않고, 다른 화폐들과 관련하여 낮은 수준으로 변동시키기로 결정했다. **변동환율**은 달러의 가치를 5분의 1 수준으로 평가절하시켰다. 그러나 시간이 지나면서 미국의 무역적자와 지불적자의 규모는 더 커졌다.

고정환율(fixed exchange rate)
달러로 외국의 화폐를 고정된 금액으로 구입.

변동환율(floating exchange rate)
달러로 외국의 화폐를 시장에서 변동되는 금액으로 구입.

스태그플레이션

1973년의 오일 쇼크로 인해 유가가 몇 배로 오르면서 세계경제는 불황을 맞이하는 동시에 인플레이션이 시작되었다. 1970년대에 **스태그플레이션**이라는 새로운 용어가 등장했는데, 이 용어는 부진한 경제성장 상황에서 발생하는 인플레이션을 의미했다. 이전에 경제학자들은 경제성장과 인플레이션은 연관되어 있어서, 하나가 상승하면 다른 것도 상승한다고 생각했다. 1970년대에 이러한 연관은 붕괴되었다. 인플레이션의 두 자리 수 상승(10퍼센트 또는 그 이상)이 있었지만, 경제는 위축되었고 실업자가 증가했다. 1973년 인플레이션 이후 선진국 국민들의 수입은 증가하지 못하고 제자리 수준을 맴돌았다. 가장 큰 원인은 유가 상승이었고, 이는 농업과 교통에서부터 제조업과 건축업까지 경제 전반에 영향을 미쳤다.

스태그플레이션(stagflation)
느린 경제성장과 인플레이션의 조화.

무역적자

수십 년 동안 미국은 생산한 것보다 많은 물자를 소비했고, 수출보다 수입을 더 많이 했다. 현재 미국의 매년 수입은 수출보다 5,000억 달러를 더 하고 있으며, 이는 GDP의 3퍼센트를 차지한다. 무역적자는 미국을 세계 최대 부채국으로 만들고 있다. 이는 외국인들이 미국의 자산을 매입하도록 한다. 미국인들은 이를 매우 싫어하지만, 별 문제가 되지는 않는다. 외국인들이 미국에 투자하기를 원한다면, 이는 미국을 더 번영하게 만들 것이다. 때때로 미국의 무역 파트너들은 달러의 가치를 하락시키고, 이에 따라 **유로화**의 가치가 올라가서, 2008년에 1

학습방법 15.1

지도

지도는 별로 많이 사용되지 않고 있으나, 영토적 요인들을 연구할 때 사용되는 기본적인 방식이다. 지도는 독자들로 하여금 해당 주제를 보다 쉽게 이해하도록 한다. 교차표 또는 산포도와 마찬가지로, 지도는 두 가지 변수들을 연결시켜 주고, 때로는 당신이 간과한 패턴을 제시하기도 한다.

독일의 사회민주당(SPD)이 전국에서 지역별로 받은 투표수를 아래 지도에 표시했다. SPD가 국가전체에서 받은 평균 표보다 5퍼센트 이상 덜 받은 주는 연한 회색으로 표시했다. SPD가 전국 평균보다 5퍼센트 이하부터 5퍼센트 이상 사이의 표, 다시 말해서 평균과 비슷한 수의 표를 받

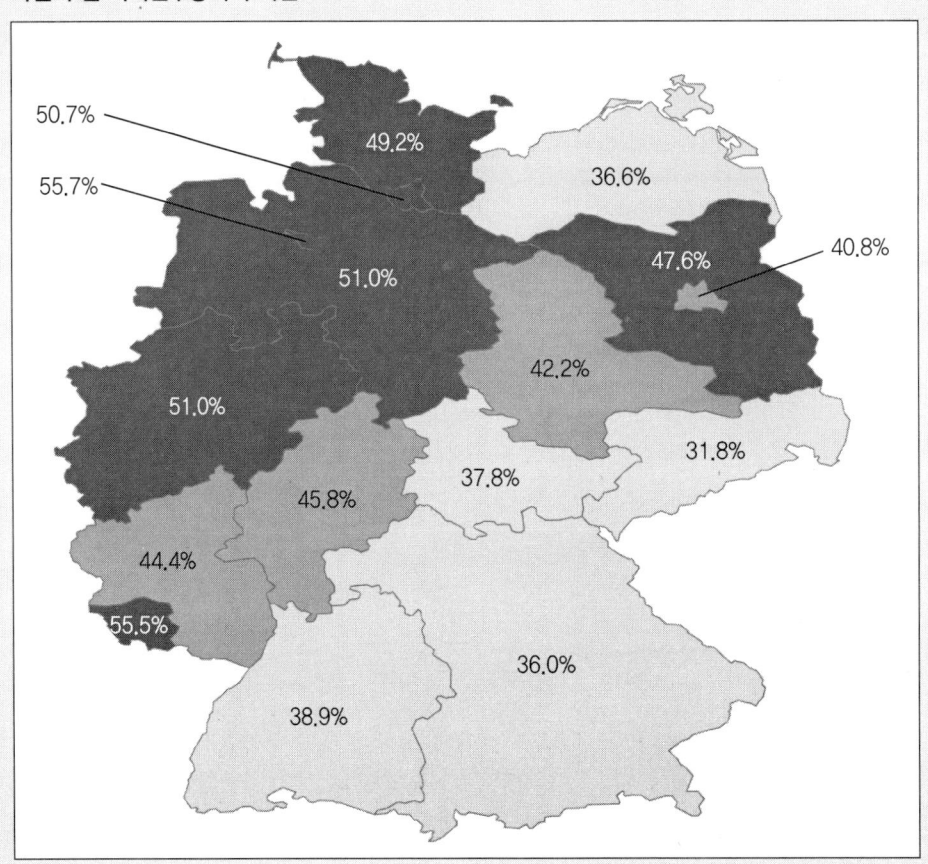

독일 주별 사회민주당지지 퍼센트

계속

유로가 1.60달러를 기록한 적이 있다. 이는 실제로 달러가 평가 절하되어 미국 생산품의 가격이 인하되는 효과가 있었는데, 이는 유럽인들이 원하는 것이 아니었다. 일부 경제학자들은 미국의 무역적자가 별 의미가 없다고 하는데, 그 이

은 주는 중간 회색으로 표시했다. SPD가 평균보다 5퍼센트 이상 표를 받은 주는 진한 회색으로 표시했다. 독일의 지역별 투표성향을 한 눈에 볼 수 있다. 대부분의 국가들은 지역별로 투표 패턴을 보이고 있다.

두 번째 변수를 파악하기 위해서, 종교를 사용하여 독일의 각 주별 프로테스탄트의 비율이 전체 프로테스탄트 비율에 대해서 비슷하거나, 더 많거나, 더 적은지의 수준에 따라 회색의 농도를 조정하는 지도를 그렸다. 두 개의 지도가 대체로 유사하기 때문에, 독일의 가톨릭 신자들은 기독민주당에, 프로테스탄트들은 SPD에 투표한다는 사실을 파악할 수 있다. 이 지도들은 종교와 투표성향 사이의 상관관계를 보여준다.

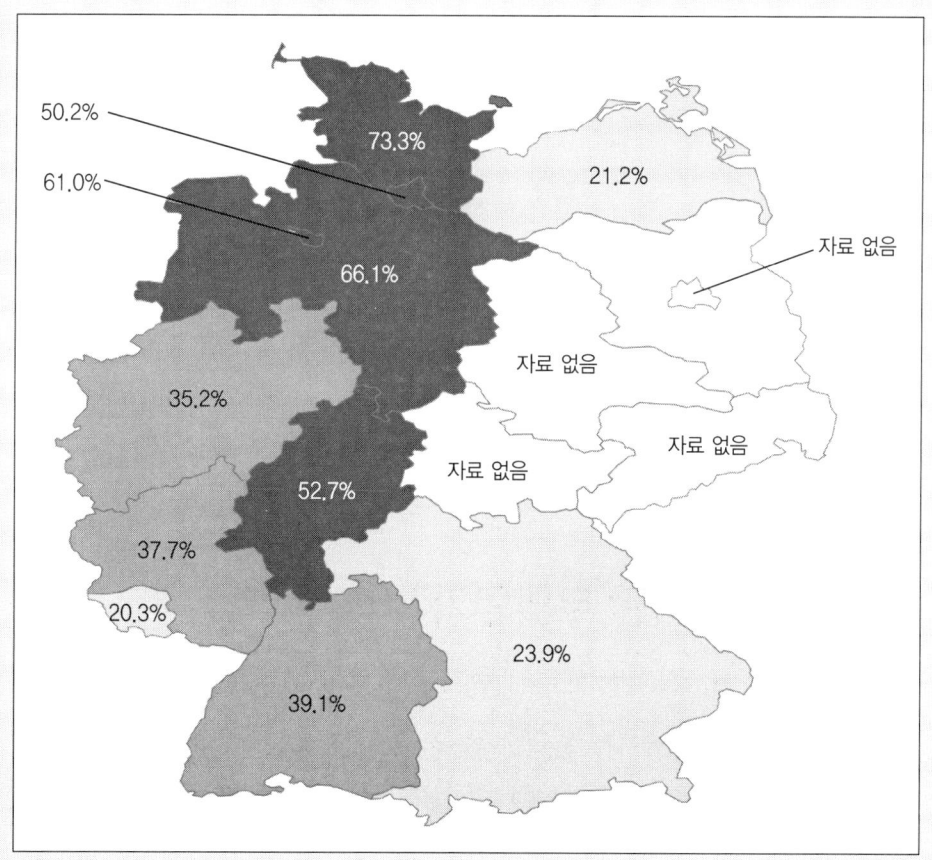

독일 주별 프로테스탄트 퍼센트

유로화(euro)
2002년 이후 대부분의 서유럽 지역에서 EU의 공동화폐가 사용되었다. 가치는 동요되었지만, 현재는 1유로 당 1.10달러 수준을 유지하고 있다.

유는 미국경제가 충분히 강력하고 외국 채권자들은 채무가 상환될 것이라는 점을 알고 있기 때문이다. 그러나 위급상황이 증가하자, 일부 사람들은 달러에 대해서 너무 많은 신뢰를 보이고 있다는 우려를 한다. 만약 달러가 붕괴된다면, 세계는 비즈니스를 하는 데 필요한 표준통화를 잃게 되는 것이고, 결국 글로벌 불황에 접어들 것이다. 달러의 가치변화에 따른 동요와 더불어, 경제가 약하고 미국인들이 소비할 돈을 별로 갖고 있지 않을 때, 미국의 무역적자가 줄어든다. 최근 들어서도 미국의 적자가 줄어들었는데, 그 이유는 석유와 천연가스의 국내 공급이 증가하여 해외로부터의 수입이 줄어들었기 때문이다.

정부부채

부채(debt)
정부가 빚을 지고 있는 금액.

국가의 **부채**를 감소시키기 위해서 정부지출을 줄이고 고질적인 재정적자를 끝내려는 노력을 한다. 미국의 클린턴정부는 이러한 노력을 기울였으며, 그 결과 1997년부터 2000년까지 국가예산은 흑자로 돌아섰다. 이러한 흑자는 첨단산업 등에 대한 투자로 이루어지는 것이 아니라 지출삭감으로 이루어지는 것이기 때문에 궁극적으로 후일에 부담으로 전환된다. 흑자에 따라 정부의 지출이 늘어나고 세금 수입은 낮아짐에 따라, 국가의 재정적자가 증가하면서 불황에 접어든다. 공화당의 부시(아들)행정부는 10여 년의 흑자기간을 누렸으며, 이 기간 동안 행정부와 의회의 지출은 늘어났다. 이후 민주당의 오바마행정부는 불황을 우려하여 이전 행정부 이상의 지출을 했으며, 2012년의 정부 부채는 15조 달러에 달하게 되었는데, 이는 GDP의 100퍼센트에 해당하는 금액이었다. (1946년에 GDP 대비 정부 부채는 109퍼센트였으나, 1974년에 24퍼센트까지 줄어든 적이 있다. 일본을 포함한 일부 국가는 200퍼센트에 달한다.)

빈곤이란 무엇인가?

15.3 사회적 권리와 복지를 비교한다.

빈곤을 정의하는 것은 까다로운 일이다. 현재의 '빈곤' 상태가 과거에는 '편안한' 상태였을 수 있다. 그 시대를 살았던 사람들이 공황을 어떻게 이겨냈는지 확인해 볼 필요가 있다. 1960년대에 서방 사회에서 수립한 빈곤의 기준선은 수입의 3분의 1을 식품에 지출하는 것이었다. 미국의 경우 이러한 빈곤선에 미치지 못하는 사람들은 1965년에 17.3퍼센트였고, 존슨 대통령이 빈곤과의 전쟁을 시작한 이후 1973년에 이 수치는 11.7퍼센트로 줄어들었다. 2015년 현재는 15퍼센트다. 문제는 미국의 어린이들 중에 5분의 1 이상이 빈곤선 아래에 놓여 있는 것이다.

자유주의자들은 4명의 가족 기준 2만 3,550달러로 정해져 있는 2014년의 빈곤선은 너무 낮다고 불평한다. 임대와 양육비용이 식비보다 많이 들기 때문에, 큰 도시에서 생존하기 위해서는 빈곤선보다 두 배 또는 세 배가 든다고 주장한다. 미국정부는 현대적 조건에 맞도록 빈곤선을 조정하려는 고려를 하고 있다. 예를 들어, '빈곤 근접(near poor)' 범주를 추가하려 하고 있다. 보수주의자들은 빈곤의 통계에는 푸드 스탬프(food stamps)와 같은 정부 프로그램에 의하여 가난한 사람들에게 제공되는 '비현찰(noncash)' 혜택이 식료비 지출에 포함되지 않고 있다는 지적을 한다. 이러한 혜택을 고려한다면, 빈곤선 위의 가난한 가족들은 더 늘어나게 된다.

'빈곤과의 전쟁'이 성공했는지 실패했는지 결론을 내리기 전에, 장기적인 관점에서 빈곤 비율을 살펴볼 필요가 있다. 1950년에 미국 인구의 30퍼센트 정도가 빈곤선 이하에 있다고 분류되었고, 이후 그 비율은 줄어들었다. 가장 빠른 속도의 감소는 빈곤과의 전쟁이 입법화되기 '이전'인 1960년과 1965년 사이에 이루어졌다. 미국경제는 1950년부터 1965년 사이에 확대되었는데, 특히 1960년대 초반에 크게 확대되었다. 일자리가 풍부했고, 식료품 값이 저렴했다. 1965년과 1973년 사이에 빈곤 비율이 하락한 것이 정부 프로그램이나 베트남전쟁 지출에 의하여 가열된 경제의 결과로 이루어진 것인지 판단하기는 어렵다.

같은 논리로, 1970년대에 빈곤 비율이 다시 상승할 때, 빈곤퇴치 지출의 삭감이 빈곤을 확대시켰다는 비난은 일부분이었으며, 유가와 이자율의 상승에 의한 불황의 책임도 함께 제기되었다. 일부 논평가는 기업들의 해외진출로 중산층이 직업을 잃고 사회경제적 계층의 낮은 층으로 하락하게 하여, 빈곤층이 늘었다는 비난을 했다. 공장에서의 직업이 줄어든 이후, 낮은 임금의 서비스 직종으로 이직하거나 직장을 잃게 되었다. 빈곤퇴치 프로그램은 미국경제의 장기적 추세에 의해서 발생한 대규모 실업상태를 벗어나게 하기 힘들었다.

복지와 사회적 권리

국가예산은 두 가지가 있는데, 하나는 재량적인 것이고 다른 하나는 의무적인

| 민주주의 15.1 | 빈곤과 이데올로기 |

빈곤에 대한 이데올로기적 논쟁이 뜨겁다. 보수주의자들은 빈곤퇴치 프로그램에 대해 제한을 가하기를 원하고, 자유주의자들은 확대하기를 원한다. 정책 분석가들은 이데올로기를 일단 제쳐 두고, 아래와 같은 질문들에 대한 사실적 대답을 구해야 한다.

복지 또는 사회적 권리를 구분해서 말해야 하나?
이 둘은 일부 중첩되는 의미를 가지지만, 복지 프로그램의 핵심은 이 프로그램이 '소득 조사(means tested)'에 기반한다는 것이다. 수혜자들은 자신이 특정 범주(소득액과 부양 자녀 등)의 기준에 따라서 빈곤하다는 점을 보여주어야 한다. 해당 프로그램이 사회보장과 의료보험 같이 순수한 사회적 권리(entitlement)에 기반한다면, 현실적으로 선거에서 분노를 일으키지 않고 삭감을 할 수 있는가?

복지 프로그램은 부정적 결과를 가져다주는가?
보수주의자들은 복지 프로그램이 실업, 부조리, 마약복용 등의 동기를 가져다준다고 강력하게 주장한다. 이것이 입증되거나 반증될 수 있는가? 미국에서 확대된 복지 프로그램을 보유한 뉴욕시는 높은 빈곤 비율을 보이고 있다. 예산이 부족하여 복지 프로그램이 약한 미시시피주의 빈곤 비율도 뉴욕시와 비슷하다. 이의 인과관계는 입증하기가 무척 어렵다. 모든 복지 프로그램을 대규모적이고 전국적으로 중단을 하면, 게으른 사람들이 일을 하게 하는 동기가 부여되는가? 이는 다음 질문으로 이어진다.

빈곤은 불행한 상황인가, 아니면 인격적 결함인가?
사람들이 일자리를 찾지 못해서 가난한가, 아니면 일 하기를 싫어해서 가난한가? 다시 말해서, 빈곤은 현실적으로 사람마다 차이가 있는가? 그들은 가정과 미래에 대한 책임의식이 없는, 사려 깊지 못한 '빈곤의 문화'를 보유하고 있는가? 대부분의 보수주의자들이 주장하는 바와 같이, 만약 빈곤이 인격적 결함 때문이라면, 할 수 있는 것이 거의 없다. 대부분의 자유주의자들이 주장하는 바와 같이, 만약 빈곤이 불행한 상황 때문이라면, 이러한 상황을 개선할 수 있는 정책들이 사람들로 하여금 가난으로부터 벗어날 수 있게 할 것이다.

빈곤은 단순히 좋은 일자리의 부족 때문인가?
가난한 사람들에게 주어지는 일자리는 그 사람들이 자신의 가족들을 부양할 수 있도록 충분한 임금을 지급하는가? 사람들은 최저임금에 못 미치더라도 직업을 구하려 하고, 심지어 미혼모는 빈곤선에 크게 미달하는 수입을 올리고 있다. 많은 공장들이 해외로 이주했기 때문에 좋은 일자리가 급격하게 줄어들었다. 복지를 대폭 줄이려는 사람들은 적정 임금이 지급되는 일자리가 충분하다는 점을 보여 주어야 한다. 그런데 가난한 사람들이 충분한 임금을 받을 수 있는 실력을 가지고 있는지, 아니면 기술이 부족하지는 않은지가 관건이다.

가난한 사람들을 빈곤에서 벗어날 수 있도록 훈련시킬 수 있는가?
직업훈련과 재훈련은 오래 전부터 빈곤과의 전쟁 프로그램의 한 부분이 되어 왔다. 그런데 효과가 있었는가? 직업훈련을 받았으나 아직 직업을 구하지 못한 사람들이 꽤 있다. 우리는 읽기와 수학 능력이 부족한 사람들을 몇 개월 동안 훈련시켜서 숙련된 기술자로 만들 수 있는가? 더욱 심각하고 근본적인 문제는 적절한 교육의 부족으로 현장이 무학자들과 문맹자들로 채워진다는 점이다. 적절한 교육의 부족이 학교와 교사의 잘못인

계속

> 가, 아니면 가족들과 태도의 잘못인가? 오랜 기간 동안 자유주의자들은 학교를 비난한 반면, 보수주의자들은 가족들을 비난했다. 어느 것이 옳든지, 교육체계의 정립이 필요하다.
>
> **국내빈곤의 국제적 배경은 무엇인가?**
> 미국의 경우, 일자리들이 임금이 낮은 다른 나라로 수출이 되는 것이 미국의 빈곤에 얼마나 영향을 미치는가? 최근에 미국제품의 이름으로 구입한 물건들 중에 아시아에서 만든 물건들이 얼마나 있는가? 기업의 해외진출은 소비자들이 상품을 저렴하게 구입하는 기회를 제공하는 대신 수천 개의 일자리를 잃게 한다. 미국의 빈곤은, 많은 국가들이 낮은 임금을 제공하는 세계경제 개방의 당연한 결과인가? 미국의 국내 고용을 늘리기 위해서 해외로부터의 상품유입을 막아야 하는가? 그렇게 한다면, 미국인들은 덜 좋은 곳에서 살게 될 것이다. 왜냐하면, 의복과 전자제품의 가격이 오르면, 미국인들이 이를 별로 구입하지 않을 것이기 때문이다. 반면에, 다른 미국인들은 새로운 일자리가 생겨서 빈곤에서 탈출할 수 있을 것이다. 미국의 해외 무역 파트너들은 미국의 생산품에 대해서 구입을 하지 않는 보복을 할 것이고, 그러면 다른 미국의 기업들이 문을 닫게 될 것이다. 균형적 차원에서, 무역 보호주의는 도움이 되기보다는 해를 입힐 가능성이 더 높다.
>
> 이들이 우리가 반드시 고려를 해야 할 질문들이다. 자유주의이든 보수주의이든, 단순한 이데올로기적 접근들은 원인보다는 결과를 다룬다. 이데올로기가 지배하게 되면, 이성적인 목소리를 듣는 것이 어려워진다.

것이다. 재량적 예산은 해 마다 늘리거나 줄일 수 있다. 예를 들어, 의회는 국방비와 고속도로 지출을 늘리는 결정을 할 수 있다. 재량적 예산보다 두 배가 지출되는 의무적 예산은 쉽게 변경시킬 수 없다. 이 예산은 이전에 이루어진 법적 공약과 연결되어 있다. 의무적 예산은 국가부채에 대한 이자지급(전체 예산의 약 6퍼센트)과 **사회적 권리**로 분리되어 있다. 이자지급은 절대로 삭감할 수 없는 예산이다. 만약 이자지급 예산을 삭감하게 되면, 미래 채권과 국채 발행 시 신용이 떨어지고 구매자도 없을 것이다. 그리고 세계 도처에 안보개입을 하면서, 미 국방부의 예산도 증액되고 있다.

사회적 권리(entitlement) 사회보장과 메디케어 등 법에 의해서 의무적으로 지출되는 예산.

사회적 권리에 의한 예산은 삭감하기가 매우 어려운데, 그 이유는 국민들이 거의 습관화되어 있으며 기본권이라고 생각하기 때문이다. 사회적 권리는 법에 의해서 자동적으로 자격을 가지는 권리로 인식이 된다. 누구나 65세가 되면 받게 되는 혜택들이 있다. 사회적 권리에 대한 지출에는 연간 상한선이 없고, 자격이 되는 사람이 늘어나면 예산도 늘어나는 '통제 불능'의 지출이다. 사회적 권리에 의한 지출을 변경시키는 유일한 방법은 법을 개정하는 것인데, 사회적 권리를 보호하려는 강력한 이익집단들이 존재하는 이상 쉬운 일이 아니다.

전통적인 '복지' 지출은 사회적 권리에 따른 지출보다 훨씬 적은 편이다. 지

사례연구 15.2
복지지출 대 세금감면

미국 정치인들은 비교적 인색한 미국의 복지정책과 많은 복지지출을 하는 유럽복지국가들과 비교한다. 공화당은 오바마가 '유럽의 사회주의자'가 되었다고 비난하는데, 이는 미국정치에서 상당히 모욕적인 말이다. 공화당은 미국의 GDP대비 복지지출 비율은 유럽의 절반 수준이라고 자랑스럽게 언급을 하고, 이는 미국의 역동적인 경제에 기초한다고 주장한다.

우파와 좌파의 모든 비판가들은 좀 더 깊숙이 들어간다. 미국의 복지지출은 다른 산업화된 민주주의 국가들에 비해서 낮은 편이지만, **세금감면**이 복지와 같은 역할을 한다고 주장한다. 현재의 세금감면은 매년 1조 달러에 달한다. 미국이 세금감면을 통하여 보조금을 지급하는 것은 대체로 대중과 언론의 관심을 끌지 못한다.

예를 들어, 세법은 헤지펀드 매니저들의 수입을 '성공보수(carried interest)'로 분류하고, 자본수입으로 인정하면서 낮은 비율의 세금을 부과한다. 이는 버핏(Warren Buffet)과 트럼프(Donald Trump) 같은 매우 부유한 미국인들이 임금을 받는 보통 사람들보다 낮은 비율의 세금을 내도록 히고 있다. 일부 산업들은 보유한 자산에 대해 '가속감가상각(accelerated depreciation)'을 허용받고 있다. 공공의 건강보험과 관련하여, 세법은 기업들이 종업원들의 건강보험을 지원하는 금액을 공제해 주도록 하는데, 이것이 주요 세금감면 정책이다.

공화당의 아이디어로 1975년부터 시행된 근로세환급제도(Earned Income Tax Credit)는 저소득 임금 노동자들에게 연방세로 원천 징수되었던 세금을 돌려주는 것이다. 보수주의 경제학자인 프리드먼(Milton Friedman)은 '네거티브 소득세(negative income tax)'를 제안했는데, 이는 과거에 고안되었던 복지정책들 중에 가장 효과적인 것 중의 하나이다.* 유럽과 같이 노동자들에게 보조금을 지급하는 것이 아니라, 세금감면을 제공하는 것이다. 또 다른 정치적 이득은 이것이 복지지출로 계산되지 않기 때문에 불평이 거의 없다는 점이다.

세금감면으로 혜택을 제공한다면, 그 국가는 유럽과 비슷한 수준으로 '숨겨진 복지국가'가 되지만, 이 혜택의 많은 부분이 부유한 개인이나 기업을 지원하게 된다. 유럽국가들의 복지는 보다 정확하게 빈곤층과 노동자 계층을 목표로 하고 있다. 미국 양당의 사상가들은 세금감면을 폐지하기 위하여, 복잡하고 이해하기 어려운 세법의 정리와 단순화를 요구하고 있다. 그리고 복지지출을 하려면 유럽과 같이 공개적으로 하기를 원하고 있다.

세금감면(tax expenditures)
세금을 줄여줌으로써 정부가 보조하는 것.

출의 85퍼센트 이상이 사회보장, 의료보험, 퇴직자에 대한 정부의 계획, 농산물 가격 보조금의 명목으로 중산층에 지원된다. 일부 사람들은 '복지' 지출을 줄이면, 세금을 낮출 수 있지 않겠느냐는 주장을 한다. 그러나 복지예산은 정부예산의 작은 부분을 차지하고 있기 때문에, 복지를 줄인다고 해서 정부지출에 별로 영향을 미치지 않고, 오히려 어린이들을 비롯한 사회의 취약한 구성원들에게 더 심각한 어려움을 안겨 주게 된다.

복지의 비용

15.4 사회적 권리와 복지 프로그램의 확대 또는 축소에 대한 논쟁을 소개한다.

푸드 스탬프

1961년 케네디행정부에서 시험적으로 시작된 푸드 스탬프(Food Stamp) 프로그램은 1964년 존슨행정부에서 범국가적으로 시행되었다. 보충영양지원프로그램(Supplemental Nutrition Assistance Program)으로 이름을 바꾼 푸드 스탬프 프로그램은 2015년에 5,000만 명의 미국인(15퍼센트)들에게 1인당 매월 평균 134달러를 지급했다. 여성이 가장인 가족의 3분의 1이 지원을 받았다.

1977년에 카터행정부는 수혜자들이 돈을 가지고 할인된 가격으로 스탬프들을 **구입**할 수 있는 조항을 폐지하는 등 프로그램을 단순화했다. 이 정책은 절대적으로 빈곤한 사람이 푸드 스탬프를 획득하지 못하는 불합리한 점의 시정을 의미했다. 의회는 현금 구입을 폐지하는 방향으로 법을 개정했으며, 수혜자의 수를 확대했다. 푸드 스탬프를 사용하여 보드카를 구입한 젊은이에 대한 이야기를 들은 레이건 대통령은 사기와 남용을 막기 위해서 자격요건을 강화했다.

복지개혁

1996년에 미국의 클린턴 대통령은 복지개혁안에 서명을 했다. 이는 1935년에 사회보장법으로 시작된 기존의 부양아동가족지원(AFDC: Aid to Families with Dependent Children)을 중단시켰다. AFDC는 가난한 사람들을 지원하는 주의 지원에 대해 연방이 공동자금출자(matching fund)를 제공하는 것이었다. 그 자금의 대부분은 미혼모에게 지원되었다. 많은 사람들은 AFDC가 아버지 없는 어린이들을 증가시켜서 복지에 의존하게 한다고 비난했다. 많은 수혜자들이 유색인종이었기 때문에, 이 이슈는 인종평등을 위한 투쟁과도 연결되어 있었다.

1996년의 개혁은 사회적 권리 형태의 복지지출을 빈곤과의 전쟁을 벌이는 주들에 대한 정액교부금(block grants)으로 대체했다. 수혜자들은 이러한 혜택으로부터 벗어나는 데 5년이 주어졌다. 많은 주들은 수혜자들이 직업을 가지든가, 아니면 교육을 받게 하는 **실업자 재교육** 프로그램을 개발했다. 여러 해 동

(* 역자 주)
네거티브 소득세는 정부가 저소득자에 대해 원하는 소득수준과 현실소득 사이의 차액을 일정 비율 지급하는 제도로, 지급하는 재원은 사회보험료가 아니라 세금으로 충당한다.

실업자 재교육(workfare)
복지지출의 기한을 제한하고, 수혜자들이 직업을 구하든가 교육을 받도록 하는 프로그램.

안 시도된 실업자 재교육은 성공하지 못했고, 한동안 복지와 교육을 같이 제공해야 하기 때문에 전통적인 복지 프로그램보다 초기 비용도 더 많이 든다. 공화당의 아이디어인 연방 근로세환급제도(EITC: Earned Income Tax Credit)는 낮은 임금의 노동자들이 소득세를 줄이는 데 도움을 주고 있으며, 심지어 일부는 추가적인 현금도 제공한다. 일부 분석가들은 EITC를 최고의 복지 프로그램으로 부르는데, 그 이유는 이 프로그램이 사람들로 하여금 일을 하여 빈곤에서 탈출하도록 하기 때문이다.

1996년의 개혁은 미국경제가 매우 좋을 때 이루어졌고, 복지지원을 벗어난 사람들은 일자리를 구했다. 미혼모의 실업률은 1980년대와 1990년대 초반의 48퍼센트에서 1999년 28퍼센트로 줄어들었다. 복지혜택을 받는 전체 사람 수는 1996년의 1,220만 명에서 2000년에 580만 명으로 줄어들었다. 이러한 긍정적 상황은 반드시 그들이 빈곤으로부터 탈피했다는 것을 의미하지는 않는다. 복지개혁의 실질적인 실험은 불황이 되었을 때 어떠한 변화가 일어날 것인가를 파악하는 것이다.

정부의 크기는 어느 정도가 되어야 하는가?

15.5 복지 프로그램에 대한 정부의 모순된 충동을 논의한다.

사람들은 자신들이 낸 세금이 어떻게 활용되는지 궁금해 한다. 많은 사람들은 국가예산의 많은 부분이 복지로 간다고 생각하는데, 전혀 맞지 않는 말이다. 열정적인 토크쇼 진행자들은 국가예산이 복지 수혜자들 또는 저소득자의료보장(Medicaid)을 빙자하여 사기 치는 사람들에게 지출된다는 주장을 하지만, 이는 매우 낮은 비율을 차지한다. 앞서 언급했다시피, 국가예산의 많은 부분은 가난한 사람들을 위한 복지보다는 중산층을 위한 사회적 권리에 많이 지출된다. 대부분의 중산층을 위한 프로그램들은 폐지하거나 대폭 줄이는 것은 불가능하다. 특히 정치인들은 선거에서의 투표와 직결되기 때문에, 사회보장과 의료비 지출을 제한하는 것에 대해서 경계하는 태도를 보이고 있다.

다른 산업화된 선진국가들에 비해서 미국의 복지는 규모가 작은 편이다. 미국의 정치문화는 정부를 작게 유지하고, 정부권력의 확대에 대해서 의심을 하고 비판하는 것이다. 그러나 미국인들은 정부가 경제, 교육, 에너지 계획, 환경보호, 헬스케어에 개입할 필요가 있다는 점을 인정한다. 미국인들은 다양한 형태의 정부개입을 요구하지만, 새로운 법의 잉크가 마르기도 전에, 정부의 서투른 집행에 대해서 비판하기 시작한다. 의료보험의 예산이 어디서 나오는지를 알지도 못한 채, 많은 노인들은 "정부는 의료보험에 대해서 손을 떼라"고 외친다. 대부분의 유럽인들과 캐나다인들은 정부가 주요 역할을 하는 것을 받아들이고, 높은 세금에 대해서도 별로 불만을 표시하지 않는다.

2008년의 금융위기 당시 정부의 역할에 대해서 많은 논란이 있었다. 구제정책들에 대해서 상반된 의견이 제시되었다. 구제정책을 실시하는 데 대해서 반대하는 사람들은 납세자들이 아니라 차용자와 대부자들이 책임을 져야 한다고 주장했다. 만약 정부가 나쁜 대출의 **도덕적 해이**를 눈 감아 준다면, 기업들은 위험스러운 행동을 서슴지 않고 할 것이다. 그러나 국가경제의 붕괴가 예견되면, 많은 사람들은 정부의 구제금융이 필요하다는 점을 때때로 인정하게 될 것이다. 심지어는 많은 보수적 경제학자들도 일부 대규모 기업들이 국가경제에 미치는 영향이 크기 때문에 실패하면 안 된다는 시각을 가지고 있다. 우려되는 상황이 보수주의자들을 자유주의자들로 바꾸게 했다.

도덕적 해이(moral hazard)
위험한 행위의 결과로부터 기업을 보호하는 것.

Q 토의질문

1. 경제가 아닌 분야의 정책적 선택들은 어떠한 것들이 있는가?
2. 불황에 대한 케인즈의 해결방안은 무엇인가?
3. 1980년대에 인플레이션의 소용돌이를 시작하게 한 것은 무엇인가?
4. 2008년의 금융위기는 왜 발생했는가?
5. 소득 불균형이 발생하는 원인은 무엇인가?
6. 사회적 권리는 복지와 어떻게 다른가?
7. 이데올로기는 빈곤의 관점에 어떠한 영향을 미치는가?
8. 왜 의료비용은 상승하는 경향이 있는가?

핵심용어

경기순환(business cycle) p. 334
고정환율(fixed exchange rate) p. 337
공공정책(public policy) p. 333
구제금융(bailout) p. 332
국제수지(balance of payments) p. 336

긴축(austerity) p. 332
도덕적 해이(moral hazard) p. 347
변동환율(floating exchange rate) p. 337
부채(debt) p. 340
불황(recession) p. 334

사회적 권리(entitlement) p. 343
세금감면(tax expenditures) p. 344
스태그플레이션(stagflation) p. 337
실업자 재교육(workfare) p. 345

연방준비이사회(Federal Reserve Board) p. 335
유로화(euro) p. 340
인플레이션(inflation) p. 334
정치경제(political economy) p. 333

참고문헌

Backhouse, Roger E., and Bradley W. Bateman. *Capitalist Revolutionary: John Maynard Keynes*. Cambridge, MA: Harvard University Press, 2011.

Bartlett, Bruce. *The Benefit and the Burden: Tax Reform—Why We Need It and What It Will Take*. New York: Simon & Schuster, 2012.

Bernanke, Ben S. *The Courage to Act: A Memoir of a Crisis and Its Aftermath*. New York: Norton, 2015.

Blinder, Alan S. *After the Music Stopped: The Financial Crisis, the Response, and the Work Ahead*. New York: Penguin, 2013.

Conn, Steven. *To Promote the General Welfare: The Case for Big Government*. New York: Oxford University Press, 2012.

Deaton, Angus. *The Great Escape: Health, Wealth, and the Origins of Inequality*. Princeton, NJ: Princeton University Press, 2013.

Edelman, Peter. *So Rich, So Poor: Why It's So Hard to End Poverty in America*. New York: New Press, 2012.

Emanuel, Ezekiel J. *Reinventing American Health Care*. New York: PublicAffairs, 2014.

Freeland, Chrystia. *Plutocrats: The Rise of the New Global Super-Rich and the Fall of Everyone Else*. New York: Penguin, 2012.

Johnson, Simon, and James Kwak. *White House Burning: The Founding Fathers, Our National Debt and Why It Matters to You*. New York: Pantheon, 2012.

Katznelson, Ira. *Fear Itself: The New Deal and the Origins of Our Time*. New York: Liveright, 2013.

Krugman, Paul. *End This Depression Now!* New York: Norton, 2012.

Picketty, Thomas. *Capital in the Twenty-First Century*. Cambridge, MA: Belknap/Harvard, 2014.

Madrick, Jeff. *Age of Greed: The Triumph of Finance and the Decline of America, 1970 to the Present*. New York: Knopf, 2011.

Putnam, Robert. *Our Kids: The American Dream in Crisis*. New York: Simon & Schuster, 2015.

Sachs, Jeffrey D. *The Price of Civilization: Reawakening American Virtue and Prosperity*. New York: Random House, 2011.

Scheiber, Noam. *The Escape Artists: How Obama's Team Fumbled the Recovery*. New York: Simon & Schuster, 2012.

Starr, Paul. *Remedy and Reaction: The Peculiar American Struggle over Health Care Reform*. New Haven, CT: Yale University Press, 2011.

Stiglitz, Joseph E. *The Price of Inequality: How Today's Divided Society Endangers Our Future*. New York: Norton: 2012.

Wapshott, Nicholas. *Keynes Hayek: The Clash That Defined Modern Economics*. New York: Norton, 2011.

Wilkinson, Richard, and Kate Pickett. *The Spirit Level: Why Greater Equality Makes Societies Stronger*. New York: Bloomsbury, 2010.

16장 폭력과 혁명

학습목표

16.1 정통성과 체제붕괴의 관계를 설명한다.
16.2 폭력의 여러 가지 유형과 원인에 대해서 검토한다.
16.3 테러리즘을 정의하고 사례를 든다.
16.4 혁명이 전개되는 단계에 대해서 설명한다.
16.5 혁명적이든 후기 혁명적이든, 현재의 시대를 분석한다.

최근의 튀니지, 이집트, 리비아, 예멘, 시리아에서의 대규모 봉기들로 인해 정치학자들은 혁명들의 전개에 대한 분석을 하게 되었다. 그들은 일정한 유사성을 발견했다. 구체제들은 수십 년 동안 취약한 '정통성' 때문에 고통을 받았다. 국민들은 체제에 순종은 했지만, 존경을 하지 않았다. 인구의 많은 부분이 젊은 30대였고, '인구학적 팽창'의 결과 교육은 받았지만 일자리는 부족한 상황이었다. 경제성장에 따라 정부의 허가를 받아야 할 항목이 증가하면서 부패가 심각해졌다. 위성 텔레비전, 인터넷, 휴대용 소셜 미디어 등 새로운 매스 미디어가 전 세계적으로 확산되었다. 글로벌 식품 가격의 증가 때문에 가난한 국가들이 특히 고통을 받았다. 이러한 요인들 중에서 어느 것이 가장 중요한지에 대해서는 알지 못하지만, 이들은 혁명에 대한 우리의 이해력을 제고시켜 주고 있다.

혁명은 좋지 않게 끝나는 경향이 있다. 앞에서 열거한 국가들 중에 튀니지만이 민주주의를 수립했다. 이집트는 군사독재로 되돌아갔다. 나머지 세 나라는 내전의 소용돌이로 돌입했다. 혁명을 막기 위해서 구체제들은 점진적인 개혁을 추진할 수 있었을까? 부와 권력을 자발적으로 포기하는 권위주의 체제들은 거의 없다. 그러나 체제가 지탱하기 어려운 난관에 처하게 되면, 위기에 봉착한 체제는 개혁을 약속한다. 그러나 반대세력은 체제의 취약성을 파악하게 되고, 타협을 할 필요를 느끼지 못하게 된다.

체제붕괴

16.1 정통성과 체제붕괴의 관계를 설명한다.

몇십 년 전까지 정치학자들은 폭력과 혁명에 대해 관심을 별로 두지 않았다. 그들은 절대로 고장 나지 않는 기계와 같은 정치체제 이론을 고안해 냈다. 그러나 1960년대 후반에 폭력과 혁명이 빈번하게 발생하자, 정치학자들은 자신들 학문의 현상유지적 정향에 대해서 비판을 하고, 붕괴와 봉기를 발견했다. 1965~1968년 사이의 도심 폭동의 발생은 학자들로 하여금 미국 내의 폭력에 대해서 심층 분석하도록 했다. 유럽인들은 구 유고슬라비아 내의 민족들이 1990년대에 서로 대량학살하는 것을 보고 충격을 받았다.

정치체제는 붕괴될 수 있다. 실제로 많은 국가들이 주요 내란, 내전, 테러, 군사**쿠데타**, 권위주의 정부에 의한 **체제붕괴**의 위협을 받고 있다. 독재체제는 단순히 음모자들의 소규모 집단에 의해서 형성되는 것이 아니다. 대체로 체제붕괴에 의해서 독재체제가 형성이 되며, 이는 잘 조직된 집단에 의해서 이루어지며, 때로는 군대에 의해서 전복이 된다. 아르헨티나, 칠레, 과테말라의 잔혹한 군사체제는 좌파로 의심되는 수천 명을 살해했다. 그러면 왜 이러한 쿠데타가 발생하는가? 왜 일부 국가들에서 체제붕괴가 잇달아서 발생하는가?

붕괴는 정통성이 퇴색될 때 발생한다. 정통성은 체제의 통치가 올바르게 이루어지고 있으며 복종되어야 한다는 시민들의 감정이다. 정통성이 높으면, 정부는 많은 경찰관을 필요로 하지 않는다. 예를 들어, 영국의 국민들은 대부분 법을 잘 지키고, 경찰의 수가 적을뿐더러 무장을 별로 하지 않는다. 최근까지 북아일랜드에서 일부 국민들은 정부의 정통성이 없다고 생각했으며, 테러리스트들이 폭탄과 총알을 사용해서 살해를 했다. 이 지역에서 경찰은 무장을 했고, 영국군이 자동화기와 무장된 자동차를 활용하여 정찰을 했다. 북아일랜드의 내전으로 3,600명이 사망했다.

체제가 불공정하고 비효율적으로 통치를 하면 정통성이 퇴색된다. 통제 불가능한 인플레이션, 심각한 부패, 전쟁에서의 패배는 정부가 비효율적이라는

쿠데타(coup)
대부분 군대에 의하여 정부가 불법적으로 탈취되는 것.

체제붕괴(system breakdown)
정치적 기능불량 또는 불안정.

점을 보여주는 대표적 사례들이다.

폭력의 징후

폭력 자체가 혁명이 임박했다는 점을 알리는 것은 아니다. 실제로 심각한 국내 불안에 대한 가장 공통적인 대응은 군대에 의한 전복이다. 폭력은 정치적 불안, 그리고 정부의 효율성과 정통성 상실의 징후이다. 1930년대에 미국의 루즈벨트(Franklin D. Roosevelt) 대통령이 그랬던 것처럼. 때때로 새로운 리더십이 불안을 잠재우고 문제를 해결할 수 있다. 그러나 정부가 노련하지 못하면, 그리고 정부가 불만을 단순히 억압하고 잠재우려고만 노력한다면, 사태는 더 악화된다. 1932년 제1차 세계대전에 참전했던 군인들이 전역 후 전쟁참여 추가 수당의 지급을 요구하는 시위를 벌이자 맥아더(Douglas MacArthur) 장군이 이끄는 군대에 의해 해산되었다. 참전군인들을 거칠게 다룬 데 대한 대중들의 반감은 후버(Herbert Hoover) 대통령의 선거에 영향을 미쳤다.

국내폭력은 개탄스러운 것이면서 여러 가지 의미가 내재되어 있다. 국내폭력은 모든 것이 잘 되고 있지 않다는 점을 보여 주고, 필사적이거나 신념을 가지고 변화를 모색하며 법을 파괴하려는 집단이 있다는 점을 알려 주는 것이다. 정부의 최우선적인 대응은 혼란을 잠재우고 문제를 일으키는 일부 사람들을 비난하는 것이다. 선동가들은 의도적으로 사건을 유발시키고, 일부 국민들이 분노한 집단들을 지지하게 되면 무언가 잘못 되어 가고 있다는 징후가 나타나는 것이다. 1968년 민주당 전당대회에서 시카고 경찰은 베트남전 반전운동가들과 보행자들을 공격했다. 전당대회는 반전운동을 무시하고, 당시 존슨 대통령의 부통령이었던 험프리(Hubert Humphrey)를 대선 후보로 지명했는데, 그는 전쟁에 대해서 애매모호한 태도를 보여서 당선되지 못했다. 4년 전에 존슨 대통령이 국가를 전쟁에서 벗어나게 하겠다는 공약으로 당선되었던 사실을 민주당이 무시하여 실패했다. 민주당은 반전주의자들을 무시하지 말고 그들의 목소리에 귀를 기울였어야 했다.

일부의 경우, 폭력은 목적을 달성한다. 1960년대 후반에 일련의 폭동들이 미국 도시들을 휩쓸고 지나갈 때까지, 미국 전체, 특히 미국 의회는 도시 내 아프리카계 미국인들의 비참한 상태에 대해서 별로 관심을 가지지 않았다. 사망과 파괴가 끔찍하게 발생했지만, 미디어의, 대중의, 정부의 관심을 끌 수 있는 방법이 거의 없었다. 이 폭동들은, 매우 성공적이지는 않았지만, 폐허가 되어

가는 미국의 도시들을 재건하는 데 일정 부분 역할을 했다.

남아공의 백인정부는 흑인 반대자들을 체포하거나 살해했지만, 수천 명의 젊은 흑인시민들이 백인만으로 구성된 체제에 대항해서 무기를 들 용의가 있다는 사실은 남아공정부로 하여금 무엇인가 해야 한다는 계기를 제공했다. 백인만으로 구성된 지배정당인 국민당은 수십 년 동안 아프리카인들(남아공 인구의 75퍼센트)이 단순히 자기들이 살고 있는 지역(국토의 13퍼센트)에서 그대로 살아주기를 기대했다. 남아공정부는 자국 아프리카인들과의 대화를 하지 않았고, 단순히 복종하기만을 바랐다. 마침내 점증하는 폭력은 정부로 하여금 1990년에 만델라(Nelson Mandela)를 석방하게 했고, 흑인들에게 참정권을 부여하게 했으며, 1994년에 모든 국민들의 선거에 의하여 정부가 수립되었다. 남아공에서 폭력적인 혁명을 막기 위해 평화적 혁명이 실시되었다.

최근 들어 중국은 부패한 지방관리, 농지강탈, 독성(毒性)공장, 경찰의 범죄 은폐에 항의하기 위해 시민들이 모여서 벌이는 매년 수천 건의 사건들을 경험하고 있다. 체제는 경고를 하면서 대응하고 있으며, 때로는 최루탄과 발포로 맞서고 있다. 중국정부로 향한 메시지는 분명하다. 만연된 분노가 폭발하기 전에 부패와 권력남용을 일소하기 위한 제도적 개혁을 해야 하는 것이었다. 체제는 부패 혐의자 체포, 경제성장, 생활수준의 향상, 민족주의가 불만을 멈추게 해주기를 희망하고 있다.

폭력의 유형

16.2 폭력의 여러 가지 유형과 원인에 대해서 검토한다.

폭력은 여러 가지 방법으로 범주화된다. 정치학자 메덴(Fred R. von der Mehden)은 폭력의 다섯 가지 일반적 유형을 제시한다.

근본적 폭력

근본적 폭력(primordial)
종교와 부족 등 태어나면서 소속되는 집단의 폭력.

근본적 폭력은 기본적인 공동체들 사이의 갈등으로부터 시작되는데, 그 갈등은 종족, 민족, 종교 등 인간이 태어나면서부터 가지는 것들이다. **근본적 폭력**의 사례들은 이라크의 시아파와 수니파, 우크라이나에서의 러시아인들, 티베트에서의 티베트인들과 중국인들, 르완다의 후투족과 투치족(1990년대 중반에 80

만 명이 살해당했다)의 갈등을 포함한다. 캐나다의 퀘벡, 스페인의 바스크 지역, 북아일랜드 등 선진국에서도 나타난다.

분리주의

때로는 근본적 폭력으로부터 파생되는 분리주의 폭력은 독립을 목표로 하고 있다. 북부 스리랑카의 타밀족은 1983년부터 2009년까지 독립운동을 벌였고, 그 과정에서 6만 명 이상이 사망했다. 1960년대 후반에 나이지리아의 이보족(Ibos)은 새로운 국가인 비아프라(Biafra)로 독립을 하려 했으나, 장기간의 비용이 많이 드는 전쟁에서 패배했다. 1971년에 벵골인(Bengalis)들은 파키스탄에서 벗어나 방글라데시라는 새로운 국가를 건설하는 데 성공했다. 1990년대 초반에 크로아티아와 보스니아가 유고슬라비아로부터 분리하기 위해서 전쟁을 벌였다. 동 우크라이나의 러시아 인종이 우크라이나로부터 독립하려는 투쟁을 벌이고 있다.

혁명

혁명적 폭력은 기존 체제를 전복하거나 대체하는 것을 목표로 한다. 쿠바에서 카스트로의 바티스타 제거, 이란에서 샤의 몰락, 인도에서 낙살라이트의 게릴라전은 혁명적 폭력의 사례들이다. 우리는 혁명운동들이 대체로 마르크스주의의 영향을 받는다고 생각하는 경향이 있지만, 오늘날의 많은 혁명들은 이슬람에 의해서 주도되고 있다. 북 나이지리아의 잔인한 보코하람은 나이지리아 정부 전복뿐만 아니라 이웃국가들까지 정복하는 것을 목표로 하고 있다. 가장 극단적인 단체는 ISIS이며, 이 단체는 자신들과 다른 믿음을 가지는 모든 사람들을 살해하는 행위를 하고 있으며, 거기에는 다른 무슬림들도 포함된다.

메덴은 이 범주에 '반혁명적' 폭력도 포함하는데, 이는 혁명을 봉쇄하려는 보수집단들의 노력을 의미한다. 그 사례로는 콜롬비아 '자위대'에 의해서 자행된 살해행위가 있다. 1956년 헝가리, 1968년 체코슬로바키아, 1970년과 1980년의 폴란드에서의 반공산주의 운동을 진압한 것도 반혁명 폭력이었다는 의미를 가진다.

학습방법 16.1

논평

지도교수는 때때로 당신이 논문, 증거, 각주에 집중하지 말고, 아이디어를 제시하기를 원한다. 지도교수는 당신이 사건이 어떻게 논리적으로 전개될지에 대해서 예견하기를 원한다. 이는 **논평**으로 불리고, 정치학에서는 상당히 유용하다. 중요한 데이터가 부족하지만, 어떠한 방식으로 전개될지에 대해서 추정하는 것이 필요하다.

많은 데이터들이 오류이기 때문에 논평이 정당화될 수 있다. 개발도상국들의 통계는 대부분 추정에 의해서 이루어진다. 부패인식지수(Corruption Perceptions Index)를 비롯한 일부 통계들은 부분적으로 주관적이다. 민주주의 국가에서도 최고 정책결정이 막후에서 이루어지며, 누가 누구에게 영향력이 있는지 베일에 가려져 있는 경우도 허다하다. 모든 데이터들은 역사적인 것이며, 미래로부터 나오는 데이터는 없다. 우리는 중국 또는 이집트의 민주주의 가능성을 어떻게 논의할 수 있는가? 많은 증거를 수집했던 학자들은 소련의 붕괴를 예견하지 못했다. 왜? 그 이유는 붕괴가 아직 발생하지 않아서 데이터가 없었기 때문이다.

이러한 학습에 도움이 되지 않는 상황을 극복하기 위해서, 우리는 논리를 활용하고 '이프-덴(if-then)' 에세이를 작성한다. 만약 A가 되풀이되는 것이라면, 논리적으로 A가 유사한 상황에서도 나타날 것이다. 예를 들어, 남한이나 대만과 같이 현대화되고 1인당 GDP가 1만 달러가 넘는 국가들 대부분은 민주주의 국가가 된다. 이는 몇 년 이내에 중국이 민주주의 국가가 될 것을 의미하는가? 우리는 이에 대한 확고한 데이터는 없지만, 그러한 패턴이 유지될 것이라고 **유추**할 수 있다.

두 상황은 정확하게 닮지 않았기 때문에, 물론 유추에 의한 추론은 틀릴 수도 있다. 중국은 남한이나 대만과는 상당히 다르다. 우리는 유추를 잘못 해서 문제에 직면하는 경우도 있다. 최악의 유추 중의 하나는 1938년 뮌헨에서 체코슬로바키아가 히틀러에게 양보한 것을 1965년 미국이 베트남에서 직면한 도전과 비교하는 것이다. 미국의 지식인들은 미국의 베트남 개입을 지지하면서 "더 이상의 뮌헨이 있어서는 안 된다"고 말했다. 훌륭한 논평은 두 상황 사이에 대한 **오류**를 지적함으로써 잘못된 유추를 시정하도록 한다.

만약 정치학자들이 논평 작성을 거부한다면, 가장 중요한 시대적 문제들에 대한 데이터가 없거나, 잘못 사용되었거나, 미완성의 경우 어떻게 정확한 답을 찾을 수 있을까? "러시아는 오랫동안 우크라이나를 소유해 왔고, 이를 되찾으려고 노력할 것이다"와 같은 선언이 나오기 전에 모든 사실들이 밝혀지도록 우리는 단순히 기다려야만 하는가? 논평은 억측이 아니고, 증거에 기초하고 있지만, 논리적 결론을 내리는 데 대해서 회피하지 않는다. 가장 흥미로운 정치학 논문들에는 논평이 포함된다.

논평(thinkpiece)
확실한 증거보다 논리에 기반하는 에세이.

유추(analogy)
어떤 것에 대한 모델로 다른 것을 생각하는 것.

쿠데타

쿠데타는 통상적으로 혁명, 부패, 혼란에 대항하는 것을 목표로 한다. 쿠데타는 거의 모두 군사적인 것이며, 1964년의 브라질 쿠데타와 2013년의 이집트 쿠데타와 같이 민간인의 지휘 하에 군대가 쿠데타를 일으키는 경우도 있다. 대부분의 쿠데타는 폭력을 많이 수반하지는 않는다. 군대는 대통령에게 사임하도록 요구하고 망명하도록 하며, 군 장성이 대통령 자리를 차지한다. 쿠데타 군대가 반대세력을 감지하게 되면, 합법적인 것으로 가장하여 살인을 자행한다. 1976년 아르헨티나의 군사 쿠데타 이후 3만 명이 사라졌는데, 많은 사람들이 바다에 수장되었다. 1973년의 쿠데타 이후 칠레 군대는 3,000명을 살해했다. 1954년의 쿠데타 이후 작은 국가인 과테말라의 군대는 좌파로 의심되는 20만 명을 살해했다. 라틴 아메리카에서 쿠데타 이후에 발생하는 반혁명 테러는 혁명보다 훨씬 잔인한 행위를 한다.

쿠데타는 되풀이되는 경향이 있다. 일부 국가들은 **집정관주의**에 빠지게 된다. 이집트에서는 1952년, 2011년, 2013년에 쿠데타가 발생했다. 태국에서는 19번의 헌법제정이 있었고, 19번의 쿠데타가 시도되어 12개가 성공했다. 가장 최근에 발생한 2014년의 쿠데타에서 선동적인 이전의 수상이 되돌아 왔다. 이슬람 극단주의자들에 의해 혼란에 빠진 파키스탄은 1947년 독립 이후 4번의 쿠데타가 시도되었으며, 최근의 쿠데타는 1999년에 발생했으며, 많은 사람들은 지금도 쿠데타 발생을 우려하고 있다. 일반적으로 쿠데타는 정당, 의회, 행정부 등 정부의 민간제도가 취약하고 부패하고 비효율적일 때 군대에 의해서 발생한다.*

이슈 중심

일부 폭력은 위에서 설명된 범주에 속하지 않는다. 이슈들에 관련된 폭력은 덜 살인적이다. 세계화에 대한 항의, 긴축경제에 항의하는 그리스인들의 파업, 경찰이 청년을 구타한 데 대한 터키인들의 소요 등이 이슈 중심의 폭력 사례이다. 모르시(Mohamed Morsi) 대통령이 이슬람주의 독재로 돌아선 데 대해서 이집트의 세속주의자들은 취임 후 1년 밖에 안 된 모르시를 2013년에 군부가 축출할 때까지 저항운동을 벌였다. 중국의 시골 사람들은 가짜 '세금'을 고안해 내고 농부들의 토지를 개발자들에게 팔아넘긴 지방관료들에 대해서 강력한 저항운동을 벌였다. 1976년에 남아공의 수웨토 마을에서 흑인 학생들은 학교에서 아프리칸스어(Afrikaans)**를 배워야 하는 데 반대하는 운동을 벌였으며, 경찰이 수백 명을 향해서 발포했다. 이슈 중심의 폭력은, 만약 그 이슈가 심각한 것이고 경찰의 진압이 잔인하면, 혁명으로 전환될 수 있다.

이 모든 범주들은 임의적인 것들이다. 어떤 상황은 하나 이상의 범주에 해당될 수 있다. 어떠한 상황은 한 범주에서 시작하여 다른 범주로 발전될 수도 있

오류(dysanalogy)
어떤 것이 다른 것에 대해서 빈약한 모델이 되는 것.

집정관주의(praetorianism)
고대 로마의 근위대로부터 나온 개념이며, 군대가 장악한다는 의미를 지니고 있음.

(* 역자 주)
한국은 1961년과 1979년, 두 번에 걸친 군사쿠데타를 경험했다. 1961년에 쿠데타를 일으킨 박정희가 18년 통치 이후 암살 당하자, 즉시 육사 11기의 전두환과 노태우가 1979년 쿠데타를 일으켜 1992년까지 통치를 했다.

(** 역자 주)
아프리칸스어는 남아공과 나미비아에서 사용되는 서게르만어군의 언어이다. 16~17세기에 네덜란드 출신 이주자들의 후손이 써오던 네덜란드어가 독자적인 변화를 거치면서 성립된 언어이다.

다. 코소보에서 알바니아 민족을 2등 민족으로 대하는 데 대한 반감은 알바니아의 정당들, 지하단체들, 무장단체들의 폭력을 조장하여 1999년에 코소보가 세르비아로부터 분리하는 데 중요한 역할을 했다. 선진국가라도 폭력으로부터 완전하게 면제되어 있는 국가는 없다.

폭력의 원인으로서의 변화

사회가 현대화되어 가는 과정에서 이루어지는 변화가 사회불안의 잠재적인 원인이 될 수 있다. 구시대의 권위주의 패턴과 단순한 경제체제를 유지하는 전통적인 사회는 상대적으로 폭력에 의한 문제가 생길 가능성이 적은 편이다. 마찬가지로 합리적인 권위체와 생산적인 경제를 유지하는 현대적인 선진사회에서도 폭력이 발생할 가능성이 낮다. 현대화가 전통적인 안정을 와해시키는 중간단계에서 폭력의 발생 가능성이 높아진다. 이 사회는 전통적인 안정으로부터 벗어났지만, 아직 현대적 안정에 들어가지 못한 단계의 사회이다. 이 사회에서 경제, 종교적 관점, 생활방식, 정치제도 등 모든 것이 변화하게 되고, 이러한 상황에서 국민들은 두려워하고, 혼란에 빠지며, 폭력적 행위를 하게 된다. 오늘날 이러한 현상은 중동지역에 나타나고 있다.

경제적 변화가 사회를 가장 동요시키는 것일 수 있다. 개선은 빈곤만큼 위험할 수 있다. 프랑스의 사회학자 토크빌(Alexis de Tocqueville)은 "루이 16세의 통치는 왕국을 가장 번영하게 했지만, 이 번영은 1789년의 혁명 발생을 재촉했다"고 주장했다. 왜 이런 일이 발생했을까? 사람들이 영구적으로 가난하고 좌절할 때, 그들은 미래에 대한 희망을 가지지 못한다. 그들은 비참하지만 침묵한다. 그러나 상황이 개선되고 덜 비참하게 되면, 사람들은 보다 나은 미래를 상상하게 된다. 그들의 열망이 깨어나게 된다. 그들은 빠른 개선을 원한다. 일부 사람들은 다른 사람들보다 빠른 시간 내에 부자가 되고, 이에 따라 사회에 시기심이 등장한다. 일부 집단들은 경제성장에서 배제되었다는 느낌을 가지고 불쾌해 한다. 마르크스주의자들은 이를 '계급대립'으로 부른다. 혁명의 감정은 전형적으로 가난한 사람이 가지는 것은 아니고, 자신이 부유할 수 있는 권리를 방해하고 있는 정부에 대해서 분노한 '번영하지 못한 사람들'이 가지게 된다고 역사학자 브린턴(Crane Brinton)이 주장했다.

상대적 박탈감(relative deprivation)
자신들이 경제성장에서 소외되었다고 생각하는 일부 집단들의 감정.

정치학자인 거(Ted Robert Gurr)는 근본적인 문제는 가난 그 자체가 아니라 **상대적 박탈감**이라고 강조했다. 빈곤 자체가 폭동을 유발하지는 않는다. 가난한 사람들은 가족들을 먹여 살리느라고 매우 바쁘다. 그러나 사람들이 일단 배가 부르게 되면, 다른 사람들이 자신들보다 더 잘살고 있다는 사실이 눈에 들어오기 시작한다. 이러한 상대적 박탈감이 화나게 하고, 폭력적이게 하며, 때로는 혁명을 일으키게 한다. 거(Gurr)의 발견은 토크빌과 브린턴의 발견과 조화를 이룬다. 혁명은 상황이 나빠질 때가 아니라 좋아질 때 발생하는 경향이 있다.

다른 변화들도 사회불안을 조성한다. 인류학자 울프(Eric R. Wolf)는 단순한 생계형 농사로부터 시장, 지주, 은행에 의존하는 돈벌이 작물로의 전환이 많은 농부들을 가난하게 하고, 그들의 평온한 태도를 혁명적으로 바꾸게 한다고 주

이론 16.1 기대의 상승

경제성장이 사회에 미치는 영향을 분석하는 방법 중의 하나는 그래프를 그려 보는 것이다. 아래 그래프에서 실선은 현대화하는 사회에서의 실질적인 경제적 변화를 나타내며, 대체로 위를 향하고 있다. 점선은 국민들의 기대를 표시한다. 그래프의 왼쪽을 보면, 전통사회에서 경제실적과 기대 모두가 낮은 편임을 알 수 있다. 그러나 성장이 이루어지면서, 기대는 성장보다 빠른 속도로 상승된다. 이후 저조한 수확, 주요 수출물자의 가격 하락, 과도한 외채 등의 이유로 경제는 후퇴하고, 기대는 요동을 치게 된다. 갑자기 국민들이 원하는 것과 국민들이 얻을 수 있는 것의 격차가 벌어진다. 사회학자 러너(Daniel Lerner)는 '원하는 것-얻는 것의 비율'은 크게 벌어지고, '좌절의 상승에 의한 혁명의 가능성'이 높아진다고 주장한다.

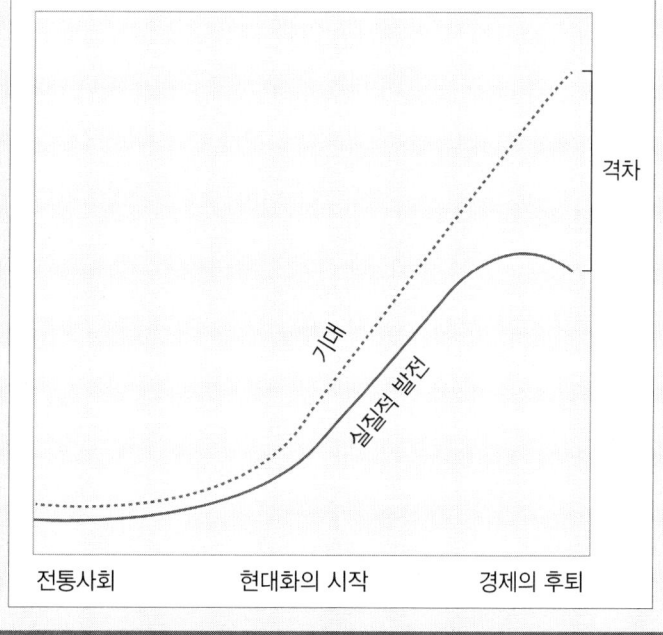

장했다. 울프에 따르면, 멕시코, 러시아, 중국, 베트남, 알제리, 쿠바에서의 농업경제의 현대화는 이 국가들에서 농부가 주도하는 혁명이 성공할 수 있는 길을 열어 놓았다. 급격한 인구 증가도 시민의 투쟁과 연관되어 있다. 1970년부터 2000년까지 발생한 시민투쟁의 80퍼센트가 30세의 이하의 인구비율이 적어도 60퍼센트인 국가에서 발생했다는 내용의 연구결과가 있다. 이는 중동지방이 대표적이다. 일자리가 없는 젊은 사람들이 불만을 가지는 것은 당연하다.

대체로 정치제도는 과거에 갇혀 있으며, 대중의 참여가 결여된 고전적 방식에 기초하는 경우가 많다. 이러한 제도 하에서 경제가 발전하면서 교육의 수준이 올라간다. 사람들은 '자유'와 '민주주의' 같은 추상적 아이디어를 배운다. 특히 교육받은 사람들 사이에서 전제적 지도자들에 대한 분노가 증대된다. 농부들은 경제적으로 자신들을 탈취한 제도를 혐오하고, 도시의 **지식인**들은 권리와 자유를 탄압하는 제도를 증오한다. 헌팅턴(Samuel P. Huntington)은 혁명을 만드는 것은 이 두 가지의 힘들의 집합이라고 주장하며, 이들을 농부들의 '수(數)'와 지식인들의 '두뇌'로 상징화했다.

지식인(intellectuals)
어떤 것들에 대해서 심층적으로 생각하는 교육받은 사람.

테러리즘

16.3 테러리즘을 정의하고 사례를 든다.

2001년 9월 11일의 테러공격은 미국에 테러리즘에 대한 새로운 인식을 가져왔다. 기본적으로 테러리즘은 증오하는 정치적 권위체를 약화시키기 위한 전략이다. 게릴라 또는 지하전쟁과 관련된 테러는 새로운 것이 아니다. 아일랜드 공화국군(IRA: Irish Republican Army)과 마케도니아 국내혁명기구(IMRO: Internal Macedonian Revolutionary Organization)는 한 세기 이상을 거슬러 올라간다. 정치적, 인종적, 민족적, 종교적, 경제적, 이념적 적대감이 테러활동을 충동한다. **테러리즘**은 적대감을 가진 집단들의 전략이다.

테러리스트들이 혐오하는 정부는 대체로 부패하고 탄압적인 정부이며, 불행하게도 대부분 중동지방에 존재하고 있다. 무슬림 테러리스트들은 이러한 정부들을 지원하는 미국을 증오한다. 자신들의 적이 자신들보다 강하기 때문에, **지하드**들은 급습과 공포로 고안된 전술을 선택한다. 그들은 자동차, 트럭, 보트에 폭탄을 장착한 후 자신들의 몸을 묶고 공격을 한다. 9/11 테러에서 그들은 고층 건물을 붕괴시키기 위해 제트기를 사용했다. 유일한 충고는 "상상할 수 없는 것

테러리즘(terrorism)
혐오하는 권위체를 약화시키기 위해서 폭력을 정치적으로 사용하는 것.

지하드(jihadi)
무슬림 성전(聖戰)을 벌이는 투사.

을 상상하라"이다.

테러리스트들은 정신이상자들이 아니고, 상당히 계산적인 사람들이다. 그들이 목표로 하는 것은 적이 과민반응하도록 하고, 대중의 지지와 모집을 이끌어 내며, 더 많은 사람들이 테러리스트들과 함께 하도록 하는 것이다. 오사마 빈 라덴과 그의 추종자들은 외부인들을 잘못된 악마로 몰고 가는 정치적 목적을 추구하는 데 있어서 침착하고 합리적 행동을 했다. 바스크족, 쿠르드족, 팔레스타인족, 타밀족은 독립된 국가 수립을 목표로 하고 있다. 스페인, 터키, 이스라엘, 스리랑카는 그들이 독립국가를 수립하는 것을 원하지 않고 있으며, 분리운동을 탄압하고 있다. 그 결과 자유조국바스크(FTA: Basque Father land and Liberty), 쿠르드노동자당(PKK: Kurdistan Workers' Party), 팔레스타인해방기구(PLO: Palestine Liberation Organization), 타밀 타이거즈(Tamil Tigers)가 탄생했다. 모든 테러활동에는 항상 이유가 있다. 앞의 경우들은 민족해방이다. 알카에다와 조직원들은 시리아와 이라크에 이슬람국가(ISIS 또는 ISIL로 알려짐)를 건설하고, 분리 해방을 추구하는 것이 아니라 무슬림들을 새로운 칼리프 하에 단합하기를 원하고 있다. 코란을 엄격하게 해석하는 무슬림 제국의 건설을 모색하고 있다.

테러리즘은 정치적 동기를 신봉하는 사람들에 의하여 감행되는 단체 활동이다. 1991년 레이건 대통령을 저격한 존 힝클리 같은 고독한 총잡이는 정신이상자이다. 최근 들어, 중동지방에서 물질적이고 심리적인 이유로 테러활동이 증가했다. 높은 출생률 때문에 청년 실업이 늘어났고, 이들은 미국을 증오의 대상으로 삼는 이슬람주의의 단순한 교리에 매력을 느꼈다. 알카에다는 세계 도처의 수니파들을 모집하여, 하나의 종교적 목표를 향하여 결속시켰는데, 그 목표는 모든 극단주의적 무슬림 국가들이 중동에서 미국의 영향력을 제거하고 이스라엘을 붕괴시키는 것이다. 궁극적으로 무슬림 사회의 현대화가 이슬람의 테러리즘을 종식시킬 수 있을 것인데, 그 현대화는 무슬림 자신이 장기적인 과업으로 추진을 해야 하는 것이다.

많은 전문가들은 테러리스트들이 핵무기 또는 핵물질을 갖게 될지도 모른다는 우려를 한다. 전 세계적으로 이미 3만 개 이상의 핵탄두가 있으며, 추가로 24만 개를 생산할 수 있는 핵분열 물질(고농축된 우라늄 또는 플루토늄)이 존재하고 있다. 이 물질의 대부분, 특히 구소련 영토에 있는 물질들은 안전하게 보관되어 있지 않고 쉽게 훔칠 수 있는 상태이다. 선적 컨테이너로 운반되는 핵장치는 고급화되거나 소형화될 필요가 없다.

사례연구 16.1
베트남의 혁명적 정치전쟁

많은 사람들이 '게릴라전(guerrilla warfare)'을 말하지만, 이는 잘못되고 중복된 명칭이다. 게릴라의 의미는 스페인어의 어원을 가진 '작은 전쟁'을 의미하며, 이는 스페인 사람들이 나폴레옹에 대항한 전쟁이었다. 게릴라는 매복과 부비트랩에 대해서 말하는 것이 아니라, 정치적 행위를 수반하는 전쟁을 의미한다. 정치학자 폴(Bernard Fall, 1926~1967년)은 이를 '혁명적 정치전쟁(revolutionary political warfare)'으로 불렀고, '인구를 통제하는 경쟁체제를 수립하기 위한' 투쟁으로 묘사했다. 베트남 전문가이고 베트남에서 지뢰사고로 사망한 폴은 혁명전쟁의 핵심으로 '행정'을 강조했다. "어떤 국가가 전복되었다는 것은 패배한 것이 아니라, 행정권이 넘어간 것을 의미한다. 전복은 행정의 앞면에 마이너스 부호가 붙여지는 것과 같다."

1950년대 초반 프랑스가 북베트남을 지배하는 동안과 1960년대 초반 미국이 남베트남을 지배하는 동안에, 공산주의자들은 자신들이 전복시키려는 체제의 면전에서 국가 전체에 대한 세금을 거둬들였다는 점을 폴이 발견했다. 프랑스와 미국의 점령세력은 무장한 점령군이 마을들을 지배할 수 있을 것이라고 자신하고 있었다. 그러나 이는 행정적 통제를 포함하지 못했고 공산주의자들이 보유하고 있었다. 군사력에 대한 의존은 큰 실수였다고 강조하면서, 폴은 행정적 요인이 결여되어 있었다고 주장했다.

베트남의 혁명집단이 행정에 개입할 수 있었던 데에는 여러 가지 이유가 있다. 첫째, 그들은 베트남 인구들과 밀접한 동질감을 가질 수 있었고, 이는 프랑스와 미국인들이 할 수 없는 것이었다. 실제로 베트남전쟁 동안에 반공산주의 진영은 백인 외국인들에 밀접하게 연관되어 있었다. 프랑스와 미국 사람들이 지역에 줄 수 있는 정치적 이익은 거의 없었다. 심지어 사이공 지도자들의 정통성도 부족한 편이었다. 디엠정부와 후임 정부들은 남부 베트남의 불교신자들을 하찮게 보는 중부와 북부 베트남의 가톨릭교도들에 의해서 운영이 되었다. 사이공정부의 공직자들은 공산주의가 깊게 자리 잡고 있는 지방에서의 근무와 농부들과 함께 업무를 보는 데 대해서 거부감을 가지는 도시 거주자들이었다.

혁명적 정치전쟁에 있어서 테러가 중요한 역할을 하는 것은 분명하다. 베트공은 사이공정부 관료들과 정부에서 임명한 지방 책임자들을 많이 살해했다. 그러나 마을 사람들 전부가 이러한 테러에 공포를 느낀 것은 아니었는데, 그 이유는 테러의 대상이 선별적이었고, 국외자들에 국한되었기 때문이었다. 많은 농부들은 베트콩이 시행한 처형이 부역자들에 대한 초법적 처벌로 생각했다. 미국인들이 모든 마을들을 사라지게 했을 때, 그것은 테러였다. 네이팜탄은 선별적으로 사용될 수 없다.

반체제 세력이 체제를 탈취하기 위해서 인내심을 가지고 네트워크를 조성하는 동안, 점령자들 또는 정부는 성급하게 정통성을 무력으로 대체하려는 노력을 했다. 민간인들을 살해하는 행위는 게릴라들에 대한 동정심과 지원자들을 생산해냈다. 정부의 무력에의 과도한 의존은 국가 지도자의 그나마 빈약한 도덕적 주장을 더욱 약화시켰다. 일부 비판자들은 미국이 베트남에서 한 행위들, 그리고 이라크와 아프가니스탄에서 되풀이한 실수들에 대해서 미국국민들과 지도자들이 얼마나 이해하고 있는지 의문을 가진다. 남베트남 마을들의 폭격에 의한 피해를 조사한 미국인 관리는 다음과 같이 말했다. "불행하게도 우리는 마을을 구하기 위해서, 그 마을을 파괴해야만 했다."

모든 국가들은 테러리즘을 공식적으로 비난하지만, 시리아, 북한, 이란 등 일부 국가들은 테러를 후원한다. 1981년 요한 바오로 2세 교황을 암살하려던 시도는 소련의 정보기관까지 추적이 되었다. 탈옥수였던 터키 출신의 사격수는 자금, 위조여권, 총을 불가리아 보안경찰로부터 획득했는데, 불가리아 보안경찰은 소련 KGB의 지도를 받고 있었다. 테러리스트들은 베이스, 자금, 무기, 폭탄의 공급을 필요로 하는데, 대체로 직접적인 책임을 지지 않으면서 적대국에게 해를 입히려 하는 국가의 정보기관이 지원을 한다. 베이루트에 있는 미국 대사관과 미 해병대 병영, 그리고 부에노스아이레스의 유대인 센터를 폭파한 레바논의 헤즈볼라를 만들고 자금지원하고 무장한 것은 이란의 정보기관이었다.

테러리즘은 효과가 있는가? 아주 드물게 효과가 있다. 1990년대 초반 폭력의 손길이 대규모의 정치적이고 경제적인 압력으로 가해질 때 남아공의 백인들은 권력 독점을 포기했다. 그러나 대부분의 경우, 특히 민간인들이 살해된 이후, 테러리즘은 테러 대상 국가들이 문제를 해결하는 태도를 더욱 경직되게 하는 경우가 많다. 자살폭탄 공격을 받은 이스라엘 사람들의 팔레스타인과 타협하려는 의지가 더욱 약화되었다. 9/11 테러공격은 알카에다를 제거하려는 미국인들을 더욱 단합시켰다. 그러나 미국의 이라크 점령은 ISIS에 의한 테러 등 테러리즘을 더욱 증가시켰고, 미국인들로 하여금 혼란의 와중에 안정된 민주주의를 정착시키는 것이 어렵다는 점을 자각하게 해 줬다.

새로 만들어진 국토안보부를 비롯해서 미국의 정부기관들은 테러리즘과 싸울만한 준비가 제대로 되어 있지 않다. FBI와 CIA는 서로 소통하는 데 문제가 있고, 순찰 중인 경찰보다도 못한 경우도 있다. 테러리즘은 전쟁과 범죄 사이로 분류되기 때문에 대응하기가 어려운 점이 있다. 전쟁과 같이 테러에는 큰 이해관계가 걸려 있지만, 범죄와 같이 극단적으로 확산되어 있다. 테러는 국가가 일으키는 것이 아니고 전쟁처럼 침략하는 것이 아니기 때문에, 테러를 전쟁처럼 대응을 하기에는 너무 단순하다. 테러를 진압하기 위해서는, 2011년에 파키스탄에서 오사마 빈 라덴을 암살한 실(SEAL) 팀과 같은 숙련되고 기동성 있는 특수부대가 필요하다.

이슬람에 의한 테러는 점차 사라져 갈 것이다. 무슬림 성직자들은 폭력, 특히 최대 희생자인 무슬림들이 살해당하는 폭력에 대해서 비난을 하고 있다. 요르단과 이집트를 포함한 여러 아랍국가들이 ISIS에 대항하는 전쟁을 수행하고 있다. 이슬람 테러리즘은 분열되어 있다. 수니파는 시아파를 싫어하고 살해를 하며, 이란을 포함한 시아파는 수니파에 맞대응한다. 의아스럽게도 이란과 미국이 ISIS를 반대하는 자연적 동맹이 되었다. 이슬람주의는 음식을 제공할 수 있는 경제계획을 갖추고 있지 못하다. 이전의 여러 활동가들이 알카에다와 ISIS에 대해 반기를 들고 비난을 하고 있다.

혁명

16.4 혁명이 전개되는 단계에 대해서 설명한다.

혁명(revolution)
구체제에서 신체제로 갑작스럽게 대체되는 것을 의미.

혁명은 기존의 체제와 엘리트들을 제거하는 빠르고 극적인 체제변화이다. 근본적으로 체제를 그대로 두고 일어나는 작고 온건한 변화는 혁명이 아니라 개혁이다. 일부 체제들은, 대중들의 불만을 잠재우기 위해서, 자신들이 혁명적 변화를 하고 있다는 주장을 하지만, 그 변화들은 단지 결점을 감추기 위한 것이다. 기존의 엘리트들이 권력을 그대로 보유하고 있으면, 혁명이 아니다. 급진적 혁명에서 새로운 엘리트들은 해고, 추방, 단두대 처형을 통해 기존의 엘리트들을 제거한다. 그러나 혁명은 반드시 피를 보는 것은 아니다. 1989년에 동유럽 국가들은 피를 보지 않고 체제변화를 이루어냈다 (루마니아 제외). 남아공은 1990년대 초반에 혁명적인 협상을 진행했다.

좌절과 불안 자체가 혁명을 발생시키지는 않는다. 사람들은 불만을 가질 수 있지만, 그러한 불만에 초점을 맞추는 조직이 존재하지 않으면 아무 일도 생기지 않는다. 1964년부터 1985년까지 군사독재 하에서 보인 브라질 국민들의 정치적 태도를 분석한 전문가들은, 권위주의 체제에 대한 상당한 불만은 존재했지만, 특별히 정부를 향한 불만이라기보다는 개별적으로 보이는 불만이었다는 점을 발견했다. 이 점은 "조직적인 대안이 존재하지 않는 상황에서 저항은 단순히 무감각과 무관심의 형태를 보일뿐"이라는 추세를 제시했다. 이는 현재 중국에서 나타나는 경향이다. 중국정부는 불만을 조장할 수 있는 자율적 미디어, 교회, 노동조합을 불법화하여 체제저항이 조직화 되지 못하도록 하고 있다.

지식인과 혁명

유토피아(utopia)
상상 속의 이상적인 완전한 체제.

지식인들은 종종 혁명까지 이어질 수 있는 조직을 제공한다. 교육을 받은 많은 사람들이 격변의 도화선이 되는데, 그 이유는 그들이 **유토피아**를 비롯한 아이디어들을 제시하기 때문이다. 아이디어를 다루는 목사들, 교사들, 법률가들, 언론인들이 체제에 대한 비판을 주도한다. 대표적인 사례로 차르체제를 붕괴시킨 레닌을 들 수 있다.

일부 지식인들은 '혁명적 신념'을 발전시키는데, 이는 현재의 체제가 더 나은 체제로 대체될 수 있다는 믿음이다. 보통의 노동자들과 농부를 비롯한 일반인들은 추상적 이데올로기에 대해서 별로 관심을 가지지 않고, 물질적 환경의 향상을 원한다. 지식인들의 이상적 확신은 혁명운동이 함께 할 수 있는 유대감을 제공한다.

20세기에 발생한 대부분의 혁명운동들은 교육받은 사람들에 의해서 시작되고 이끌어졌다. 레닌은 대학에서 추방된 이후, 독학을 하여 변호사 시험에 최고 성적으로 통과되었다. 쿠바의 카스트로(Fidel Castro)와 초기의 게릴라 전사들은 법과대학 졸업생들이다. 볼리비아의 혁명을 기도하다가 1967년에 암살당한 체 게바라(Che Guevara)는 의사였다. 페루의 좌익 테러단체였던 빛나는 길(Shining Path) 게릴라의 지도자는 철학교수였다. 샤에 대항한 이란혁명의 지도자들은 종교적 또는 학문적으로 훈련된 지식인들이었다. 2011년의 리비아 혁명 이후 첫 수상은 미국 대학의 박사였고, 미국에서 엔지니어링을 가르쳤다(그는 단지 1년 동안 수상 직을 유지했다.)

혁명의 단계

1938년의 저서 『혁명의 해부(The Anatomy of Revolution)』에서 하버드대학의 역사학자 브린턴(Crane Brinton, 1898~1968년)은 인간의 몸이 질병의 단계를 거치는 것처럼, 모든 혁명들은 유사한 단계를 거친다고 이론화했다. 1640년대의 영국혁명, 1776년의 미국혁명, 1789년의 프랑스혁명, 1917년의 러시아혁명에서 브린턴은 아래와 같은 대략적인 균일성을 발견했다.

구체제의 파멸 행정이 중단되고, 세금이 올라간다. 사람들은 더 이상 정부를 믿지 않는다. 실제로 정부 스스로 의구심을 가진다. 지식인들은 체제로부터 소외되고, 이상적인 체제를 모색한다. 이 모두는 대체로 경제성장 상황에서 벌어지지만, 이는 불만과 시기를 불러일으킨다.

혁명의 첫 번째 단계 위원회, 네트워크, 세포조직, 음모단체가 형성되어 체제의 붕괴에 기여한다. 사람들은 세금 납부를 거부한다. 노선들이 너무 확고하게 자리 잡기 때문에 해결이 어려운 정치적 난국이 발생한다. 정부는 군대를 동원하는데, 군대도 변심하고 국민들은 더욱 분노하기 때문에 역효과가 난다. 초기의 장악은 쉽다. 구체제는 운영능력을 곧 잃게 된다. 대중들은 환호하게 된다.

초기 단계에서 온건세력의 장악 구체제를 반대하지만, 배경과 훈련에 의해서 그 체제와 연결이 되어 있는 사람들이 주도를 한다. 그들은 급진적이지 않은 개

사례연구 16.2
이란혁명의 순환

이란의 혁명은 브린턴의 혁명 패턴을 그대로 따르고 있다. 1973년부터 1974년까지 유가가 네 배로 오르면서 이란의 경제는 호황기를 누렸지만, 경제성장은 고르지 않았다. 일부 사람들은 빠르게 부자가 되었고, 이에 대한 시기심이 발생했다. 부패와 인플레이션이 급상승했다. 교육을 받은 많은 이란인들은 **샤**의 독재를 싫어했고, 특히 학생들이 자유를 억압하는 데 대해서 샤를 증오했다. 음모자들의 네트워크가 형성되었고, 추방당했던 **아야톨라** 호메이니의 주위로 사람들이 몰려들었으며, 회교사원을 회합 장소로 사용했다. 1978년에 폭동들이 발생했고, 폭동을 진압하기 위해 무력을 사용하자 보다 많은 이란인들이 분노하기 시작했다. 군인들도 탈출하기 시작했다. 민주주의와 대중의 정치참여를 경멸하던 샤는 자신의 사바크(SAVAK) 비밀경찰에 의존했지만, 혁명을 막아내기 어려웠다. 1979년 1월 샤가 이란을 떠났고 호메이니가 돌아 왔다.

이란을 떠나기 전에 샤는 온건한 혁명가인 박티아르(Shapour Bakhtiar)를 정부의 수장으로 임명했다. 그러나 샤가 선택한 인물이라는 이유로 박티아르는 배제 당했고, 새로 돌아온 아야톨라가 즉각적으로 이란의 사실상 권력을 장악했다. 그는 박티아르를 바자르간(Mehdi Bazargan)으로 대체했는데, 그도 온건주의자였지만, 샤와는 아무런 연관이 없는 인물이었다. 비지르간 정부는 많은 일을 하지 못했는데, 그 이유는 실질적인 권력이 호메이니의 혁명위원회에 집중되었기 때문이다. 샤가 미국에 입국한 데 대해서 분노한 이란의 급진적인 이슬람 학생들은 1979년 11월에 미국 대사관을 점거하고, 1년 이상 계속된 그 유명한 '인질 위기'를 시작했다. 자신에게 주어진 권력이 없다고 인식한 바자르간은 사임했다.

무슬림 극단주의자들은 호메이니가 권력을 장악하는 데 집중했고, 통제가 되지 않는 사람들은 제거했다. 배신한 동료 혁명가들을 포함하여 '나쁜' 사람들로 의심되는 사람들은 철저하게 배제시켰다. 수만 명의 젊은 이란인들이 이라크의 침략군을 몰아내는 전쟁에 적극적으로 참여했다. 알코올과 마약의 금지와 여성의 베일 착용 등 엄격한 이슬람 기준이 시행되었고, 미국을 증오했다.

1989년 호메이니가 사망한 이후, 이란의 혁명은 점차 잠잠해졌고 안정되었다. 반동적인 행위는 발생하지 않았고, 온건주의자들이 보다 많은 자유와 경제성장을 약속하면서 대통령을 맡았다. 실질적인 권력이 종교지도자들에게 장악되었기 때문에 개혁은 중단되었다. 이란에 또 다른 혁명이 발생할 것이라는 가능성을 배제할 수 없는 상황이다.

혁을 추진하는데, 이는 타협하는 온건적 태도를 비난하는 실질적인 혁명가들에게는 충분하지 않은 모습이다. 온건파들은 '좋은 사람'들이고, 급진주의자들을 궤멸할 만큼 무모하지 않고, 자신들과 비슷한 성향의 정부를 구성한다.

샤(shah)
왕이라는 의미의 페르시아어.

아야톨라(ayatollah)
샤 이슬람의 최고 성직자.

극단주의자들의 장악 보다 무모하고, 잘 조직되었으며, 급진적인 프로그램을 보유한 극단주의자들이 온건주의자들을 축출하고, 혁명을 격변의 상황으로 몰아넣으며, 구 시대의 모든 것을 제거한다. 사람들은 '좋은' 사람이 되어야 하고, 새롭고 이상적인 사회에 복종해야 한다. '나쁜' 사람들은 테러의 방식으로 처벌을 받아야 한다. 혁명 동지들도 처형될 수 있다. 프랑스의 혁명 지도자 당통(Georges Danton)은 그의 재판을 회고했다. "혁명은 어린이들도 희생시킨다." 극도의 열병을 앓는 것처럼 전체 사회가 미쳐 간다고 브린턴은 주장한다.

'테르미도르'에 의한 테러지배의 종식 궁극적으로 사회는 더 이상 혁명을 받아들이지 않는다. 혁명 주도자들을 포함한 국민들은 격동적 상황에 지치고, 정상적인 환경을 모색하게 된다. 이는 프랑스혁명의 막바지에 극단주의자 로베스피에르가 단두대에 의해 처형이 된 달(月)을 상징하는 이름으로 붙여진 **테르미도르**로 이끌어진다. 브린턴은 이를 열병 이후의 회복기로 표현했다. 때로는 구체제의 폭군과 유사한 독재자가 질서를 유지하기 위해 재등장하는데, 많은 사람들은 이를 환영한다.

테르미도르(Thermidor)
혁명적 극단주의가 종식된 프랑스혁명의 여름 달(月). 공화력으로 제11월을 의미하고, 그레고리력 즉 우리가 현재 사용하는 양력 개념으로 보면 7월을 의미.

다른 하버드대학의 사회학자 스카치폴(Theda Skocpol)은 국가의 역할을 강조했다. 혁명은 아래로부터 부풀어 오르는 것이 아니라, 위에서 시작되는 것이다. 정부가 해결할 수 없는 '국가 위기'의 상황에서 혁명이 발생하는 것이다. 전쟁과 재정부담 같은 국제적 압력이 엘리트의 분열과 대중동원을 이끈다. 제1차 세계대전에서 러시아가 독일에 패전하면서 차르(tsar) 정부가 붕괴되었고, 결국 레닌의 작은 볼셰비키 정당이 권력을 잡을 수 있는 기회를 가졌다. 제2차 세계대전에서 일본이 중국을 점령한 이후 중국 국민당의 효율성이 몰락했으며, 결국 공산주의자들이 내전에서 승리했다. 세계대전이 없었다면, 공산주의자들이 러시아 또는 중국을 장악할 수 있었을지 의문이 간다.

혁명 이후

16.5 혁명적이든 후기 혁명적이든, 현재의 시대를 분석한다.

혁명은 폭정의 한 가지 형태를 다른 형태로 대체한다는 의미를 지니고 있다. 프랑스의 왕위가 나폴레옹으로 대체되었고, 그는 스스로를 황제로 칭했으며, 이전의 왕국보다 완벽한 경찰국가를 지휘했다. 부분적으로 독재국가였던 러시아의 차르(tsar) 왕조는 스탈린에 의한 완전한 독재국가가 되었다. 카스트로(Fidel Castro)는 부정부패한 바티스타 정권을 내몰았으며, 이후 쿠바의 자유와 경제성장이 쇠퇴했다.

'아랍의 봄' 혁명들이 발생한 이후 극단주의자들이 그 지역을 장악할지 모른다는 우려 때문에 미국은 그들에 대한 지원을 망설였다. 일부 혁명들은 급진적인 이슬람주의자들에 의해서 감행되었고, 심지어는 알카에다가 관련되어 있었다. 1979년의 이란혁명에서 호메이니의 극단주의자들은 소수파였으나, 잘 구성된 조직을 활용하여 장권을 장악하였고, 호전적인 신정국(神政國)을 설립하여 모든 반대파들을 제거했다. 아랍지역에서 많은 국가들이 이러한 과정을 밟게 되었다.

예를 들어, 이집트는 원조 이슬람운동 단체인 무슬림 형제단의 탄생지(1928년)이면서 본거지이며, 이 형제단은 정부의 탄압을 받았다. 형제단의 많은 구성원들이 교수형에 처해졌지만, 형제단은 지하에서 명맥을 유지했다. 무바라크(Hosni Mubarak, 지배 기간 1981~2011년) 대통령은 오직 그 만이 이슬람주의자들의 정복을 막을 수 있을 것이라는 이유로 미국의 지지와 지원을 받았다. 그는 민주적 인물은 아니었으나, 미국의 이익에 맞는 다른 인물을 찾기 어려웠다. 아랍의 봄 혁명이 시작된 이후, 무바라크는 자신의 보안경찰을 활용하여 시위대에 대해서 무력진압을 시도했으나, 결국 비교적 비폭력적인 방식으로 사임을 했다. 이후 이집트에 선거가 실시되어 무슬림 형제단이 최대 정당으로 등장했고, 이 정당의 극단적인 구성원들이 이슬람 헌법 제정에 개입했고, 2012년에 모르시(Mohamed Morsi)를 대통령으로 임명했는데, 그는 얼마 지나지 않아서 권위주의 권력을 행사했다. 이집트의 지식인들과 세속인들은 독재자를 축출하기 위해서 독재자를 영입했다고 하며 울분을 토로했다. 얼마 지나지 않아 군사쿠데타가 일어나 모르시가 제거되었고, 군 장성이 권력을 장악하여 유지되고 있다.

다른 많은 혁명들도 목적을 제대로 이루지 못했다. 대체로 혁명들은 좋지 않게 끝났다. 그러면 미국은 어땠는가? 1776년부터 1781년까지 영국에 대항한 투쟁을 혁명전쟁이라고 부르지만, 일부 사람들은 그 투쟁에 의해서 미국사회가 재형성된 것은 아니기 때문에 실질적인 혁명은 아니었다고 주장한다. 실제로 대부분의 지도자들은 단순히 영국의 지배를 종식시키기를 원했던 부유하고 현명한 인물들이었다. 그 투쟁은 혁명이라기보다는 독립전쟁이었고, 극단주의자들이 통제권을 장악하지도 않았다고 주장한다. 다른 사람들은 그 투쟁이 혁명적 폭력이었다고 주장한다. 이 폭력은 10만 명의 친 영국 식민지주의자들을 향한 것이었다고 지적한다.

정치학자 아렌트(Hannah Arendt, 1906~1975년)는 아마도 미국의 투쟁이 역사상 유일하게 완성된 혁명이라고 주장했는데, 그 이유는 다른 혁명들이 폭정으로 끝난 반면, 미국의 투쟁은 자유의 새로운 기초를 수립하였기 때문이라고 한다. 프랑스혁명가들이 대면했던 문제들과 달리, 미국의 혁명가들은 가난한 사람들을 어떻게 돕느냐의 어려운 사회문제에 대해서 분투할 필요가 없었다고 아렌트는 주장한다. 미국은 번영하고 있었고, 부는 어느 정도 균등하게 배분되고 있었다. 미국의 투쟁은 가난의 문제로 인하여 궤도를 벗어나지 않았으며, 따라서 균형 잡힌 권력과 자유를 바탕으로 하는 정의롭고 지속가능한 헌법을 제정하는 데 초점을 맞출 수가 있었다. 미국에는 귀족계급이 없었기 때문에 단두대도 필요 없었다. 사회의 부정의를 시정하려던 프랑스혁명은 유혈투쟁이었고, 독재로 귀결되었다. 아렌트는 프랑스의 혁명이 미국혁명처럼 자유의 헌법 제정으로 끝나지 않았기 때문에 실패했다고 결론을 내렸다.

프랑스혁명에 대해서는 두 세기가 지난 지금에도 논쟁이 벌어지고 있다. 프랑스혁명을 비판 없이 칭송만 하는 사람은 거의 없고, 많은 프랑스의 보수주의자들은 증오하기까지 한다. 대부분의 프랑스인들은 '자유, 평등, 우애'라는 원래의 이상적 동기에 대해서는 자랑스럽게 생각하면서도, 혁명이 잘못 전개되어서 유혈투쟁이 되었고 독재로 귀결되었다는 점을 인정한다. 여기서 남는 가장 큰 질문은 그러한 방향의 전개가 불가피한 것이었느냐에 대한 것이다. 일부 사람들은 혁명이 극단주의자들과 광신자들의 수중에 들어간 것은 단순한 사고였다고 주장한다. 다른 사람들은 혁명 과정 자체가 그렇게 만들었고, 역사가 퓌레(Francois Furet)의 말대로 '통제불능상태'였다고 주장한다. 대부분의 학자들은 불가피성 주장을 받아들인다.

러시아에서는 1917년의 볼셰비키혁명에 대해서 이 문제가 제기되었다. 지성적이었던 레닌은 1924년에 사망했다. 만약 그가 더 오래 살았다면, 공산주의는 보다 인간적이고 덜 잔인한 모습을 보였을까? 일부 사람들은 스탈린이 개인독재로 전환시켰기 때문에 혁명을 망쳤다고 주장한다. 보다 최근의 학자들은 레닌도 무자비했고 반대세력 모두에게 극단적 태도를 보였다고 강조한다. 일부 논평가들은 레닌이 시작부터 잘못된 방향을 나아갔다고 한다.

1960년대에 대중적이었던 혁명은 1970년대에 나쁜 명성을 얻었다. 1980년대까지 많은 급진적 국가들은 혁명적 체제로부터 벗어나기 위한 노력을 했다. 혁명이 긍정적인 결과를 가져 오는 적극적인 사례는 없었다. 많은 혁명의 초기 모델이었던 소련과 중국은 경제적 어려움에 처했다는 점을 인정하고, 보다 개방적인 시장제도로의 변화를 모색했다. 1989년에 동유럽의 공산주의 지역들은 공산주의로부터 이탈했다. 이후 1991년 말에 소련에서 공산주의가 몰락했다. 아프리카에서 앙골라, 모잠비크, 에티오피아의 혁명적 공산주의 지역이 자유화되었고, 자본주의 서방의 원조를 요청했다.

최악의 혁명적 공포는 캄보디아에서 발생했다. 1970년대 후반에 크메르 루즈(Khmer Rouge)는 자국의 170만 명의 시민을 살해했다. 교육받은 지식인들을 살해하는 모습을 담은 〈킬링필즈(The Killing Fields)〉 영화는 세계에 충격을 안겨주었다. 미국과의 격렬한 전쟁을 치른 후 1975년에 공산주의자들이 무력통일을 한 베트남은 세계에서 가장 가난한 국가들 중의 하나가 되었다. 수만 명의 베트남인들이 자신들의 굶주린 지역을 떠나 '보트 피플'이 되어 황량한 바다와 태국 해적들의 위험에 놓이게 되었다. 애석하게도 그들을 받아 주는 나라는 거의 없었다. 1995년에 베트남은 미국과 외교관계를 수립했고, 베트남 경제는 세계시장으로 뻗어 나가서 좋은 결과를 획득했다. 쿠바에서 피델 카스트로(Fidel Castro)는 지속적으로 혁명정신을 이어 나가려 했으나, 대부분의 쿠바인들은 물자의 부족과 속박에 지쳐 있었다. 2006년 이후 피델의 동생 라울(Raul Castro)의 지도하에, 쿠바는 일부 자유시장 개혁을 추진했고, 미국과 외교관계 회복을 모색했다. 1990년에 니카라과의 자유선거는 산디니스타(Sandinistas) 혁명정부를 붕괴시켰고, 민주연합으로 대체했다.

최근 들어, 몇 가지의 혁명운동이 전개되고 있다. 캄보디아, 페루, 인도에서 마르크스 집단들이 아직도 게릴라전과 테러를 자행하고 있다. 무슬림 국가들에서 이슬람주의자들은 부패한 정부를 붕괴시키기 위해서 폭탄을 사용하고 암살을 하지만, 그들의 잔인성은 대부분의 무슬림들을 소외시킨다. 최근 들어, 미국은 그들에 대해서 투쟁을 하는 데 얼마나 깊숙하게 개입을 해야 하는가에 대해서 논쟁을 벌이고 있다.

사례연구 16.3
폭력혁명 대 벨벳혁명

역사적으로 대부분의 혁명들은, 증오하는 체제에 대항해서 분노한 사람들이 일으켰기 때문에, 폭력적이고 잔인했다. 그들은 권력과 부를 장악했던 과거 엘리트들을 깨끗하게 청소했다. 그러나 학자들은 최근 들어 '벨벳'혁명이 보편화되었다고 주장하면서, 1989년 동유럽과 1991년 소련에서 공산주의 체제의 붕괴를 사례로 들었다. 이 혁명들은 부패하고 실패한 체제를 거부하는 대중들이 봉기한 비폭력 혁명들이었다. 과거의 엘리트들은 권력을 잃었지만, 처형당하거나 추방당하지 않았다. 예를 들어, 공산당들은 온건하고 민주적인 사회주의 정당으로 확대되면서 변신했고, 자유선거에도 참여했다.

일부 학자들은 이 **벨벳혁명**들을 절대로 혁명이라고 할 수 없는데, 그 이유는 폭력적 혁명이 가지는 강인한 성격을 가지지 않았기 때문이라고 한다. 그러나, 만약 우리가 논의한 바와 같이 혁명이 체제변화를 모색하는 것, 특히 지배 엘리트의 축출을 시도하는 것이라면, 공산주의 체제의 전복도 혁명이라고 할 수 있다. 공산주의를 전복시킨 동기는 부정과 부패를 일소하는 다른 체제를 전복한 동기와 같았다. 몇 세대에 걸쳐서 유토피아를 약속했지만, 실현되지 않는 데 대해서 시민들은 싫증이 나 있었다. 실제로 소련사람들은 생활수준이 어느 정도 향상되었지만, 당의 선동 때문에 기대가 더 빠르게 부풀어져 있었다. 소련사람들은 당의 고위층이 특별한 아파트, 식료품 상점, 의료시설, 별장 등의 혜택을 받고 있다는 점을 알고 있었다. 소비경제의 많은 부분이 특별 거래에 의해 이루어지고 있었다. 바라는 상품들이 상점 진열대에 진열된 적이 없고, 그들은 큰 이익을 남기면서 뒷거래에 의해서 판매되었다. 지식인들은 비판적인 견해를 탄압하는 데 대해서 저항심을 가졌다. 비공산주의 국가들에서 끓어오르는 것과 같은 저항감이 공산주의 국가에서도 끓어올랐다.

이전의 혁명들과 마찬가지로, 공산주의 체제의 생명이 가졌던 가장 위험한 시기는 스스로 개혁을 시도할 때였다. 이 시기에 공산주의 엘리트들은 권력과 특전 등 많은 것을 잃어야만 했다. 공산주의 체제에서 공산당 엘리트들은 부유하게 살면서 개혁을 방해하는 보수적 성향을 가졌다. 개혁이 필요할 정도로 상황이 악화되었을 때는 이미 늦은 때였다. 브레즈네프 하의 소련에서 모든 조건들이 악화되었지만, 불안한 상황은 고르바초프가 주요 개혁을 시도한 후에 나타났다. 모든 것이 잘못 되어 간다는 점을 인정한 고르바초프는 불만에 찬 노동자들과 지식인들의 요구를 받아들이는 정책을 선택했다. 서방 언론이 소련에 진입하는 것을 허용하여 소련 사람들에게 미국과 서방이 얼마나 잘 살고 있는지를 보여 주었다. 곧바로 급격한 변화를 요구하는 압력이 폭발하기 시작했다.

반쪽짜리 개혁은 충분하지 못하고, 상황을 더욱 악화시키는 경우가 있다. 동유럽의 공산주의 체제들은 개혁을 약속하고, 새롭고 참신한 지도자들을 등장시켰다. 그러나 일부는 속임수였다. 개혁은 기존의 결함이 있는 체제를 그대로 두고 진행되었으며, 새로운 지도자들은 기존 정당의 주요 인사들이었다. 1989년 체코슬로바키아의 경우, 새로운 내각은 아직 공산주의자들이 지배하였기 때문에 과거 내각과 차별성이 별로 없었다. 대규모의 거리 시위가 발생한 이후 시민포럼(Civic Forum)은 비공산주의자들을 내각에 포진시키는 데 성공했는데, 그들은 2주 전에는 구속되었던 사람들이었다. 체코의 하벨(Vaclav Havel)

계속

(앞 페이지에서 계속)

대통령은 이 과정을 '벨벳혁명'이라고 불렀고, 이 용어는 정착되었다. 인기 없는 체제가 개혁을 시작하게 되면, 그 개혁은 기존 체제가 완전하게 체제 운영에서 손을 뗄 때 끝이 나게 된다.

이러한 상황에 직면하게 되었을 때, 일부 체제들은 군사력을 동원하여 대중의 요구를 분쇄시키려는 노력을 한다. 그 사례는 1989년 중국정부의 천안문 사태의 유혈진압이다. 수백 명의 시위 학생들이 베이징의 천안문에서 총격을 받았는데, 발포를 한 이유는 당의 원로 엘리트들이 '반혁명적 봉기'를 두려워했기 때문이다. 1978년부터 덩샤오핑(鄧小平)이 경제개방과 개혁을 시작했는데,* 이는 민주주의를 요구하는 방향으로 전개되었다. 부패한 독재체제의 부분적인 개혁은 성공하기가 매우 어려운데, 그 이유는 국민들이 체제를 비판하는 동시에 다른 체제에 의한 대체를 원하게 되기 때문이다. 이는 권력과 특전을 유지하기 위해 투쟁을 벌이는 공산주의 엘리트들의 제거를 의미하는 것이다. 그러나 완강하게 버티는 동시에 주요 개혁을 거부하면서, 지도자들은 미래의 새로운 대중들의 폭발에 대비하여 강력한 체제를 구축한다. 당은 정치적 반대자들을 봉쇄할 수 있지만, 분노에 찬 국민들에게 음식과 주택을 제공하는 데 필요한 경제성장을 이룩할 수는 없다. 아이러니하게도 항상 '혁명적'이라고 주장하는 공산국가들이 실제로 혁명을 끌어 들였다.

벨벳혁명(velvet revolution)
공산주의 체제를 축출한, 비교적 비폭력적인 대중 봉기.

(*역자 주)
덩샤오핑은 흑묘백묘(黑猫白猫)론, 즉 검은 고양이든 흰 고양이든 쥐만 잡으면 된다는 논리를 전개했다. 서방의 자본주의를 일부 받아들이고 개방과 개혁을 추진하면서 경제성장을 모색했다.

국가들이 혁명 이전과 이후에 어떻게 다른지 비교해 본다. 혁명 이전에 혁명운동은 이상적인 것으로 생각되고, 혁명이 보다 나은 사회를 만들어 줄 것이라는 기대를 한다. 혁명에 대한 기대는 국가권력을 장악한 진실로 헌신적인 체제가 사회를 정의롭고, 공정하고, 번영하게 만들 것이라는 믿음에 기초하고 있다. 이러한 감정은 특히 정의롭지 못하고 비참한 사회에 등장한다. 그러나 권력을 장악한 이후 혁명정권은 경제를 성장시키는 것이 쉽지 않다는 점을 발견하게 된다. 환멸과 고통이 밀어 닥치게 된다. 많은 국민들은 자본주의자들의 저항과 제국주의자들의 방해 행위를 비난하면서 권력을 유지하고 있는 혁명정권이 제거되기를 원한다. 이러한 불리한 환경을 벗어나기 위해서 혁명정권은 가혹한 경찰력을 동원한다.

그러나 사태는 더욱 악화된다. 농부들은 자신들의 수확물에 대해 적절한 가격이 보장되지 않으면 농사를 짓지 않는다. 노동자들은 살 물건이 없으면 일을 하지 않는다. 어려움과 빈약한 성장의 기간을 보낸 후, 새로운 세대가 권력을 장악하고 체제가 완화될 필요가 있다는 점을 인정한다. 이에 따라 곤혹스러운 상황이 전개된다. 자유로운 국가들에 비해서 혁명국가들 자체가 뒤진다는 점을 알게 된다. 1970년대에 중국인들은 중국의 주변에 있는 싱가포르, 홍콩, 대만이 중국보다 번영되어 있는 점을 유감으로 생각했다. 덩샤오핑 하에서 중국은 자본주의 경제와 해외투자로 입장과 시각을 전환했으며, 경제는 괄목할만한 성장을 기록했다. 그러나 이는 반대급부로 불평등과 부패를 조장하였다. 이러한 상황을 증오하는 중국인들의 새로운 봉기의 가능성이 없지 않다.

급진적 혁명 사고의 핵심은 사회를 재건하는 것이 가능하다는 기대이다. 사회를 재건하는 것이 매우 어렵고 긍정적인 결과를 내기가 어렵다는 점을 발견하면서, 혁명에 대한 꿈은 사라지게 된다. 이는 우리가 혁명의 다른 주요 물결을 보지 못할 것이라는 점을 의미하는가? 반드시 그렇지는 않다. 세계에는 불의가 너무 많고, 이는 분노를 불러일으킨다. 아렌트(Hannah Arendt)가 지적한 바와 같이, 분노는 혁명을 부추긴다. 분노의 가장 큰 원인은 저개발국에서 발견되는 대규모 부패인데, 미국의 피후원국인 이라크와 아프가니스탄도 포함된다.

급진적 혁명이 일어나지 않게 하는 방법은 무엇인가? 답은 간단한 데 실행하기가 어렵다. 그것은 부정과 부패를 종식시키기 위한 개혁을 하는 것이다. 페루와 필리핀의 토지개혁과 무슬림 지역에서의 선거에 의한 의회 구성은 부패를 줄이고, 혁명운동의 동기를 없앨 수 있었다. 세계에서 중동지역의 실업률이 가장 높고, 이에 따라 젊은 남성들이 혁명에 적극 참여한다. 페르시아 만 주위의 지도자들은 민주화되면 자기들의 부와 권력을 잃을지도 모른다는 우려를 하면서, 지금 자유화하면 급진주의자들이 권력을 장악할 것이라고 경고한다. 만약 사우디아라비아에서 자유롭고 공정한 선거가 진행된다면, 오사마 빈 라덴 같은 사람이 승리할 것이다. 해결방법은 부패를 일소하기 위한 개혁을 천천히 점진적으로 시행하는 것이다.

개발도상 세계의 많은 정부들은, 대중들의 불만이 고조되어 가는 동안에도, 부패한 공무원들이 경제성장, 특히 석유 수입을 착복하고 있다는 점을 인정하지 않는다. 개혁을 하게 되면 권력을 장악한 계층이 잃을 것이 많아서 강력하게 저항하기 때문에 개혁이 성공하기가 쉽지 않다. 예를 들어, 1960년대 초반에 미국은 농민들이 공산주의 게릴라들로부터 이탈하도록 하기 위해서 남베트남 정부에게 전반적인 토지개혁의 시행을 요구했다. 그러나 소작농민들로부터 엄청난 임대료를 받던 지주들이 토지개혁 법안의 통과를 방해했다. 그 지주들이 자신의 토지를 포기했다면 나라를 구할 수 있었을 것이다. 그 대신 그들은 모두를 잃었다. 이러한 점들이 주는 메시지는 혁명의 감정이 뿌리내리기 전에 개혁을 하라는 것, 즉 위험한 상황이 되기 전에 문제를 해결하라는 것이다.

토의질문

1. 체제붕괴의 원인은 어떤 것들인가?
2. 폭력은 어떤 목적들을 달성하게 하는가?
3. 오늘날 어떤 유형의 폭력이 가장 지배적인가?
4. 현대화는 어떻게 불안을 조성하는가?
5. 혁명이 있었는지 어떻게 알 수 있는가?
6. 왜 지식인들이 혁명에서 중요한 역할을 하는가?
7. 브린턴(Brinton)의 혁명 단계는 무엇인가?
8. 모든 혁명들은 나쁘게 끝나는가? 왜 그런가?
9. 2011년 '아랍의 봄'은 어떻게 진행되었는가?

핵심용어

근본적 폭력(primordial) p. 352
논핑(thinkpiece) p. 354
벨벳혁명(velvet revolution) p. 370
상대적 박탈감(relative deprivation) p. 356
샤(shah) p. 365
아야톨라(ayatollah) p. 365
오류(dysanalogy) p. 355
유추(analogy) p. 354
유토피아(utopia) p. 362

지식인(intellectuals) p. 358
지하드(jihadi) p. 358
집정관주의(praetorianism) p. 355
체제붕괴(system breakdown) p. 350
쿠데타(coup) p. 350
테러리즘(terrorism) p. 358
테르미도르(Thermidor) p. 365
혁명(revolution) p. 362

참고문헌

Benjamin, Daniel, and Steven Simon. *The Next Attack: The Failure of the War on Terror and a Strategy for Getting It Right.* New York: Henry Holt, 2006.

Goldstone, Jack A., ed. *Revolutions: A Very Short Introduction.* New York: Oxford University Press, 2014.

Greene, Thomas H. *Comparative Revolutionary Movements,* 3rd ed. Englewood Cliffs, NJ: Prentice Hall, 1990.

Heymann, Philip B. *Terrorism, Freedom, and Security: Winning Without War.* New York: Cambridge University Press, 2003.

Katz, Mark N., ed. *Revolution: International Dimensions.* Washington, DC: CQ Press, 2000.

Laqueur, Walter. *No End to War: Terrorism in the Twenty-First Century.* New York: Continuum, 2004.

Parsa, Misagh. *States, Ideologies, and Social Revolutions: A Comparative Analysis of Iran, Nicaragua, and the Philippines.* New York: Cambridge University Press, 2000.

Rand, Dafna Hochman. *Roots of the Arab Spring: Contested Authority and Political Change in the Middle East.* Philadelphia, PA: University of Pennsylvania Press, 2013.

Rapoport, David C., and Leonard Weinberg, eds. *The Democratic Experience and Political Violence.* Portland, OR: Frank Cass, 2001.

Roberts, Adam, and Timothy Garton Ash, eds. *Civil Resistance and Power Politics: The Experience of Non-Violent Action from Gandhi to the Present.* New

York: Oxford University Press, 2011.
Spindlove, Jeremy R., and Clifford E. Simonsen. *Terrorism Today: The Past, The Players, The Future*, 5th ed. Upper Saddle River, NJ: Prentice Hall, 2013.

Whittaker, David J. *Terrorism: Understanding the Global Threat*, rev. ed. New York: Longman, 2007.
Wright, Lawrence. *The Looming Tower: Al-Qaeda and the Road to 9/11*. New York: Knopf, 2006.

17장 국제관계

> **학습목표**
>
> 17.1 국내정치와 국제관계를 비교한다.
> 17.2 왜 국가이익은 가끔 논쟁적이 되는지 설명한다.
> 17.3 오늘날 국제관계에 있어서의 경제요인을 평가한다.
> 17.4 전쟁의 원인에 대한 여러 가지 이론들을 탐구한다.
> 17.5 평화를 유지하기 위한 여러 접근법들을 검토한다.
> 17.6 절대주권으로부터 탈피되고 있는 현재의 추세를 설명한다.
> 17.7 개입과 불개입의 관점에서 외교정책을 평가한다.

러시아와 중국의 미국에 대한 적대감이 증폭되면서, 새로운 냉전의 우려가 나오고 있다. 원래의 냉전은 핵무기 공격에 의해서 끝난 것이 아니라, 비효율적인 소련경제가 많이 뒤쳐졌고, 마오쩌둥이 자신의 영원한 혁명으로 중국경제를 훼손시키는 등 공산권의 경제적 파탄으로 인해서 끝났다. 냉전 기간 동안 소련과 중국은 이데올로기에 치중하였으며, 자신들의 리더십 하에 세계혁명이 일어나는 것을 목표로 했다. 그들의 이데올로기적이고 글로벌한 동기들은 사라졌고, 민족주의의 열정과 자원에 대한 통제로 대체되었다. 경제와 인내가 원래의 냉전에서 서방세계가 승리하는 원동력이 되었고, 앞으로도 재현될 것이다.

갈등 고조(escalation)
전쟁의 가능성이 더 커지고 강력해지는 것.

시리아에 관련한 소련의 미국에 대한 비판과 중국해에 대한 중국정부의 강경한 태도는 세계를 위험한 **갈등 고조**의 소용돌이로 몰아갈 것이다. 14년에 걸친 아프가니스탄에서의 전쟁과 8년에 걸친 이라크의 전쟁, 즉 미국 역사에서 가장 긴 전쟁들을 경험한 미국인들은 새로운 갈등을 원하지 않는다. 미국인들은 미국이 세계문제에 대해서 수행해야 할 역할에 대해서 두 가지의 마음을 가지고 있다. 많은 미국인들은 미국이 평화와 민주주의를 보호하고 확산시킬 도덕적이고 안보적 의무를 가지고 있기 때문에, 미국이 세계를 주도하기를 원하고 있다. 이 역할을 미국이 하지 않으면, 이를 할 수 있는 다른 나라가 없다는 것이 그들의 생각이다. 비슷한 수의 미국인들, 아마도 중복되는 미국인들은 평화와 민주주의를 위한 준비가 되어 있지 않은 지역을 위해서 미국인들이 목숨까지 바칠 필요가 없다는 주장을 하고 있다. 그러면 미국이 아프가니스탄과 이라크에 대한 개입을 철회한다면 무슨 이득이 생기는가?

국제관계는 무엇인가?

17.1 국내정치와 국제관계를 비교한다.

국제관계는 우리가 지금까지 공부해 온 **국내정치**와 다르다. 세계에는 국가들로 하여금 법을 준수하고 평화를 보호하도록 하는 주권적 힘이 없다. 국내정치와 비교해서 **국제관계**는 보다 거칠고 복잡하다. 주권은 자신의 영역에서 우두머리가 되는 것이고, 국가 내에서는 지배적인 힘을 의미한다. 이론적으로 범죄자들, 반역자들, 이탈자들은 주권자들에 의해서 통제되거나 압도당하는데, 현재 그 압도하는 세력은 과거와 같은 군주가 아니라 국가정부이다. 또한 주권은 외세가 다른 나라의 문제에 개입하지 못하게 하는 권리다. 이론적으로 국가가 통치할 수 있는 지역은 국경 내로 한정된다.

대부분이 이론적인 것들이다. 실제에 있어서 명확한 것은 별로 없다. 왜냐하면 법적으로 주권국가라고 해서, 실제로 자국 영역 모두를 통제할 수 있다는 것을 반드시 의미하지는 않기 때문이다. 최근의 우크라이나 사례가 대표적이다. 러시아 인종의 전사들은 러시아 무기를 사용하여 크림반도와 동우크라이나를 장악했다. 유럽과 미국의 위협도 러시아가 그런 행위를 중단하도록 설득할 수 없었다. 반면에, 유럽의 경우에는 평화적으로 융합하여, 처음에는 공동시장으로, 지금은 유럽연합(EU)의 통합을 모색하고 있다. EU의 회원국들은 경제적이고 정치적인 연합을 구성하기 위해서 일부 국가주권을 포기했고, 궁극적으로는 (당장은 아니지만) 유럽합중국(United States of Europe)으로 발전될 가능성도 있다. 주권은 있다, 없다로 단순하게 말할 수 있는 것이 아니고, 정도의 문제이다.

추가적으로 주권이 외부로부터의 간섭을 배제한다는 아이디어는 항상 유지

국내정치(domestic politics)
국가 내의 정치적 상호작용.

국제관계(international relations, IR)
국가들 사이의 상호작용.

냉전(Cold War)
1945~1989년 동안 지속된 미국과 소련 사이의 군사적 긴장과 불신.

되는 것은 아니다. 작고 약한 국가들은 통상적으로 크고 강한 국가들의 지배와 영향을 받는다. **냉전** 기간에 동유럽은 소련의 통제를 받았고, 중미의 국가들은 미국의 관심과 보호 하에 있었다. 일부 캐나다인들은 미국의 경제적이고 문화적인 침투가 자신들의 주권을 부식시켰다고 주장한다. 어떠한 통치도 하지 못하는 '실패한 국가'에서 주권은 무슨 의미를 가지는가?

주권이라는 개념은 유용성을 지니고 있다. 기성국가에서 국가주권은 내부적인 평화를 가져 오고, 대부분의 국가들은 주권을 기본으로 해서 평화를 유지하고 있다는 주장을 한다. 다른 국가를 대할 때에, 국가들은 상대가 원하는 것을 못하게 방해하기가 쉽지 않다. 북한이 핵무기 실험을 할 때, 많은 국가들이 항의를 하지만, 그 국가들은 북한의 핵실험을 중단시킬 수 있는 수단이 거의 없다.[*] 북한은 자기 영토에서 자기들이 원하는 것을 할 수 있다. 미국이 러시아와 이란을 경제적으로 소외시키도록 압력을 가할 때, 많은 국가들이 그 요구를 거부했고, 그 국가들과 무역과 석유 거래를 했다. 강한 국가라고 해서 다른 국가들을 대상으로 한 법을 통과시킬 수 없다. 대부분의 국가들은 지구온난화, 지뢰, 세균전, 무기 수출을 금지하는 조약을 체결하는데, 미국은 그 조약들에 결함이 있고, 그 조약들을 무시할 주권이 있다고 하면서 체결을 하지 않는다. 그런데 다른 어떠한 국가도 강대국인 미국으로 하여금 그 조약들을 준수하게 할 수 없다.

주권적 실체 내에는 준수해야 할 법이 있다. 당신이 어떤 사람에게 불만이 있다고, 당신 마음대로 제재할 수 없다. 당신은 그 사람을 법정으로 데리고 가야 한다. 국제관계에서는 거의 정반대의 상황이 벌어진다. 힘을 사용하겠다는 위협을 하거나 힘을 실제로 사용함으로써 일방적인 제재를 가하는 행위가 상당히 정상적으로 발생하고 있다. 다른 수단이 거의 없다. 국가 사이의 분쟁을 해결할 수 있도록 보편적으로 인정이 된 권위체가 존재하지 않는다.

[* 역자 주]
북한의 핵무기 개발에 대해서 미국의 주도하에 유엔이 제재를 가하고 있지만, 북한이 압박을 받아서 핵무기 개발을 중단할 정도의 위력은 갖고 있지 못하다.

세력과 국가이익

17.2 왜 국가이익은 가끔 논쟁적이 되는지 설명한다.

주권이 결여된 환경에서 국제관계는 '세력(power)'에 많은 의존을 한다. 세력은 A가 자신이 원하는 것을 B가 하도록 하는 것이다. 국제정치학자 모겐소(Hans J. Morgenthau)는 세력이 국제정치의 기본요소라는 주장을 했고, 이상주의자들은 이러한 주장이 위험하다고 받아들이지 않는다.[**] 충분한 세력이 없으면, 국가

[** 역자 주]
모겐소는 국가 사이의 세력균형에 의하여 공존과 평화가 이루어진다는 현실주의자이다.

는 혼란스러운 세계에서 생존할 수 없다. 세력은 사악하든 공격적이든 상관없다. 세력은 단순히 잠재적 공격자에게 "나를 내버려 두라!"고 설득하는 수단이다.

세력은 힘(force)과 같은 것이 아니다. 힘은 군사력을 의미하고, 세력은 국가의 목적을 실현하기 위한 보다 보편적인 능력이며, 군사적, 경제적, 정치적, 문화적, 심리적 요인들을 포함한다. 최고의 세력은 합리적 설득을 할 수 있는 능력이다. 세력은 측정하기가 어렵다. CIA의 모든 부서들은 다양한 국가들이 어느 정도의 세력을 가지고 있는지 파악하는 데 수백만 달러를 썼다. 국가의 지리, 자원, 인구, 경제 등 세력의 일부 요인들은 측정과 계산이 가능하다. 국가의 군사적 능력, 정치체제의 질, 결단력 등과 같은 중요한 요인들은 국가가 전쟁에 참여하기전까지는 추정만이 가능하다. 엄청난 비용이 필요한 전쟁이 발발하게 되면, 어느 편이 보다 많은 세력을 갖고 있는지 확인이 가능하다.

이러한 상황에서 국가들은 보편적으로 **국가이익**을 추구하고, 이것이 국제관계를 부분적으로 이해할 수 있게 한다. 만약 당신이 어떤 국가의 역사, 지리, 경제, 정치를 포함한 국가이익을 알게 되면, 그 국가가 하는 행위의 많은 부분을 이해할 수 있게 된다. 러시아는 수 세기 동안 서부와 남부에 안보 벨트를 유지해 왔으며, 1991년 소련의 해체 이후 위기에 처하게 되었다. 이에 따라, 러시아정부는, 외부의 비난에도 불구하고, 조지아와 우크라이나를 통제하기 위한 군사력을 사용하는 국가이익을 추구하게 되었다. 하나의 이슈가 국가이익으로 결정되면 성인군자와 같은 행위를 하는 경우는 거의 없다.

국가들은 자국의 국가이익을 다른 시각으로 보고 있다. 세계의 대부분 국가들은 9/11 테러공격 이후 미국 편이 되었고, 아프가니스탄에서 미국이 탈레반을 정벌하는 데 대해서 지지를 했다. 당시 NATO 군대는 아프가니스탄을 안정화시키려는 노력에 기여를 했는데, 그 이유는 유럽국가들의 국가이익은 아프가니스탄에 본부를 두고 있는 알카에다에 대항해서 싸우는 것이었기 때문이다. 그러나 2003년 이라크에 대한 국가이익은 달랐다. 여러 국가들이 이라크를 공격하는 데 대해서 경고를 했다.* 이들은 다른 상황이었고, 국가이익의 다른 관점이었다.

외교관의 임무 중의 하나는 다른 국가들과 상호 보완적인 이익을 발견하고 발전시켜서, 둘 또는 그 이상의 국가들이 공동정책을 추진하도록 하는 것이다. (이라크에 대해서 공격하는 데 대해서 반대하는 외교관들의 경고를 들었다면 미국의 실수를 방지할 수 있었을 것이다.) 때때로 국가들은 서로 보완되는 이익들을 가지고 있는가 하면, 충돌되는 이익들도 보유하고 있다. 예를 들어,

국가이익(national interest)
세계에서 국가가 온 힘을 다하여 추구해야 하는 것.

(*역자주)
2003년에 미국은 이라크가 대량살상무기를 개발한다는 명분으로 공격을 했으나, 일부 국가들은 그 근거가 불충분하다면서 신중을 기해야 한다는 주장을 했다. 그럼에도 불구하고 미국은 이라크를 공격했고, 이후 이라크가 대량살상무기를 개발하고 있는 흔적을 찾지 못했다.

NATO 회원국들은 소련의 위협을 막아내기 위한 협력을 했으나, 누가 동맹을 이끌어야 하는가에 대해서는 상충된 의견을 가졌었다. 프랑스와 미국의 관계가 이러한 관계를 대표했다. 물론 이익이 완전하게 충돌되는 경우, 협력은 이루어지지 않는다. 이러한 이익의 차이를 식별하는 것이 외교관의 임무이고, 피해를 최소화하기 위한 노력을 해야 한다. 절망할 필요는 없다. 국가이익은 변하는 것이고, 오늘의 적이 내일 동지가 될 수 있다. 1960년대에 공산주의 베트남이 미국과 우호적인 국가가 될 것이라고 예상한 사람들은 없었을 것이다.

국가이익을 정의하는 것은 쉽지 않다. 지식인들과 정보가 많은 사람들은 국

이론 17.1   국가이익의 종류

국가이익은 다음과 같은 4가지의 범주로 구분될 수 있다.

1. 핵심 대 부차적
2. 임시적 대 영구적
3. 특정 대 보편
4. 보완적 대 대립적

핵심 이익은 국가의 생존을 잠재적으로 위협하는 이익이다. 국가가 핵심 이익에 대한 위협을 인지할 경우, 전쟁을 벌일 수도 있다. 부차적 또는 주변적 이익은 대체로 거리감이 있고, 덜 급한 이익이다. 예를 들어, 미국은 문제가 있는 중동지역을 진정시켜야 하는 이익을 가지고 있다. 국가들은 부차적인 이익에 대해서 협상이나 타협으로 해결하려는 의도를 보이고 있다.

임시적 이익은 고정된 기간 동안의 이익이며, 그 사례로는 1980년대에 이라크-이란전쟁에서 미국이 이라크를 지지한 것이다. 전쟁이 끝나면서 미국과 이라크 사이의 보완적인 이익은 사라졌다. 적대세력이 서반구(Western hemispheres)인 미주에 개입하지 못하도록 하는 것이 미국의 이익인 것처럼, 영구적인 이익은 수 세기 동안 지속된다.

특정 이익은 단일의 문제에 초점을 맞추는데, 그 사례는 미국의 일자리에 영향을 미치는 중국의 수출 보조금이다. 일반적 이익은 인권을 보편적으로 존중하는 것과 같은 것이다.

국가들이 중요한 목표를 공통적으로 보유하고 있을 때, 그들의 이익이 '보완적'이라 할 수 있다. 그 사례는 1991년 걸프전 당시 아랍국가들이 서방국가들과 같은 편을 유지한 것이다. 보완적인 이익은 동맹을 형성하기도 한다. 이익이 충돌할 경우, 국가들은 헤어지게 된다. 그 사례는 러시아 정부가 시리아의 독재자를 축출하는 데 있어서, 미국이나 서유럽국가들의 국가이익에 동조할 의사를 가지지 않은 것이다.

비록 동맹국일지라도 두 국가가 동일한 국가이익을 추구하는 사례는 거의 없다. 최선의 것은 두 국가의 이익이 보완적이 되는 것이다. 미국과 이라크의 쿠르드족은 사담 후세인의 쿠르드족에 대한 대량학살(독가스 사용 포함)을 반대하는 측면에서 공통적인 이익을 가지고 있었으나, 미국과 쿠르드의 이익은 질적으로 달랐다. 미국의 이익은 인권 및 지역안정과 관련된 보편적이고, 임시적이며, 부차적인 이익이었다. 쿠르드의 이익은 독립된 쿠르드 국가를 설립하는 특정적이고, 영구적이며, 핵심적인 이익이었다. 양측의 이익은 근본적으로 동일화되기 어려운 것이었다.

가이익의 정의와 반대되는 시각을 가질 수 있다. 예를 들어, 1960년대에 미국의 매파들은 동남아시아에서의 공산주의 승리가 미국의 이익에 해를 미칠 것이라고 주장했다. 다른 사람들은 베트남이 미국에게 별로 중요하지 않다는 입장을 견지했다. 부시 대통령 시절에 신보수주의자들은 이라크의 사담 후세인이 **대량살상무기(WMD)**를 개발하는 것을 막기 위해 그를 제거하는 것이 급선무라는 입장을 보였다. 이에 대해서 비판하는 사람들은 불필요한 전쟁이라고 반대했다. 2010년에 클린턴(Hillary Clinton) 국무장관은 남중국해에서의 자유로운 항해가 미국의 국익이라고 강조했으나, 중국은 이를 위협으로 받아들였다. 진정한 국가이익이 위기에 처했을 때 어떻게 해야 하는가? 가장 중요한 점은 실현가능성의 문제이다. 힘이 이와 연관되어 있다. 설계한 계획을 수행할 수준의 힘이 부족한 상황에서 실현 불가능한 전략을 수립하는 것은 실수이다. 사용할 힘의 종류가 적절하지 않으면 (예를 들어, 테러리스트들에 대한 헬리콥터나 대포 사용, 내전을 중단시키기 위해서 공군력 사용 등), 불가능한 전략을 수행하는 것과 마찬가지다.

대량살상무기(weapons of mass destruction, WMD) 핵무기, 화학무기, 생물무기.

본질적으로 외교정책은 엘리트 게임이고, 엘리트들은 항상 국가이익을 정의한다. 전쟁을 하거나 주요 위협을 받지 않게 되면, 대개의 국민들은 외교정책에 별 관심을 두지 않는다. 민주주의 국가에서 대중들의 의견이 외교정책에 영향을 미치지만, 기본적인 결정이 비밀리에 이루어지고 오래 지난 후에야 영향력을 발휘할 수 있다. 민주주의 국가에서도 외교정책 결정은 대체로 10여 명의 사람들에 의해서 이루어진다. 대통령과 몇 명의 참모들이 어떻게 정책결정을 하고, 어떻게 국민들과 의회에 알리는지를 관심을 가지고 살펴볼 필요가 있다. 국민들은 대체로 정책이 결정되고 알려지는 과정에 대해서 별로 신경을 안 쓰고, 한참 지나고 난 후 알려지는 정책에 대해서 별로 반대의 태도를 보이지 않는다. 2001년 후반에 부시 대통령이 이라크를 공격하기로 결정을 했는데, 오직 몇 명만이 알고 있었다. 미국이 이라크에 군사적 개입을 하는 것이 현명한지에 대해서 실질적인 토론이 벌어질 때에야 국민들은 이 사실을 알게 되었다.

경제의 중요성

17.3 오늘날 국제관계에 있어서의 경제요인을 평가한다.

현재 국제관계에서 경제가 크게 부각되고 있으며, 가장 중요한 단일 요인이 되고 있다. 냉전 양극화 모델의 가장 큰 결점은 경제를 중시하지 않았다는 점이라는 주장이 나오는데, 그 이유는 경제가 소련을 붕괴시킨 중요한 요인이었기 때문이다. 콜롬비아대의 경제학자 삭스(Jeffrey Sachs)는 "시장이 승리했다"고 강조한다. 그러면 시장이 계속 승리자로 남을 수 있을까? 역사적으로 국가가 산업을 통제하고, 규제하며, 소유하는 경향이 있어 왔다. 아마도 가장 자유로운 시장경제는 미국 경제일 것이다. 유럽 사람들은 규모가 크고 비용이 많이 드는 복지국가를 만들었고, 통제와 세금을 통하여 산업에 대한 국가의 개입이 이루어지고 있다. 동아시아에서 국가는 빠른 경제성장과 일부 시장에 대한 지배를 목적으로 핵심 산업에 대해 개입을 하고 있다. 많은 논평가들은 아담 스미스의 자유경제는 단지 이론이 되었고, 완전하게 실행하는 국가는 거의 없다고 말한다.

최근 수십 년 전부터, 영국의 대처(Margaret Thatcher) 수상은 통제된 경제정책에 대해서 반기를 들었는데, 그녀는 복지국가에 대하여 공격을 하면서 자본주의의 증진을 도모했다. '대처리즘'은 많은 국가들로 확산되어 나갔고, 보다 자유로운 시장을 형성하게 했다. 일부 국가에서 국내 이익집단들의 강력한 반대에 직면하여 자유시장의 확장에 대한 저항이 거세졌다. 그들은 **관세**와 **쿼터제** 뒤에 숨어서 목소리를 높였다. 몇몇 국가들은 단순하게 특정 물품의 해외 수입을 금지했다. 예를 들어, 일본은 수입쌀에 대해서 거의 800퍼센트의 세금을 부과했다. 많은 국내 이익집단들은 해외 상품들의 유입을 방해할 수 있는 영향력을 갖고 있었다.

세계무역기구(WTO)는 관세를 줄이고 다른 장벽들을 제거함으로써 보다 자유로운 무역이 이루어지도록 했다. WTO는 분쟁을 해결할 수 있는 일부 법적 권한을 보유하고 있다. 1995년까지 WTO의 전신이었던 관세 및 무역에 관한 일반협정(GATT: General Agreement on Tariffs and Trade)은 WTO와 같은 업무를 추진했지만, 법적 집행권한이 없었다. GATT와 WTO는 좋은 일을 많이 해 왔다. 관세는 항상 낮게 유지되고 있으며, 대부분의 상품들은 지구 어느 곳이든 유입이 되고 있지만, 현재 비관세 장벽들이 무역을 봉쇄하고 있다. 여러 국가들(캐나다와 프랑스 포함)이 미국의 영화와 TV 쇼 프로그램의 수입을 제한하고 있는데, 그 이유는 국내 생산물을 대체하고, 문화적이고 민족적 정체성에 해를 끼치기 때문이다. 일부 국가들(일본과 중국 포함)은 미국의 은행과 온라인 서비스를 금지하면서, 이러한 중요한 분야는 국가의 통제 하에 둬야 한다고 주장하고 있다. 미국인들은 엔터테인먼트와 온라인 테크놀로지가 국가가 최선을

관세(tariff)
수입품에 부과하는 세금.

쿼터제(quota)
수입품에 대한 수량 제한.

다 할 수 있는 분야라면, 소비자가 있는 어느 곳이든 상품을 수출할 수 있어야 한다고 주장한다. 새로운 산업들은 계속 개발이 되고 있으며, 국가들은 새로운 해외 상품을 배격하려는 명분을 계속 찾고 있기 때문에, 무역 개방은 끝없이 추진되는 업무이다. 최근의 세계적인 위축은 **보호주의**의 새로운 물결을 위협하고 있으며, 국가들은 국내 일자리의 유지에 대해서 우려하고 있다.

만약 WTO 체제가 붕괴되고 세계가 보호주의 시장으로 돌아간다면, 또 다른 불황이 시작될 것이다. 1930년대에 대공황이 시작된 후 미국이 자국의 제조업자들을 해외경쟁으로부터 보호하기 위해서 도입한 높은 관세정책은 미국의 무역 파트너들로부터 보복을 불러 일으켜서, 대공황은 더 심화되고 장기화되고 세계적으로 확대되었다. 이러한 대공황은 히틀러가 등장하고 제2차 세계대전이 발생하게 된 가장 큰 원인이 되었다.

일부 논평가들은 **세계화**가 큰 추세가 되고 있다는 주장을 한다. 대부분의 국가들은 세계시장에 참여하고 있는데, 세계시장은 상품, 돈, 아이디어가 소비자가 있는 곳 어디든지 쉽게 흘러들어가는 대규모의 자본주의 경쟁의 무대이다. 글로벌 체제의 모토는 "전쟁이 아니라 돈을 만들자"이다. 세계의 경제 무대에 참여하지 않고 있는 북한과 쿠바 같은 나라들은 소외와 빈곤에서 살고 있다. 그런데 세계화에도 문제들이 상존하고 있다. 세계화는 평화의 원인인가, 결과인가? 세계화와 평화는 얽혀져 있는가? 만약 그렇다면, 하나가 중단될 경우, 다른 하나는 어떻게 되는가? 세1차 세계대전 이전에 널리 믿고 있었던 주장, 즉 경제의 상호의존이 전쟁을 방지한다던 논리는 잘못 되었다는 점이 입증되었다. 19세기에 영국에 의해 주도되었던 세계화는 제1차 세계대전과 함께 중단되었다. 제2차 세계대전 이후 미국의 주도에 의해서 재활성화 되었다. 현재 일부 논평가들은 세계화가 '탈세계화(de-globalization)'라는 반대방향으로 나아가고 있다는 주장을 한다.

번영이 반드시 평화를 가져다주는 것은 아니다. 실제로 새롭게 등장한 부유한 국가들은 존중, 자원, 때로는 영토를 필요로 하는 경우가 있다. 예를 들어, 중국은 부유해지면서, 석유와 광물의 거래를 위해서 세계를 조사했고, 남중국해와 동중국해까지 국경을 확대했다. 그리고 특히 자랑스럽고 차별적인 문화를 가진 무슬림과 다른 지역에서, 세계화는 '맥월드(McWorld)'와 같은 미국과 자본주의 문화에 대한 저항감을 불러 일으켰다. 일부 문화와 종교는 미국과 같이 되는 것을 원하지 않는다.

세계화에 의하여 제공된 번영은 누구에게나 동등하게 도달하지 않는다. 때

보호주의(protectionism)
국내 생산자들을 보호하기 위해서 해외 상품의 수입을 제한하는 정책.

세계화(globalization)
통상이 국경을 넘어서 이루어짐에 따라 세계를 하나의 대규모 시장으로 만든다.

때로 새로운 일자리가 가난한 국가에 제공되어 부유한 국가에 판매할 상품을 만들도록 한다. 그러나 가난한 국가들은 안전한 노동조건과 최저임금 등을 비롯하여 노동자들을 보호하는 조치를 취하지 못하고 있다. 그래서 이 지역에서 생산되는 물건들은 싼 가격에 공급될 수 있다. 일자리를 얻었기 때문에 그 노동자들은 더 나아진 것인가? 아니면 세계화가 그들을 경제적으로 착취하기 때문에 더 못해진 것인가? 국가가 일자리와 노동자들을 외국과의 경쟁으로부터 보호하려 할 때 무슨 일이 생기는가? 또는 노동자들이 상대적 박탈감을 느끼기 시작하면 어떻게 되는가? 세계경제에서 중국의 급속 성장은 이러한 문제들을 제기하고 있다.

왜 전쟁을 하는가?

17.4 전쟁의 원인에 대한 여러 가지 이론들을 탐구한다.

매우 광범위한 차원에서 보면, 전쟁의 원인에 대한 이론은 크게 두 가지의 진영으로 나뉜다. 미시이론과 거시이론인데, 다시 말해서 작고 클로즈업된 그림 대 크고 파노라마의 그림이다.

미시이론

미시이론(micro theories)
개인과 작은 집단에 초점을 맞춘다.

미시이론은 생물학과 심리학에 기반하고 있다. 이 이론은 사람들을 호전적으로 만드는 인간의 유전적인 공격성의 결과로 전쟁을 설명하고 있다. 이러한 점에서 인간은 다른 포유동물과 유사하다. 대부분의 인류학자들은 그러한 생물학적 결정론을 거부하고, 인간은 광범위한 행위를 보여 주는데, 일부는 공격적이고 또 일부는 공격적이 아니라고 주장한다. 그들은 이러한 행위들이 학습된 행위인 문화에 의해서만 설명이 된다고 강조한다. 심리학자들은 지도자들의 개성을 탐구하여, 무엇이 그들로 하여금 그러한 행동을 하게 하는지, 그리고 어떻게 대중에 대한 지배권을 확립하고 전쟁에 이르게 하는지를 파악한다.

생물학과 물리학 이론들은 일부 통찰력을 제공하지만, 전쟁을 설명하기에는 많이 부족하다. 만약 인간들이 기본적으로 공격적이라면, 왜 국가들은 항상 전쟁을 하지 않는가? 러시아-터키 갈등과 아랍-이스라엘전쟁의 사례를 보면, 어떻게 국가들은 긴 시리즈의 전쟁을 다른 지도자들 하에서 수행하는가? 어떠한 상황에서 인간들은 공격적이 되는가? 그 대답은, 자신들이 공격을 받을 것이라고 생각될 때 공격적이 된다는 것이다. 이러한 관점은 정치에 대한 설명으로 이어진다.

거시이론

거시이론은 역사와 지리에 기반하고 있으며, 국가의 힘과 야망에 초점을 맞춘다. 거시이론가들은 개인이 아니라 국가가 핵심 행위자라는 주장을 한다. 러시아의 코카서스 지역으로의 진출, 미국의 '명백한 운명(manifest destiny)'*, 대영제국의 건설 등 국가들은 할 수만 있으면 영토를 확장해 나간다. 오직 필적할 수 있는 세력만이 확대 시도를 막을 수 있다. 이웃국가들의 세력이 확장되는 것이 두려워, 국가는 방위력을 향상시키거나 동맹을 형성하여 이웃의 세력을 상쇄한다. 많은 국제행위가 "평화를 원하면, 전쟁을 준비하라", "나의 적의 적은 나의 친구다"라는 격언들로 설명된다. 국제관계 이론가들은 정치지도자들이 거의 자동적으로 국가이익과 세력의 중요성을 인식하고, 이들을 향상시키는 데 노력한다고 주장한다. 세력 추구는 전쟁과 평화 중에 어느 것을 가져 오는가? 이에 대해서는 두 가지 이론이 있다.

세력균형 가장 오래되고 가장 많이 언급되는 이 이론은 여러 국가들이 서로 균형을 맞추기 위해서 국가세력과 동맹을 사용할 때 평화가 유지된다는 이론이다. **세력균형** 이론에 따르면, 상대적으로 가장 평화로웠던 시기는 유럽국가들의 세력이 균형을 이루었던 시기였다. 그 시기는 1648년 베스트팔렌 평화체제와 프랑스혁명(1792~1814년) 사이 기간, 그리고 1815년**부터 1914년 제1차 세계대전 발발 까지였다. 세력균형이 깨질 때 전쟁이 발생했다. 1995년 보스니아의 내전이 중단된 것은 세력균형이 어느 정도 이루어진 다음이었다. 세르비아가 크게 우세할 때, 세르비아인들은 갈등을 해결할 동기가 없었다. 세르비아가 방어적이 되었을 때, 그들은 갈등 해결을 추구했다. 많은 전문가들은 냉전이 대규모의 지속적인 세력균형 체제였고, 이것이 제3차 세계대전의 발생을 막고 평화를 유지하게 해 준 원인으로 설명이 된다.

세력계층구조 다른 학자들은 세력균형 이론을 거부한다. 세력의 측정은 문제가 있고, 언제 세력이 균형을 이루는지 파악하는 것도 불가능하다. 세력의 균형

거시이론(macro theories)
국가, 지리, 역사에 초점을 맞춘다.

(* 역자 주)
미국이 대서양 연안에서부터 태평양 연안까지 영토를 확장해 나가는 것은 신의 섭리이며 운명이라는 믿음을 의미한다.

세력균형(balance of power)
주요 국가들이 방어를 위하여 동맹을 형성하고 재형성하는 체제.

(** 역자 주)
1815년은 1803년부터 시작된 나폴레옹전쟁이 끝나고 빈회의 최종의정서가 체결된 해이다.

이 깨지고 세력이 계층적으로 구조화 될 때 평화가 유지될 수 있다. 국가들은 자국이 상대적인 세력의 사다리에서 어느 위치에 있는지 알게 된다. 전환기에 계층구조가 붕괴되면, 국가들은 전쟁을 벌이는 유혹에 빠지게 된다. 큰 전쟁을 치르게 되면 상대적인 세력의 구조가 명확해지기 때문에 평화를 가져 오게 된다.

오인(誤認)

미시이론과 거시이론을 하나로 엮으면서, 일부 사상가들은 전쟁에 대한 핵심 요인으로 '이미지' 또는 '인식'에 초점을 맞춘다. 실제 상황은 그렇지 않더라도, 지도자들이 그렇게 인식하면 전쟁 또는 평화를 결정하게 된다. 지도자들은 다른 나라로부터의 적대감이나 위협에 대해서 오인(misperception)을 하는 경우가 있다. 미국의 케네디 대통령은 미국과 소련의 미사일 격차가 크다고 생각하며 미국의 미사일 프로그램을 확대했다. 그러나 소련의 미사일 능력이 미국에 비해서 많이 뒤져 있는 것이 밝혀졌고, 소련은 미국의 노력을 위협으로 인식하면서 맞대응해야 한다는 생각을 했다. 오인은 제3차 세계대전으로 비화될 가능성도 있었던 1962년의 쿠바 미사일 위기로 이어졌다. 이라크의 대량살상무기(WMD)는 1990년대에 유엔의 감독 하에 해체되었으나, 부시 대통령은 이라크가 WMD 프로그램을 다시 시작했다고 하면서 존재하지도 않던 위협을 제거한다고 전쟁을 2003년에 시작했다. 오인이 실제보다 중요하게 되는 경우가 있다.

오인 또는 이미지 이론에 따르면, 심리적인 세계와 실질 세계는 정치지도자들의 마음 속에 상반되게 존재한다. 지도자들은 자신들이 방어적으로 활동한다고 생각하지만, 상황이 왜곡되었을 수 있다. 흥미롭게도 현 시대에 자국의 행동이 방어적이 아니라고 주장하는 국가는 하나도 없다. 베트남과 이라크에서 미국인들은 자유를 방어하기 위해서 싸운다고 했고, 러시아인들은 국가를 방어하기 위해서 조지아와 우크라이나에 개입한다고 주장한다. 지도자들은 때때로 시민들이 분노하고 전쟁을 지지하도록 이데올로기와 매스 미디어를 활용한다. 광신적인 민족주의적 리더십 하에서, 제2차 세계대전 중에 대부분의 독일인들과 일본인들은 자신들이 적대세력으로부터 나라를 보호한다는 생각을 했다. 자신들이 공격을 받았다고 확신을 하게 되면, 평상시에는 합리적인 사람들도 잔인한 행위를 하게 되어 있다.

냉전 이후에 희망적인 추세가 나타나고 있다. 전쟁의 수와 잔혹성이 많이 줄어들었다. 매스 미디어는 많은 전쟁에 대해서 보여주고 있지만, 학자들은 덜 폭력적이 되었다는 분석을 하고 있다. 선사시대의 해골을 보면, 우리의 조상들이 주로 폭력에 의한 사망을 했다는 점을 알 수 있다. 30년전쟁, 태평천국의 난, 두 차례의 세계전쟁에서 수천만 명이 사망했으나, 1945년 이후, 특히 베를린 장벽이 붕괴되고 냉전이 종식된 1989년 이후 전쟁에 의한 사망자는 대폭 줄어들었다. 미국이 개입한 전쟁의 사망자도 많이 줄어들었다. 베트남전쟁에서 미군은 6만 명이 사망했으나, 이라크에서는 4,500명이 사망했다. 일부 사상가들은 세계가 진실로 문명화되고 있다고 주장한다. 민주주의의 확산이 전쟁을 방지하고 있다.

평화유지

17.5 평화를 유지하기 위한 여러 접근법들을 검토한다.

원인이 무엇이든, 전쟁을 예방하거나 제한하기 위해서 무엇을 할 수 있는가? 많은 제안들이 제시되고 있지만, 어느 것도 실제로 이루어지지 않고 있다.

세계정부

실질적인 책임은 주권에 있다고 많은 사람들이 주장한다. 개별국가들이 국경 내에서 평화를 유지하는 것처럼, 국가들은 전쟁을 방지하는 국제조직에 일부

고전 정치학 17.1

케넌의 공룡에 대한 유추

외교사 학자인 케넌(George F. Kennan 1904~2005년)은 유명한 1950년의 강연에서 미국의 외교를 위협이 없는 늪지대에 느긋하게 앉아 있는 어리석은 공룡과 비교했다. 적의 공격을 받은 후, 그 공룡은 폭력적인 분노를 폭발하여 적을 분쇄할 뿐만 아니라 자신의 서식지마저 파괴한다. "당신은 그 공룡이 사전에 무슨 일이 일어날 것인지 조금이라도 관심을 가지는 것, 그리고 무관심하다가 격분하는 것 보다 미리 이러한 상황이 발생하지 않도록 방지하는 것이 현명하지 않았는지 의문을 가지게 된다." 케넌은 제1차 세계대전에 미국이 개입한 것을 사례로 생각했지만, 그의 충고는 보다 최근의 사례들에 더 적용이 된다. 그의 나이 98세인 2002년에 케넌은 미국의 이라크 점령이 어렵고 혼란스러운 결말을 가져다 줄 것이라고 경고했다.

주권을 포기해야 한다. 그런데 어떠한 국가들이 주권을 포기하겠는가? 절대로 미국은 아니다. 북한은 핵시설을 국제사찰기구에 공개하라는 유엔의 요구를 무시하고 있다. 주권의 양보가 없다면, 유엔은 외교적 접촉을 이루는 토론의 무대만 될 뿐이지, 그 이상이 되기 어렵다.

집단안보

집단안보(collective security)
침략국에 대해서 자동적으로 대응을 하기 위한 모든 국가들 사이의 협정.

국제연합(유엔)의 전신인 국제연맹(League of Nations)은 **집단안보**를 추구했다. 국제연맹의 회원국들(미국은 불참)은 어떠한 침략자에 대해서도 경제조치와 군사행동을 취할 것을 약속했다. 예를 들어, 일본이 중국을 침략하면, 다른 모든 국가들은 일본과 무역관계를 끊고 중국을 방어하기 위해서 군대를 파견할 것이다. 침략자들은 후퇴할 것이다. 이는 문서상으로는 대단한 아이디어였지만, 1931년에 일본이 만주를 침략했을 때, 국제연맹은 단순히 상황 분석만 했다. 일본은 중국인들이 먼저 공격을 시작했다고 주장(거짓말)했으며, 다른 열강들은 자신들의 이익과 관련이 없는 먼 지역의 분쟁에 개입할 의사를 별로 가지고 있지 않았다. 국제연맹은 다른 국가들이 대응을 하게 하는 제도적 장치를 갖고 있지 않았으며, 1935년에 이탈리아가 에티오피아를 공격했을 때, 같은 상황이 벌어졌다. 일본, 이탈리아, 독일은 보다 많은 침략을 하기 위해서 국제연맹으로부터 탈퇴했고, 국제연맹은 제2차 세계대전의 발발과 함께 붕괴되었다.

기능주의

기능주의(functionalism)
국가들 사이의 특정 분야에 대한 협력이 전체적인 협력을 이끌어 낸다는 이론.

세계조직과 관련된 또 다른 아이디어는 국가들이 특별한 또는 '기능적' 분야에서 함께 활동할 수 있게 하여, 그들이 대립보다는 협력에 의하여 보다 많은 것을 달성할 수 있다는 것을 깨우치게 하는 것이다. 점차로 상호 신뢰를 쌓으면서, 그들은 안정적인 평화를 누릴 수 있게 된다. **기능주의**는 '파급효과(spillover)'를 발생시킨다. 현재 10여 개의 유엔 관련 기관들이 질병 통제, 식품 생산, 날씨 예보, 민간 항공, 핵에너지, 기타 다른 분야에 있어서 국제협력을 증진시키고 있다. 적대적인 국가들까지도 특정 분야에서의 상호 문제들을 해결하기 위해서 자리를 함께 하는 경우도 있다.

그러나 파급효과가 발생하지 않고, 적대감이 그대로 남아 있는 경우도 있다. 개발도상국들의 집단이 이스라엘과 남아공을 유네스코(UNESCO, 유엔 교육과 학문화협혁기구)에서 추방하고, 소련이 지배하고 있는 것으로 의심되는 유네스코에서 미국이 탈퇴한 것과 같이, 때때로 특정 조직은 대립의 무대가 되기도 한다. 유엔 관련 기구인 국제통화기금(IMF)의 위기에 처한 경제에 대한 구조기금 제공은 논쟁을 불러 일으켰다. 지원을 받은 국가들의 일부는 IMF에 의해 위임된 경제개혁이 국가주권을 간섭한다고 주장한다. 기능주의 접근은 세계문제를 해결하는 데 일부 도움을 주지만, 가장 큰 문제인 전쟁에 대해서는 접근을 하지 못한다.

제3자 지원

분쟁을 해결할 수 있는 방식들 중의 하나는 분쟁에 개입되지 않은 **제3자**가, 중립적 입장을 찾기 위해, 갈등하는 당사자들 사이에서 중재하는 것이다. 1949년에 유엔의 번취(Ralph Bunche)가 아랍과 이스라엘 사이에서 한 것과 같이, 제3자는 양측의 메시지를 서로에게 전달해 주고, 이슈들을 명료하게 하며, 타협안을 제시한다. 1978년에 카터 대통령이 캠프 데이비드에서 베긴과 사다트* 사이의 중재를 했고, 1995년에 홀브루크(Richard Holbrooke) 미 국무부 차관보는 데이튼에서 보스니아 문제를 중재했다. 제3자들은 긴장된 상황을 진정시키고 타협방안을 강구할 수 있지만, 갈등 당사자들이 중재안을 받아들여야 해결이 된다.

제3자(third party)
분쟁에 개입되지 않고, 분쟁을 해결하는 데 도움을 주려는 국가.

(* 역자 주)
베긴(Menachem Begin)은 이스라엘의 총리였고, 사다트(Anwar Sadat)는 이집트 대통령이었다.

외교

평화를 유지하는 가장 고전적 방법은 서로 사절을 보내서 외교접촉을 하는 것이다. 훌륭한 외교관은 관련된 국가들의 모든 세력 요인들과 이익을 파악하고, 당사국들이 적어도 부분적으로 만족할 수 있는 타협안을 제시한다. 이 경우 타협안을 받아들이겠다는 의지가 매우 중요하다. 국가들은 자신들의 핵심적이고 타협이 불가능한 이익을 너무 크게 정의하고, 그 수준에 미달되는 타협을 원하지 않기 때문에, 타협을 달성하기가 매우 어렵다. 미국의 중재로 여러 해 동안 집중적인 협상을 한 이스라엘과 팔레스타인은 그들 서로가 자신들의 핵심 이익이라고 생각하는 부분에 대한 타협을 할 수가 없었다.

중재가 성공하면, 외교관들은 **조약**을 준비하고, 조약이 체결되고 비준을 받은 후 발효가 된다. 만약 어느 한 국가가 조약이 자국의 이익을 훼손한다고 생

조약(treaty)
국가들 사이에 맺는 계약.

각하여 탈퇴하는 경우, 이를 막을 방법이 없다. 2002년 미국의 부시 대통령은 1972년에 소련과 체결한 탄도탄요격미사일제한조약(Anti-Ballistic Missile Treaty)의 파기를 선언했다. 일부 논평가들은 미국과 소련 양국이 세계 강대국 정치의 비교적 신진국가들이기 때문에, 외교에 미숙하고 너무 타협할 줄을 모른다고 평가하고 있다. 미국과 소련의 불신이 냉전의 핵심이 되었다.

평화유지

외교와 관련한 업무 중의 하나는 제3국의 군사력을 사용하여 종전을 위한 전투중지 또는 휴전을 지원하는 것이다. 유엔의 파란색 베레모를 쓴 군인들이 이스라엘과 아랍국가들 사이의, 그리고 사이프러스에서 그리스와 터키 사이의 휴전을 안정시키기 위한 지원을 했다. 이 군대는 진행 중인 분쟁을 중단시키는 방식으로 '평화집행'을 할 수는 없다. 평화집행을 하는 유일한 방법은 어느 한 쪽의 편을 들어서 전쟁을 끝내게 하는 것이고, 이는 **평화유지**와 반대되는 방식이다. 따라서 1990년대에 보스니아에서 **유엔 국제보호군**(UNPROFOR)이 전쟁 당사자들을 분리시키고 진정시키도록 한 것은 근본적으로 비현실적이었다. UNPROFOR의 임무를 이어받은 **평화이행군**(IFOR)은 차이점을 보이면서 성공했는데, 그 이유는 IFOR이 데이튼에서 미국의 중재에 의하여 보스니아, 크로아티아, 세르비아의 3자가 평화를 합의한 이후에 업무 추진을 했기 때문이다. IFOR에 파견된 미군은 침략군을 패배시키도록 무장되고 지시를 받았다. 이러한 **교전규칙**은 호전적인 요소들을 단념시켰는데, 이는 UNPROFOR가 하기 어려운 것이었다. 일부 사람들은 IFOR을 미래 평화유지의 모델로 제안하지만, 이러한 행위는 사전에 평화합의가 이루어져야 가능한 것이다.

평화유지(peacekeeping)
외부의 군사력이 휴전합의를 안정화시키는 것.

유엔 국제보호군 (UNPROFOR: UN Protective Force)
1990년대 초반 보스니아에서 행한 비효율적인 평화유지 시도.

평화이행군(IFOR: Implementation Force)
1995년 데이튼 합의에 따라 보스니아에서 이루어지는 평화유지 노력이며, NATO의 후원을 받았다.

교전규칙(rules of engagement)
언제 군사력을 투입해야 하는지 규정한다.

주권의 불가침성?

17.6 절대주권으로부터 탈피되고 있는 현재의 추세를 설명한다.

냉전과 폭력적 세기의 종식은 국제정치의 기본적 논점인 주권에 대한 의문을 불러 일으켰는데, 주권이 쇠퇴하고 있는가에 대한 질문이 제기되고 있다. 점차로 세계 공동체는 주권국가들의 국내정치를 침해하는 방향으로 운영이 되고 있다. 몇십 년 동안 국제통화기금(IMF)은 차관을 필요로 하는 국가들에게 낭비적인 경제정책을 중단하도록 요구할 수 있게 되었다. 그러한 충고를 듣는 국가들은 IMF가 국가주권을 침해한다고 불평하지만, 그리스가 했던 것처럼 지원을 원하면 그 충고를 받아들이는 수밖에 없다. 미국, 영국, 프랑스, 기타 NATO 동맹국들은 러시아의 후원을 받는 독재자 아사드에게 저항하는 시리아 반군들을 돕기 위하여 공군 지원을 했다. 세계의 대부분 사람들은 일부의 경우 주권은 침해될 수 있다고 이해하고 있다.

1945~1946년 뉘른베르크 전범재판이 진행되면서, 국제법은 주권이 대량학살을 옹호하기 위한 도구라고 평가절하를 했다. 1946년의 도쿄 전범재판과 1961년 이스라엘에서의 아이히만(Eichmann) 재판도 뉘른베르크의 판례를 따랐다. 보스니아와 르완다의 대량학살은 국제재판소에서 재판을 받았다. (사담 후세인은 강력한 국제지원을 받은 이라크 법정에서 재판을 받았다.) 제2차 세계대전 이전에는 이러한 일이 불가능했다. 국제법이 서서히 국가주권을 침식하고 있다.

1991년 다국적군이 쿠웨이트에서 이라크 군대를 몰아낸 이후, 유엔의 사찰단이 이라크의 대량살상무기(WMD) 개발 능력을 확인하기 위해 이라크 전역을 샅샅이 뒤졌다. 이라크의 독재자는 자국의 주권이 침해당하고 있다고 항의했다. 세계의 대부분 국가들은 유엔의 활동을 환영했다. 폭군이 주위국가들을 초토화할 수 있는 무기를 개발해도 국제사회는 관망하고 있어야 하는가? 같은 논리로, 문명화된 세계는 시리아정부가 자국 국민들에 대해서 발포하는 것을 보고도 잠자코 있어야 하는가? 유럽의 나머지 국가들은 발칸반도에서의 학살이 그다지 우려스럽지 않은 것으로 받아들여야 하는가? '보호를 위한 책임(R2P: responsibility to protect)'이라는 새로운 독트린이 점차 확산되고 있으며, 언젠가는 주권을 넘어설 수도 있을 것이다.

세계는 주권을 넘어서는 새로운 질서를 형성하는 변화를 맞이하고 있다. 문제는 어느 누구도 어떠한 종류의 질서인지 모른다는 점이다. 미국의 부시 대통령(아버지)은 이라크에 대항한 연합을 형성하기 위해서 '신세계질서'라는 표현을 썼지만, 이에 대한 논의가 시작되면서 그러한 표현의 사용을 중단했다. 미국이 세계경찰 역할을 하는 것을 원하는 사람은 별로 없었지만, 만약 리더십이 필요하게 되면, 오직 미국만이 그 역할을 할 수 있다고 생각했다. **초국가**기구가 과거 개별적 주권국가들이 보유했던 책임을 수행할 수 있을 것인가? '세계질서'의 새로운 이슈들이 등장하고 있다. 기후변화 같은 문제는 어떠한 국가도 자체적으로 해결할 수 없다. 이러한 역할을 할 수 있는 조직이 존재하는가?

초국가적(supranational)
개별 국가를 초월하는 기구 (유엔 등).

유엔

유엔은 평화를 사랑하는 사람들 마음속에 깊이 자리 잡고 있으며, 냉전시기 보다는 냉전 이후에 더 중요한 역할을 하고 있다. 그러나 유엔은 아직도 문제점들을 안고 있다. 안전보장이사회의 상임이사국으로 러시아와 중국은 자기들이 싫어하는 안건에 대해서 거부권을 행사할 권한을 갖고 있으며, 시리아의 자국민 학살과 세르비아의 인종청소에 대한 유엔의 대응조치 추진에 대해서 거부권을 행사한 바 있다.[*] 유엔은 휴전을 준수하도록 많은 평화유지군을 중동과 발칸지역에 파견했으나, 약소국들에서 파견된 경무장한 군인들은 평화를 유지시킬 능력이 부족한 실정이다. 과거 캄보디아의 잔인했던 크메르 루즈 군대는 유엔 평화유지군들이 할 수 있는 것이 별로 없다는 것을 알고, 납치를 일삼았던 적이 있다. 집행할 권한이 부여되지 않는 한, 유엔은 단지 '토론장'으로 남을 것이다.

[* 역자 주] 안전보장이사회의 상임이사국들은 미국, 영국, 프랑스, 러시아, 중국이며, 이 5개국이 거부권을 보유하고 있기 때문에, 안보리 15개국 중에 14개국이 찬성을 하더라도 어느 한 상임이사국이 거부권을 행사하면 안건이 통과가 안 된다. 이 거부권 때문에 유엔의 기능과 역할이 많은 제약을 받아 왔다.

북대서양조약기구(NATO)

나토(NATO)는 역사상 최고의 방어동맹이다. 동유럽의 과거 공산주의 국가들은 소비에트 진영이 붕괴된 이후 행복한 마음으로 나토에 가입했다. 나토는 그들의 자유와 안전을 보장해 줬다. 1949년 이후 나토는 서유럽과 북미 국가들이 소비에트 진영의 공격을 받을 경우 단일 지휘권 하에서 단일 방어체로 활동하는 군사동맹체로 시작되었다. 그러나 나토는 유럽과 북미의 회원국이 공격을 받을 경우 회원국 전체에 대한 공격으로 간주하고 집단적으로 대응하기로 되어 있기 때문에, 지역적으로 제한되어 있었고, 중동, 아프리카, 발칸반도, 코카서스 지역의 안보는 포함되지 않았다. 물론 나토 회원국들은 아프가니스탄과 리비아를 자발적으로 지원할 수 있지만, 나토의 집단안보에는 해당되지 않는 것이다.[**]

[** 역자 주] 1989년 탈냉전과 함께 나토의 공동 적인 소련과 동유럽 공산주의가 사라진 이후, 나토는 역할변경을 시도했다. 군사동맹체의 역할을 넘어서 지역분쟁에 개입할 수 있는 기능을 확보하여 유고 분쟁 등에 개입했다.

양극체제(bipolar) 각기 초강대국에 의하여 지휘되는 두 개의 크고 적대적인 진영으로 구성된 체제. 냉전이 대표적인 사례다.

다극체제(multipolar) 세계가 여러 개의 세력으로 분리된 체제.

외교정책: 개입과 고립

17.7 개입과 불개입의 관점에서 외교정책을 평가한다.

냉전은 명료하지만 위험한 **양극체제**를 형성했다. 소비에트 진영에 대응해서 서방국가들의 군사동맹이 이루어졌다. 많은 사람들은 현재의 세계체제를 **다극체제**라고 부르는데, 보다 복합적인 이 체제는 해묵은 질문을 다시 한 번 제기한

| 민주주의 17.1 | 민주적 평화 |

민주주의 국가들이 서로 전쟁을 한 사례를 들 수 있는가? 일부 사람들은 미국의 내전을 이야기 하지만, 남부는 실제로 민주주의 지역이 아니었다. 1982년 아르헨티나와 영국이 포클랜드전쟁을 할 때, 아르헨티나는 군사독재 체제 하에 있었다. 인도가 파키스탄과 네 번에 걸친 전쟁을 했지만, 대부분의 전쟁 동안 파키스탄은 군 장성들이 통치하고 있었다. 민주주의 국가들은 서로 전쟁을 벌이지 않는다. 민주적 평화 이론은 확실하다.

논리적 차원에서, 왜 민주주의는 평화를 가져 오는가? 민주주의는 지도자들에게 책임을 부여하기 때문에, 그들은 신중하고, 프리드리히(Friedrich)의 유명한 '예상된 반응의 규칙'을 따른다. 그들은 이런 생각을 한다. "만약 내가 국가를 전쟁에 몰아넣으면, 유권자들은 어떻게 반응을 할까? 흠. 아마 나는 그렇게 안 하는 것이 나을 듯 하다." 미국의 존슨 대통령은 베트남에서 이러한 주의를 무시하여 결국은 재선되지 못했다. 부시(아들)와 공화당도 이라크전쟁을 함으로써 유사한 결과가 초래되었다. 독재자들은 어떠한 제한도 받지 않고, 1979년에 브레즈네프가 소련군의 아프가니스탄 침공을 결정하고, 1990년에 이라크의 사담 후세인이 쿠웨이트를 침공하는 무모한 모험을 했다.

민주주의 국가들은 자유 미디어를 통하여 더 나은 정보를 습득하기 때문에, 그들은 다른 민주주의 국가들을 쉽게 악마화하지 못한다 (그들은 비민주국가들을 악마화한다.) 프랑스와 미국은 정기적으로 의견 차이를 많이 보이지만, 어느 쪽도 서로를 적이라고 생각하지 않는다. 독재자들은 미디어의 통제를 통하여 국민들에게 적대국들이 위협하고 있다는 확신을 심어 준다. 북한은 굶주린 주민들에게 미국이 북한의 높은 생활수준을 박탈하고 있다는 선전을 한다. 외부 정보가 없는 많은 북한 주민들은 이를 믿는다. 민주주의의 확산이 평화의 동기가 되고 있다.

다. 미국은 가까운 또는 먼 지역에 대한 이익을 보호해야 하는가? 역사적으로 미국은 대체로 미주지역에 대해서만 관심을 집중했고, 그 너머의 지역에 대해서는 별 다른 개입을 하지 않았다. 그래서 기본적으로 미국은 고립주의 정책을 추진한다는 평가를 받았다. 그러나 1941년 일본의 진주만 공격 이후 고립주의 정책을 포기하고 개입주의 정책을 추진하면서, 제2차 세계대전과 냉전에 개입하여 승리를 거두었다.

외교정책(foreign policy)
국내정치와 세계정치의 상호작용. 리프먼(Walter Lippmann)은 '공화국의 방패'라고 불렀다.

개입주의(interventionism)
해외에 군사력을 파견하는 정책.

고립주의(isolationism)
외부 세계의 중요성을 최소화하는 경향.

외교정책의 순환

세계를 주도하는 강대국의 **외교정책**은 **개입주의**와 **고립주의** 사이를 교체하면서 선택하는 경향이 있다. 보다 안정적이고 온건적인 중간의 정책이 있는가? 많은 학자들은 부정적인 대답을 하고, 과도 개입과 과소 개입의 사이에서 오가는 정책을 평가한다. 국제정치학자 호프먼(Stanley Hoffmann)은 '미국 대외관계의 두 가지 단계'를 구분하는데, 그 단계는 '철수의 단계(완전한 철수가 불가능할 때, 국내문제에 우선적인 관심을 둠)로부터 세계무대에 극적이면서 거의 메시아적인 개입을 하는 단계'이다. 모겐소(Hans Morgenthau)는 미국의 외교정책은 '극단적인 고립주의와 무차별적인 개입주의 또는 글로벌주의의 극단적인 전진과 후퇴'를 거듭한다고 주장했다. 보다 구체적으로, 역사학자 퍼킨스(Dexter Perkins)는 미국 외교정책의 순환을 주장했는데, 그 과정은 '비교적 평화적인 감정', '적대감과 전쟁의 감정', '전후 민족주의', 다시 '비교적 평화적인 감정'으로 되돌아가는 것이다. 만약 퍼킨스의 주장이 맞는다면, 지금은 어느 단계에 있는가?

일방주의(unilateralism)
동맹국들의 의사를 무시하고 자국의 뜻대로 하는 것.

일부 논평가들은 2003년 이라크전쟁 이후 미국이 **일방주의**를 채택하고 있으며, 동맹국들을 상실하고 대부분의 국가들이 원하는 조약들(지구온난화, 세균무기, 지뢰 등을 방지하기 위한 조약)을 거부하고 있다는 주장을 한다. 부시(아들) 행정부의 신보수주의자들은 대부분의 유럽동맹국들을 비겁하다고 멸시했다. 그러나 미국이 일방주의를 오래 유지하면, 동맹국들과 소원하게 될 것이고, 스스로를 고립시키는 결과를 초래할 것이다. 미국이 너무 과도한 힘을 구사하면, 다른 국가들에 대한 영향력을 잃을 가능성도 있다. 힘은 다른 국가들이 어떠한 것을 하도록 할 수 있는 능력이라는 점을 기억해야 한다.

불개입주의(noninterventionism)
해외에 군대를 파견하지 않는 정책.

고립주의는 무시한다는 뜻을 가지기 때문에, 일부 사람들은 **불개입주의**라는 용어를 선호하는데, 이는 해외에서의 군사력 사용을 피하는 것이다. 공화국 설립에서부터 1898년 스페인과의 전쟁까지 미국은 미주에 집중하면서 다른 지역에 대한 개입을 거의 하지 않았다. 제2차 세계대전과 냉전이 대규모 미군의 해외개입을 야기했다. 베트남전쟁이 끝나고 20년 동안 미국은 해외에서 미군사용을 거의 하지 않았고, 조심스러운 '위험기피(risk-averse)' 전략을 채택했다. 9/11 테러공격은 이러한 전략을 크게 전환시켜서, 미국은 이라크와 아프가니스탄에서 전쟁을 벌였고, 이 전쟁들은 역사상 미국이 치른 전쟁 중에서 가장 긴 전쟁들이 되었다.

위험한 세계에서의 외교정책

외교정책은 거버넌스의 가장 어려운 분야 중의 하나인데, 그 이유는 외교정책을 결정하고 추진할 때 자국의 능력과 선호뿐만 아니라 다른 나라의 것들도 고려해야 하기 때문이다. 외교정책에 있어서 **오인(*misperception*)**의 문제와 관련하여 두 가지 상반되는 잘못이 행해진다. 첫째, 당면하는 위험을 과소평가하는 경우가 있다. 1930년대 후반 제2차 세계대전의 조짐이 보일 때, 미국인들은 대서양과 태평양이 미국을 전쟁으로부터 보호해 주는 방어막으로 생각했다. 그러나 일본의 진주만 공격은 미국인들로 하여금 고립정책으로부터 탈피하는 계기를 만들어 줬다.

그러나 냉전 기간에 지역의 중요성에 대해서 과도한 평가를 내린 적이 자주 있었다. 지구의 모든 지역이 국가안보에 있어서 동등하고 절박하게 중요하다고 생각했다. 이러한 사고를 기초로 하여 미국은 베트남전쟁에 개입하여 불행한 결과를 초래했다. 아이러니하게도 공산주의가 베트남을 무력 통일한 15년 뒤에, 공산주의의 경제적 비효율성 때문에 서방진영이 냉전에서 승리했다. 미국 기업들은 베트남의 낮은 임금을 활용하여 베트남에서 의복과 신발을 생산하고 있으며, 미국 해군 함정은 베트남 항구에 우호적 방문을 하고 있다.

세계 유일 초강대국인 미국의 외교정책은 두 가지 문제에 봉착해 있다. (1) 미국의 영향력에 도전하는 혼란스러운 외부 세계, (2) 미국국민들과 정부는 세계를 질서 있게 만드는 데 대해서 별로 관심이 없거나 준비를 갖추지 않고 있다. 이 문제들을 단순하게 해결하는 방법은 없다. 케넌(George Kennan)과 같은 현명한 외교정책 실행자들은 신중, 이성, 인내를 요구한다. 때때로 군사력은 필요하지만, 전쟁의 결과는 권력공백으로 이어지는 경우가 있으므로, 무력은 신중하게 사용되어야 한다. 그러나 정치인들은 종종 군사적 해결을 지지하는 결정적이고 대담한 모습을 보인다.

최근 들어 세계질서는 감정과 분노의 상황을 보여주고 있다. 이는 외교정책을 수립하는 데 있어서 과도한 대응을 하게 하여, 예상치 않은 결과가 초래되기도 한다. 외교정책에 대한 논의를 할 때 어느 편을 지지하더라도, 공황이나 절망을 해소하는 방법을 찾는 것은 쉬운 일이 아니다. 현재의 세대는 냉전의 공포 속에서 살아왔으며, 때로는 과도한 대응을 하기도 했다. 현재 서방세계는 승리를 경험했으며, 공산주의는 작동하기 어려운 체제로 전락하여 전 세계적으로 완전한 붕괴로 귀결되었다. 현재의 위협은 사소한 것이 아니지만, 이슬람의 극단주의도 공산주의와 마찬가지로 경제적 능력부족으로 사라질 것이기 때문에 심각한 공포심까지는 느낄 필요가 없다.

현재 국제정치가 직면한 가장 크고 장기적인 문제는 중국의 빠른 성장이다. 이미 중국은 세계의 최대 수출국이며, 두 번째로 큰 규모의 경제국가가 되었다. 중국은 이러한 점에서 존중받기를 원한다. 일부 국제관계 이론가들은 부상하는

> **고전 정치학 17.2**
>
> ### 투키디데스의 전쟁
>
> 지독했던 펠로폰네소스전쟁(Peloponnesian War, 기원전 431~404년)은 아테네를 파괴했다. 아테네의 참전군 장성이었던 투키디데스(Thucydides)는 역사가로 직업을 전환하여 무엇이 잘못 되었는지 회고를 했다. "아테네의 세력이 강해졌고, 이것이 스파르타에게 위협이 되어, 전쟁이 불가피하게 되었다." 장기간 지속된 잔인한 전쟁은 양측 모두를 광란의 상태로 빠지게 했다. 그리스의 문명은 크게 후퇴했고, 다시는 회복되지 않았다. 정치적 담론이 쇠퇴했다.
>
> 이전에는 분별없는 공격행위로 묘사되던 것이 용감한 것으로 간주되었다. … 미래를 생각하고 기다리는 것은 겁쟁이라는 것을 다른 방식으로 표현하는 것이었다. 중용의 아이디어는 나약한 성격을 감추려는 시도였다. 한 문제에 대해서 모든 측면에서 이해하려는 능력을 가지는 것은 결단력 있는 행동을 하는 데 부적절하다는 점을 의미했다. 광신적 열정이 실질적인 남성의 상징이었다. 폭력적 의견을 가진 누구든지 항상 신뢰를 받았다. … 사회는 어느 누구도 자신의 동료를 믿지 않는 진영으로 분리되었다.
>
> 최근의 상황이 이러한 모습과 닮았는가?

세력들은 다른 세력들과 충돌하게 되어 있고, 전쟁으로 귀결된다고 한다. 아테네, 로마, 아랍, 영국, 독일, 일본 등 여러 제국들이 이러한 주장의 사례들이다. 미국도 일련의 전쟁을 통하여 세계의 초강대국 지위를 얻게 되었다. 그러나 포르투갈과 스페인의 제국들은 서로 전쟁을 벌인 적이 한번도 없다. 그들은 스페인이 라틴 아메리카를 점령하고 포르투갈이 아시아를 점령하는 데에 합의했다. 비결은 누가 무엇을 가지느냐에 대해서 사전에 합의를 하는 것이었다.

중국은 외연을 확장할 수 있었지만, 역사적으로 외부로 확대를 시도한 적이 거의 없다. 최근 들어 중국정부는 자국의 국익을 경제성장으로 규정하고, 이를 방해하는 어떤 것도 하지 않는 정책을 구사하고 있다. 이 때문에 중국은 대만을 되찾아야 한다고 주장하면서 침략은 하지 않고 있으며, 화폐가치 상승에 대해서 주의를 기울이고 있으며, 전세계적으로 에너지와 원자재 거래를 확대하기 위한 노력을 기울이고 있다. 그러나 상황이 잘못될 수도 있다. 강력한 민족주의가 중국에서 끓어 오르고 있으며, 동중국해 및 남중국해와 더불어 인도와의 분쟁지역에 대한 군사력을 강화하고 있다. 그리고 중국의 지도자들은 국내적 불만을 미국을 중심으로 한 외세의 위협으로 방향을 전환시키는 시도를 한다.

현 세대의 가장 중요한 과제는 미국과 중국의 국익을 조화시키는 방식으로 정의하는 것이다. 중국을 제국주의 일본이나 소련과 동등시하는 잘못된 **유추**를 주의해야 한다. 중국은 이 국가들과 다르다. 신중하고 이성적으로 취급을 하면, 세계는 부상하는 중국과 평화롭게 살 수 있다. 냉전을 거치면서 이러한 경험을 했다. 민주주의를 확산시키면, 21세기를 상대적으로 평화로운 시대로 만들 수 있다.

토의질문

1. 국내정치와 국제정치는 어떻게 다른가?
2. 국제관계에서 '세력(power)'은 왜 그렇게 크게 부각이 되는가?
3. 국가이익의 여러 종류에는 어떠한 것들이 있는가?
4. 어떠한 전쟁이론이 가장 만족스러운가?
5. 민주주의와 평화는 연계되어 있는가? 어떻게?
6. 전쟁을 방지하는 효과적인 방법이 있는가?
7. 냉전이 무엇인가? 왜 시작했고, 왜 끝났는가?
8. 어떠한 초국가기구가 가장 좋은가?

핵심용어

갈등 고조(escalation) p. 374
개입주의(interventionism) p. 391
거시이론(macro theories) p. 383
고립주의(isolationism) p. 391
관세(tariff) p. 380
교전규칙(rules of engagement) p. 388
국가이익(national interest) p. 377
국내정치(domestic politics) p. 375
국제관계(international relations, IR) p. 375
기능주의(functionalism) p. 386
냉전(Cold War) p. 376
다극체제(multipolar) p. 390
대량살상무기(weapons of mass destruction, WMD) p. 379
미시이론(micro theories) p. 382
보호주의(protectionism) p. 381

불개입주의(noninterventionism) p. 392
세계화(globalization) p. 381
세력균형(balance of power) p. 383
양극체제(bipolar) p. 390
외교정책(foreign policy) p. 391
유엔 국제보호군(UNPROFOR: UN Protective Force) p. 388
일방주의(unilateralism) p. 392
제3자(third party) p. 387
조약(treaty) p. 387
집단안보(collective security) p. 386
초국가적(supranational) p. 389
쿼터제(quota) p. 380
평화유지(peacekeeping) p. 388
평화이행군(IFOR: Implementation Force) p. 388

참고문헌

Bacevich, Andrew J. *Washington Rules: America's Path to Permanent War*. New York: Metropolitan Books, 2010.

Brzezinski, Zbigniew. *Stratgic Vision: America and the Crisis of Global Power*. New York: Basic Books, 2012.

Cashman, Greg, and Leonard C. Robinson. *An Introduction to the Causes of War: Patterns of Interstate Conflict from World War I to Iraq*. Lanham, MD: Rowman & Littlefield, 2007.

Chollet, Derek, and Samantha Power, eds. *The Unquiet American: Richard Holbrooke in the World*. New York: PublicAffairs, 2011.

Chua, Amy. *Day of Empire: How Hyperpowers Rise to Global Dominance—and Why They Fall*. New York: Knopf, 2009.

Dunne, Tim, Milya Kurki, and Steve Smith, eds. *Theories of International Relations: Discipline and Diversity*. New York: Oxford University Press, 2007.

Gallarotti, Giulio M. *The Power Curse: Influence and Illusion in World Politics*. Boulder, CO: Lynne Rienner, 2010.

Kagan, Robert. *The World that America Made*. New York: Random House, 2012.

Kennedy, Paul. *Parliament of Man: The Past, Present, and Future of the United Nations*. New York: Random House, 2006.

Little, Richard. *The Balance of Power in International Relations: Metaphors, Myths, and Models*. New York: Cambridge University Press, 2007.

Mahbubani, Kishore. *The New Asian Hemisphere: The Irresistible Shift of Global Power*. New York: PublicAffairs, 2008.

Mazower, Mark. *Governing the World: The History of an Idea*. New York: Penguin, 2012.

McWilliams, Wayne C., and Harry Piotrowski. *The World Since 1945: A History of International Relations*, 8th ed. Boulder, CO: Lynne Rienner, 2014.

Morgenthau, Hans J., Kenneth W. Thompson, and David Clinton. *Politics among Nations*, 7th ed. Burr Ridge, IL: McGraw-Hill Higher Education, 2005.

Parent, Joseph M. *Uniting States: Voluntary Union in World Politics*. New York: Oxford University Press, 2011.

Sachs, Jeffrey D. *Common Wealth: Economics for a Crowded Planet*. New York: Penguin, 2008.

White, Hugh. *The China Choice: Why We Should Share Power*. New York: Oxford University Press, 2013.

Zakaria, Fareed. *The Post-American World, Release 2.0*. New York: Norton, 2012.

용어해설

5개년 계획(Five-Year Plans) 빠르고 중앙에서 관리하는 소련의 산업 성장을 위한 스탈린의 계획이다.

X축(X axis) 그래프의 가로 선이다.

Y축(Y axis) 그래프의 세로 선이다.

가변성(volatility) 여론이 빠르게 변하는 성향이다.

가설(hypothesis) 연구자가 시작하는 초기 이론이고 근거에 의해서 입증된다.

가치(values) 심층적으로 신봉되는 관점이며, 정치문화의 핵심 요소다.

간부(cadre) 아시아의 공산주의 체제에서 공직에 종사하는 정당원이다.

간부정당(cadre party) 일부 정치전문가들에 의해서 운영되는 정당이며, 간헐적인 활동을 한다.

갈등 고조(escalation) 전쟁의 가능성이 더 커지고 강력해지는 것이다.

강렬함(intensity) 어떠한 의견이 가진 확고함과 열정.

강한 국가(strong state) 국가 전체를 운영하고 세금을 부과할 수 있는 현대 정부의 형태이다.

개인주의적(personalistic) 강력한 지도자의 개인주의에 기반한다.

개입주의(interventionism) 해외에 군사력을 파견하는 정책이다.

거시이론(macro theories) 국가, 지리, 역사에 초점을 맞춘다.

게리맨더(선거구 조정, gerrymander) 어느 특정 정당에게 유리하도록 선거구 구역을 정하는 것이다.

결속(coherence) 합리적인 하나가 되기 위하여 함께 하는 것이다.

결정적 선거(critical election) 재편성으로 귀결되는 단일 선거이다.

결집효과(rally event) 지도자에 대한 지지가 일시적으로 상승되는 효과를 뜻한다.

경기순환(business cycle) 여러 해 동안 성장과 불황 사이에서 교차되는 경제의 추세이다.

경제권(economic rights) 생활을 위한 적절한 물질적 기준을 보장하며, 가장 최근이면서 가장 논쟁이 많은 권리이다.

경제적 이슈(economic issues) 일자리, 소득, 세금, 복지혜택과 관련된 문제들이다.

경험적(empirical) 관찰이 가능한 근거에 기반하는 것을 뜻한다.

계급투표(class voting) 경제적 이익을 증진시키는 정당에 대해서 투표를 하는 사회적 계급의 추세이다.

계량화(quantify) 숫자를 가지고 측정하는 것을 의미한다.

고립주의(isolationism) 외부 시계의 중요성을 최소화하는 경향이다.

고발(accusatorial) 대립과 유사하지만, 검사가 범죄 피고를 기소하는 것이다.

고전적 자유주의(classic liberalism) 정부를 경제로부터 격리시키기 위해 아담 스미스에 의해 주창된 이데올로기다. 미국의 보수주의가 되었다.

고정환율(fixed exchange rate) 달러로 외국의 화폐를 고정된 금액으로 구입한다.

공공연한 사회화(overt socialization) 문화를 가르치는 정부의 의도적인 정책이다.

공공자금지원(public financing) 거두어들인 세금을 활용하여 선거자금지원 등을 하는 것이다.

공공정책(public policy) 정부가 추진하는 정책이며, 다양한 대안들 중에서 선택을 한다.

공무원 공개채용(merit civil service) 추인 관계가 아니라 경쟁시험에 의해서 공무원을 채용하는 것이다.

공분산(共分散, covariance) 두 개의 요인들이 서로 얼마나 강하게 연관되면서 함께 변하는지를 밝히는 것이다.

공산주의(communism) 레닌의 조직과 융합하여 전체주의 정당으로 된 마르크스이론이다.

공화국(republic) 소련이나 유고슬라비아에서 실시하던 연방의 제1차 행정구역이었다.

공화제(republic) 군주가 없는 정치체제이다.

과반수제도(majoritarian system) 한 정당이 의석의 반 이상을 차지하게 하는 선거제도이다.

관료(apparatchik) 공산당의 전임 당원이다.

관료(bureaucracy) 정부의 행정기관에 충원되는 직업 공무원이다.

관료정치(bureaucratic politics) 정책을 수립하는 데 있어서 기관들 사이의, 또한 기관 내부의 투쟁이다.

관세(tariff) 수입품에 부과하는 세금이다.

관심대중(attentive public) 특히 국내외 문제를 포함하는 정치에 관심을 가지는 시민들을 의미한다.

교전규칙(rules of engagement) 언제 군사력을 투입해야 하는지 규정한다.

교차압력(cross-pressured) 반대되는 정치세력들로부터 압력을 받아 무관심으로 선회하는 것이다.

교착(deadlock) 행정부와 입법부가 서로 견제하는 것이다.

교착상태(immobilism) 주요 정치 이슈를 해결하지 못하는 어중간한 상태이다.

교회법(canon law) 로마법에 기초한 로마 가톨릭 교회의 법이다.

구제금융(bailout) 기업들의 붕괴를 막기 위해서 정부가 긴급으로 제공하는 대출이다.

구조적 접근(structured access) 이익집단의 관료에 대한 장기적이고 우호적인 연결이다.

구조화(constructed) 구시대적이고 신성화되었지만, 실제로는 최근의 것이고 인위적이라고 광범위하게 믿는 것이다.

국가두마(State Duma) 러시아의 의회이다.

국가보안위원회(KGB) 소련의 정보와 안보를 총괄하는 강력한 국가기관이었다.

국가이익(national interest) 세계에서 국가가 온 힘을 다하여 추구해야 하는 것이다.

국가주의(statism) 국가의 권력과 위신을 고양시키기 위해서 주요 산업을 국가가 소유하는 경제제도이며, 자본주의 이전의 제도이다.

국내정치(domestic politics) 국가 내의 정치적 상호작용이다.

국내총생산(GDP: gross domestic product) 어떤 나라에서 1년 동안 생산한 상품과 서비스의 총 액수이며, GDP를 인구로 나누어서 1인당 GDP(GDPpc)로 표현하기도 한다.

국민투표(referendum) 후보자에게 투표하는 것이 아니라 이슈에 대해 투표하는 것이며, 직접민주주의의 한 형태이다.

국유화(nationalization) 주요 산업을 정부가 소유하는 것이다.

국제관계(international relations, IR) 국가들 사이의 상호작용이다.

국제수지(balance of payments) 국가가 수출하는 것과 수입하는 것을 비교한 가치이다.

군주제(monarchy) 한 사람에 의해 이루어지는 세습적 통치이다.

권력분립(separation of powers) 정부의 각 부처가 분리되어야 하고, 서로 견제하고 균형을 맞추어야 한다는 내용의 원칙이며, 미국과 일부 국가에서 채택하고 있다.

권력융합(fusion of power) 입법부와 행정부가 같은 분지(分枝)로부터 형성되는 것이다.

권위적(authoritarian) 비민주적이지만 반드시 전체주의적인 것은 아니다.

권한이양(devolution) 일부 권한을 중앙정부에서 지역정부로 전환시키는 것이다.

귀족원(Lords) 영국의 상원이며 약한 권한을 보유하고 있다.

규범적(normative) 어떻게 되어야 하는지를 설명하는 것이다.

근본적 폭력(primordial) 종교와 부족 등 태어나면서 소속되는 집단의 폭력이다.

글라스노스트(glasnost) 고르바초프의 미디어 개방 정책이다.

기능주의(functionalism) 국가들 사이의 특정 분야에 대한 협력이 전체적인 협력을 이끌어 낸다는 이론이다.

기본법(Basic Law) 1949년 이후 독일의 헌법이다.

기소(indict) 어떤 사람의 범죄를 공식적으로 제기하는 것이다.

기회주의자(opportunists) 자기 자신만을 위하는 사람이다.

긴축(austerity) 정부의 지출을 줄이는 것이다.

내각 붕괴(fall) 의회제에서 투표 또는 사임에 의해서 내각이 붕괴되는 것이다.

내각(cabinet) 정부의 각 부처를 지휘하는 장관들의 집단이다.

내성적(introspective) 자신의 내부에만 관심을 가지는 성격이다.

냉소적(cynical) 특히 정부에 대한 불신과 의구심.

냉전(Cold War) 1945~1989년 동안 지속된 미국과 소련 사이의 군사적 긴장과 불신이다.

노멘클라투라(nomenklatura) 소련의 최고 직위를 차지하고 있는 엘리트 관료이다.

논평(thinkpiece) 확실한 증거보다 논리에 기반하는 에세이다.

다극체제(multipolar) 세계가 여러 개의 세력으로 분리된 체제이다.

다수제(plurality) 과반이 안되더라도 가장 많은 득표를 한 후보를 당선시키는 제도이다.

다원주의(pluralism) 정치는 많은 집단들 사이의 상호작용이라는 이론이다.

다중인과(multicausal) 어떠한 것을 발생하게 하는 여러 가지 요인들이다.

단봉형(單峰形, unimodal) 가운데 하나의 봉우리만 있는 분포이며, 종 모양의 곡선이다.

단순확률표본(simple random sample) 무작위로 선택된 모집단의 하위 집합이다.

단원제(unicameral) 하나의 원으로 구성된 의회이다.

단일이슈집단(single-issue group) 한 가지 대의에만 집중하는 이익집단이다.

단일체제(unitary system) 하위 지역이 자치권을 거의 갖지 못하고 국가 수도에 권력이 집중되어 있는 체제이다.

대량살상무기(WMD: weapons of mass destruction)

핵무기, 화학무기, 생물무기.

대립(adversarial) 반대되는 양측의 갈등에 기초하는 제도이다.

대면(對面, face-to-face) 개인 접촉에 의한 커뮤니케이션이다.

대의민주주의(representative democracy) 직접 통치하지 못하고 선거를 통하여 뽑힌 대표들이 책임을 갖고 하는 정치이다.

대중정당(mass party) 헌신적인 지지자를 확보하려는 정당이며, 통상적으로 공식적인 당원들을 보유한다.

대통령(president) 대통령제에서 최고 권력을 가진 인물이며, 의회제에는 상징적인 대통령이 존재한다.

대통령제(presidential systems) 행정부의 대통령을 분리된 선거로 선출하는 제도. 대통령 중심제로도 불리며, 상징적인 대통령이 아니다.

데파르망(département) 현재 96개에 달하는 프랑스의 지역 단위 정부조직이다.

도덕률(higher law) 신으로부터 오는 섭리이다.

도덕적 해이(moral hazard) 위험한 행위의 결과로부터 기업을 보호하는 것이다.

도둑정치(kleptocracy) 도둑들에 의한 통치, 조롱과 조소적인 비유로 사용된다.

독립변수(independent variable) 어떠한 것이 발생하도록 영향을 미치거나 원인이 된다고 생각되는 요인이다.

동원(mobilization) 사람들이 정치에 참여하도록 독려하는 것이다.

둘에 추가된 정당체계(two-plus party system) 두 개의 큰 정당과 하나 이상의 군소정당들이 존재하고 있는 국가의 정당체계이다.

로마법(Roman law) 고대 로마의 법전에 기초하는 법이다.

로비활동(lobbying) 입법에 영향을 주는 이익집단의 활동이다.

마오주의(Maoism) 게릴라전과 시대적인 격변을 특징으로 하는 공산주의의 극단적인 형태이다.

막대 그래프(bar graph) 범주 내의 독립적 데이터의 차이를 보여 주는 그래프이다.

만다린(mandarin) 과거 유교에 기반을 둔 중국의 관료. 만대인(滿大人)의 중국어 발음이다.

매스 미디어(mass media) 매우 광범위한 청중들에게 빠르게 도달하는 현대적 커뮤니케이션 수단이다.

모집단(population) 여론조사를 대표하는 모든 사람들이다.

묘사적(descriptive) 무엇인지를 설명하는 것이다.

문화(culture) 전통적인 것으로부터 탈피하여 학습되는 인간의 습성을 의미한다.

미국 의회(Capitol Hill) 미국의 상원과 하원을 포함한 의회이다.

미디어 이벤트(media event) 미디어의 보도를 위하여 계획된 사건 뉴스이다.

미시이론(micro theories) 개인과 작은 집단에 초점을 맞춘다.

민법(civil law) 개인들 사이의 비범죄적 논쟁이다.

민족주의(nationalism) 문화적, 역사적, 지역적 정체성, 통합, 그리고 때로는 위대함에 대한 국민 또는 민족의 고조된 감정이다.

민주적 평화(democratic peace) 민주주의 국가들끼리는 전쟁을 하지 않는다는 이론이다.

민주주의(democracy) 대중의 참여, 경쟁적인 선거, 인권과 시민권이 존재하는 정치체제이다.

반교권 중심주의(anticlericalism) 가톨릭 국가에서 교회가 정치로부터 분리되어야 한다는 운동이다.

반자유주의적 민주주의(illiberal democracy) 선거에 의해서 선출되지만, 시민권과 정부에 대한 제한 등 민주적 특징을 결여하고 있는 체제이다.

법(law) 처벌을 피하려고 복종을 해야 하는 것이다.

법령(statute) 헌법의 일부가 아니라 의회가 통과시킨 일반적인 법률이다.

법정조언자(amicus curiae) 사건의 당사자가 아니면서 법원에 진술을 제시하는 사람이다.

벨벳혁명(velvet revolution) 공산주의 체제를 축출한, 비교적 비폭력적인 대중 봉기이다.

변동(swing) 선거 때마다 정당을 바꾸는 투표자들의 비율이다.

변동환율(floating ex-change rate) 달러로 외국의 화폐를 시장에서 변동되는 금액으로 구입한다.

보수주의(conservatism) 체제가 변화하지 않고 유지되도록 지키는 이데올로기이다.

보호주의(protectionism) 국내 생산자들을 보호하기 위해서 해외 상품의 수입을 제한하는 정책이다.

복종형(subject) 시민들이 권위에 복종해야 하지만 정치에는 별로 참여하지 않는 것을 의미한다.

복지국가(welfare state) 정부가 수입을 가난한 시민들에게 재분배하는 경제제도이다.

봉건주의(feudalism) 정치권력이 여러 층에 분산되어 있는 제도이다.

부르주아(bourgeois) 프랑스어로 원래 의미는 도시 거주자이며, 최근 들어서는 일반적으로 중산층을 의미한다.

부채(debt) 정부가 빚을 지고 있는 금액이다.

분권화(decentralization) 일부 행정기능을 중앙정부로부터 낮은 단계로 전환시키는 것. 권한이양(devolution)보다는 낮은 수준이다.

분극적 다당제(polarized pluralism) 정당들이 보다 극단적으로 되는 정당체계이다.

불개입주의(noninterventionism) 해외에 군대를 파견하지 않는 정책이다.

불안정(instability) 내각의 빈번한 교체.

불합리적(irrational) 이성을 훼손하기 위해 두려움과 신화를 사용할 수 있는 권력에 기반한다.

불황(recession) 경제 쇠퇴의 시기. 축소되는 GDP.

블로그(blog) 정기적으로 업데이트 되는 웹 사이트이며, 때로는 다른 사이트나 정파와 연결된다.

비경제적 이슈(noneconomic issues) 애국주의, 종교, 민족, 성, 그리고 개인적 선택과 관련된 문제들이다.

비례대표 선거제도(PR: proportional representation) 정당이 받은 득표의 비율로 대표자를 선출하는 선거제도이다.

비스듬한(skewed) 한 쪽이 최고로 분포되어 있는 곡선이다.

사법 소극주의(judicial restraint) 입법부에서 통과된 법령을 뒤엎지 않으려는 법관의 의지이다.

사법 적극주의(judicial activism) 법령의 위헌을 선언해서 입법부를 앞서려는 법관의 의지이다.

사회경제적 지위(socioeconomic status) 집단들의 서열을 매기는데 있어서 소득과 명성의 조합이다.

사회계급(social class) 대체로 소득에 기반한 사회의 광범위한 계층이며, 저소득층, 중산층, 상류층으로 분류된다.

사회계약(social contract) 개인들이 마치 계약을 맺은 것처럼 시민사회에 참여하고 머문다는 이론이다.

사회민주주의(social democracy) 복지정책을 구사하지만 기업의 국가소유는 지양하는 가장 유연한 형태의 사회주의이다.

사회적 권리(entitlement) 사회보장과 메디케어 등 법에 의해서 의무적으로 지출되는 예산이다.

사회적 유동성(social mobility) 국민이 하나의 사회계급에서 다른 계급으로 올라가거나 떨어지는 것을 뜻한다.

사회주의(socialism) 사회 전체의 선을 위해서라고 하면서 산업을 국가가 소유하는 경제제도이며, 자본주의와 반대 개념이다.

사회화(socialization) 문화를 배우는 것을 의미한다.

산유국(petrostate) 사우디아라비아와 같이 석유 수출에 기반한 국가이다.

산포도(scattergram) 양 축의 그래프에 표시되는 분포이다.

상대적 박탈감(relative deprivation) 자신들이 경제성장에서 소외되었다고 생각하는 일부 집단들의 감정이다.

상임위원회(Standing Committee) 중국 공산당의 최고 통치기구이다.

상호성(reciprocity) 법적 기준을 서로 적용시키는 것이다.

생산성(productivity) 상품이나 서비스를 생산해 내는 효율성이다.

샤(shah) 왕이라는 의미의 페르시아어이다.

선 그래프(line graph) 시간의 흐름에 따라 변하는 데이터를 연결하여 보여 주는 그래프이다.

선거구(constituency) 공직자를 선거에 의해서 선출하는 지역이나 사람들이다.

선거구민 지원업무(constituency casework) 의원들이 자신을 선출해 준 선거구민들을 돕는 행위이다.

선거권(franchise) 투표를 할 수 있는 권리이다.

선거인단(Electoral College) 작은 주들이 유리하게 작용되는 미국의 대통령 선출 선거제도이다.

선거제도(electoral system) 선거를 실시하는 법이며, 소선구제와 비례대표제의 두 가지 방법이 있다.

선동가(demagogue) 극단적이고 현혹적인 이슈들을 가지고 대중들을 자극하는 정치인이다.

성문법(code law) 로마법을 업데이트하여 기록된 법이다.

성별 격차(gender gap) 여성들이 투표할 때 보이는 남성과의 격차이다.

세계관 정당(Weltanschauung) 특정 이념에 치중하는 정당이다.

세계화(globalization) 통상이 국경을 넘어서 이루어짐에 따라 세계를 하나의 대규모 시장으로 만든다.

세금감면(tax expenditures) 세금을 줄여줌으로써 정부가 보조하는 것이다.

세력균형(balance of power) 주요 국가들이 방어를 위하여 동맹을 형성하고 재형성하는 체제이다.

세속적(secular) 종교에 관련되지 않은 상황.

세출예산(appropriation) 입법부에서 통과된 정부 예산이다.

소선거구제(single-member districts) 미국이나 영국에서와 같이 한 선거구에서 한 명을 선출하는 선거제도이다.

소수자(minority) 대규모 사회 내에서 배경, 관점, 실행의 측면에서 구분되는 하위집단이다.

소수정부(minority government) 의회 내에서 확고한 과반수를 장악하지 못한 내각이다.

수명주기(life cycle) 사람들이 나이가 들면서 의견이 변한다는 이론이다.

수상(prime minister) 의회제에서 최고 정치적 인물이다.

수정주의자(revisionist) 이데올로기 또는 역사관을 변화시킨다.

수탁자(trustee) 특별한 위임 없이 공공선을 위하여 활동하는 대표이다.

스태그플레이션(stagflation) 느린 경제성장과 인플레이션의 조화이다.

시대정신(Zeitgeist) 각 시대는 역사를 변화시킬 수 있는 독특한 정신이 내재되어 있다는 헤겔의 이론이다.

시대착오적(anachronism) 새롭지 못하고 과거 관습을 되풀이 하는 것이다.

시민권(civil rights) 투표와 자유로운 발언을 하는 것과 같이 정치와 사회에 참여하는 능력이다. 때때로 인권과 혼동이 되기도 하는데, 시민권이 인권보다 상위 개념이다.

시민불복종(civil disobedience) 부당한 법을 파기하고 상위법으로 적용시키기 위한 비폭력 행위이다.

시민사회(civil society) 문명화된 이후의 인간들. 현대적으로 가정과 정부 사이의 조직이다.

신보수주의(neoconservatism) 이전의 자유주의자들이 보수적 동기와 방식으로 변화하게 된 미국의 이데올로기이다.

신앙심(religiosity) 개인의 종교적 믿음의 수준이며, 종종 정치적 믿음에 영향을 미친다.

신임 투표(vote of confidence) 의회에서 정부를 지지하거나 축출하기 위해서 실시되는 투표이다.

신제도주의 이론(neo-institutional theory) 정당 내의 제도가 자체적인 관심사의 중심이며, 때로는 유권자들과 단절이 된다.

실업자 재교육(workfare) 복지지출의 기한을 제한하고, 수혜자들이 직업을 구하든가 교육을 받도록 하는 프로그램이다.

실용적(pragmatic) 어떠한 일이든 이론 또는 이데올로기를 사용하지 않는 것이다.

실정법(positive law) 오랜 시간 동안 인간에 의해서 작성되고 수용된 법이며, 자연법에 반대되는 개념이다.

실증주의(positivism) 사회를 과학적으로 연구할 수 있고, 획득된 지식을 가지고 사회를 발전시킬 수 있다는 이론이다.

실패한 국가(failed state) 기본적으로 국가정부가 없으며, 최소의 거버넌스마저도 불가능한 국가를 뜻한다.

쌍봉형(雙峰形, bimodal) 양 쪽 끝에 숫자가 많고 가운데는 적은 분포이다.

아야톨라(ayatollah) 샤 이슬람의 최고 성직자이다.

앵글로폰(anglophone) 영어를 사용하는 주민을 의미한다.

야당(opposition) 정부에 참여하지 않는 의회 내의 정당들이다.

약한 국가(weak state) 효율적인 통치를 못하고, 부패하고, 범죄가 빈번하게 발생하는 국가를 뜻한다.

양극체제(bipolar) 각기 초강대국에 의하여 지휘되는 두 개의 크고 적대적인 진영으로 구성된 체제. 냉전이 대표적인 사례다.

양극화(polarization) 의견이 중도를 벗어나 두 개의 적대적인 진영을 구성하는 것이다.

양극화(polarize) 쌍봉형 분포로 의견이 분리된다.

양원제(bicameral) 상원과 하원을 보유한 의회이다.

엘리트 미디어(elite media) 엘리트들과 관심대중들이 읽는 매우 영향력 있는 신문과 잡지들이다.

엘리트(elites) 정치체제에서 '최상위' 또는 가장 영향력이 있는 사람들이다.

여론 주도자들(opinion leaders) 다른 사람들의 견해에 영향을 미치는 지역적으로 존경받는 사람들이다.

여론(public opinion) 현재의 특정 이슈와 사건에 대한 시민들의 반응이다.

연방준비이사회(Federal Reserve Board) 이자율을 올리거나 내릴 수 있는 미국의 중앙은행이며, 'Fed'로 불린다.

연방체제(federal system) 국가의 수도와 자치권을 가진 지역정부가 권력을 균형되게 갖고 있는 체제이다.

연합(confederation) 구성단위들이 중앙권력보다 우월한 정치체제이다.

연합정부(coalition) 여러 당이 연합하여 정부를 구성한다.

열성가정당(devotee party) 개인에 의해서 설립되고 운영되는 정당이다.

예상되는 반응에 대한 통치(rule of anticipated reactions) 정치인들은 대중이 어떠한 반응을 보일지에 대해서 예측을 하면서 정책을 결정한다.

예상하지 못한 결과(unforeseen consequence) 법 또는 정책이 기대하는 대로 작동되지 않고 발생되는 나쁘거나 의도되지 않은 결과이다.

오류(dysanalogy) 어떤 것이 다른 것에 대해서 빈약한 모델이 되는 것이다.

오차범위(margin of error) 표본의 의견이 모집단의 의견과 차이가 날 수 있는 범위이며, '+/- 3%'로 표시된다.

옴부즈맨(ombudsman) '대리인'이라는 스웨덴 단어이다. 정부의 잘못된 정책에 의해 피해를 보는 시민들을 돕기 위해 의회가 임명한 변호사이다.

외교정책(foreign policy) 국내정치와 세계정치의 상호작용. 리프먼(Walter Lippmann)은 '공화국의 방패'라고 불렀다.

요약문(brief) 관련된 사실, 법, 사례 등을 제공하기 위해서 어느 한 편에 의해서 제출된 간결한 문서이다.

원고(plaintiff) 재판에서 소송을 제기하는 사람이다.

원내대표(whip) 당내 의원들에게 언제 어떻게 투표하라고 지시하는 의원이다.

위계(hierarchy) 사다리와 같이 권력의 서열에 따라 위부터 아래까지 구조화된 것을 의미한다.

위대한 사회(Great Society) 미국 존슨 대통령의 사회개혁을 위한 야심 찬 프로그램이다.

위임자(mandate) 대중의 특정 바람을 위해서 활동하는 대표자이다.

위헌법률심사(judicial review) 법들이 합헌적인가를 결정하는 법원의 능력이며, 모든 국가들에 존재하는 것은 아니다.

유력한 유권자(likely voters) 과거 투표참여와 의도를 봤을 때 향후 선거에 참여할 것으로 보이는 사람이다.

유로화(euro) 2002년 이후 대부분의 서유럽 지역에서 EU의 공동화폐가 사용되었다. 가치는 동요되었지만, 현재는 1유로 당 1.10달러 수준을 유지하고 있다.

유세(stump) 투표자들에게 개인적으로 연설하는 선거캠페인이다.

유엔 국제보호군(UNPROFOR: UN Protective Force) 1990년대 초반 보스니아에서 행한 비효율적인 평화유지 시도이다.

유추(analogy) 어떤 것에 대한 모델로 다른 것을 생각하는 것이다.

유토피아(utopia) 상상 속의 이상적인 완전한 체제이다.

융커(Junker) 프러시아의 국가 귀족이다.

의원(MP) 영국 의회, 특히 하원의 구성원이다.

의회(parliament) 국가의 입법기구이다. 영국에서 시작되었으며, 특히 영국의 하원(House of Commons)을 의미한다.

의회제(혹은 의원내각제, parliamentary systems) 의회선거만이 있는 제도이며, 의회에서 수상을 선출한다. 의원내각제로 불리기도 한다.

이데올로그(ideologue) 이데올로기를 열정적으로 신봉하는 사람을 의미한다.

이데올로기(ideology) 특정 독트린을 추종함으로써 사회가 발전될 수 있다는 신뢰체제이며, 대체로 끝이 주의(主義, ism)으로 끝난다.

이상점(outlier) 기대되는 위치로부터 벗어나는 점이다.

이슬람주의(Islamism) 정치 이데올로기로 변한 무슬림 종교이다.

이익집단(interest group) 자신들이 선호하는 정책을 펼치도록 정부를 압박하는 조직이다.

이익집합(interest aggregation) 분리된 이익들을 보편적인 정당의 강령으로 융합시키는 것이다.

이탈(dealignment) 정당 일체감의 장기적인 후퇴이다.

인권(human rights) 적절한 절차를 거치지 않고 체포, 고문, 구금, 살해하는 등 정부가 학대하는 것을 방지하여 쟁취하는 자유이다.

인신보호(habeas corpus) 구금자들은 판사 앞에서 자신의 결백을 주장할 수 있다.

인종차별(apartheid) 과거 남아공에서 실시되었던 엄격한 인종분리 제도이다.

인플레이션(inflation) 전체적인 물가의 상승.

일관성(consistency) 같은 기준을 모두에게 적용시키는 것이다.

일반의지(general will) 전체 사회가 원하는 것에 대한 루소의 이론이다.

일반화(generalize) 모든 종류의 사건들의 결과가 된 이유들에 대해서 설명한다.

일방주의(unilateralism) 동맹국들의 의사를 무시하고 자국의 뜻대로 하는 것이다.

일화적(anecdotal) 응답자 몇 명의 의견만 종합하는 것이다.

입헌주의(constitutionalism) 정부가 스스로의 권력을 제한하는 정도.

자연법(natural law) 자연으로부터 오는 섭리이며, 추론에 의해서 이해된다.

자연상태(state of nature) 문명화되기 이전의 인간들의 상태이다.

자유방임(laissez-faire) "그대로 두어라"의 프랑스어이며, 정부가 경제에 대한 최소의 개입과 감독을 하는 것이며, 자본주의다.

자유지상주의(libertarianism) 개인의 자유를 위해서 정부의 모든 권력을 줄이는 것을 선호하는 미국의 이데올로기이다.

자치권(autonomías) 스페인의 지방으로 이양된 권력을 의미한다.

장관(minister) 정부 각 부처의 우두머리이다.

장관직(portfolio) 정부 각 부처의 장이다.

재판관(bench) 재판을 하는 공직자이다.

재편성(realignment) 정당 일체감의 장기간에 걸친 주요 변화이다.

적대적(adversarial) 적의를 품고 비판하고 반대하는 경향이다.

적색 공포(red scare) 제1차 세계대전과 매카시(McCarthy) 시기에서와 같이 공산주의에 의한 전복에 대한 과장된 공포이다.

전체주의(totalitarian) 국가가 시민들을 전제적으로 통제하는 정치체제이다.

절대주의(absolutism) 탈봉건적 권력의 군주로의 집중.

점진적 재편성(secular realignment) 정당 일체감이 느리고 점차적으로 이루어지는 것이다.

정당 일체감(partisan identification [party ID]) 때로는 어려서부터 시작되는, 특정 정당에 대해 지속되는 심리적 유대감이다.

정당(political party) 특정 호칭을 지니고 공직에 선출되기 위해 노력하는 집단이다.

정당체계(party system) 어떻게 정당들이 서로 상호작용을 하는가.

정부(government) 유럽에서 내각을 의미하며, 미국에서는 행정부로 표현된다.

정치경제(political economy) 정치와 경제가 상호 영향을 미치는 것. 정부가 경제에 대해서 해야 하는 것이다.

정치국(Politburo) 공산당의 국가를 통치하는 집단이다.

정치권력(political power) 어떠한 사람이 다른 사람으로 하여금 무엇을 하게 할 수 있는 능력을 뜻한다.

정치문화(political culture) 정치와 관련된 민족의 심리를 의미한다.

정치와 분리(apolitical) 정치에 관심이 없거나 참여하지 않는 것이다.

정치적 능력(political competence) 어떠한 것을 어떻게 정치적으로 달성할 수 있는가를 아는 것이다.

정치적 세대(political generations) 젊은 성인 때 겪은 큰 사건은 평생의 정치적 관점에 영향을 미친다는 이론이다.

정치적 임명(political appointment) 공무원이 아닌 사람에게 주어지는 정부의 일자리, 때로는 지지의 대가로 제공된다.

정치적 효력(political efficacy) 개인이 조금이라도 정치적 투입을 한다고 느끼는 것이다 (반대는 무기력한 느낌).

정치제도(political institution) 권위가 수립되고 지속되는 형태이다.

정통성(legitimacy) 정부의 통치가 올바르고 복종이 되어야 한다는 대중적인 감정이다.

제1차 행정구역(first-order civil divisions) 미국의 주(state) 또는 스페인의 도(province)와 같은 국가의 영토적 구성요소이다.

제3세계(Third World) 아시아의 일부분, 아프리카, 라틴 아메리카 등 개발도상 지역들을 뜻한다.

제3자(third party) 분쟁에 개입되지 않고, 분쟁을 해결하는 데 도움을 주려는 국가이다.

제국주의(imperialism) 대체로 유럽의 열강들이 식민지들을 축적하는 것이며, 마르크스주의자들이 경멸하는 개념이다.

제도(institutions) 의회 등과 같은 정부의 공식적인 조직이다.

제도화(institutionalize) 정치적 관계를 영구적인 것으로 만드는 것이다.

제헌의회(constituent assembly) 새로운 헌법을 작성하기 위해 소집된 의회이다.

조건-제어분석(if-then statement) X가 발생하면 Y도 발생한다는, 두 변수들이 연결되어 있다는 주장이다.

조사 판사(investigating judge) 유럽의 사법제도에서, 증거와 이슈를 수집하는 사법부 공직자이다.

조약(treaty) 국가들 사이에 맺는 계약이다.

조합주의(corporatism) 이익집단의 정부에의 직접적인 참여이다.

종교성(religiosity) 개인의 종교에의 심취도의 수준이며 종종 정치적 믿음에 영향을 준다.

종속변수(dependent variable) '독립변수'의 영향하에서 변화하는 요인이다.

종신귀족(life peer) 상속이 되지 않는 영국의 귀족이며, 귀족원의 구성원이 된다.

주권(sovereignty) 국가의 정부가 자체의 지역에서 최고의 조직이 되는 것이며, 그 국가 내에 법적인 측면에서 최종적인 단어이다.

주변부화(marginalized) 사회와 경제의 끝 부분으로 밀려나는 것이며, 가난하며 하위문화를 형성한다.

주제(thesis) 근거에 의해서 증명되는 주요 아이디어 또는 주장이다.

중앙이탈(center-fleeing) 중심에 있는 투표자들을 무시하고 극단적으로 되는 정당들이다.

중앙-지방 긴장(center-periphery tension) 국가의

수도에 의하여 통치되는 데 대한 주변지역들의 불만을 의미한다.

중앙집중(centralization) 국가 수준의 본부가 수행하는 통제이다.

중앙추구(center-seeking) 정치적 스펙트럼의 중앙에 있는 투표자들의 지지를 받기 위해 온건적으로 되는 정당들이다.

지사(prefect, 프레페) 프랑스 주의 행정책임자이다.

지식인(intellectuals) 어떤 것들에 대해서 심층적으로 생각하는 교육받은 사람이다.

지역(regions) 자존감, 그리고 때로는 문화적 차이를 보이는 국가의 한 부분이다.

지역주의(regionalism) 지역적 차이, 그리고 때로는 분리적 성향의 감정이다.

지하드(jihadi) 무슬림 성전(聖戰)을 벌이는 투사.

직업 공무원(career civil servants) 정치적으로 임명이 되지 않고 평생 공무원으로 지내는 사람이다.

질의시간(Question Hour) 하원에서 야당이 내각에 도전할 수 있도록 보장된 시간이다.

집단소송(class action) 행동을 같이 하는 많은 사람들을 대신하여 제기하는 소송이다.

집단안보(collective security) 침략국에 대해서 자동적으로 대응을 하기 위한 모든 국가들 사이의 협정이다.

집정관주의(praetorianism) 고대 로마의 근위대로부터 나온 개념이며, 군대가 장악한다는 의미를 지니고 있다.

차관(vice minister) 일본의 정부부처를 지휘하는 공무원이다.

참여형(participatory) 정치에 참여하려는 관심 또는 의지이다.

책임정당정부(responsible party government) 투표자들은 정책의 성공여부에 따라 선거를 통해 지배하고 있는 정당을 벌을 주거나 상을 준다.

체제붕괴(system breakdown) 정치적 기능불량 또는 불안정.

초국가적(supranational) 개별 국가를 초월하는 기구 (유엔 등).

초창기(inchoate) 아직 제대로 형성되지 못한 것을 뜻한다.

추론(inference) 표본의 의견이 전체 모집단의 의견을 반영한다고 수용하는 것이다.

추세(tendency) 두 변수들이 연결되어 있지만, 완전하지는 않다는 것이다.

추적연구(longitudinal) 시간이 지나면서 어떻게 변하는가에 대해서 하는 연구이다.

출처(source) 뉴스 보도자가 정보를 획득하는 사람과 장소를 의미한다.

카리스마(charismatic) 개인적으로 강한 흡인력을 가지는 것이다.

카스트(caste) 굳건하고 상속되는 사회계급 또는 집단이다.

쿠데타(coup) 대부분 군대에 의하여 정부가 불법적으로 탈취되는 것이다.

쿼터제(quota) 수입품에 대한 수량 제한을 하는 것이다.

탄핵(impeachment) 대통령제 국가에서 대통령을 제거하는 것이다.

탈물질주의(postmaterialism) 현대 문화가 획득하고 소비하는 것 이상으로 옮겨 간다는 이론이다.

테러리즘(terrorism) 혐오하는 권위체를 약화시키기 위해서 폭력을 정치적으로 사용하는 것이다.

테르미도르(Thermidor) 혁명적 극단주의가 종식된 프랑스혁명의 여름 달(月). 공화력으로 제11월을 의미하고, 그레고리력 즉 우리가 현재 사용하는 양력 개념으로 보면 7월을 의미한다.

통신사(wire service) 모든 매체에 뉴스를 판매하는 언론기관이다.

투명성(transparency) 정치자금과 거래 내역을 공공의 감시에 공개하는 것이다.

투표 블록(voting bloc) 명확한 추세를 보이는 집단이다.

투표권(suffrage) 투표할 수 있는 권리이다.

투표율(turnout) 선거에서 유권자들이 투표를 하는 비율이다.

특징(salience) 여론이 다루는 이슈들의 중요성 또는 대중이 가지고 있는 다양한 의견의 성격이다.

티 파티(Tea Party) 매우 보수적인 공화당원들이다.

티토주의(Titoism) 온건하고 분권화되어 있으며 부분적으로 시장형태를 가진 공산주의이다.

파시즘(fascism) 인종주의, 사회주의, 군국주의를 포함한 극단적인 민족주의 형태이다.

판례(precedent) 이전의 판결에 기초한 법적 결정이다.

판례법(common law) "판사가 법을 만든다." 수 세기 동안 판결되어 온 과거 사례이다.

패러다임(paradigm) 훈련에 의해서 이루어진 연구하는 모델 또는 방식이다.

페미니즘(feminism) 여성의 심리적, 정치적, 경제적 평등에 대한 이데올로기이다.

편승(bandwagon) 선두주자가 더 많은 지지를 받게 되는 추세이다.

평의원석(backbencher) 어떠한 리더십이나 행정부의 책임을 가지지 않은 일반 의원들이다.

평화유지(peacekeeping) 외부의 군사력이 휴전합의를 안정화시키는 것이다.

평화이행군(IFOR: Implementation Force) 1995년 데이튼 합의에 따라 보스니아에서 이루어지는 평화유지 노력이며, NATO의 후원을 받았다.

포괄(catchall) 모두를 환영하는, 규모가 크고 이념적으로 느슨한 정당이다.

표본(sample) 조사의 대상으로 선택된 사람들이며, 통상적으로 전체를 대표한다.

프랑코폰(francophone) 프랑스어를 사용하는 주민을 의미한다.

프레이밍(framing) 뉴스 기사의 기본적인 방향과 해석이다.

프롤레타리아(proletariat) 노동자 계급을 마르크스가 부르는 이름이다.

하위문화(subculture) 주류문화 내의 소수자 문화이다.

학문(discipline) 때때로 대학의 학과 또는 전공에 의하여 대표되는 연구의 분야이다.

학문(scholarship) 이성과 근거에 기반한 지적인 주장들의 집합이다.

합리적(rational) 이성적으로 판단할 수 있는 능력에 기반한다.

항소(appeal) 상급 법원으로 사건을 가져가는 것이다.

해산(dissolve) 새로운 선거를 실시하기 위해서 의회를 해체시키는 것이다.

행정부(administration) 미국의 대통령에 의해서 임명되는 집행부서들의 집합이며, 유럽의 '정부'와 같은 의미로 사용된다.

행정부처(ministry) 업무에 따라 분류되는 정부의 각 부처이다.

행태주의(behavioralism) 추상적 또는 명상적 이론보다는 실질적인 인간의 행동에 대한 경험적 연구이다.

향리형(parochial) 국가정치에는 거의 또는 관심이 없는 편협한 형태이다.

허니문(honeymoon) 임기 초기의 지도자에 대한 높은 지지를 뜻한다.

헌법(constitution) 정부를 구조화하는 기본 규칙들이며, 대체로 문서로 쓰여 있다.

혁명(revolution) 구체제에서 신체제로 갑작스럽게 대체되는 것을 의미한다.

현(縣, prefecture) 일본의 제1차 행정구역이다.

현대 자유주의(modern liberalism) 경제적이고 사회적인 잘못을 수정하기 위한 정부의 개입을 선호하는 이데올로기이다. 오늘날 미국의 자유주의다.

현대화 이론(modernization theory) 경제성장이 민주주의를 요구하는 대규모의 교육받은 중산층을 등장시킨다.

현상유지(status quo) 현재의 상태를 유지하는 것이다.

현실주의(realism) 세계를 우리가 원하는 방향으로 보지 않고 있는 그대로 보면서 작업을 해 나가는 것이며, 대체로 권력에 초점을 맞춘다.

현직자(incumbent) 공직을 점유하고 있는 기존의 직원이다.

혼합선거제도(mixed-member) 소선구제와 비례대표제도를 혼합한 선거제도이다.

환경주의(environmentalism) 규제와 생활방식을 바꿔서 위험에 빠진 자연을 구해야 한다는 이데올로기이다.

회고적 투표(retrospective voting) 현 지도자의 전체적인 실적에 기초하여 투표하는 것이다.

효력(efficacy) 어떤 개인이 다르게 만들 수 있는 감각이다.

후기 행태주의(postbehavioral) 정치학을 연구하는 데 있어서 전통적, 행태적, 그리고 다른 기술들을 종합한 것이다.

휘그 민주주의(whig democracy) 단지 일부 국민들만을 위한 민주주의의 초기 단계이다.

찾아보기

F

FISA ☞ 해외정보감시법 참조
FPTP ☞ 최다 득표자 당선제도 참조

N

NATO ☞ 북대서양조약기구 참조

ㄱ

간디(Mahatma Gandhi) 114, 158, 218, 318
간접선거 294-295
강한 국가 67, 83-84, 217, 376
개입주의(interventionism) 331, 391-392
거부권 272, 283, 299, 390; 거부권 정치(vetocracy) 283
거시이론(macro theories) 383-384
걸프전 174, 378
게리맨더(gerrymander) 79, 256, 328
게릴라전 48, 220, 353, 360, 368
게임이론 27
견제와 균형 95, 270, 272, 291, 299, 302
결선투표 80
결집효과 174, 190
경쟁적 정당체계 241
계급투표 254
계몽주의 270
고르바초프(Mikhail Gorbachev) 54, 75, 123, 130, 235-236, 369
고립주의(isolationism) 331, 391-392
고전적 보수주의 1, 36, 41
고전적 자유주의 35-37, 39-40
고정환율(fixed exchange rate) 337
고프먼(Erving Goffman) 196
공공선 219
공공연한 사회화 149, 152
공공정책(public policy) 17, 113, 152, 158, 168, 205, 208, 312-333
공분산(共分散) 173
공산주의 1-2, 12, 20, 32, 44, 46-47, 53, 75, 83, 111, 118, 121, 123-125, 129-131, 141, 151-152, 163-164, 176, 234-235, 308, 367-370, 379, 390, 393
과두정치(polyarchy) 118
과두제의 철칙(Iron Law of Oligarchy) 117
관료정치 모델 311
관료제도 305-306, 308
관리 민주주의(managed democracy) 296
관세 및 무역에 관한 일반협정(GATT: General Agreement on Tariffs and Trade) 380
교도(敎導) 자본주의 310-311
국가두마(State Duma) 95
국가보안위원회(KGB) 296, 326
국가 사회주의 124
국가안보국(NSA: National Security Agency) 87
국가안보회의(NSC: National Security Council) 298-299
국가이익(national interest) 280, 331, 377-379, 383
국가주의(statism) 82, 137
국경 없는 기자회(Reporters Without Borders) 115
국제수지(balance of payments) 336-337
국제통화기금(IMF) 387-389
국제투명성기구(TI: Transparency International) 327
군사독재 349, 362, 391
군주제 37, 65-66; 혼합 군주제 272
권력분립 95, 270, 272, 277, 285, 328
권력융합(fusion of power) 273, 277
권리장전(Bill of Rights) 91, 97, 100
권위적 자본주의 59-60, 127
권위주의 106, 120, 126-129, 141, 151, 226, 238, 279, 296, 349-350, 356, 362, 366
그린(T. H. Green) 40, 43
그린스타인(Fred Greenstein) 298
그림자 내각(shadow cabinet) 150, 273
극단주의 48, 78, 101, 167, 213, 224, 309, 365-367, 393
글라스노스트 54, 75
기능주의(functionalism) 331, 386-387
기본법(Basic Law) 90, 92, 98, 328

ㄴ

나치(Nazis) 51, 53, 75
남녀평등헌법수정안(ERA: Equal Rights Amendment) 56
내각(cabinet) 93, 126, 239-240, 270-

275, 277, 279-280, 291, 293, 303-304, 323
네거티브 소득세(negative income tax) 344
네오콘(Neocon) 2, 54-55
노멘클라투라 308
뉘렌베르그법(Nuremburg Laws) 94, 389
뉴딜 정책 334
닉슨(Richard Nixon) 23-24, 64, 101, 144, 158, 198, 200-201, 259, 297, 299, 337

ㄷ

다당제 81, 238-240
다문화주의 55, 98
다운즈(Anthony Downs) 36
다원주의 116-118, 130-131, 210-211
단순다수제 79-80, 238
단순확률표본 170
단원제(unicameral) 276-277
단일정당 235-236, 241
단일체제(unitary system) 68, 70-73, 95
단일행정부체제이론 299
달(Robert Dahl) 117-118, 120
대량살상무기(WMD) 157, 190, 196, 259, 311, 379, 384, 389
대량학살 18, 62, 100, 171, 318, 350, 378, 389
대면(對面) 커뮤니케이션 183-184, 192
대의민주주의 106, 108-110, 112-113
대처(Margaret Thatcher) 42, 219, 252, 295-296, 380; 대처리즘 230, 380
대통령제(presidential systems) 64, 78, 229, 232, 270-275, 279-280, 282, 285, 292, 294-298, 302-303
덩샤오핑(鄧小平) 370
데파르망(département) 68, 70, 309

도덕적 해이(moral hazard) 347
도이치(Karl W. Deutsch) 183
독재 20, 44, 53, 89, 107, 115, 121, 189, 224, 226, 367; 독재정치 2, 20, 70, 99, 137, 272, 308, 355, 367; 독재체제 51, 115, 189, 350, 370
동거정부(cohabitation) 64, 294
둘에 추가된 정당체계 237-238, 240-242
뒤베르제(Maurice Duverger) 233
드골(Charles de Gaulle) 64, 70, 109, 293
등록기반표집(RBS: Registration Based Sampling) 170
또래집단(peer group) 152

ㄹ

라빈(Yitzhak Rabin) 150
라스웰(Harold Lasswell) 11, 298
레닌(Vladimir Lenin) 1, 37, 44, 46-47, 235, 363, 365, 367-368
레이건(Ronald Reagan) 42, 127, 143, 174-175, 208, 260, 297, 299, 307, 345
레이파트(Arend Lijphart) 119
로크(John Locke) 29-31, 268-269, 281, 287
루소(Jean-Jacques Rousseau) 29, 31, 41, 211, 220
루즈벨트(Franklin D. Roosevelt) 40, 64, 99, 159, 183, 301, 334, 351
룩셈부르크(Rosa Luxemburg) 46
리카르도(David Ricardo) 333
립셋(Lipset) 109

ㅁ

마르크스(Karl Marx) 1, 31-33, 43-44, 47, 59, 73, 80, 161, 237, 325, 333; 마르크스주의 32, 44-47, 60, 150, 333, 353, 356
마오쩌둥(毛澤東) 37, 48, 59, 121, 374
마치니(Giuseppe Mazzini) 49

마키아벨리(Niccolo Machiavelli) 3, 29-30
만델라(Nelson Mandela) 352
만리방벽(Great Firewall) 191
만하임(Karl Mannheim) 165
메덴(Fred R. von der Mehden) 352-353
모겐소(Hans J. Morgenthau) 29, 376, 392
몽테스키외(Montesquieu) 270, 272
무가베(Robert Mugabe) 112, 128-129, 295
무바라크(Hosni Mubarak) 192, 366
무솔리니(Benito Mussolini) 7, 50-51, 122-124
무슬림 형제단 366
무어(Barrington Moore) 125
무역 보호주의 343
무임승차 증후군 219
무작위 표본선택 178
문화이론 6, 146, 250
문화전쟁 143, 259
뮬러(John Mueller) 174, 190
미시이론(micro theories) 382, 384
미테랑(François Mitterrand) 23-24, 294
미헬스(Robert Michels) 117
민족주의 49-50, 63, 69, 75-76, 150, 183, 352, 392, 394
민주적 평화 131
민주주의 1-3, 13, 17, 20-21, 66-67, 78-79, 106-107, 109, 111-118, 122, 125, 127-131, 140-141, 146, 150, 157, 167, 173, 177, 190, 201, 204-207, 211, 224, 226, 229, 233, 236, 242, 248, 250-251, 259-260, 263, 269, 280-281, 286-287, 302, 306, 309, 317, 326, 349, 364, 375, 379, 391, 395; 민주주의의 확산 385
밀(John Stuart Mill) 333
밀그램 실험 5
밀즈(C. Wright Mills) 117

ㅂ

바웬사(Lech Walesa) 111
버바(Sidney Verba) 21, 137, 139-141
버크(Edmund Burke) 1, 41-43, 141
번스타인(Eduard Bernstein) 45
베르사유조약(Versailles Treaty) 51, 125
베버(Max Weber) 14, 146, 305-307
베스트팔렌 평화체제 383
베트남전쟁 16, 23, 54, 101, 143-144, 185, 190, 192, 200, 281, 299, 336, 341, 360, 385, 392; 베트남전 반전운동 351
벤담(Jeremy Bentham) 99
벨벳혁명(velvet revolution) 369-370
변동환율(floating exchange rate) 337
보수주의 36-42, 49, 136, 144, 151, 153, 165, 171, 175-176, 182, 185, 201
보호를 위한 책임(R2P: responsibility to protect) 389
복종형 정치문화 139
볼셰비키(bolshevik) 47
봉건주의 269
봉쇄조항(threshold clauses) 80
부담적정보험법(ACA: Affordable Care Act) 315
부시(George W. Bush) 55, 69, 74, 101, 124, 143, 158, 174-175, 190, 196, 256, 284, 299, 311, 334, 340, 379, 388, 391
부시(George H. W. Bush) 157-158, 174, 203, 389
부양아동가족지원(AFDC: Aid to Families with Dependent Children) 345
부패인식지수(CPI: Corruption Perceptions Index) 327, 354
북대서양조약기구(NATO) 76, 219, 377-378, 390
분극적(分極的) 다당제 242
분리주의 71, 147, 353
분절적(分節的) 다당제 242
불복종운동 281
불신임 투표 274-276, 280, 292, 294-295, 297
브레즈네프(Leonid Brezhnev) 123, 391
브레진스키(Zbigniew Brzezinski) 121, 130
브레튼우즈 337
브린턴(Crane Brinton) 356-357, 363-365
비관세 장벽 380
비례대표 선거제도(PR: Proportional Representation) 1, 79-81, 241-242, 256, 270, 287
비스마르크(Bismarck) 13, 73, 284
빈곤과의 전쟁 341-342, 345
빈 라덴(Osama bin Laden) 7, 174, 359, 361, 371

ㅅ

사르토리(Giovanni Sartori) 242
사법 소극주의 92
사법 적극주의 92
사법 제한주의 92
사회계약(social contract) 29, 31
사회민주주의 1, 44-47, 82, 150
사회주의 23, 35-38, 43-48, 50, 58, 60, 82-83, 127, 130, 149, 233, 294
삭스(Jeffrey Sachs) 380
샤츠슈나이더(E. E. Schattschneider) 113, 226
선거구 조정(Gerrymandering) 110
성문법(code law) 89-90, 93, 96, 316-317, 320-322, 324, 328
세계무역기구(WTO) 380
세계인권선언(Universal Declaration on Human Rights) 96-97
세력균형(balance of power) 269, 383
소로(Henry David Thoreau) 114, 218
소선거구 선거제도(단순다수제) 1, 77-79, 241
소수정부(minority government) 275, 296
솔제니친(Alexander Solzhenitsyn) 326
수니파 58, 72, 112, 128, 352, 359, 361
스미스(Adam Smith) 36-39, 42-43, 55, 82, 333-334, 380
스카치폴(Theda Skocpol) 365
스탈린(Joseph Stalin) 20, 24, 44, 48, 75, 89, 121-123, 160, 235, 308, 325, 366
스태그플레이션(stagflation) 337
스팀슨(Henry L. Stimson) 94
시라크(Jacques Chirac) 294
시민권 99-100, 109
시민사회 7, 29, 31, 140-141, 144
시아파 58, 112, 128
시에라 클럽(Sierra Club) 217
시진핑(習近平) 308
신보수주의(neocon) 1-2, 54-55, 67, 379, 392
신세계질서 389
신제도주의(new institutionalism) 22, 27, 230
실증주의 20
실패한 국가 66-67, 376

ㅇ

아담스(Samuel Adams) 8
아데나우어(Konrad Adenauer) 64
아도르노(Theodore Adorno) 151
아랍의 봄 2, 116, 182, 331, 366
아렌트(Hannah Arendt) 367, 371
아미르(Yigal Amir) 150
아야톨라(ayatollah) 364-365
아이히마니즘(Eichmannism) 312
알몬드(Gabriel Almond) 21, 139-141, 163, 184
알자지라(Al Jazeera) 182
알카에다 58, 157, 359, 361-362, 366, 377
애국자법(Patriot Act) 87, 102

앨리슨(Graham Allison) 311
약한 국가 62, 66, 208
양극체제(bipolar) 390
양당체계 239, 240
양원제(bicameral) 276-277
엘리트 미디어 188, 197-200
엘리트이론 106
여론 137-138, 156-160, 168, 175-176; 여론조사 157-159, 161, 168-175, 177-178, 263
연대(Solidarity)운동 111
연방주의 72-73, 77
연방준비이사회(Federal Reserve Board) 43, 63, 335
연방체제(federal system) 68, 72-74, 76-77, 93, 95-96, 276
연합(confederation) 72, 76; 연합정부 236, 257, 270, 275-276
옐친(Boris Yeltsin) 287
오바마(Barack Obama) 24, 115, 143, 172, 174-175, 254-255, 260, 262, 290, 297, 329, 344
오인(misperception) 384, 392
올슨(Mancur Olson) 219, 221
옴부즈맨(ombudsman) 280
워터게이트 24, 188, 198, 200-201, 252, 299
위헌심사 91, 317, 323, 326, 328
윌슨(Woodrow Wilson) 20, 40
유럽공산주의(Eurocommunism) 53
유럽인권협약(European Convention on Human Rights) 89, 323
유엔 국제보호군(UNPROFOR: UN Protective Force) 388
의회제(의원내각제) 224, 229, 232, 257, 270-271, 273-279, 282, 285, 287, 292, 294-295, 297, 303
이데올로그 36
이란-콘트라 스캔들 297
이미지 이론 384
이스턴(David Easton) 22; 이스턴 모델 23
이슬람주의 1, 36, 58, 60, 128, 355,
359, 362
이익집단 118, 205-212, 214-220, 222, 227, 243, 261, 277-278, 285-286, 300-301, 343, 380
인권시민장전 97
인종차별(apartheid) 281
일당체계 238
일반의지 31, 220-211
일방주의(unilateralism) 392

ㅈ

자본주의 2, 24, 32-33, 43-48, 51, 53, 60, 83, 146, 234, 333, 370, 380-381
자연권(natural right) 99
자연상태 29-31
자유무역협정(NAFTA) 230
자유방임(laissez-faire) 38-40, 82-83
자유주의(liberalism) 39-41, 43, 54, 136, 153, 164, 175-176, 182, 201
자유지상주의(libertarianism) 1, 55
자치권(autonomías) 68, 71-72
재니스(Irving Janis) 5
재편성 이론 257-258
전쟁수권법(War Powers Act) 299
전체주의 106, 119-127, 129-130, 141, 238
정강 227, 229, 232, 240, 242
정당명부 79, 229, 231, 287
정당 일체감 228, 252-254, 257-259, 260, 262-263
정당체계 236-237, 239-242
정치문화 6, 136-138, 140-146, 156, 312
정치사회화 148, 243
정치체제 137, 140, 167, 183, 193, 206, 210, 247, 292, 350
정통성 9
제국주의(imperialism) 46, 370, 394
제네바협정 102
제퍼슨(Thomas Jefferson) 39, 200
조건-제어(if-then)분석 250

조합주의(corporatism) 208
존슨(Lyndon Johnson) 54, 171, 175, 185, 232, 259, 299, 336, 351, 391
준대통령제 293-294, 296
준연방체제 71
중상주의 38
지그소 퍼즐(jigsaw puzzle) 198
지방편중주의(sectionalism) 74
지역주의(regionalism) 68, 71
지하드(jihadi) 36, 358
직접민주주의 109
집단안보(collective security) 386
집락표집(cluster sampling) 170
집정관주의 355

ㅊ

차르체제(tsarist system) 46, 363
참여 민주주의 117
참여형 정치문화 139
참정권 352
체계이론 25
최다 득표자 당선제도(FPTP: first past the post) 77-78, 80-81
최소조건 238
추적연구(longitudinal) 278, 300
층화표집(stratified sampling) 170

ㅋ

카르텔 126, 208
카스트(caste) 112, 137
카스트로(Fidel Castro) 174, 353, 363, 366
카터(Jimmy Carter) 252, 297, 299
칸트(Immanuel Kant) 5
캐스팅 보트 224
커크패트릭(Jeane Kirkpatrick) 42, 127-128
케넌(George Kennan) 393
케네디(John F. Kennedy) 27, 174, 214, 345, 384
케인즈(John Maynard Keynes) 331,

334; 케인즈주의 334
코민테른(Comintern) 47
콩트(Auguste Comte) 20
쿠데타(coup) 350, 354-355
쿠 클럭스 클랜(Ku Klux Klan) 53
쿼터제(quota) 380
클린턴(Bill Clinton) 170, 175, 258-259, 297, 302, 340, 345
키르히하이머(Otto Kirchheimer) 237
킹(Martin Luther King Jr.) 114, 214

ㅌ

탄도탄요격미사일제한조약(Anti-Ballistic Missile Treaty) 388
탄핵 272, 274, 297-298
탈물질주의 이론 251
탈세계화(de-globalization) 381
테러리즘(terrorism) 358-359, 361
테르미도르 365
토크빌(Alexis de Tocqueville) 107, 138, 141, 144, 206, 356-357
투표권 146, 247, 251
트루먼(Harry S. Truman) 159, 171, 175, 290
티토(Josip Tito) 48, 64, 76; 티토주의 48
티 파티(Tea Party) 43, 52, 231

ㅍ

파급효과(spillover) 386
파시즘(fascism) 1, 7, 50-51, 53, 124

파킨슨의 법칙(Parkin's Law) 312
판례법(common law) 316-317, 320-324, 328
패니매(Fannie Mae) 209
퍼킨스(Dexter Perkins) 392
퍼트넘(Robert D. Putnam) 144, 153, 194
페레스트로이카 54
페미니즘(feminism) 1, 56
페인(Thomas Paine) 41
펠로폰네소스전쟁(Pelopennisian War) 65
평화유지(peacekeeping) 385, 388; 평화유지군 390
평화이행군(IFOR: Implementation Force) 388
포괄정당 237, 240
푸드 스탬프(food stamps) 341, 345
푸틴(Vladimir Putin) 131, 240, 287, 293, 296, 326
프랑코(Francisco Franco) 53, 127
프리드리히(Carl J. Friedrich) 121, 130, 391
프리드먼(Milton Friedman) 42, 45, 82, 334, 344
필리버스터(filibuster) 282-283

ㅎ

하위문화 145, 147, 149, 166
하이예크(Friedrich Hayek) 334
합리적 선택이론(Rational Choice Theory) 26, 249

해밀턴(Alexander Hamilton) 328
해외정보감시법(FISA: Foreign Intelligence Surveillance Act) 87-88
행정명령(Executive Order) 93, 290
행태주의(behavioralism) 20-22
헌팅턴(Samuel P. Huntington) 111, 299, 358
헤겔(G. W. F. Hegel) 31, 37, 141
헤즈볼라 128
혁명전쟁 367
현대화 이론 129
현실주의(realism) 29
협의민주주의(consociational democracy) 119
호프먼(Stanley Hoffmann) 391
혼합선거제도 80
홉스(Thomas Hobbes) 29-31, 67, 141
홉슨(J. A. Hobson) 46
환경주의(environmentalism) 57
회고적 투표(retrospective voting) 262
후기 행태주의 21
후세인(Saddam Hussein) 128, 137, 141, 157, 233, 378, 389, 391
후쿠야마(Francis Fukuyama) 60, 67, 305-306
휘그 민주주의 125
흐루시초프(Nikita Khrushchev) 27, 47, 123
히틀러(Adolf Hitler) 7, 9, 24, 51, 53, 121-122, 125-126, 309, 381

저자 소개

Michael G. Roskin

UC 버클리대학교 정치학 학사
UCLA 정치학 석사
아메리칸대학교 국제관계학 박사
리커밍대학 정치학과 명예교수 역임

주요 저서

Countries And Concepts: Politics, Geography, Culture
IR: The New World of International Relations
The Rebirth of East Europe
Politics Of The Middle East: Cultures And Conflicts
Hard Road to Democracy: Four Developing Nations 외 다수

Robert L. Cord

노스이스턴대학교 정치학과 교수 역임

주요 저서

Separation of Church and State: Historical Fact and Current Fiction
Reinterpreting the Keynesian Revolution 외 다수

James A. Medeiros

롱아일랜드대학교 교수 역임

주요 저서

Public Bureaucracy: Values And Perspectives 외 다수

Walter S. Jones,

롱아일랜드대학교 교수 역임

주요 저서

The logic of international relations 외 다수

역자 소개

김계동 _ kipoxon@hanmail.net

연세대학교 정치외교학과 졸업
영국 옥스퍼드대학교 정치학 박사

현 건국대학교 초빙교수

연세대학교 국가관리연구원 교수
국가정보대학원 교수(교수실장)
한국국방연구원 연구위원
한국전쟁학회 회장/한국정치학회 부회장/국가정보학회 부회장/
국제정치학회 이사
국가안보회의(NSC)/민주평통 자문회의/국군기무사 자문위원
연세대, 고려대, 경희대, 성신여대, 국민대, 숭실대, 숙명여대, 동국대,
  통일교육원 강사 역임

주요 저역서

Foreign Intervention in Korea (Dartmouth Publishing Company)
『한국전쟁: 불가피한 선택이였나』 (명인문화사)
『북한의 외교정책과 대외관계: 협상과 도전의 전략적 선택』 (명인문화사)
『남북한 체제통합론: 이론·역사·정책·경험』 (명인문화사)
『한반도 분단, 누구의 책임인가?』 (명인문화사)
『현대유럽정치론: 정치의 통합과 통합의 정치』 (서울대 출판부)
『국제관계와 세계정치』 (역서, 명인문화사)
『동북아정치: 변화와 지속』 (역서, 명인문화사)
『국가정보: 비밀에서 정책까지』 (역서, 명인문화사)
『현대 유럽의 이해』 (역서, 명인문화사) 외 다수

명인문화사 정치학 관련 서적

정치학 분야

정치학개론: 권력과 선택, 15판
Shively 지음 / 김계동, 민병오, 윤진표, 이유진, 최동주 옮김

비교정부와 정치, 제10판
Hague, Harrop, McCormick 지음 / 김계동, 김 욱, 민병오, 윤진표, 이유진 옮김

정치학방법론
Burnham 외 지음 / 김계동 외 옮김

정치이론
Heywood 지음 / 권만학 옮김

정치 이데올로기: 이론과 실제
Baradat 지음 / 권만학 옮김

민주주의국가이론
Dryzek, Dunleavy 지음 / 김욱 옮김

신자유주의
Cahill, Martijn Konings 지음 / 최영미 옮김

정치사회학
Clemens 지음 / 박기덕 옮김

복지국가: 이론, 사례, 정책 정진화 지음

포커스그룹: 응용조사 실행방법
Krueger, Casey 지음 / 민병오, 조대현 옮김

문화로 읽는 세계
Gannon, Pillai 지음 / 남경희, 변하나 옮김

거버넌스의 정치학: 한국정치의 새로운 패러다임 모색
김의영 지음

한국현대사의 재조명
한국전쟁학회 편

성공하는 리더십의 조건
Keohane 지음 / 심양섭, 이면우 옮김

여성, 권력과 정치   Stevens 지음 / 김영신 옮김

국제관계 분야

국제관계와 세계정치
Heywood 지음 / 김계동 옮김

국제정치경제
Balaam, Dillman 지음 / 민병오 외 옮김

국제관계이론
Daddow 지음 / 이상현 옮김

국제기구의 이해: 글로벌 거버넌스의 정치와 과정, 제3판
Karns, Mingst, Stiles 지음 / 김계동, 김현욱, 민병오, 이상현, 이유진, 황규득 옮김

현대외교정책론, 제3판
김계동, 김태효, 유진석 외 지음

외교: 원리와 실제
Berridge 지음 / 심양섭 옮김

세계화와 글로벌 이슈, 제6판
Snarr 외 지음 / 김계동, 민병오, 박영호, 차재권, 최영미 옮김

세계화의 논쟁: 국제관계 접근에서의 찬성과 반대논리, 제2판
Haas, Hird 엮음 / 이상현 옮김

현대 한미관계의 이해
김계동, 김준형, 박태균 외 지음

글로벌 환경정치와 정책
Chasek, Downie, Brown 지음 / 이유진 옮김

핵무기의 정치   Futter 지음 / 고봉준 옮김

비핵화의 정치   전봉근 지음

비정부기구(NGO)의 이해
Lewis, Kanji 지음 / 최은봉 옮김

한국의 중견국 외교
손열, 김상배, 이승주 외 지음

자본주의   Coates 지음 / 심양섭 옮김

지역정치 분야

동아시아 국제관계
McDougall 지음 / 박기덕 옮김

동북아 정치: 변화와 지속
Lim 지음 / 김계동 옮김

일본정치론 이가라시 아키오 지음 / 김두승 옮김

현대 중국의 이해, 제3판 Brown 지음 / 김흥규 옮김

현대 미국의 이해
Duncan, Goddard 지음 / 민병오 옮김

현대 러시아의 이해 Bacan 지음 / 김진영 외 옮김

현대 일본의 이해 McCargo 지음 / 이승주, 한의석 옮김

현대 유럽의 이해 Outhwaite 지음 / 김계동 옮김

현대 동남아의 이해, 제2판 윤진표 지음

현대 아프리카의 이해 Graham 지음 / 김성수 옮김

현대동아시아의 이해
Kaup 편 / 민병오, 김영신, 이상율, 차재권 옮김

미국정치와 정부
Bowles, McMahon 지음 / 김욱 옮김

한국정치와 정부
김계동, 김 욱, 박명호, 박재욱, 박형준, 배종윤 외 지음

미국외교정책: 강대국의 패러독스
Hook 지음 / 이상현 옮김

세계질서의 미래
Acharya 지음 / 마상윤 옮김

알자지라 효과 Seib 지음 / 서정민 옮김

일대일로의 국제정치 이승주 편

중일관계 Pugliese & Insisa 지음 / 최은봉 옮김

북한, 남북한 관계분야

북한의 외교정책과 대외관계: 협상과 도전의 전략적 선택
김계동 지음

북한의 체제와 정책: 김정은시대의 변화와 지속
체제통합연구회 편

북한의 통치체제: 지배구조와 사회통제 안희창 지음

남북한 체제통합론: 이론·역사·경험·정책, 제2판
김계동 지음

한국전쟁, 불가피한 선택이었나 김계동 지음

한반도 분단, 누구의 책임인가? 김계동 지음

한류, 통일의 바람 강동완, 박정란 지음

안보, 정보 분야

국제안보의 이해: 이론과 실제
Hough, Malik, Moran, Pilbeam 지음 / 고봉준, 김지용 옮김

전쟁과 평화
Barash, Webel 지음 / 송승종, 유재현 옮김

국제안보: 쟁점과 해결
Morgan 지음 / 민병오 옮김

전쟁: 목적과 수단
Codevilla 외 지음 / 김양명 옮김

국가정보: 비밀에서 정책까지
Lowenthal 지음 / 김계동 옮김

국가정보의 이해: 소리없는 전쟁
Shulsky, Schmitt 지음 / 신유섭 옮김

테러리즘: 개념과 쟁점
Martin 지음 / 김계동 외 옮김

명인문화사

Tel 02)416-3059 / Fax 02)417-3095
E-mail: myunginbooks@hanmail.net
주   소: 서울시 송파구 백제고분로 36가길 15 미주빌딩 202호